数字时代的文献资源建设

——第四届全国文献采访工作研讨会论文集

2012 年 4 月　陕西省西安市

国家图书馆外文采编部　编

国家圖書館出版社

图书在版编目（CIP）数据

数字时代的文献资源建设：第四届全国文献采访工作研讨会论文集/国家图书馆外文采编部编. —北京：国家图书馆出版社,2012.3

ISBN 978 - 7 - 5013 - 4734 - 6

Ⅰ.①数…　Ⅱ.①国…　Ⅲ.①图书采购—学术会议—中国—文集　Ⅳ.①G253.1 - 53

中国版本图书馆 CIP 数据核字（2012）第 032750 号

责任编辑：高　爽　李家儒　杨　璇

书名　数字时代的文献资源建设——第四届全国文献采访工作研讨会论文集

著者　国家图书馆外文采编部　编

出版　国家图书馆出版社（原北京图书馆出版社）
　　　（100034 北京市西城区文津街 7 号）

发行　010 - 66139745　66151313　66175620　66126153
　　　　　66174391（传真）　　　66126156（门市部）

E - mail　btsfxb@ nlc. gov. cn（邮购）

Website　www. nlcpress. com→投稿中心

经销　新华书店

印刷　北京科信印刷有限公司

开本　787 × 1092（毫米）　1/16

印张　31.25

版次　2012 年 3 月第 1 版　2012 年 3 月第 1 次印刷

字数　770（千字）

书号　ISBN 978 - 7 - 5013 - 4734 - 6

定价　100.00 元

第四届全国文献采访工作研讨会

主办

国家图书馆

中国图书进出口（集团）总公司

承办

国家图书馆外文采编部

协办

中国图书商报

中国图书馆学会资源建设与共享专业委员会

会议组织委员会

主　任：陈　力　吴　伟　孙月沐　张纪臣　肖希明

委　员：顾　犇　林　键　张维特　庞莉莉　张艳霞

会务组：钱　华　张　玮　李　伟　蒋自律　王雪娟　刘义红

总协调人：顾　犇

专家评审委员会（按拼音顺序排列）

陈体仁　陈　瑛　顾　犇　刘兹恒　肖希明　余海宪

论文编辑

协调人：张　玮　李　伟

编　辑：李　伟　唐玉屏　杨　柳　王　薇　杨士丽　平　安　苗璐珺

赞助单位

Gale/Cengage Learning

Cambridge University Press

Elsevier

ProQuest

John Wiley & Sons

Springer

目　录

一等奖

二等奖

三等奖

优秀奖

交流论文

图书招标采购质量的影响要素及其优化策略

姜曼莉(吉林大学图书馆)

近年来,为了促进市场的有序竞争,促进图书采购工作的市场化、规范化及加强廉政建设的需要,图书馆都逐渐走上了图书招标采购的正规之路。但由于我国图书招标采购起步时间较短,操作规范尚不成熟,仍具有一定的随意性和无序性,操作时经常借用其他商品的招标采购方式,较少考虑到图书馆配商品的特殊性以及高校馆藏的专业性和学术性,致使图书招标采购中问题较多,乃至对图书采购质量造成一些负面影响。因此,图书采购招标方式下如何保障图书采访质量是图书馆面临的新的重要课题。

1 图书招标质量的影响因素

1.1 评价指标设计不足

评标指标分为商务指标和技术指标两部分。商务指标一般包括:报价、图书采购要求、质量要求等。技术评标因素一般包括:财务状况、信誉、资信证明、经验、业绩、售后服务等。目前图书招标采购缺乏客观依据和一个相对科学的招标体系,普遍存在着技术指标不全和不标准,技术指标和商务指标关联不够,权重设置不合理,在评标过程中存在较大的随意性和不宜操作性等问题。例如,馆配商信誉、诚信等指标对于评标结果至关重要,但这些指标往往不容易进行量化,而定性因素往往会受到主观随意的影响,从而提升了评价的难度。评标时无法在各个投标单位中择优选择投标人,也无法对投标的核心对象,即价值进行科学的评定,采购质量难以实现理想的匹配。

1.2 招标过程存在着信息不对称

由于投标商在信誉、资金、技术、能力、运营成本、采购质量问题等方面的信息具有隐匿性与离散性,个别投标商存在弄虚作假的情况,对某些投标商的资质和业绩的考察难以落实。这种信息不对称,使招标文件违背准确性原则,实质上是一种信息遗漏或传递出错现象,投标商利用技术指标的不准确,隐瞒某些缺陷,在招标交易中中标,损害图书馆的利益,给招标采购带来风险。

1.3 缺少专家评审过程

图书招标资格审查,一般要涉及图书采购业务、流程管理、图书市场动态、馆配商业绩与诚信、出版行情等方面的专业问题,需要专业技术人员凭图书采购的经验和认知给予主客观判断。如果由非专业人员进行审查,不可避免会出现忽略上述重要指标或做出违背客观和原则的错误判断,导致招标的失败。

1.4　片面追求经济效益最大化

在整个评标过程中,过分压价,超出合理的折扣范畴,是目前招标的普遍现象。为获得准入资格,馆配商被迫压低折扣,但在实际采购的质量和服务中却大打折扣。低价竞标不仅严重影响图书采购质量,实际上也形成了对规范经营馆配商的不公平竞争,严重挫伤了馆配商提供高服务水平的积极性;那些资质优良、进货渠道正规、服务完善的馆配商,因为运营成本相对较高,压不下折扣,故不能在招标中胜出。而一些诚信好的优质馆配商,即使在招标中入围,最终不得不退出馆配市场。2011年7月,在国内中文图书市场占有"龙头"地位的业内知名企业中国教育图书进出口公司因连年亏损,宣布退出中文图书市场。

1.5　图书馆日常业务的过分转嫁

其一,为了尽快完成采购指标,图书馆和馆配商往往都热衷于现场采购,使得现采成为一些图书馆采购的主流方式。"现采"发展的结果是除在本地采购外,又由馆配商带队到外地、赶书博会、书市、展销会,赶场订书。原本信息搜索、外采经费均由图书馆开支,后来就转嫁到馆配商头上,采购成本变成了销售成本。销售成本的大幅度增长几乎与微薄利润相抵销。

其二,近几年,图书馆利用其买方市场的优势地位对馆配商提出各种附加服务越来越多。馆配商除了提供分类编目电子数据外,还要给每本书加贴条码、磁条、贴书标、覆膜、盖馆藏章、添加馆藏数据,一些图书馆的服务要求更加苛刻,需要馆配商派人到图书馆完成编目、加工、典藏及书库上架等所有基础业务工作,将原本属于图书馆的内部业务工作完全转交馆配商,原本是图书馆的成本转变为馆配商的成本。不仅增加了馆配商的物质设备成本,更增加了人力、时间成本。

业务转嫁无形中就影响了图书质量,一方面也加重馆配商的负担,使得馆配商不能专注于核心业务。馆配商为了降低成本,必须在供书质量上大打折扣。另一方面,从整个社会的发展而言这种混淆专业分工角色的行为是不值得提倡的,这种倾向从长远而言对图书馆业务发展是不利的。

1.6　图书采购招标程序复杂、效率低下

首先,图书招标涉及经费启动、拟标书、公布招标项目、投标方递交标书、评标委员会开标、评标、选定馆配商、签订相关合同等一系列法定程序,整个招标程序至少需要2—3个月的时间。在这段时间里,由于馆配商不确定,图书馆日常采购业务工作只能暂停运作,订单积压,有些学校财务部门还规定当年图书经费当年使用,年终前1—2个月结清,加上高校寒暑假,用于履行合同的采购时间基本不足半年。这就加大了图书馆的工作压力,突击采购图书不可避免。在馆配商的相关学术新书供应不足时,图书馆不得不做出让步,只好采购一些无关紧要、不太符合馆藏需要的图书,最直接的后果就是影响图书采购质量,许多优质的、符合高校图书馆馆藏需求的、教学科研非常需要的学术性图书无法购到。

其次,一年一招导致中标馆配商更换频繁,每跟一个新的馆配商合作,从业务工作对接,理顺关系,到双方互相适应得花一段时间,等到双方完全适应时,一年时间也已经过大半了,由此影响图书馆采访工作的质量和连续性。

1.7 招标体制设计不足

现有图书招标机制中采购人、采购机构、监督管理机构职责不明确。招标公司和校方的招标机构虽然对招标过程比较专业，但对图书馆文献资源建设却知之甚少，容易造成不注意中文图书招标的特殊性，图书馆的一些合理化建议、想法和做法不易被招标委员会采纳，产生忽视图书馆采购规律的现象；同时，在招标中无法划清图书馆、招标机构与其他部门的职责权限，决策人和执行人权限模糊，招标主体不明确，不能达到理想的招标效果，均对图书采购质量造成影响。

2 图书招标采购的优化策略

2.1 建立健全科学指标体系

2.1.1 制定全面规范的图书采购招标评分要项及评分标准

从现有的情况看，需要系统研究制定图书采购的评标指标，改进评分标准，细化评分条目。既要结合不同图书馆采购的特点，又要立足于现实，考虑指标体系的可操作性。科学量化指标体系，应尽量将各种要求进行量化处理，使馆配商清楚地了解图书馆关切的风险因素，排除模糊成分，减少不确定性。

2.1.2 合理分配和确定权重对评标起着决定性的作用

通过确定评价体系中各关键环节的比重，能充分体现出馆配商对图书招标各环节性能的重视程度，以避免图书招标某一项指标的突出而忽略其他指标的综合性价比。

2.1.3 专家根据自己的经验和判断对投标对象进行公正、独立的打分

权重确定之后，计算出每个投标者的综合得分，选择得分最高者中标。对于已经识别但又无法量化的风险分类列出，需要评标专家利用经验、知识采用主观评分法对项目风险进行评分，直观判断项目每一单个风险并赋予相应的权重。从而促进技术与经济指标的结合、定量与定性指标的结合，避免各种问题的出现。

2.2 实行全程监控，强化约束机制

2.2.1 完善资格审查制度

（1）完善资格预审制度

首先，除了必要的资质审核和查证外，可要求馆配商提供近几年资产负债表、损益表、现金流量表、销售量以及卖场规模等，从中了解其经济实力、经营状况和发展趋势。其次，要求馆配商提供与重点采购出版社及主要图书馆用户的近期购销协议、年度实际合作码洋和合作质量证明，且是连续数年的统计数据。从而了解馆配商能保障供应的图书品种数量，以便考核其业务范围和业绩情况。第三，馆配商各类从业人员的业务水平及科学素质等。招标双方对工作流程变化的适应能力，馆配商与出版社的采购周期特别是小批量订单的配送速度；人员变动导致的流程重组；物流环节出现的延误、破损及丢失等。馆配商提供的书目数据的品种和质量、及时性、全面性和独特性，编目数据规范性、准确性、完整性，数据是否能转入本馆所用的系统，从而了解是否有馆配经验和专业技术能力。最后，考察馆配商在以往参与的政府招投标采购活动中是否有过违规和违约行为，馆配商的诚信度如何，业内的口碑是否良好，从而了解其诚

信度和公信力。通过这些调查筛选工作,可以为评标小组科学客观地挑选合格的馆配商提供参考依据。

(2) 完善资格后审制度

完善资格后审制度实质上就是完善专家评审制度,评标委员会专家对法定馆配商情况一般都有所了解,他们在审查投标商资格时比较容易发现个别投标人弄虚作假的行为,能阻止不具备投标资格的投标人蒙混过关。专家对投标人进行审查、评估和判断,有利于避免行政因素和人情因素的干扰,防止利用资格预审环节搞串标、虚假招标等违法违规行为的发生,控制资格审核环节的潜在风险点,保证招标采购的顺利完成,确保资格审核的客观、公正、科学和择优。

2.2.2 制定规范的采购合同

从以往合同执行情况看,图书的质量、到书的时间是合同执行的难点。因此,在订立合同时,要明确规定详尽的验收标准和方法。应该将订到率、订到时间等款项列为重点工作条款,详细精准地予以说明。合同要限定馆配商供书的范围,对于一些优质的核心出版社的图书订到率在合同上也要明确规定比例。为了保证合同的正常执行,在合同文本中必须详细规定有关违约追究处理条款。对于不能履约的馆配商应及时终止合同等,防止不良馆配商利用小出版社图书甚至盗版图书滥竽充数,确保采购图书质量。学校招标部门要对合同的执行情况进行监督检查。合同执行完毕后,要组织有关专家和部门对合同的履行结果进行验收,以确定所提供的图书和服务是否符合要求。

2.2.3 建立质量监控体系制度

建立到书率、到书周期检测制度。通过实时检测到书率、到书周期的细致统计,及时客观反映馆配商的实际服务情况。对未到的图书,除敦促馆配商加快订购速度外,还要求馆配商对未到图书作出解释或证明。如在规定时间内到书比例未能达到要求的,则可根据合同条款,视该馆配商为不具备供货能力,除撤销原有订单外,停发新订单,并扣履约保证金。及时清算未到的高质量图书,重新报订,争取二次报订的机会和时间,确保馆藏质量。

2.2.4 建立馆配商信用管理制度

在招投标监管环节中全面建立市场主体的信用档案,将馆配商的业绩、不良行为等全部记录在案,并向社会公布;将馆配商的信用情况纳入招投标管理中,无信用者将无法参与招投标活动,从根本上杜绝违法乱纪行为的发生。同时借助社会监督机制,研究制定统一的招标投标信用评价指标体系和信用法规体系,逐步整合现有分散的信用评价制度,贯彻落实好,招标投标违法行为记录公告暂行办法,推动形成奖优罚劣的良性机制。

2.3 建立图书招标的激励机制

2.3.1 实现经济效益与图书质量并重与平衡的关系

目前图书招标往往着力于控制采购折扣,但没有从馆配商运行管理的角度考虑。一味地追求低价,不仅损害了馆配商的利益,最终也会造成图书馆的损失。评标中,在充分了解图书市场和馆配商的运营成本的基础上,客观地考虑买卖双方的利益,在追求自身利益的同时,也应考虑书商的合理利润,做到真正的双赢,尊重行业规律,使得规范经营、优质服务的图书公司能生存和发展,这样,整个行业才能持续、健康、科学的发展,从而激励馆配商更好地为图书馆服务。

2.3.2 适度免费服务原则

由于许多图书馆将图书加工、编目、典藏、上架等本该由图书馆承担技术工作全部转嫁给了馆配商,因为过分牵扯馆配商的精力提高运营成本而影响图书采购质量;同时,馆配商的技术不专业影响编目数据的质量,给图书馆数据带来很大隐患。因此在评标中对馆配商需要哪些具体的"免费"服务,应该理性地权衡利弊,应该细化并减掉馆配商的增值服务项目运营成本,以确保馆配商的优质服务。

2.3.3 建立良性的竞争机制

目前的招标制度决定了馆配商的竞争只在招标前,而中标后馆配商则占据主动权,到货率、到货时间、选书范畴完全由馆配商控制,图书馆只能被动地接受,尽管有合同的约束和惩罚机制,但实施起来很复杂,不易操作。因此,应该注重招标后竞争机制的研究,可以在馆配商之间适度制造风险氛围、动态调整和抗风险措施。一种方法是不确定中标馆配商的采购份额,根据采到率等指标分配调整,引导其进行良性竞争,激励其做好服务。另一种是对固定额度合同采取浮动制,执行中灵活调整合同额度,根据采到率进行额度的再分配。对表现优异者实行适当的资金倾斜,除了可享受合同额度范围的最高值外,还可在其他馆配商不能按质完成任务时接管其剩余额度。相应地,对不能高质量供书的馆配商,实行资金扣减直至取消额度的惩处。当然,超出合同范围的额度调整需由图书馆按程序将客观情况和调整计划报招标管理部门和分管领导批准后实施。

2.4 招标制度的完善

2.4.1 评价主体的定位原则

评价主体的定位,一是招标小组应逐步减少纪检、审计、财务、国资参与人数量,增加图书馆采访专业人员数量。按照主体明确(纪检、审计、财务是监督者,不是采购人,只为招标服务,不受制约和限制的人员,应逐步退出具体招标管理,最终与具体决策脱离,专门履行监督职责;国资处是执行机构,图书馆既是执行机构,又是决策机构,有权对采购种数、数量、各类之间的比例和协调关系做调整,在招标中居核心地位)、职责分明、运行有序的原则,细分采购人、采购机构、采购监督管理部门需要划分权利、义务和责任,避免因职责权限不清而导致采购过程混乱和采购效果低劣等情况的发生。

2.4.2 选择合适的招标方式

招标按其形式分为公开招标和邀请招标。公开招标是指招标人以招标公告的方式邀请不特定的法人或者其他组织投标。邀请招标是指招标人以投标邀请书的方式邀请特定的法人或者其他组织投标。公开招标的形式适合种类广、专业性要求不强的采购,例如新建馆初期采购或部分高校馆为了应对评估大规模的集中采购可以选择公开招标的形式;而学术性、专业性较强的图书馆,在长期的、连续的年度采购中,适宜选择邀请招标,且选择几家资信良好、供货种类与馆藏需求相一致的馆配商进行长期合作。保持馆配商的相对稳定,可以避免因频繁更换馆配商造成的时间浪费和业务混乱。

2.4.3 进一步完善评标专家库制度

加强评标专家库的建设和管理,是规范招投标行为的一项重要的基础性和保障性工作,直接关系到招投标活动的质量。由于个体图书馆很难单独按照《招投标法》的要求组成一个专业人员占2/3的图书采购评标委员会,因此,由图书馆协会或高校图工委牵头,成立区域合作图书采购招评标委员会并建立相应的专家库,设计统一的招评标标准及程序,研究制定统一的评标专家库管理办法,推动组建跨地区、跨图书馆系统评标专家库,为社会提供抽取专家的公共服务平台,逐步实现专家资源共享,保证评标的公平性和公正性。

3 结论

对于规范馆配市场和完善图书采购招标的研究还需要一个长期的过程,在宏观上需要对包括文化认知、规范以及制度、法律规章、管理和技术准则制度的配套性和适应性,制度规范范围加强研究;在微观上要继续研究和完善对馆配商的评价标准和中文图书合理折扣,构建质量优先、公平科学的图书招标采购体系和招标管理制度。尽管图书招标采购还存在着这样或那样的问题,但随着对图书馆图书招标采购研究的不断深入,通过不断研究,积累图书招标采购的宝贵经验,必将克服招标采购可能带来的弊端,使图书招标采购走向一个良性的轨道。

参考文献

[1]林泽明,钟萍,余奇.构建质量优先公平科学的图书招标采购体系[J].图书情报知识,2011(3):50-57.

[2]雷玉玲.高校图书招标采购多目标综合评价方法的应用[J].淮海工学院学报:社会科学版,2010(2):131-133.

[3]颜先卓.不对称信息与高校图书馆图书招标采购[J].图书馆理论与实践,2010(11):90-92,108.

[4]周红霞.刍议图书馆图书招标采购的矛盾与策略[J].科教文汇,2010(4):189-190.

[5]温雅娟.对高校图书馆中文图书招标采购的思考[J].晋中学院学报,2010(2):119-121.

[6]马启花.图书招标方式下高校图书馆图书采访质量保障策略[J].图书馆,2009(5):103-104,113.

[7]胡越慧.高校图书馆图书采购招标工作研究[J].情报探索,2010(1):123-125.

[8]李记旭.我国图书馆图书招标采购的研究动态与趋势[J].情报探索,2009(4):127-129.

[9]白君礼.基于正式制度的高校图书馆中文图书招标研究[J].图书情报工作,2010(5):27-30.

读者决策的馆藏建设

——美国大学图书馆建设的新动向

刘 华(上海大学图书馆)

2000年以来,不断有美国大学图书馆开展读者决策的馆藏建设(Patron-driven Acquisition,PDA)项目,2004年科罗拉多州立大学、2007年杨百翰大学、2009年纽约州立大学水牛城分校等相继开始了此种形式的馆藏建设。2010年,可以说是"读者决策的馆藏建设"年,PDA在全美愈来愈多的大学图书馆开展起来,许多大学图书馆将其列为馆藏建设的重要手段或主要途径,就此专题进行讨论研究的学术讨论会层出不穷。在2010年4月举行的科技工程医学出版者国际协会会议上公布的调查结果表明,参加调查的250家大学图书馆中有32家实施了PDA采购,42家正计划在下一年度开展,另外90家计划在今后三年内开展,合计约三分之二。[1]普渡大学图书馆作为较早开始PDA的图书馆发表了读者决策的馆藏建设十年研究报告。[2]2011

年初美国华人图书馆员张甲和华师大研究员胡小菁率先向国内同仁介绍了这一新的馆藏建设模式。[3]由此可见,读者决策的馆藏建设将是今后图书馆学研究和图书馆建设的重要热点,昭示着馆藏建设的思想将发生深刻变化。本文试图就读者决策的馆藏建设产生的背景、历史、发展状况及实施条件,探讨其对图书馆建设的重要意义和影响。

1　定义

读者决策的馆藏建设(Patron-driven Acquisition, Patron-driven Collection Development, PDA)是指图书馆利用读者馆际互借的记录或读者对电子书的点击率、阅读时间,按照一定的标准进行的馆藏建设。PDA 与传统的读者荐书不完全相同,它主要依据馆际互借记录做出购书决策,或者是将协议书商的电子书书目开放给读者,在读者的点击率或阅读时间达到一定值后启动馆藏建设,而读者并不知情,无需理会,读者阅读电子书产生的费用由图书馆支付;更重要的是,这种形式的馆藏建设不需学科馆员批准,符合标准的订单自动发出,图书可送到读者案头,真正服务到家。

2　产生背景

读者决策的馆藏建设的产生与美国经济衰退、大学经费紧缩、电子资源购买费用高涨、馆藏利用率低密不可分。

首先,发生于 2008 年的美国金融危机至今严重影响着美国及全球经济的复苏和发展,政府对教育的拨款越加捉襟见肘,教育经费近三年来严重不足。例如, 2011—2012 财政年美国纽约城市大学(CUNY)经费减少 15% ,图书馆的经费也相应减少 15%—20%。[4]

其次,20 世纪 60 年代美国高等教育经历了急剧扩张,各校图书馆建筑都是校园中的标志性建筑,从传统意义上说,图书馆是储存、传播人类知识的场所。但如今,这一功能并不以建筑的宏伟、规模所决定,多数大学已经不再建设新的图书馆馆舍,馆藏空间极度有限。一些有实力的大学图书馆不得不联合起来,建立罕用馆藏储存中心,如科罗拉多大学、哈佛大学等高校的合作储存中心等,以便有空间用于新进的馆藏。[5]

第三,自 2000 年电子出版物大量涌现以来,图书馆不得不将主要经费用于支付电子文献费用,纸本书的采购经费和数量都降至历史最低点,[6]缺藏存在于所有图书馆,每年 200 万条馆际互借(Inter-library Loan, ILL)请求出现在馆际互借系统上,2009 年,1000 万件文献通过 OCLC 馆际互借系统出借。虽然馆际互借可以满足读者一时之需,但对长期馆藏建设于事无补。

第四,据统计,美国大学图书馆 50% 的藏书在过去十年中没有被出借过,[7]藏书的低利用率引起图书馆界、校方对图书馆效益的高度关注,也引发了图书馆投资回报研究的兴起,[8]同时也诱发了读者决策的馆藏建设的产生和发展。

3　发展状况

传统上,美国大学图书馆里集聚着一批学科馆员从事资源建设工作,他们根据教师的教学、科研需要,努力揣测其文献需求,试图建立满足现有及未来读者需求的学术馆藏。读者也可通过图书馆荐购信箱或网上荐书链接推荐购买图书,但采购的决定权则完全掌握在学科馆员手中,而随着经济、技术环境的改变,这一模式正在发生变化。1990 年,巴克尼尔(Bucknell)大学图书馆率先开始利用馆际互借记录采购图书,[9]其采购的标准是:如果直接购买比借阅更经济、更快捷就采取购买的方式。这一试验运行得很成功,以至该馆馆际互借组并入采访部,以后其他许多馆也开始了各种名目的此种形式的馆藏建设。

3.1　普渡大学图书馆(Purdue University Library)

早在 2000 年,该馆就实施了对提出馆际互借的图书实行购买而非借阅的政策,[2]125是较早开展读者决策的馆藏建设(PDA)的图书馆,迄今已达十余年。该馆 PDA 采购的标准为:近五年内出版的、150 美元以内的学术性图书,且一周内书商可供货到图书馆。书价超过 150 美元的请求要由学科馆员审核。自 2009 年起,标准调整为近三年内出版,并不再限于英文书。

PDA 主管人员:ILL 工作人员,由他决定是否采购,且决定以后的典藏位置。ILL 工作人员按照上述标准比对馆际互借请求,符合 PDA 采购标准的请求,就直接订购,无需学科馆员评估、批准。这样不会占用学科馆员的工作时间,也不会因等待学科馆员批准影响耽搁采购。典藏的位置取决于发出请求的读者专业、图书学科分类,但读者并不知道这些程序,只当是通过 ILL 订到。为避免不同人员对学术性的不同界定,图书馆十年间始终由该 ILL 工作人员负责此项工作,没有更换,也由他灵活掌握,适当购买少量广受欢迎的大众性图书供本科生使用。

PDA 采购数量和结构:2000—2009 年十年内,PDA 共采购 9572 种图书,其中 82% 为人文科学图书,15% 为科技图书、另有 3% 的书被评估为不适合学术性标准。人文图书的高比例令图书馆惊异,因为普渡大学是理工科大学,58% 的学生主修科技、工程、医学(STEM),37% 学生主修人文科学。究其原因,图书馆分析认为,理工科读者更倾向阅读期刊文献,更注重研究解决具体问题。

PDA 图书出版商:几乎全部来自于大学和学术、专业出版商,大学出版社主要是 Oxford,Cambridge,Yale;学术、专业出版商为 Springer,Wiley,Elsevier。PDA 读者满意度:2002 年、2008 年两次读者调查的结果表明,读者满意度极高,分别为 88%、89%。读者对到书速度感到惊异,对填补了馆藏空缺感到开心。

PDA 请求的读者结构:研究生 60% 以上,教师 20%,本科生约 10%,访问学者 1%。研究生是 PDA 请求的最大群体,也是最大受益者,他们本身就是学术文献的最大使用群体。以前人文科学学科馆员主要听取教师的意见和建议,研究生没有机会参与,PDA 采购使研究生有机会参与图书馆资源建设。

此外,绝大多数 PDA 请求者提出的是非本专业的图书需求,如管理学 80% 以上的 PDA 请求来自其他专业的读者,社会学也只有 12% 来自本专业读者。图书馆分析认为,这是馆藏建设非常值得注意的一个动向,即交叉学科的研究越来越广泛,对惯常的资源建设提出了挑战。

普渡大学图书馆读者决策的馆藏建设的经费已经从最初的图书经费的 5.5% 增加到 10%,并引发了部门的合并与重组,馆际互借组并入采访部。

3.2　俄亥俄州立大学图书馆(Ohio State University Library,OSUL)

俄亥俄州立大学图书馆的 PDA 试验项目开始于 2008 年,[9]210图书馆在馆藏检索 OhioLink

系统页面中,将本地拥有的馆藏显示在检索结果的最上面,并增加一个链接,指导读者对本地缺藏的文献提出需求。馆际互借(ILL)负责人注意到馆际互借的请求剧增,特别是对新出版物、课本及在 Worldcat 中未出版的图书需求量大增。该负责人与采访部的一位学科馆员合作,评估这些请求,发出 ILL 或购买订单,并以电子邮件形式通知读者:请求的图书将被购买,书到馆后会快速通知读者使用。很快,这一项目深入人心、广受欢迎。图书采购的标准为:200 美元以下、近三年出版的学术图书,OSUL 无法借到的图书,多媒体、外文图书也可,课本也可作为本校课本库保留本的补充,小说、大众文化书不予考虑,除非表明是教学研究必需。

2008 年 3 月至 2009 年 12 月共 22 个月期间,ILL 组共处理 2146 个请求,购买了 560 种图书,占 26%,花费 68 297 美元,其经费不占各学科文献经费,由总经费中支出。在余下的 1586个 ILL 请求中,有 68 种尚未出版,已经递交给有关学科馆员;243 种课本保留库中有,其余全部通过 ILL 解决。这一试验项目最大的受益者是研究生,其次为本科生、教师、职员,该四类群体递交 PDA 请求的比例分别为 47%、25%、20%、8%。PDA 图书拥有极高的流通率,仅在 22 个月中,平均每种达 16 次,最高的为一种课本,达 151 次(每次 2 小时)。2010 年,俄亥俄州立大学图书馆进一步总结评估项目进展,准备将 PDA 项目进一步推进,走向无图书馆员作中介的PDA 馆藏建设。

3.3 太平洋沿岸西北部大学集团(Northwest University Consortium)图书馆

该集团包括华盛顿州立大学等在内的 36 所大学。2010 年初,4 所较大规模的公立大学、3所小的私立学院已开展了读者决策馆藏建设(PDA),还有 4 所大学图书馆准备在半年内开始PDA 试验。[6]188 他们的 PDA 项目的图书供应商主要是 Amazon、YBP、Alibris、Baker & Taylor,选购的范围已扩展至 DVD、音乐视频资料。采购标准是:本地集团无馆藏;发出请求的是合格的读者,一般只限于教师、研究生;符合一定的价格限定,如不能高于 ILL 的费用;近期出版。有一个馆还限定书价不能超过 35 美元,且是第二次 ILL 请求。这些参数有利于简化工作流,方便一线职员确定 ILL 请求的图书是应提交评估还是直接购买。总的说来,这一地区的大学图书馆 PDA 项目尚处于初始阶段,还停留在图书是否到馆加工后再出借或是否立即加入馆藏的争论中,PDA 采购的流程还有待进一步优化。

4 实施条件

读者决策的馆藏建设在美国图书馆馆员中引起了热烈的争鸣。一些图书馆馆员质疑这种形式,认为与传统的读者荐书没有不同,并为今后学科馆员的职能而忧心,而更多的图书馆馆员则热烈欢迎这种馆藏形式,认为 PDA 是当前馆藏建设的重要补充形式,PDA 文献需求显示了当前学术研究跨学科的趋势,体现了读者的真正文献需求,同时,他们认为 PDA 不会全部替代学科馆员担当资源建设主角的模式,学科馆员仍是系统化、连续性、学科化馆藏建设的主力,PDA 有助于填补系统性馆藏建设中的一些空白。

PDA 使传统的图书馆资源建设工作流的运作更加高效,加快了信息获取的速度,潜在降低了馆际互借的需要,并以其广泛的参与度备受读者欢迎,使图书馆服务获得了读者极高的满意度,是建设以读者为中心的图书馆的一个重要手段。同时,PDA 馆藏建设也需要有一定的实施条件:

（1）可靠的遵守协议的高水平书商，能够提供高质量的书目记录，其系统平台能够与图书馆系统实现无缝对接，并且在接到订单后，3—7天内将书送到图书馆或读者手中，实现图书采购的电子化。

（2）馆际互借数据的充分利用，这是读者决策的馆藏建设PDA的基础。确立明确的标准，并切实严格执行，包括对出版商、出版日期、价格、学科范围的限定等。

（3）PDA流通数据分析，即在完成读者决策的馆藏建设后，对一定时间内此批书的利用情况进行分析研究，以便继续、调整PDA采购策略，使经费的利用达到更高效率，体现图书馆的投资回报率。

（4）图书馆有关部门的协调配合，PDA有赖于馆际互借和采访、编目部门的紧密配合才能实现，对图书馆传统业务流程和管理提出了挑战，需要调整、应对。

（5）现代化的图书馆集成管理系统，馆际互借、采访、编目、流通等模块的有效整合是保证PDA实现的技术条件。

5 结论

（1）读者决策的馆藏建设的出现和发展将带来馆藏建设思想的巨大转变

PDA是建设以读者为中心的大学图书馆的最重要途径，意味着传统的"以备将来之需（Just in case）"的馆藏建设向"恰逢其时（Just in time）"转变，[9]209是对传统文献采购"等和看"的彻底改变。PDA使真正需要的读者得到了图书及其内容，无论是纸本还是电子的形式，将带来图书馆从藏到用的彻底转型。

（2）读者决策的馆藏建设将进一步促进图书馆投资回报的研究

PDA图书流通使用率远高于以原有方式采购的图书，以真实数据表明文献采购源于实际文献需要，体现了较高的投资回报率，具有较高的性价比，有效降低了馆际互借的费用，促进系统馆藏的建设。

（3）读者决策的馆藏建设将促进电子商务在图书馆的应用，实现文献实时购买和使用

图书馆、书商系统功能的提高将实现图书馆资源建设的电子化、自动化、智能化，使图书馆与信息社会更贴合为一体。

（4）读者决策的馆藏建设的发展将引发图书馆业务流程和部门新一轮的重组

各馆还在进一步优化PDA的工作流程，并因此对业务部门进行相应的重组，适应服务的需要。图书馆员必须随时掌握新的信息技能，用新的技术、服务手段调整文献选择、采购和获取的方式，满足读者的文献需求。

2010年，美国大学和研究图书馆协会（ACRL）发布了未来大学图书馆的十大发展趋势，[10]首要趋势是：馆藏的增长是由用户决定的。由此可以认识到，读者是决定未来图书馆存在和发展的决定因素，重视、接受和实现读者文献需求，是馆藏建设及其评估的重要组成部分，加强和重视PDA研究，开展PDA试验性项目，不仅是服务读者、发挥图书馆功能的需要，更将有利于图书馆的长远可持续发展。

参考文献

［1］Dlenares. Patron Driven Acquisition—Librarian Survey［OL］. No Shelf Required, April 30th 2010. ［2011 – 04 –

20]. http://www.libraries.wright.edu/noshelfrequired/?p=932.

[2]Kristine J. Liberal Arts Books on Demand: a Decade of Patron-Driven Collection Development[J]. Collection Management, 2010(35): 125-141.

[3]张甲,胡小菁. 读者决策的图书馆藏书采购[J]. 中国图书馆学报,2011(2):36-39.

[4]the University. CUNY Board Approves Budget Request And New Tuition Schedule Linked to Compact Funding[OL]. [2011-05-12]. http://www1.cuny.edu/mu/forum/2010/11/22/cuny-board-approves-budget-request-and-new-tuition-schedule-linked-to-compact-funding/X.

[5]介凤. 美国储存图书馆体系发展过程研究及启示[J]. 图书情报工作,2011(55):89-92.

[6]Carlisle K. Just Passing Through: Patron-Initiated Collection Development in Northwest Academic Libraries[J]. Collection Management, 2010(35):185-195.

[7]Howand J. Reader Choice, Not Vendor Influence, Reshapes Library Collection[N/OL]. The Chronicle of Higher Education, 2010-11-07. [2011-04-20]. http://chronicle.com/article/Reader-Choice-Not-Vendor/125275/.

[8]Articles and Studies related to Library Value (Return on Investment)[OL]. [2011-05-10]. http://www.ala.org/ala/research/librarystats/roi/index.cfm.

[9]Hodges D. Patron-Initiated Collection Development: Progress of a Paradigm Shift[J]. Collection Management, 2010(35): 208-221.

[10]ACRL Research Planning and Review Committee. 2010 top ten trends in academic libraries[OL]. [2011-05-12]. http://crln.acrl.org/content/71/6/286.short.

外包环境下高校图书馆采编关系的协调与创新发展

刘丽静(北京大学图书馆)

1 业务外包对采编工作的影响

1.1 对馆藏建设的影响

高校图书馆的藏书建设是围绕着高校的教学和科研服务而展开,要求藏书比例与学科设置相匹配,有一套完整的采访计划。目前大部分高校图书馆是通过招标的方式,依据一定的标准确定合作的书商。而书商的经营活动是以营利为目的,他们对高校图书馆馆藏建设缺乏基本的认识和足够的重视,存在着重数量而轻质量的通病,难以避免有些书商为追求更高利润而在供书时,加塞一些过时、利用率低、质量差但价格高的图书。大部分图书馆选书环节是本馆人员,但验收环节多是由临时人员或外包人员。由于缺乏对本馆馆藏政策的了解,验收时没有注意,经常会有"漏网之鱼",直到编目环节才发现问题。如果编目环节也是外包人员,又没有审核数据,长远看来,则会造成藏书质量的下降。

1.2 对编目质量的影响

编目外包目前在高校图书馆普遍进行了不同程度的尝试,弥补了馆内编目人员不足、待编

11

图书积压、新书与读者见面时间过长的老大难问题,提高了编目效率,但也付出了质量下降的代价。书商的随书编目数据有的来自于套录各类联合编目中心的数据库,有的则是直接由本公司的编目员自编,因此数据来源与数据质量并不稳定。外包公司的编目员水平参差不齐,不太重视书目数据的标准化要求,经常是简单地照搬图书在版编目数据,其薪酬的计件提成,也必然导致工作时追求速度最大化。虽然大部分图书馆都安排了校对人员,但难以对全部数据进行审核。或是选择部分图书抽校,或是不对照原书,只对全部数据进行浏览校对,也很难发现问题。所以编目外包对图书馆书目数据整体质量影响很大,质量最难控制。

1.3　对采编队伍的影响

采编业务外包,使图书馆采编工作的内容和工作方式发生了显著变化,给采编人员的心理带来了一定的冲击和负面影响,尤其是编目人员,经常会疑惑"我们还能做什么",造成采编队伍的不稳定和流动频繁。如贵州大学图书馆从 2006 年起开始尝试采编业务外包,采编部的在编工作人员由 8 人减少到 1 人,虽然将更多的高素质人员用在了读者服务上,但过度依赖外包,造成员工归属感低,如果某次外包出现了意外情况,图书馆根本就没办法依靠自身来完成采编工作。[1] 在 2011 年 4 月北京邮电大学召开的北京高校图书馆"信息资源质量管理体系建设"研讨会上,与会各馆在探讨业务外包时,共同提到近几年在图书馆的岗位聘任中,经常会有采编人员聘到其他业务部门,却很少有外部门人员主动聘到采编部门的现象。

2　积极协调,强化管理

2.1　加强沟通,共同提高业务水平

外包环境下采编工作中的交叉组合,对采编人员的业务能力提出了更高的要求。由于采访和编目的业务背景不同,对文献信息点的理解会有不同,如图书的版本、期刊刊名的变化、连续出版物的前沿后续等,采访人员不一定都清楚,这些都容易造成重复征订或漏订。所以采访人员应该通过学习和实践,提高文献编目的能力与技术,及时掌握最新的编目条例的变化,在采访工作中尽量选用规范数据,减少编目人员的重复劳动。而编目人员也应了解采访的工作流程,掌握图书订单、验收的方法等,这样才能更好地相互理解、协调工作。如北大图书馆针对目前《中图法》(第五版)关于 H31 英语类目的修订措施就在采编人员中共同展开讨论,制定出本馆的政策,从采访订单开始就正确区分出中外文图书的归属。又如对于北大图书馆特藏图书的处理,也在采编工作中及时沟通政策的变化。由于特藏图书来源渠道十分复杂,典藏分配及特殊数据字段的处理都有各自的要求,所以部门领导通过群发邮件等措施,让采编人员非常清楚某类特藏图书的订单、编目、分配等政策。

2.2　简化和重组工作流程

采访与编目工作在大多数图书馆是分散组织的,虽然近年来有些图书馆将采访与编目部门合并,成立了采编部(或名为资源建设部)。但不管机构如何设置,在实际工作中,采访和编目的工作职责和任务都相对独立,一般在工作中多考虑自身的任务,不太了解也不愿意了解相关的工作流程和业务,人为地造成工作衔接上的滞塞,造成一些实际工作中两者关系的不和谐。在外包环境下,采访和编目工作无论工作思路和工作方法都发生了全新的变化,相应的管

理模式也应做出全面的调整。由于采编工作中交叉协作的整体化趋势、图书馆自动化集成系统的采用、书目数据的内在联系,让重组采编机构和重组业务流程成为可能。如北大图书馆业务外包后采编流程的整合坚持以下原则:(1)避免重复劳动。新书到馆后,先从采编工作的交叉部分入手,通过查重、验收和数据修改这些重复、交叉的工作,重新组合、简化。验收和书目数据查重同时进行,由编目人员直接进行数据修改,验收完毕也同时编目完成。(2)兼顾成本,合理支配外包经费。对于外包公司来说,编目人员和加工人员的工资待遇不同,所从事工作的定价标准也就不同。因此,在设计流程分配任务时,尽量不要让编目人员兼做加工人员可以胜任的工作。(3)图书交接流线清晰。办公室布局应尽量按照图书交接顺序,不来回推拉图书。一次交接完毕,进入下一环节,不反复交接。

2.3　配套管理措施,加强监管力度

由于图书馆业务外包的理论和实践研究近几年才开始,图书馆和承包商都处在探索阶段,业务外包市场还处于发展阶段。因此在业务外包过程中,应本着互惠互利的原则,从业务外包的最初阶段层层加强监管。如定期或不定期地对承包商完成任务的进度、质量开展评估,发现问题及时与承包商交换意见,研究解决办法,并积极约束和监管承包商,尤其是要对图书的到馆时间、图书质量等进行严格控制,按合同办事。如安徽大学图书馆在验收环节加强监管力度,要求图书馆业务管理系统软件开发公司进行了细化改进,可以准确地统计指定时段某图书公司的总到书率和各家出版社的到书率,作为对图书公司考核的重要依据。同时对图书公司告知因出版社原因无法供书的情况进行核验(主要针对低折扣的大社名社),如有不实按合同给予严厉处罚。[2]

2.4　规范编目质量管理与评估制度

编目外包质量管理与评估是目前外包工作中的难点。以美国为代表的西方国家编目外包已有多年的历史,在编目质量管理与评估方面有许多经验值得我们学习和借鉴。例如制订详细的编目技术管理方案、编目对外承包的技术检查表等,为编目外包的健康发展提供了规范管理的依据和科学指导。国内高校图书馆在借鉴国外先进经验的同时,可以以 CALIS 编目细则为依据,研究设计本地编目外包质量评估标准,例如:①编制书目记录质量控制技术表,在分析质量问题的基础上,基于 MARC,规定出书目记录编制过程中必须严格控制的重点字段;②根据不同文献类型,以字段为单位,定义出编目主要错误与次要错误范围;③研究编目错误率的计算方法以及编目错误的统计方式;④制定编目质量评估标准。目前北大图书馆的“编目外包质量控制表”主要包括如下内容:数据来源、记录数、查重给号错误、主题分类错误、规范类错误、基本五项错误、其他字段错误。其中基本五项错误包括 ISBN、题名、著者、出版社、出版年。编目部门定期或不定期将统计结果反馈给外包公司,外包公司在自己的奖惩措施中会有所体现。

3　转变观念,开展创新服务

3.1　引入学科馆员制,建立教参数据库

学科馆员制度在高校图书馆已普遍实施,其岗位设置主要是在参考咨询岗位,主要开展读

者培训、定题服务、课题查新等工作。将学科馆员制引入图书采访工作中，可以打破传统采访部门按文献类型配置采访馆员的做法，是新形势下采访工作规范化、科学化的新思路。学科采访馆员需要对其所负责学科所有类型的文献资源的采访，这有利于学科采访馆员能够对该学科文献资源采访统筹规划，将图书、期刊、电子文献、数据库等各种文献信息资源的采访进行全盘考虑，实现文献信息采访一体化。教学参考书的服务，传统上也一直是参考咨询部门的服务内容。综合考虑，教参从采购、编目到整理成书目或建立数据库，采编人员具有得天独厚的优势。随着学科采访馆员制的引入，在与学校院系师生的沟通过程中，采访人员能在第一时间了解师生的需求，及时采购补充所需教参文献，编目人员根据需求及时编目，并同时建立或完善已有的教参数据库，数据库中可合理配置不同载体的文献资源。在网络环境下，可将数据库发布到图书馆主页或相关的网络平台上，还可联合院系资料室（分馆）共建共享，实现网络服务。采编部门可设专岗人员定期或不定期地进行数据维护与更新，院系师生可通过教师姓名或课程名称按照不同的学年查询。对不具备网络条件的院系，还可加大服务力度，及时整理并发送电子版教参书目，多渠道为广大师生服务。

3.2　加强新书通报服务

在手工编目时期，新书通报是采编部门传统的服务内容。在网络环境下，随着计算机应用技术的发展，及时进行新书通报，让读者掌握和了解馆藏新书同样是采编部门的重要工作。RSS(Really Simple Syndication)是基于 XML 技术的因特网内容发布和集成技术，RSS 服务能直接将最新的信息即时主动推送到读者桌面，使读者不必直接访问网站就能得到更新的内容。如清华大学图书馆推出的 RSS 订阅服务，读者可按主题订阅自己感兴趣的新书通告，也可通过OPML 连接一次订阅全部主题的新书书目。[3]北京大学图书馆主页 2011 年 7 月 7 日发布消息，经过近半年的试运行，2011 年 7 月 1 日，"北京大学移动图书馆"正式上线。[4]此次正式上线的移动服务，将短信服务、移动检索和阅读，以及读者个性化定制服务整合为一体，提供包括图书、电子期刊和电子图书的检索与全文阅读，读者借阅历史、借阅状态查询与操作，以及短信预约提醒、短信推送等在内的系列服务。在移动图书馆引领信息服务的新浪潮中，采编部门也可充分发挥自己的优势，向手机用户发送新书通报等信息。若用户感兴趣，便可在图书馆的网站上注册并提交自己感兴趣的书籍类别，采编部门则可据此建立用户信息数据库。若以后有该类新书订购或上架，便可为用户发送相关的短信息，从而使潜在的用户成为图书馆真正的读者。既可实现图书馆个性化信息的定制，也体现出图书馆"以用户为中心"的服务理念。

3.3　拓宽服务领域，提供信息增值服务

知识服务作为一种面向知识内容，融入用户决策过程并帮助用户找到或形成问题解决方案的增值服务，可最大限度地满足用户的个性化信息需求。采访工作要与大批出版机构打交道，图书馆不仅是出版机构的用户，出版机构也应成为图书馆服务的潜在用户。出版机构的一大工作重点就是每年的选题规划，采访人员可根据市场需求和业界动态联合编目人员为不同的出版机构量身订制专题信息。例如在中国出版界"走出去"的战略背景下，面对海外选题建设薄弱的现状，采编人员可依靠国内外众多书目数据库的资源优势，自身熟练的检索技巧，帮助出版机构调研某类图书的海外流通情况，分析国内外读者目前的阅读热点及未来的阅读倾向，供出版机构选题参考。在数字化环境下，根据读者所需编制适用性、针对性较强的多功能

专题书目,深化采编目部门的服务内容,将某一专题的图书经过信息处理按一定结构重新组合,可包括书评、索引、读者指南等,把图书的主要信息和参考价值反映出来,使读者得其所需,也节省读者查询海量信息的时间。专题书目的服务对象也不再仅限于满足校内读者的需求,还可发布到网上,为社会文献资源共享打下基础。在将读者需求转化成各种书目的同时,也缩短了人与书的距离,从而提高了馆藏利用率,充分发挥了图书馆的教育职能。全面、高质量的专题书目的积少成多,还能够为读者提供一个全新的检索路径,高效地引导读者更全面地利用图书馆,实现馆藏信息资源的增值。

4 解读新理论,开拓新思路

4.1 读者荐购的新模式——PDA(Patron Driven Acquisitions)

随着网络技术的发展和读者需求的提升,读者荐书日益成为图书馆采访工作的一个方向。目前国内高校图书馆一般都在网上建立荐购系统,或开办网上读者论坛,实现采访人员在网上与读者的直接交流,及时获取读者的反馈信息,来提高文献采访工作的准确性和适用性。然而多年的实践已经证实,这种读者推荐方式对图书馆馆藏贡献有限。随着电子书在馆藏中增长,图书馆网页与外部网页(包括出版商网页)的链接,PDA 应运而生。PDA(Patron-driven Acquisitions,PDA)即读者决策采购,又称 DDA(Demand Driven Acquisitions,DDA)即需求驱动采购,是一种新兴的图书采访模式,根据读者的实际需求与使用情况,由图书馆确定购入,即读者在网上选定阅读图书,如果该书符合图书馆预先设置的采购范围,且图书馆未收藏的条件下,网页上会提示读者,如果不是自己想拥有,图书馆可以替你买单。目前 PDA 模式正在美国高速扩展,据 Publishers Communication Group 对全美 250 家图书馆的调查,32 家已经采用,42家计划一年内采用,另有 90 家计划在三年内采用,合计近 2/3;74 家已经或计划一年内采用的图书馆中,75% 为研究性大学。另据统计,世界上有 150 个图书馆成为 EBL(Ebook Library)公司的 DDA 用户,包括瑞士的欧洲核子研究所(CERN)、澳大利亚的 Curtin 理工大学、美国的耶鲁大学等。[6]国内 PDA 还没有展开研究,目前还只是极少数文章的概括性介绍,相信在不远的将来,势必引起图书馆界的深入探讨和实践。

4.2 采编外包业务的拓展 – 跨国"即可上架"(Shelf-ready)

"即可上架"(Shelf-ready)服务,即书商除了提供文献外,还提供全套的文献处理服务,包括编制书目记录、贴索书号书标、贴磁条、贴文献标识即条码、盖馆藏章等。图书馆收到这些书后,即可上架服务。进入 21 世纪以来,编目业务外包已普遍推广,越来越多的图书馆接受书商提供的"即可上架"服务,而跨国外包是近年来才出现的新生事物。如美国加利福尼亚州立大学伯克利分校东亚图书馆已与日本、韩国的书商开展了此类合作,2009 年又和中国书商签订了"即可上架"(Shelf-ready)的全套服务协议。[7]笔者曾因小语种编目问题实地走访过中国国际图书贸易总公司的编目中心,他们的业务就包括向国外图书馆开展中文书代采代编、跨国即可上架的服务。在国内,随着采编业务外包的普及和外包商实力的提高,外包也逐渐从一种控制成本的经营手段演化为促进图书馆创新与提升竞争力的战略方法。国外编目业务跨国外包的发展也会给我们一些积极的启示,如是否能借助国外的文献资源外包商,完成对外文图书(尤其是小语种)、电子期刊、网络资源的编目和加工处理等问题,值得图书馆界同仁思考与探讨。

参考文献

[1] 王海英,王波.高校图书馆采编业务外包的实践与思考:以贵州大学图书馆为例[J].情报探索,2010(4):112-114.

[2] 林泽明.采编工作与管理方式的优化[J].图书馆杂志,2008(3):38-39.

[3] 清华大学图书馆[OL].[2011-08-30].http://www.lib.tsinghua.edu.cn/service/RSS.Html.

[4] 北京大学图书馆[OL].[2011-08-30].http://www.lib.pku.edu.cn/portal/portal/group/pkuguest/mediatype/html/page/newest.psml?metainfoId=ABC00000000000001145.

[5] 王平,周虹,吴冬曼等.基于INNOPAC系统构建清华大学图书馆读者荐书服务模式[J].现代图书情报技术,2008(12):90-94.

[6] 张甲,胡小菁.读者决策的图书馆藏书采购[J].中国图书馆学报,2011(2):36-39.

[7] 张明东.跨国即可上架服务分析[J].图书情报工作,2011(5):100-103.

浅析价格高企下的学术期刊危机

齐东峰　宋仁霞(国家图书馆)

1　背景——期刊价格高企的现状及其危害

美国《图书馆杂志》的《期刊价格调研2011》(Periodicals Price Survey 2011)已于2011年4月新鲜出炉,它预测2012年所有期刊的平均涨幅约为6.7%,学术期刊的平均涨幅甚至将达到7%—9%。如果不考虑经济危机等因素,或许6.7%的涨幅与1995年的10.8%或1998年的10.4%相比尚显稳定,但综合美国财政预算的大量消减和美元的不断贬值等因素,6.7%的涨幅确已给美国各图书馆的期刊采购带来了巨大压力。[1]无独有偶,我国在2010年下半年同样也经历了一场图书馆界与国外期刊出版商之间的价格大战,国外科技期刊数据库价格连年走高,部分出版商的数据库价格连续多年以两位数的百分比涨幅上涨,给我国的学术和科研带来了严重的影响。[2]因此,如果不去积极地、合理地应对期刊价格的飞速上涨,期刊市场可能将出现继20世纪90年代以来的第二次学术期刊危机高峰。这并不是危言耸听,在学术期刊价格飞速高涨的压迫之下,图书馆所面临的将不仅是考虑停订哪些使用量低的期刊来为使用量高的期刊埋单,而是不得不减少高使用量的期刊,甚至是核心馆藏来应对期刊价格高企与图书馆购买力急剧下降之间的矛盾。

其实,期刊涨价之风自20世纪80年代便在西方国家开始刮起,愈演愈烈,并终于在90年代初酿成了一场全球性的危机。[3]在1995—1998年的4年之间,它达到了危机的第一次高峰,我国图书馆界在这场危机之下也遭受了严重的影响,当时的北京图书馆(现称中国国家图书馆)便因此停订了1996—1998年间出版的所有美国电气和电子工程师协会(IEEE)的印本期刊。学术期刊危机直接导致的是学术与科研的交流危机。科研人员从事学术研究活动的一个

16

重要条件便是获取并阅读大量的期刊论文,了解同行们的研究进展和本学科领域的发展动态;科研人员发表学术成果的主要目的不是为了经济回报,而是希望在最大可能的范围内传播其研究成果,取得同行们的认可,以进一步提高本学科领域研究的进一步发展。但期刊危机的出现在给出版商带来高额利润的同时,却很大程度上限制了读者对这些宝贵成果的了解和研究,这不仅与作者的初衷相冲突,更重要的是它制约了学术和科研的发展。

2 造成学术期刊危机再次来临的因素

2.1 学术期刊是一个具有特殊性的产品,难有其他可替代性资源

期刊作为信息的载体是图书馆馆藏中最重要的文献类型,可以说它是图书馆馆藏的物质基础。期刊具有内容新颖、涉及领域广、学术成果报道迅速及时、出版数量大等特点,因此,它一向被学者们推崇为学术信息源之首。期刊的连续性、专业性、规律性、学术性、系统性等特点及其令人惊叹的增长数量更加稳固了它为人们提供信息的重要地位。早在 20 世纪 80 年代,全世界每年发表的科学论文便达到了 500 万篇,平均 35 秒一篇,学术期刊已超过 10 万种,[4]因此学术期刊作为最新科技发展动态的重要窗口资源,具有不可替代性的特点。此外,学术和科研对期刊论文的需求还具有非弹性的特点。所谓非弹性,即学术和科研工作对期刊论文的需求是硬性需求,不随期刊的价格变化而变化。出版商正是利用了这两点,抓住了期刊涨价的主动权,在高额利润的驱使下,学术期刊的价格上涨惊人,成为期刊危机高峰再次降临的罪魁之一。

2.2 大型商业出版社具有多数学术期刊的垄断地位

20 世纪 40 年代以来,伴随着全球教育科研规模的扩大,学术期刊的数量迅猛增长。由于增量大、成本低,相对一般出版物而言具有较大的利润空间。另外,期刊作为交流学术经验和成果的最佳途径,各领域对学术期刊的需求量逐年增加,加之其不可替代性和非弹性需求的特点,便形成了商业垄断的基础,致使众多出版商不断参与争夺学术期刊出版的市场。

此外,学术界一味追求顶级刊物的投稿标准也在很大程度上对期刊出版的垄断起到了推波助澜的作用。学术成果的作者不论是出于对学术科研的热情,还是出于晋升、报酬等需求,均希望在高影响力、学术权威的期刊上发表学术论文。这反映在商业化学术出版市场就形成了"越难发表的刊物,稿源越多;稿源越多,刊物质量越易提高;刊物质量越高,期刊提价的砝码则越重"的连锁效应。无形中便构成了学术期刊垄断的另一个诱因。

大型商业期刊出版商凭借雄厚的资金实力、先进的出版水平和技术,在提升其原有商业学术期刊的权威性与质量的基础上,还兼并和购买其他的学术期刊资源,逐步垄断了学术期刊的出版市场,进而逐年提高期刊的价格。据统计,在 SCI、SSCI 和 A&HCI 三大引文索引所收录的期刊中,近 50% 的品种属于 Elsevier、Wiley、Springer、Taylor & Francis 和 SAGE 五大出版商。以 Elsevier 的期刊在中国销售为例,全国共有 197 家图书馆和研究机构购买了其学术期刊数据库 Science Direct,而 Elsevier 在 2010 年曾一度将各机构采购的数据库价格增长了 9%—22%,平均涨幅达到了 18%,[5]于是才引起了 2010 年下半年图书馆与国外期刊出版商之间的价格拉锯战。

2.3 电子期刊成为出版商牟利的工具

20 世纪 90 年代以来,电子期刊的兴盛也曾一度缓解了学术期刊危机,因为它的制作和传

播成本较纸本期刊更加低廉,电子期刊的复本边际成本很低甚至几乎可以忽略,它通过互联网传播后,更加缩减了纸本期刊的邮寄成本。然而事情的发展总是存在着意外,商业电子期刊非但没有成为解决学术期刊危机的一剂良方,反而在高额利润的驱动下,成为了出版商们获取更大利益的手段。对于电子期刊的销售,出版商往往采取传统的订阅模式,利用 IP 和用户密码等方式对用户的访问权限加以严格控制。尤其是捆绑销售策略(又称"Big Deal"),出版商将大量的非核心刊物与少量的核心刊物打包销售,即使许多图书馆发现在已购电子期刊数据库(例如 Elsevier、Springer、Wiley 的订单)中很多期刊的使用量为零,但是根据电子期刊的采购协议,图书馆仍不能随意选择停订这些期刊,因此让图书馆处于更加被动的状态。[6]

2.4　期刊平台的新功能增加了隐形成本

2010 年美国苹果公司的产品 iPad 上市,它给出版界和图书馆界展现了手持阅读设备访问电子资源的巨大潜力。各出版商对此做出了积极地响应,他们逐渐使自己的产品实现移动阅读。甚至还推出了自己期刊平台的手持阅读版和相应的移动阅读软件,以适应用户的需求,例如 Elsevier 出版公司的 Sci-Verse Mobile、EBSCO 出版公司的 EBSCOhost Mobile 等。诚然,移动阅读技术确实实现了电子资源随时、随地、及时地访问,但任何新技术的应用都是需要成本的,移动阅读也不例外。且不说此技术本身的发展及更新需要费用,仅仅将各种电子资源实现多渠道、多设备的兼容匹配和访问便需要支付不小的费用。[7]

实现资源的移动设备访问不仅仅是出版商一方的事情,图书馆在这一场新技术的应用方面也表现出了积极的态度。为体现图书馆无所不在的服务、更好地担负起消除信息鸿沟的责任,都逐步开始提供数字资源的移动服务,例如中国国家图书馆的"掌上国图"服务、加拿大艾伯塔耶洛黑德图书馆的"Your Library"手机终端、多伦多大学的 UTL Mobile 及美国奈尔大学的 CU Library 掌上服务等。然而,即使这场移动服务革命在图书馆界和出版界看来都是必然的,但是图书馆提供资源的移动设备访问服务仍旧受到了内容费、版权等方面的严格限制,期刊出版商无疑将会把这一系列成本转嫁到图书馆和其他用户身上。

2.5　图书馆购买力下降造成恶性循环

图书馆购买力逐年下降已经不是新问题,自 20 世纪 70 年代以来,维持出版商与图书馆共同生存关系的期刊出版市场便开始动摇。它不仅仅是图书馆和出版商之间的博弈造成的,而且还受到了全球经济发展状况的影响。造成图书馆购买力下降的主要原因有两个方面,即图书馆购书经费预算缩减和文献资源价格逐步攀升。据美国研究图书馆协会(ARL)最新统计,2010 年 ARL 成员馆的连续出版物采购费用与 2009 年相比,平均每家下降 3.7 万美元,这个数字看上去似乎不大,但考虑到 2010 年学术期刊高达 5.2% 的平均涨幅,图书馆期刊采购的压力是可想而知的。EBSCO 在 2011 年的《图书馆馆藏与预算趋势调研》(Library Collections and Budgeting Trends Survey 2011)也得到了相同的结果,受访的 450 家图书馆中,有 34% 的图书馆缩减了 2011 年的预算;44% 的图书馆还将会缩减 2012 年的预算,其中 78% 的图书馆将考虑减少印本期刊的订购。[1]31

由此看见,随着期刊涨幅的不断攀升以及图书馆预算的吃紧,图书馆购买力呈螺旋式下降。图书馆购买力大幅下降所酿成的最终后果是学术期刊的订购量大幅消减,而这将是一，图书馆在预算不增的情况下所能够订购的学术期刊将逐年锐减,导致学术资源越来越不能满足图书馆用户的需求。

3 应对学术期刊危机策略与建议

3.1 打破商业垄断,支持开放存取期刊的发展

20 世纪 90 年代末,为了解决学术期刊危机所带来的问题,构建一个真正服务于科学研究的学术交流体系,开放存取运动(Open Access Movement)便在国际学术界、出版界和图书情报界大规模地兴起。开放存取期刊为读者提供免费访问服务,任何用户都可以通过互联网免费阅读、下载、复制、传播、打印和检索作品,实现对作品全文的链接、为作品建立索引和将作品作为数据传递给相应软件,或者进行任何其他出于合法目的的使用,不受经济、法律和技术的任何限制。期刊开放存取出版模式将传统的出版者、服务提供者、研究人员之间的固有关系实现了分离,直接实现了研究人员与出版传播的结合,加速了科研成果出版的速度、扩大了受众面,有利于研究人员学术地位的确立。

笔者对多个 OA 期刊平台以及 Thomson Reuters 的 ISI 平台中收录的 OA 期刊进行调研后发现,截至 2011 年 7 月,DOAJ 收录 OA 期刊 6722 种,[8] Open J-Gate 收录 OA 期刊 8949 种,[9] 乌利希期刊指南中收录 OA 期刊 10234 种[10];在众多的 OA 期刊中,被 SCI、SSCI、A&HCI 收录的 OA 期刊已达到 745 种;根据期刊引证报告科学版(JCR Science Edition 2010)统计,有影响因子的 OA 科技期刊为 580 种,其中不乏高影响因子的期刊,影响因子超过 2.0 的有 127 种之多,在 2010 年 JCR Science Edition 排名中也名列前茅,如 CA-A Cancer Journal for Clinicians 影响因子为 94.262,排名第 1;PLOS Medicine 影响因子为 15.617,排名第 63(详见表 1)。[11]

表 1　JCR Science Edition 2010 收录的前 15 种 OA 期刊影响因子列表

期刊名称	ISSN	影响因子(JCR2010)	JCR 排名
CA-A Cancer Journal for Clinicians	0007 – 9235	94.262	1
PLOS Medicine	1549 – 1277	15.617	63
Living Reviews in Relativity	1433 – 8351	12.625	95
PLOS Biology	1544 – 9173	12.469	96
Molecular Systems Biology	1744 – 4292	9.667	155
European Cells & Materials	1473 – 2262	9.650	156
PLoS Genetics	1553 – 7390	9.543	158
PLoS Pathogens	1553 – 7366	9.079	180
Canadian Medical Association Journal	0820 – 3946	9.015	183
Nucleic Acids Research	0305 – 1048	7.836	227
Pain Physician	1533 – 3159	7.793	230
Emerging Infectious Diseases	1080 – 6040	6.859	273
Haematologica-The Hematology Journal	0390 – 6078	6.532	293
Environmental Health Perspectives	0091 – 6765	6.087	339
Orphanet Journal of Rare Diseases	1750 – 1172	5.933	356

由此可见,近年来 OA 期刊的发展成果是非常卓越的,其学术价值也得到了充分的体现。它的快速发展不仅能够解决图书馆学术期刊订购经费的问题,还可以使科研人员和大众方便、及时地获取科研成果,对商业出版机构的垄断和学术期刊危机有着强有力的制衡作用。

3.2 支持基于开放存取的机构知识库建设

机构知识库(Institutional Repository,IR)也是开放存取运动中的一个重要内容,它的平台由各机构提供,并由机构成员将个人或机构的研究成果提交到机构的知识库中,使其资源在一定范围内传播利用,并负责进行长期保存。2002 年 11 月美国麻省理工学院和惠普公司共同开发了第一个机构知识库 DSpace,它拉开了全球大规模建设机构库的序幕,自此,机构知识库便如雨后春笋般蓬勃发展起来。据开放存取知识库登记机构 ROAR(Registry of Open Access Repositories)统计,截至 2011 年 7 月全球已登记的机构知识库有 1837 个,分别分布在 6 大洲的67 个国家,其中欧美的发展最为突出,美国 340 个,英国 183 个。[12]

机构知识库的出现给面临着严重期刊危机的图书馆来了难得的机遇。各机构库通过开放存取的机制建立并实现了与其他机构库之间的互操作,通过标准化元数据描述机制将自身纳入各种检索工具中,使得用户能够方便、快捷地获取所需资源,实现了知识资源在更大范围内的共享和利用。此外,机构知识库中还包含了大量传统期刊所没有的学术资源,如专著、工作报告和文件、多媒体及视听资料、课程资料等。图书馆若能将机构知识库与传统的学术体系相结合,将它纳入馆藏范围,这不仅能够扩大馆藏,还可以促进图书馆的服务水平,最大限度地满足各类用户的知识需求。同时,由于机构知识库是在各成员机构的基础上建立起来的,它拥有跨越式的无缝检索功能,因此这种新的资源整合方式还为图书馆的馆藏管理提供了新思路。

3.3 图书馆摒弃"大而全,小而全",积极倡导共建共享

发展馆际合作,实现图书馆资源的共建共享是信息时代图书馆事业的发展趋势,这同样在一定长度上可以缓解学术期刊危机给各图书馆带来的影响。近年来,我国图书馆界在馆藏资源共建与共享工作中取得的成绩是巨大的,但与发达国家相比较,仍然存在着较大的差距。造成这一局面,既有客观因素,又有主观因素。客观因素主要是指经费投入的不足和现代信息技术的落后,主观因素主要是指图书馆馆藏发展政策和共建共享目标规划不明确,图书馆追求"大而全"或"小而全"的观念根深蒂固。[13]

因此,图书馆除在资金投入上寻找出路、在信息技术上努力努力提高外,还要彻底转变思想,改变图书馆"大而全"或"小而全"的馆藏建设和服务模式,加强各图书馆之间的分工协作,减少期刊收藏的重复。也只有在各图书馆拥有了自己的特色馆藏资源、文献建设互不重复的情况下,图书馆的共建共享才具有真正的意义,馆际之间的合作才具有真正的价值。

3.4 图书馆联合起来,与出版商共同寻求适合的采购模式

期刊载体形态经过近若干年的发展,电子期刊、数据库及原生网络期刊逐渐形成规模,与印本期刊相比,它具有传播速度快、检索平台功能强、存取灵活、交流方便等优势,因此与印本期刊一并成为图书馆重要的文献资源,并有逐渐取代印本期刊的趋势。受此变化的影响,期刊采购模式已不再限于纸本期刊的购买,它不仅要面对纸本期刊出版市场的变化,而且还要面对出版市场的发展,这也引发了图书馆和出版商之间马拉松式的博弈。在这场博弈中,

灰色文献资源体系化建设的挑战和探索

——以国家图书馆为例

王　磊　黄炜宇(国家图书馆)

1　灰色文献的定义对资源建设的影响

灰色文献为英文"Grey Literature"直译而来,又称非正式出版文献(Non-Publication Literature)。对灰色文献的定义通常采取概括性的描述而不是定义性的阐述,例如1978年12月在英国约克召开的灰色文献研讨会认为"灰色文献系指居于白色文献与黑色文献之间的灰色文献地带"[1];1995年美国政府机构间灰色文献工作小组(IGLWG)认为"灰色文献是国内外公开发行的文献,一般无法通过正常的出版、流通、书目控制及书商采购程序获得,但可以通过特殊渠道获得的文献称为灰色文献"[2];1997年第三次国际灰色文献会议对灰色文献定义为"灰色文献是由政府、学术界、工商业界等所有单位,以印刷或电子形式出版,而其出版并不受业界出版商的控制"[3]。这些主流的观点大都从两种角度对灰色文献进行定义,一种从流通和来源看,强调灰色文献来源复杂,流通范围有限;另一种侧重于从出版特征看,强调灰色文献出版方式的不可控性和出版形态的非常规性。

灰色文献缺乏一致性的定义,与其灵活的文献特征不无相关。传统定义将灰色文献放置于白色文献与黑色文献之间,意味着除了公开出版发行的文献和保密文献外,其他都应属于灰色文献,这种过渡性质的定义将灰色文献放置于一个没有明晰覆盖边界的模糊集内,[4]赋予灰色文献的过高的包容性,使其文献数量庞大,文献内容繁杂;在资源建设上,缺乏明确的构筑框架。

有学者通过明确灰色文献的类型,来划定灰色文献的定义范围,例如:美国政府机构兼灰色文献工作小组(IGLWG)将一般灰色文献的资料形态予以列出,主要包括学术论文、预刊本、委员会报告、会议论文集、会议论文、研究报告、公司文件、标准、讨论文件、技术报告、博士论文、硕士论文、政府报告、商业文献、企业机构期刊、翻译、市场调查、旅游报告、会讯/通讯、工作报告等近20种形式,[5]但这种通过类型切分来硬性划定灰色文献范围的定义,无法为灰色文献的资源建设提供操作性更强的指导。国家图书馆2008年面向社会征集非正式出版文献(灰色文献)时,也按照会议文集、研究报告、资料汇编、民间文集等文献类型开展资源建设工作,但随着工作的展开以及社会各界的积极响应,灰色文献灵活的出版特性所带来的问题逐步凸显出来,例如文献种类不断增多、文献内容多样化、文献质量参差不齐等。在资源建设过程中,工作人员大部分精力不得不用来处理文献的类型切分,阻碍了文献后期的资源整合。

2　国家图书馆灰色文献资源建设

2.1　国家图书馆灰色文献资源建设历程

国家图书馆最早对灰色文献征集的制度性记载,是1919年1月21日教育部《指令第132

号照准京师图书馆征集图书简章》。20 世纪 80 年代之前,国家图书馆对于灰色文献的征集属于"零散性征集",没有形成制度化的征集组织形式和完整的灰色文献馆藏体系。直到 1985 年,国家图书馆成立了征集灰色文献的专门机构——"国内资料组",才开始大规模、全面地征集中文灰色文献,但后期因人力不足、投入不够等原因,由原来的"全面征集"变成"重点征集"[6]。此后,国家图书馆陆续对灰色文献的征集格局加以整合,撤并"国内资料组",相继成立了学位论文文库、地方志及家谱文献中心、中文资料组几个灰色文献收藏机构。

中文资料组主要面向社会采集一些学术性与资料性较强的灰色文献,以学术会议论文集、研究报告和社会调查报告、民间诗文集、口述历史和非物质文化遗产资料等为入藏重点。通过征集文献、接受赠书和购买等三个途径采集文献,文献来源主要为政府机构、科研单位、高校、民间团体以及社会各界人士等。

2.2 国外灰色文献资源建设与国家图书馆的差异

(1)资源建设内容上,主要以科技研究信息为主。例如:欧洲灰色文献情报系统创建之初由法国原子能下属的核研究中心和前联邦德国的能源、物理、数学情报中心、英国图书馆外借部等机构组成;美国主要收集灰色文献的机构有美国国家技术信息局(NTIS)、美国国家航天总署(NASA)、能源部(DOE)、国防技术信息中心(DTIC)等;日本的科学技术信息中心(JICST)等。[7]这些灰色文献的收藏机构都主要着重于科技信息的及时性与共享性,创建之初源于这些国家对科技数据以及研究成果的共享需求。据美国科学基金会与日本国家统计局调查,90%以上新技术通过灰色文献中的专利文献公之于世,95% 的产品技术的情报来源于灰色文献的产品资料。[7]这种资源共享极大地促进了科学创新的产出,也为灰色文献资源的建设提供了积极反馈。

我国灰色文献资源建设缺少信息资源共享的原始推力,其目的更倾向于史料文献资源的保存。这种封闭式的资源构建形式缺乏信息共享需求的推动,只能被动的依靠政策支持和工作人员的主动开发,导致我国在灰色文献资源建设规模和速度上,远远落后于其他发达国家。以学位论文为例,在国家图书馆入藏的几种灰色文献中,仅有学位论文属于有缴送政策支持的入藏的文献,即便如此,部分呈缴高校和科研机构仍以研究成果保密为由,拖延学位论文的缴送时间,不仅影响了论文资源的构建数量,也影响了论文资源的发布时间,国家图书馆的学位论文资源开放周期通常落后科研成果产生时间 1—2 年,这对时效性极强的科技研究极为不利。这种排斥信息共享的资源建设环境,加大了工作人员文献采集的难度,束缚了国家图书馆灰色文献资源建设的规模。

(2)拥有完善的版权制度和文献缴送制度。灰色文献大部分是内部资料,它具有发行量小、流通面窄等特点,文献采集难度较大,国外严格的缴送制度保证了其灰色文献能全面采集。日本规定凡资料都要缴交 1 册到国立国会图书馆,目前该馆已收录 30 余万件灰色文献。[8]灰色文献的发行特点也使其版权所有者很容易受到侵权;完善的版权制度可以保护灰色文献的版权,保证其被长期有效地开发和利用。以美国为例,美国的呈缴制度是写在版权法中的,国会图书馆是接受呈缴本的唯一一家图书馆,国会图书馆的版权局只根据呈缴本进行版权登记。[9]通过版权和呈缴制度的联动,既保证了文献缴送及时,也为文献版权保护提供了依据。完善的版权制度也促进了灰色资源的共享和整合。在呈缴制度和版权制度的支持下,灰色文献采集人员在资源建设过程中具有更大的选择性和主动权。

缴送制度和版权保护的缺失对国家图书馆灰色文献采集的影响更为严峻。由于缺少制度的保护和支持,灰色文献生产单位和个人的入藏意愿很低。出自政府或科研单位等具有较高价值的灰色文献(科研报告、课题研究、统计资料等),问题更为突出。缺少文献产出单位的可持续性支持,不仅加大了灰色文献采访人员的工作难度,还不利于国家图书馆构建稳定的灰色文献体系;同时,版权保护政策的缺失也阻碍了国家图书馆为读者提供更为完善的灰色文献服务。在当前制度尚未完善的环境下,国家图书馆只能通过转变资源建设方式开展灰色文献采集工作,将文献保存放在资源建设的首位,将时效性较弱的史料文献作为入藏的重点,以此规避的文献采集周期较长的缺点,同时,通过积极地与其他灰色文献收藏单位开展文献交换合作,以扩大文献资源的采集范围和深度。

2.3 国家图书馆灰色文献体系分析

由于缺少完善的呈缴制度和资源共享环境支持,我国的灰色文献在采集源头上没有办法做到类似国外更高效更可控的建设方式。在灰色文献创建初期,国家图书馆依照文献的类型进行资源建设,但除了学位论文和地方志能成规模、成体系的发展外,其他几种类型的灰色文献并未获得成熟的发展。其主要原因,一是相对其他灰色文献,学位论文和地方志在我国有相对较长的发展历史;二是这两种文献有利的自身特征促进了其文献资源建设的体系化、规模化的发展。

与其他灰色文献相比,学位论文与地方志具有以下三个明显的优势:

第一,有固定文献来源机构。学位论文来自高校及科研机构,地方志来源于各地地方志编纂委员,这种固定的文献来源保证了文献资源的持续性。

第二,有相应的政策支持或有利的政策导向。学位论文入藏国家图书馆在国家学位条例中有明确规定,地方志的编撰机构对入藏国家图书馆也有较强的意愿。这保证了学位论文和地方志的文献资源建设的稳定性。

第三,有先天的文献体系化支撑。大多数灰色文献的类型、内容以及来源之间关系是松散的,以研究报告为例,其文献来源可以为政府机构、科研单位、非政府组织以及个人,内容也较为宽泛,其文献体系需要后期人为构建和整理。而学位论文和地方志,其来源机构自身就成体系化组织,学位论文以学校、院系、研究方向等维度作为约束,地方志以地方行政级别省、县、市、村等维度约束,其来源机构的体系化决定了这两类灰色文献资源建设过程的体系化。如表1所示。

表1　学位论文与地方志的文献来源体系

文献类型	文献名称	文献来源	文献主题
学位论文	中国保障性住房制度建设研究(博士论文)	吉林大学—经济学院—政治经济学	住房制度
	立足基本国情的城镇住房制度理论与实践探索(博士论文)	中国人民大学—经济学院—产业经济学	住房制度
地方文献	湖北鄂州长岭地方志	湖北—长岭镇—长岭地方志编委会	地方志
	岭北地方志	湖南—湘阴县—岭北地方志编纂委员会	地方志

其他灰色文献由于缺少这种体系化的来源支撑,其文献资源建设更为无序、散乱、不可控,体系化建设难度较高。因此,对于其他灰色文献,应依照自身文献特征寻找资源建设策略。通过追溯文献产出机构、构建文献建设主题,规避灰色文献出版灵活的特点(例如:中国软件行业协编写的《中国软件产业发展研究报告》2003年以研究报告的形式发布,2004年以后则以产业年鉴的形式发布,通过抓住"软件产业发展"的主题,避免由于锚定"研究报告"导致的文献漏采)。此外,在文献特征上,来源机构之间的差别通常大于文献类型之间的差别,例如政府机构的研究报告和制度汇编,通常用于政策指导,更具有官方权威特性;而科研机构的研究报告和文件汇编,通常用于科研成果的发布,更具有学术前沿特性;非政府机构的研究报告和文集,更具有公益服务特性。同时,由于政府机构、科研单位、非政府组织的职能比较固定,通常能围绕某个主题持续出版文献,例如:统计局对统计数据和经济信息的发布,科研院所针对科研主题的研究成果,非政府组织依照公益服务内容发布。因此,这种以文献来源机构为框架的资源建设,在构建文献主题时,更具有稳定性。如图1所示。

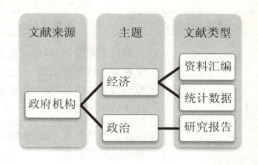

图1 以文献来源和主题构建体系

3 国家图书馆灰色文献体系化建设

3.1 灰色文献的等级结构

由于灰色文献出版形式灵活、文献类型多样、文献内容繁杂,与普通图书期刊等常规出版物有较大的差别,采访人员必须探索适合灰色文献自身特征的资源构建方式。国家图书馆中文资料组尝试通过文献等级结构的划分,从文献产出根源上理顺灰色文献资源建设的框架。

传统的文献等级结构主要依据文献的加工深度、信息量的变化和传播范围,以及出版形式等划分。通常分为零次文献、一次文献、二次文献和三次文献,也有专家将灰色文献列入文献等级,分为零次文献、灰色文献、一次文献、二次文献和三次文献。[10]灰色文献属于文献等级的范畴还是文献类别的范畴,尚存在争议。仅从灰色文献的文献特征出发,大多数灰色文献相对常规出版文献,提供更原始的数据信息(统计资料),更基础的政策制度背景(制度汇编、政府报告),更前沿的科学研究成果(学位论文、课题研究),更原始的史料价值(方志、年鉴、大事记),从文献传播流程上,相对于大部分正式出版物,灰色文献更接近文献信息的源头。由此来看,在整个文献系统中,灰色文献作为初级文献为二级、三级文献提供基础的信息和数据支持。如表2所示。

表 2　灰色文献与白色文献的文献等级对比

文献类型	灰色文献	白色文献
文献名称	民政部社会救助司《城市居民最低生活保障制度文件资料汇编》 民政部救灾救济司《全国市县城市居民最低生活保障情况》	江苏人民出版社 《城市居民最低生活保障制度研究》
	中国互联网络信息中心《中国互联网络发展状况统计报告》 文化部文化市场发展中心《全国互联网上网服务营业场所（网吧）行业调查报告》 文化部文化市场司、财政部教科文司《中国网吧网络游戏调查报告》	知识产权出版社 《网络游戏运营的服务与定价策略》
文献等级	初级文献	高级文献

3.2　等级定位下的灰色文献资源建设

国家图书馆灰色文献的资源建设中,通过分析文献等级来决定灰色文献的采选层次,即将提供原始数据、基础史料的灰色文献作为采选重点,通过分析文献来源,指导文献体系化建设。

（1）政府及科研机构

政府机构材料是国家图书馆灰色文献的重点采选对象,这些材料一般是政府机构组织各部门领导、各领域专家研究国家和地区政治、经济、科学、教育等重大问题、制定重大政策过程中产生的灰色文献。这些材料通常反映了政府的立场和观点,内容广泛,数据可靠,对于研究国家政治和社会经济具有重要意义。国家图书馆在采集此类文献时,注重对重大专题的选择,对涉及国家宏观政策、方针、计划、发展战略、进展预测、提供基础数据支持和基本政策指导的文献重点采集。目前采选类型有研究报告、文件汇编、会议材料、统计数据等。例如:国家发展和改革委员会资源节约和环境保护司编写的《冶金、有色行业发展循环经济案例研究》、国务院发展研究中心编写的《经济发展方式转变中的中国:背景报告》、国家民委监督检查司编写的《2010 年民族关系状况分析材料汇编》等。

科研单位、高等学校的灰色文献也是国家图书馆的重点采集对象,文献采选原则一般是涉及国家重点领域、重大课题的项目报告、论文集等,这些文献多为特定领域、特定学科的前沿性、前瞻性研究,例如:浙江大学科教发展战略研究中心编写的《国际工程教育前沿与进展》、中国科学院—清华大学国情研究中心编写的《建设创新型国家白皮书:2006—2010》、中国城市规划设计研究院和兰州市城乡规划设计研究院共同编写的《兰州市城市总体规划:2010—2020》等。

（2）民间团体和非政府组织

民间团体和非政府组织通常为服务于特定人群的公益机构,这些团体在社会公共服务领域中的作用逐渐被社会各界重视。在其关注的范围内,通常会进行一些基础的史料整理或社会研究,有些领域还是主流研究机构不愿意涉足的,这些材料绝大部分以灰色文献的形式存在。国家图书馆在采集此类灰色文献时,在文献筛查和控制上更为严格。首先,在我国民间团体和非政府组织的数量庞大,质量参差不齐、鱼龙混杂,国家图书馆一般选择成立时间较长、具有一定管理规模的民间团体和非政府组织进行资料的采集。如北京泰国归侨联谊会、广西新四军历史研究会、辅仁大学校友会、中国美国商会等。其次,与政府机关和科研机构相比,这些团体组织的研究资料的科学性和权威性相对较弱,采访人员需要对这些文献进行认真反复鉴别,选择具有史料价值和研究价值的文献入藏。如《铁血侨魂——抗美援朝时期的军中"华侨兵"》《新四军风云录》《辅仁往事》《美国企业在中国:2011年白皮书》。

(3)个人

个人文集的文献价值有较多争议。个人作为社会群体的组成部分。其文献/回忆必然与社会的建构密不可分,关注个人文集可以作为研究社会结构与变迁的一个重要视角。国家图书馆在采集个人文集时,尤其注重文献的史料价值。回忆录、自传是国家图书馆的重点入藏类型,在文献内容选择上,重点收集时间跨度较大,对我国重要历史事件有记载的个人文集,如有方子翼编著的《雪山·草地·蓝天——方子翼军旅生涯录》等以回忆抗日战争为主题的文献;有安育中编著的《我和我的知青部落》、林小仲编著的《知青记忆》等以记录知青上山下乡运动的文献。此外,个人文集常以其独有的方式阐释历史,其中还有许多问题是普通文献未曾触及的,如以"文革"为例,个人回忆录通常以普通人的视角,描述了当时亲历的婚姻家庭、生活方式、风俗习惯、价值观念以至于整个社会的结构及运作方式、精神状态、社会心理等问题,这是仅凭传统文献史料难以回答清楚的。通过个人记叙与文献史料互证,更为全面、准确、深入地认识不同时代的变革,最大限度地实现历史研究过程中的多重关照意义。

参考文献

[1]姜振儒,张荣凤,胡国华.论灰色文献及其作用[J].中国图书馆学报,1997(1):85-88.

[2]朱正娴.不可忽视的信息资源:灰色文献[J].图书馆,1998(3):35-37.

[3]张永红.国外灰色文献整理现状及其启示[J].大学图书情报学刊,2006(2):89-96.

[4]张锦.灰色文献控制观[J].情报资料工作,1999(4):8-10.

[5]于嘉.各国灰色文献收集工作极其展望[J].当代图书馆,2005(2):41-47.

[6]赵志刚.中国国家图书馆灰色文献收藏的历史和现状[C]//香港图书馆协会.香港图书馆协会50周年学术会议论文集.香港:香港图书馆协会,2008:243-250.

[7]徐刘靖,刘细文.国内外灰色文献开发利用现状对比分析[J].图书馆建设,2005(5):65-71.

[8]陈瑜,冷熠,罗栋.日本国立国会图书馆的缴送管理研究及启示[J].图书馆杂志,2011(1):70-72.

[9]任大山.中外呈缴本制度及思考[J].图书馆建设,2007(6):64-66.

[10]马学立.灰色文献内涵与外延的辨析及界定:关于文献等级结构研究系列之三[J].图书馆建设,2003(1):13-15.

以武汉大学图书馆为例谈谈高校图书馆以学科为中心的外文图书采访模式

袁俊华(武汉大学图书馆)

1 高校图书馆外文图书采访的现状

1.1 需求的增长与有限经费之间的矛盾

随着高校办学层次的不断提高和教学科研的发展,师生对国外文献资源的需求越来越迫切。一方面,为了提高人才培养质量,增强大学生直接利用外语从事学习和研究的能力,有的高校在本科阶段的教学上已开始推行采用外文原版教材或高质量的外文教材进行双语教学。随着科研人员外语水平的提高和研究层次的不断深入,他们对外文图书的需求和依赖程度也与日俱增,并在深度和广度上有了进一步的延伸。可以说,高校教学科研的水平和质量与其馆藏专业外文文献质量的高低、数量的多寡息息相关。

但另一方面,外文图书经费的严重短缺是国内高校普遍存在的问题。虽然图书馆文献资源建设得到了学校各方的重视,图书经费有所增加,但与快速增长的读者需求、不断上涨的图书价格相比,图书经费增长的滞后或实质上的负增长是明显的。Blackwell 报道的 2004—2007 年人文社科类图书均价依次为 53.09 美元、55.01 美元、58.82 美元、61.5 美元。

可以看出,外文人文社科类原版图书均价 2005 年比 2004 年增长了 3.6%,2006 年比 2005 年增长了 6.9%,2007 年比 2006 年增长了 4.6%,而理工类图书的均价和涨幅则大大超过了人文社科类图书。尤其是近三年来其均价直逼 200 美元:2008 年为 168 美元;2009 年为 178 美元,增幅为 5.9%;2010 年为 193 美元,增幅为 8.4%。而高校图书馆经费方面,以武汉大学图书馆为例,学校划拨的外文图书常规年度经费 2010 年以前一直为 150 万,2010 年增至 200 万,教育部下拨的文科专款图书采购经费一直为 18.7 万美金,如果仅仅依赖这两笔常规经费,每年采购的外文图书品种不足 1 万种,而武汉大学的这两项经费在国内高校图书馆经费榜上一直是名列前茅的。另据统计,我国 CALIS 人文社科类外文图书收藏总量仅为哈佛大学、耶鲁大学、牛津大学三校收藏的 16.9%,这与各学科、各专业、各层次人员的文献需求相去甚远。

1.2 外文图书的出版特点与外文图书甄选之间的矛盾

外文图书的出版情况日渐复杂,主要表现为:其一,出版量巨大,目前,全球每年出版的印刷图书就有 140 多万种,其中英美出版的英语学术图书有 6—8 万种,在经费有限的前提下,外文图书采访必须遵循精选原则;其二,出版图书语种多样,而院系师生的语种需求也呈多样化,尤其是人文学科对德语、法语等小语种图书的需求越来越强烈;其三,载体类型、发行方式愈渐复杂,数目繁多的电子图书、网络图书、按需出版等多种形态的出版物中包含大量有价值的学术文献,这就使得外文图书的采访不能再仅仅局限于纸质图书的购买;其四,现代学科的发展,不仅使学科内的分化更加深入,也使学科间的相互应用和融合更加广泛,各类边缘学科、交叉学科纷纷涌现,外文图书内容也相应变得更为专深或交叉重复;此外,图书版本更新速度快,跨国出版增多,出现大量的新版、再版、修订版图书和多语种、多国版的图书。外文图书采访馆员要在庞大的海外出版物中,在林林总总的外文出版状态下,挑选馆藏图书着实不容易。

1.3 书目信息源的单一、重复与灰色文献信息源难以获取之间的矛盾

外文图书采访的书目信息源主要来源于供应商和出版社定期提供的目录。能够提供新书目录的国外出版社寥若晨星,目前能定期为武汉大学图书馆提供目录的出版社不足 30 家,供应商的目录报导仍然是图书采访的主要信息源,但其重复报导现象严重,有时相互之间的重复率达到 30%,并且偏重于经典学术图书和大型出版社图书目录的报导,而大量颇具学术价值的会议录、学会出版物等灰色文献难觅踪影。灰色文献(Gray Literature)一般指非公开出版的文献,包括非公开出版的政府文献、学位论文,不公开发行的会议文献、科技报告、技术档案,不对外发行的企业文件、企业产品资料、贸易文件等等。其流通渠道特殊:有的按不同密级要求流通,有的受文献生产方式所限,流传范围不广,有的由政府或非营利机构出版,流通目的是为了赠阅或交换相关出版物,因此发行量少,不借助任何广告形式,也不加入正式出版的行列。同时,其出版形式多样,没有固定的形态、固定的名称和固定的篇幅,制作份数少,容易绝版。尽管是非公开出版物,但此类文献在研究和情报价值上并不亚于正式出版物,虽然有的研究并不成熟,但见解独到、材料新颖、信息量大,因此他们同样受到专家学者的青睐,但采访人员对此类文献信息源的获取却难以通过上述两种途径实现。

综上所述,高校外文图书采访面临着种种困境,其工作难度随着师生需求的纵深发展也在不断加大,单纯依靠采访人员自身素质与业务水平恐难保证外文图书馆藏质量的持续稳定发展,因此院系专家对图书采访的参与必不可少,而学科馆员则作为专家与图书馆之间的桥梁纽带在外文图书采访中起到了重要作用。

2 武汉大学图书馆以学科为中心的外文图书采访模式

2.1 武汉大学图书馆学科馆员制度的确立

为了给学校学科建设提供文献服务保障,满足各学科各专业用户对信息的特定需求,2001年武汉大学图书馆开始正式实施并运行学科馆员制度,使学科馆员逐渐参与本馆的文献资源建设工作。2001—2003 年,由 16 名学科馆员分管全校与之相关学科的工作,包括对外文图书采访的参与;2003—2005 年,学科馆员为 15 人;2005—2008 年为 17 人。在此期间,学科馆员从各部门抽调人员兼职委派,主要承担图书馆与院系师生之间的联络人角色。但由于学科馆员本身有较繁重的工作任务,且没有严密的组织结构,管理较为松散,更缺乏考核机制,因此学科馆员对外文图书采访的参与是消极、被动的,外文图书采访工作的核心仍然是采访人员本身。2009 年,武汉大学图书馆完善了学科馆员机制,成立了以学科为中心涵盖六大学部、36 个学科的工作组,如表 1 所示。

表 1 武汉大学图书馆学科工作组一览（2009 年）

学科工作组	学科服务范围	负责人数（人）	所在部门
社会科学学科组	艺术学	2	信息服务中心
	教育学、图书馆、情报与档案管理	2	信息服务中心
	法学、政治学、公共管理、社会学	2	信息服务中心
	经济学、管理学	2	信息服务中心
人文科学学科组	文学、外国语言文学、新闻传播学	2	信息服务中心
	历史学、哲学	2	信息服务中心
理学学科工作组	物理学	1	物理学院资料室
	化学	1	化学院资料室
	数学	1	数学学院资料室
	生物学、环境科学	2	信息服务中心
	计算机科学	1	计算机学院资料室
工学学科工作组	动力工程及工程热物理/水利工程、控制科学与工程/农业工程/机械工程等	6	工学分馆学科服务部
信息学科工作组	测绘科学与技术/地图制图与地理信息系统/摄影测量与遥感等	6	信息分馆学科服务部
医学学科工作组	公共卫生/基础医学/临床医学等	6	医学分馆学科服务部

从上表可以看出，此时学科馆员人数已经增至 36 人，且按学科范畴成立了 6 个工作组，该工作组成员主要来自信息服务部门和院系资料室，这两者通过长期与院系师生开展沟通与交流，对所属学科都有一定程度的了解，不但使自身具备了一定的专业知识，更为鼓励师生参与图书采访工作奠定了良好的人际关系基础。学科工作组还实行了严密的管理机制：各学科组设立一名组长，学科馆员工作由主管文献资源建设和信息咨询服务的副馆长直接负责，并采用双重领导管理体制，即业务由横向工作组跨部门管理，人员由所在部门实行行政管理。

2.2 武汉大学图书馆以学科为中心外文图书采访模式的形成

武汉大学图书馆在 2009 年以前仅有生命科学、信息学科等少数学科馆员参与外文图书采访，随着学科馆员制度的逐步完善，学科工作组对外文图书采访的参与度越来越高，他们通过自身人际关系或是以院系资料室为桥梁等办法建立了各学科"一对多（即一个学科馆员联络该学科多个老师）"的采访网络。2010 年，表 1 中六大学部的外文图书均由学科馆员联系学科老师选订，从而最终形成了"采访馆员—学科馆员—学科专家"这种以学科为中心的外文图书采访模式，其工作流程如下。

首先，采访馆员将收集的外文图书出版目录（包括书商目录、出版社目录等）按表 1 列举的学科定期分配给相应的学科馆员。

其次，学科馆员将目录送至学科老师进行圈选，一个学科应联系多个老师，以避免同一学科内部资源建设的不平衡,老师会在圈选的图书目录中签名。

最后,学科馆员将圈选好的目录集中返回给采访馆员进行订购,后者依据各学科外文图书采购经费的比率进行核查,将不符合采购原则的图书予以剔除,以保证外文图书采购经费在各个学科的合理分配。值得一提的是,采访馆员在订购过程中会在操作系统中对学科和圈选老师姓名进行备注说明,这对学科馆员及时向学科专家反馈图书到馆情况极为重要。

图书到馆编目完成后,编目人员会将到馆图书目录及其备注说明一并提出,并据其学科发送给相应的学科馆员,再由学科馆员整理后通知荐购老师。与此同时,学科专家可以向学科馆员或直接向采访人员荐购图书,同样会由采访人员在系统中作好备注。

从上述工作流程可以看出,在以学科为中心的外文图书采访模式中,采访馆员、学科馆员、学科专家各有其不同的角色:采访馆员是目录采集者和分配者,其主要工作是从各种不同渠道搜集外文图书的出版目录,并向代理商发送订购目录;学科专家是资源抉择者,买什么样、买多少书主要取决于他们;学科馆员是传递者,其主要工作是向学科专家传递采访馆员的目录信息,传递编目人员的馆藏信息,没有他们,采访人员没有精力也不可能做到与学科专家的——联系。

2.3　武汉大学图书馆以学科为中心的外文图书采访模式的成效

在以学科为中心的外文图书采访模式中,图书馆通过加强对学科馆员的组织与管理,采用"盯人"战术来提高院系研究人员对资源建设的参与度,其效果是显著的。以人文社会科学类的法学、哲学、社会学、艺术、语言文学、教育6个学科近三年外文图书的订购情况为例,详见表2。

表2　2008—2010年武汉大学图书馆外文图书订购情况学科(个别)对照表

年份 \ 学科种数	法学	哲学	社会学	艺术	语言文学	教育
2008	223	304	21	7	302	45
2009	301	260	19	35	628	39
2010	581	577	254	390	1209	112

2009年5月以前,除少数学科外,外文图书采访一直是以采访馆员为中心,即由采访人员根据自身的知识、经验来选购图书,必然受到其学科背景、知识水平的限制。如上表2所列举的6个学科中,2008年对社会学、艺术、教育的订购种数相对于各自的出版数量明显不足,尤其是社会学和艺术两大学科。2009年5月以后随着学科组的正式运行,开始由36名学科馆员联络各学科老师选订图书,绝大部分学科订购种数有所增长,如表2列举的法学(增长78种)、艺术(增长28种),尤其是语言文学,增长了326种。该年度是以学科为中心外文图书采访模式的初步形成时期,学科馆员对学科专家的联络、反馈处于摸索阶段,而专家对资源建设的参与处于尝试阶段,2009年表2所列学科中法学老师选书101种,哲学老师选书12种,艺术学老师选书20种,语言文学老师选书100种,可以看出,这一年度的外文图书订购中,学科专家仍处于辅助地位。2010年是实行以学科为中心外文图书采访模式的第一个完整年度,外文图书订购完全采用学科专家圈选的目录。学科馆员在经过上一年度与院系教师的交流、沟通后,和他们基本建立了稳定的合作关系;同时,上一年度所订外文图书陆续由学科馆员反馈给学科专

家,也推动了后者参与图书选订的积极性和主动性。从表3可以看出,2010年度各学科订购种数增加显著:法学增加280种,增长率为93%;哲学增加317种,增长率为122%;社会学增加235种,是2009年的12倍多;艺术增加355种,是2009年的10倍多;语言文学增加581种,增长率92.5%;教育增加73种,接近2009年的2倍。

上述数字反映了学科馆员、学科专家对武汉大学图书馆外文图书资源建设的推动作用。从质量方面来说,学科专家所选外文图书的针对性、可用性毫无疑问要远远高于以采访人员为中心的外文采访模式,更适合学校的学科建设和教学科研需要,对此笔者将另外撰文分析比较。

3 思考

以学科为中心的外文图书采访模式是以学科为单位对院系专家进行分组联络、及时反馈,明确了学科专家、学科馆员、采访人员三者在图书馆文献资源建设中的定位,从而充分发挥了他们的积极作用,克服了采购外文图书学科面狭窄的缺点,更调动了专家选书的积极性,确保了外文图书的专业学术水平。同时,由采访馆员对各学科外文图书采购经费的比率进行调控,这样既可保证外文图书采访的质量,又可保证外文图书采购经费在各个学科的合理分配。但与此同时,这种采访模式所存在的问题也显而易见。

其一,同一学科内部资源建设的不平衡。同一学科内部存在众多的学科分支和方向,虽然各个学科都"部署"学科馆员,但其联系的专家毕竟是个别老师,他们在圈选图书时也许会兼顾其他老师的研究方向,但仍然主要选择本方向所需资源,其他学科分支因此会成为资源建设的盲点。

其二,不同学科之间资源建设的不平衡。以采访人员为中心的采访模式,采访馆员会着重考虑不同学科之间的经费平衡。而以学科为中心的外文图书采访模式,完全以学科专家需求为导向,由于不同学科对外文图书的需求程度不同——例如人文类的哲学、历史学科对外文图书的依赖程度愈来愈高,而计算机、电气工程等学科的学术研究主要依赖于期刊、会议录等时效性强的一次文献——因此必然导致资源建设学科之间的不平衡,在经过采访馆员的后期经费调控后会形成有的学科书买不够(书选得多,经费不够)、有的学科书不够买(选的书不够,经费用不完)的局面,并且随着学科专家对图书采访参与度的提高,这种两极分化的趋势会越来越明显。遵从院系老师的需求会导致图书馆资源建设的不平衡,要达到资源建设的平衡就会使某些学科图书需求得不到满足,因此在学科资源建设和读者需求之间寻求一种新的平衡点将是以学科为中心的外文图书采访模式亟需思考的问题。

其三,目前绝大部分学科专家对外文图书采访的参与是消极被动的,使学科资源建设难以向纵深发展。这一方面固然是由于院系研究人员时间精力有限,而另一个重要原因则在于图书采访与图书馆的资源服务长期以来一直是两个彼此缺乏关联的环节,即采与用脱节,使院系教师感觉选购图书是在为图书馆提供帮助,而不是在为学科搜罗研究资源,这就难以在更大程度上调动专家参与资源建设的积极性。譬如武汉大学图书馆的外文图书采访工作目前仍没有很好解决书目信息源的单一、重复、灰色文献信息源难以获取的问题,而此类信息需要院系专家先期提供有关参考,例如某一学科有哪些学会、协会,而后采访馆员对其出版物进行跟踪采访。如果学科馆员能够效仿中科院武汉分院图书馆的做法为学科专家提供个性化的一站式学科服务,将采与用一体化,必将提高他们对外文图书采访的参与度,合作解决灰色信息源的难题。

最后,笔者认为武汉大学图书馆以学科为中心的外文图书采访模式虽然有众多优点,但目前以专家为重心的选书模式只是一个过渡阶段,因为它单纯依赖馆外专家选书,使采访工作过于被动。这一模式中应该而且必然处于主导地位的是集资源采选、信息服务于一身的学科馆员,馆外专家将逐渐处于辅助地位。从传统的以采访人员为重心到以学科专家为重心,外文图书采购的质量和专业水平在不断提升,发展到以学科馆员为主导地位的选书模式,应该如何保证文献资源建设的专深度,并克服目前采选流程中存在的问题将是我们需要进一步思考的问题。

参考文献

[1] 钟建法. 高校人文社科外文图书保障体系建设存在的问题与对策[J]. 图书情报工作,2010(11):10-13.
[2] 何燕. 对当前公共图书馆外文图书采访工作的思考[J]. 图书馆论坛,2010(8):93-95.
[3] 蒋家红. 学科馆员制度绩效评价体系构建之我见[J]. 四川图书馆学报,2008(2):58-60.
[4] 汪丽娅. 高校外文图书采访信息互动探讨[J]. 内蒙古科技与经济,2010(11):125-126.
[5] 钟建法,蔡茂宇. 中外高校人文社科英文图书收藏分析和保障体系建设[J]. 大学图书馆学报,2010(2):83-87.
[6] 章红. 网络时代西文图书建设方法与策略探析[J]. 现代情报,2009(4):103-106.

西文文献资源建设分析和发展思考

——以 2008—2010 年上海图书馆采选西文经济类图书为例

张建亮(上海图书馆)

上海十二五规划明确提出继续全力推进国际经济、国际金融、航运和贸易中心建设,而西文经济类图书在了解世界各国经济、传播国外先进经济理论、吸收借鉴国外经济发展经验中起到重要作用。虽然近年来上海图书馆文献资源建设经费每年有一定幅度的增长,但是面对激增的外文出版物以及不断稳定上扬的书价,仍然感觉经费不足,如何在现有条件下,选择最有参考价值的图书,满足于上海的经济建设和读者需求,是采选馆员必须面对和思考的问题。本文试图通过对馆藏文献的调研和未来发展思路的探索,为今后采选此类图书提供参考依据,更好地服务于上海的四个中心建设。

1 2008—2010 年采选西文经济类图书调研分析

笔者以 2008—2010 年上海图书馆主动采选的西文经济类图书为调研和分析对象(而不是以入库图书为调研和分析对象,因为入库图书中每年有一部分是交换和赠送的),通过对采选数据的多方面比较分析,来研究馆藏细分学科构成的合理性、核心出版社和图书学术价值。

1.1 图书细分学科和维普期刊数据库收录论文对比分析

近年来国外出版经济类图书的种类和数量不断增加,而且本馆近三年入藏西文经济类图书的平均价格已达每本 814 元人民币。在这种情况下如何在经济学科中形成特色馆藏,确定重点细分学科就显的愈加重要。

2008—2010年本馆共主动采选经济类图书5210种,平均每年1700多种,约占每年采选图书的11%。据本馆统计,2008年外文经济类图书流通率占18.92%,即流通比例与采选比例达1.6以上,流通比例与采选比例在0.5—1.5之间是合理区间①,而我馆达1.6,说明总体采选策略合理,关键是经济类图书的重点细分学科选择是否准确。因为个人研究暂时难以获得我馆细分学科的统计数据,所以笔者就以上海的作者发表在核心期刊上论文的数量作为对比,数据来源是维普期刊数据库收录的论文,发表年份也是2008—2010年,具体检索式是:"分类号 = F0—F8"与"机构 = 上海"与"时间 = 2008—2010"与"范围 = 核心期刊",对比结果见表1。

表1 细分学科对比表

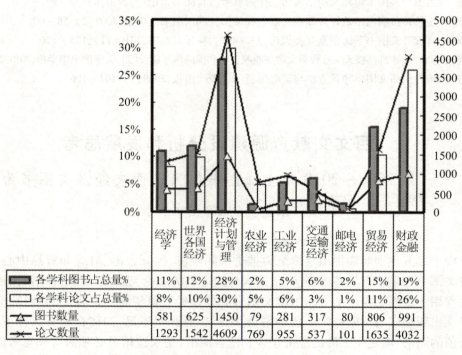

	经济学	世界各国经济	经济计划与管理	农业经济	工业经济	交通运输经济	邮电经济	贸易经济	财政金融
▮ 各学科图书占总量%	11%	12%	28%	2%	5%	6%	2%	15%	19%
□ 各学科论文占总量%	8%	10%	30%	5%	6%	3%	1%	11%	26%
△ 图书数量	581	625	1450	79	281	317	80	806	991
✕ 论文数量	1293	1542	4609	769	955	537	101	1635	4032

在表1中,柱状图是各细分学科图书和论文数量百分比的对比图,我们可以看出图书和论文中占最大数量的经济计划与管理类的百分比值只差2个百分点,说明本馆对重点的细分学科把握是准确的,而财政金融类偏少,贸易经济类偏多,这和海外国际贸易类出版物较多有关,当然这也需要根据上海的十二五规划进行微调。

1.2 采选图书核心出版社和《Choice》推荐书目核心出版社对比分析

核心出版社,是指出版文献具有信息密度高、利用率高、学术声誉高、文献前瞻性强等特征的出版社,也是选书时应该考虑的重要参量。《Choice:Current Reviews for Academic Libraries》(选书)创刊于1964年,是综合性书评刊物,每年报道7000多种的图书评论,有超过35 000名图书馆馆员、高校教师、重要决策制定者使用该杂志,它到达几乎美国所有本科高校和大学图书

---

① 庄蕾波.公共图书馆馆藏西文文献资源建设分析研究[J].图书馆建设,2008(11):36 – 38,42.

馆,大多数美国高校馆使用它采选图书,是众多目录中比较客观权威,统计方便的目录①。经济类图书是其中推介的内容之一,所以笔者用它作为比较对象。

核心出版社的分析方法有很多,最常用的方法有布拉德福区域分析法,对具体的分区方法,学术界已经论述很详尽了,在此不再赘述。笔者把采选经济类图书出版社和《Choice》(以2007年度出版目录为统计对象)推荐经济类书目出版社按图书数量进行排序,共分3个区,每区占图书总量的33%,笔者把前两个区,约占67%的出版社,列表如下,见表2。

表2 核心出版社对比表

排名	CHOICE 推荐书目出版社	性质	数量	采选图书出版社	性质	数量
1	Edward Elgar pub.	商业	23	John wiley & sons	商业	769
2	Palgrave Macmillan	商业	20	Routledge	商业	373
3	Cambridge University Press	大学	17	Edward elgar pub.	商业	344
4	The MIT press	大学	13	McGraw-Hill	商业	231
5	Princeton University Press	大学	12	Cambridge University Press	大学	152
6	Brookings	研究机构	9	Oxford University Press	大学	148
7	Oxford University Press	大学	8	Palgrave Macmillan	商业	146
8	Rowman & littlefield	商业	8	World scientific pub.	商业	133
9	University of Chicago Press	大学	7	Macmillan pub.	商业	132
10	Havard University Press	大学	7	SAGE	商业	110
11	Stanford University Press	大学	6	Nova Science Pub.	商业	96
12	World Bank	国际组织	6	Ashgate	商业	89
13	AEI press	商业	4	Elsevier science pub.	商业	82
14	Ashgate	商业	4	Pearson education	商业	73
15	Earthscan Publications Ltd.	商业	4	Kogan page	商业	71
16	M. E. Sharpe	商业	4	Peter lang	商业	64
17	Routledge	商业	4	Butterworth-heineman	商业	62
18	Blackwell Pub.	商业	3	Princeton University Press	大学	60
19	Cornell University Press	大学	3	Thomson	商业	59
20	Greenwood	商业	3	Prentice hall	商业	44
21	Institute for International Economics	研究机构	3	CRC Press	商业	41
22	The University of Michigan press	大学	3	Taylor & Francis	商业	40

---

① [2011 – 05 – 10]. http://www. ala. org/ala/mgrps/divs/acrl/publications/choice/about. cfm.

续表

排名	CHOICE 推荐书目出版社	性质	数量	采选图书出版社	性质	数量
23	Peterson Institute for International Economics	研究机构	3	VDM	商业	39
24	United Nations	国际组织	3	Auerbach pub.	商业	36
25	Urban Institute	研究机构	3	Jai press	商业	36
26	W. W. Norton	商业	3	The MIT press	大学	34
27	Yale University Press	大学	3	Harvard Business School	大学	30

表 2 中出版社共分为四类：商业出版社、大学出版社、研究机构和国际组织。表 2 中打方框的部分，都是重合的，共 10 家出版社，约占 37%，此外本馆是 World bank、United nations 两家出版社的托存馆。未重合的部分，Choice 的专家推荐比较重视大学和研究机构，获推荐的约占 60%，说明大学社的整体质量、学术水平要高于商业出版社，而本馆目前较偏重于大型商业出版社，具体原因如下。

（1）出版数量。大型商业出版社年出版数量都在 1000 种以上，比如 John wiley & sons、McGraw-Hill、Macmillan pub 每年出版新书 1500 种以上，而大学出版社，除英国的牛津、剑桥在 1000 种以上，其他大学平均在 100—200 种，少的只有几十种，所以在统计数量时大学社就不占优势，研究机构的出版数量就更少了。正因为大学和研究机构出版数量少，所以在上表整体统计中所占比率较低。

（2）信息来源。本馆使用的采访信息，主要来自于书商目录（如中图目录、国贸目录等）、书评目录（如 Choice）、原版目录三部分。其中书商目录所占比例较高，书商目录中报道商业出版社的图书数量也比较多。而且大型商业出版社在营销力量方面占有绝对优势，他们在中国有代表处，每年会有销售经理来推荐图书，把原版纸质目录和电子版目录送到采选馆员手中，这是一些大学出版社所没有做到的，有时要想收集他们的原版目录也较难。本馆也认识到了这一点，目前在通过代理商帮助收集大学、研究机构、学会协会等出版机构的目录，以求改变目前的结构。

1.3 图书学术价值调研和分析

文献选择有价值论和需要论等不同流派。价值论是主张选择科学性或艺术性价值高的优秀出版物，重视出版物本身的内容价值。本馆对外文图书一直采用精选的原则，根据文献本身所具有的知识含量，以及在本学科的研究领域中所达到的高度选书，偏向于价值论的流派，即使有些书现在读者较少，也要作为一种资源进行储备。分析外文图书学术价值，国内有学者建立了外文学术图书模糊综合评价体系，即采用数据分析与数据挖掘方法，筛选学术图书的核心作者、核心出版社、核心机构等评价指标，同时通过德尔菲法确定并分配相应的权重，构建出具有普适意义的科学客观的外文学术图书模糊综合评价模型与采访模型[①]，但这模型还在理论摸索阶段，而且即使成功，估计评估费用也比较高，不一定能得到经费的支持。现阶段笔者想通

---

① 孙勇中，袁曦临，钱鹏.外文核心学术图书模糊综合评价体系的建立［J］.图书情报工作，2007（6）：134–138.

过一些简单实用的指标,来分析图书学术价值。笔者使用亚马逊网站上的 Customer Star(消费者星级)和 Google Scholar 上学术图书的引用数量这两个指标来更客观的评价图书学术价值。

Amazon. com①(亚马逊书店)的 Customer Star(消费者星级)是读者购买使用图书后的体会,分 5 星级,有多少人评级都会显示,最后显示平均值。星级不到 2 星级算 1 星级,依此类推。这个指标,我认为相对来说更适合畅销书,而本馆采选的外文图书总体偏学术性,所以再结合 Google Scholar 上学术图书的引用数量这个指标,这样能更客观的评价馆藏。

Google Scholar(GS)是 Google 公司于 2004 年底推出的专门面向学术资源的免费搜索工具。学术搜索为科研人员提供了一个强有力的"一站式"学术搜索工具,可帮助用户搜寻学术书籍、论文、同行评议报告及文章、摘要等学术性文献资料②。GS 的最吸引人和最独特功能之一就是其检索结果是利用引文分析方法,按照相关度和被引用次数排序,以图书为例,如输入书名、ISBN、作者等信息,GS 会在第一行显示图书信息和被引次数。

作为个人研究,要对全部 5210 种图书作这两项统计,工作量太大,所以采用等距抽样的办法。等距抽样,它是将总体单位按某一标志排列,然后按固定的顺序和间隔来抽选调查单位的一种组织形式③。因为图书的排序属无关标志排队,所以采用随机起点等距抽样的方法。图书总数为 N = 5210,抽取比例确定为 5%,即抽取 261 个样本,K = 5210/261 = 20,随机起点确定为2。依次从中抽出 261 个单位构成样本,即 2,K + 2,2K + 2,3K + 2,……,260K + 2。在抽样框中与这些位置对应的单位即为抽样样本,具体数据分析结果见表 3。

表 3　图书学术价值分析表

消费者评价星级	图书数量	百分比	学术图书被引次数	图书数量	百分比
1 star	1	0.3831%	5 次以下	57	21.8391%
2 star	1	0.3831%	5—10 次	23	8.8123%
3 star	13	4.9808%	11—20 次	22	8.4291%
4 star	37	14.1762%	21—100 次	24	9.1954%
5 star	31	11.8774%	100 次以上	8	3.0651%
总数 261	83	32%		134	51.3410%

根据表 3 可以发现以下特点。

(1)消费者评价星级比例是偏低的,这与消费者评价星级这个指标更适合畅销书有关,而且笔者在收集数据中发现,价格较高的图书,比如 400 美元以上一般都没有评价星级,笔者认为原因在于个人买这类图书可能性比较小。

(2)学术图书被引记录达到了 51%,如果再减去一些 2010—2011 年刚出版的文献,学术图书被引记录要达到 60% 多,这个结果笔者认为还是比较满意的,毕竟本馆买的都是社科新书,随着时间推移,经典著作的被引率还会不断提高。

---

① Amazon. com:亚马逊书店属于美国亚马逊公司旗下,是世界上销售量最大的书店,它可以提供 310 万册图书目录,即使绝版的图书,它也保存在检索系统之中。

② [2011 – 06 – 10]. http://baike. baidu. com/view/3334454. htm.

③ 刘树. 统计学[M]. 北京:清华大学出版社,2010:158 – 160.

（3）这两项指标重合为55种，未被利用106种，重合部分还是出自上节提到的英美著名大学出版社和大型商业出版社，而且大学出版社占更高比例，如被引用达1287次的Andrew Schotter著作的《The Economic Theory of Social Institutions》就出自Cambridge University Press，引用达189次的《Public Finance》由South-Western College Pub出版，消费者评价星级5级的《Toyota Production System》就出自CRC Press。

（4）没有这两项指标图书的特点是：①主要是一些中小型出版社的出版物，约占70%，特别是一些印度出版社的出版物，从题名和内容简介都较吸引人，但读者较少，而且网上评论也很少，对这类书要谨慎。②大型出版社非重点学科的出版物。目前世界各大出版社都在不断收购兼并、拓展自己的出版范围，有的原先偏重科技的出版社，现在也出版经济学著作，可能评审能力还差一些。③出版学位论文较多的出版社。目前在中图目录中出现了不少出版学位论文较多的出版社，如LAP、VDM等，对这类出版社，他们的出版涉及学科领域非常广，对他们的图书质量要通过时间多观察。

2　对本馆未来西文经济类图书藏书建设的思考

2.1　构成未来细分学科的重点关键词

上文调研的2008—2010年之间的采选学科情况，是相对粗线条的资料，那未来经济类图书的重点关键词是什么？在十二五开局之年，笔者就围绕《上海市国民经济和社会发展第十二个五年规划纲要》中提到的一些与经济有关的内容进行梳理，希望能整理出与上海经济发展有关的新关键词，并围绕这些主题调整细分学科。

（1）四个中心。《"十二五"规划纲要》中指出：迈向"四个中心"，以提高全球资源配置能力为着力点，全力推进国际经济、国际金融、航运和贸易中心建设，全面提升经济中心城市的国际地位，为2020年基本建成"四个中心"奠定坚实基础。可见未来十年，正是上海加快迈向"四个中心"战略目标的关键时期。而今后上海的城市建设与发展都将围绕这"四个中心"展开，金融中心（F83）：金融高级管理、金融研究、金融监管、绿色产业金融、离岸金融中心、创新金融产品研发、跨境投融资中心等。航运中心（F55：水路运输经济）：航运业、航运衍生服务、航运技术、航运经营管理、海事、港口发展历程等。贸易中心（F7）：商务研究策划、高层次商务（商贸）经营管理、商业规划、展览策划、电子商务（网上交易）、团购、总部经济、大宗商品交易、国际贸易研究咨询、国际商务谈判。

（2）服务经济。"十二五"期间上海发展的主要目标，就是"经济发展质量和效益明显改善，服务经济为主的产业结构基本形成"，并提出了第三产业增加值占生产总值比重达到65%左右的量化目标。这就意味着，在"十二五"的五年中，以服务业、服务贸易与投资和服务消费等为主导的经济活动，以及与此相关的其他经济活动，将在上海得到持续较快的增长，并由此推动上海经济和社会的可持续发展。由此可见，"服务经济"正在成为上海城市建设与发展的一项重点。关键词是"现代服务业"（F719），包括金融服务、航运物流服务、现代商贸服务、软件与信息服务业等。

（3）旅游业。"十二五"期间，"打造世界著名旅游城市"将成为上海旅游业的发展目标。具体发展思路是优化旅游空间布局，形成"一圈四区三带一岛"总体布局，提升发展旅游会展业，加快旅游重点区域和重大项目建设。关键词是"旅游业"（F59：旅游经济），包括旅游空间布局、旅游会展业（会展旅游）、邮轮经济、旅游重大项目建设等。

2.2 出版社框架调整

通过上文分析,可以看出我馆采选图书的出版社结构尚有一些可调整之处。现在的出版社框架是大型综合性商业出版社占56%,大学出版社占11%,中小型出版社占32%。对未来出版社框架调整建议如下。

（1）大型综合性商业出版社比例下降:大型商业社不仅出版经济类理论著作,也出版相关工具书、教科书、一般经济学读物,由于数量众多,可以说是打品牌的学术图书与逐利性的经济类图书并存,对这类出版社的份额,通过 Choice 推荐书目表的分析,我们也证实了他们的质量并不如大学社,所以总体比例应该是略有下降。

（2）著名大学出版社比例上升:著名大学出版社的出版物,从数量上还是有挖掘潜力的,英国的牛津、剑桥年出版数量达 4000 种和 1500 种以上,2009 年美国 19 家明星级大学出版社年出版数量也达到了 2516 种[①],再加上世界各国其他大学出版社,数量上是没有问题,关键是要多渠道收集目录信息,加大采选力度,总体比例应该是上升。

（3）研究机构比例上升:研究机构由于出版数量较少,文献质量很高,专业性较强,如果能找到目录,建议只要符合收藏范围,尽量采选。

（4）中小型出版社比例下降:对中小型出版社的质量分析研究要不断加强,精选文献,可选可不选的,建议放弃,总体比例应是下降。

2.3 核心作者数据库的建立

核心作者是采选外文图书时要综合考虑多种因素之一,是分析著作学术价值的重要切入点。采选人员对国内的著名经济学家可能还比较熟悉,而且比较容易了解到作者的背景。那对国外图书的作者信息获取,具体选择,就比较难。笔者根据工作实践,认为以下三方面可以作为重点发展方向,建立数据库。

（1）获世界级经济学奖的作者。国际著名的经济、金融组织设立了不少关于经济学的奖项,获奖者大多是由著名的经济学家、大学的经济学教授、世界级经济类核心期刊的编辑、经济协会的理事等提名,相当具有权威性,例如诺贝尔经济学奖、约翰·贝茨·克拉克奖、英国皇家经济学会奖等。

（2）团体作者——国际经济组织和国际经济研究机构。国际经济组织是指联合国系统内经济机构、全球性经济组织、跨地区的政府间贸易组织、原材料生产国与输出国组织、国际金融机构,具体包括 United Nation、World Bank、IMF、WTO、World Economic Forum、EU、OECD、APEC、ADB 等;国际经济研究机构包括 National Bureau of Economic Research、Peter G. Peterson Institute for International Economics、Rand corporation、Euromonitor International PLC 等机构。

（3）世界著名高校经济系的教授:可以把世界高校排名前 100 名的大学经济系的教授列入名单,再到 Google scholar 上查询他们的论文和图书的引用情况,把最高被引率这一数据输入数据库,用做选书参考即可。

---

① 庄蕾波. 美国明星级大学出版社探析[J]. 现代情报,2010(8):123－128.

3　结语

　　笔者认为在外文图书采选工作以精选为主旨的思路下,采选人员只有加强对馆藏结构分析、研究图书价值,不断思考未来新的工作方法和思路,才能更科学地进行采选决策,保证图书质量,建立特色藏书体系,适应时代发展。

台港澳文献出版状况及国家图书馆台港澳文献馆藏质量评价

崔云红　　史建桥(国家图书馆)

1　台港澳文献出版状况

1.1　图书

1.1.1　台湾地区图书出版情况

　　笔者根据台湾地区出版的《出版年鉴》,对 2001 年到 2009 年的出版社及出版总量做了统计。由统计数据大体可以看出,近十年来台湾地区出版活跃,出版社和出版总量基本呈上升趋势,近年出版情况详见图 1、图 2①。

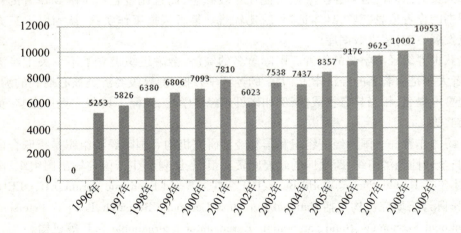

图 1　台湾地区 1996—2009 年图书出版社家数统计

---

　　①　数据来源于 2001 年至 2010 年的《出版年鉴》。

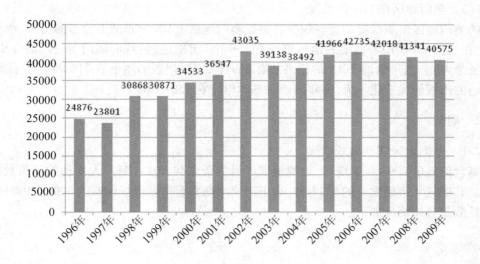

图2 台湾地区1996—2009年图书出版量统计

1.1.2 香港地区图书出版情况

香港和澳门地区的出版规模较小。根据《出版参考》2008年第13期的数据显示,香港的出版社从20世纪50年代初期的数十家发展到今天,大大小小也有上千家。详见表1。

表1 香港地区2000—2008年出版物注册数量[①]

统计年份	新签发 ISBN 识别代号	报张出版注册	刊物出版注册
2008	827	45	699
2007	687	44	689
2006	717	49	699
2005	708	49	722
2004	709	46	799
2003	669	52	864
2002	517	52	754
2001	430	53	709
2000	381	59	717

据统计2010年香港的图书出版有11 690种,其中中文书9332种、英文书2358种[②]。中文书里中小学教参约3000余种,扣除儿童书和漫画书后,每年的出版品约在4000种左右[③]。

---

① 数据来自2000年至2008年《香港统计年刊》。

② 高玉华.2010年香港出版现况[J].全国新书资讯月刊,2011(1):108－112.

③ 谢立清.香港出版业发展状况[OL].中国出版网,2007－02－13[2011－07－04].http://www.chuban.cc/syzx/hwhwdqcbygk/200702 /t20070213_20909.html.

1.1.3　澳门地区图书出版情况

反映澳门地区出版状况的资料很少。根据澳门地区 ISBN 中心网上公布的资料,截至 2003 年年底,在澳门 ISBN 中心备案的出版机构有 159 个(类别包括:政府部门、学校、商业机构、民间组织及个人)。当年申请 ISBN 的记录共有 359 笔,实际出版的图书有 313 种。据了解,此后几年澳门的出版情况变化不大,每年出版量基本维持在 250—300 种之间。

1.2　期刊

1.2.1　台湾地区期刊出版情况

根据台湾地区 2008 年的统计,台湾地区注册的杂志共 8100 多种,人均种数及册数均居世界前列。其中进入市场发行的 5711 种,真正阅读率高并有一定市场份额的 600 至 1000 种。近年杂志社数量具体情况如下。

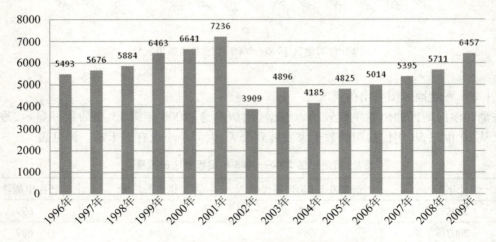

图 3　台湾地区 1996—2009 年杂志社家数统计

台湾地区出版制度的自由化,以及运作的市场化,决定了其期刊稳定性相对较差。其变化情况的复杂性由以下数据可见一斑①。

表 2　台湾地区 2000—2008 年杂志社家数及创刊、停刊情况

年份	杂志社家数	创刊	停刊
2000	6641	140	31
2001	7236	165	55
2002	3909	202	148
2003	4896	170	78
2004	4185	186	63
2005	4825	201	78

①　数据来自 2000 年至 2008 年《出版年鉴》.

年份	杂志社家数	创刊	停刊
2006	5014	29	5
2007	5395	143	64
2008	5711	117	42

1.2.2　香港地区期刊出版情况

香港地区出版资料的汇总通常都非常滞后,没有权威机构进行统计和发布,这也是香港地区出版的特点之一。最新的《新香港年鉴2008》的统计数据也仅截止到2001年。截止到2001年11月香港地区注册的杂志有709份①。近几年出版总量情况变化不大,但是由于出版制度的自由,市场化的运作,编辑部时时都有倒闭,时时都有新开,处于一种动态的平衡之中。由于没有类似内地新闻出版署这样的统一管理机构,具体数据查询比较困难,最新数据有待追踪。

1.2.3　澳门地区期刊出版情况

根据澳门地区ISBN中心的网上资料,截至2005年,在澳门地区ISBN中心有记录的出版发行期刊共277种,其中中文期刊共132种,中葡文或中英文的期刊共108种,纯葡文或纯英文的期刊共37种。由于澳门的出版制度跟台湾和香港类似,属于市场化的运作,各种统计数据公布滞后。

1.3　报纸

1.3.1　台湾地区报纸出版情况

相对图书和期刊,报纸的发展态势不容乐观。台湾尽管在1988年报禁解除后报纸业迅猛发展,由此前的31家持续增加,直至2004年跳跃式突破至2524家,比2003年的708家增长了1816家,增幅高达256.5%,但此后,报业连年下滑。

经济发展迟缓、网络媒体兴起、电视媒介普及、电子版流行、阅读趣味转移等多项因素,致使台湾近年来多家报纸停刊,甚至经营了几十年的大报也纷纷倒闭。以中国国家图书馆入藏的报纸为例,2003年《大成报》停刊(创刊于1991年1月),2004年《自由新闻报》《中国早报晚报》停刊,2005年《产经日报》(创刊于1983年)、《中时晚报》(创刊于1988年3月5日)停刊,2006年《民生报》(创刊于1981年)、《星报》、《"中央日报"》(创刊于1928年2月1日)、《台湾日报》(创刊于1964年10月25日)四家大报纸停刊,2007年《财讯快报》(1974年创刊)停刊。

2008年,受经济危机的影响,台湾报业市场持续萎缩。据2009年台湾地区的《出版年鉴》统计,2008年报纸业总数有2065家,比2007年的2216减少151家。但是,与此相关的通讯稿业则未见减少。通讯稿业自1988年后一直稳步发展,在2002年实现量的急剧增长,由2001年267家增至2002年的750家,增幅达180.9%。2008年已经发展到1321家。在报业萎缩的情况下,通讯稿业却仍然活跃,这说明媒体的载体形式和传播形式都在发生变化。

1.3.2　香港地区报纸出版情况

受国际大环境和经济危机的影响,近年香港地区报业的发展也十分不景气。然而值得关

---

① 黄国生.新香港年鉴—2008[M].香港:千家诗传播学会,2009:405.

注的是,免费报纸却在报业下滑的境况下出现了,这些免费报纸一问世便对香港报业带来强烈冲击。近年创刊的免费报纸中,《都市日报》于 2002 年创刊,《头条日报》《AM730》于 2005 年 7 月 30 日创刊,《东情报》于 2007 年 7 月 3 日创刊,《奇迹报》于 2007 年 9 月 16 日创刊,另外还有《香港健康报》《基督日报》等纷纷涌现。这些免费报纸一问世便对香港报业带来强烈冲击。以影响较大的《都市日报》《头条日报》《AM730》为例,这三份免费报纸每天在地铁站免费派发,新闻简短,读者到达目的地后,报纸已看完,之后将免费报纸带出地铁站,在街上发送。免费报纸每天发行 120 万份,接近香港 12 份收费报纸的总销量,使得收费报纸销量大跌,抢走大量广告,收费报纸赢利不断下降。在免费报纸冲击下,收费报纸的生命力受到严重挑战,甚至一定程度面临生存危机①。根据最新的《新香港年鉴 2008》统计,截至 2001 年 11 月,香港注册的报纸有 53 份,每日出版中文报纸 30 份和英文报纸 10 份。

1.3.3 澳门地区的报纸出版情况

澳门地区的报业情况跟香港、台湾地区类似,不再赘述。澳门的报纸约有 10 多份,其中中文报纸还在公开销售的有 8 份,包括《大众报》《市民日报》《讯报》《华侨报》《现代澳门日报》《澳门日报》《新华澳报》《澳门商报》等,这些报纸国家图书馆均有入藏。

2 国家图书馆台港澳文献的馆藏情况

2.1 图书

《国家图书馆文献采选条例》第一章第五条规定,文献采选的总原则是:中文求全,外文求精;国内出版物求全,国外出版物求精。随着港澳回归和两岸关系的缓和,我馆日益重视对台港澳文献及海外出版物的入藏、采访方针不断调整。由原来的求精、有选择性采全逐渐向全面入藏发展。2010 年,港澳台文献的采购量仅图书一项就达到了 19 000 多种。

目前,台港澳地区年出版总量在 4 万种左右,而我馆入藏约 19 000 余种,从总量看与全部入藏的目标还有相当差距。不过,这 4 万种图书中,有一大部分是低幼儿童读物、口袋书、漫画、中小学教材、教辅资料、占卜算卦等类目,对此我馆目前仍不予入藏。除去这部分图书,我馆对台港澳及海外华文图书的采选范围还是比较广泛的。包括:(1)反映本地区政治、经济、社会、文化方面历史及现状的文献;(2)各界知名人士的著述;(3)学术性与资料性较强的哲学、社会科学方面的文献和参考工具书;(4)较有参考价值的自然科学与技术科学方面的文献;(5)获国际、国内重要奖项或知名奖项的文学作品和其他方面的文献;(6)属于本条例第二章第三节所列特色馆藏范围内的文献;(7)图书馆学与信息管理等方面的文献。

国家图书馆的采访人员认真履行了馆订台港澳及海外华文文献采选条例,对具有一定研究价值和使用价值的图书入藏尤为全面;同时注重建设特色馆藏,其中法律类、宗教类、地方志、以政府出版物为主的灰色文献、年鉴等馆藏已具有相当规模。经过穷尽式目录查重,基本收全了世界书局、文史哲出版社、台湾学生书局、文津出版社等的文献。对于套书和丛书的收藏也成气候,如学易斋出版的《易经》研究、花木兰出版社出版的古典文献研究系列均收全。

---

① 免费报纸冲击下的香港报业. 〔2008 – 09 – 10〕. http://www.wabei.com/news/200809/152329.html.

2.2 期刊

目前国家图书馆每年订阅的港台期刊数量有 700 余种,虽然采访人员每年均花大力气寻找新目录、增订新期刊,但由于近年港台期刊常出现突然停刊、并刊、转电子版以及杂志社倒闭等现象,国家图书馆又要求必须保证到刊的稳定性和连续性,加之中间商购货渠道不畅等诸多制约因素,所以,实际能到刊的新增期刊并不多。近年,每年订购的总量基本在 700—800 种之间浮动。从入藏的期刊内容看,社科类占将近 80%,科技类占 20% 左右。

2.3 报纸

近年来每年订阅报纸的数量有 100 种左右。台港澳报纸的状况跟期刊类似,虽然每年均新增不少,但是实际能订到的报纸却很有限。报纸馆藏中,以台湾、香港、澳门地区出版的报纸为主,占 50% 以上,东南亚国家的报纸也占有相当的比重,而欧洲、美洲、大洋洲和非洲国家的报纸较少。需要说明的是,除去报刊的自身因素制约了入藏量外,供货商和海关管制等也是造成报刊无法实现大量新增的重要因素之一。

3 港台图书的馆藏评价

3.1 馆藏分析

从入藏文献的学科结构来看,馆藏内容涵盖社会人文、自然科学等诸多学科。哲学和社会科学类约占 70%,自然科学、应用科学约占 30%,文史方面的图书数量最多。从出版地来看,台湾地区出版物最多,约占馆藏的 3/4,其次是香港和澳门地区的出版物。各类图书收集的具体类目的比例情况如下(以 2010 年的采入量为例)。

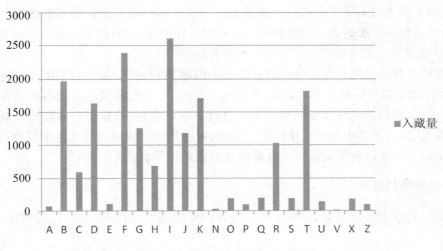

图 4　2010 年国家图书馆入藏各类港台图书一览表

从图 4 中我们清晰可见 B(哲学、宗教)、D(政治、法律)、F(经济)、I(文学)、K(历史、地理)这几类占的比重很大,它们都属于社会人文学科,也是国家图书馆采选方针中规定的重点采选内容;自然科技类中,R、T两类较多。各类所占比重,大体反映了馆订采访方针和馆藏传统结构。

从入藏文献的数量上看,由于近几年国家图书馆加大了港澳台图书的入藏力度,港澳台图书馆藏量有了突飞猛进的增长,截至2010年年底,台港澳图书馆藏累计达23万余册,其中有接近一半的量是在这最近的十年完成的,详见表3。

表3　2001—2010年国家图书馆馆藏台港澳图书种册数

年份	入藏种数	入藏册数
2001	7319	7526
2002	8376	8579
2003	9181	9451
2004	8789	8901
2005	8935	8976
2006	11 430	11 498
2007	12 984	13 002
2008	15 916	15 934
2009	17 187	17 217
2010	18 900	18 908
合计	119 017	119 992

上文已经提到,台港澳地区的近年来的图书出版总量在4万到5万种,其中包括教材、重印书、漫画、低幼读物、口袋书,以及保健、饮食等快餐图书,我馆的图书年入藏量将近2万种。也就是说,国家图书馆入藏了大部分台港澳地区学术水平和参考价值较高的图书。可以比较一下,在内地进行台港澳研究的相关机构中,一些专门研究院所的藏书一般不超过10万册,可以说国家图书馆当之无愧是内地收集台港澳图书最全的机构。

根据近些年社会发展对港澳台信息需求的不断增加和变化,国家图书馆及时进行了采选内容的微调,已经初步形成了自己的馆藏特色。首先,对于台港澳地区的名家名作、传记、心理、文史哲研究、古籍整理等比较强势的学科进行了重点收集,凸显出台港澳地区既注意吸收世界先进理论,又力图本土化的文化特色。其次,对近几年台湾地区的政府出版物进行了重点补齐。对于进一步促进两岸交流有着重要的政治意义和学术意义。

3.2　馆藏使用分析

通过对台港澳图书阅览室2010年到馆读者的借阅类目情况初步统计,得到结果如下,见图5、图6。

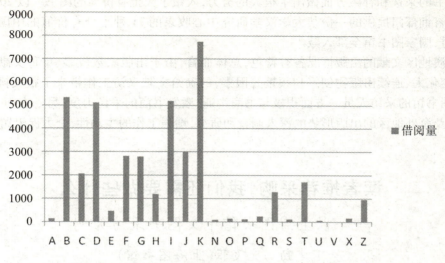

图5　2010年国家图书馆读者借阅各类港台图书一览表

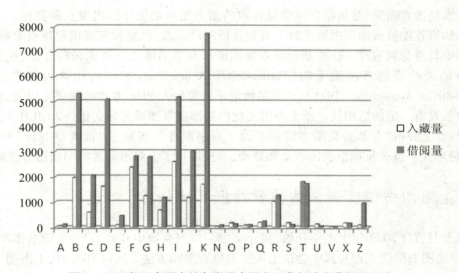

图6　2010年国家图书馆各类港台图书入藏与读者借阅对比表

　　将图书入藏图和借阅图合并比对,如上图所示,不难得出结论:目前国家图书馆台港澳图书的采访质量还是得到了社会的普遍认可,基本上是令人满意的,它与读者的需求大致吻合。这也说明其采访方针在原则上是正确的。尽管如此,在一些具体问题上还有待于补充改进。

3.3　馆藏抽样分析

　　2009年国家图书馆的采访人员就曾选择台湾学生书局、台湾文史哲出版社、台湾文津出版社、台湾新文丰出版社等5个有代表性的重点出版社进行穷尽式目录查重,搜集其历年出版的图书总目,与馆藏进行比照,对缺藏图书进行补藏。通过查重,这五家出版社的7000余条目录中仅有350余种书籍缺藏,这几个重点出版社的图书采全率达到95%。近年来,国家图书馆在台港澳图书的采选和补藏方面做出了很大的努力，入藏了大批有价值的图书。以 2009 年 5 月某馆参考咨询部门提供的一份某大学汉学研究中心收录的 71 种十分有价值的中国学书目为例，经查重，国家图书馆全部入藏。

台港澳地区文献的出版情况各有特色，总体而言，由于出版家数较多、单种文献发行量较小、内容变化大、连续出版物创停刊频繁等因素，的确给文献采访工作带来了很大挑战。近年来，国家图书馆的采访人员一方面积极与书商沟通，激发书商的采访力度，另一方面，不断加强对台港澳及海外地区的出版形势的深入调查和研究，增强工作的主动性，全力保障馆藏质量。

读者推荐采购，我们还需要做些什么

——以上海图书馆中文图书采访为例

丁建勤　庞飞菲（上海图书馆）

努力满足读者需要，是包括资源建设在内的图书馆一切工作的出发点和归宿。由于资源的读者采购推荐能够帮助图书馆及时了解和分析用户需求，调整和完善馆藏建设策略，因而在实际工作中日益受到重视。这种基于读者使用需求的图书馆文献资源采购方式，在美国被称为用户驱动采购或读者决策采购（Patron-driven Acquisition，PDA），也称为需求驱动采购（Demand-driven Acquisition，DDA），[1-2] 虽然电子资源引入 PDA 方式可能更见成效，但印本图书采购依然具备一定的适用性。据上海市文化广播影视管理局公共文化处 2010 年 7 月至 8 月的调查，目前上海市"全部公共图书馆都开设了点书服务"，形成了"读者点书台"和"网上点书"等多种形式。读者反馈信息的收集和处理，直接推进了上海市公共图书馆服务的提升。[3]

1　上海图书馆读者采购推荐数据及其分析

上海图书馆自 2009 年下半年开始，在 ipac 书目查询系统中开通了"中文图书你荐我购"标签页，在中文图书采访工作实践中尝试引入读者推荐采购方法。2011 年 8 月，上海图书馆中文采编部组织人力着手梳理、统计和分析相关累积数据，试图分析描述读者采购推荐的整体情况及其存在的问题，进而为此项工作的进一步完善提供参考。详见表 1、表 2。

表 1　读者采购推荐统计

	数量（条）	百分比（%）
有效荐购	588	87.76
无效荐购	82	12.24
合计	670	100.00

注：统计时间为 2010 年 8 月至 2011 年 7 月。

表 2　读者有效采购推荐统计

	数量（条）	百分比（%）
推荐时已有馆藏	150	25.51
无馆藏	298	50.68
推荐时已订购，暂无馆藏的	53	9.01
外文出版物	98	16.67
港台出版物	34	5.78
不适藏	7	1.19
其他（如尚在连载的小说等）	1	0.17
合计	588	100.00

注：同表1。

分析上述数据，可以得出以下一些结论。

（1）读者采购推荐数量总体偏低。究其原因，一方面可能与引入这一方式时间不长和宣传推广力度不大有关，另一方面也应看到网上途径未必是读者首选的反馈方式（详见表3）。

表 3　读者希望与图书馆沟通途径

	人数	百分比（%）
直接到图书馆找工作人员	438	68.3
打电话	172	26.8
网站论坛	156	24.3
发邮件或写信	120	18.7
座谈会	71	11.1
没考虑过，不在乎	69	10.8
通过第三方	15	2.3
其他	6	0.9

资料来源：参考文献3，并进行重新排序。

（2）在读者有效采购推荐中，约1/4推荐已有馆藏，这说明系统和工作流程有待于进一步完善。

（3）在扣除有关数据后，真正实现成功推荐中文缺藏图书（不含港台出版物）的只有245条，占总体推荐数据的36.57%。换言之仅有1/3符合推荐采购的要求，也就是说采访工作人员相当一部分处理读者采购推荐的劳动是无效的。

2　读者推荐采购工作进一步改善的可能措施

2.1　制定清晰、明确的文献资源发展政策

文献资源发展政策，是一个图书馆以书面形式系统地确定本馆文献资源的长期发展策略以及具体实施规范的纲领性文件。[4] 目前公共图书馆一般均可以编制本馆的采访条例和资源建设计划，但一般而言，这些文件具有相当强烈的"内向性"倾向，不对外公布，读者似乎只能通过图书馆的利用经验等有限的途径来了解馆藏范围。为实现读者有序参与，图书馆有必要制定清晰、明确的文献资源发展政策，并予以公示和公布。短期内若无法实现，可考虑将采访条

例、采选方针等文件中有关馆藏范围,尤其是不予收藏的范围,以及某些图书的特殊处理程序(如贵重图书等)在读者推荐采购工作中率先予以公布。因为这些信息的公布,有助于加强读者推荐采购的有效性,合理引导读者期望,为形成良性互动打好基础。

2.2 整合系统功能,实现自动统一检索

目前,上海图书馆 ipac 书目查询系统中的"中文图书你荐我购"标签页功能相对比较单一,仅仅具备推荐信息的页面填写功能,不能实现系统的自动检索和回复。虽然在页面上设置了"友情提示"说明,希望读者在推荐图书之前,先行检索 ipac 书目查询系统,避免推荐已有馆藏的图书,但从表2数据来看,仍有1/4的有效推荐属于这种情况,因而仅靠页面提示说明,效果似乎不太理想。因此,可以考虑进一步完善系统,整合相关功能,实现读者推荐采购页面填写时,系统自动检索 ipac 和采访库等,对于 ipac 已有馆藏的记录和采访库中"订购中"记录予以当场直接回复。在具备预约服务功能的情况下,系统可以自动转至相关预约页面,实现相关服务的无缝对接,改善读者体验。

同时,还应进一步开发和升级采编系统,整合"中文图书你荐我购"信息,将尚在发布中的网络作品、报刊上正在连载的小说作品等的推荐采购信息生成"未必出版的图书记录",一旦征订信息导入、匹配后,系统将自动生成相关提示或专门报表,便于采访人员判断处理。开展在采编系统中开设图书采购预备库的可行性调研,便于将读者推荐的某些需特殊处理的图书(如贵重图书、港台书等)转入该库,或直接进入相关程序,或视经费情况再行启动采访程序等,当然相关信息宜及时告知推荐者。

2000 年 11 月,上海图书馆正式启动以"一卡通"服务体系为重要内容的中心图书馆建设项目,截至 2010 年年底"一卡通"总分馆数达到 242 个,[5] 书刊入藏量为 675 万册。[6] 因此在全市公共图书馆普遍采用了读者推荐采购的情况下,可以进一步考虑建立"一卡通"读者采购推荐系统的可行性,支持一站式读者采购推荐和相关服务工作,整合、完善系统,实现读者一次采购推荐页面填写,系统自动检索"一卡通"ipac 书目查询系统和各总分馆采访库,对于 ipac 已有馆藏的记录和采访库中"订购中"的记录予以当场直接回复。这样既便于各馆对"一卡通"缺藏图书采取相关措施,同时也有利于将某些图书馆馆藏收录范围之外的读者采购推荐图书(如上海图书馆一般不入藏少儿图书)转至"一卡通"其他图书馆处理,从而提高"一卡通"文献保障和服务水平。

2.3 制订和完善工作制度,规范读者采购推荐事项的受理、处理和答复程序,实现推荐采购信息的有效沟通和反馈

鉴于读者可能更倾向于和图书馆员的互动交流(详见表3)以及仅有1/3实现了推荐采购(详见表2)的实际情况,建议引入馆员互动交流机制,探讨馆员积极干预方法。如将读者采购推荐纳入网上参考咨询系统(知识导航站),在读者采购推荐页面建立网上参考咨询链接或漂浮窗口,方便读者实时联系馆员,进行互动交流,及时解释和说明文献资源发展政策以及读者推荐操作步骤、方法,从而实时指出和纠正读者检索和录入错误、必备信息填写不全,以及实时回复是否属于适藏范围和"订购中"等情况。对于已有馆藏的图书,引导读者直接利用或进行预约服务,从而提高读者采购推荐的成功率。对于"未必出版"的推荐图书,开展可能的针对性服务(如对报刊上连载小说的推荐,引导读者链接相应的报纸电子版,进行数字阅读等)。依据

由国家文化部提出并归口组织编制的国家标准《公共图书馆服务规范》6.3.8 条款的规定,"现场、电话、网上实时咨询需在服务时间内当即回复读者,其他方式的咨询服务的响应时间不超过 2 个工作日"[7],因此将读者采购推荐纳入网上咨询参考系统,将有助于化解读者对答复时间过长的不满①。

当然,依然可以在馆内设置"读者采购推荐箱(点书台)"或"意见簿(箱)",方便某些读者(如老年人等)使用。在可能的情况下,建议引入馆员干预,帮助读者将有关采购推荐信息利用网络检索 ipac 书目查询系统和采访库等,实现有效成功推荐和及时回复,以及便于当场办理预约等相关服务。

2.4 建立快速编目通道,加快编目加工处理速度

时效性一直是困惑着编目人员的难题,对于读者推荐采购的图书以及"订购中"(表 2 表明约占推荐数的一成)的图书、尚未到馆而被预约的图书,建议建立快速编目通道,图书到馆后优先验收和编目加工,及早上架或直接通知读者借阅。当然若系统具备提示功能,将有助于此项工作的顺利开展,减轻工作人员负担。

由于种种原因,读者使用采购推荐的覆盖面尚不广泛,因此尚需开展进一步的调研工作,了解和把握读者阅读需求和发展趋势。上海图书馆采编中心 2008 年对到馆读者问卷调查数据显示,大众读者核心需求的文献类别主要为文学和经济,其次为综合性图书、艺术和工业技术,此外历史地理等 7 个学科文献共同构成读者主要需求。详见表 4。

表 4 读者核心需求和主要需求

学科类别	最需要	最难借到	最需要和最难借到的耦合
文学	◆	◆	◆
综合性图书	◆	◇	◇
经济	◆	◆	◆
社会科学总论	◇	◇	◇
艺术	◇	◇	◇
历史地理	◇	◇	◇
语言文字	◇	◇	◇
工业技术	◇	◇	◆
医药	◇	◇	◇
自然科学总论	◇	◇	◇
政治法律	◇	◇	◇
哲学		◇	◇

说明:(1)资料来源:丁建勤.基于需求测定的馆(室)藏发展政策调整:以上海图书馆中文书刊阅览区实证分析为例//国家图书馆外文采编部编.新信息环境下图书馆资源建设的趋势与对策:第三届全国图书馆文献采访工作研讨会论文集.北京:国家图书馆出版社,2009(4):91-98.(2)◆为核心需求;◇为主要需求。

针对那些读者需求迫切、流通量大的文献类别,如上述调研数据表明的文学和经济等类采取特别措施,加快编目速度,及时满足读者需求。在实现手段上探讨各种可能性,如进一步提

---

① 参考文献 3 表明,40.3% 的读者对反馈"给出结果的间隔时间很长"表示不满意。

高书商在线服务能力,提供热门书预测(报)服务,实现数据交换,便于采编部门快速优先处理。[8]应指出的是,如何平衡数量、速度和质量三者关系,是编目工作必须面对和解决的问题。

毫无疑问,由供应商将读者推荐采购的图书直接寄达读者指定的场所,并附有图书馆已付款和使用后向图书馆还书的相关信息,[2]这种采购操作方式的快捷性将大大加强。当然这种方式的适用性尚有待于进一步验证。

2.5 开通网上"文献征集"栏目,积极开展馆藏补缺、征集、受赠工作

馆藏补缺一直是图书馆采访工作的重要内容。对于因各种原因而无法实现入藏的适藏图书,可开通网上"文献征集"栏目,公告缺藏图书信息,鼓励读者捐赠,对于征集入藏的文献做好相关受赠、编目工作,并及时通知推荐采购的读者借阅。

3 结束语

积极响应读者需求,提高读者馆藏满意度,是图书馆资源建设的主要绩效目标,而建立良好的沟通平台,做好读者推荐采购工作是实现上述目标的重要手段,这也是图书馆人应该加以进一步努力的方向。

参考文献

[1]编目精灵.PDA:电子图书的用户驱动采购[OL].[2011-09-25].http://catwizard.net/posts/20101214193559.html.
[2]张甲,胡小菁.读者决策的图书馆藏书采购——藏书建设2.0版[J].中国图书馆学报,2011(5):36-39.
[3]上海市公共图书馆完善公众需求反馈机制调研[OL].[2011-07-13].http://wgj.sh.gov.cn/node2/node741/node743/node763/node1169/userobject1ai67933.html.
[4]戴龙基.文献资源发展政策研究[M].北京:北京大学出版社,2007.
[5]图书馆"一卡通"覆盖全市街镇[OL].[2011-01-25].http://www.libnet.sh.cn/tsgxh/list/list.aspx?id=6693.
[6]凝心聚力创佳绩 欢乐祥和迎新年[OL].[2011-09-25].http://www.libnet.sh.cn/zxtsg/list.aspx?id=10136.
[7]公共图书馆服务规范[J].中国图书馆学报,2011(5):33-37.
[8]丁建勤.上海市中心图书馆"一卡通"编目:现状、问题与对策[G]//王世伟.图书馆服务标准论丛.上海:上海社会科学院出版社,2009(11):212-219.

网络时代上海图书馆外文期刊采选工作的新特点

桂飒爽(上海图书馆)

1 建立外文期刊评价体系

1.1 读者利用评价要素

通过读者使用外文期刊调研表的形式,对开架提供阅览的外文现刊和收藏于典藏书库的

过刊分别进行调查,根据读者的使用频次进行打分,得出读者利用评价因子。

1.2 乌利希期刊分析系统(简称 USAS)中的评价要素

该评价要素主要是借助 Ulrichs 国际期刊指南 Web 版的 USAS 系统来展开的。USAS (Ulrichs Serials Analysis System)是由 Serials solution 公司出版的关于连续出版物的评价分析系统,图书馆在订购、筛选、分析和评价纸本和电子连续出版物时,通过 USAS 系统可以对本馆的连续出版物做出统计、评价,可了解本馆的连续出版物品种所占的比例,并能根据系统分析制作出有关评价报告。

进入 USAS 系统后,首先是在系统中就本地图书馆建立一份新的统计表,通过 ISSN 将馆藏的连续出版物数据装入系统,系统会显示上载的数据并进一步制作出相应的列表。USAS 的列表中非常详尽地提供了各种期刊的同行评议(Refereed)、被二次文献所收录的情况(Abstracted/Indexed)、ISI 的影响因子(ISI Impact Factor)、在图书馆杂志上是否有过评论(Magazines for Libraries)等重要参数,这些参数为已采选期刊的评价提供了依据。

1.3 出版机构评价要素

国际性的学术团体,如科学院、研究所、高等院校、学会、协会等出版的刊物一般都能反映出当前该学科领域里的学术水平。一些著名的出版社,特别是跨国的大出版社,如 Elsevier、Springer 等等,它们的出版物质量都比较高,大多数属于核心期刊,其中一部分刊物是具有国际水平的学术刊物,由各国学者轮流编辑,稿件亦来自各国的专家、学者。因此我们认为对于国际性的学术团体和著名出版社出版的期刊,也可以适当考虑加分。

1.4 出版历史和馆藏历史评价要素

外文期刊创办历史的长短,也应是确立刊物级别的一项参考指标。期刊创刊越早,就越说明它具有强大的生命力,也就具有相对的权威性;而某一种期刊的馆藏历史越长,也就越能说明这种期刊在馆藏中的地位,而且一般也能构成馆藏特色,这两个数据也是评价一种期刊质量的重要依据。

1.5 联合目录评价要素

1989 年开始编撰的《华东地区外国和港台科技期刊预订联合目录》(以下简称《华东联合目录》)至今已有 23 年历史。该联合目录的原始数据由华东六省一市的各省、市图书馆、大学图书馆、科技情报研究所等 700 多个单位提供,其主要专业范围有经济、图书情报、自然科学、医药卫生、农业科学和工程技术等。具有覆盖面广、专业齐全、编制体系合理、查阅方便等特点,是华东地区最为权威的外刊联合目录,对读者查阅有关单位的外刊特别是现刊订购情况,具有极高的参考价值。通过对《华东联合目录》数据的比对,可以尽可能地降低上海地区复本率,确保外刊品种数稳中有升。在建立采选评价体系时,应该充分考虑在上海地区只有上图独家订购和其他馆重复订购期刊的区别,分别给予不同的分值。

1.6 印刷型期刊和电子型期刊配置评价要素

电子期刊与传统的印刷型期刊相比有明显的优势,容量大、信息传递速度快、检索能力强、不需装订、节省空间,便于管理和利用、有利于资源共享等。目前,相当部分的全文电子期刊与印刷型期刊同步出版,这种现象也造成了电子期刊与印刷型期刊的"重订"现象。对于同步出版的期刊,可考虑扣除相应的分值,以表明电子期刊与印刷型期刊重复。

2 采取多形式、多渠道的外文期刊采选方法

公共图书馆兼具收藏和服务功能,上海图书馆在原有的印刷型外文期刊采选量的基础上增加了电子型外文期刊的采选,以适应网络时代图书馆外文期刊文献资源建设呈现多元化发展的新趋势,并将各种形式的外文期刊资源进行协调采选,从实质上增强了上海图书馆外文期刊文献资源的馆藏建设。图1显示了上海图书馆近年来印刷型外文期刊和电子型外文期刊采选种类的发展情况,2002年采选印刷型外文期刊5489种,电子型外文期刊3383种,2010年分别增加到6051种和5003种。2010年外文期刊纸质和数字资源采选比例达到了1:0.8。

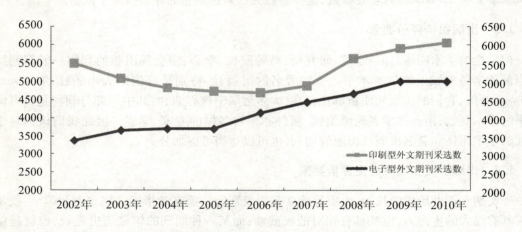

图1 上海图书馆印刷型外文期刊与电子型外文期刊采选数比较(单位:种)

2.1 优化印刷型外文期刊的采选

长期以来,印刷型外文期刊一直是上海图书馆外文期刊的主要收藏类型,馆藏外文期刊19564种,2010年共采选印刷型外文期刊6051种,其中社会科学类期刊1445种,自然科学类期刊4606种。按照语言种类分:西文期刊4475种,俄文期刊865种,日文期刊544种,其他语言期刊267种(见图2)。由于采用了外文期刊评价体系对采选的外文期刊进行评估,因此所采选的外文期刊更能体现上海图书馆特色馆藏建设的特点,优化了上海图书馆外文期刊馆藏体系。

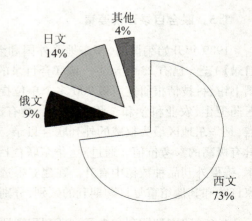

图2 2010年上海图书馆外文期刊采选种类

2.2 加强电子型外文期刊的采选

目前,电子期刊异军突起,逐渐成为出版界不可或缺的出版形式,其形态在向多元化方向发展,电子期刊数据库的形式可分为:单品种期刊库、单行业(或学科)期刊库、综合性期刊库、多类型混合型数据库。面对期刊出版领域中这一业态变化,上海图书馆近年来加强了电子型外文期刊采选的力度,从 2002 年起开始陆续引进外文期刊数据库。单品种期刊数据库有 AMM (美国金属市场)、Economist(经济学家)、New Yorker(纽约客)等数据库;单行业(或学科)期刊库有 ACS(American Chemical Society)美国化学学会期刊数据库、IOP(Institute of Physics)英国物理学会电子期刊、Emerald(管理学和图书馆学)数据库等;综合性多学科期刊库有 Oxford University Press-OUP 电子期刊数据库、EBSCO 数据库、JSTOR 电子期刊全文过刊数据库等;多类型混合型数据库有 Gale 数据库、ProQuest 数据库等。电子型外文期刊的增加,丰富了上海图书馆外文文献资源的馆藏。印刷型外文期刊、外文期刊数据库、其他载体形态外文期刊等几种形式相得益彰,共同组成了上海图书馆的外文期刊馆藏资源体系,同时,也满足了读者不同的阅览方式的需求。

3 实现上海地区外文期刊协调采选

1994 年,上海地区高校、科研、情报和公共图书馆共同组建了上海地区文献资源共享平台。共享平台开展了馆际文献资源共享工作、完善了咨询服务手段,加强了外文期刊采选协调,实现了馆际互借,馆际互阅等功能,满足各层次读者的需求。截止到 2010 年 10 月,上海地区文献资源共享平台共有包括上海地区主要高校、科研、情报、企业和公共图书馆成员 79 家。

作为上海地区文献资源共享平台的联机联合目录——《华东联合目录》,成为实现馆际文献互借的重要环节,推动了上海地区文献资源共享工作的展开。同时,通过上海地区文献资源共享平台开展的外文期刊采选协调工作,增加了外文期刊采选品种,减少了外文期刊的复份数,优化了上海地区外国和港台期刊的资源建设,使得有限资源获得最大化的利用。2010 年通过外文期刊采选协调工作,全年节约经费 192 万元人民币,新增外文期刊新品 668 种。

4 上海图书馆外文期刊采选工作的发展思路

图书馆外文期刊采选工作必须适应数字世界中自我角色的转变,首先要研究和了解各种形式的外文期刊资源,其次要解决好印刷型期刊和电子期刊的重复问题,不同发行商间电子期刊的重复问题,保证外文期刊资源的完整性和合理性。总之即要利用现有的技术又要用创新的思维来谋划外文期刊采选工作的发展。

4.1 加强对电子型外文期刊的研究和了解

随着计算机和网络技术的提高和普及,电子期刊已成为图书馆外文期刊资源十分重要的组成部分,其形态在向多元化方向发展,以后还会有更多形式的电子期刊出现。目前,电子期刊的形式与种类有:(1)多元化出品,单品种期刊库、单行业(或学科)期刊库、综合性期刊库、多类型混合型数据库;(2)多元化数据结构,题录库、题录 + 全文库、全文库;(3)多元化发行,纸质或电子版单一发行、纸质和电子版同步发行。

面对纷繁复杂的电子期刊,图书馆采访人员要加强研究和学习各种形式的外文期刊资源。现代信息网络技术的发展为图书馆的工作提供了更加便利的条件,采访人员不仅可以通过多种渠道获取外文期刊的目录信息,还可以综合利用多种网络选刊工具对外文期刊的内容、读者水平等进行更深入的了解。目前图书馆采访人员常用的网络工具有 Ulrichs、Ingentaconnect、Worldcat、中图报刊等,有时还需要利用 Google 检索出版社的网站。因此,充分利用现代信息技术的优势开辟新的外文期刊信息来源至关重要。

4.2　开展外文期刊的整合与分享

4.2.1　印刷型期刊和电子期刊的整合

改变目前印刷型期刊采选和电子期刊采选相互割裂的局面,将电子期刊的采选与印刷型外文期刊的采选整合在一起,改进外文期刊评价体系以适应对电子外文期刊的评估,统一协调印刷型外文期刊与电子期刊的采选,合理分配预算资金,从而进一步优化上海图书馆外文期刊资源建设,有针对性地满足读者的需求。

4.2.2　与共享平台各成员馆外文期刊采选工作进行协调

充分利用集印刷型外文期刊和电子期刊书目信息为一体的《华东联合目录》数据,开展上海地区文献资源共享平台各成员馆外文期刊采选协调工作,与各成员馆之间进行适当分工与合作,广泛开展馆际互借、资源共享等方法,优势互补、协调采选,建立上海地区外文期刊文献资源保障体系。

网络时代,外文期刊采选的观念、内容、评价标准及用户需求等都发生了巨大的变化,上海图书馆不断更新观念,在满足读者对外文期刊需要的基础上,结合馆藏的发展变化,调整外文期刊馆藏资源建设的思路,开展外文期刊的采选工作,最大限度地满足广大读者不同层面的需求。

参考文献

[1]尚小辉.图书馆外文图书馆藏发展实践与思考:以国家图书馆为例[J].图书馆建设,2011(3):29－31,35.

[2]桂飒爽.公共图书馆西文期刊采选评价因子研究[J].图书馆工作与研究,2008(7):61－64.

[3]桂飒爽,黄一文,金红亚.从《华东联合目录》的衍变推进,看资源共享平台的发展轨迹:《华东地区外国和港台科技期刊预订联合目录》个案分析[C]//中国图书馆学会.中国图书馆学会年会论文集(2011年卷).北京:国家图书馆出版社,2011.

[4]周敬治,左铭欣.电子资源建设的内容与评价[J].情报资料工作,2010(5):65－68.

开放获取期刊对外文期刊资源建设的影响

李　肖(华南农业大学图书馆)

1　开放获取期刊的发展现状

开放获取期刊,是与传统的订购获取文献不同的免费获取方式,指经同行专家评审后公开发表,任何人可以联机免费阅读、下载、复制、散发或链接的学术期刊,又称开放期刊、开放获取期刊、开放获取期刊、公共获取期刊等,英文为"Open Access Journals"。开放获取期刊有两种出版形式,一种是新创刊的完全开放获取期刊,还有一种是原来的纸本期刊增加了免费开放获取形式的混合公开获取期刊。开放获取期刊是开放获取资源四种形式之一,也是发展较快的一种开放获取资源。

1.1　开放获取期刊种类和刊载论文数量不断增加

自 1994 年 6 月开放获取运动开始至今,开放获取期刊种类和数量不断增加,全球已有15 000多种开放获取期刊,其论文数量和质量也不断提高,"2009 年,完全开放获取期刊和混合开放获取期刊出版的开放获取论文总量达到 12 万篇,占该年全球发文总量的 8%—10%。提供选择性开放获取发表的混合开放获取期刊的比例达到 2%"。

1.2　开放获取期刊影响力不断提高

一些开放获取期刊已经取得了较高的影响力,如,美国公共科学图书馆(PLoS,The Public Library of Science)主办的 PLoS Biology,影响因子是 12. 916,在 Biology 类里的 76 种期刊中排名第 1 位,已经成为顶级综合生物学期刊;Bentham Science 出版公司的 Current Medicinal Chemistry 的影响因子为 4. 708,是其领域中最主要的综述类期刊,编辑阵营中有 7 位诺贝尔奖金获得者;生命科学、医学和地球科学的开放获取期刊的影响因子进入相应学科前 1%—2%。还有一些著名的纸本期刊增加了开放获取的形式,即成为混合公开获取期刊,如 Journal of Biological Chemistry、The Plant Cell、Developmental Biology 等,这些都改变了学术研究者们对开放获取期刊质量不高的偏见。

1.3　开放获取期刊搜索引擎随之出现

随着开放获取期刊种类和数量的快速增长,为了集中和便于研究者检索利用,出现了很多开放获取期刊搜索引擎,比较著名的开放获取期刊种类比较齐全的是 Open Science Directory,目前收集了13 000种开放获取期刊,其中包含了一些著名的开放获取期刊目录,例如 DOAJ、Open J-Gate、BioMed Central、HighWire Press、PubMed Cent 等,以及一些专门面向低收入的极不发达国家的免费期刊项目：全球农业研究文献在线获取（Access to Global Online Research in Agriculture，AGORA）、健康科学研究计划跨网存取（Health InterNetwork Access to Research Initiative，HINARI）、环境科学成果在线存取（Online Access to Research in the Environment，开放获取 RE）和电子期刊文献传递服务（The eJournals Delivery Service，eJDS）等，中国不在享受此免费项目的国家之列。

2 开放获取迅速发展的原因

2.1 国家政策、科研机构和组织的支持

德国、法国、意大利等多国科研机构于 2003 年 10 月 22 日在柏林联合签署《关于自然科学与人文科学资源的开放使用的柏林宣言》，旨在利用互联网整合全球人类的科学与文化财产，为来自各国的研究者与网络使用者在更广泛的领域内提供一个免费的、更加开放的科研环境。中国科学院和国家自然科学基金委也于 2004 年 5 月签署了《柏林宣言》，以推动中国科学家参与网络科学资源全球科学家共享；2004 年 12 月美国总统布什签署国家卫生研究院拨款法案，要求取得 NIH 资助从事研究的作者，其研究成果必须在发表前的 6 个月内作为开放获取文档保存在 NIH 的 PubMed Central 内，在该研究成果论文公开发表 6 个月后，由 NIH 通过 PubMed Central 提供给公众免费检索；目前世界上积极支持开放获取的机构与组织，包括中国科学院、德国马普学会、英国研究委员会，以及英国惠康基金会等。

2.2 出版商的响应

如斯坦福大学图书馆的分支机构——HighWire 出版社，拥有最大的免费期刊数据库，是全球最大的提供免费全文的学术文献出版商；全球范围内主要的科技和医学出版商之一，Bentham 科学出版社，提供了 200 多种 Open Access 的期刊，内容涵盖科学、医药、工程设计等学科；BioMed Central Group 有 194 家开放获取的期刊，2008 年 10 月 Springer 宣布购买了 BMC；美国物理学会（American Physical Society，APS）从 2011 年 2 月 15 日起，将采纳知识共享许可（Creative Commons，CC），出版开放获取的论文和期刊；SPIE（国际光学工程学会）、Hindawi 出版社、Rockefeller 大学出版社、产业与应用数学协会（SIAM）以及加州大学出版社（University of California Press）等 22 家出版商或机构与麻省理工学院就开放获取政策进行合作，允许麻省理工学院从其网站上获取该校教职员工所发表的终稿副本在网上公开。

2.3 图书馆等图书情报部门的促进作用

读者和图书馆无疑是开放获取的最大受益者和最有力的支持者。图书馆除了收集、宣传、利用开放获取资源外，还积极与出版商或者其他机构合作实施开放获取计划，如，英国医学与生命科学领域的开放获取系统 UK PubMed Central（UKPMC）是由 Wellcome Trust 基金会牵头，九家大型研究资助机构与大英图书馆、曼彻斯特大学以及欧洲生物信息研究所（EBI）合作共建的，大英图书馆将负责运营和推广 UKPMC 的服务；开放获取期刊的检索平台 DOAJ（Directory of Open Access Journal）是由瑞典隆德大学图书馆开放获取资源项目小组建设推出的。我国国家科学图书馆建设了中国科学院科技期刊开放获取平台。

3　开放获取期刊优于纸本期刊的特性

3.1　开放性

开放获取期刊的开放性降低了读者获取文献资料的成本。只要有 Internet 的地方就可以免费获取,不受任何限制,为校园网外的教师和科研人员利用学术资源提供了便利。

3.2　时效性

开放获取期刊提高了学术资源的时效性。由于纸本外文期刊是经过国内代理商引进国内,所以从期刊出版到发送到馆,中间有一两个月的时滞,印度的期刊甚至有一年的时滞,这就使得期刊的利用价值大打折扣。而开放获取期刊没有发行时滞,大大缩短了与读者见面的时间,提高了学术资源的时效性。

3.3　开放获取期刊可以缓解购置经费短缺与满足读者信息需求的矛盾

在购置经费短缺的情况下可以减少相同内容不同载体的重复购置,即可以用开放获取期刊替代纸本期刊保障基本的信息需求。

3.4　开放获取期刊可以丰富各学科的馆藏资源

由于购置经费有限,各图书馆只能保证学校的几个重点学科的外文期刊的需求,很难做到各个学科的外文核心期刊都订全,如我校的外文期刊经费重点订购农业科学和生物科学类外文原版期刊,其他学科的外文原版期刊的种类和数量很少。而开放获取期刊就可以在不同程度上满足其他学科的外文期刊需求。

4　开放获取期刊对图书馆期刊资源建设的影响

4.1　开放获取期刊对图书馆期刊采购的影响

调查图书馆现有期刊的开放获取情况,根据各馆文献资源建设原则,结合购置经费,取得纸本期刊与开放获取期刊之间取舍的平衡点。

拿本馆为例,本馆外文期刊重点收藏农业科学、生物科学。现订购 383 种外文原版期刊,通过 Open Science Directory 检索出的开放获取情况如下:可开放获取的期刊有 72 种,其中与纸本期刊发行同步的开放获取期刊有 31 种,在实际调查中发现与纸本期刊发行同步的 31 种期刊中,有 23 种开放的时间早于纸本期刊到达本馆的时间;可开放获取的 72 种期刊,按 2011 年的报价,总额是 711 356 元(人民币),与纸本期刊发行同步的 31 种开放获取期刊总额是 389 214 元,其中早于纸本期刊发行的 23 种开放获取期刊总额是 306 683 元。

由此可见,在开放获取期刊的免费获取形式不变的情况下,如有经费短缺,开放获取期刊可以保持馆藏期刊种类的相对平衡;可以考虑停订可开放获取的期刊,将此部分刊款用于采购其他学科专业期刊,满足更多学科的文献需求。结合馆内重点采购和收藏策略,可以考虑停订时滞过长或者利用率极低的纸本期刊,指引读者利用其开放获取形式。

4.2　开放获取期刊对图书馆期刊组织管理的影响

图书馆对期刊的组织管理工作不仅要着重于本馆购置的纸本期刊和电子期刊信息的组织、揭示和宣传利用，还要加强开放获取期刊的收集、组织和宣传，提高开放获取期刊的广知度，促进开放获取期刊的有效利用。

目前，各图书馆和研究机构对开放获取期刊的组织揭示程度不一，有些图书馆虽然收集了大量开放获取资源，但对其的揭示仅仅是罗列出网址链接，呈现无组织无序状态，不利于被广泛利用。开放获取期刊种类和数量繁多，图书馆不可能对其做一一揭示。本文建议：（1）建立馆藏纸本期刊与开放获取期刊相关联的专业性或者专题性立体揭示体系。对可公开获取全文的期刊，即混合公开获取期刊，标上明显的"免费（Free of Charge）"字样。国际上应该统一开放获取资源的标识，如绿色的开启着的锁。（2）按照学科分类或者主题分类，建立专业性或者专题性立体揭示体系。如华南理工大学图书馆整合了公开获取资源与其他电子资源，并按学科主题和资源类型揭示，所有电子资源显得整洁有序，方便利用。（3）建设国际联合公开获取期刊共享平台。有效地利用资源才能实现资源的价值，因此本文建议将全球所有的公开获取期刊集中于一个平台，面向全球免费检索查询利用，让开放获取期刊真正成为一种全球共建共享的学术资源。

5　结语

在各国国家机构、国际学术界、出版界、图书馆界等多方面的参与下，开放获取运动势必会蓬勃发展，开放获取期刊也必然会持续增加并覆盖各个学科领域，开放获取期刊将会成为科研和教学的重要的首选参考资源。因此图书馆应重视开放获取期刊，把开放获取期刊纳入馆藏资源建设体系，促进数字化文献信息保障系统建设，优化网络文献信息服务环境。

参考文献

[1]陈静,编译.英国研究型图书馆协会呼吁限制期刊价格上涨[J].图书情报工作动态,2010(12):30.

[2] Report from the SOAP Symposium [OL]. [2011 – 08 – 20]. http://project-soap. eu/report-from-the-soap-symposium/.

[3] Access to e-journals through the Open Science Directory [OL]. [2011 – 08 – 20]. http://www. opensciencedirectory. net/.

[4]黄国彬.美国国会通过国家卫生研究院(NIH)的开放获取计划[J].图书情报工作动态,2005(2):12 – 13.

[5]APS to Adopt Creative Commons Licensing and Publish Open Access Articles and Journals[OL]. [2011 – 08 – 20]. http://publish. aps. org/.

[6]Duranceau E. SPIE 及其它四家出版商确认就开放获取政策与麻省理工学院进行合作[J].魏剑,编译.图书情报工作动态,2010(3):8 – 9.

新信息环境下公共图书馆地方文献采访工作刍议

——以厦门市图书馆地方文献采访为例

李跃忠(厦门市图书馆)

公共图书馆作为地方政府兴办的文化机构,其职能除了普及社会教育、活跃群众文化生活外,将有关辖区内的地方文献收集、保存下来,形成资源优势,为政府决策提供服务,为地方建设服务,也是公共图书馆工作的重要内容。做好公共图书馆地方文献工作,文献是基础,首先是采访。公共图书馆的地方文献采访,与图书馆一般文献的采访相似,但也有其特殊性。关于文献收集工作、馆藏建设、文献资源整体建设的理论研究,早在20世纪80年代已经研究得很深入。随着现代信息技术和通信技术的快速发展,图书馆进入了自动化、网络化、数字化时代。地方文献采访应该在继承传统采访方法的基础上,进行创新,从而适应新形势的发展。

1 明确地方文献的范围

地方文献,是指记载有某地方知识的一切载体。主要包括内容涉及地方的文献、地方人士著作和地方出版物。按文献中地方信息的密度可分为核心文献、辅助文献和背景文献。公共图书馆应结合自身情况进行"地方"范围的划定,确立适当的范围。凡是与地方有关的文献,兼收并蓄,尽量全部收集。厦门市图书馆作为闽南地区最大的公共图书馆,根据厦门所处的地理位置和历史情况,将地方文献的地域界定为闽南厦漳泉地区,这一地区,方言都为闽南话,语言相通,人员往来频繁,经济文化发展又极为相似。

地方文献的类型,按编辑出版形式分为书籍、报纸、期刊、会议录、舆图、票据、文书、证件、照片等等,按载体形态分为纸质、缩微制品、磁记录品等,按出版方式分为正式出版物、非正式出版物和非书资料。新信息环境下,出现了电子文献、电子出版物。对于公共图书馆来说,收集对象主要是纸质文献、电子文献和电子出版物。地方文献的采访,应包括纸质文献、电子文献的采访和数据库建设。

2 地方文献采访可以采用的方法

2.1 购买

2.1.1 出版社购买

在众多的出版社中,公开出版地方文献数量最多的是地方出版社。厦门市图书馆直接与本地出版社签订协议,出版社根据《厦门地方文献征集管理办法》的规定,赠送2册,我馆另外购买2册,保证地方出版物悉数入藏。地方出版的报刊则直接与刊物的发行部联系。

2.1.2 书店订购

本地较大型书店,不少自办发行的出版物委托本地的书店经销或代办发行。有些地方资料单从征订书目中是难以判断的,有些还会存在漏采现象,则需要采访人员到书店现场采购。缺藏的外地出版的地方文献,则可以从供货商下订单或请他们代收集。

2.1.3 书市、个体书店、书摊及网上书店购买

随着新时期文化事业的发展,各地都在举办各种书市活动,书市上既有新版图书,也不乏一些缺藏的旧版书籍,亦可采集到不少地方文献。个体书店常有一些常规以外的进书渠道,常逛这些书店,也会有意外的收获。而旧书店和旧货市场上的书摊,常常可以买到一些旧版甚至一些非书的地方资料。随着现代信息技术的迅速发展,出现了电子商务,书店、个体书店还办有网上书店,有卖新书的,也有卖旧书的。负责地方文献采访的人员,当然也应关注网上书店。如孔夫子旧书网,个人只要有书,就可以在该网申请开书店,旧书也可以拿到上面交易,按地域可以搜索到各地的旧书店,这是新信息环境下,获取地方文献的新途径。

2.1.4 拍卖会

近年来,举办拍卖会越来越多。一般拍卖会和网上拍卖会上往往也有地方文献,这需要馆里有相关的灵活机制。

2.2 征集

地方文献除了公开出版物外,还有很大一部分为地方党政机关和企事业单位、团体在某一特定的社会范围内出版发行的非公开出版物。这些内部的书刊资料,多一次性制作和刊印,很少再版,仅在本地区相关系统内散发,通常为非卖品。由于这些文献不见于一般的流通渠道,需要采集人员对有关文献的信息进行一番搜寻,主动征集,直接与地方文献生产单位联系,建立信息网络,并定期维护。

2.2.1 从黄页入手

地方党政机关、科研教育机构、企事业单位、社团、制版印刷企业等,可以根据黄页进行网罗式收集。将这些单位建立信息网络,保持长期合作关系。这些是地方文献的具体生产单位,地方史志、专业志、年鉴、文史资料、大部头的丛书多卷书及其他的重要文献和史料基本上可以从这些单位获得。厦门市图书馆采访人员查找了馆藏闽南各市县的文史资料,主动发函向各县市的政协文史委征集漏藏及新出版的资料,取得了很好的效果。一些单位、团体和个人出版的资料,信息源往往不容易得知,从制版印刷企业着手,不失为一种有效途径。

2.2.2 从内部出版物登记情况入手

内部出版物,按规定需要在新闻出版局登记,应该想办法从新闻出版局得到内部出版物的出版信息,根据新闻出版局的内部出版目录查对本馆馆藏,对于本馆缺漏的本地内部出版物,尽量追讨补齐,收集完整。也可以向该局争取把缴交的文献给图书馆收藏。

2.2.3 从相关单位搬迁、整理入手

不少单位因为不是文献保存单位,乔迁或整顿的时候,往往会清理掉一些地方资料,在得到消息后,及时与他们接洽,是搜集地方资料的捷径。厦门市图书馆在文化局、人事局搬迁时,就征集到不少地方文献。

2.2.4 从私人收藏入手

研究地方的专家和私人收藏者,也是获取地方资料的重要信息源。厦门市图书馆征集到厦门地方史专家洪卜仁先生的藏书 1 万多册,设立"洪卜仁藏书室"收藏,是极为宝贵的地方资料。

2.2.5 从展览入手

通过举办展览等活动也可以收集到不少地方文献。2008年图书馆服务宣传周之际，厦门市图书馆举办了"馆藏地方文献暨《厦门地方文献征集管理办法》颁布实施展"，以生动的形式展出馆藏地方文献，展览期间先后收到厦门大学出版社、厦门音像出版社、厦门作家协会、厦门三中、厦门航空等多家单位和个人的捐赠的文献160种2283册（件）。寓征集于展览之中，同时向广大市民宣传《厦门地方文献征集管理办法》，宣传图书馆地方文献工作的意义，达到征集和宣传的效果。

2.2.6 地方新闻媒体

地方新闻媒体，包括电视、报纸、广播、杂志、网络等，也是获得地方文献信息的重要渠道。一个地区的机关单位、企事业单位数量繁多，有些信息源是采访人员没有关注到的，关注地方媒体，可以获得单位及个人的出版信息，进而联系收集。

2.2.7 用户也是潜在的信息源

地方文献的读者和用户，不少是以地方的某一领域作为研究对象的，对某一内容文献的需要要比别人迫切，常常会设法打通可能的渠道获得相关文献，拥有专业情报渠道。他们到图书馆查阅资料，一般来说乐于把情报信息与图书馆工作人员分享。采访人员可以从负责阅览室管理的同事那里得到这些用户的情况，他们的科研成果往往会整理结集，通常属于地方文献，近在眼前，不容错过。

2.3 交换与协作

厦门市图书馆与闽南地区的图书馆建立地方文献采集工作协作协调网络，互通有无，协作采集，曾从漳州市图书馆交换到不少漳州的地方文献。该馆正在商讨合作建立闽南地区地方文献联合目录，相信该目录的建立，对于收集闽南地方文献将起到很大的作用。

2.4 地方文献数据库建设

新信息环境下，涌现出大量地方性网站，包含大量的地方文献。公共图书馆应该对网络上的地方文献资源进行搜集和保存，建立地方文献数据库。地方资料应该藏用并举，除了加强地方文献藏书建设外，可以把那些出版年代较早、破损较严重的新中国成立前的地方文献进行数字化，也可以考虑把馆藏民国地方报纸及富有特色的专题资料建成全文数据库，便于读者使用和相关原文献的保存。一些电子厂商销售的电子图书和数据库，也有不少内容涉及地方的，应争取购买。如全国报刊索引——晚清期刊全文数据库，就含有地方报纸。厦门市图书馆设立了专门的岗位，负责数据库和自建数据库的相关工作，制定了《厦门市图书馆地方文献数据库建设方案》，对原有自建地方文献数据库进行整合，实现跨库检索，完善地方文献数据库。

3 地方文献采访工作面临的问题

3.1 地方文献资源建设缺乏总体规划

公共图书馆地方文献资源建设必须进行总体规划，明确藏书建设的重点。地方文献工作中的资料工作、书目工作和参考咨询工作是相互影响、相辅相成的，应该把地方文献的采访、开发利用和数据库建设有机地结合起来。不少公共图书馆缺乏一个能形成鲜明馆藏特色和科学藏书体系的长远规划,地方文献仅限于零散、偶然性的收集,地方文献工作尚停留在较浅层的水平上。一些图书馆,工作目标提出来,具体工作却没怎么开展。

3.2 从业人员的素质有待提高

馆员的素质是影响地方文献采集的重要因素。地方文献资源建设,需要采访人员具备较强的责任使命感和奉献精神,除掌握图书馆专业的基本理论和方法外,必须具备基本的史地知识,还应具有较强的公共关系能力而能独当一面,才能完成这项艰苦且具有开创性的工作。显然,从业人员的素质有待进一步提高。人力不足,也影响着地方文献的采访。

3.3 地方文献收集过程中的实际问题

地方文献具有综合性、系统性特点,地域广、范围宽、形式多样,零散分布在社会的各个角落。随着社会的发展,各行各业、各机关企事业单位、各社团组织乃至个人,都可以成为地方文献的生产者。不少地方文献在外地出版或著者为外地人士,一些非公开出版物并没有在新闻出版局登记,难以获取信息源;有些不定期的连续性出版物的出版时间难以掌握;有些内部资料(如政府机构的调研报告)甚至涉及保密性问题;互联网上浩渺的地方文献资源如何取舍;这些都给地方文献收集带来很大难度。地方文献中的地方人士著述,在人口流动如此频繁的今日,"地方人士"有必要进行更为科学的界定。

3.4 数据库建设基础薄弱

一些公共图书馆没有系统地组织地方文献数据库建设,没有专门人员进行数据建设。虽然建有几个数据库,但这些数据库由不同部门、不同人员完成,数据库内容选择缺乏统一标准缺乏系统性,著录格式不够规范,内容更新速度严重滞后。

3.5 相关部门及市民文献意识不够

地方文献工作需要社会各界的支持和关注。尽管地方文献的在地方社会发展中所取得的作用日益显现出来,社会对地方文献的重视也不断提高,但有些部门图书馆意识薄弱,文献意识有待提高。有些部门竟然不知道有公共图书馆,不知道图书馆是做什么的,读者打电话问图书馆有没有书卖的事还存在。实际操作中我们发现,虽然《厦门地方文献征集管理办法》已经颁布实施,目前文献生产单位和个人把资料送给图书馆收藏的意识尚未达到我们的期望。

4 加强地方文献采访工作的对策

4.1 政府重视,颁行相关法规或制度

地方经济建设和社会发展,需要公共图书馆做好地方文献工作,而地方文献工作,需要政府部门的重视。政府有关部门可以通过颁行有关法规或制度,建立地方文献呈缴制,为图书馆立法,以政府名义征集地方文献,使地方文献藏书建设具有制度上的保障。

4.2 图书馆领导重视,制定规章制度和地方文献资源建设规划

公共图书馆的领导也应重视地方文献工作,设立地方文献专藏,设置相关岗位由专职人员

负责地方文献工作,核拨专项经费,使地方文献工作从人员到经费都有保障。可以将地方文献资源建设列入每年的年度业务计划中,定期进行抽检和年度考核。也聘请相关领域的专家学者(包括研究地方的)成立文献资源建设委员会,定期召开会议,指导文献建设。

地方文献工作需要有一个长远的规划,明确本馆地方文献资源建设的长期性目标,制定详细可行的阶段性实施计划,有了清晰的思路和切实可行的措施,这项工作才能落到实处。可以通过成立地方文献资源建设委员会,集思广益,制定地方文献资源建设、文献开发方案,明确地方文献收藏重点,分步实施,并根据实际情况进行总结和调整,避免形成数量多而质量不高的藏书局面,建立具有当地特色的地方文献建设模式。可以根据地方文献的地域范围,联合所在地区的文献收藏单位,包括图书馆、博物馆、档案馆、研究机构及有关专业单位藏书室,编制地方文献联合目录,建立数据库,供读者网上检索,实现资源共建共享。读者如果在某一单位找不到所需的资料,通过联合目录告知另一单位藏有相关资料,也是一种服务方式。除了整合、回溯已有的地方资料数据库外,制定一个可行的馆藏地方文献全文数字化的规划也很重要。应根据经费的许可,制定出长、中、短期馆藏地方文献全文数字化规划,分步骤逐渐完成此项工作。

4.3　培养人才,建设队伍

地方文献藏书体系的形成,要较长时间的持续收集、系统积累才能见效。要持久有效地开展地方文献工作,需要有相应的专门机构和专门的工作人员作保证,重要的一个环节在于人才的培养和队伍的建设。在保持专业人员队伍相对稳定的同时,加强地方文献工作人员的培训和继续教育,不断提高他们的综合素质和业务水平,并适当增加人力、物力、财力投入。可以聘请地方史专家为地方文献工作人员讲述地方史,派遣馆员到省内外举办的各种培训研讨班进修,加强馆员与兄弟图书馆的交流,为提高馆员队伍的综合素质创造条件。

4.4　加强地方文献工作的宣传

地方文献工作要持续健康发展,需要加强图书馆地方文献工作意义宣传,加深相关部门领导对图书馆地方文献重视,让各地方文献出版单位及个人认识到通过图书馆让地方文献全民共享、永久保存的作用。图书馆应通过多种手段宣传地方文献的重要性,为地方文献工作树立鲜明的社会形象,为地方文献工作的拓展争取到更广阔的空间。通过各种方式宣传,如在图书馆内部及网站进行宣传,把具体的征集规则、管理办法、赠书鸣谢等在网上公布。

地方文献资源建设需要长期、系统地持续开展下去,需要有相关的制度和规划,需要一支相对稳定的高素质的专业人才队伍。只有在党政部门的支持指导下,在馆领导的正确领导下,加大人力、物力和财力投入,总结在地方文献工作中的经验和教训,吸收借鉴国内外其他图书馆的经验,公共图书馆的地方文献采访、地方文献藏书建设、地方文献数据库建设才能取得较快发展,从而为当地的经济建设,为构建社会主义和谐社会做出更大贡献。

参考文献

[1]金沛霖.图书馆地方文献工作[M].北京:北京图书馆出版社,2000.
[2]邹华享.中国公共图书馆地方文献工作概述[J].图书馆,1998(6):1-6.
[3]邹华享.地方文献工作若干问题的再认识[J].图书馆论坛,2004(12):150-154.

[4]傅虹.关于地方文献信息服务工作的若干思考[J].中国图书馆学报,2000(6):80-82.

[5]谢晓波,唐思京.试论地方文献资源建设[J].科技资讯,2008(12):242-243.

对"低价中标"的思考

——从山西省图书馆的低价中标说起

潘泰华(山西省图书馆)

我馆是从 2009 年开始政府集中采购的,虽然当时从全国范围看,政府集中采购已是大势所趋,但是我馆还是我省第一家纳入文献资源政府集中采购的单位。第一次纸质中文图书招标,我馆就遭遇了"低价中标",第一年的中标折扣是 48.5%,第二年是 64%,最终都因到货率不达标而中止了合同。低价中标不仅仅影响了我馆的藏书质量及读者服务水平,甚至影响到后来全省其他图书馆的中标折扣。近年来我省纳入政府集中采购的图书馆逐渐增多,但是中标折扣始终无法超过 73%,致使很多供应商放弃了这个市场。而我馆更是一直在 70% 以下徘徊,到货率和服务质量大打折扣。

1 低价中标的危害

低价中标是图书供应商恶意压价的结果,中标之后,供应商在招标文件当中的承诺便成一纸空文。供应商压价中标是为了占有市场份额的一种策略,中标之后自然会有别的相应的措施来应对。我馆的遭遇是:供应商无法提供正常的采购书目;拒绝带我馆采访人员参加大型图书订购会;订单的到货率甚至无法达到 50%;要求我们到他们的特价库房去选书。低价中标不仅扰乱了整个图书市场,对于图书馆和供应商的长远发展都有着严重危害。

1.1 图书馆的文献资源建设质量无法保障

低价中标之后,供应商受利益驱使,必然会在图书和服务上做手脚,以次充好。质量好的书难以入藏,需要连续收藏的书无法订到,图书馆的图书采访工作无法正常开展,藏书质量严重下滑。图书馆是低价中标的无辜受害者,供应商要把降下来的那部分折扣的损失转嫁到图书馆,图书馆承受着到货不及时,到书率低,服务质量跟不上等种种压力。过去我们是因为没钱买书,文献资源建设无从谈起,现在国家拨了大笔的购书经费,我们还是无法购进想要的好书,这就是低价中标的后果。

1.2 读者的阅读权益受损

图书馆是为读者服务的,藏书质量直接影响着读者的阅读质量。我馆连续两次的低价中标,使图书质量下降,新书断档,根本无法满足读者的阅读需求,读者的阅读权益受到损害。图书馆依靠文献资源开展各项读者服务工作,如果无米为炊,读者服务水平谈何提高。图书馆事业的发展是以藏书作为基石的,完善的藏书体系可以吸引更多的读者。如果藏书的质和量下降了,读者人数减少,对图书馆的发展将是沉重打击。

1.3 图书供应商无法通过良性竞争获得发展

供应商有一定的利润空间,才有提高供书质量和服务质量的积极性。图书馆和供应商只有双赢,才能相互促进,使整个馆配市场走向良性发展。低价中标,供应商的利润受到挤压,工作重心肯定是如何降低成本,而不是如何提高供货和服务质量。如果一个地区的中标折扣长期在低位运行,供应商只能通过互相压价来获得中标机会,中标后往往无法兑现承诺,合同随时可能被迫中止。图书馆权益受损,供应商信誉毁于一旦,市场陷于混乱,这会使很多注重质量的正规供应商选择退出,对于图书馆来说更是雪上加霜,根本无法选到合适的供应商。

2 低价中标的原因

低价中标的原因很多,虽然是供应商恶意压价的结果,但也绝不仅仅是供应商一方造成的。2003 年《中华人民共和国政府采购法》颁布实施之后,又相继出台了《中华人民共和国政府采购货物和服务招标管理办法》及《财政部关于加强政府采购货物和服务项目价格评审管理的通知》,本意是提高政府采购资金的使用效率,确保廉洁透明和公平竞争。但其中规定价格是评价采购资金使用效益的关键性指标之一,并且综合评分法中的价格分采用低价优先法计算,这也为低价中标提供了可能性。有些图书馆也倾向于相同的资金购买更多的书,以应付评估,所以低价中标的现象屡屡发生。

2.1 集中采购机构对文献采购的专业性认识不足

集中采购机构受图书馆委托,具体办理图书采购事宜。图书通常被归入货物类进行公开招标,但是图书与一般的货物确实有着很大的不同。一般的货物可以列出详细的采购清单,是对已经生产出来的产品进行采购,而图书招标往往是对将要出版的图书的采购,订单要分多次交给供货商,图书也会分批交货验收。其中还附加着很多其他服务,比如业务外包,提供预订书目,图书现采等。不同的供货商由于自身的实力和折扣的不同提供的服务质量可谓千差万别。

集中采购机构毕竟还是新生机构。我国政府采购专门机构建立于 1998 年,至今仅仅走过13 个年头。一方面,经验成熟的采购专业人员相对短缺;另一方面,他们对于图书的采购特点缺乏足够的认识,因而对待折扣问题上往往也是主张在承诺相同的情况下折扣越低越好。今年召开的中央国家机关 2011 年政府集中采购工作会议上重点强调的仍是资金的节约率。资金的节约是最容易看得见的成绩,但其中的质量问题却常常被忽略了。这样的导向性对于集中采购机构的影响是不言而喻的。

2.2 政府公开招标的评分体制存在缺陷

招标文件中的评分标准将评定内容分为三部分:商务、技术和服务、价格。商务部分主要包括业绩、财务状况、信誉;技术和服务部分通常是图书馆对供货商的各种具体要求;价格部分就是书商的报价折扣得分。表面看评分标准没什么问题,但是做过评标专家的人都有体会,供应商对于技术和服务部分几乎是完全响应的,这部分的分值基本上都能得满分。其实正是供应商在技术和服务的能力上的差异,才是最终影响合同的执行情况的关键因素,偏偏在评分的时候只能以他们的承诺为准,非常不合理。正因为评分标准无法使供应商的优势体现出来,所以最后拼的还是价格。价格分采用"低价优先法"计算得分,那么谁的折扣更低,谁胜出的机会就更大。虽然现在对于评标专家的质疑很多,"专家不专"的问题确实存在,但是在短短不到一天的时间里,要给每个供应商打出详细的分数,根本没有时间细细斟酌,即便是真正的专家也很难给得那么准确。评标太匆忙,恐怕是参与评标者的共同感受。对供应商评分的标准,评标的过程,专家的选择,都需要在实践中不断发现问题,不断地改进,才能使评标结果更加公正、合理。

2.3　监督管理机制亟待完善

现在的政府集中采购对于合同签订之前的各项工作的监督和管理还是比较有成效的,但是对于合同签订之后的监督显得非常乏力,这也是有些供应商敢于有恃无恐地违约的重要原因。政府采购法虽然有专门的"监督检查"一章,却没有提到对合同执行情况的监督检查,所以签约之后,基本上就是图书馆和供应商两方的事了。在无人监督的情况下,一旦供应商违约,图书馆要花费很大的精力来处理相关事宜,常常是来回扯皮,导致新书无法及时上架,影响了读者的借阅。

2010年1月国务院法制办公布了《中华人民共和国政府采购法实施条例(征求意见稿)》,征求社会各界意见。在集中采购机构主要职责中,指出"根据采购人委托,参与合同验收"及"对本机构组织的政府采购项目执行情况进行跟踪问效",增加了集中采购机构的责任。这个条例一旦实施,对供应商的违约行为将会形成有效的遏制。完善的监督管理体制是招标工作及采购合同顺利进行的有力保证,不能流于形式。财政部门及集中采购机构的监督管理职责还有待加强。

3　防止低价中标的对策

3.1　积极交流沟通,充分表达图书馆的意愿

图书馆负责招标采购的人员平时要多留意其他馆的成功案例,并与案例中的采购方进行交流,尤其是外省有些地区由于实施较早,已经有比较成熟的经验,可以引进。与本地其他馆的交流更加重要,可以互相学习,取长补短,共同促进本地区招标采购的健康发展。

图书馆在制作招标要求之前,要与集中采购机构的工作人员进行充分的沟通,将图书馆的需求准确地表达出来。在评标过程中也要充分把握机会,向评标专家表述采购方对于供应商以及服务和技术上的特殊要求,比如供应商应具有专业化商务网站,有提供编目数据的能力等,使评标小组在评分时可以重点注意这些方面。良好的沟通有助于参加评标的人员都能了解采购方的实际需求,理解采购项目的重点诉求,共同为选择合适的供应商而努力。

3.2　与集中采购机构共同制作招标文件,利用合同保护图书馆的权益

集中采购机构在制作招标文件时,通常都要和采购方进行沟通,由采购方提供商务、技术要求,共同完成招标文件的制作。首先要对供应商的资质严格把关,在业绩、注册资金、销售额、现采书库、商务网站、专业编目人员等方面提出明确要求,不达标准者不得参加评标。其次

还可以对评分内容提出建议,加大业绩分值,降低折扣报价的分值,使评分标准更趋合理,降低"低价中标"的风险。

在制作采购合同文本时,要加大对违约行为的惩罚力度,提高违约成本;咨询法律专业人员,对每个条款都仔细推敲,不留漏洞;对于采购活动的每一环节制订详细的执行标准。完善的合同文本可以有效地制约供应商的违约行为,最大限度地保护图书馆的权益。如果政府集中采购机构能够参与到合同的验收中,相信供应商的违约行为会大大减少,靠违约来支撑的"低价中标"现象也会越来越少。

3.3 建立合作供应商评价档案,加强质量控制

图书馆年年招标,中标供应商不断变换,各有特色,建立供应商供货质量评价档案,可以促进供应商提高服务质量,也为以后的招标工作提供参考。对供应商的评价主要包括:采访书目的数量和质量、编目数据质量、图书加工质量、到货率、图书配送质量、现采服务等。制定详细的评分表,通过评分对供货质量进行控制,对发现的错误限期整改,如果屡屡出错,提出警告,直至取消其供货资格。情节严重者,在下次招标时拒绝其入围。只有通过严格的质量控制,有效地制止供应商的违约行为,使"低价中标"者没有出路,才能促使供应商放弃不负责任的低折扣报价。

3.4 建议开设"文献采购专家培训班"

图书馆界对于图书采购人员的培训几乎空白,这和对图书分编人员的培训形成了强烈的反差。国家图书馆培训中心常年开设各种业务培训班,包括标引、编目、读者服务等等,却偏偏没有文献资源采访。其实文献采访和分编工作一样,是图书馆非常重要的业务工作,但是采访人员的在职培训长期以来一直被忽略,基本上要靠自学成才。对于招标采购这项工作,更是无人指导,只能自己琢磨,花费无数的时间和精力,还常常要走弯路。

现在两年一次的文献采访工作研讨会虽然提供了一个交流平台,但还远远不够,一来时间间隔太长,二来参会人数太少,解决不了大家的疑难问题。如果能够像举办分编培训班一样,由国家图书馆牵头,定期举办"文献采购专家培训班",重点培训招标采购人员,请懂法律的专家讲解如何编写招标要求,如何在合同中防止供应商钻文字漏洞,供应商违约后如何拿起法律的武器维权等,那么对采购人员提高专业素养,顺利完成招标采购工作一定会大有帮助。

2006年教育部高校图工委和中国图书馆学会高校分会公布了《普通高等学校图书馆文献集中采购工作指南》,提供了招标文件及采购合同样本,对规范高校图书馆的文献采购工作具有重要指导作用。公共图书馆的招标采购工作也需要有这样的一个指南进行指导和规范。

5 结束语

公开招标可以吸引更多的供应商公平竞争,有效地节约资金,遏制腐败,甚至可以通过业务外包缓解采编部长期以来难以解决的新书积压问题。如果能够使折扣趋于合理,供应商有提高服务质量的积极性,与图书馆在合作中共同发展,那么政府集中采购的优势才能真正体现出来。我国的政府招标采购还只是在发展阶段,会出现问题,然后寻求解决的办法,只有不断改进,才能逐渐完善,走向成熟。

参考文献

[1]范翠玲,郑云武.高校图书馆中文图书采购政府招标"低价中标"现象探析[J].图书馆论坛,2010(8):
    99-101.

[2]方家忠,刘洪辉.公共图书馆文献信息资源政府采购[M].广州:暨南大学出版社,2010.

[3]国务院法制办就政府采购法实施条例征求意见.[2011-09-10].http://news.xinhuanet.com/legal/2010-
    01/11/content_12790900.htm

[4]中华人民共和国政府采购法——2002年6月29日第九届全国人民代表大会常务委员会第二十八次会议
    通过.[2011-09-12]http://www.people.com.cn/GB/jinji/20020629/764316.html

[5]乌恩.高校图书馆采购招标中遴选图书供应商新探[J].图书与情报,2010(3):141-143.

基于过程管理的图书馆文献采访质量控制

尚小辉(国家图书馆)

1 过程管理的概念和特点

产品质量的产生、形成和实现,都是通过过程链来完成,过程的质量决定了产品和服务的质量,所以要控制质量,就一定要控制过程。过程管理是ISO9000:2000质量管理体系标准强调的管理方法,它通过使用一组实践方法、技术和工具来策划、控制和改进过程的效果、效率和适应性,包括过程策划、过程实施、过程监测(检查)和过程改进(处置)四个部分,即PDCA(plan-do-check-act)循环四阶段。[1]它主要是对企业管理当中的每个节点进行质量控制,通过对每个过程细节进行控制管理,从而达到全面质量管理。与传统管理方法不同,过程管理方法以系统论、信息论和控制论为理论基础,它具有以下特点:[2]

(1)以系统论为指导,把每一个业务过程都看成有特定功能和目标、有输入和输出的过程子系统,企业系统由若干业务过程子系统按一定方式组合而成;应用系统方法解决企业业务过程系统的信息流、物流和工作流管理问题;关注业务过程内部和业务过程之间的逻辑联系、相互作用。

(2)应用信息论方法,将企业内部的各过程视为一个信息收集、加工、存储、传输的过程,应用信息技术解决业务过程管理信息的传输和处理问题。

(3)应用控制论方法,将企业的业务过程视为可控过程,建立过程控制系统,运用反馈控制等控制方法解决企业业务过程系统的控制问题。

(4)注重管理的细化,即细化到每一个业务流程、每一个操作单元、每一项影响业务流程运行的输入因素。

2 过程管理在图书馆文献采访质量控制中的实现

2.1 建立文献采访质量控制的过程系统

文献采访质量控制是一项系统性的、动态的过程,它涉及多方面的因素,既有宏观层面的如政策、经费、人员的因素,也有具体操作层面的因素,[3]因此只有建立完善的图书馆文献采访质量控制的过程系统,做到采访之前有科学的预见,采访过程有规范的管理,采访之后有迅速的反馈,才能更有效地控制文献采访质量。图书馆文献采访质量控制系统是一个多变量的复杂过程系统,如图1所示,其目标的实现受各种输入变量、过程参数和人员参与等因素的影响。

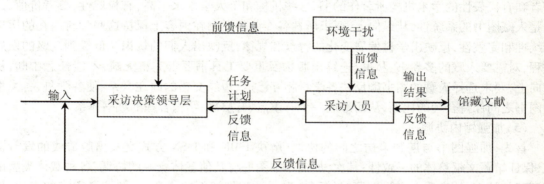

图1 文献采访质量控制过程系统

2.1.1 文献采访前质量控制

在文献采访质量控制过程系统中,采访决策领导层向文献采访人员提出采访任务或计划,将采访决策领导层的指令转化为文献采访人员的采访目标。其中采访计划的提出受各种输入信息(环境干扰)的影响,如当年经费预算、图书馆馆藏发展政策、现有馆藏情况、读者对文献的需求(包括现实需求和未来需求)、出版情况、采访人员的素质、采访能力以及后续加工编目能力等。只有在对这些影响因素进行综合把握的基础上,才能制定出客观可行、科学合理的采访计划。

2.1.2 文献采访过程中质量控制

采访人员根据采访任务或计划,自行决定达到采访目标的行动方案,并按方案在各种环境干扰的情况下进行采访工作。

(1)了解读者需求

文献采访人员是连接信息资源与读者需求的中介,承担着为大众、教学和科研等需求开展文献资源建设的责任。在文献采访中,应对读者需求给予十分重视,不仅要统计已采购的文献中,哪些受读者欢迎,还要通过问卷调查、访谈等方式获取读者的阅读倾向,估计要订文献的潜在利用率,[4]保障馆藏文献的前瞻性。

(2)了解出版社的特点

各出版社有其优势、性质、出版范围、出版的质量和信誉,所以,优先选择那些声誉高的出版社出版的图书,是提高采访质量的一个比较可靠的方法。

(3)选准书商

书商是图书馆与出版社之间的重要桥梁,图书馆采访人员订购图书最主要的途径是书商提供的书目。对图书馆来说,选择书商可能是仅次于图书选择的重要步骤。选择书商不能仅仅看价格,还要考虑供货能力、到书率、服务等各种因素。而且在选择好书商后,要定期与其沟通,让书商了解本馆的性质、任务和读者对象等信息,以便其提供更有针对性的书目。

（4）拟定科学的评判标准

科学的评判标准,可以使采访人员在采访过程中有据可依,最大限度地保证采访文献的系统性和完整性。一般来说,在制定评判标准时,应重点考虑以下参量:一是图书内容的主题和学科归属是否与图书馆的性质和功能定位相符。二是从出版社判断,如是知名度高、学术性强的出版机构,一般力争出版高质量的图书,而不自毁其誉。三是看图书的影响度,即是否名家著者和有代表性的学术机构所著作的书,这些机构和个人学术水平高,有权威性,参考价值大。四是入藏图书的系统性,从纵向上,要求所选各专业的图书在内容上保持这些学科内在的历史延续性和完整性,反映出学科发展变化的特点和规律,反映出人们的认识从低级到高级的发展过程,对需要入藏的多卷书、丛书、连续出版物及重要工具书要求完整无缺,不能任意中断;从横向上,要求选择入藏的图书能反映各学科相互渗透、边缘交错的内在联系、使各学科、各类型的图书之间保持合理的比例,从而形成一个有重点、有层次、结构合理的藏书体系。[5]

（5）加强馆内协调

首先,加强图书与期刊采访之间的协调,解决 ISBN 和 ISSN 方式交叉出版造成的发行混乱,保证馆藏文献整体的一致性;其次,加强印本图书与其他载体资源的协调,各种载体类型的资源互相补充,从实质上增强馆藏;最后,加强采访与借阅部的协调,了解读者需求的变化,以便及时的调整采访策略。

2.1.3　文献采访反馈质量控制

在文献采访过程中,由于各种干扰因素的影响,图书采访的目标状态会偏离计划状态,因而还需要反馈调节。信息反馈是图书馆文献采访质量控制过程管理的重要组成部分。在文献采访过程中或采访过程完成后,将输出信息及时反馈,把订购文献与采访计划目标相比较,寻求文献采访过程中的不足与偏差,反馈给采访决策领导层,寻求改进措施,调整输入参数,使整个采访过程的运行保持在一个满足需要的范围内,实现整个采访过程的持续高效。[6]因此,有效的信息反馈可以使文献采访系统在运行中得以不断修正和调整,对于过程系统按预定目标实现控制和管理是非常必要的。

从文献采访质量控制的过程系统图(图1)可以看出图书馆采访系统的反馈信息分为内部反馈信息和外部反馈信息。内部反馈信息是图书采访人员在采访过程中通过自查等手段对发现的问题的反映,外部反馈信息则是源于用户以及馆外专家的意见和建议。正确分析和运用以上两种反馈信息,可以及时发现图书馆采访工作中存在的问题,纠正错误,修改规则,从而提高文献采访的质量,使馆藏不断完善。

2.2　建立团队型文献采访组织结构

过程管理需要通过组织结构实现,因此在图书馆文献采访质量控制中应用过程管理方法,必须进行组织创新。以文献采访业务过程为中心,按业务过程的结构和运行特点进行组织结构设计,改变层次多、部门多的"纵向结构",建立"横向结构",即构建具有扁平化、组织层次少、网络化特点的组织结构,使组织结构具有较强的柔性,可以按业务过程运行的变化作动态调整。如组建各种人员组合可灵活变动的业务团队,由团队来履行各业务过程管理的职责等,从而能够改进工作流,减少目前存在的知识结构屏障,更加有效地完成不同类型的文献采访的各项任务来支持整个图书馆的运作和发展。同时,团队型组织结构要求组织具有充分的灵活性以及不断接受组织结构革新的能力,因此,这也为文献采访人员提供了一个展现自我能力的机会和平台。[7]

2.3 创建新的制度文化环境

在文献采访质量控制中应用过程管理方法,对采访人员的素质有较高的要求,必须改革传统的管理制度,进行制度文化创新,创建新的制度文化环境。要按照文献采访业务过程管理的要求规定采访人员的职责,建立工作标准体系和绩效评价体系,制订文献采访业务过程运行控制和协调规则,使工作流程更加透明化、工作任务更加明确化。此外还要创建团队合作、相互沟通、知识共享、持续学习、持续改进的团队文化。注重提高采访人员的学习能力、创新能力、应变能力和解决实际问题的能力,通过不断挖掘其内在的潜能,激发创造力,在实现自我超越的同时提高团队的整体工作能力,并最终实现提高文献采访质量的目标。

3 过程管理在图书馆文献采访质量控制中的作用

3.1 过程管理将文献采访质量控制变成了动态反馈循环过程

从采访工作的业务流程来看,循环性和反馈性贯穿于图书馆文献采访工作的整个过程。不仅在采访决策领导层、采访人员和用户之间形成反馈回路,而且在用户和采访人员之间,以及采访机构内部之间均形成了反馈回路。每个回路都是一种循环往复的动态平衡发展过程,在这一闭合的反馈控制网络之下,图书馆采访系统始终处于良性循环的状态。

此外,文献采访工作不是即时完成的,而是一个过程,一次采访结束,接着又进行下一次采访。文献采访质量控制的实施也不是一次性的,它可以长期循环使用,每循环一次,系统就能提高一级。文献采访每完成一个循环,就将反馈信息作用的结果再反馈到反馈源,为实现下一个循环做准备。当然,文献采访质量控制的循环并不是简单的重复,而是在分析研究反馈信息的基础上再实施反馈。通过决策—执行—反馈—再决策—再执行—再反馈—无穷尽的螺旋式上升的动态循环发展过程,[8] 图书馆文献采访质量控制系统的运行不断优化,采访质量不断提升。

3.2 过程管理将文献采访质量控制看成是多方参与的结果

文献采访质量控制的过程管理涉及计划、实施、检验和改进,在实施过程管理的每一个环节,图书馆各方面的相关人员都参与其中。在过程策划阶段,涉及馆藏发展计划、文献资源建设原则以及用户对图书馆的期待等因素,要广泛吸收图书馆各方面人员以及用户的参加,充分听取和研究他们的意见,使采访计划科学完善,客观可行。在过程实施阶段,采访人员面临复杂的信息环境,书商因素、出版社因素、采访人员素质等都有可能影响采访质量,采访人员要不断探索文献采访的新手段、新模式。在过程检测阶段和改进阶段,通过专家评议、读者评价、采访人员自身对采访工作的评价以及采访人员和用户的互动等,积极有效的提高采访质量。

3.3 过程管理将文献采访质量控制推向规范化管理

过程管理是一个持续发展的过程,在过程管理实施的过程中,通过制定文献采访计划、规范文献资源建设原则和采购流程、明确采访人员的岗位责任并提高采访人员素质、建立适应业务发展的团队组织并创建团队文化以及不断地反馈与改进,使得文献采访质量控制日益规范化。

4 在文献采访质量控制中实施过程管理的思考

4.1 实施过程管理时应充分考虑图书馆自身的特点

过程管理方法已在企业管理实践中得到广泛应用,但是在文献采访质量控制中,不能完全照搬,必须充分考虑图书馆自身的特点。首先,企业生产的是产品,产品质量的好坏在生产过程结束后就能确定,但是图书馆文献采访质量的高低不仅要符合本馆馆藏发展的需求,还要接受用户的评价,而用户对文献的需求是多元化的,会导致不同的评判结果。其次,图书馆的外部环境是发展的,用户的需求是变化的,衡量文献采访质量不仅要看馆藏文献是否满足当下读者的需求,还要看是否满足未来读者的需求,能否经得起历史的检验等。这些是无法也不能做到标准化的"精细"控制的,因此在文献采访质量控制过程管理中应充分考虑这些因素。

4.2 持续改进是文献采访质量控制过程管理的灵魂

持续改进意味着逐渐消除文献采访过程中的错误和缺陷,防止不合格行为的发生。过程管理特别强调持续改进,对文献采访质量的控制通过采访人员采访过程中的反馈和自查以及用户反馈等机制,努力将差错率降到最低,实现错误缺陷预防和质量持续改进;重大问题要在规章制度中增加预防内容,在以后的工作循环中避免此类事情的发生。[9]持续改进措施的实施与目标的实现,不仅围绕如何提高文献采访质量水平,满足不同读者对文献信息的需求而进行[10],而且还要随着文献资源发展形势的变化进行过程管理创新,创建新的质量控制环境。同时还要注意综合应用多方面的技术,将管理技术和自动控制等技术有机地结合起来,提高过程管理的时效性。

5 结束语

图书馆文献采访质量控制的过程管理是一个逐步完善发展的过程,只有真正了解图书馆文献采访过程的各种需求和各种影响因素,规范了工作流程,明确了相关责任,借助系统运行过程中的整体协调与调控,建立灵活机动、高效率的信息处理和反馈系统,图书馆文献采访工作才能在复杂多变的环境中得到良性发展。

参考文献

[1]方康玲.过程控制系统[M].武汉:武汉理工大学出版社,2007.

[2]刘焕新.过程管理方法在企业中的应用[J].企业家天地,2008(4):142 – 143.

[3]潘家武.高校文献采访的质量控制体系构建[J].图书情报工作,2010(13):79 – 82.

[4] 李海英. 国际化进程中高校图书馆采访工作新理念[J]. 现代情报,2006(2):57-59.

[5] 谭柏华. 论高校图书馆采访质量的前馈控制[J]. 图书馆,2006(3):85-90.

[6] 尚小辉. 图书缺藏控制研究[J]. 图书馆学研究,2011(2):48-51.

[7] 王慧秋,骆冬燕,王欣欣. 基于扁平化理论的团队型文献采访服务组织结构模型构建[J]. 图书馆杂志,2007(11):33-36.

[8] 刘葵波. 反馈控制:对图书馆系统的意义[J]. 图书馆杂志,2005(4):17-20.

[9] 晃行国. 高校图书馆文献资源建设质量控制研究[J]. 图书馆学刊,2011(4):59-61.

[10] 卢莉华,李春. ISO 模式下高校图书馆文献资源建设的质量监控:海南大学图书馆的文献资源建设[J]. 大学图书馆学报,2009(2):23-26.

非正式出版文献采访工作的实践与思考

——基于国家图书馆中文资料组工作分析

孙凤玲(国家图书馆)

近年来,"非正式出版文献"的价值越来越被社会所重视和认可,但由于其形式多样、发行范围小、传播不广且易流失等特点,给此类文献的收集、保存和利用带来很大困难。为使此类文献中一些学术性与资料性较强的文献得到妥善保存与利用,国家图书馆于 2008 年 3 月成立了中文资料组专门收集非正式出版文献。按照我馆文献资源建设指导委员会会议精神,采访定位只考虑中文非正式出版文献,强调文献的学术性与资料性,以保存文献为目的,前期以学术会议文献、研究报告、民间诗文集等为收藏重点。从 2008 年 7 月 10 日开始,中文资料组通过信函、网络、电话、电邮、购买等多种方式,面向全国广泛征集中文非正式出版文献。经过三年多的探索与努力,中文资料组非正式出版文献的采访工作取得了一定的进展。文章回顾与梳理了这三年的采访工作,发现成绩,找出不足,为今后工作的进一步发展做好充分的准备。

1 中文资料组现有文献分析

1.1 文献概况

中文资料组成立之初,2008 年 7 月至 2009 年 6 月,文献采访方式以征集和接受捐赠为主,月均采访量维持在 200 余种 400 余册。前期,按照馆里的要求和部署,要尽快建成并开放中文资料阅览室,但是这需有一定的文献数量作为阅览室开放的保障。中文资料组在人力非常有限的情况下,除了持续拓展征集和接受捐赠两个采访渠道外,一直积极开发其他的采访渠道。通过近半年时间对资料来源与供求市场的认真调研,在与各类书商进行询价、洽谈、评估和多方面的协调后,于 2009 年 6 月底遴选出 5 家信誉、报价、持续供货能力等较好的书商,正式启动了书商供书的方式,月均采访量有了较大幅度的提高。截止到 2009 年 11 月,中文资料组采访统计如下(见表1)。

表1 中文资料组各类型文献采访数据统计表

序号	文献类型	种数	册数	种数/总种数
1	会议文献	1839	2554	20.2%
2	研究报告	2154	3616	23.6%
3	民间诗文集	2298	4986	25.2%
4	资料汇编及纪念史料	2828	5861	31.0%
合计	–	9119	17017	100%

1.2 各类文献采访现状

1.2.1 会议文献

会议文献主要是各类学会、协会、研究会及政府机构等组织在国内召开的学术年会、研讨会和各类论坛的论文集,可分为自然科学和社会科学两大类,自然科学类会议文献涵盖理工、农业、医药卫生、电子技术与信息科学等门类;社会科学类会议文献目前主要涉及文史哲、政治军事与法律、教育与社会科学、经济与管理等领域。

目前国内收集会议文献的机构较多,且正式出版与非正式出版的会议文献均涵盖,内容以自然科学类为主,通过网络数据库的方式提供服务,规模较大的收藏机构主要有:公共图书馆领域的上海科技情报所、专业图书馆领域的国家科技图书文献中心、商业数据库领域的中国学术会议论文全文数据库(万方)等。与上述这些机构相比,无论从会议文献积累的时间、数量、还是从文献开发的深度,国家图书馆目前都不具有优势,特别是自然科学类会议文献,收集更是高度重复,很难再出特色。鉴于此,从文献资源建设的宏观分工和连续性的角度出发,我们现在只重点收藏人文社科类会议文献。目前收集的会议文献涵盖各个学科如:《中国(无锡)吴文化国际研讨会论文集》《汉学与跨文化交流论文摘要》《第二届东方外交国际学术研讨会》《首届中华砚文化学术研讨会资料汇编》《第二届乐府与歌诗国际学术研讨会论文集》《孝文化与构建和谐社会高峰论坛论文集》《高密历史文化名人学术研讨会暨中国历史文献研究会第30届年会论文集》《国际徒步论坛论文集》《往事并不如烟——"文革"期间中草药运动学术研讨会论文集》等。

1.2.2 研究报告

研究报告从其编辑出版的单位来看,可以分为政府机构的各类报告、高校和科研机构的报告、民间机构的研究报告等几类。从目前收集的数量上来看,以前两类机构的研究报告为主,具体情况如下。

(1)政府机构的报告主要有如下几类:社会调查报告(如《安徽省农村调查报告》)、决策参考报告(如《河南省重大决策咨询研究成果》)、项目评估报告(如《XX工程可行性研究报告》)、发展规划报告(如《上海中长期科学和技术发展规划战略研究报告》)、产业发展报告(如《XX产业发展报告》)、工作总结报告(如《中央XX机关工作总结报告》)。

(2)高校和科研机构等的报告包括如下几类:社会科学基金项目报告、行业发展报告(如《建材行业发展报告》)、各级机构委托课题研究报告(如省、部级委托课题)、科学考察报告(如《XXX自然保护区科学考察报告》)、田野调查报告(如《广西罗城县下里乡仫佬族社会调查报告》)、项目咨询报告(如《上海港发展战略研究咨询报告》)。

(3)民间机构的研究报告主要有:社会调查报告(如《2007草原游学笔记》)、内部讲座(如《天则经济研究中心内部文稿》)、项目监测与评估报告(如《福特基金会资助的中国艾滋病防治项目报告》)。

目前国内其他机构对各类报告的收集,主要偏重于对国外政府研究报告、科技报告及国内经济类应用型报告,以数据库的方式提供服务。规模较大的有:上海科技情报所、国研网、中经专网数据库等。与上述这些单位相比,中文资料组采访的各类报告与之有交叉,主要是经济类研究报告,特别是各类行业分析报告、产业发展报告、发展规划报告等,此类报告今后可以缩减。但我们也有自己的特色,特别是政府机构的社会调查报告(包括出国考察报告)、决策参考类报告,高校和科研机构的田野调查报告、科学考察报告、国家重点基金项目支持的研究报告,以及民间机构的研究报告等,今后应该继续加强采访力度。

1.2.3 民间诗文集

民间诗文集包括"民间诗词集"和"民间文集"两大类。

民间诗词集按照编著者可分为民间机构/团体的诗词集和个人诗词集。民间机构/团体的诗词集来源主要为各地的诗词学会和诗社,如南宁市诗词学会、江西省诗词学会等;个人诗词集主要为中老年诗词爱好者的作品。

民间文集按照内容可以划分为:文史类(回忆录、纪念文集等)、文学类(小说、散文、杂文等)、研究类(某学科的回忆文集等)、杂记类(日记、工作文集等)等,主要包括:(1)革命回忆录/纪念文集:内容涉及战争时期的亲身经历和战争纪实等,如《征程如歌》——北京军区政治部、《忻口战役亲历记》等;(2)知青回忆录/纪念文集:内容涉及知青插队期间的经历和纪实等,作者主要为当年各地农场或各军区生产建设兵团的知青,如《知青记事》《青春影迹象》《戈壁情怀》等;(3)校友回忆录/纪念文集:内容主要是对以前学校学习与生活、同学与校友的回忆及对生活现状的记述等,来源为各类学校的校友会,如《辅仁往事》《国立西南联合大学八百学子从军回忆》《革大人》等;(4)其他回忆录/纪念文集:内容为个人的生活琐事、经历等。

目前国内还没有专门的机构来收集民间诗词集,地方图书馆在收集地方文献时也只是重视本地的一些类似资料。民间文集中,回忆录和纪念文集系统收集后易成专题,且有史料价值;文学类文集虽然单个来看不成体系,但可以按照地域划归到民间诗词中,来反映某个地域某段时期内民间文学的发展水平;研究类文集可反映某个领域内的来自民间的研究成果,它具有和官方的研究成果所不同的特色;杂记类文献可以重点收集日记,作为文史类资料的补充,但对于一般工作类文集则可以舍去。

1.2.4 资料汇编

资料汇编以来自政府的各类文件、制度、统计资料汇编等为主,其次是来自科研单位等的成果汇编,主要有如下几类:(1)政府机关文件与制度汇编:如中央国家机关财务制度汇编、商务部政务工作文件汇编、新闻出版(版权)法规及规范性文件汇编、城市居民最低生活保障制度文件资料汇编等;(2)政府某项工作资料汇编:如上海对口支援西藏日喀则工作资料汇编、社会工作人才队伍建设试点工作资料汇编等;(3)行业性统计资料汇编:如中国奶业统计资料、全国文物业统计资料等;(4)科研成果汇编:如清华大学科学技术研究成果汇编、北京市社会科学院科研成果汇编等;(5)周年纪念/大事记:如抗日战争胜利六十周年纪念文集、同仁堂大事记等;(6)行业及地方文史资料:如当代中国粮食工作史料、当代北京金融史料等。

在各种资料汇编的收集方面,目前偏重于对一些重点机构的重大事件、重要活动、重要制度及成果的资料汇编,以及一些重点行业的数据资料的采集。今后应继续注重收集反映重大事件的一系列资料(比如奥运会、汶川地震、三峡工程等),以及一些重要机构在国家和社会生活中有较大影响力事件的一系列资料(如百年庆典等),以保证资料的完整性。同时,还要重视资料的连贯性,例如《清华大学科学技术研究成果汇编》一书,从1984到2009年的26个年度,已收集到了13个年度,对于这样的连续出版的资料应继续关注其出版情况,力争收集到今后每年出版的研究成果汇编,形成完备的资料体系。

2 非正式出版文献采访分析与思考

2.1 非正式出版文献内容的价值分析

中文资料组自成立之初,关于文献的收藏范围问题经过了本组大量的调研以及馆内专家慎重的研讨,最后确立了以会议文献、研究报告、民间文集及资料汇编等为收藏重点。会议文献及研究报告的价值自不必赘言,此处仅以民间诗文集和资料汇编两类文献为例分析一下非正式出版文献的价值。

2.1.1 民间诗文集

(1)其中团体的诗词集如《南英诗词》。英林是泉州湾上的一个小镇,弹丸之地,海角之乡。英林镇的几位乡贤成立了南英诗社,他们办诗刊、搞活动,不但凝聚和培养了主要地区的大批诗才,也联络了海内外的大批诗词爱好者,甚至还有生活在泰国、马来西亚、菲律宾、印尼等的海外赤子,他们用生花之笔,描绘了侨乡的历史沧桑和当今巨变,传达了各地诗友的感慨和心声,反映了浪迹天涯的游子们对祖国的思念。这类书中还有如《苍南诗词》《庐山名胜诗词选注》《清流历代诗歌选注》等等。

(2)个人诗文集如《素园文集》。它较全面真实地反映了作者所处历史时期的历史状况,为我们今天提供了借鉴,这就是"资政"的作用;作者一生的许多切身体会都倾注进文集,对于今天很有教育感化的功能;作者积毕生之心血,积累和保存了大量的一方文献,这就是"存史"的所在。所以说个人诗文集也都是留给后人的一笔宝贵的精神遗产。

(3)又如反映地方特色的民间文集《济南民间舞蹈集》。济南是一座历史悠久的文化古城,新中国成立后,为民舞艺术开拓了广阔的空间,广大工作者深入城乡,进行采风,进行了广泛整理,但不幸的是,十年浩劫,大部资料荡然无存。为了抢救保存这份艺术财富,济南市舞蹈工作者协会在各级文化部门的指导支持下,对济南民舞进行了收集记录,并从中选出九个较有代表性的作品,编了这本书。

所以,民间诗文集如果从每个单本来看具有一定的局限性,但就整体而言,其发展还是具有一定的价值。如机构/团体的诗词集具有一定的连续性,可以反映一个地域某个时期民间诗词文学的发展水平;个人诗词集可以按照作者的生活地将其纳入到地方作品中,以此作为地方民间诗词文学的一个组成部分。

2.1.2 资料汇编

较有价值的如学校资料的汇编:高校的有《学术视野:张恨水及其作品研究概览》,这是池州师范专科学校内部使用教材,由安徽省张恨水研究会编写;《鲁迅文学院讲义选编》四册。本书反映了在不同历史阶段,许多优秀作家都来院学习,而许多著名的作家、理论家、教育家、文化工作者与政府部门负责人，也都莅临授课，传播先进文化与先进的文学理念，留下了许多讲义，这些都是有相当宝贵的价值的。

此外，还有一些著名中学的资料如：北京四中、北大附中、清华附中等著名中学的一些校庆等纪念性资料汇编等。

各单位的编年史、大事记等，如《雄风永存——华东军大校史资料汇编》一书图文并茂，史料详实，华东军政大学是中国共产党创建和领导的红军大学、抗日军政大学的继承者之一，是解放战争时期为华东人民解放军培训军政干部的学校。本书既记录了华东军大的光辉历史，又起到了"资政育人"的作用。又如《中共中央对外联络部简史：1951—2007》一书真实记录了中共中央对外联络部的发展史，也有极其宝贵的史料价值。

这些纪念性文献或记载了一个机构、一个行业的历史，或汇集了一个人物、一个事件的相关资料，从各个角度反映出历史的真实面貌，具有很好的史料价值。

2.2 非正式出版文献对补充馆藏的意义分析

我馆以前的馆藏中也有一部分是非正式出版文献，但很多不连续不完整，如果只依赖中文采选组是不可能再补齐这些缺藏的文献的，但我们在采选过程中发现此种情况也可以进行补藏。所以从这个意义上来说，中文资料组的采选工作对全馆馆藏的补充与完整也具有重要的意义。

如《山西历史地名录》原来只有一本第一版，我们在采选中又发现有一本修订本，也进行了补买；又如《中共党史参考资料》原来有1—9册，本组补了10、11册。这种情况就很好地保证了馆藏资料的连续性。

此外，还有一种是预印本及正式本的情况：如《历史、艺术与禅宗》正式出版文献的页数为414页，我们在采选中又发现一本同样的书，只是页码为434页，这种情况应该是那本正式文献的预印本，有人认为这种情况就不应该收了，但我们认为这种预印本有其存在的价值，因为它通常比正式出版的内容要丰富，更真实地反映出作者当时写这本书的意图的真实状况，有的带着作者的原始评论，如"此处略显简单"等，在《语言冲突研究》这本书中就有很多类似这样的评论，所以这种应该对后人的研究更具指导意义，也体现着和正式出版文献之间的非同一般的意义。

2.3 非正式出版文献采选现存问题

虽然国家图书馆在中文资料的收藏方面已做了很多工作，取得了很大成就，但仍然存在一些问题使我们觉得很困惑。

（1）尚未立足于全国中文资料信息资源的开发与利用。这首先源于对"中文资料"的概念界定不清，所以我馆虽然是在这个领域可以说是独树一帜，也做出了一定规模，但就全国范围而言，国内其他图书馆在这方面做得如何，我们如何发挥我们国家图书馆的龙头作用，就因为对此概念的认识与理解都不统一，所以对全国这方面工作的了解我们还很欠缺，无论是收集范围还是书商的信息等都只是局限在北京及邻近的周边地区，只是和南京大学图书馆等极个别单位有一些交换关系，所以我们立足全国来看，今后还是应加大宣传，加强与全国各地的沟通，不断开阔眼界拓宽交流渠道，真正使这项工作进一步做大做好。

（2）馆内各个专藏部门各自为政，缺乏协调与沟通，某些资料因收藏范围界定不清存在着重复收藏,有些则因相互推诿而漏藏。如有统一书号但内部发行的文献到底应归中文采访组收藏还是归中文资料组收藏?如《中外军事后勤史鉴》等很多部队出版社的书大多是这种情况,目前中文采访组收录了一部分,中文资料组也收录了一部分。又如与分馆地方文献组的资料交叉的问题:分馆的地方文献组主要收集地方志类文献,但我们组的民间诗文集类有很多也带有地方文史资料的性质,如《禾川人杰》,我们是按民间诗文集收集进来的,但内容多属地方志,类似这种书是否需要移交到地方文献组?再如《中国民间文学集成》馆藏已有488卷,现存于地方文献组,但从内容来说,这应该属于中文资料组的收藏范围,而我们还有这套书的其他卷册的订单,像这种文献是否应该把原有的卷册移交到我组,其余的我们再继续发订单,以保证这套资料的完整性与连续性?

所有类似这些问题,显然已导致资料信息失灵、多头采访、重复加工、资源浪费,无法发挥整体合力效应。为此,有必要在国家图书馆现行中文资料工作的基础上进一步整合、调整、积极主动与业务处及相关科组加强交流沟通,尽快划清各自的责任范围,为进一步完善馆藏做好扎实的基础工作。

3 结语

非正式出版文献的采访工作任重而道远,今后我们一方面要加强非正式出版文献的对外宣传工作,宣传其对政治、经济、文化等各方面的重大意义和作用,争取社会各界有力支持,扩大国家图书馆在非正式出版文献资源建设的影响力;一方面要根据本组业务方向,运用科学方法研究文献需求和来源,制定非正式出版物重点来源机构名录,主动与文献来源单位和个人建立紧密的联系,与来源机构建立可持续发展的合作关系,保证文献采选的连贯性和完整性;另外,利用专藏优势促进今后工作的开展。中文资料组的采访达到一定规模后是要设置专门阅览室的,结合本组采编阅一条龙的设置,不妨尝试采编阅相结合,一人负责一种文献的采编阅工作,即对一类文献专人负责,采编阅相结合,通过编目工作的深层次查询和阅览工作读者的反馈来促进采访工作的开展,使非正式出版文献的采访工作向着更科学更合理的方向良性发展。

参考文献

[1]国家图书馆关于"非正式出版文献"的征集函[EB/OL].[2011 - 07 - 15].http://www.nlc.gov.cn/GB/channel96/200807/15/6170.html.

[2]中国专业会议论文题录[DB/OL].[2011 - 07 - 16].http://search.library.sh.cn/uniSearch/cgi/cnmeeting/help_cnmeeting.htm.

[3]中国学术会议在线[DB/OL].[2011 - 08 - 16].http://www.meeting.edu.cn/.

[4]会议文献[DB/OL].[2011 - 07 - 25].http://baike.baidu.com/view/608552.html?wtp = tt.

[5]会议资料数据库说明[DB/OL].[2010 - 06 - 08].http://www.library.sh.cn/skjs/hyzl/.

基于学科馆员与教师合作的学科资源建设研究

孙书霞(首都师范大学图书馆)

学科资源建设是学科馆员最为基本的职责,也是学科服务的重要方面。在科技迅猛发展的今天,学科馆员很难熟悉每个研究方向,许多重要的学科资源掌握在教师手中,教师既是信息使用者,也是信息供应者。学科馆员与教师合作,充分利用教师的专业知识来开发、丰富某一学科的文献资源,在帮助学科馆员选择和发现学科资源的同时,教师对该学科的馆藏资源也更为熟悉了解。因此,学科馆员与教师合作开发完善学科资源,是一个教学与资源相长、双向受益的有效方法。

1 学科馆员与教师的合作策略

1.1 合作方式

1.1.1 设立学科馆员—图情教授制度

高校图书馆建立学科馆员—图情教授协同服务在国外已实施多年。国内高校中清华大学图书馆自 1999 年起在各院系聘任图情教授(2006 后称"教师顾问")协同学科馆员工作,尤其偏重于在资源建设等方向性问题上发挥顾问作用,对学科资源建设提供指导性意见。清华大学图书馆聘请的教师顾问属于义务性的业余职务,但得到了校领导、馆领导和院系领导的重视。近几年陆续有越来越多的大学图书馆建立了学科馆员—图情教授制度,调查显示,国内38所 985 院校中,目前有 22 所高校设立了学科馆员,其中 10 所院校设立了图情教授。

学科馆员—图情教授制度的具体实施方案、图情教授的工作职责等各馆依各自的情况有所不同。图情教授弥补了学科馆员人力资源的不足和学科专业知识深度的不够,使得图书馆与院系的联系更加密切,在一定程度上可以促进学科资源建设和学科的教学科研工作。然而,从高校图书馆的操作实践来看,也还存在很多问题,例如,图情教授缺乏工作热情、缺乏图情教授工作绩效的评价体系和奖励机制等,这一模式尚待进一步完善。

1.1.2 学科馆员与院系教师直接联系

也有很多实施学科馆员制度的高校图书馆,并没有从院系聘请图情教授,由学科馆员负责学科资源的采选、组织、评价。这种情况下,如果要让教师参与学科资源建设,学科馆员应通过各种渠道有意识地多结识、多接触对口院系教师,从他们那里获得有关课程建设、教学科研情况方面的信息,了解学科文献需求,结合学科现有馆藏情况为学科资源建设提供参考依据。在与教师的联系中,有很多种方法都可以借鉴和参考,包括馆长推荐信、业务名片、宣传彩页、学科馆员联系单、学科馆员网页、学科化服务站、荧光笔、便签、小光盘等。

学科馆员在外文文献选择、数据库订购等具体工作中应经常征询院系教师的意见。随着学科服务的深入开展,也会有热心学科资源建设和科研经费不能满足文献需求的教师向学科馆员推荐文献。例如,笔者担任学科馆员工作中,曾有院系教师一次性推荐 206 种、价值八千多美元的外文经典哲学著作,笔者进行馆藏查重后,及时联系购买,有力补充了所在馆重要哲学外文图书的馆藏。

教师虽然会对各自的研究领域非常熟悉,包括免费的开放存取的数字学术出版物、某个主题的书目和资源,但他们不会系统地关注图书馆馆藏的开发。因此,学科馆员应该在对学科馆藏进行评价的基础上,有计划地、定时地向教师发出征询意见书,或是准备一些目录由教师挑选,或者请院系教师对某个数据库的使用情况提供意见等。

1.2 合作内容的设计

学科馆藏资源按提供者可以划分为两种类型:(1)由出版商或数据库商出版/提供的文献资源,如纸本资源、各种数据库等;(2)图书馆自建特色资源,如各种专题数据库、机构数据库等。

1.2.1 购买资源

目前,高校图书馆的学科馆藏仍不能满足用户需求。例如,北京大学图书馆在 2006 年学科抽样调查中发现该校优势学科——经济学全部中英文文献的满足率仅为 54%。一般来说,由于中文文献价格相对不高,容易获得,因此,通过图书馆的收藏及学者本人的积累,中文文献需求基本可以满足教学与研究需要。而学科外文文献的馆藏由于历史客观原因、资金不足等诸多因素,存在品种少、结构失衡、无法满足研究需求的普遍现象。因此,在学科资源建设中,学科馆员应着重与教师合作购买外文文献。

很多高校图书馆已经越来越重视文献资源购置中和院系教师的合作。例如,清华大学图书馆自 2009 年起,按学科需求分配经费,学科馆员每月将筛选的外文书单发给院系教师,征集荐购意见,图书馆还与院系合办外文书展,将书展办到院系“家门口”,以提高教师的荐书效率。台湾景文科技大学实施的“教师—馆员合作方案”则要求图情专家(Library Specialist)必须参加学科电子资源工作组,并且负责日常的图书、期刊和电子资源的选择工作。一些高校图书馆不但在资源采购方面征询教师意见,而且在剔旧方面也首先考虑教师们的选择,如美国太平洋大学健康科学和化学分馆在采购资金紧张的情况下,让教师参与文献采购和剔旧工作,并将其作为一条优化馆藏、节约经费的途径。

1.2.2 自建特色资源

学科资源建设除了购买优质的纸本资源和电子资源外,针对网络资源和其他学术资源的学科资源导航、学科机构库等学科资源的组织管理也日益重要。

学科资源导航是学科资源开发和组织的重要方面,也是与院系教师合作的好机会。学科馆员在编写学科资源导航的过程中,在发挥自己的专长,履行导航的责任,为有关学科选择信息资源的同时,应与有关教师反复讨论,以保障学科资源导航的针对性、准确性和及时性。学科馆员还可以经过征求教师的意见,经他们同意,把他们推荐的网站、教师博客、教师为教学准备的书目、小型资料库等纳入学科资源导航中去。

随着开放存取运动的兴起,许多图书馆正在建立学科为主的教学科研人员的学科机构库(Subject Institutional Repository),这不仅需要技术,更需要文献来源,必须得到院系教师的支持配合。学科馆员与教师合作开发学科机构库,不仅可以作为本校本馆学科资源的特色开发,同时也为教师的研究成果提供了传播途径,有助于学术交流、评议、知识共享,加快学术成果的推广和利用。例如,厦门大学图书馆运用 DSpace 系统构建了厦门大学机构存储系统——学术典藏库;清华大学图书馆与环境系合建环境学科机构库,由图书馆负责系统搭建,环境系负责提供文献,学科馆员负责协调联络、系统测试与数据上传。

2 关于学科馆员与教师合作的思考

2.1 加强学科联络交流,建立良好用户关系

学科馆员与教师之间的合作对图书馆学科服务深化发展具有重要价值,建立良好的学科馆员—教师关系是合作建设学科资源的前提和基础。国外大学图书馆非常重视联络交流,美国北卡罗纳大学夏罗特分校图书馆在调研并重新构建学科馆员服务时,明确认识到在学科馆员项目中应关注的重要元素中最重要的就是交流。学科馆员应有意识地培养与教师的沟通交流能力,通过各种正式和非正式的交流融入用户中,与用户结成伙伴关系,"让用户首先想到你,广泛知道你,方便找到你,有效利用你,满意评价你"。

2.2 合作需要一定的制度保证和组织保证

学科馆员与教师间的合作需要一定的制度保证和组织保证。图书馆应在学科馆员制度基础上进一步发展服务体制和激励机制,明确学科馆员和图情教授各自的职责和权利。例如,为保证学科馆员—图情教授制度落到实处,充分发挥图情教授的工作积极性,院系可根据图情教授的工作情况考虑一定的工作量,在图书馆在文献信息服务方面对图情教授给予适当优惠等等。另外,校领导的高度认同支持和相关职能部门的协调作用也是合作启动和持续的重要保证。

3 结语

新的信息环境下,高校图书馆学科馆员与院系教师的合作已经成为趋势,我们不仅应将教师当做服务对象,而且应将其作为学科资源建设的合作伙伴。调查显示,曾与馆员一起帮助图书馆购置最需要的学术资源的教师中,认为合作对馆藏建设有重要价值或影响的占89%,其中68%认为与馆员形成互动合作关系是有效提高馆藏建设的重要环节,不仅密切了馆员与教师的沟通与交流,还能使教师充分了解特定课程或科研项目所需的现有馆藏及其缺陷。在学科馆员与教师的合作过程中,需要不断创新实践,探索理论,实践与理论并举,寻求更大的发展和突破。图书馆应当主动寻找合作机会,采取积极的态度,认真探究与教师互动合作方式的改进良策。

参考文献

[1]范爱红,邵敏.学科服务互动合作的理念探析与实践进展[J].图书馆杂志,2010(4):40-42.

[2]杨广锋,代根兴.学科馆员服务的模式演进及发展方向[J].大学图书馆学报,2010(1):5-8.

[3]李桂华.与教师合作:高校图书馆服务开发的新路径[J].图书情报工作,2007(4):132-134.

[4]杨汉妮,韩小明.学科馆员—图情教授的协同服务模式[J].武汉理工大学学报:社会科学版,2005,18(3):421-424.

[5]范爱红,邵敏.清华大学图书馆学科馆员工作的新思路和新举措[J].大学图书馆学报,2008(1):56-60.

[6]王群.高校图书馆学科服务实证研究[J].图书馆学研究,2010(8):70-75.

[7]肖珑等.高校人文社科外文资源的布局与保障方法[J].大学图书馆学报,2008(6):2-7.

[8]YU T. A new model of faculty-librarian collaboration: the faculty member as library specialist[J]. New library World, 2009(9/10):441-448.

[9]阎秋娟."学科馆员+教师"协同互动合作研究[J].图书馆杂志,2009(8):39-41.

[10]陈永平.论学科馆员协同互动服务模式的构建[J].图书馆理论与实践,2008(6):11-13.

[11]初景利,张冬荣.第二代学科馆员与学科化服务[J].图书情报工作,2008(2):6-10,68.

[12]崔林.合作:信息时代高校图书馆与教师关系的发展方向[J].南京理工大学学报:社会科学版,2008(4):96-101.

日本国会馆网络信息资源制度化采集策略与 WARP 项目研究

王　薇(国家图书馆)

　　早在 20 世纪 90 年代末,基于网络资源长期保存的战略考虑,世界上以欧美为首的发达国家开始建立网络信息资源采集和保存的实验项目,旨在通过实践探索网络信息资源保存的方式和方法,其中最具代表性的有美国的 MINERVA 项目和 NDIIPP、英国的 UKWAC 项目和 CEDARS 项目、澳大利亚国家图书馆的 PANDORA 项目、加拿大的 EPPP 项目、挪威的 PARADIGMA 项目、芬兰的 EVA 项目、瑞典的 Kulturarw3 项目、丹麦的 NETARCHIVE 项目及日本的 WARP 项目等。我国对于网页的长期保存的研究还处于探索阶段,国家图书馆 2003 年初正式启动了 WICP(Web Information Collection and Preservation,网络信息采集与保存)和 ODBN(On1ine Database Navigation,网络数据库导航项目)项目。日本的 WARP 的实验性项目最早开始于 2002 年,目前已经进入了制度化采集阶段,采集方式也有选择性采集转变为针对公共机构的全采集。

1　日本国会馆的网络信息资源采选方针

1.1　定位与主要任务

　　日本国立国会图书馆(本文简称"日本国会馆")的英文名称是"National Diet Library (NDL)",身兼国家图书馆和国会图书馆的双重职能。《国立国会图书馆法》中明确指出,该馆"以搜集到的图书及其他资料,在帮助国会议员完成公务的同时,对行政和司法部门以及日本国民提供法律上所规定的图书馆服务为目的",其主要任务是:(1)广泛收集包括出版物和电子信息在内的日本国民知识活动成果,构筑日本国民共享的信息资源;(2)通过提供与政府课题有关的调查、分析和信息,对日本国会的立法活动提供帮助;(3)向行政、司法各部门以及日本国民提供图书馆服务,保障其现在及将来对于信息资源的利用渠道。在信息化的社会中,采集与保存有价值的网络资源变得紧迫和必要,作为国家文献信息中心的国会馆不得不肩负起对网络资源进行采集、保存及供后人使用的重要职责。

1.2 网络信息资源采选原则和方针

1.2.1 文献采选方针和文献资源建设情况

日本国会馆的文献采访原则是，"为谋求适应时代发展的藏书构筑,有助于达到《国立国会图书馆法》第 2 条所规定的国立国会图书馆之目的,对图书等图书馆资料以及通过网络等高新技术通信方式传播的信息资源进行采集,广泛收集日本国内的文化遗产及信息资源,选择性收集国外的文献及电子信息资源"。

采选方针和政策是藏书发展的重要组成部分,是开展文献采选工作的依据和指导。1959 年 6 月,日本国会馆成立了藏书构成审议会,1971 年依据藏书构成审议会对馆长的答复报告制定了文献采访方针,1992 年 5 月新成立了"收集企画委员会"并取代了藏书构成审议会,1993 年 6 月 1 日公布了新的文献采访方针。随着出版物的多样化、印刷技术及信息通信技术的发展需求,日本国会馆的文献采访政策先后共进行了 4 次修订,2009 年 7 月份进行的大幅修订增加了对电子信息资源的采访内容。2010 年 4 月对采选方针再次修订,将政府网站、地方公共团体、国立及公立大学、独立行政法人等机构的网络资源纳入制度化采集的范畴之内。

日本国内的出版物依据呈缴本制度进行广泛收集,呈缴给国会馆的出版物应是最优版本。《国立国会图书馆法》第 24 条至第 25 条第 2 款规定,呈缴对象包括图书、小册子、连续出版物、乐谱、地图、录音制品、以印刷及其他方法复制而成的文书或图画、电影胶卷、盲文资料以及音像制品、CD、DVD、CD-ROM 形体的封装型电子出版物和网络出版物。据统计,日本国会馆 2010 年度共入藏呈缴本567 740册件,图书的呈缴率高达 98%,杂志、报纸的呈缴率高达 84%,除此之外的采集方式有购买、接受捐赠、接受寄存、复制等。国外出版物的采访对象主要有法令议会资料、日本学文献、工具书、科技文献、国际机构及外国政府出版物、儿童图书及相关资料、亚洲研究资料,主要获取渠道是国际交换、购买和托存。

表 1 日本国立国会图书馆文献资源建设情况

种 类 ＼ 年 份	2005 年	2006 年	2007 年	2008 年	2009 年
图书(册)	8 598 798	8 833 407	9 052 998	9 290 198	9 496 680
连续出版物(册)	11 217 918	11 848 762	12 474 489	13 091 355	13 701 333
非书资料(件)	12 674 955	12 957 816	13 203 416	13 267 099	13 419 286
合计(册/件)	32 491 671	33 639 985	34 730 903	35 648 652	36 617 299

1.2.2 网络信息资源采集策略

依据《国立国会图书馆法》第 25 条 3 款规定:日本国会馆对国家政府机关、地方公共团体等机构的网站及著作物的采集无需征得信息发布人的同意;在事先征得信息发布人同意的情况下,有选择地采集有助于国会立法决策及国务审议的学术性、文化性价值高的其他网络资源;曾以印刷体形式发行的以及富有公益性的网络资源优先采集。网络资源采集的对象原则上仅限于日本国内产生的信息,但也包括对与日本相关的信誉高的国外网络资源。

采集策略的制定是网络信息资源保存的起点,决定着网络信息资源保存的内容、特点和整个存档过程,直接关系到网络信息资源采集保存工作的成效。日本国会馆的网络资源的采集策略是针对国会和国家政务审议当前以及未来的信息需求,对经过选择的网站进行持续的自动收集,保持网页信息的原始结构作为网页文档收入网站,并可按时间先后等可识别形态加以积累保存。对于不能自动收集的深层网站以知识单元为采集对象,个别地收集、组织与保存;对于某些极易消失的网站进行基于事件的专题收集。该采集策略体现了全面性、选择性、针对性、全程性和实效性的原则。

2 WARP 的发展历程

2.1 WARP 的"网络信息选择性保存事业"阶段

日本国会馆早在 1998 年 4 月就制定了《日本国立国会图书馆电子图书馆构想》,该构想指出因特网上可获取的信息资源都应该被搜集、存档并由图书馆加以提供。2000 年制定了"e-Japan"重点计划,努力推进美术馆、博物馆、图书馆等机构藏品的数字化保存,并制定了《电子图书馆服务基本实施计划》并于 2002 年起进行项目试点。2004 年 2 月公布的《国立国会图书馆电子图书馆中期规划 2004》中明确了数字图书馆的建设两个目标,即"成为日本国家级数字存档的重要基地"和"构建能够信息导航日本全部数字资源的综合性门户网站"。

针对日本国内的政策信息和学术信息,日本国会馆于 2002 年 2 月启动了"国立国会图书馆网络资源选择性保存实验事业"项目,在信息发布人允许的情况下对网络资源进行有选择性的采集、存档并保证公众获取,作为日本国民的文化遗产重点进行积累、保存。2006 年 7 月,该项目更名为"网络信息选择性保存事业",开始进入正式运营并逐步扩大了采选的范围。截止到 2010 年 3 月末,共采集和存储网站 2641 个、电子杂志 1958 件。

此阶段的 WARP 项目以政府信息和学术信息为主要采集对象进行选择性采集,采集信息之前必须先取得信息发布人的同意,在签订协议方面需要耗费大量的时间和物力。选择性采集对网络资源进行认真筛选和价值评估,提高了网络资源的保存质量,但是采集的规模受到限制,选择性采集的方式很可能遗漏掉在将来具有重要价值的信息资源,因而日本国会馆考虑实行针对日本国内网站的全采集方式,对采集方法、对象等展开了一系列的讨论。

2.2 基于呈缴本制度的网络资源采选政策的制定

2002 年 3 月召开的日本国会馆呈缴本制度审议会上,确定了日本国内网络信息发布人的义务及网络信息资源收集的范围、方法,并在 2004 年年末的审议会上得到通过。呈缴本制度审议会在 2004 年召开的"有关网络电子出版物采集的问答会"上提出,如果要对广泛范围内的网络信息资源进行非选择性采集,必须先制定具有法律强制性的采集制度。日本国会馆根据此建议,开始探讨制定网络信息资源的制度化采集政策以实现对日本国内全部网站的资源采集,2005 年在网上征集意见,遭遇到了各种反对意见,制度化因而迟迟未能实现。

2009 年 7 月,《国立国会图书馆法》进行了再次修订。新法规定,自 2010 年 4 月起,日本国会馆在为国会及国家政务审议提供信息服务的目的之下,无需征得信息发布人同意而对国家及地方公共机构所发布的网络资源进行采集,WARP 的日文项目名称也由"网络信息选择性保存事业"更改为"网络资源采集与保存事业",采集对象网站的数量由 480 家一跃上升为 2400 家左右,采集范围扩大、采集频率加快。日本国会馆采集的网络文献,除了以网页为单位的网络资源外,还包括文章、论文或以杂志卷号为著作单位的网络资源。与印刷体文献一样,制度化采集到的网络信息资源成为国会馆馆藏文献的组成部分,而被称为"网络文献"。

3　WARP 的制度化采集工作

3.1　采集对象

WARP 所采集的网络资源采集对象包括站点和电子杂志两大类,站点资源主要包括：(1)立法、行政、司法等国家政府部门的网站,如总务省、国立国会图书馆等;(2)都道府县的网站,如东京都、熊本县等;(3)政令指定城市的网站,如仙台市、京都市等;(4)市镇村的网站,如奈良市、镰仓市等;(5)因市镇村合并而消失的自治体及法定合并协议会的网站,如相良町等;(6)特别地方公共团体的网站,如千代田区、江户川区等;(7)独立行政法人、特殊法人、根据特别法设立的民间法人及认可法人的网站,如日本银行、环境事业团等;(8)国立、公立、私立大学的网站(短期大学除外),如东京大学、大阪大学等;(9)国际性、文化性活动的网站,如 FIFA 世界杯、全国图书馆大会等。电子杂志则是指以上各机构在网络上无偿发布的、按年月或期次出版、无停刊计划的现刊电子杂志,如都道府县的地方政府公报、纪要等。

3.2　采集方式

网络信息资源的采集策略主要分为全采集和选择性采集两种方式,选择什么样的资源进行保存直接关系到信息保存的质量与长远价值。日本国会馆制订了 NDL 元数据标准,规范了信息收集的工作流程,采集方式分为自动采集和文件传送两类,网站和电子杂志都作为专题进行组织,不同版本之间有链接。对于以网页为单位的资源,国家政府机关的网站每月采集 1次,其他机构每 3 个月采集 1 次每年共采集 4 次,不在制度规定范围内的机构网址原则上每年采集 1 次,电子杂志的采集根据其发行的频率酌情调整,务求做到采集、采全。

对于以网页为单位的资源,WARP 最初使用的采集工具是 wegt,支持支持断点下载功能,但是不能采集 Javascript、Flash 等格式的文件。WARP 目前使用网络机器人 ndl-japan 进行资源采集,可采集 CSS、Javascript、Flash 等格式的文件。采集流程是,首先设定收集频率、起始时间等条件,浏览器向服务器发送 HTTP GET 请求根据 URL 从中抓取网页数据,然后对网页进行分析,从中获取所有的 URL 链接,保存其中所包含的 HTML、JPEG、DOC 等格式的文件。在抓取网页的过程中,不断从当前页面上抽取新的 URL 放入队列,不断重复上面的过程,直至把所有文件都保存下来。为了减轻采集对象服务器的负荷,每次下载的间隔时间控制在 1 秒以上。

以著作为单位的网络文献的采集方式主要是从已采集的网页资源中抽取 PDF、WORD、EXCEL 等格式的文件,每月的采选对象约有 10 万个,而实际采集、存储下来的只有其中的 6%左右。对于无法自动采集到的文献则委托对象机构将相关资料发送给国会馆。对象机构可利用国会馆分配的 ID 登录到发送系统上传资料,也可通过电子邮件发送或将资料刻录到光盘上移交给国会馆。自 2010 年 7 月开始,日本国会馆实施了对国家政府机构的制度化采集。此后2011 年 1 月,又展开了对都道府县、政令指定城市和大学等机构的制度化采集工作。

《国立国会图书馆法》第 25 条 3 款第 3 项规定了采集对象著作物的种类共分为 17 类：

年鉴、要览、职员录,业务报告,预算书、决算书,统计书,政府公报、法令法规、判例集,法律解说书,目录、书目类,议会资料,基本计划书,政策评价书,财务报表,调查报告书,纪要类,宣传资料,讲演会、展览会资料等,审议会资料等,其他出版物。

3.3 采集成果

日本国会馆的统计显示,截止到 2010 年 11 月末,共采集网站 10 754 个(专题 2727 件)、电子杂志 12 358 件(1963 种)、著作物 21 652 件。2010 年全年新增专题 1582 件,新增数据量 44TB,访问总量达到 184 729 人次,读者满意度为 66%。

网络资源采集后,日本国会馆利用都柏林核心元数据对其进行数据编目,然后在取得信息发布人同意的情况下进行网络资源公开。以网站为单位保存的网络资源在 http://warp.da.ndl.go.jp/中提供,读者可输入关键词进行检索,也可点击类别、机构一览表进行浏览;以著作物为单位保存的网络资源则在 http://warp2.da.ndl.go.jp/中提供。

根据《国立国会图书馆法》第 21 条及《著作权法》第 38 条规定,网络文献还用于国会馆馆内(包括东京本馆、关西馆和国际儿童图书馆)的阅览服务。网络信息资源制度化采集实施之后,日本国会馆从 2010 年 7 月开始向所有的信息发布人发送了同意网络资源公开和复制服务的授权书,在取得信息发布人同意的情况下,自 2011 年起为读者提供网络文献的复制、打印服务。

3.4 国内外合作

由于网络信息规模庞大无比,日本国会馆不可能独立承担起日本全国网络信息资源保存的重任,因此非常重视推进与国立档案馆、大学图书馆、国立情报学研究所、科学技术振兴机构等学术信息机构以及地方公共图书馆的合作与资源共建、共享。

在国际合作方面,2008 年 4 月,日本国会馆加入了国际互联网保存联盟(IIPC)。2011 年 3 月 11 日日本大地震发生后,大量各种电子信息的传播就不断产生,国会馆马上启动了对受灾地区网站的采集与保存工作,重点采集对象是受灾地区的自治体网站资源。美国非营利性组织"互联网档案馆(Internet Archive)"与哈佛大学"赖肖尔日本研究所(Reischauer Institute of Japanese Studies)"也都进行了专题网络信息采集,日本国会馆对资料采集工作给予了支持和帮助。8 月 29 日,日本国会馆还与赖肖尔日本研究所正式签署了《东日本大地震网络资源保存合作协议书》,旨在广泛收集、保存珍贵的网络信息并构建世界规模的东日本大地震数字存储资源库。日本国会馆非常重视与中国及韩国国家图书馆之间的交流与合作,希望能够制定通用的元数据标准、提供整合的信息服务、实现数字信息的长期保存合作事业。

4 发展方向与课题

日本国会馆作为日本的国家图书馆,服务思想的核心是为国会和国政审议提供服务,承担着将全日本的网络信息资源遗留给后代的重任。该馆的文献资源配置都是围绕国会立法服务进行的,网络资源采集政策也是紧紧围绕这个核心而制定的,采集到的网络资源作为日本的文化遗产进行永久性的保存。

目前,WARP 制度化采集的对象目前还仅限于公共机构的网络信息资源,虽然民间的网络信息资源收集工作存在着巨大的困难和挑战,但为了实现"保存日本国民的知识活动成果,构筑日本国民共享的信息资源"这一重要目标,日本国会馆计划将民间的网络出版物也纳入制度化采集的范围,相关议案将于 2012 年召开通常国会之时进行提交。

在技术层面上也依然存有各种问题,例如,自 2010 年 4 月实施制度化采集之后,收藏量剧增、数据容量也增加,而存储器的容量有限,这个矛盾是目前亟需解决的问题之一。此外,随着软件更新等技术环境的变化,现如今存储的网络文献可能到了今后却无法使用,为了解决这个难题,日本国会馆将今后的工作重点放在技术开发方面,以图实现网络资源长期保存和利用。

参考文献

[1]陈力,郝守真,王志庚.网络信息资源的采集与保存:国家图书馆的 WICP 和 ODBN 项目介绍[J].国家图书馆学刊,2004(1):2-6.

[2]龙正义.网页长期保存的策略与方法研究[J].档案管理,2010(3):20-23.

[3]武田和也.海外動向との対比からみた日本のWebアーカイビングの課題と展望:国立国会図書館の取り組みを通して[J].情報の科学と技術,2008(8):394-400.

[4]国立国会図書館総務部総務課,総務部企画課電子情報企画室.インターネット資料の収集に向けて:国等の提供するインターネット資料を収集するための国立国会図書館法の改正について[J].国立国会図書館月報,2009(8):5-11.

[5]Web Archiving Project[OL].[2011-09-17].http://warp.da.ndl.go.jp/search/.

[6]国立国会図書館関西館電子図書館課.走れ! 収集ロボットインターネット資料収集のしくみ[J].国立国会図書館月報,2010(12):11-17.

[7]資料収集方針書[OL].[2011-09-10].http://www.ndl.go.jp/jp/aboutus/collection_02guideline.html.

[8]国立国会図書館におけるインターネット情報の収集[OL].[2011-09-10].http://www.ndl.go.jp/jp/aboutus/pdf/theme1_sato.pdf.

新形势下东文小语种图书联合采访模式的探索

王瑜世(国家图书馆)

1 前言

小语种又称非通用语种,即除了英语、汉语、法语、俄语、西班牙语、阿拉伯语 6 种联合国通用工作语言外,其他语言都属于小语种。中国国家图书馆作为全国小语种图书的藏书基地,收藏有国内语种最全、数量最多的小语种图书。以东文小语种为例,目前经由国家图书馆外文采编部东文采编组采访编目的东文小语种图书达 30 余种,总数量约达 12 万册。其中藏书量较大的文种包括朝文(韩文)、印地文、越南文、蒙文、波斯文、印尼文、马来文、泰文、乌尔都文、孟加拉文、梵文、巴利文、缅文等,阿拉伯文由于入藏量较西文、日文和俄文等语种要少,也被纳入东文采访工作范畴。东文小语种所对应的国家多位于我国周边,与我国的政治经济往来密切。随着中国的快速发展和综合国力的进一步增强,我国的国际地位不断提高,我们同周边国家的合作和交流也日益加深,国内各方对周边国家各领域资料的需求愈发迫切。与此同时,这些国家对我们的关注度也在不断提升,通过收集整理他们国内出版的文献资料,及时了解其最新动向,掌握其对华态度,对于为我国自身经济发展争取良好的国际环境至关重要。因此,近年来东文小语种图书的采访工作的重要性再一次引起了社会和业界广泛关注。

尽管如此,东文小语种图书的采访工作从某种程度上来说仍面临着相对困难的局面。语种多、人员少、各国出版情况差异大、信息获取渠道不畅等问题始终抑制着东文小语种图书采访工作的整体发展。为此,作者结合国家图书馆外文采编部东文采编组近年来在东文小语种图书采访工作中实际遇到的情况,在总结归纳前人经验的基础上,借鉴国际上的成功范例,尝试谋求一些新的思路,希望能够在新形势下东文小语种图书的联合采访方面做出一些有益的探索。

2 东文小语种图书采访工作的现实情况与面临的问题

总的来说,国家图书馆东文小语种采访工作的现状可以从内部环境和外部环境两个层面进行分析。内部环境表现为,上级主管部门对于东文小语种图书采访工作更加重视,采访的范围和数量逐年扩大,各语种专业人员的配备逐年完善,但较之其他语种的业务水平仍有差距。外部环境主要表现为,随着我国加入 WTO,与周边国家的经贸、文化交流日益增多;近年来东文小语种国家相继走出金融危机的影响,其出版业也逐渐复苏,图书出版发行量加大,但获取出版信息的渠道仍然不够畅通,各国间情况差异较大,很难制定统一的原则和标准,书目信息获取较为困难。且国内读者对外文文献的采访质量要求日益提升,不仅在内容方面需求更加多样化,而且对于时效性的要求也越来越强。综合上述的两方面情况,东文小语种采访工作目前主要存在下列的一些问题。

2.1 书目获取存在滞后性

相比国内的出版物,外文文献采访获取目录资料方面便具先天的滞后性。东文小语种所对应国家信息化发展程度不一,出版业的水平也大相径庭。大多数国家经济文化仍处于相对欠发达的阶段。并且由于目前采访工作主要依靠第二手,甚至是第三手的材料来进行,对于最新出版的图书信息缺乏敏锐的跟踪,在个别极端困难情况下,当年能够获得前一年的图书目录亦属不易。上述原因造成了国内读者难以获取很多时效性较强的文献。

2.2 采访观念的落后

当下图书采访的潮流或者趋势大概可以概括为以下几点:信息化、便捷化、多元化、联合化。其中联合化的趋势在近些年表现得愈发明显。因为相比最初采访人员自主寻找图书目录信息制作订单的模式,目前的代理商或图书进出口公司已经介入了文献采访的工作流程。在对国外文献出版情况的掌握方面,他们甚至接近或达到了图书馆的专业采访人员的业务水平。而事实上这种采访模式现在已经被业界广泛接受,并且有着较好的实际效果。

然而东文小语种图书采访工作的情况却有所不同,在采访观念或者说工作模式方面远远不及西、日、俄文等语种。表现在目录信息仍主要靠采访人员自主搜索,一部分订单也需手工录入,投入的时间多,效率却相对较低。很多原本可以分摊出去的工作几乎全部由采访人员单独完成,造成了时间和精力上的浪费,也极大地影响了工作的效率。

2.3　与对方国家代理沟通渠道不畅,可供选择目录的质量大失所望

首先需要肯定的一点是,近年来图书进出口公司积极拓展海外业务,与更多的国家建立了图书进出口业务关系,为小文种图书的采选工作提供了许多宝贵的途径。但中间也存在着一些可以进一步完善的环节。例如采访人员与对方国家的代理商缺乏必要的直接沟通,对他们的情况不够了解,难以最大程度的借助其力量。很多国家由于信息化程度低,通过互联网获取文献较为困难,仍然沿用着传统的纸本目录,在制作订单时需要逐一录入,效率低下;有的国家出版业并不发达,目录归纳得极为零散,这都对小语种采访人员的工作形成了很大的困难。有些国家的代理商提供了一些目录,但旧的目录信息大量反复出现在新书目录中,例如印地文的新书目录中,旧书甚至占到了80%以上,给采访人员的工作造成了极大不便。究其原因是因为这些目录其实是他们所掌握的库存清单,有些真正有价值的文献由于利润微薄,代理商不愿意去运作。针对这一系列问题,图书采访人员和图书进出口公司应该加强合作,共同对国外代理商提出明确的要求,并积极发掘新的合作关系,促进良性竞争,从而达到提高供货方供书能力的目的。

2.4　用于业务拓展的"采书经费"相对不足

所谓的"采书经费"有别于购书经费,是指在进行文献采访工作的过程中,除了有关实体文献的购买、运输、关税等费用之外,在文献采访的过程中人力付出、对外联络、购入出版年鉴及书目等完成文献采访工作所需要的经费。由于先前文献采访工作大多由图书馆采访人员完成,并且西文、日文、俄文等语种的图书目录大多由书商免费提供,因此采书经费不足这一问题并没有引起太多的重视。

但随着采访工作的不断发展,一些新的情况相继出现。外聘专家协助选择图书本应是一种很好的弥补图书馆人才短板、提高采访质量的工作方式,但却由于经费的问题难以为继。由于经费的不足,采访人员也很难经常性的与国外代理商沟通,也不可能到对象国所举办的书展实地了解情况,所获取的信息量也由此大打折扣。

2.5　东文小语种对应国家较多,人员编制常年奇缺,"有书无人"现象较为严重

国家图书馆外文采编部东文采编组自成立以来,负责处理包括朝文(韩文)、印地文、阿拉伯文、越南文等在内的约30种东文小语种图书。据了解,其在编小文种工作人员人数最多时曾达11位,而最少时仅有2位。由于缺乏有针对性的人才队伍建设,很多语种即便有了后续人员,但是中间有较长时间的断档,很多宝贵的工作经验和业务关系都没有得到继承。一些语种的图书因为没有在编人员不得不停采、停编直至今日,影响了工作的延续性和文献资源建设的连续性,也难以满足读者通过图书了解国外信息的需求。

2.6　图书采访人员素质决定馆藏图书的水准,且该局面在相当长一段时间内无法得到明显的改变

闻道有先后,术业有专攻。尽管通过后天的努力学习可以使自身的知识结构得以完善、水平得以提高,但受个人性格喜好、成长环境等因素影响,不可避免地造成图书采访人员在采选图书时加入了一定程度的主观意向,在学科和知识领域方面也会有所倾斜。即便采访人员有

意识的平衡各学科间的比重,由于自身在某一方面知识结构的欠缺,对于该方面图书的选取也难以做到尽善尽美。尤其当某一语种只有一位图书采访人员的时候,这种情况表现得尤为突出。例如西文、日文、俄文等语种,规模较大的图书馆平均拥有几位乃至十几位的采访人员,人数的优势自然可以弥补个人在学科和主观上的偏向性,文献采访的视野也会广阔得多。但对于寥寥无几的小语种图书采访人员来说,其学科背景大多数都是外国语言文学专业,难以在短时间内迅速掌握多学科知识,对于对方国家社会、政治、经济、文化等全方位的理解也需要经过长期的积累方能成型。

3 外文文献联合采访工作的必要性与可行性

3.1 外文文献联合采访的概念

所谓联合采访,是以图书馆为媒介和平台,动员图书出版流通整个流程的各方力量,群策群力共同建设高质量的外文馆藏资源,并通过这一过程各取所需,实现共同发展的一种新型采访模式。联合采访的主体仍为图书馆采访人员,协同各级省市公共图书馆、高校图书馆、科研院所图书馆,以馆外专家、采访委员会、读者群为外延,同时发挥对象国图书馆国际交换部门和图书进出口公司的助力作用,形成多位一体化的综合图书采访体系,以求更好地完成外文文献图书采访工作。

3.2 国内外值得借鉴的成功经验

为了提高外文文献的馆藏质量,韩国国立中央图书馆成立了外文文献推荐委员会。该委员会由 273 人组成,均为学术界各领域的专家。他们分布在全国各地各类型的图书馆、大学或研究机构中,每年定期集中举行一次年会,进行业务上的交流。当准备采购外文图书时,图书馆员将初选的目录交给文献推荐委员会的专家,由专家圈定所需的图书。韩国国立中央图书馆每年购置外文图书的经费约为 15 亿韩元(约合 900 万元人民币),新增外文图书数量约23 000 册,其中绝大部分是经由外文文献推荐委员会的确认后购入的。可以说该委员会在韩国国立中央图书馆的外文图书采访工作中起到了举足轻重的作用。

此外,韩国的普通读者还可利用互联网、手机等信息终端,通过"读者推荐图书"窗口,随时向国立中央图书馆推荐新书。工作人员通过系统及时向读者反馈图书的信息。若读者推荐的图书符合入藏标准,则系统管理员通过邮件或短信等形式及时反馈信息。在丰富馆藏的同时也极大地方便了读者。韩国国立中央图书馆下属的外文文献推荐委员会作为业内为数不多的模式完善、运营成熟的成功范例,为其他图书馆的联合采访工作提供了很好的借鉴。

3.3 联合采访的优势

首先,小语种图书联合采访有助于消除采访工作中的学科短板,提高馆藏资源建设的总体水平。由各领域专家、学者以及社会读者组成的类似咨询委员会一类的机构来协助完成采访工作无疑可以弥补仅由少数专职图书采访人员进行采访而造成的某一知识上的匮乏。

其次,小语种图书联合采访有助于分散采访业务的工作量,提高效率,降低成本。建立了联合采访机制之后,几个保持业务合作关系的图书馆可以各自分摊一部分筛选工作,将筛选的结果汇总后,各馆可根据自身情况挑选适合入藏的图书。在发订的时候也是如此,图书进出口公司将不再单一地面对各个图书馆,而是可以将他们的订单进行集中,在报关和运输等环节都将节省不少的时间和费用。而且单次采购总数的扩大也会更加引起代理商的重视,在谈判的时候也可以争取到更多的价格优惠。

第三,小语种图书联合采访还会带来更好的社会效应。图书馆本身就是社会公益性机构,是以服务各类团体和个体读者为宗旨的。让读者直接参与到图书采访工作中,这无疑体现了图书馆作为服务主体,对于服务对象的尊重,体现了"以人为本"的观念。同样的,公益性还应同样体现在图书馆行业内部。由于定位和环境的影响,各地区、各类型的图书馆间发展仍不均衡,对于一些有收藏小语种图书愿望但又苦于找不到合适的图书采访人员的图书馆来说,向他们免费提供现成的目录信息也将会对他们的工作产生积极的影响。

3.4 联合采访模式下各方承担的责任和作用

3.4.1 图书馆采访工作人员

首先需要明确的一点是,在文献联合采访的工作模式下,图书馆采访人员的重要性非但没有被弱化,反而在各个方面得到了加强,对于其自身业务水平和工作能力也有了更高的要求。首先,采访人员要积极建立工作关系,组建对应语种文献联合采访的工作团队,这便意味着要同各级图书馆、高校、研究机构乃至资深读者保持经常性的联系,及时收纳反馈各类文献目录相关信息。从某种程度上来说,决定这种工作方式是否能够长期有效的实施,除了制度上的保障之外,"人"的因素也起了很大的作用。在文献联合采访的工作团队中,图书馆采访人员并不一定要是最资深、最权威的,但一定要是最耐心、最细致、最甘于付出的。只有这样才能妥善协调好各方面的关系,及时处理随处发生的问题。

而当汇总的信息集中到图书馆采访人员手中之后,他们要严格遵照各馆制定的采访条例,对各团体、个人提交的目录进行审核,避免购入内容或流通量达不到要求的图书,当图书金额较大的时候也要根据具体情况,必要时经联合采访委员会商议认可后方可购入。

3.4.2 各级省、市、高校及专业图书馆

各级各类型图书馆的采访部门汇集在一起,构成了完整的全国图书采访网络体系,但体系内的交流与沟通却相对有限。两年一届的全国图书采访工作会议可谓一个极好的契机,但仅仅依靠它实现各级图书馆间的业务互动仍是远远不够的。需要建立长效机制适应目前日新月异的文献采访形势。各级各类型图书馆都汇集了一支文献采访领域的专业采访人员队伍,其中不乏某些学术领域内的专家学者。他们有常年从事文献采访工作的经验,了解国外社会和出版界的动态。一些地区的图书馆由于地域方面与邻国接壤,在某一语种图书的收藏上具有较大优势。例如吉林省各级图书馆的韩文(朝鲜文)图书的收藏便颇具规模和特色,值得其他地区的图书馆借鉴学习。因此应该尽可能发挥这些地区的图书馆采访人员在某一类图书采访上的长处,将小文种图书的采访水平整体提升一个档次。

3.4.3 小语种学术领域内的专家、学者及社会读者

专家学者多集中在研究机构和高校当中,是对馆藏外文文献利用率最高、同时也是层次最高的使用者。这些专家学者常年研究对象国相关问题,能够敏锐准确地把握业界内的最新动向,而且即便是近似内容的文献,他们也能够对其学术价值做出权威的评估,从而提高了收藏文献的质量,避免了重复浪费。因为研究机关和高校本就是图书馆的主要服务对象之一,由专家学者们直接参与文献采访,会使采访工作变得更具有针对性,可以使有限的文献采访资源真

正发挥作用,创造更大的社会价值。针对一些本身就有一定购书经费和购书渠道,并不需要倚靠图书馆为其提供学术材料的专家学者,图书采访人员也可以抱着求教的态度,恳请他们多为文献采访工作提供一些宝贵的建议。

普通读者虽然在学术方面不能和专家们相比,但在人数上却占了更大的比例,对图书馆服务的要求也更加多样化,是图书馆文献采访质量最好的监督者和检验者。让读者直接参与到图书采访工作中,体现了图书馆作为服务主体,对于服务对象的尊重,体现了"以人为本"的观念和科学的工作态度。根据先前做过的问卷调查,绝大多数的读者都愿意为图书馆建言献策,推荐他们认为有价值和急需的文献。事实上只要有图书馆的采访人员最后进行审核与把关,让各界读者参与文献采访并无不可,因为"书尽其用"也是采访工作的重要原则之一,目前欠缺的便是一个稳定高效的平台。这在当下互联网高速发展的环境下也是很容易便可以实现的。在互联网较发达地区的一些大型的图书馆可以尝试着在自己的网页上开放读者推荐窗口,预先明示本馆的采书标准,读者在认可该标准之后可申请购入某种文献,并且需要说明推荐理由。经采访人员查实认证后可纳入统一的采访订单,而对于不符合条件的推荐文献,经过向读者耐心细致的解释说明,相信也会得到读者的理解。

3.4.4 国外各级图书馆和国际交换业务部门

目前,中国国家图书馆已经同全世界 117 个国家 500 余所图书馆建立并保持着馆际间的文献互换关系。近年来年平均交换量达到 5000 余册,极大地丰富了我馆的外文文献馆藏,也为外文文献采访工作开创了一条新的道路。如果能够合理发挥对方国家图书馆了解本国出版信息的优势,在让对方明确我方采访方针的前提下,有针对性的推荐文献,例如进行专题性图书目录的整理,其完整性和准确性方面必定会令人满意。与此同时我们也可以同样的向他们提供我们所推荐的图书,以达到良性互动。这样比起单纯地将各自不需要的文献打包送给对方,从对外文化宣传的角度来讲也更具有实际意义。

国际交换业务的另一个优势在于,双方是馆对馆间的实物交换,省去了中间很多琐碎的环节,在运输和通关方面也相对更加便捷。将对于小语种图书的采访工作形成很大的助力。

3.4.5 图书进出口公司及国外代理商

在当前的新形势下,图书进出口公司及国外代理商在文献采访工作中的作用愈发重要,已经融入了文献采访工作的大多数业务流程。随着近年来小语种人员数量的逐渐增加,目前国家图书馆东文小语种的采访工作正在有条不紊的陆续展开。在这样形势下,图书馆采访人员、图书进出口公司及国外代理商三方应该更多的加强交流合作,针对小语种图书出版状况及各国不同的情况,共同探讨更加便捷高效的业务模式。东文小语种虽然在书目搜集提供等诸多方面不及西文、日文、俄文等语种,但根据其特殊性制定具有针对性的工作方针,相信一样也会大有作为。

4 需要解决的问题

4.1 如何有效地对采访工作进行分工及整合

作为参与文献联合采访的每一个独立机构、团体或个人,根据其学术背景和工作环境的不同,其感兴趣的文献类型也有所不同,在请求他们对文献进行采访之前,应尽量明确限定其采访文献的范围。尽管如此,他们所采集文献的范围仍然有一部分可能会存在交集,这就必须要求图书馆的图书采访人员做好每一个环节的把关,在最后下订单之前严格过滤重复的文献,并且根据反馈上来的结果,及时调整各单位、团体、个人间的选书范围,避免重复劳动。

联合采访模式下,采访人员工作的重心不再是繁琐的资料搜集与整理,而是真正从馆藏资源建设的层面,对于已经进行过筛选的文献目录进行总体性的把关。除了要在馆藏目录中进行查重以外,采访人员还要对各机构提交的推荐目录进行比对查重。当整体数量较大的时候,自建 Access 小型数据库或利用 Excel 查重功能来过滤重复信息都不失为好的方法。对于某些图书馆内无对应语种采访人员,需从馆外聘请专家代为采访的情况,可请求专家们在目录上简要的注明文献主题、出版社、出版年及图书价格等必要信息,以便于图书馆采访人员根据采访条例判断是否采入该文献。

4.2 对于各机关团体个人所掌握的材料如何有效分享

图书采访人员应尽可能利用博客、群发邮件、QQ 群等便捷的通讯手段,及时分享汇总到自己手里的各类文献信息,让科研机构、团体、个人明确项目当下的进行状况以及其他人的进展情况,及时补充自己手中掌握的信息。同时各单位间可以增进交流,互通有无,实现共同发展。尽量使参与的每一个机构或个人都有所得益,否则不利于工作的长期、稳定、健康地开展。

4.3 对于费用投入方面的一点想法

在外文文献采访工作中我们应该尽量追求"少花钱多办事"。面对目前的情况,如果可以转换观念,加大对采书经费的投入,将会对小语种图书的采访工作产生不可估量的积极作用。如果在采书经费上可以形成制度化,则图书采访人员便会在制定中远期外聘专家采访计划时更有主动性,使外聘专家感觉到自己的劳动被认可和尊重,激发他们工作的积极性。在积极拓宽采访渠道方面也会有更大的突破,可以将有限的经费最大程度的发挥作用。

为了能够较为长期稳定的维持馆外采访团队的存在,在年度业务经费申请时,可以适当增加"采书经费"的额度,作为重新聘请馆外专家代采小语种图书的劳务费。同时图书馆采访部门设专人组成的"采书经费使用管理委员会",负责审核、监督、管理这部分经费的使用情况。

5 结束语

新形势下的小语种图书采访工作同时面临着机遇和挑战,联合采访模式正是在这样的环境下应运而生。任何新的模式或者理论,都需要通过大量的实际工作来检验它的真实性和正确性。由于本人阅历尚浅,在提出观点的过程中难免会有思考不周或者谬误之处,本文权当抛砖引玉,愿意以此为契机,获得专家们的批评指正,从而为东文小语种的采访工作探索出一条新路。

参考文献

[1]顾犇.外文文献采访工作手册[M].北京:北京图书馆出版社,2004:38 – 46.

[2]顾犇.国家图书馆外文图书采访工作的回顾与展望[J].国家图书馆学刊,2002(2):32 – 36.

[3]朱晓兰.再谈国家图书馆东方语文图书采访工作[G]//新形势下的图书馆采访工作:第一届全国图书采访工作研讨会优秀论文选.北京:北京图书馆出版社,2005:88 – 93.

[4]朱晓兰.浅谈北京图书馆东方语文图书采访工作[J].国家图书馆学刊,1996(2):13－18,114.

[5]曾荣玉,袁小平.新时期文献采访工作探索[J].图书馆论坛,2005(3):125－126.

[6]母艾坪,陈敏,张天骐.高校图书馆小语种图书的现状及应对策略[J].科技情报开发与经济,2010(1):3－4.

[7]邓燕平.高校图书馆小语种图书采访策略探讨[J].大学图书馆学报,2009(3):54－57.

[8]李灿元,麦林,钟建法.高校小语种图书建设的问题与对策[J].高校图书情报论坛,2011(2):30－33.

国家图书馆外文数据库使用统计分析工作及其对采访工作的启示

吴　凯(国家图书馆)

数字资源的学科门类众多、专业性强且价格高昂,采访馆员不仅要合理规划经费预算,还要争取用有限的资金投入获取馆藏资源的优化配置。因此,图书馆数字资源的采访工作亟需理论上的指导,强化并优化馆藏资源建设。笔者现从事外文数字资源管理工作,认为在管理岗的各项业务中,使用统计分析工作尤为重要,采访馆员可根据当年的数据库使用分析报告,用以完善和制定次年的采访策略。本文将首先梳理国家图书馆外文数据库的采访现状与问题,结合工作实际来介绍国家图书馆外文数据库的使用统计分析工作概况,并就其对采访工作的启示进行探讨。

1　国家图书馆外文数据库采访现状与问题

1.1　国家图书馆外文数据库采访现状

截止 2011 年 10 月,国家图书馆共引进外文数据库 115 个,总量较去年同期增长 12.74%。外文数据库的整体构成情况大体有以下几种形式。

1.1.1　按数据库购买方式划分

(1)许可授权。在 115 个引进外文数据库中,以许可授权形式获得的数据库共 60 个,此类数据库定期对资源进行更新,每年需要通过续订方式获得继续使用权限。

(2)买断。以买断形式获得的数据库共 33 个,此类数据库为一次性购买永久拥有使用权,每年只需缴纳少量平台费即可获取资源访问权限。

(3)获赠。通过购买赠送形式获得的数据库共 22 个,此类数据库是购买纸本期刊或者其他数据库而获得一段时间的使用权限。

国家图书馆外文数据库按购买方式划分的整体构成情况见图 1。

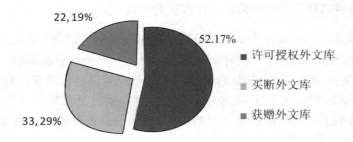

22,19%

52.17%

33,29%

■ 许可授权外文库

▨ 买断外文库

▨ 获赠外文库

图1　国家图书馆外文数据库按购买方式划分的整体构成情况

1.1.2　按数据库文献类型划分

（1）期刊全文库，共 48 个，占国家图书馆外文数据库的比重最大。其中包含了 Elsevier、Springer、ProQuest、Wiley、ACS 等读者利用率高的数据库。

（2）索引/文摘库，共 22 个，其中 WEB of Knowledge 平台上的 SCI、INSPEC 等引文库共 15 个，占索引/文摘库总量的 68.18%。

（3）数值/事实库，共 20 个，馆藏有 Factiva、EMIS、GBIP 等用量较高的数据库。2011 年新增了 EIU、DNSA、PAO 等人文社科类的数据库。还包含 IMF、OECD 等世界组织的数据库。

（4）电子图书库，共 11 个，近年来，国家图书馆加大了电子图书数据库的采购力度，目前馆藏电子图书库有 ECCO、EBBO、Mylibrary、Netlibrary 和 Wiley 学术图书在线等。

（5）参考工具库，共 5 个，如 Credo 全球工具书大全、大英百科全书网络版（EB Online）和 Ulrich's 乌利希期刊指南等库。

（6）报纸全文库，共 4 个，如 Newsbank 数据库、Wall Street Journals、PressDisplay 报纸库等。

（7）学位论文库，共 3 个，分别为 PQDT 学位论文文摘库、全文库和全文回溯库。

（8）全国授权库，共 2 个，2010 年，国家图书馆创新数据库采购模式，与 Emerald 和 SAGE 公司签订了全文回溯数据库的全国授权协议，协议规定凡是国内的非营利性机构通过注册申请免费使用此两种回溯数据库的全文内容。

国家图书馆外文数据库按数据库文献类型划分的资源分布情况见表1。

表1　国家图书馆外文数据库按数据库文献类型划分的资源分布情况

类型	总量	占全部外文数据库比重
期刊全文	48	41.74%
索引文摘	22	19.13%
数值事实	20	17.39%
电子图书	11	9.56%
参考工具	5	4.35%
报纸全文	4	3.48%
学位论文全文	3	2.61%
全国授权	2	1.74%
总计	115	100%

1.2 国家图书馆外文数据库采访工作存在的问题

（1）采购模式单一。国家图书馆大部分数据库采用的是单馆许可模式（One Site License），部分数据库虽采用集团采购模式，但并未达到国内真正意义上的联盟采购。2010年，国家图书馆立足国家馆的定位，创新采购模式，以全国授权的方式实现了我国非营利性机构通过注册申请免费使用 Emerald 和 SAGE 回溯数据库的全文内容。虽然目前只与两家数据库商达成全国授权协议，但这缩小了我国区域数字资源鸿沟，实现了信息资源的互利共享，为国家图书馆未来丰富采购模式注入了强心剂。

（2）访问方式受限。国家图书馆引进的115个外文数据库中，目前只有5个外文电子图书库允许通过代理服务器远程访问，大多数的数据库采用馆域网 IP 控制的模式，读者只能进入国家图书馆馆域网内访问资源，极大地限制了外文资源的读者利用率。另一方面，随着国家图书馆用户的增加，用户对外文数字资源的需求日益增长，要求提供远程访问服务的呼声日益高涨。为此，国家图书馆外文数字资源采访团队积极开展数据库远程访问调研工作，并于2011年3月完成调研报告，报告就开通外文数据库远程访问服务的可行性进行了理论分析，待技术部门实践论证后，有望今年年底取得实际进展。

（3）特色馆藏揭示不足。国家图书馆文献采选的总原则是中文求全、外文求精。文献采选条例对外文数字资源的采选原则明确规定国家图书馆应结合已形成的馆藏特色适当采选。在海量外文资源中，海外中国学数据库无疑是建设国家图书馆馆藏外文数字资源特色资源的重心。近年来，国家图书馆引进了海外收藏的中国近代史珍稀史料文献库、英国外交部档案：中国、EIU-Country Report 等数据库，形成了一定规模的海外中国学数字资源文库。然而，这些资源自开通以来的使用情况却不甚理想，亟须加强宣传力度，尤其是加大图书馆主页的资源揭示力度，从而让读者了解、认识并使用国家图书馆引进的海外中国学数字资源。

2 国家图书馆外文数据库使用统计分析工作概况

2.1 使用统计分析工作流程

国家图书馆外文数据库的使用统计分析工作流程大致上包含了获取数据、填写报表、分析用量和撰写报告四个部分。以使用量为基础，通过数据比对、科学计量和成本分析，最终以报告的形式呈现分析成果。

（1）收集使用数据。国家图书馆目前馆藏的115个外文数据库中，除个别单机版光盘学术数据库和部分国际组织数据库外，有111个数据库能提供使用数据。数据库使用量的获取方式大体包含两种：第一种方式，也是普遍使用的方式，是数据库商提供账号和密码，图书馆员通过登录数据库管理页面自主下载数据，这种方式方便快捷，可分年限、时段下载，且大多数提供 COUNTER 标准的使用统计报告；第二种则是向数据库商索要数据的方式，这种方式耗时长、收效差，并且这些数据库商提供的数据均未遵循 COUNTER 标准，用量指标不一致，给统计工作造成一定的难度。

（2）完成使用报表。收集好的使用数据，将用于填写《国家图书馆外购数据库使用情况统计报表》中的外文数据库部分。该报表每半年统计一次，统计完毕后提交至业务管理处。此外，使用数据还用于生成季度和月度使用报表，并常用于生成同一文献类型的数据库和单个数据库的前后年同期数据比对表,方便了解用量变化。

（3）分析使用情况。《国家图书馆外国数据库使用情况统计报表》结合 COUNTER 标准,设有访问量（Session）、被拒访问量（Turn away）、检索量（Search）和全文下载量（Full-Text Article Request）四项用量指标。报表中四项指标包含了"本年累计"和"本月"两个次级指标,如表2所示,这些数据将用于分文献类型、分时段和分指标进行数据库使用情况分析。

表2　2010年《国家图书馆外文数据库使用情况统计报表》中 Elsevier 数据库使用量

数据库名称	访问 8 量		被拒访问量		检索量		全文下载量	
	本年累计	本月	本年累计	本月	本年累计	本月	本年累计	本月
Elsevier	16791	1715	—	—	48 022	4386	213 689	14 066

（4）撰写使用报告。使用情况分析报告是数据库使用统计分析工作的重中之重,其质量直接关乎数据库管理评估工作的成败及其对采访工作带来的影响。数据库年度报告按数据库文献类型分类统计使用情况,各类型数据库按表格形式,依全文下载量从高到低排列,使用情况一目了然。年度报告因增加了前后两年的使用数据增量比对和单次成本分析,作用显著。表3以报纸全文库为例,在报告中列明了2010年和2009年前后两年的使用情况对比状况。

表3　报纸全文库 2010 年与 2009 年使用情况对比

数据库名称	访问量增长情况		检索量增长情况		全文下载量增长情况	
	总量	单次成本	总量	单次成本	总量	单篇成本
Access World News	—	—	+47.63%	−32.02%	+12.63 倍	−92.64%
Wall Street Journals			−5.13%		−28.65%	
Newspaper Source	−49.97%	—	−48.89%	—	−20.96%	—

2.2　使用统计分析工作特点

（1）使用报告多样化。依照上述工作流程最终撰写的使用报告,以年度报告为主,但不局限于这一种格式。在实际工作中,图书馆馆员可按数据库文献类型、数据库数量、时间跨度、用量指标等因素进行分类或组合研究,从而撰写形式多样,类型丰富的使用报告。如表4所列,图书馆馆员可根据研究需要,自主选择所需因素进行分类统计。举例而言,如需统计国家图书馆2011年第一季度电子图书库的检索情况,则分别需要从表4中选择"电子图书库"、"多个"、"季度"和"检索量"四个因素。如需统计国家图书馆 Springer 现刊库 2010 年全年的访问情况,则分别需要从表4中选择"期刊全文库"、"单个"、"年度"和"访问量"四个因素。

表4　使用统计分析报告分类或组合因素

文献类型	数量	时间段	用量指标
期刊全文库	单个	年度	访问量
电子图书库	多个	季度	检索量
…	…	…	…

（2）统计数据标准化。如前所述，国家图书馆已购的外文数据库大部分提供统一的COUNTER 标准数据报告。COUNTER 项目起源于英国，其目标是研制一系列国际化的实施规范，用以管理不同种类电子资源的联机使用数据，规范记录和交换这些数据。2005 年发布了用于统计期刊和数据库使用情况的 COUNTER 第 2 版。目前国际上主要的数据库商均属于COUNTER 成员。数据库商依照 COUNTER 标准，提供一致的"Journal Report"、"Book Report"和"Database Report"等使用报告，便于图书馆等机构对同类型数据库开展使用量比对分析等工作。

（3）分析方式个性化。使用统计分析报告的最终成果是对数据库的使用情况给予评价，使用数据是分析工作最重要的参考指标，但用数字说话并非意味一切以数字为旨，研究的侧重点是对数字进行解读，观察其波动情况，查明并分析其缘由。以 2011 年新增数据库 Reaxys 为例，该库自开通以来使用量一直不甚理想，观察其 2011 年 1—5 月份的检索情况，显示 5 月份增幅明显。数值激增的原因源于国家图书馆 2011 年 5 月初开办了 Reaxys 数据库使用培训讲座，从结果来看，适时的培训讲座对提高单个数据库的使用量收效显著。针对不同数据库，开展个性化的研究，并采取点对点的分析方式，此举科学合理。

（4）研究成果体系化。使用统计分析年度报告内容详实且连贯性强。报告的主体内容包括：数据库当年使用量汇总（按文献类型）、数据库当年用量变化原因分析、数据库当年成本分析、单一数据库当年使用情况初评、使用量与上年进行对比分析、单次成本与上年进行对比分析、单一数据库当年使用情况综合评价等。报告既总结数据库当年的使用情况，又对比上一年的数据，通过系统的数据处理和分析后，得出单个数据库的整体使用情况。这种方式连续性强且成体系发展，既保证了当年数据分析工作的规范严谨，又从上一年的比对中消化吸收了增改意见，更为下一步的采访和续订工作提供了理论依据和参考价值。

3 国家图书馆外文数据库使用统计分析工作对采访工作的启示

通过细致科学的使用情况分析报告，对各个数据库的整体使用状况均有了一定程度的了解。经过分析，可从中了解资源的受欢迎程度，读者选择学科的偏好，数据库单次成本的评估、同类型数据库的资源重复和比对情况、馆藏特色资源的使用量、馆藏已有纸本期刊的电子资源使用情况等。吸纳和总结这些成果，可以归纳出以下几点启示，用以指导和完善外文数字资源的采访工作。

3.1 完善外文数字资源馆藏发展政策，建设国家图书馆外文数字资源特色馆藏

馆藏发展政策是指导图书馆资源建设的基础，更是保持图书馆长久发展的不竭动力。在国家图书馆文献采选总原则"中文求全，外文求精"的指导下，国家图书馆外文数字资源的采选原则是：采选国外正式出版的电子出版物，参照国外印刷型文献的采选原则，并结合已形成的馆藏特色适当采选，多品种少重复。然而这一原则并未对纸本期刊和电子期刊的比列关系做出明确规定，亦没能提供解决这一矛盾的政策依据。尤其目前国家图书馆一期工程改造造成纸本期刊馆舍面积大幅下降的情况下，更应合理协调纸本期刊和电子期刊的关系，从而完善外文电子资源馆藏发展政策。图书馆可通过数据库商提供的电子期刊清单比对，适当削减重复的纸本期刊。然而，更为可取的方式，应从数据库商提供的"Journal Report"中，根据电子期刊

的使用量,来选择削减用量低的纸本期刊。当然,需重视电子期刊的使用和版权问题,切实保障资源的长久使用。

建设国家图书馆外文数字资源特色馆藏应与馆藏纸本资源特色相一致,增加社会科学类外文数字资源的采访力度,尤其是收藏海外中国学研究的数字资源。从使用分析报告的结果来看,社科类数据库使用量有所提高,但与科技类数据库的用量仍存在一定的差距。这对国家图书馆建设外文数字资源特色馆藏工作提出了双重要求:既要加大调研分析,引进读者喜好的社科类数字资源,又要加强这些特色资源的宣传和揭示力度,提高读者对国家图书馆特色外文数字资源的认知、利用和到馆使用习惯。特色馆藏要在内容上、数量上、品种上保持一定的系统性与完整性,尤其是海外中国学研究数据库要收录完整。

3.2 创新采购模式,规范采访流程

如果使用量是衡量一个数据库使用情况的唯一指标,那么在国家图书馆外文数据库中,使用情况最好的两个数据库一定是 Emerald 期刊回溯内容全国在线数据库和 SAGE 期刊回溯内容全国在线数据库。这得益于国家图书馆 2010 年创新采购模式的举措,全国授权的方式能有效协调图书馆、出版商和读者的三方利益,实现了信息资源的互利共享,值得国家图书馆进一步加强调研,扩大和推广全国授权采购模式。

采访流程的规范化有利于数据库采访过程中合理规划采访计划、分配经费预算、明确工作职责、保障图书馆利益最大化。数据库的采访流程一般包含数据库调研、试用、预评估、订购、合同谈判、签署付款和续订等。其中最为关键的一个环节即为和数据库商在签署合同前的商务谈判。正是这一环节能从使用统计分析工作中汲取大量的谈判筹码,并且是争取图书馆利益最大化的关键。为此,规范商务谈判备忘录的存档工作,显得尤为重要。在新增数据库的采购谈判中需注意远程访问、并发用户数限制、版权问题、价格等议题。在数据库的续订谈判中应根据上一年的使用报告,考虑增加以下议题:削减数据库中利用率低的期刊的可行性及由此引发的价格变化、因数据商原因导致的数据库访问不畅给图书馆带来的经济损失、数据库商定期来馆开展数据库使用培训的次数要求、数据库涨价与图书馆经费有限的矛盾等。

3.3 综合评估已购资源,争取图书馆利益最大化

使用分析报告最大的优点是对各个数据库进行了全面的考察和评估。既从横向掌握了数据库的各项使用指标,又从纵向比对了数据库的长期使用情况。报告实时掌握每一个数据库每一次的数据波动,具有较强的针对性,并能从数值比对等指标中获取对数据库采访和续订工作的启示。以数值比对和单次成本分析为例,国家图书馆 2010 年经综合评估用量和成本核算,最终停订了 Scopus 数据库。由此带来的信号是采访人员应尽量细化选择力度,减少或停止利用率差,甚至零利用率电子文献的采购。以数据库访问方式的不同为例,如前所述,国家图书馆目前开通远程访问服务的只有 5 个电子图书库,从使用量来看,这 5 个库的各项使用指标均明显高于同类型的其他库,这就要求数据库采访人员必须将远程访问议题加入数据库采购的商务谈判中,力争通过 VPN 或设置代理服务器等手段开通数据库远程访问,从而扩大读者服务范围,提高国家图书馆的资源利用率。针对那些未能提供 COUNTER 标准使用报告,甚至无法提供使用情况的数据库,采访人员应视具体情况,尽量减少采购这些资源,或者从合同中明确约定相应的弥补措施,使其对图书馆有利。

参考文献

[1]顾犇.外文文献采访工作手册[M].北京:北京图书馆出版社,2004.

[2]国家图书馆外文采编部.新信息环境下图书馆资源建设的趋势与对策:第三届全国图书馆文献采访工作研讨会论文集[M].北京:国家图书馆出版社,2009.

[3]肖珑,张宇红.电子资源评价指标体系的建立初探[J].大学图书馆学报,2002(3):35-42.

[4]许金梅.图书馆外文数据库利用情况分析与对策研究[J].山东图书馆学刊,2010(5):64-67.

师生阅读嬗变与高校馆文献资源建设

——基于浙江省高校图书馆读者阅读问卷调查

吴湘飞　朱小玲　阮　桢(浙江工商大学图书馆)

目前学界普遍认为数字图书走进图书馆,使纸本图书的传统主导地位发生了动摇,高等学校也不例外。师生的阅读平台从传统的纸质文献转为电子设备,阅读方式正在由"纸质阅读"向"电子阅读"转型。事实果真如此吗?电子阅读是否真的已成为大学师生主要阅读手段?这一阅读趋势到底有哪些优劣?对传统阅读产生什么影响?为确切掌握师生阅读变化的第一手资料,我们以杭州下沙七所高校师生为问卷调查对象,对师生的纸质和数字文献资源阅读情况进行调查,内容包括师生阅读动机、阅读倾向、阅读类别、阅读能力、阅读时间、阅读载体、信息素养、价值取向等。我们希望通过对尽可能多的师生阅读人群的调查访问,勾勒出校园阅读现状,探究数字时代多元文化体系下师生阅读的新特点、新变化、新趋势,剖析师生阅读行为变化与高校文献资源建设之间的密切关系,正确处理好传统文献与电子文献的关系,完善文献资源结构,发挥图书馆的隐性教育职能。

1 调研概况

此次调查采用抽样问卷调查形式,从4月初开始,至5月中旬结束,为期一个半月。教师部分以浙江工商大学的老师为主,共发放问卷148份,回收115份,有效回收率为77.7%。学生部分共发放问卷2200份,回收1886,有效回收率为85.73%,调查对象为下沙7所高校:浙江工商大学、中国计量学院、杭州师范大学、浙江财经学院、杭州电子科技大学、浙江理工大学、浙江传媒学院的在校大学生,专业涵盖理工、文史等各个专业。

2 调研分析

2.1 超过六成的学生选择以纸质书刊为主的阅读方式

经调查,65%的学生都偏好纸质书刊,26%的学生认为纸质书刊与网络阅读可并重,仅有9%的学生认为网络阅读重于纸质阅读。教师的阅读方式略有变化,可以说纸质与网络阅读并重,37.8%的教师认为纸质书刊与网络阅读并重,37%的教师认为纸质书刊为主,25.2%的教师认为网络阅读多于纸质书刊。

2.2 数字媒介阅读方式中以网络和手机为主要阅读方式

学生数字媒介阅读方式中以网络和手机为主要阅读方式,如表1所示,分别为40.1%与39.5%。手持阅读器和MP4也占有一定比例,各为7%左右,其余选项很少,另外,选择其他的同学,分别有用PSP、本地PDF等方式制作的电子书。

表1 学生与教师关于"您最常用的数字媒介阅读方式是"的有效百分比

选项	网络在线阅读	手机阅读	手持式阅读器阅读	MP4 或(MP5)	电子词典	光盘	其他
学生	40.1	39.5	7.3	7.8	1.9	0.8	2.6
教师	87.6	6.2	3.5	1.8	0	0	0.9

而网络在线阅读则是教师最常用的阅读方式,如表1所示,为87.6%,其余的选项差距都不大,在1%到6%之间。这一方面说明网络在线阅读将成为一种非常重要的阅读方式,另一方面也可看出师生的阅读方式还是存在一定的差异,手机阅读更受年轻人的青睐。

2.3 阅读目的大多偏重在完成作业、增强个人修养和获取新知识

从表2可以看出,无论是理工还是文史专业的学生,其阅读目的大多偏重在完成作业、增强个人修养和获取新知识上,分别占有44.7%,68.3%和48.8%,细微发现文史类专业的同学更加注重增强个人修养。

表2 关于"不同专业的学生阅读的主要目的"有效百分比

选项	完成作业	增强个人修养、拓宽知识面	娱乐消遣	获取新知识、新技能	进行学术研究	其他
理工	47.2	64.2	34.6	49.4	19.1	2.8
文史	43.6	70.0	36.1	48.5	19.5	3.5
总体	44.7	68.3	35.6	48.8	19.4	3.3

而教师从总体来看,进行学术研究成为大多数人的首选,占69%,且学历越高,这一趋向越明显。增强个人修养与完成教学任务的选项分列二三,分别为48.1%与33.3%,而选择娱乐消遣、获得新技能的比较少。

2.4 图书馆的数字资源主要是用于课程需要,没有得到很好的利用

从表3我们可以看出从大一到研究生使用图书馆数字资源主要是完成毕业论文或课程作业,较少用于了解经济资讯或国外学术情况,研究生有超过一半的人是因为研究、实验需要或教学需要。

表3 不同年级的学生使用图书馆数字资源原因的调查

选项	完成毕业论文或是课程作业	为英语、出国、计算机、公务员考试准备	了解经济资讯或国外学术情况	研究、实验需要或教学需要	其他
大一	53.0	18.5	15.8	23.5	20.5
大二	69.2	19.0	8.6	30.8	8.9
大三	79.5	21.7	9.5	29.2	7.3
大四	88.0	13.0	22.0	34.0	2.0
研究生	68.4	17.1	31.6	55.3	3.9
总体	68.1	19.3	13.3	29.0	11.8

从表4的数据可以看出教师使用图书馆电子资源主要是为了科学研究、实验需要,占了64.6%。跟踪国内外学术情况和教学需要紧随其后,这与前面调查的教师阅读的主要目的相吻合,对教师来说图书馆的数据库资源主要用于学术研究。

表4 教师使用图书馆电子资源原因的频率分析

选项	教学需要	考试准备	了解经济资讯或浏览学术视频	跟踪国内外学术情况	科学研究实验需要	其他
教师	38.5	16.9	10.8	49.2	64.6	3.1

2.5 学生上网的主要目的是玩游戏等娱乐活动

从表5可以看出,有69.1%的同学上网是为了玩游戏、看电影等娱乐活动,与此比例相当的是看新闻、收发邮件。而上网查阅图书和期刊的比例为41.4%,与管理微博日志相当。阅读小说和电子书的仅占了19.9%一小部分,网购也占了相当一部分的比例。可见真正借助网络阅读的人微乎其微。

表5 学生关于"您上网的主要目的"的有效百分比

查阅专业电子图书和期刊资料	看新闻、收发邮件	管理微薄、日志	玩游戏、看电影、聊天、听音乐	阅读网络小说、电子书	网购
41.4	66.2	43	69.1	19.9	35.6

教师受调查者上网的目的主要是查阅期刊资料,看新闻等,更加理性。如表6所示,76.5%的教师"上网目的"是查阅专业电子图书和期刊资料,75.8%的教师是看新闻、收发邮件,很少有教师上网目的是阅读网络小说、热门电子书。

104

表6 教师关于"您上网的目的"的有效百分比

查阅专业电子图书和期刊资料	看新闻、收发邮件	管理微薄、日志	玩游戏、看电影、聊天、听音乐	阅读网络小说、电子书	网购
76.5	75.8	10.6	22.7	8.3	24.2

2.6 不知道如何使用电子资源和有其他可以代替成为受调查者不使用电子资源的主要原因

从表7可以看出,有39.7%的学生因为有其他途径可以满足信息的需要而不用电子资源,可见在信息发达的社会中,学生们获取信息的途径更加多了。除此之外,有26%的同学和36%的学生分别是因为不知道有电子资源和不懂如何使用而不用,另外由于上网不方便而不使用的占到了22.7%。

教师不常用或者根本不用电子资源的最主要原因是有其他途径可以取代,占39%。其次是认为图书馆没有合适的资源可用或上网不方便,分别占33.3%和30.5%,更有21%的老师"不知道如何使用电子资源"。

表7 学生关于"您不常用或者根本不用图书馆的电子资源的原因"有效百分比

不知道有这些电子资源	上网不方便	不懂如何使用电子资源	没有合适的资源可用	其他途径可满足信息需要	其他
26	22.7	36	15.6	39.7	9.3

2.7 随着年级的增长,用在阅读上的时间逐渐增加

值得注意的是,作为以学习为主的大学生总体竟有22.3%的人员每天阅读在半小时以下,甚至于不阅读,特别是大一学生,这样的阅读状态竟占有25.3%,见表8。阅读在1—3小时以上的只占43.2%。

表8 不同年级的学生除上课、完成作业外,每天花在阅读上的时间

选项	0小时	0.5小时以下	0.5－1小时	1－2小时	2－3小时	3小时以上
大一	2.4	23	39.6	20.4	9.5	5.1
大二	1.6	26.3	34.7	22.6	7.6	7.1
大三	1.6	16.0	31.5	21.7	14.5	14.7
大四	3.0	11.1	38.4	16.2	14.1	17.2
研究生	1.4	12.7	9.9	23.9	22.5	29.6
总体	2.0	20.3	34.6	21.2	11.6	10.4

除教学备课外,教师每天花在阅读上的时间1—3小时以上的占72.9%,明显高于学生。但也有近10%的教师阅读时间少于半小时,甚至是零阅读,这应该引起我们的重视。

2.8　大多数学生都是因为功课太忙而不阅读

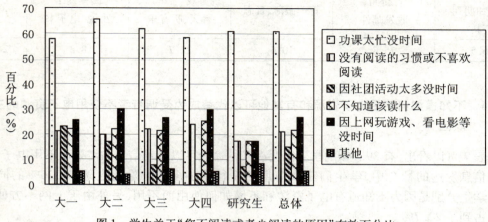

图 1　学生关于"您不阅读或者少阅读的原因"有效百分比

从图 1 看出超过半数的学生是因为功课太忙而不阅读,在研究生当中更是如此。其次是因为上网玩游戏等而不阅读。而教师中超过半数的受调查者因为教学科研太忙而没有时间阅读,如表 9 所示,只有 10.9% 的教师是因为上网娱乐等没有时间阅读。值得注意的是也有 8.2% 的教师不知道该读什么而不阅读,虽然比例较少但也应引起我们的关注,教师也存在着阅读上的盲区。

表 9　教师关于"您不阅读或者少阅读的原因"的有效百分比

教学科研太忙没时间	没有阅读的习惯或者不喜欢阅读	因业余活动太多没时间	不知道该读什么	因上网玩游戏、看电影等没时间	其他
65. 5	10	20	8. 2	10. 9	4. 5

2.9　男生阅读的种类较广泛,女生对文学艺术类书籍情有独钟

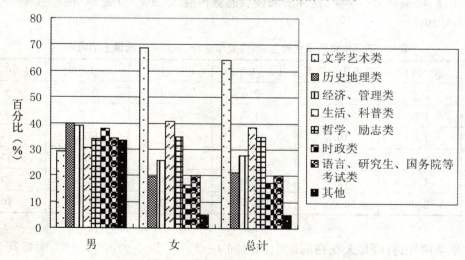

图 2　学生关于"您最常阅读的非教材类书刊"的有效百分比

由图 2 显示,男生对每一类书的阅读量比较平均,没有明显的偏好。而在女生中,有 68.8%的受调查者喜欢文艺类书籍,文学艺术类书籍的受欢迎程度明显高于其他几种书籍;此外,生活、科普类书籍、哲学和励志类书籍也很受欢迎,分别占了 40.6%和 34.9%;而女生中喜欢时政类书籍的仅占 16.3%。而总计的频率明显受到了女生喜好的影响。

大部分教师最常阅读的非教材类书刊也是文学艺术类,并且年轻的教师更倾向于文学艺术类书刊,而年长的教师则对文学、经济、管理、生活、科普等类书刊的喜好相对均衡。35~45 周岁的教师更偏好阅读哲学、励志类书刊。总体看,不同年龄的教师都不太青睐计算机等理工类书刊。

2.10 图书馆文学类书籍最不能满足读者的需要

从表 10 中可以看出,学生对于文学艺术的书籍要求比较高,约占三成人员认为得不到满足,其次是考试类和生活、科普类的书籍,大约为两成,时政类书籍略少于两成。再次为哲学励志类书籍和历史类书籍,占 14.9%。从这里也可以看出部分同学阅读的"浅显化"和"功利化"。

表 10　学生关于"您认为本馆哪些类别的图书最不能满足您的需求"的有效百分比

文学艺术	历史地理	经济、管理类	生活、科普类	哲学、励志类	时政类	语言、研究生、公务员等考试类	其他
34.2	12.5	14.9	20.5	14	18.6	23.4	5.3

3　建议与对策

3.1　提高纸质文献的采访质量

纸质文献阅读的优势在于可以深入研读、品味细节,有助于培养阅读者的抽象思维能力,在以学生为主要阅读对象的高校图书馆,纸质文献仍是最主要的阅读载体,这是由学生的学习性质和特点决定的,学生的主要任务是围绕专业课程学习已知的系统性知识,阅读、浏览纸质文献一直是他们获取信息、积累知识的主要方式。这从上述调查中也已证实。

今天的图书馆是校园文化的创意中心,在新书以爆炸性的速度出现、水平良莠不齐的当下,要精选图书,纸质文献的收藏定位很重要,各学科应差异化构建,根据学校的学科设置情况,合理配置复本,做到收藏的个性化、专业化、精品化及系统化。要多关注读者需求量大的人文学科的品牌出版社和作者;多采购一些具有长久保存价值的丛书、多卷书、工具书;对纸质和数字资源需求倾向不明显的一些学科,可以根据出版、发行情况,数字资源的利用情况等决定不同的采访政策,而对于阅读量明显偏少的理工科图书则可以少采购,这些学科的书籍尽量向数字资源倾斜。纸质文献仍是当下大学生最重要的阅读载体,要让阅读文化深入到学生的骨髓里,我们必须从培养学生的理性探索精神和提升综合素养的角度慎选图书,严把采购关,从源头上为读者提供优质的纸质文献。"最是书香能致远",让学生通过高质量的阅读体验,使藏书发挥增值服务——阅读的增值,文化的增值。

3.2 重视人文图书的采访,发挥图书馆的隐性教育职能

目前大学生的阅读目的大多偏重在完成作业、增强个人修养和获取新知识上,主观意向还是积极向上的,但从具体的借阅情况来看,非专业化、浅显化和功利化的倾向还是相当明显。我们对本校图书馆 2008—2010 年部分借阅数据进行了统计,在借阅量前 50 种图书中,文学图书就占了 50% 以上,并有越来越多的趋势,到 2010 年竟占了 76% 以上,在这 76% 的图书中,主要是武侠小说。在表 11 借阅量排名前 10 种文学图书中,武侠小说从 2008 年的 4 种增到 2010 年的 6 种,严肃的、经典的文学作品正在淡出当下大学生读者的阅读视线,路遥、林语堂、张爱玲、曹雪芹等文学大家的作品则逐步被大学生喜欢的金庸、古龙的武侠或者悬疑、言情小说所取代。而以研究和解决社会问题为主要任务的哲学、社会科学等理论性书籍,借阅量明显偏低。大学生忽略对经典的诵读和深入体会,而喜欢快餐式、娱乐式的文字和图像,浅尝辄止的阅读倾向进一步得到证实。

表 11　浙江工商大学图书馆 2008—2010 年借阅量前 10 种文学图书

序号	2008 年		2009 年		2010 年	
	书名	册次	书名	册次	书名	册次
1	红岩	395	红岩	366	天龙八部	231
2	红楼梦	169	笑傲江湖	169	笑傲江湖	208
3	兄弟	166	天龙八部	149	鹿鼎记	180
4	路遥文集	157	倚天屠龙记	146	倚天屠龙记	178
5	福尔摩斯探案全集	146	神雕侠侣	127	神雕侠侣	168
6	鹿鼎记	107	鹿鼎记	120	红岩	149
7	笑傲江湖	105	云醉月微眠	117	陆小凤传奇	144
8	京华烟云	94	福尔摩斯探案全集	116	活着	133
9	天龙八部	90	路遥文集	110	路遥文集	95
10	张爱玲小说	87	张爱玲小说	82	一朝为后	91

表 12　浙江工商大学图书馆 2008—2010 年分类借阅统计表

序号	2008 年			2009 年			2010 年		
	类别	借阅册次	借阅比例(%)	类别	借阅册次	借阅比例(%)	类别	借阅册次	借阅比例(%)
1	F	97 699	20.76	F	86 414	20.47	F	89 439	21.82
2	H	80 408	17.08	H	71 824	17.01	I	64 207	15.66
3	I	64 919	13.79	I	59 357	14.06	H	63 168	15.41
4	T	48 418	10.29	T	41 664	9.87	T	39 524	9.64
5	D	446 615	9.48	D	38 599	9.14	D	36 638	8.94
6	K	30 879	6.56	K	29 498	6.99	K	27 778	6.78

序号	2008 年			2009 年			2010 年		
	类别	借阅册次	借阅比例（%）	类别	借阅册次	借阅比例（%）	类别	借阅册次	借阅比例（%）
7	B	29 039	6.17	B	26 652	6.31	B	24 487	5.97
8	O	24 001	5.10	O	20 112	4.76	O	17 060	4.16
合计		419 978	89.23		374 120	88.61		362 301	88.38
	其他	50 093	10.53	其他	47 565	11.28	其他	46 773	11.43
总计		470 071	99.76		421 685	99.89		409 074	99.81

最令人忧虑的,是愈演愈烈的阅读功利化倾向。功利化阅读突出的表现就在于阅读的工具化,即阅读集中在各类资格证书考试的书籍方面,如计算机考试、英语考试、公务员考试等,这从表 12 中 T 类、H 类、D 类图书每年借阅量一直处于前五位即可印证。功利主义的阅读危及到大学生的独立思考和创造性,它折射了世风的浮躁与浮华,使学生的目光变得短浅,思想变得褊狭,对文学之美、文章之俏、文字之趣浑然不知,阅读功利化必然扼杀阅读的美感,还破坏了学生心中的阅读快感机制,造成他们终生厌恶阅读,这种局面亟须改变。

阅读的这种趋势对高校图书馆的采访工作提出了严峻的考验。如何科学规划馆藏文献,做好文献宣传导读,从源头上对大学生的阅读进行引导,是当前文献资源建设必须重点关注的问题。但正如我们前面所论证的,学生的阅读发生了嬗变,阅读时间越来越少,"浅阅读"正在成为阅读的新趋势,当原则和阅读行为相悖时,是坚持原则还是迎合读者的需求,并进行积极的引导?笔者认为在当下社会节奏越来越快,价值趋向多元化的社会背景中,图书馆应改变以往过分强调服务于课堂教学及学校所设专业的做法,应从培养和提升学生综合素养的角度慎选图书。众多的经验表明,读者对人文类图书,尤其是排行榜上的图书十分关注,借阅需求也大。在日常工作中我们也常听到学生的抱怨声,这次的问卷调查也充分显示师生普遍认为文史类图书,特别是文学图书最不能满足阅读需求。学校图书馆浩瀚的藏书,为隐性教育提供了丰富的信息资源。为吸引并留住更多爱好阅读的读者来图书馆,在满足学校教学科研用书的前提下,应面向多数读者选购具有一定层次的、可读性强的、经得起时间考验的人文类文献,如经典的文学名著、有一定文化底蕴的畅销图书、各种优秀人物的传记、评传以及反映人们关注的国家政治、经济、文化教育、社会等热门话题的图书。让学生通过长期阅读的点滴积累去影响他们的世界观、价值观和人生观,从采访源头上进行积极的引导,真正做到把真、善、美的精神食粮提供给学生,为学生引来五彩斑斓的阅读世界的同时,启迪他们的思想,使其形成健康的心灵与完美的人格,发挥图书馆的隐性教育职能。

3.3 建立网络信息资源,引导读者进行积极的数字阅读

图书馆可通过访问读者利用率高的网站,将网上信息检索、筛选,整理、组织,同时结合馆藏资源,建立一套网络信息资源的学科导航目录库,并进行动态链接,通过图书馆网页发布,提供网络阅读导航,避免读者盲目浏览。内容可包括各学科的会议信息、馆藏新书、学位论文、数据库、电子书刊、多媒体资源等,为读者提供一个全方位了解和掌握各学科国内外前沿研究

动向、发展趋势等有关信息的快捷途径。经过这样精心筛选之后的网络资源与馆内学科资源融为一体,构成完整的学科导航体系,同时确保了将健康的精神文化食粮及时地提供给师生,抵制和阻止文化垃圾和有害信息的侵扰。

目前高校馆对数字资源经费的投入都在逐年增加,但用巨资购买来的各种数字资源利用率却并不尽如人意。从问卷调查中我们已知,师生均不同程度存在不知道有数字资源和不懂如何使用数字资源的问题。由此可见高校馆如何开展思想性、知识性、科学性和趣味性相统一的数字阅读推广活动,使读者在海量的网络信息中,学会判断、查找、整理、分析和利用,使昂贵的资源得到更充分的利用,已成为高校图书馆事业发展中急待解决的问题之一。

图书馆必须改变传统的书面式培训方法,加强实践操作培训,内容要直观、生动、通俗。除电子阅览室外,可将读者人流最高的流通书库作为实践场所,在大厅不间断滚动播放电子资源利用、常见问题解决方法等操作演示文稿,使读者可以随时接受培训,让流通书库成为又一所数字资源检索与利用教育场所。

图书馆还应主动请各学院在其主页上添加对图书馆主页的链接,使师生养成访问图书馆主页的习惯,让他们有需求时第一时间想到的是图书馆。可将数据库培训课件、师生关注的一些专题课件和一些视频教学片在主页上进行发布,供读者随时下载使用。针对不同阶段的资源和服务,写出相应的宣传材料,除了在网上发布外,还可以通过群发邮件的方式发给相关的读者。

另外加强 IP 通远程访问系统的宣传和利用,也是提高数字资源利用率的有效途径之一。图书馆除保留传统数字资源利用讲座外,也可以主动出击,深入到学生宿舍、各学院办公室、教师家中等,进行面对面、手把手的直接辅导。这种简单直接的服务方式对一些读者、尤其是一些老年或有一定"网盲症"的读者是一种最有效的工作方式。请在读者需要图书馆的时候,尽可能地和他们在一起,使校园文化更加立体化、智能化。也许这样的上门服务,数字资源知识的普及或将指日可待。

4　结束语

面对师生阅读行为的嬗变,作为开展阅读文化的主体单位,我们既要坚守,也要反省、要搏击、要创新,迎接新的大阅读时代的到来。书籍就如同巨人的肩膀,站立在书籍堆积的山峰之上,可以看得更高、更远。书中确实蕴藏着无限的风光,只要我们勤于去挖掘。我们要让阅读活动形成一种长效激励机制,使这个活动得以有效、持久、健康地开展,希望经过图书馆对文献资源的精心收藏与开发,为读者提供一个值得追随的背影,让阅读真正融入大家的心灵深处,使校园阅读逐步从基础的大众阅读,过渡到基于知识与情感发育的,培育专业精神与素养的校园阅读,直至高端的研究型的学术阅读即精英阅读。

参考文献

[1]乔冬敏,于丽萍.新信息环境下高校图书馆用户信息需求调查分析[J].图书与情报,2010(4):91－93,99.

[2]庄雷,汤诚.高校读者阅读倾向对馆藏建设的影响[J].图书馆杂志,2010(1):20－22,19.

[3]戴莹.基于师范类高校学生阅读行为调查的思考—以天津师大和上海师大为例[J].农业图书情报学刊,2010(7):133－135,142.

[4]童静,任玉珍.浅谈高校图书馆的隐性教育[J].科技情报开发与经济,2008(3):55-56.
[5]李红梅.基于学生阅读特征变化的阅读引导研究[J].内蒙古科技与经济,2009(3):136,138.
[6]王亚秋.学分制下高校图书馆多元化文献资源保障体系的构建[J].农业网络信息,2008(7):57-59.
[7]肖秋红.高校专业电子图书利用教育的实证分析与研究[J].图书馆界,2010(4):33-35.

"供应商管理办法"在中文图书政府采购中的应用研究

宾　锋(上海图书馆)

1　问题的提出

从2003年《中华人民共和国政府采购法》实施以后,图书馆文献资源政府采购也迅速被提上了日程,到目前为止,国内主要公共图书馆、大部分高校图书馆都已实行文献资源的政府采购,招标方式也从最初生搬硬套货物招标方式,采用事先提供图书目录的方法,到现在采用招资格标模式。在实际操作过程中,多数图书馆会碰到这样的问题,部分中文图书馆供应商为了中标,投标时对图书馆提出的要求一概响应,但中标后却因自身能力不足或成本考虑而不履行承诺,致使图书馆不能采购到所需的文献。

究其原因,主要是双方签署的合同存在对供应商约束力不强的问题,供应商违约后责任不明确①。笔者通过网络查看了多家图书馆招标文件中的合同,发现虽然采购合同中一般都规定了图书的到书率、到书时间、配套服务等具体要求,但并没有指出如果供应商达不到约定要求应该承担的责任。或者只是笼统的规定:出现第一次违约行为,将被处以书面警告;出现第二次违约行为,将被取消该协议供货供应商的供货资格。其实这样的规定并不具有操作性。同时,笔者调研了四家中文图书馆供应商,他们与各图书馆签订的合同也只涉及图书馆提出的各种业务要求,没有达不到约定要求应该承担的责任和处罚。

为了进一步加强对供应商的约束力,保证中文图书采购工作的顺利进行,建议制订"供应商管理办法"(以下简称"管理办法"),并作为合同附件。"管理办法"应针对中文图书采购分批次的特点,明确和细化图书馆的各种要求,尽可能详尽地列出各种违约情况,并具体指出各种违约情况出现时各供应商应承担的责任,同时应定期对采购合同的履行情况,包括提供书目数据、交货时间、货物质量、售后服务等进行跟踪调查,对合同履行过程出现的违约情况进行处罚。

2　制订"管理办法"应考虑的因素

笔者所在的图书馆,在市政府采购中心的指导下,尝试着制订了"管理办法",并具体实施

---

① 方家忠,刘洪辉.公共图书馆文献信息资源政府采购[M].广州:暨南大学出版社,2010.

了半年,总结其中的经验,笔者认为:在制订"管理办法"时,图书馆馆员一定要树立"管理办法"是用来促进中文图书采购的理念,图书馆与供应商不仅仅是合同中的甲方和乙方的关系,还应该是合作共赢的;同时还应着重考虑到"管理办法"的系统性、科学性和可操作性。

2.1 "管理办法"的系统性

"管理办法"的系统性是指"管理办法"由若干具体操作指标组成,各指标间互相联系和互相制约,同一层次指标尽可能的界限分明,体现出较强的系统性。每一个指标都有明确的内涵和科学的解释。"管理办法"是为了保证中文图书采购项目合同顺利、有效地执行而制订的。管理办法应包括从招标结束签署合同开始,到订单执行结束付款整个过程,包括合同签署阶段、履约保证金缴纳阶段、目录提供阶段、订单分配阶段、订单执行阶段、图书配送及验收阶段、售后服务阶段、付款阶段等内容。

"管理办法"中每一个阶段的内容要全面和系统。比如目录提供阶段,要对提供目录的合法性、内容、质量、数量和频率都要提出相应的要求和违约处理措施;图书配送和验收阶段,要对送货的匀速性、是否将图书送到指定地点、是否搭配非图书馆订购的图书、打包、到货清单等提出相应的要求和违约处理措施。对"管理办法"的每一个要求都有明确的内涵和科学的解释。如果图书馆要求供货商每月分两批提供书目数据,每月的1—5日提供第一批数据,每月的16—20日提供第二批数据。这里就必须说明,当遇法定节假日时,顺延至下一工作日。再比如,要求供货商在收到订单第二个工作日起 N 个自然天内到货率达到一定百分比。我们就必须对到货的定义做明确界定,到货必须包括品种和复本都必须到齐。值得一提的是,图书馆不可能穷尽所有的要求,我们在制订"管理办法"时要善于抓住图书采购的主要方面。

2.2 "管理办法"的科学性

"管理办法"的科学性是指"管理办法"是否符合客观实际,是否反映出中文图书政府采购本质和内在规律,也就是对供货商的要求是否科学合理,是否符合图书出版和发行的客观实际,处罚措施是否科学合理等。

对供货商的要求要科学合理,要符合图书出版和发行的客观实际。比如为了保证图书馆能从足够多的书目数据中挑选到符合馆藏特色的图书,通常要求供货商每月提供不少于多少条现货目录,并作为考核依据之一等。这一点就与客观实际相违背,因为出版市场存在淡季和旺季,比如每年的1—2月出版数量相对较少,供货商很难保证提供规定数量的现货目录,所以,建议将考核内容变成每季度提供多少条现货目录为宜。

处罚措施也要科学合理。通常情况下,处罚措施有一票否决,也就是取消供货资格;扣履约保证金;警告,当警告次数达到某个数量时,暂停供货资格 N 个月。①取消供货资格,通常情况下供应商违反了原则性问题,比如:供应商所提供的图书品种应当符合中华人民共和国相关的出版发行法律法规的规定,确保不提供非法出版物。如发现提供非法出版物,一经查实,该供应商除该负社会和法律责任外,还须支付采购人购买该种图书总码洋 N(N > 1)倍的违约金,终止合同并取消该供应商 N(N > =1)年投标资格。②扣履约保证金,一定是供货商没有完成图书馆最看中的指标时才会发生的处罚措施,比如图书的到货率。如果供应商在规定时间内到货率不能达到事先承诺的比例,就应处以该批订单中未到部分码洋百分之几的违约金;该违约金将从保证金中扣除,保证金如低于一个数值时,供应商须及时将保证金补齐,方可继续保留供货资格。③警告,是供货商未达到图书馆提供的要求但又不会对图书采购带来严重影响时的处罚措施。当警告次数达到某一个数值时,启动暂停供货资格。警告次数达到多少次才启动暂停供货资格呢?建议可以采用德尔菲法,将所有的警告点列出来,请中文图书采访人员、部门主任、中心主任等相关人员分别写出每一个警告点最大容忍次数,然后求和,再求平均值,将结果作为警告次数最大值。而暂停供货资格几个月合理呢?招标的期限基本上都是一年,通常最长执行周期也就10个月左右,考虑到我们制订办法是为了促进图书采购,建议暂停1个月供货资格,最多不超过2个月。这些措施的运用要科学合理,不能因一个小问题就取消供货资格,也不能因一个违反原则问题只记警告一次。同时也建议将供应商在履行合同过程中的表现反馈到下一次招标中。

2.3 "管理办法"的可操作性

"管理办法"的可操作性是指办法中的具体指标简单、实用、可重复验证。操作尽量简单方便,要保证数据易于获取,且不能失真。确保指标体系繁简适中,计算方法简单可行,在基本保证结果的客观性、全面性的前提下,指标体系尽可能简化,减少或去掉一些对结果影响甚微的指标。

(1)在制订"管理办法"时,要确保办法繁简适中。比如:图书馆通常要求供应商提供的图书目录包含多少必备字段,每一个字段的格式必须符合的标准等。诚然,提供目录中的信息越多,越能帮助图书馆员挑选图书,但不是越多越好。如果我们要求的必备字段很多,对每一个字段都提出格式要求,我们必须对提出每一个要求进行检查,如果需要检查的地方太多,将耗费我们大量的精力。

(2)在制订"管理办法"时,要确保操作尽量简单方便。比如:在提供目录时,图书馆经常会要求供应商将少儿类、教辅类或者多卷书和丛书分开提供,方便图书馆员采选。由于图书本身的多属性特征,很难明确地把它归为某一个类,这不但没有起到作用,反而增添图书馆员检查的难度。建议由供应商提供所有目录,由图书馆员根据自身的要求来取舍。

(3)在制订"管理办法"时,要保证数据易于获取,且不能失真。比如:几乎所有省级馆的招标文件中都要求供应商提供目录中本地出版社出版物达到100%。这与省级馆的馆藏政策是一致的,也与文化部评估指标有关。但是这个要求很难检查,不具有可操作性,通常我们是在下一年度才能拿到本地出版社出版物清单。建议修改为"每季度对比各供货商提供目录中本地出版物的数量,数量少的将记警告一次"。

3 "管理办法"执行过程中应注意的事项

3.1 建立畅通的沟通渠道

供应商管理办法建立后,为了保证供应商能顺利执行合同,图书馆和供应商之间的沟通必须畅通。首先,在签署合同后供应商正式履约前,图书馆应向所有的供应商详细解释"管理办法"的内容,尤其是本馆的特殊需求。尽管各图书馆可以将需求表达得很全面、客观和具体,但部分供应商并不会仔细阅读,依然按照习惯性思维想当然去做。其次,第一轮采购执行过程中,要保持随时交流和沟通。同时在第一轮执行结束后,建议召开供应商沟通会,将执行过程中碰到的问题再向供应商做进一步说明,并听取供应商的意见。在执行过程中,应对供应商提供的图书目录数量、质量、到货时间和相应的到货率、售后服务等进行实时统计分析,并将结果告之供应商并请对方确认。同时,当发现"管理办法"不符合当前实际的情况,也需在征得所有供应商同意后对"管理办法"进行修改和完善。

3.2 搭建计算机管理平台

与传统图书采购相比,政府采购确实存在增加工作环节,增大工作压力的问题。尤其是建立了供应商管理办法后,所有的要求都必须检查,所有的警告点都必须进行统计,需要花费大量的人力和物力,如果单纯依靠人工来统计是很难进行的,所以必须依靠计算机系统来提高工作效率,同时保证统计数据的准确性、可靠性和可重复验证。

3.3 严格执行"管理办法"

图书馆要按照"管理办法"中的约定执行,供应商出现违约情况就要追究违约责任,不能因怕伤和气,避免矛盾,而睁一只眼闭一只眼。只有严格执行"管理办法",才能真正促进图书馆与供应商合作的健康发展。

专业图书馆的立足之本:建立以用户需求为导向的采访工作机制

——以中国社会科学院图书馆系统为例

蔡曙光(中国社会科学院)

文献采访工作是图书馆业务工作的首要环节,采访工作质量的高低直接关系到为用户服务工作的水平。随着信息技术和网络的发展,科研工作所依赖的信息资源环境发生了巨大变化,能否为科研工作提供高水平的文献保障服务已直接影响到科研工作进度和水平,亦关系到专业图书馆自身的存在价值。对此,如何应对形势的变化,采取适宜的采访模式,把握馆藏资源建设质量以适应科研工作的需要,是当前专业图书馆采访工作面临的一项重要任务。

1 当前采访工作存在的主要问题

作为为中国社科领域最高的科研机构提供文献保障服务的中国社科院图书馆系统经过半个多世纪的演变发展,目前已经形成了由 1 个综合性的总馆、1 个为教学服务的研究生馆和 16 个专业研究所馆组成的图书馆系统,在为科研和教学工作提供文献信息资源保障方面发挥了重要作用。然而,进入 21 世纪以来,随着数字技术、网络的日趋普及和数字文献资源的"加盟",使原本就不断剧增的海量信息更增加了文献信息采集、管理和利用的难度。采访工作模式的滞后影响了文献资源建设的质量。

(1)不同文献类型数量剧增、出版物的质量良莠不齐以及书目文献信息的多渠道发布增加了采访工作甄别、选择的难度

据报道,近年来,仅我国每年出版的图书就超过 30 万种,出版报刊超过 1 万种,并以每年

10%以上的速度增长。而其中报道新书信息的《全国新书目》《新华书目报》等一些主要书目刊物的年报道量却在逐渐下降。随着出版发行体制的改革,发行主体和渠道纵横交错,出版社、书店、代理经销商、图书博览会等也开始通过网络自行发布出版信息,成为文献采访信息获取的重要来源。此外,在互联网上有着丰富的有用信息资源,这也是文献资源建设的又一重要来源。而在另一方面,在图书市场持续繁荣的背后,又有许多质量不高的图书鱼龙混杂,为晋升职称、获取课题经费等目的的学术造假"堆砌"出来的学术垃圾,甚至直接抄袭改头换面的"赝品"充斥于图书市场,所有这些因素都加大了做好采访工作的难度。

(2)采访工作机制的不合理是造成文献资源建设质量不高的一个重要原因

时至今日,社科院除了院图书馆(以下简称总馆)外,其他大部分专业馆无论大小也都安排有编目人员,使得专业馆有限的人员和精力有相当一部分消耗在传统意义上对文献的技术加工层面上。

在资源建设中,由于市场上高昂的数字资源使用费以及纸本文献价格持续上涨,绝大多数图书馆一直为图书经费短缺所困扰,社科院图书馆系统也不例外。经费分配使用的不合理又是造成文献资源建设重复浪费、使经费短缺矛盾更加突出的一个重要原因。在社科院图书馆系统中,除个别馆计划单列外,每年的文献购置经费有一半留在总馆,按不同比例分配到馆内的采编部、期刊部、网络系统部等多个部门,各部门按分到的经费额度向同一文献代理商提交各自的图书、期刊和数字文献资源订单;另一半经费则按不同比例分配到各专业馆,各个馆亦按配给的额度向同一文献代理商提交各自的订单。由此可见,在总馆及各专业馆之间没有建立文献采访的协调、管理机制,各自为政难免造成一些重要文献资料的漏订缺藏,而有些文献却不必要的重复;再者,总馆内的各部门之间也没有就所采文献包含的内容进行沟通和协调,这对于当前在数字文献大量涵盖纸本文献的情况下,不可避免地造成文献的重复。这种各自独立、各司其职的运行模式,造成了部门间的工作缺乏整体观念,各部门间缺乏有效的沟通和协调,必然影响到文献资源建设的整体质量,从而大大降低图书馆用户服务功能和水平的发挥。

按照现行的采访模式,采访部门的工作业绩考评是以完成采购文献的数量和品种作为衡量标准,而不是与入藏文献的利用率和用户的满意度相联系。这从客观上造成了采访人员首先以完成工作量为目的的工作状态。采访人员大多停留在处理日常的阅读书目、发送订单之类的订购事务中。在引进商业性的数字资源过程中,一般只是向用户发布试用数据库的通知,然后被动地根据用户反馈的情况来决定是否引进该数据库,而没有在充分了解、比较数据库的质量和内容方面多下工夫,没有重点地深入用户做过细的宣传和辅导工作,结果由于许多科研用户因各种原因对试用数据库关注度不够或无暇顾及,难免导致在引进数据库方面缺乏足够的针对性。往往出现购进的资源大量闲置,而有的用户却为获取所需文献费尽周折所累,往往还不得其所。这不仅造成巨大的人力、物力浪费,而且还会失去用户对我们的信息依赖。

2 实现采访工作重心的转移,构建以用户需求为导向的采访工作机制

根据一些图书馆成功的发展经验,按现有的人员和经费条件,提高社科院图书馆系统的文献资源建设的质量、提升为科研工作服务水平是完全可能的。那就是要通过转变观念,挖掘潜力,调整人员的业务配置,加强对现有人员的培训和继续教育,加大采访工作的力度和内容,融

入科研、与科研人员保持密切接触,最大限度地实现资源共享。

(1)顺应发展潮流,精简、压缩编目人员队伍,加强人员培训是解决采访力量不足的切实可行的办法

要开展深入细致的文献采访工作,提高文献资源建设质量,就离不开高素质的采访人才。鉴于社科院现行的人事制度和现实情况,人才短缺问题不可能完全通过大量引进人才、淘汰在岗人员来解决。而应根据当前图书馆工作社会化的发展趋势,主要通过挖掘内部潜力,精简、压缩编目人员队伍。

编目工作一直是图书馆开展服务工作的重要基础,这在当今的网络数字时代依然也不例外。但是,在计算机及其网络的支撑下,联机编目、编目资源共享已成趋势,加之图书馆工作社会化程度日趋成熟,编目工作外包的范围逐渐扩大,作为同属一个系统的社科院图书馆,完全有条件采取总馆统一承担最核心的编目工作,而将其余技术性不强的加工工作实行外包,把众多的,尤其是下属各专业馆的编目人员从繁琐的编目工作中解放出来。编目人员曾被视为图书馆人才中的人才、精英中的精英,现有证据表明,这其中一部分人的素质、他们掌握的一些传统技能对新环境下的图书馆工作依然有帮助。通过对他们的强化培训,完全可以充实到采访队伍中成为采访工作的中坚力量。

(2)强化资源共享意识,建立采访工作的统筹协调机制,是减少浪费的有效途径

面对社会科学学科不断细化而有些学科之间相互交叉、关联的情况,新兴学科、交叉学科、边缘学科越来越多。社科院各个研究所内也都新增设了不少研究室。研究院、所之间存在着研究内容的交叉与关联,而为其提供文献服务的图书馆系统都在人文、社会科学的体系之下,馆藏互补性强,因而各馆之间存在共建共享的可能性和必要性。科研用户对文献的需求具有跨学科的特征,他们不满足局限于本专业的内容,对文献资源共享的要求也越来越强烈。面对书刊价格持续上涨,大量的数字文献激增的局面,克服经费短缺的同时,又要避免文献重复浪费的现象。社科院图书馆系统应当充分利用同一系统、同一经费来源的天然优势,由总馆牵头,建立社科院图书馆系统共建共享的采访平台,各专业馆负责相应学科或相关学科文献资源的采访,其中各专业馆提出的涉及跨学科或交叉学科文献的采访需求或者提交的文献订单相互重复的由总馆负责协调,统筹安排引进,从而有效避免重复购买。改变不合时宜的采访模式,打破传统的按图书、期刊、数字资源等文献类型和中外文种配置采访人员的做法,代之以按学科专业划分,无论总馆还是各专业馆,按照服务对象配置相应学科专业的采访馆员,不妨称之为"学科采访馆员"。这样既有利于采访人员学科专业知识的深入,进而提高甄别、选择专业学科文献的能力,又有利于减少甚至避免引进的文献因类型不同而造成的重复浪费现象。

(3)改变重"采"轻"访"的工作模式,加强与用户沟通是提高文献资源建设质量和用户满意度的关键所在

按严格意义上讲,目前整个社科院图书馆系统的采访工作只是停留在简单的"采"的层面上,而在"访"的工作方面无论是范围还是深度都有很大的发展空间。要努力改变这种重"采"轻"访"的现状,就需要对工作的流程和内容、评价机制重新定义和修改。在此笔者提出"大采访"的概念,就是建立以用户需求为导向的采访工作机制,扩大采访工作的职责范围和工作内容。简单归纳起来就是要做到三"访":

一"访"文献来源的信息。要求学科采访馆员不仅要逐步熟悉和掌握图书、期刊、数据库等出版、发行或供应商的专业特色和出版物的质量情况,尽可能去了解、熟悉和关注国内外在本

116

专业学科领域主要的知名学者、学术权威及新人，以便于有重点地关注采集他们的最新成果；还要广泛收集来自各种渠道发布的与本学科有关的各类型文献的来源信息，经初步筛选后再把信息传递给被聘请为选书专家的科研人员。对于专家选订的书目，不可一味迷信，也要加以仔细审核，防止订购来的图书版本老旧。这种情况是我们馆这几年时有遇到的。有些科研人员工作较忙，在圈选书时有的只看书名来决定取舍，书目中的其他信息几乎无暇顾及。毕竟搞科研是他们的主要工作，而选书是半义务性质的。采访馆员发现问题就要及时与科研人员沟通。

此外，采访工作还应拓展资源获取的途径，注意搜寻丰富的免费网络资源，将网上的虚拟资源进行整理和链接，把它纳入资源建设与整合的范畴。利用特有的信息采集、甄别、分类、整合、加工处理等技术手段，将网上庞杂的各类信息进行去粗存精、择优淘劣，按照用户的不同需求分门别类加以有序化组织并建立相关信息库，并采取数据仓库、数据挖掘、人工智能等技术来获取信息中的隐含知识，使信息上升为知识，从而使用户可以直接获取符合其需求的直接有用的知识。网上资源的馆藏化，应当成为采访工作的一项重要内容。

二"访"文献内容。国内外各种类型的电子图书、电子期刊、光盘数据库、网络数据库等商业性数字信息资源产品的大量涌现，不同类型的数字信息资源格式不同、载体各异，质量参差不齐，内容重复量大。这就要求采访馆员做细致的调研工作。对数据运营商提供的试用阶段的数据库应尽可能地去了解其内容及特点，并有重点地组织和配合科研人员去试用，与已经引进的数据库进行比较，保证引进的数据库的质量。面对不同类型数字信息资源的特点，应当择优按需配置。合理配置传统文献资源和数字信息资源，使两种异质馆藏信息资源能有效互补。

三"访"用户需求。就是要有重点地深入到科研用户中去，访他们对文献的需求，加强文献采访与科研用户的互动，及时获取用户对文献采访的意见和建议。不仅要倾听经常利用图书馆用户的意见，更要主动与很少利用图书馆的那部分用户的交流，了解他们不利用图书馆的原因，逐步培养和提高他们的信息素养和文献利用能力，想方设法吸引他们来图书馆。只有真正让图书馆的信息资源为他们所熟知和利用，才能使大量购置的图书馆信息资源真正做到物尽其用，增加用户的满意度。有了广大科研人员的参与，采访人员就可能从学科资源建设、发展的角度全面系统地去采访各学科、专业真正需要的文献，充分满足读者的需求。因此，采访人员应密切关注各类型文献资源的利用情况，从而建立起有效的文献采访动态调整机制。

3 结语

随着网络的发达，各种服务良好商业性的信息机构大量存在，图书馆的存在价值受到巨大挑战。原来的图书馆用户可以通过各种途径获取信息而不必经过图书馆，而图书馆却必须经过用户的利用才能得到价值的实现。图书馆比以往任何时候都更加依赖用户，用户却不像过去那样依赖图书馆。从图书馆生存的价值与发展角度来看，建立以用户服务为主导的采访工作机制尤其应当成为专业图书馆的立足之本。21世纪人类社会已经进入到知识经济社会，作为为专业科研和教学机构提供文献资料保障服务的社科院图书馆系统只有进一步转变观念、加快图书馆系统工作的改革步伐，逐步推进"大采访"的工作模式，把文献采访与服务的职能有机结合起来，实行各系统中的各类型资源共享，真正做到面向科研、融入科研、与科研保持零距离的接触，才能不断提升文献资源建设和服务的水平，同时使专业图书馆存在的核心价值获得充分体现,确立在科研工作中担负文献保障任务中稳固的地位和作用。

参考文献

[1]杨沛超.社会科学情报事业发展的历史轨迹与未来走向:以中国社会科学院图书馆为例[J].情报资料工作,2008(6):9-13.

[2]杜玉梅.建立图书馆联盟的必要性和可行性:基于对中国社会科学院图书馆系统现状的思考[J].图书情报工作,2008(S1):28-30.

[3]王丽华.我国图书馆联盟研究综述[J].图书与情报,2008(2):29-33.

[4]刘兹恒.对国家图书馆信息资源建设的一些思考[J].国家图书馆学刊,2008(3):75-79.

[5]桂林.加强图书馆建设中的"人"性色彩[J].华北工学院学报:社科版,2000(4):79-82.

[6]姜火明.图书馆编目将何去何从?[OL].[2011-07-29].http://www.bengu.cn/homepage/nlc/catconf2010/catconf2010_report5.htm.

[7]网络环境下高校图书馆编目工作的新发展热[OL].[2011-07-30].http://www.nmgkjyjj.com/Article_Show.asp?ArticleID=6737.

[8]周晶晶.高校图书馆文献采访环境的变化及对策[J].河南图书馆学刊,2011(3):134-135.

[9]田丽君.关于高校图书馆文献采访外包问题的商榷[J].图书馆杂志,2011(6):62-64.

[10]黄波,李铁钢,何萍.高校图书馆采编工作重心转移与加工业务外包[J].大学图书馆学报,2007(1):99-102.

湖北省图书馆藏书体系初探

昌庆旭(湖北省图书馆)

湖北省图书馆是一个具有百余年历史的公共图书馆,馆舍面积近3万平方米,新馆舍面积10万平方米,2012年春将迁新馆舍。馆藏总量现已达470万余册(件),其中古籍善本45万余册,普通中文图书261.54万册,近50个学科(领域)文献达到或接近研究级水平。凡与本省政治、经济、文化、科技发展相关的重要典籍基本齐备,建立了较完整、合理的藏书体系,对全省经济建设,科研生产和科学决策具有较强的支撑能力。本文试析该馆藏书体系形成之原因及其发展方向。

1 藏书体系的形成

省馆是一个综合性藏书体系,其中蕴含着若干特色,比如说地方性特色、古籍特色、重点藏书系统完整特色等。在1991年的全国文献资源调查中,本馆文献收藏量在全国排名居社会科学文献第10位,自然科学文献第11位,古籍文献第10位,古籍善本第17位,普通图书第8位,期刊第21位。按中图法22个大类统计,除I、O、R、V这四类未进前30名,其余18大类均在前30名之列。

藏书体系是如何形成的,究其原因,主要有以下四点。

（1）明确省馆的职能和宗旨

1955 年文化部指定本馆为全国六个全面典藏试点馆之一,省馆则重为科学研究服务。本省经济建设、科研、文化、教育事业的状况和发展前景,是省馆确定藏书重点的主要依据。本馆是在综合性的藏书中建设重点藏书,在建立重点藏书时兼顾综合的性质,在广度上适应广大读者的需要。科学门类有宽窄之分,本馆选取使用面较为宽广的门类作为重点藏书。因此社会科学、人文科学与自然科学中的基础科学皆为重点。

（2）坚持系统性收藏原则

藏书建设的指导思想明确后,就要刻意搜求,长期积累,不能经常变换。本馆已有 107 年历史,经过几代人的努力才达到今天的规模。1992 年本馆制定发展规划,提出在未来十年内文献收藏具备研究级和完整级水平的学科（领域）总数达到 50 个。1993 年经文献资源调查,本馆 9 个学科（汉语、图书馆学情报学、地方志、中国医学、中国近代史、环境科学、轻工业、冶金工业、化学工业）的文献收藏达到研究级。

（3）在发展重点中兼顾一般

特色藏书反映馆藏的深度,目的是适应科研读者的需要。本馆馆藏具有特色的还是在古籍中的几个门类,如地方志、清人文集、文字、音韵、训诂、目录、考据之学。在近 10 年内对四库全书进行了全面收藏,包括续修四库、四库存目补编、四库禁毁补编皆已陆续配套补齐。本馆在全面入藏国内出版新书的前提下,以钢铁冶金、机械制造、造船、纺织、农田水利等几个门类的图书为采购重点。外文书刊的收藏以参考工具书和检索工具书、外国研究中国、图书馆学情报学为重点。中文期刊中核心期刊收藏率在 90% 以上。1962 年购书经费大量削减,从 9 万元减至 3 万元,不得已提出"三保三压"的采购原则:保科研,压一般;保品种,压复本;保期刊,压图书。

（4）把握历史机遇

在 20 世纪中叶,有好几家著名藏书家的书陆续进入到本馆。1944 年 8 月省府准予收购张继煦家藏珍本古籍,张愿以半价出让于省府,计图书 261 种,2098 册,价 100 万元;1950 年湖北军区政治部赠送线装书 465 种,5706 册,其中有明万历刻本《来禽馆集》等珍贵版本 8 种 64 册;徐兰如先生捐赠明拓唐石刻十二经、明刊二十一史等古籍 659 册;收购方志学家蒲圻县张国淦先生所藏地方志 1698 部;等等。

1980 年武大中文系黄焯教授将《毛诗郑笺平议》《诗疏平议》《经典释文汇校》《孟子音义校》四种著述的手稿和其他古籍捐赠本馆;1981 年,香港爱国人士王海钧先生捐赠 20 年代至 50 年代报刊资料 44 箱,其中《密勒氏评论报》和澳门《华侨日报》等报刊收藏完全;1994 年 4 月,香港著名出版家石景宜先生捐赠本馆图书 856 种,6645 册;1998 年 9 月,湖北证券公司资料室向本馆捐赠一批近年中国台湾《工商时报》、中国香港《信报》、美国《亚洲华尔街日报》等外文报刊合订本。

私人藏书家具有独立人格的追求,非常重视自己藏书的文化价值,对社会的贡献集中体现在对典籍的保存、流播、生产与捐公等方面;对独立人格的追求是私家藏书活动的基石,对社会的责任感不仅表现为私人藏书家千方百计地收集、校勘、刻印、保护图书,他们还以增值文化为己任,在版本学、目录学、辑佚学、校勘学、辨伪学、考据学等诸多的治书之学方面作出了不朽的贡献。

(5)严格的保管与安防措施

本馆藏书历史上曾发生过两起大的搬迁,第一起于1938年武汉沦陷前夕,本馆的藏书西迁,抗战胜利后又悉数运回武汉;第二起于1970年在备战的形势下,本馆的珍贵藏书装箱运往黄州,以策安全。省馆有保存本制度,从1982年开始本馆在典藏中增设了保存本书库,凡有收藏价值和学术价值的书,必留保存本。该库配备有专人负责保管。2007年全馆书库均安装了自动防火喷水系统。

2 藏书补充制度

2.1 藏书补充原则

(1)坚持马列主义、毛泽东思想、邓小平理论和"三个代表"重要思想,面向全省,为经济建设和社会发展服务。

(2)针对本省的特点,结合馆藏基础,有计划、有重点地补充馆藏文献,逐步建立具有湖北地方特色的藏书体系。

(3)社科类图书,既要着眼于当前的使用价值,又要考虑其史料收藏价值;自科类图书,则重新科学、新技术,且以应用科学为主。

(4)坚持系统性原则。文献采选应保持馆藏尤其是多卷集、期刊、报纸等连续出版物的连续性和完整性,缺漏的书刊应及时做好补缺工作。重点学科门类及相关学科的文献要系统、完整。

(5)坚持经济性原则。精选图书品种,控制复本,保重点,保品种。注重学科、文种、层次、类型与载体结构,体现藏书的综合性、研究性、多类型特点。注重传统文献的同时,充分考虑缩微文献、视听文献,电子出版物与数据库的采选。

(6)坚持计划性原则。以上年度购书经费指标为基数制订年度采购计划,各种文献经费的比例:中文图书50%;中文报刊15%;电子文献4%;视听文献2%;外文书刊25%;少儿书刊4%。各部门相互配合,加强各种采选方式的协调,进一步做好地方文献征集工作。

2.2 藏书补充范围

图书按其性质大致可划分为三种类型,一是原创,二是阐释,三是普及;按全面入藏、重点选择入藏、一般选择入藏三个层次进行划分。

(1)全面入藏:①马克思、恩格斯、列宁、斯大林、毛泽东的著作、生平与传记,马列主义、毛泽东思想的学习与研究;②党和政府的政策、法令、决议等指示性文件和政府出版物;③湖北地方文献,湖北籍名人的传记和著作;④原创性著作。

(2)重点入藏:①各类参考工具书和检索工具书;②图书馆学与情报学;③地方志;④辛亥革命研究资料;⑤本馆达到研究级的学科领域:中国哲学、教育、中国近现代史、语言文字、中国文学、医药卫生、农业、化工、轻工业与手工业、机械制造、冶金工业、环境科学、水利工程、生物科学、数理化基础等;⑥各类获奖图书;⑦中文核心期刊;⑧外文书刊:检索工具书、外国人研究中国的著作、图书馆学、各国政治、经济、法律、语言、文学等社科类书刊。

(3)选择性入藏:①中外优秀文艺作品及其评论;②纺织、能源工业、工艺美术、建筑、交通运输、自动化技术、计算机技术;③新学科、交叉学科、各种学科的科普读物,新技术的应用;④

一般期刊、声像资料、电子出版物、数据库,以及有关楚文化和湖北地方特色的网络信息资源等。

2.3 文献采选标准

(1)保存价值。图书内容具有一定的资料性、史料性,或是科学知识、文化典籍、优秀文艺作品等。

(2)学术价值。某学科领域的学术著作或研究成果,提出了新观点、新理论、新技术,或是填补了学术与生产领域的空白。

(3)艺术价值。作者的艺术个性,风格,及其民族性和地域性,能给人们的审美带来愉悦和提高的图书。

(4)实用价值。能满足人们思想认识,知识结构,工作方法,职业技能,生活常识等现实需要,使人开卷受益的图书。

3 采访工作体会

采访工作中最突出的问题是购书经费不足,因此历届馆领导都把申请经费摆在首位。从全国省级图书馆横向比较来看,本馆购书经费属于中间等次,此前4年每年全馆购书经费为500万元,2011年首次增加到800万元。

3.1 新版古籍

据统计,新中国成立以来共整理出版古籍图书21 300余种,其中近九成是改革开放以来整理出版的。国家每年给予古籍整理的经费扶持已从1983年的170万元上升到2008年的2000万元,增长了近10倍。近30年内,国内陆续影印出版了一些古籍,我们称之为新版古籍。经过整理和编辑加工的古籍,有两种形式:排印本和影印本。排印本:分标点本、点校本、笺校本、新注本、选注本等;今译和索引也属于排印本。近10年来,多是呈系列出版,有四库系列、中医古籍系列、未刊稿本系列、再造善本系列、方志系列、家谱系列等。

由于经费紧缺,许多书无力购买。遇有特别重要的书,则是向省财政厅打报告申请专项经费,比如四库全书系列,通过申请专项经费才得以解决。2007年由国家文化部主持的中国首次古籍普查在全国范围内展开。图书馆、博物馆等单位收藏的古籍约2700万册,民间寺庙、道观、教堂等处以及私人收藏的古籍数量至少在3500万到4000万册之间。这次普查对全国公共图书馆、博物馆、各有关单位和个人古籍收藏及保护的状况进行调查和登记,将建立"中华古籍联合目录"和古籍资源数据库。在普查基础上,我国还将建立"国家珍贵古籍名录"。本馆已上报古籍200余部。

新版古籍的收藏,结合馆藏基础有计划地进行。重点放在大型系列丛书上,以影印为主,同时注重收藏古籍书目与古籍相关的工具书。现在所存在的问题是本馆古籍书目尚未实现数字化,在电子书目数据库里查不到特藏部的书目。

3.2 普通图书

我们说图书采购是一项学术性非常强的业务工作,采购员不仅要有一定的学识和业务能力,更重要的是要有思想,要了解一些学术史,领会本馆的方针任务和办馆思想。窃以为省馆藏书应走小众路线,因为占领学术制高点的都是小众,把小众的需要把握住了,然后兼顾大众。选书要兼顾不同层次的读者需要。比如一个著名的作者已出版了全集,在本馆已拥有其全集的前提下,他的选集是否可以不再要了? 否。为照顾不同层次的读者需要,其选集还得要。当然,对某一类型的书,有一个大的基准,比如教材,本馆定位为大专以上,但是像财会、汽车修理、家电修理、机械制造等,中专教材我们也适当选择一些。

选书其实是门学问,一个人不可能什么都懂,但作为一个图书采访员必须贯彻本馆制定的采访原则,必须懂得区别图书质量的高低。图书质量包括内容质量和印刷装帧质量两个方面,作者在他的专业领域内的知名度大小,是我们衡量其著作水平高低的尺度。时下有不少作者的名气是媒体吹嘘出来的,而非业内的评价,对这类浪得虚名的作者所写的书,要谨慎选择。窃以为当前国内图书出版存在着几种短缺与过剩的现象,即原创短缺,抄袭与跟风过剩;专著短缺,普及与编纂过剩;精品短缺,粗制与滥造过剩。

图书出版的总量很大,从而给我们选书提供了有利条件。在选择图书时坚决做到四个坚持,第一坚持学术立场,第二坚持价值取向,第三坚持品位第一,第四坚持重点藏书的系统完整性。我们本着一切工作以满足读者的需要为宗旨,从省馆的性质和任务出发,宣扬主导文化,坚持先进文化的前进方向,重点为科研服务,根据科学与技术的发展,针对社会的现实需要,在继续巩固原有的藏书特色的基础上发展新的特色增长点。

坚持价值取向在今天尤为重要。国内每年出书十余万种,对于那些打着宣扬科学的旗号而实质上是宣扬伪科学的,鼓吹损人利己的资产阶级人生观的,传授坑、蒙、拐、骗技巧的,迎合低级趣味的书刊及电子图书和声像资料要坚决拒之门外。喻晓群先生说:"读者选书时,经常会遇到的 10 个误区,它们是:①被恶炒的书;②用于评职称的书;③名家主编、学生执笔的书;④装帧超豪华的书;⑤装帧极粗糙的书;⑥非国家重点的大部头书;⑦跟风出版的'杂牌子'书;⑧用假名'选编'的书;⑨自费出版的集子;⑩国内改编或盗译的外版书。"现实选书过程操作中,当首选信誉好的出版社,尤其是专业书要从专业对口的出版社选,他们拥有实力雄厚的编辑队伍,对书的水准有一定的门坎,不够标准的就越不过这道门坎。

坚持品味第一是藏书质量的根本保障。当今写书或编书的人中弄虚作假的委实太多,有的作者对某个问题尚未完全弄懂,仅仅只是一知半解时就急于著书立说;有的则是大肆剽窃抄袭,一年之内便能推出专著若干部,年纪轻轻便著作等身,这里面的水分有多大是可想而知的。平时我们密切关注读者和图书评论界检举劣质图书的信息,对那些超出专业范围和编辑能力而强行出书的,对那些名不见经传又毫无学术建树,选题雷同或是跟风的书,坚决拒之门外。

坚持系统性是藏书建设的基本原则之一。这一条非常重要。藏书的系统性,以纵向而论,从古到今的文献应有连续性,历史记载是连绵不断的;横向而论,举凡中外有价值的文献,各学科各流派的代表作均应兼收并蓄。

参考文献

[1]文献资源调查研究课题组.湖北省图书馆馆藏评估报告[J].图书情报论坛,1991(增刊).

[2]湖北省图书馆.湖北省图书馆百年纪事[M].北京:北京图书馆出版社,2004.

[3]湖北省图书馆.湖北省图书馆规章制度汇编(内部资料)[G].湖北:湖北省图书馆,2004.

网络时代图书馆电子书采访与编目工作之间的关系

——采编合力提高图书馆电子书利用率

陈 颖(上海图书馆)

在网络时代,电子书已成为人们阅读生活中不可或缺的一部分,但电子书的获取却一直存在着较为严重的问题。盗版的猖獗致使互联网免费资源成为一些读者的首选,然而这些盗版的电子书不仅质量低下并且内容低俗。与此同时,图书馆虽然拥有着大量优质的电子书资源,但因为在电子书的资源建设和管理上还存在着一些问题,未能发挥出其应有的作用。因此,对于图书馆来说,如何更好地发挥电子书的作用,吸引读者更多地通过图书馆借阅电子书,成为一个亟待解决的问题。

1 提高图书馆电子书利用率的意义

1.1 从吸引读者的角度分析

近年来,由于互联网的飞速发展,网络信息资源的丰富性、共享性、传输的及时性以及使用的方便性、快捷性吸引了大量的读者,使图书馆原先的优势不再,传统的服务已不再能完全适应读者的需求。因此,一站式服务、远程服务等一系列吸引读者回归的新型服务项目不断推出,电子书的借阅服务也同样成为其中之一。试想一下,如果图书馆的电子书资源丰富而高质、图书馆的电子书目录检索便捷而高效、图书馆能提供远程电子书借阅服务,那么读者足不出户只需要一个网络终端就可尽情享用图书馆电子书,如此便捷的服务必然能吸引他们回归图书馆。所以,图书馆有必要提高电子书利用率,在新时代吸引更多的读者回归。

1.2 从传播文化的角度分析

众所周知,图书馆最重要的社会功能之一就是传播文化,并且在传播文化的过程中又起着一定的社会文化的导向作用。因为图书馆是公共文化事业,被赋予了文化传播的职责,有责任引导读者去阅读那些经典的、较高层次的、有积极意义的作品,而网上很多电子书内容趋于低俗化,以消遣性为其主要目的,因此,图书馆有必要提高电子书的利用率,通过内容健康向上的高品质电子书资源,吸引并引导读者阅读更有意义的电子书,从而起到社会文化的导向作用,使读者能在图书馆阅读电子书的同时,受到积极的文化影响。

1.3 从抵制盗版的角度分析

在知识产权日益受到重视的今天,图书馆作为一个社会文化传播的机构,可利用自身资源和服务对盗版产生一定的抵制作用。盗版之所以盛行,和它的免费或价格低廉是分不开的,人们在互联网上能找到免费的电子书,当然不会再花钱去买正版的,这是一时无法避免的问题。那么,如果图书馆的电子书资源相对网络更加丰富,质量更加有保障,更加便于读者借阅,广大读者自然会被吸引到图书馆里来借阅正版的电子书,从而远离盗版,这样在一定程度上就起到了抵制盗版电子书的作用,使电子书的阅读走向正规化。因此,提高电子书在图书馆的利用率,也是图书馆为保护知识产权对社会所做的一种贡献。

2 电子书采购与编目的现状及存在的问题

2.1 电子书采购现状及存在的问题

目前,国内各大图书馆对电子书的采购,主要以购买大型电子书库为主,其中比较热门的有:方正、超星、读秀、书生等。在采购的过程中,图书馆一般主要考虑电子书数据库的质量和权威性、数据的传输速度、使用的方便程度和信息需求的满足量度等因素,并以维护著作人的合法权益、保证电子书内容的健康和高雅为原则;同时还要顾及电子书与馆藏纸版书的关系、同一系列电子书是否完整等问题;并且由于电子书的特殊性,读者需要更多的信息,如电子书的格式、大小、字体等特殊要素,这就要求采访人员在采购的过程中必须更多地了解相关的内容后,再根据这些要求做出相应的选择。

但是事实上,图书馆在电子书采访的过程中存在着不少的问题。首先,面对如今海量信息及越来越大的工作量,采访人员在有限的时间和精力下难免会有所疏漏,造成资源的不完整、一些好书的漏选等问题;其次,由于电子书商追求利润,盲目扩张数量、降低成本,使得电子书的质量有所下降,出现电子书在内容选择上的无原则,有时甚至会出现以广告和宣传册、电话簿等的东西充数的情况;对于电子书的质量也会出现偷工减料现象,比如有的电子书只见封面不见内容、有的缺页、有的清晰度低等种种问题,这些问题都对采访工作有着不利的影响。而解决这些问题,在现有的情况下单凭采访人员的力量显然不够,这就需要通过多方面的途径来弥补,比如请编目人员参与其中,让编目人员将在编目过程中发现问题或有价值的线索及时反馈给采访人员,以保证采访工作的质量。

2.2 电子书编目现状及存在的问题

目前,图书馆提供的电子书目录主要有两种形式。一种是直接利用电子书数据供应商提供的电子书 MARC 数据。国内的电子书数据库在购买数据时一般都会提供相应的书目数据,如超星、方正等,有些图书馆就直接利用这些数据,将它们转入图书馆 OPAC 系统中,让读者通过 OPAC 系统查询数据,如国家图书馆、清华大学图书馆、上海图书馆都采取了这个方法。这种方法虽然减少了编目人员的工作量,但产生的问题是,读者在登录图书馆主页后,必需再另外进入电子书借阅的专门平台,才能进行电子书的检索借阅,这就给读者带来不便,不利于"一键式检索"服务的开展。并且供应商提供的数据存在着不完整、不准确的现象,也会给读者带来一定的困扰,因此,并不利于电子书服务的开展。

另一种方法是将电子书供应商提供的数据通过相应技术转入图书馆编目系统,并经图书馆编目人员进一步完善后形成较为规范的数据,然后与本馆 MARC 数据整合,最后合并在一个数据库内供读者检索,这种做法虽然工作量较大,但数据的内容更加详实,规范程度也大大提高,能满足读者的检索需求,同时也符合一站式检索的要求,相比之下值得提倡。但这种方法带来的问题是,供应商提供的书目数据质量参差不齐,编目人员在编目过程中会碰到很多具体问题,这些问题则必须通过联系供应商才能了解和解决,比如字段的缺失、题名的不统一、特殊字符处理等,而编目人员与供应商又没有直接的工作联系,这时就需要采访人员从中配合来完成工作。

2.3 电子书采购和编目沟通的必要性

由上述两点可以看出,电子书的采访和编目工作相对传统的纸本书都更为复杂、要求更高,相互间的关联也更大,因此要做好网络时代电子书的采访和编目工作,就需要采访人员和编目人员相互间的配合,如果采编还像以前那样缺少沟通,那么电子书的服务就无法顺利开展。

在编目方面,编目人员在对供应商提供的数据进行再加工时,会遇到各种各样的问题。需统一解决的有:题名格式的统一、著作方式的统一、特殊字符的处理、单词的大小写、某些特殊字段的提供等;需具体解决的有:部分数据信息不全、关键信息有明显错误等。无论哪一种问题都需要通过采访人员配合向供应商提出,并共同协商解决。如果问题得不到及时解决,就会影响电子书书目制作的质量和速度,从而影响读者的使用。

在采访方面,在如今的网络时代,面对海量的信息,采访人员就更应博采众长,不但要根据馆藏需求,更应该打开思路,了解多方面的意见和信息,这样才能在海量的出版物中采集到其中精华的部分。编目人员在编目的过程中必然会详细了解所编资料信息,这些信息中就必然会有与出版相关的、不乏有价值的东西,如果编目人员能及时记录下这些信息,并反映给采访人员,那么势必对采访工作是一个不小的帮助,因此,采访人员应多与编目人员沟通,使图书馆电子书资源更加完善。

3 采编配合提高电子书利用率的具体措施

3.1 采访工作中的采编配合

网络时代电子书数量的飞速增长,使电子书采访工作的难度加大,图书馆电子书资源建设需要更多力量的加入,而编目人员作为电子书的"第一读者",完全有条件为电子书的采访工作提供帮助。首先,当编目人员在编目过程中有意识地对电子书在使用和内容上的不足加以关注时,就能及时发现采访人员无法发现的问题。同时,在编目过程中,编目员也有机会了解到更多的信息,如与此书相关的其他更好的书或类似的书,抑或这个领域的权威性的书刊、相关主题的书系、获奖书系等,而采访人员因为在购书前只能接触到相关的书目及介绍,不能拿到书,所以在这方面有一定的信息缺失。另外,编目人员在知识面、专业知识等领域有着和采访人员不同的视角。所以,图书馆可以建立编目员荐书机制,通过内部系统建立相应的平台,由编目人员把碰到的问题和有价值的信息、推荐的图书通过平台及时反映给采访人员。采访人员则在采访过程中,定期查看平台内容,就可即时了解所采购电子书的质量问题,以及有关的出版信息和推荐信息。对于所反映的电子书质量的问题,采访人员应及时与供应商沟通解决;对所提供的出版信息和推荐书目则可与已有采访信息进行查对,如有疏漏可及时改正弥补。如此一来,通过这一平台,不仅为电子书的质量把了关,而且对电子书资源建设的丰富、全面和科学提供了一条新的途径。

3.2 编目工作中的采编配合

虽然电子书供应商提供相应的书目数据,但并不保证数据的质量,这些数据存在着不准确和不完整的问题,有的 ISBN 不准确、有的分类不准确、有的信息不完整等,这样的数据如果提供给读者,势必会造成读者对图书馆目录系统的质疑。因此,这些数据就需要编目人员进行再加工,做必要的补充或更正。而在具体编目的过程中,对于很多问题编目人员无法判断或确定,比如对 ISBN 的确认、对缺失信息的填补等,这些都必须由供应商提供具体信息才能保证数据的准确;而对于另一些问题,诸如特殊符号格式、特殊字段提供等可统一处理的问题,也需要供应商在提供书目数据时统一修改完善。因而,编目人员在碰到问题时应及时记录,定期汇总后先在内部加以讨论,排除能自己解决的或有先例的,把不能解决的及时反映到采访人员处,由采访人员与供应商进行沟通,对问题加以解决。而采访人员在采访过程中,应与供应商达成协定,要求供应商在提供具体编目信息方面给予协助,并对供应商提供的书目提出相应的要求,如:有的供应商的数据只包括题名、著者、年代等简单信息,采访人员就应请编目人员给出图书馆对电子书著录需要的基本要素,对供应商提出相应的要求。通过这些措施,编目人员就能更好地控制电子书目录的质量,使其更规范、准确、完整,更符合读者的检索需求。

3.3 采编配合让读者轻松借阅电子书

电子书借阅服务已成为图书馆的一项常规服务,但图书馆应如何吸引更多的电子书阅读者呢? 其实很简单,当读者在图书馆的借阅电子能像在互联网一样方便,当读者能在图书馆找到自己需要的电子书,那么当他们需要阅读电子书时第一个就会想到图书馆,而这一切都首先基于图书馆电子书资源的丰富,其次基于电子书借阅的便利性。因此,图书馆采编人员应在工作中积极配合,使电子书资源能更加丰富、更加科学、更加符合读者需求。同时,电子书的目录提供,也必须以读者检索使用的便利性为原则,尽量把电子书的目录与其他目录整合在一个平台,使读者只需在图书馆的主页面输入一个检索词就能检索到他所需要的所有资料,并能迅速辨别资料的类型,这样读者就可以方便地选择,对于电子书还可通过“超链接”直接引导读者在线借阅,使读者能在一个页面中完成所有的步骤。而这些功能的实现,就需要采访和编目的彼此配合,在工作过程中对相应的问题进行协调,这样才能为读者提供更加完善的电子书借阅服务,让读者在图书馆轻松享受电子书的借阅服务。

4 结语

电子书资源已成为网络时代图书馆的重要组成部分,并扮演着越来越重要的角色。如何让电子书资源更好地服务于读者,取决于电子书的资源建设和服务质量,而电子书的采访及电子书编目则是其中的基础,现代的电子技术和网络又使这两项工作在具体过程中有着千丝万缕的联系,因此,网络时代电子书的采访和编目工作必须紧密配合、同心协力,以共同的力量提高图书馆电子书资源利用率,吸引更多的读者回归图书馆。

参考文献

[1] 郭长岭.试论文献采访风险[C]//国家图书馆外文采编部.新信息环境下图书馆资源建设的趋势与对策：第三届全国图书馆文献采访工作研讨会论文集.北京：国家图书馆出版社,2009：103-107.

[2] 段俊.新形势下建立图书馆采访质量评价体系的探索与思考[C]//国家图书馆外文采编部.新信息环境下图书馆资源建设的趋势与对策：第三届全国图书馆文献采访工作研讨会论文集.北京：国家图书馆出版社,2009：245-249.

[3] 吴云珊.高校图书馆国内电子书采购风险与对策[J].图书馆论坛,2011(2)：91-94.

[4] 贾庆霞,杨慧.中文电子图书的OPAC揭示与利用[J].图书馆杂志,2011(3)：32-34.

[5] 巩林立.高校图书馆电子图书与OPAC系统整合初探[J].图书馆杂志,2005(10)：44-46.

公共图书馆图书招标采购问题分析及策略研究

邓继权　钟　静(重庆图书馆)

自从2003年1月1日《中华人民共和国政府采购法》正式实施,图书被政府集中采购目录明确列入招标范围以来,公共图书馆的图书采购工作逐渐规范,慢慢地从领导拍板决定供应商的方式演变成自主招标和政府招标决定供应商的方式,现在出现了两种模式共存的局面,可以说这两种模式对促进图书采购工作的市场化、透明化、规范化,以及促进图书供应商不断降低图书价格、丰富服务内容和改善服务质量发挥了巨大的作用。但是这两种模式除了各自拥有的优点之外还存在许多问题,文章尝试在分析比较两者优缺点的基础上,提出相应的解决办法。

1　公共图书馆图书政府招标的优缺点分析

1.1　政府招标的优点

1.1.1　有利于优质供应商的选择

政府招标是面向全国发布公告,正如各种选秀海选,响应者自然众多,这就可以让我们从更大、更广的范围内选择供应商,通过对众多供应商各方面的对比,有利于提高我们选择出更好、更优质供应商的可能性。

1.1.2　有利于节约采购经费

政府招标最大的一个特点就是引入竞争机制,让大量的符合投标要求的供应商加入到竞争中来。广大的供应商为了在激烈的竞争中脱颖而出,必然要从价格上作出更大的让步。因此,政府招标的一大好处就是利用竞争"挤干"图书价格水分,降低图书采购价格,使同样的购书经费购买到更多图书。

1.1.3　有利于获取更多服务

政府招标使图书市场竞争加剧,供应商为了能成功中标,除了要有价格优势外,还必须提供更多的附加服务,比如图书盖章、粘贴条码、粘贴书标、粘贴芯片、图书上架以及提供 MARC 数据等。这些附加服务的提供,不但可以让图书馆对采编部门人员进行更加合理的工作安排,而且供应商驻馆人员的工作效率可以大大提高,进而提高新书加工上架流通的速度。

1.1.4　有利于增加透明度从而降低腐败风险

曾经,未招标前,各图书馆的供应商基本上由领导拍板决定,透明度不高,缺乏应有的监督机制,容易滋生腐败。而政府招标遵循"公开、公正、公平"原则,严格按照投标、评标、公示的程序进行,招标的要求、过程和决标公开、透明,并接受社会各方面的监督,这就避免了暗箱操作,防止了采购腐败现象发生,保证了采购工作的健康有序。

1.2　政府招标的缺点

1.2.1　程序繁琐,耗时过长,影响全年图书采购

政府招标必须等到财政预算出来后,根据预算经费情况再实施,但是财政预算一般存在滞后的问题,这将导致政府招标推迟;另外政府招标必须遵循严格的程序,要经过与图书馆商讨确定需求、制作标书、发布招标公告、收集投标书、评标、公示、签订合同等一系列繁杂的步骤,这将耽误大量时间,到最后能真正采书的时候,剩余的时间已经非常紧张,这必然要影响全年的图书采购计划和质量。

1.2.2　过度追求较低价格,影响图书采访质量

政府招标往往注重的是供应商的投标价格,价格越低,中标的可能性就越大。殊不知,图书并不同于普通商品,它有自己的特点和特殊性,它的价格往往由其内容、纸张、印刷、装帧以及稀缺性等各方面决定的,内容好、质量高的图书价格肯定要比粗制滥造的图书高许多。政府招标的结果一般都是进货渠道正规、服务完善而运营成本相对较高的书商无法中标,而不顾自身实力刻意压低价格者往往中标。报价较低的供应商中了标以后,为了保证自己的利润,一般提供的都是些休闲娱乐、文学畅销、成功励志以及一些题材重复、缺乏新意的低价图书,更有甚者自行编制采访数据,将一些低质量、低折扣的所谓馆配图书信息混杂其中,直接影响了图书的采购质量。

1.2.3　供应商频繁变动,影响馆藏完整性和连续性

图书馆馆藏建设是一个长期而复杂的过程,需要采访人员连续不断地进行图书的采购和补充,任何短期行为都会影响到整个馆藏的完整性和连续性,政府招标恰恰是一年一招、频繁地变换书商的短期行为,再次招标后一旦上年度合作的供应商在下年度中未中标,那么在上年度中从该处订的未到图书很有可能就不再想办法补配,而新的供应商如果不能提供,那么可能导致许多套书、多卷书、连续性图书不完整、不连续,从而影响馆藏的完整性和连续性。

1.2.4　图书馆对无法履行承诺的供应商不能产生有效制约

许多书商中标后往往不能完全履行投标承诺,从实际情况看,违约主要有:到书率低;有些书商片面追求经济利益,不按订单供书,随意搭配非图书馆所订图书等,严重影响所需图书的订准率;到书时间周期长、速度慢;不提供承诺的加工服务等。这些违约不但影响采访质量,更影响图书馆的服务能力和水平,本应该受到图书馆的坚决抵制,但是由于招标的主体是政府招标部门,图书馆只是使用部门,对供应商的影响能力相对有限,无法有效地对供应商违约行为进行制约。

2 公共图书馆图书自主招标的优缺点分析

2.1 自主招标的优点

2.1.1 有利于选择最合适的供应商

图书馆由于每天都与图书和读者打交道,对图书这样一种特殊商品有清醒的认识,对图书馆藏情况和读者需求情况了如指掌,对全国和本地较大的供应商情况也非常熟悉,能根据本馆的客观需求选择优秀供应商,选择同时兼顾考虑各图书资源能相互补充,而不会仅仅从价格方面作取舍,从而保证图书采访的全面和重点,避免个别供应商由于供书能力和服务能力有限而给图书馆文献资料建设带来的不利影响。

2.1.2 有利于开展多种采访方式,提高采访效率和质量

自主招标有很大的自由裁量权,可以在法律框架内根据本馆的需要和供应商的特点综合考量,选出最佳供应阵营。最佳的阵营就是既有提供订单采购的供应商,因为订单采购覆盖面宽、采全率高;也有提供现采的供应商,因为现采直观性强、到货率高和到货速度快;还有就是临时性的能满足特定需求的供应商,比如民国文献、地方文献、古籍善本、年鉴等文献,当然临时性的采购金额一般都不是很大,所以无需招标确定。有了上述供应商之后,便可以开展订单采购、现采、零购、网购等多种方式的图书采购,这些方式相互配合相互补充,对提高采访质量和效率大有益处。

2.1.3 有利于保障供应商的服务质量

自主招标可以适当增加优秀供应商的中标数量,而优秀供应商中标后也只给予供应的资格,供货的多少还取决于其提供书目的多少、图书质量的高低、到货速度的快慢、到货率以及加工服务水平。因此为了提高自己的销售量,各供应商一定会严格履行合同条款和认真采纳图书馆的意见或建议,想方设法提高图书质量和服务水平。

2.1.4 有利于确保馆藏的系统性和完整性

自主招标的主导权在自己的手上,可以根据需要决定是否每年招标,假如经过对各供应商的评估,认定各供应商的服务符合需求,合作愉快,那么可以续签合同,这就避免了由于供应商的频繁变动而影响馆藏的系统性和完整性。

2.2 自主招标的缺点

自主招标由于是公共图书馆自己招标,图书馆评标人员的廉洁程度直接影响招标结果的好坏。虽然招标都有评分标准,而且评分标准主要是针对书商能够提供的资质、服务和报价制定的,从理论上来说还是比较合理的,具有较强的执行性和参考性,但是自主招标缺乏监督和制约,如果评分小组不够正直清廉,完全可以暗箱操作,结出人情标、关系标、利益标的果,而把那些有实力、有信誉的供应商排除在外。而那些因为腐败进入到供应商行列的供应商在后续的供货上和服务中由于有关系、有背景,一般不会严格遵守招标要求和供货合同,这就可能导致图书质量和服务水平的降低。

从对政府招标和自主招标两种模式的比较分析可以看出,两种模式皆有优劣,相对来说自主招标基本上涵盖了政府招标的优势,而不存在政府招标的劣势,但政府招标的一项优势又完全可以杜绝自主招标存在暗箱操作的可能性。因此只要将两种招标模式进行整合,存优去劣,

那么完善的图书招标模式将提高图书的采购质量和效率,更加有利于公共图书馆的馆藏资源建设。

3 图书招标采购问题的解决之道

3.1 确定自主招标独一无二的招标方式地位

通过对两种模式的对比已经看出,自主招标虽然有自身的缺点,但是对于更好、更快、更全面的采购图书非常重要,这是政府招标所无法比拟的。因此,不管图书馆或政府基于何种考虑,都应该毫无争议地采取图书自主招标的模式来选择供应商。

3.2 用政府招标的严格来规范自主招标的行为

自主招标最大的问题就是图书馆拥有较大的自主权,从标书制作到招标信息发布再到评标直至招标结束,都是图书馆一手经办,权力过于集中,缺乏应有的监督,而且图书馆跟图书供应商之间相对较为熟悉,滋生腐败的可能性就非常大。但是政府招标不一样,招标的主体是政府相关部门,招标经验丰富,招标程序规范透明,评标专家随机抽取,招标存在腐败的可能性就相当低。因此公共图书馆招标工作可以用政府招标的严格来规范自主招标的行为,图书馆与政府招标部门共同制作科学规范、切合实际的标书和评分标准,图书馆发布招标公告,政府招标部门派人参与投标供应商资质审核和最后评标。派遣人员以两人为宜,一是两人可以互相监督和对招标全程监督,二是两人的评分可以影响评标结果,又不至于主导评标结果,最后的结果还是以供应商的综合实力和满足图书馆需求的能力来决定。通过这样严谨的招标行为,基本上可以"公开、公平、公正"的选择出符合要求的优秀图书供应商,这就为图书馆的馆藏建设质量奠定了一个坚实的基础。

3.3 制定并落实图书采购过程管理与结果评价制度

通过严格的自主招标选定优秀供应商以后,并不能完全保证图书馆就能获得优质的图书和良好的服务。如果没有很好的监督管理制度以及服务质量评价体系,商家的逐利本性会在追求利润最大化的目的下暴露无遗,他们会毫不顾忌地搭售廉价图书、延迟供货时间、降低加工质量等。因此加强对采购过程的管理与结果的评价就非常必要。简单来说,一是要制定从书目清单提供、图书到货验收、最后到图书加工上架全过程的管理制度并落实;二是要制定图书质量与服务评价体系,评价内容包括书目涵盖范围和质量、清单样式、现采能力、到货速度、到货率、MARC 数据质量、后期加工服务水平以及合作态度等方面。评价体系制定后,要对供应商定期进行测评,再根据测评结果适时调整各供应商的采购数量,质量高、服务好的就多采,反之少采或不采。另外还要将测评结果反馈给政府招标部门备案,备案的目的一是可以将评测结果作为本地区各类型图书馆图书招标的一项参考依据,以促使各供应商更好地改善工作效率和质量;二是政府招标部门通过测评结果来掌握和监督图书馆的采购工作,确保采购工作能规范高效地进行。

4 结语

图书采购工作关系到图书馆的馆藏质量和读者服务水平,而图书供应商的实力和服务质量又对图书采购工作成效产生根本的影响,因此,对于供应商的选择和管理至关重要,只有采取科学规范、公开透明的选拔方式才能选出优秀的供应商,而只有制定以及落实严格的管理制度和应用科学的评价体系,才能让优秀的供应商提供优质的图书和优良的服务。

参考文献

[1]李雪梅,厚继承.高校图书馆图书招标采购问题探析[J].现代情报,2009(10):45-48.

[2]胡越慧.高校图书馆图书采购招标工作研究[J].情报探索,2010(1):123-125.

[3]徐荻惠.论文献信息资源政府招标采购和图书馆自主采购权[J].图书馆,2010(3):123-124.

[4]张炜.公共图书馆图书招标采购的实践与探索[J].河南图书馆学刊,2010(3):136-137.

图书馆 2.0 时代的图书馆采访 2.0

段　俊(国家图书馆)

1　Web 2.0 与图书馆 2.0

Web2.0 是与 Web1.0 相对应的。Web1.0 是指以浏览器为窗口享受网站提供的各项应用服务,以门户网站为标志性产物。而 Web2.0 引入了"云计算"的技术,它的特点是任何人都可以创建、发布、共享和评论网络信息。Web2.0 带来知识搜索引擎的出现,使人们获取信息知识更加方便,用户既是搜索引擎的使用者也是创造者。Web2.0 的网络传播不是一种自上而下的传播,而是一种自组织式的传播形式,是从下到上地进行传播。同时 Web2.0 极大地吸引了信息用户的兴趣,改变了信息用户喜欢的使用方式,从而进一步给图书馆带来冲击,图书馆必须跟上 2.0 的时代才不会落伍。

在此环境下,图书馆 2.0 应运而生。2005 年,图书馆系统与服务供应商 Talis 公司在《对图书馆重要吗？——图书馆 2.0 的兴起》白皮书中,提出了图书馆 2.0 的四项原则,即:图书馆无处不在(The library is everywhere);图书馆没有障碍(The library has no barriers);图书馆邀请参与(The library invites participation)图书馆使用灵活的单项优势系统(The library uses flexible, best-of-bree systems)。前面两项表示,图书馆是"没有围墙的图书馆",障碍最小化的为用户使用。后面两项认为,要鼓励用户、合作伙伴、图书馆员工等参与到图书馆中,并与技术伙伴形成一种灵活、新型的关系,为图书馆提供良好的系统架构。

"开放、共享、参与、互动、创造"的图书馆 2.0 要求图书馆员改变过去保守、落后的服务理念,重新树立一种主动开放,积极互动的思想观念,及时捕捉用户的信息需求。只有观念摆正,行动才会跟得上。除却理念之外,图书馆2.0也是指Web2.0的技术或服务在图书馆信息服务中的应用。

2 树立图书馆采访2.0理念

采访工作历来是图书馆的根基,在图书馆2.0时代依然要发挥重要的作用。但是,图书馆2.0颠覆了传统的图书馆文献资源管理与服务理念,强调贴近用户,注重用户体验和用户参与,致力于从传统图书馆的被动服务向现代图书馆主动服务转变,从以馆藏文献为中心到以用户为中心的根本性转变,加大图书馆的开放性。

当前有不少图书馆采访人员还没有意识到图书馆的核心已经发生了根本性的转变,因此在图书馆要实现完全的2.0的大背景下,图书馆采访馆员也需要更新思想,转变理念,更好地为用户服务。在以往,图书馆的图书采访选书工作大部分是由采访人员独立完成的,采访人员在自己的学识范围内,凭自身经验选书,读者参与选书的份额很少,对文献资源建设没有起到决定性的作用。参照图书馆2.0的理念,笔者认为图书馆采访2.0的理念应包括如下几个方面:首先是以用户为中心,以用户需求驱动采访方式的创新,主动增加与读者的沟通,进一步了解读者的需求和评价;其次是强调用户参与,认为读者不仅是信息服务的享受者,还应该成为图书馆资源建设服务开展的参与者;第三,对用户来说,图书馆的资源建设参与没有障碍,同时要体现出图书馆的专业采访水平;第四,倡导个性化的交流和服务,主动向读者展示自己的采访意向和相关知识、资料。

3 实现图书馆采访馆员2.0转变

由于图书馆1.0是基于图书馆馆藏资源的文献服务,图书馆2.0是基于用户的知识服务,虽然图书馆的本质没有发生变化,都是对于读者的服务,但是服务内容、服务方式、服务的重点发生了变化,而这种变化对于图书馆来说,也是革命性的。要真正成为采访馆员2.0,就需要有较强的创新意识、进取精神和优良的服务意识,进一步将读者的需求放在日常工作的首位,真正以读者为中心,具体表现在以下几个方面:

(1)要把读者的利益作为第一目标。图书馆采访人员要始终把读者的利益放在第一位,"心里装着读者,凡事想着读者,一切为了读者"。为读者提供优质的馆藏资源是图书馆采访人员的主要职能,图书采访人员要热爱读者。

(2)深入了解服务对象的需求。作为图书馆采访人员,利用新的技术手段深入与读者交流、了解读者的意见,了解服务对象的需求,变被动服务为主动服务,把读者的"馆藏满意度"作为工作评价标准作为考核图书采访质量的最重要指标。

(3)具备网络化的信息服务技能,具备良好的计算机操作能力和信息收集、处理能力,努力成为网络专家,同时充分发挥读者的积极性和参与热情,鼓励用户参与采访工作。借助Web2.0现代技术提供更多的交流平台。

在图书馆采访工作中要从以下几个方面入手:

(1)采访信息收集

在2.0环境下,与读者沟通的途径增加,互动增加,了解读者的需求。读者的需求是采访工作的原动力和依据,图书馆的最终目的就是为读者服务。了解读者的需求,有利于增强采访工作的针对性。

（2）及时掌握最新出版信息,并将采访计划公布

以往的采访计划都是由图书馆采访人员选定后直接发给书商,但是馆员毕竟不能完全揣测出读者需求。在采访2.0环境下,图书馆的开放性增加,采访计划也可以公开给读者,并且给读者随时参与意见提供便利条件。

（3）及时查看读者评价,分析文献利用情况

读者评价是指读者使用馆藏图书后的感受以及愿望和态度。采访工作是一项指令性活动,采访人员对本馆藏书发展规划及藏书原则的理解和实施难免会出现一些偏差,而且本人往往难以察觉。2.0环境下,尽管增加了读者对文献资源建设的参与,变"以我为主、客户听我"的管理行为,转变为"以客户为主,我听客户"的服务行为,但读者的评价依然是纠正文献采选偏差的一剂良药。因此,在文献进馆一段时间后,采访人员应有意识地对文献入藏效果反馈信息进行收集,认真听取用户意见,通过对文献入藏效果实施科学反馈,建立起有效的文献入藏动态调整机制。具体可通过网上投票、意见栏等实施方式,直接了解读者对新购进文献的评价,可以知道哪些图书读者急需而没有馆藏或版次过低等,并将所需图书的名称、著者、出版社以及复本量的统计结果建立相应数据库,及时补充馆藏空缺。同时,针对读者的意见或抱怨,要给予理性分析。只有把握主要方向,坚持重点兼顾一般,才能做好采访工作。

4 在技术上实现图书馆采访2.0

2.0离图书馆采访并不远,实际上已经悄悄来到我们身边。比如随着Web2.0时代的到来和云计算技术的应用,一些与图书馆采访相关的内容已经开始2.0化。如采访发订数据经常参考利用的Open WorldCat,就是将联合目录的参与者由图书馆的编目员扩大到了整个Web用户,用户可以为书目数据库中的书目增加目次、注释与评论,与亚马逊等网上书店的用户评论有相似之处,但用户增加的目次与注释都是基于维基的可编辑的。时代的潮流要求我们进一步把图书馆采访工作从技术上实现2.0化。

在技术方面,图书馆2.0技术也是来源于Web2.0,如维基(Wiki)、简易信息聚合(RSS)、网摘(Social Bookmark)、博客(Blog)、微博、即时通讯(Instant Messenger)、虚拟社区(Virtual community)等。我们完全可以将Web2.0新技术运用到图书馆采访工作中,并结合图书馆的服务特点构建成现代的图书馆2.0。

Wiki不仅使用方便、开放,而且代价小。可以帮助我们在一个社群内收集并创作、发布某领域的知识或话题,利用这一特点,读者可以通过Wiki为书目增加目次、注释与评论,也可以为图书馆馆员构建一个内部交流的平台,因而用户的参与将进一步丰富书目信息。目前,特别是随着近两年新型OPAC的使用,国内有些高校图书馆,比如重庆大学图书馆的OPAC利用Wiki让用户添加评论、注释,可以为图书评级,而且它的OPAC还能显示用户查询同类图书流通次数的前十名,给读者提供参考,同时也给采访馆员带来信息和启示。同时,图书馆也可以建立一个内部工作交流Wiki,作为采访馆员之间以及与其他馆员之间相互交流的平台,有利于发掘和保存储存在图书馆员脑海中的隐形知识,促进图书馆工作的进步。

RSS,图书馆采访员可以利用它把自己选订的书目推送给相关读者,包含对新书或新的数

据库、出版物、音乐、图片、视频等电子资源的通报，既提供个性化服务，也赢得读者的关注。美国的一些图书馆的做法可以借鉴，如密歇根、内华达、北卡罗莱纳和南卡罗来纳州立公共图书馆的 RSS 服务，介绍新的纸质文献和电子资源动态，佛罗里达和弗吉尼亚州立公共图书馆在 Florida Memory 和 Virginia Memory 的项目中，可为读者用 RSS 订阅有关的图片和事件以及音乐等，以日期方式对信息进行排序。

Social Bookmark（网摘），网摘其实就是收藏夹，但是它是保存在网络上的。它不仅是个人信息整理平台，更重要的是实现了信息的共享，能够真正做到"共享中收藏，收藏中分享"。利用这一技术，图书馆的采访馆员可以建立不同类型的学科导航，如各种专业出版社的链接、学术组织网址的链接、相关前沿学术科学的链接等，方便自己的工作，也方便读者去查询。

Blog（博客）可以帮助图书馆扩大影响，目前有许多采访馆员已经有自己的博客或者微博（MicroBlog），其实它也可以用来与读者分享自己获取的图书信息或者图书评价，同时能够从用户那里获得有用信息，改变传统的信息单向流动方式，这与传统的静态网站相比更具吸引力。美国的一些图书馆用 Blog 发布资源建设相关信息，主要包括书目检索、书籍推荐及交流、图片报纸资源和网络在线资源，如特拉华州立公共图书馆的 Catalog Blog，阿肯色州立公共图书馆的 For the Book：Book Club，密西西比州立图书馆等。

即时通讯和虚拟社区，即时通讯增加了采访馆员与读者的交流渠道，虚拟社区则更可以使加入其中的读者畅所欲言，深入探讨。

当前图书馆采访 2.0 的建设上还处于尝试阶段，可以考虑从用户经常使用或熟悉的项目入手开始建设。这项工作需要系统开发商和采访馆员之间的相互配合，2.0 技术的应用代表着图书馆采访人员对信息技术与服务的新的追求，以及在技术上的不断创新，在服务上的不断完善。

参考文献

[1]程仁桃.Web2.0、Library2.0 及其应用概论[J].浙江高校图书情报工作,2008(2):25-28.

[2]司莉,谭仪,邢文明,等.Web2.0 技术在美国州立公共图书馆应用的调查与分析[J].情报科学,2011(7):1036-1039.

[3]杨波.Web2.0 在高校图书馆服务创新中的应用——基于学科馆员的视角[J].高校图书情报论坛,2009(12):19-21.

[4]崔海峰.论学科馆员的 2.0 化[J].高校图书馆工作,2011(3):34-36.

[5]汪丽娅.浅析 Web2.0 在图书采访业务中的应用[G]//国家图书馆外文采编部.新信息环境下图书馆资源建设的趋势与对策.北京:国家图书馆出版社,2009:457-461.

[6]杨丰全.图书馆核心价值在图书馆 2.0 中的诠释[G]//中国图书馆学会编.中国图书馆学会年会论文集（2007 年卷）.北京:国家图书馆出版社,2007:61-64.

[7]潘梅蓉.论 Web2.0 与云服务时代下"云图书馆员"的培养[J].晋图学刊,2011(7):23-26.

信息时代浦东图书馆文献资源建设模式的创新与思考

郭丽梅(浦东图书馆)

1 信息时代对图书馆采访工作的要求

1.1 适应采访环境的变化

1.1.1 采访工作理念的变化

传统的"以书为中心"的管理模式已不适应图书馆的发展需要,而信息时代环境下图书馆的采访工作首先要体现"以人为本"的精神,围绕读者的阅读需求、信息需求、文化需求以及知识需求,向读者提供更多、更新的文献信息资源。

1.1.2 采访工作渠道的变化

信息时代环境下,预订、现订、网上订购等灵活多样的订购方式为图书馆的采访工作注入了新的活力。目前,主要的采访渠道为选择购买、期货购买、现货购买和邮购。招标采购、集团购买也是一种有效的采购方式。网上订购与现采相结合,采访主渠道与特色补充渠道相结合的多元联合采访模式成为必然趋势。

1.1.3 增强采访的目的性

采访工作的基础是文献调研,包括馆藏资源调研和读者需求信息调研。信息时代,图书馆可以利用网络传输技术进行,经常与各部门取得联系,了解图书馆近期、长期的馆藏发展计划;也可以将书目发布到图书馆网站上供读者推荐书目,读者还可以通过网络进入图书馆检索和采访系统查询图书订购情况。这些都可以增强采访的目的性。

1.2 建设区域性文献资源共享体系

文献收藏是图书馆开展服务的基础。根据中国教育和科研计算机网 2011 年 1 月的报道,目前,我国已成为世界第三大印刷复制基地,每年出版各类出版物产品数 10 万种。其中,图书有 27 万种、70 亿册,连续五年保持世界首位,每年出版报纸 442 亿份、期刊 30 亿册,未来会有更大量的图书、期刊出版。在文献数量激增和信息需求不断扩大的发展趋势下,发挥区域性文献资源共享体系作用,实施共享,通过整体协调来建立文献保障体系十分重要。例如北京市公共图书馆三级互联、上海市文献资源共建共享、江苏省工程科技文献中心工程等。

1.3 重视采访人员的素质培养

网络环境下,高质量的藏书及网上采购均需要有与之相适应的高素质选书人才作保证。采访人员不但要具有良好的外语水平、计算机技术、网络检索技巧和丰富的图书馆学专业知识,对读者的文献需求、本馆的藏书结构、馆藏布局也应有较全面的了解,还必须对图书信息具有强烈的敏感性,有对文献信息进行识别、评价的能力,对图书做到多中求好、好中求精,以适应网络环境对采访工作的新要求。

2 浦东图书馆文献资源建设的现状

图书馆的文献资源与读者服务一定要有自己的特色,发挥自己的优势,这样才能在行业中脱颖而出。

浦东图书馆新馆 2010 年 6 月 28 日试运行,2010 年 10 月 18 日正式对外开放。在浦东新区政府大力支持下,从 2007 年开始建立 6 万平方米的新馆,其规模在上海仅次于上海图书馆,成为上海市甚至全国公益性公共文化的新地标,吸引了全国各地图书馆的同行和读者参观学习。浦东图书馆新馆在建筑上设计大气、布局新颖、光线柔和、空间宽敞,读者徜徉在书海中流连忘返。图书馆设计馆藏容量为 250 万册,目前藏书已经达到 150 万册,全部向读者开放,其中包括《四库全书》等经典书籍。

2.1 注重内涵的发展

浦东图书馆的规模位于在全国前列,但作为图书馆,其建筑只是外观,功能还是靠内在品质才能凸显,图书馆的发展要靠内涵,要从重"书"转为重"人",重"藏"转为重"用",重"技术"转为重"人文",重"纸质"转为"纸质和数字"并存,"单向"转为"多向","被动"转为"主动"。为了实现这个目标,浦东图书馆的文献资源保障体系的建设水平至关重要。浦东图书馆的文献资源自 2001 年浦东图书馆老馆建立之时,不但吸纳了原浦东新区川沙图书馆、川沙少儿图书馆、原浦东第一图书馆、浦东第二图书馆、杨思图书馆的部分文献精华,而且历经数年的收集、积累,特别是新馆筹建和新馆成立以后对重点文献的采集加大了力度,初步建设成具有浦东特色的、以专题文献为主、同时兼顾普通文献的资源保障体系。

2.2 政策支持

2011 年浦东图书馆在上级财政部门的支持下,文献购置费达到 1770 万元,此外还下拨了用于 RFID 技术加工的图书芯片 58 万元购置费。文献购置费近几年来得到充分的保障,经费的逐年增加,使浦东图书馆的文献资源得到充实,满足了更广泛读者的需求,使得浦东图书馆充分发挥作为上海市副省级大型公共图书馆的作用,成为浦东文献保障体系的核心,为全区各行各业服务。

浦东图书馆正处于浦东新区"二次创业、二次跨越"新的历史时期,公共文化和图书馆事业面临前所未有的难得发展机遇,也面临严峻挑战。2010 年,南汇并入浦东新区,相应的文化部门也进行了调整,原南汇图书馆成为浦东图书馆的分馆,由于各馆使用的图书馆管理软件系统、工作流程以及方式都有所不同,这为我们的工作提出了新的挑战。在这个大浦东形成的新时期,文献资源的整合和建设日益提到了议事日程,建立科学合理的、可持续发展的公共图书馆文献保障体系,已经迫在眉睫。

3 浦东图书馆文献资源建设工作创新举措

3.1 为建设新馆，重新谋划馆藏特色，提前三年做好文献储备

浦东图书馆新馆于 2010 年 10 月正式开馆，然而文献储备早在三年前就已经开展。从 2007 年开始，我馆就从财政争取了平均每年 1700 万元的购书经费，通过政府采购招投标的形式，与几家文献供应商签订了合同，并要求他们在上海市有一个 500 平方米的仓库，用来暂时存放我馆为新馆采购加工的文献。我馆根据新馆的规模和定位，重新谋划审定了馆藏发展特色，并邀请了有关专家加以论证，从而制定了以金融、航运等专题为我馆藏书特色，提高外文文献藏书比例，完善精品文献储备的新的文献发展政策，为新馆的读者层次和文献需求的巨大转变做好了充分的思想准备和物质基础。

3.2 建立总分馆制

2010 年，南汇图书馆由于两区合并，成为浦东图书馆分馆。分馆制将成为今后公共图书馆的发展方向，对于充分发挥文献信息的巨大作用，实现资源共享，提高图书馆的整体效益具有重要作用。浦东图书馆经过多方调研、现场了解，并与领导和有关负责人沟通，建立由浦东总馆、南汇分馆、馆外流通点文献需求的大采访模式。2011 年实行浦东图书馆总馆与南汇分馆的财政统一管理，统一使用，文献采购与加工由总馆负责，分馆不再设立该岗位，仅保留期刊加工等功能，同时还确立了南汇分馆城市港口建设、傅雷文化等馆藏特色，逐渐凸显分馆的藏书与服务亮点。

3.3 开展业务调研

为确保浦东图书馆文献资源建设工作的顺利进行，采编部对南汇分馆、街镇图书馆和高校图书馆业务进行调研。调研的目的是通过对浦东图书馆所服务的地区基本情况和图书馆任务进行分析，进一步完善文献采访的基本原则和方针，确定各类型文献的选择标准、总分馆经费分配政策、藏书资源管理政策、文献资源共建共享政策。

我们已经对复旦大学、空军政治学院信息管理系、上海交大图书馆、上海市少儿图书馆、工商外国语学院图书馆、浦东干部学院图书馆、徐汇区图书馆、南汇图书馆等进行了调研。街镇图书馆我们则通过调查表和上门访问形式相结合。调研和参观学习回来以后大家一起进行研讨、消化、思考、撰写调研报告，转化成我们的营养。通过开展广泛的读者阅读需求调研和对浦东地区各级各类图书馆相关工作调研，从而建立浦东地区文献资源建设体系，建立共建共享的文献资源的采购与使用平台，降低采购成本，减少重复，提高使用率和文献保障率，更好地为地区读者提供丰富的文献资源，为各个流通服务点提供文献支持和业务指导。

关于文献采购特别是价格昂贵的外文文献和数据库资源方面，上海工商外国语图书馆给了我们很多启示，特别是在发挥文献购置经费效益最大化方面给了我们很多启示。在走访上海工商外国语图书馆时，发现他们购买了"开世览文（CASHL）"共享权平台。他们每年用 1—2 万元购买中国高校人文社会科学文献中心保障服务体系的共享权，通过这个平台本校学生共享《超星》32 万册电子图书、《维普》电子期刊 1 万多种、《万方》电子期刊 2000 多种、《龙源》电子期刊 900 种信息资源。节省了大量购买数据库的资金，而学生利用文献的能力却达到最大

化。此外,他们还参加全国高校举办的基金会购书活动。每年高校系统不定期的举办外国一些基金会捐赠的图书购买活动,各个高校只需花费一些运输费就可以选择适合本馆的图书。上海工商外国语学院图书馆积极参与此项活动,大大地节省了购书经费。

3.4 举办多种读书、荐书活动

2010 年新馆开放伊始,我馆采编部成功举办了"作家与读者见面会"活动以及"百姓理财专题讲座"活动,由我馆主办,出版商协办,邀请到上海市著名作家张宇和上海第一财经主持人白宾、东方证券资深理财师夏锐鹏,分别作为两大活动的主讲人,吸引了众多读者参加,现场十分热烈,受到了广大读者和全馆上下的一致好评。这些活动充分发挥了采编工作作为读者、著者和出版商的桥梁纽带作用,向广大读者宣传浦东图书馆的文献资源和特色藏书发挥了积极的作用,从而改变了公共图书馆采编工作比较单一枯燥的现状,提高了工作人员的工作热情,为采编部开展宣传工作进行了有益的探索。

2011 年采编部推出了新书推荐 42 期,浦东广播电台连线导读 54 期,并且根据不同的月份特点,开展月度和季度图书推荐和导读。如三八节推荐女性图书,五月份推荐青年图书,六月份推荐儿童图书,七月份推荐军事图书,以及八月份党建图书、九月份教育图书、十月份国家政治图书等,这些活动使我馆对不同年龄、不同阶层的读者的文献需求进行了全覆盖。

3.5 与浦东干部学院合作办馆

浦东干部学院位于浦东图书馆对面,新馆建成伊始就与他们合作办馆,资源共享,开展创新服务和深层次服务,提供资源保障,与浦东干部学院相关部门联动共建,不断开发新的内涵。新馆专门设立干部教育专题,将浦东干部学院 5 万多册赠书纳入其中,并加工进入我馆馆藏数据中。每年他们还有 1 万册新书进入我们的馆藏中。

3.6 开展各类文献协作交流工作

浦东图书馆每年都与韩国仁川图书馆开展图书交换和文化交流工作,交换韩文图书达1000 多册;接受社会各界人士和读者捐赠,每年达 5000 多册,其中既有领导干部也有普通市民,为浦东图书馆馆藏资源增添色彩。此外我馆法、德、西班牙等小语种图书也是以读者捐赠为主要来源,目前有几百种。

3.7 构建专题馆员参与选书的文献采访模式

2010 年新馆开放之前,浦东图书馆就成立了以 10 个专题为重点和特色的馆藏发展方针,同时还招聘了各个专题的相关的硕士学历的专业人才作为专题馆员。专题馆员可参与选书,提出文献建设意见,同时在文献专区为读者服务。

3.8 建立读者网上点书平台与微博

读者网上点书平台与微博的建立,使得读者能够参与采购,补充文献资源体系中的不足,更高程度满足读者的个性化需求和人性化服务。这项举措备受读者欢迎,平均一个月点书量达到 300 种左右,平均每个需求在 10 天内获得满足。读者所点新书利用我馆快速通道被优先加工好后,与读者联系单一同送交读者服务部,最后由专人电话通知读者取书,并请读者反馈意见,不断改进工作。

4 浦东图书馆文献资源建设工作的未来设想

4.1 建立三级机构的文献保障体系,实现地区图书馆的文献资源共建共享

目前,我国普遍采用三级机构文献保障模式(基础保障级、辅助保障级、最终保障级),这是在建设全国文献保障体系的框架基础上提出的。浦东图书馆在理顺和完善图书馆馆际资源共享建设的基础上,开展三级网络图书馆文献资源建设工作,为地区读者提供丰富、便捷的资源支持以及业务指导工作。

目前,浦东拥有区级公共图书馆 2 个,区属图书馆 2 个,街镇图书馆 36 个,农家书屋 325个,各种图书流通点 153 个,高校图书馆 25 个,中小学图书室 300 多个。浦东地区紧紧围绕航运中心和金融中心建设,建立一个由浦东图书馆(包括南汇分馆)——街镇图书馆——社区图书室及农家书屋组成的图书馆网络,同时联系浦东地区各区属馆、各大高校和中小学校的文献信息资源平台,实现浦东地区的文献资源整合。

结合浦东新区经济和文化发展需要,我馆设立 10 大文献专题,根据这 10 个专题的内容,与上海市专业图书馆、情报科研院所、企业等进行合作,建立联采、专家团购机制,提高我馆采访能力,集中力量建好我们的特色馆藏。

为了实现以上的发展目标,我馆目前已与上海工商外国语学院建立了合作关系,请他们对我馆外文主要是小语种文献的采购和加工提供翻译支持和专家指导,协助我馆建立"韩语文献中心"和"德语文献中心",我馆将建立外语专业学生实习与社会实践基地。这种合作方式会逐步扩大到整个浦东地区高校、中小学以及公共图书馆。待条件成熟,我们将申请成立浦东地区的图书馆共建联盟,向中国图书馆学会申请成立区域性、专业性的浦东域。

4.2 建立读者与专家的兼职队伍

建立由专家或有特长的读者组成的兼职队伍,对我馆的文献资源建设进行一些建议性的指导,或定期地参与提供目录。弥补我馆专业和语种的缺陷,充实多元化的馆藏,保证馆藏质量。例如我馆城市治理专题已经与复旦大学国际关系与公共事务学院博士生导师建立联系,聘请为专家顾问,其他专题也应效仿该专题,与金融、艺术、法律等领域专家建立定期交流和沟通的机制,请他们作为我们的咨询专家,为我们的专题文献建设和服务提供良好建议。此外,还要开展丰富多彩的活动拓展和深化专题服务,如请专家教授定期在我馆举办学术交流活动,邀请他们作为主讲嘉宾驾驭我馆专题讲座、论坛或座谈会,邀请他们参加我馆开展的专题咨询日等,推动专题文献工作向高质量、高水准、特色化、专业化方向发展,提升我馆内涵发展模式。专题文献要向专、精发展,不能泛化,失去研究的性质。

5 浦东图书馆文献保障体系建设的未来发展前景

十二五期间,浦东图书馆将通过信息资源共建共享重要形式——图书馆联盟,建设相对完备的文献信息资源保障体系;形成覆盖面宽、利用便捷的书目信息网络;建立迅速高效的文献传递系统。但是我们也应该看到,目前还存在诸多问题和困难,任重而道远。

参考文献

[1]效益双丰收,群众享实惠(回眸十一五 展望十二五)[N].人民日报,2011 – 01 – 04(4).

[2]常书智.文献资源建设工作[M].北京:北京图书馆出版社,2000.

[3]杨鸿敏,汤鸿业.地市级公共图书馆文献保障体系建设策略[J].四川图书馆学报,2010(5):18 – 20.

[4]杨曙红.对我国文献信息保障体系发展现状及研究进展的思考[J].湖南行政学院学报,2010(4):
　　109 – 112.

[5]陈香珠.浅析网络环境下高校图书馆采访工作的变革[J].科技情报开发与经济,2006(16):59 – 61.

以历史的眼光建构国图外文藏书体系

韩　华(国家图书馆)

国家图书馆是国家的记忆中心,是一个国家的思想、语言以及整个历史储存的地方①,但这并非国家图书馆全部的使命,全世界一切有益的东西均在收藏之列。随着全球化时代的到来、新技术的发展,在重视本土完整收藏的基础上,有目的加强非本土资源的收藏,将是配得上这个时代、这个国家、伟大的知识宝库的途径之一。本文就国家图书馆外文藏书建设的角度入手,肯定了长期以来国图以历史的眼光贯穿外文藏书建设的精神,阐述了历史的眼光在外文藏书建设中的巨大作用,以供业界同仁参考。

1　历史的眼光与构建全面的学科外文藏书体系

国家图书馆兼有全国性、世界性、综合性、科学性和公共性多种性质,其外文藏书根据"外文求精"的原则,已建构了一个能够服务于学者、研究单位、政府的西文国家书库与全国科技情报资料中心,在学者之间、研究单位之间、政府之间搭建了展开知识信息交流对话的平台。作为知识供应者的国家图书馆,其外文藏书之所以能服务于各界对信息资源的获取与开发、达到研究性的水平与能参与社会教育等职能,其重要原因之一即外文藏书体系的构建所具有的全面性。

国家图书馆重视外文藏书建设在学科上的全面性,在时间与使用上提升了外文藏书的价值。外文藏书学科上的全面性建构是以历史的眼光审视学科发展的过去与现在,并把握学科发展的脉络与预测学科发展的未来,并在此基础上完整地收藏该学科的创始人、学科形成与发展历程中的代表性经典著作及其相关的研究著述,在藏书建设上将学科的发展历史与学科发展动态二者结合起来,形成学科藏书建构的全面性——也就是形成了学科藏书建构的历史性。

以汉学外文藏书建构为例。汉学的起源、形成与发展,经历了漫长的中西交通历程,而藏

---

①　尼古拉斯.A.巴斯贝恩.永恒的图书馆[M].杨传纬,译.上海:上海人民出版社,2011:134.

书则以不同的文字载体形式形成的中西文化交流史,它必须反映中国学这一历史发展进程。那些在古希腊、罗马时代就已经存在的关于东方的神话、传说、诗人的隐喻,那些描写"赛里斯"、"丝人"的有关中国知识记载的资料片段,以及蒙元世纪那些"复活"古希腊、罗马关于东方的神话、传说的传教士游记,所有这些前汉学时期西方关于东方的文字记载,作为汉学的源头,在中西交通与汉学发展史上占据着特有的位置,有研究者说①:"东西方之间的交流,在现代是洪水泛滥,在古代则像涓涓的溪流,规模虽小,但并没有断流。正是古代不间断的涓涓细流才汇成了近代汹涌的洪流。从这个意义上,古代交流在世界交往史上的地位是需要重新审视的。我们需要看到'流',同时要看到'源'。如果我们看不到'源',找不到源头的话,很多问题都解释不清楚。"而正因为如此,这部分文字记载当是汉学外文藏书全面性不可或缺的部分,收藏这部分文字记载,正是基于历史的眼光全面收藏外文藏书的考虑,其目的则是对现实的关注,是通过藏书链接历史与现实,是实现汉学外文藏书体系的全面性。

学科创始人不朽的经典著作——作为个人藏书完整收藏的部分,是学科藏书全面性的重要的、必需的、并与学科的形成与发展浑然一体的构成部分,因此,结合学科发展历史有目的地收藏他们的全部著述,以此构建全面的学科藏书体系,实现学科发展历史、学科阶段发展与学科重要代表人经典著述三者结合的学科藏书建构的全面性,追求完整系统。国图外文藏书收藏学科代表人的全部著述,还包括尽可能完整收藏与这些学科代表人的经典著作相关的经典著作,这不仅体现了学科藏书体系的广度,也体现了藏书体系的深度,以及与广度、深度结合在一起的延续的历史完整性。譬如,法国博物学家、作家布丰(Georges Louis Leclere de Buffon, 1707—1788)的博物学巨著《自然史》(Natural History),全书共 44 卷,前 36 卷于布丰在世时完成,后 8 卷由布丰的学生于 1804 年整理出版。作为现代进化论的先驱者之一,布丰发表了不少的进化论点,《自然史》中关于物种可变性和进化论的思想,在当时有着积极的启蒙作用。对这样一位在科学史上起着重要作用的人物,国图外文馆藏不仅完全收藏了其著述,并跟踪收藏了由其学生整理完成的后 8 卷,由此形成布丰的个人藏书的完整性;在此基础上,关注并尽量收藏在当时及其后的历史背景下,受布丰《自然史》影响而出现的研究著述,这不仅体现了个人藏书体系的延续性,也是个人藏书全面性的历史表现。

2 历史的眼光与外文图书版本与版次的全面收藏

完整收藏外文经典图书的版本与版次,这也是国图外文学科藏书体系全面性的一个重要方面,也是以历史的眼光建构国图外文藏书体系的又一重要方面。经典并不随岁月的流逝而磨蚀其光辉,那些人类文明征途中闪烁着光芒、在学术史上公认的经典著作,在不同的历史时期,折射出不一样的绚烂光芒,全面收藏外文经典图书在不同历史时期的版次与版本——或者在时间跨度上是几十年,甚至上百年的不同版次与版本,是国图在外文藏书构建上体现经典之所以为经典的永恒活力与弘扬经典所具有的真知灼见,是极具历史眼光、并与历史前进同步的全面的外文藏书建设。

国图外文藏书完整收藏经典著作的版本与版次,大致分为两点:其一,收藏出版于不同历

---

① 张绪山:《整体历史视野中的中国与希腊罗马世界——汉唐时期文化交流的几个典型》,《清华人文讲堂》第一辑,三联书店:2006

史时期、内容未经修订的经典著作的全部版本,以国图馆藏1911年首版的《孔门理财学》为例。1911年,《孔门理财学》作为"哥伦比亚大学历史、经济和公共法律研究"丛书之一,以45卷、46卷112号、113号同时在纽约和伦敦出版,哥伦比亚大学教授夏德(Friedrich Hirth)、施格(Henry Seager)为之作序,高度评价了《孔门理财学》采用了西方经济学框架对孔子及其学派的经济思想所做的精湛研究。1930年,《孔门理财学》再版,此后又相继在1973年、1974年、2002年、2003年、2005年、2010年分别由美国Krishna Press、美国Gordon Press、英国Thoemmes Press、美国Lightening Source Inc.、University Press of the Pacific、岳麓书社、General Books LLC等多家出版社重印。在将近一百年时间里,不同出版社出版的《孔门理财学》,其"前言"、"书评",正是《孔门理财学》在不同的历史时期从不同的角度被解读与被认同,反映了这本书在近一百年间如何影响人类的思想、以书的载体形式的社会与文化交流史。对这样一本经典著作,需要具备历史的眼光去洞悉全面收藏所有版本的意义,需要跟踪《孔门理财学》在不同的历史时期的出版信息,并进行全面的收藏。

其二,收藏出版于不同的历史时期、内容不断被修订的经典著作的全部版本。以国图馆藏亚当·斯密的《道德情操论》为例。苏格兰启蒙运动重要思想家、经济学的主要创立者亚当·斯密的《道德情操论》(The theory of moral sentiments),一共出了六版,初版于1759年出版,第六版于1790年,即在他生命的最后一年,最终完成了《道德情操论》第六版的修改与出版工作。《道德情操论》历经亚当·斯密三十余年的修改与完善,收藏亚当·斯密修改的《道德情操论》的各版,了解《道德情操论》不同版本之间的关系、考订版本、进行语篇分析、比较《道德情操论》不同版本的信息,这是解读、理解亚当·斯密与认识亚当·斯密问题意识、思想倾向变化的重要线索,这对了解亚当·斯密自身思想的学术史背景以及学术思想至关重要,意识到以上所述,才能认识到完整收藏亚当·斯密《道德情操论》所有版本的意义所在,才能充分意识到完整收藏那些经典图书所有版本的必要性。而正因为如此,国图完整收藏了《道德情操论》的六种版本,充分重视并收藏了最权威的拉斐尔和麦克菲编辑的格拉斯哥版的《道德情操论》,这对中国学者全面、直接接触、阅读《道德情操论》,以及研究亚当·斯密的伦理学思想、社会理论体系等均有着重要的意义,这也是国图保存人类文明并推动人类文明发展、图书馆价值在使用与时间上的充分体现。

3 历史的眼光与补充藏书

藏书补充工作是一切已有一定历史的图书馆都要抓好的重要工作,藏书的补充工作是将历史形成的馆藏现状与现实需要、未来发展联系起来的纽带之一,也是更能实现藏书体系的目的性原则、系统性原则的有效途径。藏书的补充工作不仅适合以"外文求精"为收藏原则的国家图书馆外文藏书建设的需要,并且尤需以敏锐的历史眼光开展外文藏书的补充工作,而国家图书馆外文藏书正是基于以上认识重视外文藏书的补充工作。以国家图书馆海外中国学藏书为例进行分析如下。

(1)在中国学藏书全面性方面,中国国家图书馆应该超过任何一个外国图书馆。国家图书馆全面收藏来自不同国家、不同语种、不同历史时期的中国学文献,这是一种责任,也是对世界文明的保存与贡献,是国家图书馆的世界性表现之一。而构建这样一个全世界最全面的中国学专藏藏书体系,其意义不仅仅是为了满足国内各方面的需求,也为了满足全世界对中国学文献有需求的学者提供文献查阅的需要,为了促进人类不断进步、人类文明不断发展的需要。王国维在 20 世纪初年曾提出"学无中西"之说,事实上这一观念在一个世纪之后仍显示着其内在的生命力,中西学术交流与学术成果共享,在全球化日益深化的今天,将越来越密切,国家图书馆全面性的中国学藏书,将成为跨越国界的珍贵收藏,也将成为跨越国界的人类共享的宝贵资源。

而要建构具有全面性的海外中国学藏书体系,为此所进行的藏书补充工作,这需要紧密结合中国学的历史发展过程,既要把握中国学恢弘的历史发展进程,因为中国学藏书的全面性即是中国学藏书的历史性,正如上文提到的古希腊、罗马时代关于东方的神话、传说、诗人的隐喻,那些描写"赛里斯"、"丝人"的有关中国知识记载的资料片段,以及蒙元世纪那些"复活"古希腊、罗马关于东方的神话、传说的传教士游记,等等,在充分了解馆藏现状的基础上,完善、补充馆藏此历史时期关于中国的文献记载,必须在把握历史发展、以历史的眼光洞见这些久远的历史时期关于中国的文献与今天中国学发展的关系与意义所在的前提下,才能有目的地、有针对性地进行补充藏书,进而建构中国学藏书的完整系统的全面性。

(2)建构具有全面性的中国学藏书体系,一方面,需要在了解今天中国学发展的前沿信息、动态与需要基础上回顾藏书,从而发现、认识到馆藏藏书的不足;另一方面,需要预见未来中国学发展趋势,并以此角度检讨中国学藏书现状,发现藏书的不足并因此进行补充藏书工作。以国图馆藏全面收藏荷兰著名汉学家高罗佩(Robert Hans van Gulik,1910—1967)著述为例。在中西近代文化交流史上,高罗佩是一位与众不同的汉学家,著有一系列英文的重要汉学著作,其研究涉及书、画、琴、砚、马、猿、春宫、悉昙等冷门课题,是一位与众不同的汉学家,其研究成果展现了在今天的性文化史、悉昙文字、春宫图、文物鉴定、古琴音乐文化史与动物文化史等领域的前沿学术意义,这是国图馆藏全面收藏其著述的原因之一,也是国图尽可能补充、完善高罗佩馆藏藏书的原因之一。

而对学科未来发展趋势的预见,则是我们补充高罗佩藏书与全面收藏其著述的又一原因。"物质文化研究"在今天的西方学术界中,已渐成显学,但在很长一段时期内,"物质文化研究"与汉学家似乎并未关联,且通常认为西方汉学界的"物质文化研究"到 1991 年柯律格出版《长物志:近代早期中国的物质文化与社会地位》(Superfluous things: material culture and social status in early modern China)才正式起步,而事实上高罗佩的汉学著作,其对中国文化、艺术等方面的研究,有很大部分是时代超前的"物质文化研究",例如:以"琴"为代表的音乐的"物质文化"在东亚区域内流传的《琴道》的研究;论书画的装裱与辨伪的《书画鉴赏汇编》,系从传统的文物书画鉴定出发,融入文化史的视野,与今天所谓的"物质文化"的研究一脉相承;此外,高罗佩的《秘戏图考》《中国古代房内考》《悉昙》等汉学著作,都与"物质文化研究"有着千丝万缕的关系。① 高罗佩的汉学著作已说明在半个世纪前"物质文化研究"与西方汉学家的联系。而国图全面收藏高罗佩个人著述正是基于学科前沿学术意义与对学科未来发展趋势的预见,是对学科动态发展历史的把握。

近二十年来,在美国与欧洲,重点集中在艺术史、文化史、社会史等领域的西方汉学界的"物质文化研究"开展得相当蓬勃,其研究成果均值得我们借鉴,这些研究成果,不仅属于高罗佩汉学研究领域的延续,也是适应了今天学术发展需要藏书完整系统的要求,正因为如此,国

---

① 陈钰.说不尽荷兰高罗佩[J].读书,2011(1):37-38.

图馆藏较完整地收藏了柯律格（Craig Clunas）、雷德侯（Lothar Ledderose）、高居翰（James Cahill）、毕嘉珍（Maggie Bickford）等人的著述,并设法补充了部分藏书,这些欧美一流汉学家关于古代中国诸如宋代花鸟画、墨竹画、中国书法、中国早期的视觉与图画研究等方面的专著,与高罗佩的研究著作一起,较为完整系统全面地构成了国图馆藏西方汉学家关于中国"物质文化研究"的外文藏书体系。

4 结语

国家图书馆以历史的眼光全面构建体现历史性、全面性与相关性特点的外文藏书体系,其意义在于对现在的外文馆藏建立一个长期的认识,任何努力解决现存问题,并试图展望未来的人,他需要从历史中学习、寻找应对之策,对过去进行潜心的研究将有益于我们理解现在与未来,而书不只是叙述历史,它还有自身的、与社会发展存在密切联系的发展史,是人文科学的一部分,因此,国家图书馆以历史的眼光构建外文藏书体系,正是符合了这样的认知,本文以上所述仅仅是国家图书馆构建外文藏书体系一直坚守的几个方面,是国家图书馆以国家的名义,在获取、保存来自世界的文字财富的努力的一方面。

如何做好日本中国学专题文献补订采选

黄术志　刘　璐（国家图书馆）

日本中国学图书指日本的专家学者、社会机构调查研究相关中国问题而形成的一系列学术成果,主要有学术专著、调查报告、统计资料等。他山之石可以攻玉,国内学者可以通过这些资料了解日本同行的学术成就、研究进展等,从而开阔自己的学术视野,提高学术水平。由于这类文献对我国社会文化发展意义重大,所在国家图书馆在履行其职能的过程中,将日本中国学图书列为重点馆藏逐年采购收藏,供社会阅览使用。经过国图一百多年的采集收藏,这类图书已经具有一定规模,并成为国图重要特色馆藏之一,吸引着国内大量的专家学者前来研究利用。但是由于近代战争、采购方法不当等原因,这批馆藏还存在着一定的缺藏现象,降低了其作为专题文献应有的价值,因此需要进行大量的补订采选工作,使文献进一步系统化。笔者从事这项工作多年,积累了大量的工作经验,这些经验对于业界如何采访补订外文专题文献具有借鉴意义。

1　日本中国学图书缺藏原因分析

日本中国学图书是国图日文馆藏的一部分,约有 3 万册左右。国图对日文文献收藏始于20 世纪初,到今天国图通过购买、国际交换、缴送、接受赠送等采访手段,共收藏日文图书 80 多万种册,日文期刊等连续性出版物 2000 多种,这些图书与期刊形成了一个庞大的日文文献资料群,为国民生产生活服务作出了巨大贡献。国图日本中国学图书虽然具有专题文献的属性,而在实际操作过程中将这部分图书散在 80 多万日文图书中,即没有进行专藏处理,也没有建立馆藏专题目录,这就使后期的补订采选工作缺少了最基本的工作依据,给补订工作造成了困难。因此在补订过程中必须借助各种工具,进行认真查找,逐一核对才能析出具体缺藏的部分,工作量非常大,而造成国图日本中国学图书缺藏的原因,归纳起来主要有以下点。

1.1 长期缺少日本中国学专题目录,是缺藏的根本原因

在日本没有全日本的中国学图书专题目录。日本近些年每年出版中国学图书约五六百种,与日本每年近 10 万种图书出版总量相比,数量非常稀少,这有限的数量分布在日本众多出版社中,增加了形成统一专题目录的难度,加之市场对该类图书需求非常有限,没有产生该类目录的市场动机,因此在日本一直没有产生过中国学专题图书目录。一些出版中国学图书相对集中的出版社如汲古书院、朋友书店、东方书店等虽然有他们本社的出版目录,其中收集了大量的中国学图书,但也只是该社的出版目录,不反映其他出版社的出版情况,这与图书馆工作需要的专题图书目录本录相差甚远。由于没有统一的专题目录,采访人员只能从各种目录中查找采选,使该类图书的采选缺乏专题图书采访应具备的系统性。

1.2 国图每年接受日文赠书比重过大,一定程度上造成了馆缺

国家图书馆日文图书来源过多,客观上导致中国学图书不能及时补充,这也是造成缺藏的一个原因。国图每年通过自购采选、国际交换、个人赠送、岩波书店赠送、日贩赠送、日本歌人协会赠送等渠道收集采选日文图书,全年入藏日文图书13 000多种册,自购图书只有 4000 多种册,所占比例不大,每年主要依靠接受赠送扩大馆藏。而赠书具有很大的随意性,也一定程度上造成了馆缺。

1.3 图书供应商供应能力不强,无法购到所选图书

国图外文图书采购主要依靠以中国图书进出口公司为主的几家具有进出口权的公司来实现,由于日文图书采购只是这些公司业务中的一小部分,这些公司在日文图书采购上配备的工作人员有限,采购渠道单一,采购市场上大量流通的图书还可以,采购像中国学这样专业的图书明显能力不足。有相当一部分补订采选的中国学图书在出版社已经绝版,只能到日本旧书市场上进行采购,对这样的图书供应商更是无能力采购,导致大量补订的中国学图书订单无法执行。图书供应商采购能力的有限也是导致中国学图书缺藏的一个重要原因。

1.4 工作方法不当,是造成馆藏缺藏的又一原因

日本中国学图书作为专题文献,需要运用专题文献的采选方法进行采访。由于国家图书馆每年处理的日文文献数量过多,配备的日文选访工作人员又过少,无法将这类文献采访列成专题采访工作,进而建立专题文献目录,进行定期观察及时跟踪查找补充,出现缺藏是难免的。此外近代历史上中日战争、购书经费短缺影响了日本中国学图书采购。以上诸因素造成了国图日本中国学图书出现了一定量的缺藏,这些原因有的是长期存在的,例如无系统中国学在版目录、中介公司能力有限等,有些完全是工作方式方法不当造成的,要做好日本中国学图书补缺采访工作,必须从解决这些问题入手,全方位思考,调整工作思路与方法。

2 日本中国学图书缺藏解决之法

一本外文新书从出版到进入图书馆基本要经过出版发行、市场流通、目录报到、图书馆采选发订、中间商采购等工作环节，而旧书补缺较此更为复杂，还需要发现缺藏、发现市场存在流通等工作，因此旧书补藏工作要多方位思考，对各个工个环节进行协调，开展长期补缺，具体应做如下的工作。

2.1 摸清市场规律，树立长期补订工作思想

馆缺补藏工作首先要有持之以恒的工作精神。缺藏的中国学图书分散在日本各家出版社、日本旧书市场的旧书店里，而日本的出版社与旧书店总数有上万家之多，需要认真仔细一本一本搜寻才能发现所缺图书存在何处，这种发现工作需要大量的时间作支持，希望短时间内就能达到效果是不现实的。另外还有一些旧书当前并未进入旧书流通市场，即使采选人员得到了图书目录，一时也形不成采访，需要耐心等待时机。因此补缺要有长期工作精神，在工作安排上要设置可持续的工作内容和工作机制。

2.2 充分利用纸本目录信息，建立日本中国学图书专题采访目录

没有全面系统的专题目录长期制约着国家图书馆，也制约着国内图书馆界对日本中国学图书的采访工作，采访人员建立工作用专题采访目录，用以弥补市场之缺是势在必行的事情。目前市场可用的日本图书信息目录非常多，既有纸版的也有网络版的，为工作中建立专题目录提供了便捷条件。

日文纸本图书目录常见的有营业书目、在版书目、专题书目、刊（报）载书目五种。营业书目是图书供应商、出版社为了对外揭示、介绍该单位产品，达到销售目标而组织形成的目录，常见图书供应商提供的营业目录有日本出版贩卖股份公司发行的《出版情报》、中国图书进出口（集团）总公司发行的《中图日文新书目录》等，而日本大型出版社基本都有自己的纸本目录供读者使用，例如汲古书院出版社出版的《汲古书院图书》、临川书店出版社出版的《临川图书目录》等，这些书目有大量的中国学图书信息，可以在采选的过程中加以专门的收集处理，作为专题目录中新书目录来源。其次，日本的一些旧书店经常发行该店图书目录，对外提示店里正销售的图书目录，这是一种很好的在版图书目录，其中收集了大量的旧中国学图书信息，如琳琅阁书店出版发行的《琳琅阁古书目录》等，这些在版图书目录中含有大量旧中国学图书目录信息，是建立专题目录非常好的旧书目录源。

另外日本出版新闻社出版发行的《出版年鉴·目录索引》，是日本全国性的纸版新书目录，每年一期，隔年出版，其中收集的日本中国学图书目录最为齐全，也是非常好的中国学图书目录源。除以上常见定期更新的目录外，还有大量的其他目录可供查找。工作中以这些纸本目录为依据，利用计算机将日本中国学图书信息按题名、责任者、出版时间、出版地、采访状况等项目进行整理，建立专题采访目录。使该类图书的采选更专业化，采访工作更符合专题文献采访规律。

2.3 充分利用日本的图书网络资源,搞好补订工作

2.3.1 充分利用好日本大型网络书店目录信息

日本大型综合性网络书店主要有日文亚马逊网、日文雅虎网、E书网、纪伊国屋书店网等,这些网络发布了他们的可售图书,对于已售缺货的图书,也明确进行标识,非常实用。笔者曾利用E书网查找补到朋友书店出版社出版的中国学图书42种。此外,日文亚马逊网除发布新书消息外,还与日本旧书网进行了连接,通过这个网站还能够得到相关旧书信息。

2.3.2 要充分利用好日本出版社等文化出版单位网站的目录信息

日本出版社有4000多家,除20多家规模较大的出版社年出版量能达400种以上外,更多的出版社出版量都非常少,专业性强的出版社,出版量更是少得可怜,有些出版社与网上书店没有合作关系,通过他们自己开设的网站,可查到该出版社的出版信息,为补订工作提供了方便。

2.3.3 要充分利用好日本旧书网

日本人爱书,对旧书不忍抛弃,因此旧书店林立,数量非常多,主要分布在东京神田町地区,大量需要补订的日本中国学图书可以在这些书店中找到。但是许多旧书店都没有自己已店的纸本目录,以前购买者只能亲临书店,仔细淘才能找到想要的图书,现在日本旧书店也开始利用网络经营。日本全国旧书商组合联合会组织建立了日本旧书屋网,已经有2300家旧书店加盟,日本有名的旧书店,如琳琅阁书店、东城书店、一诚堂书店、丛文阁书店等都加入了这一组织,开始上网经营自己的图书。通过旧书网既可知道旧书价钱、品相,如果多家有货的话还可以择优选取,特别适合图书馆等有收藏需要的单位使用。

日文图书网上目录资源比较丰富,采选人员要要对这些资源有宏观认识,掌握每个网络的特点,知道用什么样的网络可以解决什么样的问题,按需所取,择优使用。补订日本中国学专业图书,必须多种网络书目互相参考,综合使用,以确保所获信息的准确,发挥网络优势。

2.4 制定科学合理的补订工作计划

日本中国学专题图书补订工作是一件系统的工作,需要合理的安排,长期进行,以往对这类文献的补缺工作虽然非常重视,但因没将这一工作从专题文献的角度认识理解,没按专题文献的采访方式制定工作内容与工作计划,所以补订效果不理想。从专题文献的角度将这项工作从普通外文图书采访工作中独立出来,明确工作内容,工作数量,责任到人,进行制度化管理,使采访人员时刻保持高度责任意识,是提高工作效率的最佳选择。

2.5 保持与读者密切关系,利用读者需求补订馆藏

日本中国学图书采选是一门采选技术与学术水平并重的工作,采选人员一般长于采选技术,对日本中国学图书有宏观的认识理解,然而就其中某一类图书的理解无法与专业人员相比,因此在采选补订工作中要与读者保持密切关系,积极争取他们的意见,以便从读者那里了解更多的补订信息,从而确定补订重点,合理安排补订程序,有助于做好专题补订工作。

2.6 采取机动灵活的采选政策,解决市场采购问题

需要补订的日本中国学图书很大一部分在日本旧书店才能够买到,而现在的图书供应商

一直以供应现货书为主,采购已进入旧书市场的旧书的能力较弱。造成这种情况主要有两方面的原因,一方面国家图书馆将现货采购与旧书采购没有严格区别开,将采购现货的政策模式用在旧书采购中,政策的混乱给旧书采购带来了困难;另一方面多年来供应商都供应现货,旧书供应无利可图,没有将旧书供应纳入主营业务范围,造成了采购旧书能力下降。目前中国政策体制下,外文图书的采购最终要通过中介公司来完成,采选人员工作努力是通过供应商的执行情况来实现的。因此首先要采取机动灵活的政策,调动供应商供应旧书的积极性,其次国家图书馆也应尝试采取自选自购的形式补藏中国学图书,弥补供货商在这方面的不足。

2.6.1 以招标的形式约束供应商,提高供应商采购旧书能力

现在图书采购主要以招标的形式确定图书供应商,这为日本中国学图书补订工作带来了新的机会,可以利用标书,以合同的形式约束供应商必须要在旧书供应上有所作为,每年要完成一定量的旧书采购任务,使馆藏补缺得到实现。另外图书馆自身也要调整采购政策,从财务制度等方面将旧书采购与新书采购区分开,让供应商在旧书采购中有利可图,从经济角度调动供应商的积极性,为补订工作创造良好的制度空间。此外,要求供应商定期反馈采购信息,对确实采购不到的图书,应利用旧书网等工具进行审核,更换供应商,及时进行处理。

2.6.2 尝试新的采访制度,从海外直接采购外文图书

国家图书馆利用所具有的进出口经营权限,尝试从海外直接采购外文图书,扩大国家图书馆采访渠道,起到馆藏补缺的作用。目前国图采购日文图书完全依靠中图、国图、外文书店等图书供应商,馆内关于图书采购财会制度主要是针对这一情况设计的,没有给自主采购图书制定可行制度。从财会制度角度上看,国家图书馆基本丧失了海外直接采购外文图书的能力,给旧书补订工作带来了不便。国家图书馆应尝试在制度层面制定自主采买制度,尝试海外自购,从而扩大采购方式。事实上现在的图书无论是新版图书,还是散落在日本旧书店需要补订的图书,通过网络基本都可以查到相关的报价,基本不会弄虚作假,为图书自购的财会制度设计提供了非常好的网络平台,国图应充分利用这一条件,逐渐建立健全海外自购外文图书制度,将会为补订日本中国学图书提供极大的方便。

2.7 提高采选人员的工作水平与工作能力

日本中国学专题图书的采选是一项学术性非常强的工作,因此应当多创造机会培养采选人员的工作水平和工作能力,提高工作人员的责任心。

参考文献

[1]梁爱民.馆藏补缺——采访工作生要一环[C]//信息资源建设中的图书馆采访工作:第二届全国图书采访工作研讨会论文集.北京:国家图书馆出版社,2007.

[2]家乐毅.浅谈图书采访和书目利用[G]//进口图书采访论文集.北京:国际文化出版公司,1991.

[3]北京图书馆业务研究委员会.北京图书馆馆史资料汇编[M].北京:书文献出版社,1992.

[4]黄宗忠.文献采访学[M].北京:北京图书馆出版社,2001.

[5]顾犇.外文文献采访工作手册[M].北京:北京图书馆出版社,2004.

[6]刘兹恒.非书资料采访手册[M].北京:北京图书馆出版社,2004.

[7]传荣,陈晓波.文献信息方法论[M].北京:机械工业出版社,2005.

[8]国家图书馆图书采编部.新形势下的图书采访工作[G].北京:北京图书馆出版社,2005.

我国高校图书馆采购招标工作研究论文(2003—2011)统计分析

霍建梅(华南师范大学)

《中华人民共和国招投标法》于 2000 年 1 月 1 日起开始实施,《中华人民共和国政府采购法》自 2003 年 1 月 1 日起施行,作为高等院校图书馆文献购置所需的经费主要来自国家财政拨款,这些法律的实施为图书馆招标采购工作提供了操作程序和法律保障,对馆配商和图书馆双方都提供了法律保护。高校图书馆招标工作是一个兼顾各方利益的事业,面对这样的情形,政策的制定者、政策的执行者及图书馆的供货商都希望对招标工作有深入细致的了解,从而促使对图书馆招标工作的研究成为一项紧迫的任务。本文采用信息计量学的方法,根据国内学术界对此方面的研究论文进行统计分析,找出高校图书馆招标工作的缺陷,提出解决方案。希望为图书馆招标工作制度的建立健全提供参考。

1　数据来源和统计方法

本文以中国知网为检索平台,在高级检索中进行检索,检索式为:题名 = 高校图书馆 or 大学图书馆 + 题名 = 采购招标 or 采购投标。选定数据库:中国期刊全文数据库、中国优秀硕士学位论文全文数据库、中国博士学位论文全文数据库,确定时间范围:2003—2011(《中华人民共和国政府采购法》自 2003 年 1 月 1 日起施行,所以 2003 年以前无关于图书馆招标文献),进行精确跨库检索,检索结束排列顺序以时间顺序排列。得出检索结果共 144 条,全部包含在全文期刊数据库中。采用信息计量学的方法对个项指标进行统计分析,得出结论。

2　统计结果分析

2.1　发表论文的时间密度分布

某一学科论文年度发表数量在一定程度上可以反映这一学科的发展历程和发展程度及水平,表 1 展示了我国高校图书馆采购招标历年(2003—2010)发表论文量和逐年累积量及年度比例。

表 1　历年发文量统计表

年度(年)	2003	2004	2005	2006	2007	2008	2009	2010	2011
文献量(篇)	2	3	9	21	34	32	15	20	8
文献累积量(篇)	2	5	14	35	69	101	116	136	144
年度比例(%)	1.4	2.08	6.25	14.58	23.61	22.22	10.41	13.89	5.56

由上表可知,论文发表是从 2003 年开始的,这是因为高校招标属于政府采购,《中华人民共和国政府采购法》自 2003 年 1 月 1 日起施行;发表论文的总体上是上升的趋势,说明这一研究专题处于发展时期;2003—2007 年论文数量是逐年递增的,2008 年略有所降,2009 年跌的较多,2010 年开始回升。但是从 2008 年开始呈逐年下降趋势,到 2007 年,论文发表总量共 69 篇,很显然,本专题并没有达到研究成熟阶段,分析其下降原因,可能由于研究者转向电子资源采购,由于数据库与纸本文献存在着本质的区别,目前电子资源采购的研究方向主要集中于集团采购模式。尽管近两年论文数量有所下降,但仍处于上升期,2010 年的发文量(没有收录完整)就超过了 2009 年,这表明该领域仍然没有达到成熟期,招标同样适合电子资源采购,随着招标工作的不断展开,会有更多的问题出现,留待研究者对其不断完善。

2.2 发表论文期刊源分布

某一主题文献发表的期刊分布的统计分析,了解该主题的空间分布特点,有助于掌握该主题的核心期刊群。表 2 是论文发表前十位的来源期刊统计,发文共计 68 篇,占总量比例 46% ,说明本专题论文发表比较集中;发表量最多的期刊就是《科技情报开发与经济》和《内蒙古科技与经济》,这是两个比较综合性的经济刊物,这说明我国高校招标工作是比较侧重经济和实践领域。

表 2 发文前 10 位来源期刊统计

期刊名称	论文数量	期刊名称	论文数量
科技情报开发与经济	14	农业图书情报	6
内蒙古科技与经济	8	图书馆工作与研究	6
情报探索	8	大学图书情报学刊	4
图书馆学研究	6	河南图书馆学刊	4
图书馆论坛	6	图书情报工作	4

对刊登论文的核心期刊来源统计分析,能使我们了解和掌握该研究领域取得的最新的研究成果,为查询此研究课题的文献和发表此课题的研究成果提供帮助。核心期刊以 CNKI 标注为准,在检索到的期刊论文中被核心期刊收录的共 43 篇,占发表论文总量的 30% ,表明了高校图书馆招标引起了学术界的重视,但是给予的重视力度还不充分,需要图书馆学界更加关注这一领域,使我国高校采购招标制度更加完善。发文的 15 种核心期刊是图书情报界的专业刊物,说明了这方面的论文大部分是由图书情报领域的专业人士所撰写;但还有三个非图书情报领域的刊物,分别是:《出版发行研究》《西南民族大学学报》《前沿》,这说明高校图书馆招标工作还引起非专业领域(出版界、文化界等)的关注。从发表论文的作者来看,本文检索到的 144 条结果中有 128 篇论文的作者单位都是高校图书馆,属于实地从事高校图书馆工作的人员,这说明这些论文都是实地经验所得,具有一定的借鉴意义。

表3　发文核心来源期刊载文量

期刊名称	论文数量	期刊名称	论文数量
图书馆学研究	6	大学图书馆学报	2
图书馆论坛	6	前沿	2
图书馆工作与研究	6	西南民族大学学报（人文社科版）	1
图书情报工作	4	图书馆建设	1
图书馆杂志	3	情报理论与实践	1
图书馆	3	图书与情报	1
图书馆理论与实践	4	中国图书馆学报	1
出版发行研究	2		

2.3　发表论文的地域分布

对论文作者地域统计可以看出一个学科在全国地区的一个总体的发展水平和趋势,本文根据行政地理区域,对我国东、中、西三个地区的论文量进行统计,如图1所示:除有一个没有标明作者地域外,论文发表数量在地域上呈递减趋势,随着经济水平程度的提高,论文发表量也随之增加,这足以看出我国的图书馆事业发展的不平衡态势,应用信息分布马太效应原理,这种形势下,会加重东、中、西三个地区图书馆事业不平衡的趋势。

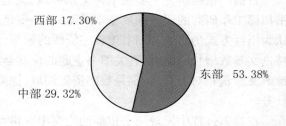

西部 17.30%　中部 29.32%　东部 53.38%

图1　论文作者地域分布

2.4　发表论文的主题分布

发表论文的主题分析可以看出这一课题主要的研究方面及不足之处。自2003年《中华人民共和国政府采购法》实施以来,一共有144篇文章,主题及时间分布如下表4。题名主题为图书的有100篇,各年度均有分布,主要集中在2006/2007/2008年度。题名主题为期刊的共有14篇,主要在2007年出现,题名主题为数字资源的只有一篇,另外还有以文献为题名,共有12篇,剩余29篇是综合主题。由此可见,图书馆的招标主要仍然是集中在文献领域,特别是图书仍然是重头戏,近年来,图书馆对数字资源引进在逐步增加,但是关于数字资源招标研究的论文并不多见,仅仅只有一篇,究其原因,可能是数字资源引进的发展还不成熟。据了解:对数字资源引进目前主要集中在集体采购模式研究领域,目前没有定论哪种采购模式适合数字资源的购买,至今没有发展到招标引进阶段,只有一个发表在小期刊上的一篇论文研究数据库的招标。

表4 论文主题分布统计表

主题年份	图书	期刊	数字资源	文献	其他
2003	1	0	0	0	2
2004	2	0	0	0	1
2005	9	0	0	0	3
2006	16	0	0	3	5
2007	21	6	0	5	6
2008	24	0	0	2	7
2009	10	2	1	1	2
2010	10	4	0	1	3
2011	6	2	0	0	0
总计	100	14	1	12	29

目前的招标研究主要集中在文献领域,而且论文数量自2009年开始下降,说明图书馆图书招标工作研究的研究领域基本成熟,但是很显然图书馆招标研究不足,仍然有待发展。本文认为招标方式仍然适合图书馆数字资源的购买,所以作者猜测招标领域正处于分化阶段,在保持论文基数增长的同时,有关图书主题的论文会在未来时间里相对下降,而关于期刊和数字资源的文献量相对上升,特别是数字资源领域,探究数字资源引进的适合方式也是一项很重大的任务。

在检索过程中发现图书招标的论文中有很大一部分是关于图书招标过程中的问题和质量控制,这说明图书馆招标不能解决所有的问题,招标进程中还要注意引进资源的质量控制和质量控制的对策研究。经过对近年来对其研究的集中,发现采购招标工作问题主要集中在以下几个方面:

(1)供货商选择困难:图书采购招标是一件新生事物,由于招投标制度的不健全和经验的缺乏,致使某些商家在投标时以价格为优势中标,而服务则无法保证。在招标后因价格等原因迟迟不能到货,直接影响图书馆的到书率、馆藏质量甚至声誉。外文期刊招标的供货商也具有很大的风险,招标方对供应商的选择仅局限于几家知名公司。对我校几个期刊中标公司调查后发现,无一例外限于中国图书进出口(集团)总公司及中国教育图书进出口公司,而授权代理商只能代理数据库捆绑的少数几种期刊。

(2)招标报价存在风险:高校图书馆采购不同于其他大宗货物采购的现货交易,不是一次性采购,而是一个持续性的经济行为。目前的图书采购是预订与现采相结合,预订的图书中有部分是期货,由于订数不足、作者包销等原因,导致招标货物、交货时间等有很多非控的、不可预知的因素,致使采购人和投标人的责、权、利在法律意义上没有非常明晰的标准。外文期刊价格构成更为复杂,影响因素很多,包括目录报价、关税变动、加乘系数等,加之各代理公司与外国出版社或者中间代理商谈判时,因信誉度、业务量等多种因素的影响,拿到的外刊价格不统一,所以同种外文期刊各公司也会报出不同的价格。[1] 鉴于上述多种因素,招标时要对报价进行充分的调研,将各种因素考虑全面。

（3）招标合同不规范问题：图书馆采购是属于政府采购的范畴，政府采购的法律制度仍然不完善，法律合同监督机制不规范，出现很多地方对政府采购中的供应商资格审查程序过于简单，对政府采购中供应商及承包商是否真正有履约能力或其投标是否真实可靠不能真正落实，出现虚假中标或中标后违约的情况。某些商家在配套方面能省则省，不能提供出版信息，不能保证到货率，甚至连自己在竞标时的承诺都无法履行，严重扰乱了图书市场。[2]图书馆采购连续性强，特别是数字资源的采购，技术性要求比较高，更需要售后服务内容，如果出现虚假中标或违约现象，可想而知，图书馆和图书馆用户会遭受多么大的损失。在高校图书馆招标的133篇论文中只有一篇是关于招标合同问题的，作为招标工作的最重要环节，没有得到应有的研究是很不正常的现象。因此需要加强招标合同制度方面的研究，才能使招标合同制度逐渐规范，政府采购走向正规依法执行，图书馆和图书馆用户也能在从中受益。

（4）高校招标组织委员素质问题：据调查，目前高校图书馆图书采购招标小组的部分成员对招标、投标的专业知识了解不够，对图书市场信息掌握不全面，评标工作质量有待提高。同时小组成员的价值取向上存在一定的差异，可能会影响评标工作的客观性和公正性。他们大多从价格优惠的角度选择书商，标准单一，在某种程度上忽视书商提供的图书质量和相关配套服务等。

3　建议

3.1　成立采购招标小组

按招标法规定，为确保公平，招标小组成员中，专家必须占有三分之二以上的比例。相关人员在加强自身修养、认真学习招投标知识及相关法律法规的同时，还要加强与图书馆方面的沟通，充分了解图书馆的实际需求，平时要注意了解图书市场的变化，掌握图书市场的有关信息。所有小组成员按照严格的评标标准，从标物质量、数据质量、售后加工、信誉、价格等方面进行评分，体现招标工作的公开、公正、公平原则。

3.2　加强对供货商的审查力度

知己知彼，百战不殆，选择正确的供货渠道是图书馆采访的重中之重，需要慎重。招标前作为招标方的图书馆应尽可能邀请代理商参加投标，扩大招标的范围，增加可选性，这样才能好中取优，真正发挥市场竞争的作用。评标之前，图书采购招标小组对书商进行严格的资质审查，审查内容包括法人资格、综合实力、经营范围、财务状况、信誉、售后服务等，并要求其提供以往和其他高校合作的情况记录。图书馆在与馆配商签中标合同时，应该明确双方的权利与义务、行为与准则、问题仲裁与解决方案，这就从法律上规范当事人各方面的行为，有利于建立图书馆与馆配商和谐的利益共生关系。[3]

3.3　做好招标报价准备

不打无准备之仗，在进行招标前，对标物进行综合考虑，预定货物的数量、期货与非期货、价格、交货时间等可控制因素和非人为控制因素尽可能考虑在内，特别是外文期刊和数据库的引进的影响因素更多，需要更专业人员对其进行评估、调研，对各种因素全面权衡，然后做出合理报价。

3.4 提高合同精细化程度,规范合同文件

招标采购中比较关键也是最后一个环节就是合同的签订,如果出现漏订、错发、缺期等服务问题,都会给图书馆带来无法弥补的损失。因此,首先应规范招标法律合同制度,在招标采购合同中要详细列出违约方应承担的相应的赔偿责任及处罚的数额比例,尽量避免一些模棱两可的词语,应当明确需要承担的责任,尽可能全面地列出可能产生争议的事项,详细规定违约补救措施。要严格合同签订,写清双方的责任和义务,在法律层面上促使双方认真履行合同职责,从而确保书刊采购质量。[4]

4 结语

根据以上数据分析,我国高校图书馆采购招标研究正处于发展阶段,属于学术的自然上升期,出现发展滞后和地区不均衡等现象,在内容方面偏重于图书采购招标研究,关于期刊、数字资源的引进招标研究暂时缺乏。作者预测,未来图书馆采购招标研究论文还会呈现上升趋势,而且会更加关注数字和期刊资源的招标引进。随着实践中招标工作的展开,更多的现实问题随之出现,留待日后不断完善。

参考文献

[1]刘凤侠,赵杰.高校图书馆外文期刊招标存在的问题及对策分析[J].图书馆建设,2010(2):25-27.
[2]倪胜霞.高校图书馆期刊采购招标的合同履约管理[J].图书馆论坛,2010(1):89-90.
[3]丁金龙.高高校图书采购招标的质量控制研究[J].图书馆,2009(5):128-129.
[4]吴晓骏.高校馆图书采购招标的现状与问题[J].图书馆杂志,2008(3):34-35.

红色文献征集的难点及具体征集办法

——以韶山毛泽东图书馆为例

蒋　娟(韶山毛泽东图书馆)

何谓"红色文献":红色文献主要是指自1921年7月中国共产党成立起至1949年10月新中国建立之间由中国共产党机关或各根据地所出版发行的各种文献资料,其中包括党的领袖著作、党组织各类文件及根据地出版的各种书籍和报刊杂志等。这些红色文献是在十分艰苦的战争年代中发行的,当年的印刷数量本来就不多,一般也就几千册或数百册,且经历了持续战火的洗礼,故留存下来品相完好的书刊很少,有些到今天已成为孤本了。韶山毛泽东图书馆是纪念性专业图书馆,主要收藏毛泽东著作版本、思想研究方面的图书,笔者以韶山毛泽东图书馆为例,谈谈红色文献征集的难题及征集程序。

1 红色文献征集的必要性

红色文献泛指建党之初至新中国成立前出版的文献资料，它直接见证了新中国的成长史，每一部文献在当时的历史条件下出版都具有它的特殊性，具有很高的研究价值。据对我馆收藏的一部 1945 年 7 月苏中出版社出版的《毛泽东选集》的研究，它是目前发现出版时间较早的一部，原来准备出版四卷，于 1945 年 7 月出版第一卷后，由于日本宣布无条件投降，苏中出版社的机构、人员调整，其余的二、三、四卷未能继续出齐，因此我们见到的苏中版的毛选只有第一卷。而在已发现的第一卷中有三个版式，书中内容虽然存在许多错讹，但是瑕不掩瑜，它的出版，以其独有的风格特点在毛泽东著作出版史上写下了重要的一页。它的出版发行，极大地推动了新四军和华中敌后根据地广大干部、党员、军队指战员、人民群众学习和贯彻毛泽东思想，为争取抗日战争和全国解放战争的胜利、建立中华人民共和国，发挥了重要作用。

《孙中山先生论地方自治》是一本看似平常的 40 年代出版的图书，通过仔细研究发现：它收录文章二十四篇，第一篇就是《苏联对日宣战后毛主席发表声明》即《毛主席选集》第三卷的《对日寇的最后一战（1945 年 8 月 9 日）》，最后一篇才是《孙中山先生论地方自治》，其余二十二篇都是当时的政论文章；书的封面印的正申书局，其实当时根本就没有正申书局，而国民党创办的官方出版社正中书局，"正申书局"乍一看好似"正中书局"。这些充分说明编印同志用心良苦，这么做是为了在国民党统治区以"合法"形式蒙蔽敌人的耳目，以便在人民群众中宣传党的方针政策，所以它是一本经过精心伪装的红色革命、进步书刊。

2 红色文献征集困难的原因分析

2.1 价格逐年上升

1993 年以前，红色文献收藏还是收藏界的一大弱项，大部分红色文献保存在个人手中，甚至很多在废品店中被作为废品待处理中。1993 年毛泽东主席 100 周年诞辰，中国书店首开国内书刊拍卖"红色文献"之先河，敏感的收藏界马上意识到红色文献的重要性，纷纷去民间甚至直接去废品店低价收购，保存了这些珍贵文献。同时经过书商的炒作，红色文献的炒作越来越火爆，价格越炒越高。在 2010 年 11 月北京"中国书店 2010 年秋季书刊资料拍卖会"上，一套品相很好的 1944 年 5 月晋察冀日报社出版的《毛泽东选集》竟以 21.28 万元的天价成交，一时轰动藏书界。通过比较 2006 年及 2011 年的部分毛泽东著作价格（表 1），更可见这些红色文献价格飙升速度之快，在 2013 年毛泽东诞辰 120 周年中将掀起更大的高潮。

表 1 毛泽东部分著作价格对比

书　　名	出版社	出版时间	价格（元）(2006)	价格（元）(2011)
论联合政府	华北新华书店	1949 – 02 – 02	100	1000
论人民民主专政	人民出版社	1949 – 07 – 01	150	500
在延安文艺座谈会上的讲话	华东书店	1949	150	1000
论联合政府（封面有毛像）	华东书店	1949	160	880

续表

书　　名	出版社	出版时间	价格(元)(2006)	价格(元)(2011)
在延安座谈会上的讲话	解放社	1949－06－01	120	360
农村调查	东北发行	1948－01	200	980
论人民民主专政	解放社	1949－09－01	580	2000
毛泽东选集(太岳1－6卷)	太岳新华书店	1947－10	80 000	380 000
毛泽东选集第1卷	苏中出版社	1945－07－01	15 000	68 000
论持久战	东北书店	1947－02－06	380	1200
论人民民主专政	新华日报	1949－07－01	200	1000
新民主主义论	新华日报华北分馆	1940－05－01	1000	3500

2.2　分散在书商和收藏家手中

早在2004年10月21日,"毛泽东著作早期珍本"全国文物普查课题组在河南省郑州市举办的新闻发布会上,课题组公布了一条令人惊诧不已的新闻:河南民间收藏家杨翔飞共收藏了毛泽东著作早期珍本2590册,比国家馆藏多出860余册,其中300多本相当稀缺和珍贵,在国家馆藏和其他省市都尚未发现。在湖南收藏家刘昌年的家里,见到了1948年东北书店出版的《毛泽东选集》皮面装这一特殊版本,据查证当时仅印刷了十套,这也是我们见到的唯一的皮面装毛选,布面装的倒是多见。在新泰市青云山庄的小别墅里,我们见到了被上海大世界基尼斯总部确认为"收藏毛泽东著作版本最多的人"的柏钦水,45年来,他坚持收藏1917年以来国内外2000多家出版社和单位出版印制的各类毛泽东著作版本达7000余种50 000多册。柏钦水手中有一大批十分珍贵的、甚至是国家馆藏都没有的革命史料。作者在全国最大的旧书网——孔夫子旧书网上以"毛泽东"为主题词检索出民间收藏毛泽东著作的册数高达12万余册,网上书店更是不少,光北京地区就有1700余家。孔夫子网上挂的这些版本还不是最珍贵的版本,那些珍贵的存量很少的版本更多的是被有名的收藏家永远收藏。红色文献能被民间收藏家收藏,也算是比较好的归属,但如果能被文博单位或专业研究单位珍藏才算是更好的归属,因为这些版本被这些单位保存,可以为更多的读者提供研究参考。

3　红色文献征集的解决办法

随着社会的发展,民间收藏日益活跃起来,公立博物馆、纪念馆、图书馆等过去沿袭的社会捐赠文物的活动正在日益减少,许多馆不得不面临红色文献征集收藏日益艰难的压力。红色文献是韶山毛泽东图书馆发展的基础和前提,一个藏品数量少且单一的馆,不可能为社会提供丰富的资料,不可能为社会主义文化的大发展大繁荣作出应有的贡献。如何改变红色文献征集日益困难的难题。韶山毛泽东图书馆于2010年展开了一次大型红色文献征集活动,从准备到实施,笔者都全程参与,就征集过程中遇到的一些难题作一些阐述,给一些单位提供一些有益的思考和启迪。

3.1 信息收集

韶山毛泽东图书馆主要收藏毛泽东著作、国内外研究毛泽东思想和中国革命的图书。开馆 16 年以来，共征集到的毛泽东著作版本有 3305 种，8921 册，距离统计的全世界出版的毛泽东著作版本 8300 多种有很大差距。毛泽东著作是红色文献中的一个亮点，由于红色文献的价格逐年上升，有限的经费已不能购买许多珍贵版本，但毛泽东图书馆不断与民间收藏家交朋友，获得了许多信息，如北京秦杰、程辰，河南杨翔飞、湖南张曼玲、刘昌年、新泰的柏钦水等收藏家，对他们的藏品了如指掌。

3.2 抓住机遇

就是争取资金，因为国家对红色文献的征集力度不够大，资金支持较少，而目前红色文献作为收藏界的重心，价格涨幅太大，红色文献的抢救性征集已迫在眉睫。相关单位应该抓住各种机会，争取更多的资金，如抓住 2011 年我党建党 90 周年，2013 年毛泽东主席诞辰 120 周年等时机，要创造性地开展文献征集工作。

3.3 实施征集

自 2003 年 1 月国家实施政府采购法以来，图书馆文献征集也渐渐走上政府采购之路。由于红色文献的分散性，决定它的征集只能走单一来源采购方式，具体程序如下：(1)采购方式申请报批。必须符合单一来源采购方式；(2)成立谈判小组，谈判小组成员必须是三人以上的单数组成，其中专家人数应为总数的三分之二以上。采购人代表应当作为小组成员之一；(3)组织谈判并确定成交供应商；谈判过程中谈判小组必须认真辨别文献真伪、品相，供应商可以有二次报价，谈判达成一致意见后，采购人必须对谈判结果进行认可，并填写单一来源采购审核表；(4)成交供应商提交履约保证金；(5)组织签订合同一式六份，按照政府采购中心的要求完成合同签订工作。

3.4 不可避免的问题

与收藏家、书商们打交道的过程中，他们担心得最多的就是资金信用问题。因为必须走政府采购流程，按照程序执行，不像个人的买卖，双方达成买卖协议，就一手拿书一手拿钱走人。我们需要反复跟他们解释政府采购程序，如果遇到对我们缺乏信任的书商，会担心书款到帐太麻烦，本来谈好了价格，最后却不愿出售；有些熟悉的书商即使将书签订了合同，也总是担心书款不及时，要不停地追查；有时政府采购办的事办好了，也许银行方面不及时导致书款拖延，经常会引起对方的误会。

而我们担心的是书的真伪问题。随着红色文献的炒作升温，必然有些不法分子制假赚取利润。目前确实发现市场上已有许多赝品，所以采购员必须加强对历史知识及版本的学习，仔细甄别真伪，用有限的经费征集到最珍贵的书。

参考文献

[1]施金炎.毛泽东著作版本述录与考订[M].海口:海南国际新闻出版中心,1995.
[2]中国湖南政府采购网[OL].[2011 - 09 - 10].http://www.ccgp-hunan.gov.cn/.

[3]中国新闻网.红色文献:收藏领域的新版块[OL].[2011-09-10].http://www.chinanews.com/cul/2011/06-29/3145757.shtml.

[4]孔夫子旧书网[OL].[2011-09-10].http://www.kongfz.com/.

周边国家非通用语种的文献采访工作策略探讨

李 伟 马 静(国家图书馆)

我国一直重视同周边国家关系的发展,特别是改革开放以来,多边经贸合作关系不断加强,中国在和平的外部环境下经济建设的步伐不断加快。在全面建设社会主义的过程中,中国不仅需要一个和谐团结的内部环境,更需要一个睦邻友好的周边环境,这就要求我们对周边国家的政治、经济、文化有一个较为全面和及时的了解。因此,如何加强对周边国家文献采访工作的力度,进而更好地为国内相关学者、政府部门、立法决策机构提供舆情分析工作的文献支撑是摆在我国图书馆工作者面前的一个重要问题。

1 周边国家非通用语种文献的采访重点

1.1 中国学文献

古语云:"它山之石,可以攻玉。"为了更好地了解"世界眼中的中国",图书馆应着意加大周边国家出版的专论中国的书刊文献,以及海外华人撰著、翻译、编辑的书刊文献。作为一种跨文化、跨语境的研究方式,中国学是国外汉学学者对中国历史与现实的一种多元观察,其相关著述应当被图书馆重点收藏。因为首先,来自不同文化背景的学者在研究中国的同时,必然会自发地将中国的学缘同其"母国"的研究方法、哲学逻辑联系起来,从而建立起一套新的理论模型和与国内主流观点不同的研究结论,进而为中国人了解中国开启了一扇视角独特的学术窗口。其次,由于各国的战略利益基点各异、意识形态情况复杂,中国国家形象在周边地缘国中的映像肯定也会由于主观条件不同而呈现多元化的特点。通过对"别人眼中的中国"进行梳理和调研,能够更好地帮助我们了解自己,进而追溯邻国的国家利益和意识动机,使中国有的放矢地制定相关政策方针,妥善处理与周边国家的关系。

1.2 地缘政治、国家安全研究

中国同周边国家安全机制的构建是中国地缘战略的核心利益。图书馆在采选周边国家文献时应重视与地缘政治、国家安全研究相关的学术著述,密切配合国家建设的大局,从国家安全的高度提高对周边国家相关论述文献的采访力度,配合相关部门做好舆情观测工作。

1.3 国家间经贸、能源合作发展研究

中国与周边国家都面临着发展经济的共同要求,同时也都面临着环境、资源、人口等问题

的挑战与威胁,因而需要加强合作以共同对付威胁。中国与周边国家发展经贸合作有利于各自国内的经济发展,同时由于与周边国家存在特殊的地缘政治关系和经济上的紧密联系,周边各国的繁荣和发展也符合中国的核心利益,是我国经济发展重要的外在条件之一。为了实现真正意义上中国的和平崛起,图书馆采访工作者要紧抓经济发展这个主题,使馆藏文献切实为经济大局服务,以采访工作为手段使中国一方面对周边国家的能源政策有所了解,并在了解对方的前提下"搁置争议、共同开发";另一方面,为我国积极学习邻国的能源开发技术和节能经验,推进我国经济结构的调整和节能减排措施的进一步强化创造良好的文献资源环境,最大程度地发挥图书馆的社会效益,实现"书有所用"的终极价值。

1.4 周边国家政府出版物

政府出版物即各国政府及其所属机构出版的,具有官方性质的文献,又称官方出版物。各国对政府出版物大致可分为两类:一类是行政性文件,包括会议记录、司法资料、条约、决议、规章制度以及调查统计资料等;另一类是科技性文献,包括研究报告、科普资料、技术政策文件等。政府出版物数量巨大,内容广泛,出版迅速,资料可靠,是重要的信息源。近年来,中国同周边国家间政治、经济交往日益密切,这要求相关政府部门和从业人员不仅要熟悉国际法,了解国际通行规则,使自身的政治、经济活动符合国际惯例的要求,也要求在开展国家间合作的同时对对象国的法律、法规有较为清楚的认识,确保国际合作在双方国家法律的许可和保护下顺利开展。

2 周边国家非通用语种文献的采访途径

2.1 周边国家非通用语种文献的采购

2.1.1 馆配商采购

随着馆配商模式的不断发展和完善,馆配商在图书供需链中所起的作用越来越大,已成为图书馆采购图书的最主要渠道。馆配商是介于出版社和图书馆之间,以赢利为目的,向图书馆提供纸质图书及馆配服务的图书供应商。[1]图书从出版社出版后,通过馆配商的集中和整合被直接送到图书馆用户的手中。在馆配商采访模式中,作为唯一媒介的馆配商,其服务水平的高低很大程度上决定了图书馆采访工作质量的优劣。因此,全面科学地开展周边国家非通用语种文献的采访工作,需要图书馆同馆配商高度协作,共同提高目标文献的采全率和采准率。

首先,做好周边国家非通用语种文献采访工作,需要馆配商整合周边国家书目信息,加大图书报道力度。中国周边国家出版业发展较不均衡,除少数国家如日本、韩国等外,多数国家的出版业发展状况并不理想,出版社出版量不大,营销宣传渠道不畅,这就要求馆配商能够细致地搜集各类非典型书目信息,化零为整,深入整合,将对象国出版的相关文献完整、全面地呈现给图书馆选书人员。

其次,周边国家文献采访工作要求馆配商尽量缩短物流环节,减少物流成本,提高物流效率。尽管与期刊相比专著的时效性相对较弱,但从图书发订到进入流通,面向读者服务仍有一定时间周期的要求。周边国家出版状况差异大,供货方式多,货运流程存在诸多不同,这些问题给周边国家文献的采访工作带来了较大的困难。这要求馆配商积极协调物流环节,调整发订流程,紧抓到付时效,实施积极的采访过程管理,确保文献的到付及时、全面。

第三,周边国家文献采访要求馆配商积极协调同海关、新闻出版总署等相关单位的关系,全面掌握政策动态,在严格遵守国家相关法律法规的前提下,积极拓展同相关国家的出版物外贸关系,理顺同周边国家出版物贸易的行政环节。同时,馆配商还要熟悉对象国的出版物出口制度,实现图书馆所采出版物双向无障碍的进出口流通,避免因为政策把握方面的原因造成的进口困难。

2.1.2 大型出版集团采购

采访人员应该熟悉所采文献对象国的出版动态和出版趋势,了解不同出版集团的学科专长、出版优势和出版数量。采访工作可以从出版集团作为切入点,开展特定领域的文献采访工作。如日本著名的汉籍收藏机构有内阁文库、东洋文库等,采访人员可以此为线索开展中国学文献的报道、采访工作。又如,在韩语文献外国文学领域的采访工作中,兰登书屋韩国公司、贝塔斯曼韩国公司等都是在打造享有盛名的出版社;而 Hackers 语言学研究所、效率英语、NEXUS 等机构则在英语语言类学方面独有建树。[2]

2.1.3 出版物电子商务平台

随着电子商务在货物存储、物流环节等方面的优势日益被公众所广泛认知,网上书店的选书模式也渐渐被图书馆采访工作者所采用。Amazon 商业模式的巨大成功为图书馆采访工作带来了新的视角,网上书店不仅对出版物的展示更直观,更彻底,更全面,而且对出版物的读者开放式评价对采访人员也是一种有益的参考,使采访工作在流程之初便能考虑到工作的最终服务对象——读者的真实意见和反馈,提高了采访工作的准确性和针对性。

2.2 数字资源的共建共享

共建共享一直是图书馆界所追求的理想的合作状态,早在 1996 年在北京召开的第 65 届国际图联(IFLA)大会上,资源共享就已成为大会的重要主题之一。数字化技术和网络通讯手段为打破国家间的物质藩篱提供了手段前提,使得文献资源的同时异地传递和用户间的"信息共享,机会均等"成为可能。

中国周边国家作为同质文化下的多元建设主体,其所进行的馆藏积累具有独特性和不可替代性,各国应通过多边的合作框架,合理解决数字出版物的版权问题,订立数字资源共同开发利用的合作协议,实现数字条件下各国信息的共建共享。近年来,数字资源的共建共享工作方兴未艾,以中国国家图书馆为例,自 2000 年便开始进行馆藏资源的数字化加工工作,截至 2010 年年底,数字资源总量已达 480TB,其中全文数据内容近 2 亿页,内容涵盖了中文图书、博士论文、民国文献(图书、期刊和法律)、音视频、数字方志、甲骨实物与甲骨拓片、金石拓片、西夏文献、年画、中国学数据库等。[3]又如,新加坡图书馆在"数字资源本地化、本地资源数字化"的原则指导下建成的 Singapore Pages 工程,将一系列新加坡、东南亚资料数字化,并提供数据库服务。目前已建成新加坡文艺作品在线、新加坡研究指南、新加坡图像、新加坡风土人情、新加坡信息百科等几个分类数据库。目前,中国周边国家许多实力雄厚的图书馆均在馆藏资源数字化上取得了较大的成就,在此有利条件下,如何在妥善处理版权事宜的前提下,合理利用各国自建数据库资源,进而实现数字资源的共建共享是当前数字资源采访、数字文献建设领域值得深入探讨的问题。

2.3　周边国家非通用语种的交换

交换在文献周边国家非通用语种采访中具有重要的作用。"以我所有,换我所无"是出版物交换的重要原则,在某些国家和地区购买渠道不畅的情况下,交换是弥补采访不足的重要手段。此外,某些政府出版物、重要学术会议集刊、特殊行业年鉴等具有重要研究价值的出版物由于出版量较小往往难于购买,通过同相关单位的交换协议可以满足部分该类型文献的采访需求。

近年来,随着数字技术在图书馆领域的广泛应用,出版物交换工作也迈入了一个新的阶段,网上交换平台逐渐开始被周边国家大型图书馆接受,交换工作从传统的点对点的信件式单一模式向点对面的平台式集成模式转变,交换的效率和广度均得到了很大程度的提高。

2.4　周边国家非通用语种文献的受赠

经济的发展为各国的文化宣传工作提供了坚实的物质基础。各国为了提高自身文化的软实力,加大文化走出去工作的力度,纷纷开展了旨在弘扬各自民族先进文化的赠书工程。如韩国政府的韩国之窗计划,凡申请的图书馆就可以一次性获得1000—4000本的韩/英文的赠书,之后5年每年还可以继续得到200本图书的捐赠。朝鲜人民大学习堂也一直致力开展赠书活动,其所赠送的中文版《今日朝鲜》等28种宣传类刊物对我国了解朝鲜国情具有十分重要的研究价值。

此外,周边国家的个人赠书活动也十分活跃。亚洲许多地区的学者、专家都有藏书、赠书的优良传统,这些学者经常不定期向相关地区图书机构赠送出版物,其中许多图书都是绝版旧藏,为我国图书馆文献的补藏工作作出了巨大的贡献,也体现出了这些学者广博的文化视野和无私的学术情怀。

3　周边国家非通用语种文献采访中的问题

3.1　出版资源不足

周边国家非通用语种图书的出版源主要包括国内和国外两部分。中国周边国家经济发展水平极不平衡,各国的出版业状况也参差不齐,许多语种文献,如老挝文、印尼文、菲律宾文等出版量相对不足,为我国图书馆相关采访工作带来了许多困难。而一些国内专业性较强的出版社,如外语教学与研究出版社、世界图书出版公司北京公司等所出版的一些语言学习方面的教材,以及通过引进版权后所出版的部分原版图书的影印版等,无论品种还是学科范围都无法和国外出版源相比。总的来说,相对英语图书出版源而言,非通用语种图书的出版源所占比例少,国内购书渠道的购书目录和外文图书展销会上所提供的非通用图书远不能满足读者的需求。

3.2　采访渠道不畅

采访渠道不畅表现在两个方面。第一,采访书目源不足。图书馆采访人员通过正常订购渠道所能获得的外文图书书目中几乎没有与小语种相关的原版图书的目录信息。第二,周边国家一些国际性大出版社出版的非通用语种图书,往往受中外文化交流与图书发行渠道的制约,真正能进入国内市场的数量非常少,而且由于中间环节多、物流渠道繁复,导致图书的价格较贵。第三,国内小语种图书的出版受市场及经费制约,引进出版的小语种图书品种相对较少,主要集中在语言学习方面,无法满足国内对小语种图书的需要。

3.3 交换/赠送协议不稳定

通过交换/赠送协议获取文献的方法可以弥补部分购买渠道难以满足的采访需求,但是,与买卖合同不同,交换/赠送协议是非强制性的合同关系,双方对合同的履行在外部条件的影响下很有可能发生变更或终止。首先,在交换/赠送具体的操作过程中,亚洲国家普遍采取"先到先得"(first come first serve)的原则,在此原则下,交换/受赠单位受限于不同的联系环境、人员应答时间、采访流程等客观条件,所做出的订单反应时间必然存在个体差异,因此采访单位的订单很难得到全部满足,所获得图书的数量具有较强的不确定性。其次,各国交换/赠送协议普遍受到较强资金制约,当机构资金拨付遇到困难时,交换/赠送项目往往首当其冲地受到影响,项目规模在不同财政年度波动较大,个别时期甚至出现中断或终止,影响对方单位日常采访工作的规划和开展。

3.4 非通用语种人才不足

缺乏相关背景的采访人员是目前我国大多数图书馆非通用语种图书采访工作所面临的共同问题。造成这一现状,一是,因为受历史大环境的影响,高校外语教育长期对非通用语种的人才培养不足,人才供需失衡,导致掌握非通用语种的采访人员缺乏,非通用语种干部覆盖面不足;二是,由于非通用语种文献出版规模较之英语等联合国通用语言文献偏小,读者受众较狭窄,专职采访人员往往面临无书可采、岗位工作量不饱和的情况,图书馆采访部门不易安排流程作业;三是,非通用语种往往语法较为困难,教育资源、学习材料相对匮乏,导致进修困难,现有采访人员难以通过业余进修自学成才。

参考文献

[1]黄金凤.民营馆配商的演进及对图书馆藏书建设的影响[J].图书情报工作,2010,54(13):51-54.
[2]杨状振.韩国出版发行业运营现状扫描[J].对外传播,2010(5):54-55.
[3][2011-08-12].http://res4.nlc.gov.cn/home/index.trs? channelid=19.

国家图书馆西文图书招标工作回顾

李 伟 朱硕峰(国家图书馆)

1 引言

2000年、2003年我国《中华人民共和国招投标法》和《中华人民共和国政府采购法》先后出台并实施。其中规定各级国家机关、事业单位和团体组织，凡使用财政资金采购依法制定的集中采购目录以内的或者采购限额标准以上的货物、工程和服务的行为，以及大型基础设施、公用事业等关系到社会公共利益、公众安全的项目，均需进行招标。图书馆的文献购入也被包含其中。

国家图书馆的文献资源采购经费全部来自国家财政拨款。近几年来，每年文献采购经费达上亿元人民币，其中西文图书文献采购经费每年平均也在3000万元人民币以上。如此巨额的经费怎样实施招标采购，如何发挥其最大的效益，并不是一件易事。从2007年以来，国家图书馆进行了两次西文图书文献采购代理商招标，目前国家图书馆西文文献的主要采购渠道是通过国内各主要图书进出口公司，招标范围也是针对国内的各家图书进出口公司，本文主要就国家图书馆西文图书招标采购的一些问题进行探讨。

2　招标前期准备工作及难点

招投采购制度本身不是新鲜事物，但用在图书馆文献资源建设中在我国还比较新。我国图书馆实施招标采购基本是高校图书馆早于公共图书馆，中文文献早于外文。国家图书馆西文图书招标采购在国内不是最早的，但由于其资金多、采购数量大、图书种类繁多和多语种等特点，使其他图书馆经验的可借鉴性非常有限。

为了实施好招标采购工作，2006年年底国家图书馆成立了招标工作小组。该小组由馆领导挂帅，计财、国资、审计、采编等部门相关人员组成，主要负责起草各种招标文件，主要包括：招标公告、供应商投标资格审核、评判依据及评分标准、具体业务需求。最终确立的基本目标是：通过招标采购工作要更好地满足国家图书馆馆藏建设发展的需要，满足西文图书采访业务发展的需要，提高经费使用效率，减少购书成本，提高服务的技术成分和科技含量，加快到书时间，提高到书率，并通过招标采购开始尝试西文图书采访某些环节的外包加工。

西文图书作为招标采购对象，不同于其他货物、设备等标准化物品的招标，也有别于中文书的招标。中文书招标还可以确定出版社或采购数量和出版物名称，有特定的标的，或基本清晰的地域分包范围划分。而西文图书无法事先确定要招标采购的数量、种类和金额等具体指标。因此如何科学合理地分包是这项招标工作的基本必要条件，也是难点问题。

首先是因为西文图书出版本身存在着极大的不确定性。主要表现在：一、西文图书出版地域范围广。除欧美等传统西文图书出版强国外，亚、非、拉、澳等地也出版相当数量的西文图书，全球出版的英文图书在2007年达到近26万种。[1]二、西文出版社数量非常庞大，种类多。仅美国的出版社大约有5.5万多家，年出书100种以上的出版社有150多家。[2]尼尔森图书数据显示，英国目前约有4500多家出版公司。[1]大的出版集团与小的独立出版社在出版数量、内容特点等方面完全不同，而且出版社的图书出版数量、出版时间、价格等都是不可确定因素。三、出版社之间的隶属关系复杂。20世纪90年代以来，出版社兼并重组也十分频繁，有时出版社整体转让或部分转让，导致出版社的隶属关系发生变化，有的隶属层次有三、四层。这些不确定因素都给招标分包选择上带来一定的难题。

其次，国家图书馆文献资源建设的特有要求也对招标采购提出了很高的要求。在内容上我馆采访方针是"外文求精"，又分为全面采选、重点采选、适当采选和不予采选四个等级。[3]具有学科全面、覆盖地域广、多种类、多语种、多层次、不采购复本等特点。与高校、专业图书馆相比,入藏范围更大,可选择的图书种类更多,因此招标工作的难度更大。

如何把西文图书的出版不确定性与国家图书馆的文献资源建设有机地结合起来是一大难点。经过反复研究和广泛征求意见,最终确定还是按照主要出版社分包。分包情况主要有两类。一类是以单个出版社或出版集团进行划分。这类出版社是欧美高水平西文出版物的最重要的出版者,它们历史悠久、市场份额大、高水平作品多,每年有稳定的出版量和营业额,是我馆入藏西文图书的主要来源。最终遴选了几十家大型出版社或出版集团单独分包,即 A 类包西文图书货物标;另一类是其他包。没有指定出版社名称,它覆盖了 A 类以外的所有出版社和西文其他语种。这部分出版社数量庞大、规模相对较小、年出版量小,但其中不乏高水平的作品,主要包括非商业出版社,学协会、大学出版社,德、法文等图书以及非商业机构出版物,统称为 B 类包。

3　西文图书订购需求提出

分包方式确立后,如何提出图书馆的采购需求,是招标工作的重要一环。采购需求的提出既要满足本馆文献采购入藏的流程、规范,又要切合实际,考虑代理商即投标者的普遍能力。

对于从事西文图书进口的书商来说,招标不是单纯的价格竞赛,而是书商综合实力的比拼,试想如果只有较低的价格,但图书馆需要的图书文献订不到或订到率低,对图书馆来说也不是最好的选择。因此除了应具备进出口许可资质、营业资格、一定资金规模、固定的营业场所等招标工作所必需的硬件条件外,还应有一支素质较高的了解国外出版动态和发展趋势的专业人员队伍,较强的信息搜集、分析加工和编辑能力,能提供符合图书馆要求的书目信息报道源,具备主动了解和理解图书馆需求的能力,并能够根据图书馆的特色需要提供比较个性化的服务,这些都是投标书商"软实力"的体现。

对于图书馆来说,图书文献采访工作有其自身的一套规范,是一项长期的、持续性的工作。不同类型的图书馆其需求可能不一样,而且现有的各种需求也是会随着社会、技术和馆情的发展而不断变化,并非一成不变的。

综合考虑多种因素,我馆制定的招标书提出的需求主要内容包括书目信息报道、采购服务、图书配送时限、图书配送验收清单等。例如:代理商具有良好的图书信息渠道和信息搜集能力,书目学科范围广,出版社覆盖率高,特别是中小出版社、大学出版社以及学协会出版物的报道能力,对书目及时编目加工处理能力强;了解国家图书馆西文图书的采访方针和重点建设学科,能及时提供月度最新、全学科、多文种的新书目录,定期出版专题目录和所需出版社指定年代的回溯目录;现报图书在订单发出后 4 个月内应到货,预报图书应于出版后 4 个月内到货。平均到货率应不低于 90%;对图书馆发出 1 年以上未到书的订单,应主动对外做好催询工作,定期将结果通知图书馆,指明哪些可继续供,哪些将注销订单,说明原因(绝版、暂时缺货、推迟出版、出版计划取消等);中标书商应提供良好完善的配送服务,为到书提供发票和简洁、完整、清晰的总清单(一式两份),包括书名、书号、种/册数、订购日期、外币价、人民币价、单价、总价、总件(箱)数。双方各执一份,由图书馆(验收人)签字的一份,作日后报销、结账之用。

总之,订购需求的提出要既符合国家图书馆的实际工作,也要考虑代理商的实际能力,具体完善需求的制定是一个图书馆开展采访工作的基本保证,需求应该基于馆藏建设发展的方向和水平提出,与日常工作的流程、模式相适应,应有利于图书馆采访方针的全面贯彻和实际工作的开展,应该使工作更加高效、便捷,同时也要具备可操作性,内容规范明确不能含糊,避免在执行过程中出现不必要的纠纷。

4　标书执行过程中遇到的问题

2007年7月完成了首次招标,有两家国内代理商中标,成为国家图书馆西文图书的供书商。这次标书前后共执行了3年。从这几年来的实践看,总体情况是好的,节约资金,规范书商和采购人的行为,提高了服务质量和水平,但实践中也存在一些问题。2010年8月,进行了第二次招标。针对第一次标书执行过程中产生的一些问题,在第二次招标时作了一些弥补和修改,主要有以下几点。

4.1　中标者太少,缺乏竞争,使图书馆容易受制于代理商

按照出版社分包原则,降低了代理商收集书目信息的难度,一定程度上也减少了选书人员的重复劳动,但同时也使代理商之间失去了竞争关系。缺少了竞争,代理商就没有紧迫感,容易出现服务不到位的情况。尤其是B类包,由于无具体出版社指向,其不确定性很大。该包的中标代理商如果缺乏处理这些小出版社出版物的经验,会直接影响到图书馆的订购,影响馆藏质量。而且由于代理商太少,一旦代理商自身出现管理问题、人员变化等情况,都会影响到图书订购工作。这几年中,代理商的每次机构调整、人员变动都对图书馆采购的某些环节产生较大的影响,而图书馆又没有可选择的替代方案。此前中标书商不论从报道范围、采购能力和自身效益方面考虑,可能对一些生僻出版社或书目会有一定"取舍",造成有些符合我馆收藏要求的图书文献得不到报道,基于这个问题,在第二次招标时,对于一家代理商难以满足需求的包号,对中标的代理商数量作了调整,确定了一家以上的中标书商,此举措旨在加强竞争,在书目报道上可以拾遗补缺,相互补充,对我馆做好这部分文献的采访时非常有利的。

4.2　分包不太合理

从第一次招标的执行情况分析,有些分包不尽合理。如出版社分包不够细、各包之间金额不平衡等。执行金额最大的包(B类包)约有几百万元,而最小标的包的金额不足万元。为了缩小这种差距,进一步调动代理商的积极性,使各包之间尽可能平衡,第二次招标时对分包做了调整。一方面对"A类"包中有明确出版社的包号中的出版社进行了调整合并,把订购数量与金额比较少的出版社进行了合并,把前一期招标中出现并购的出版社加以明确,最大程度地保证了分包的准确,避免各中标书商在今后经营报道中出现责任不清的现象。另一方面对"B类"包进行拆分,把欧美大学出版社、主要学协会出版社、欧美其他商业出版社和德、法文主要出版社等单独列出,进一步细化了分包情况。从各中标代理商方面看,有的擅长做德、法文图书文献并与国外相关出版社保持着良好的关系,有的在大学出版社、学协会出版物、中国学旧书方面保持着长期稳定的国外合作者或出版社。

通过这些调整,既优化了分包,使各类分包的金额差距尽量减小,有利于调动中标代理商的积极性,也有利于发挥不同中标者在经营特点、进货渠道、合作出版社方面各自的优势,同时在对书目的深度报道、扩大图书文献报道覆盖面、提高文献采全率和订购时效性上也会起到积极的作用。

4.3 出版社的挑选标准和书目范围问题

第一次招标时,A 类包单列的出版社或出版集团考虑较多的是其规模与名气。有的出版集团的规模虽然排在世界前几位,但出版内容却与国家图书馆的收藏政策相左,导致订购数量太少。代理商费了很大力气收集到书目信息,选书人员也花费了大量时间来选这些书目,最终却发现可以订购的寥寥无几。这种情况的出现极大地打击了代理商的信心,也使选书人员很失望,为了避免这种情况的出现,在第二次招标时这样的出版社就未作为独立的包列出,如Random House 出版社。

另外,采访部门需要经常与中标书商沟通,向他们讲解我馆的采访方针,及时反映采访方针的变化,要让他们知道并非所有分包社出版物都会订购,这样他们在目录的选择和编辑上作初步筛选,更加有的放矢,避免那些完全不符合我馆采访方针的文献编入目录,浪费大量人力物力,选书人员也能有更多时间和精力关注出版物内容和水平。

由于国外大出版集团的隶属关系很复杂,前期招标出现过同一家出版集团的不同品牌分给了不同代理商,还有的在招标过程中或执行标书过程中发生兼并现象,出现了一些混乱。今后需要特别注意这方面问题,在合同中制定明确的执行条款。

5 代理商的评估考核问题

外文图书采购不同于一般的设备采购或现货采购,其特殊性在于具有出版时间和数量的不确定性,是一种多品种、多批次采购,是一个时期内持续的行为,[4] 而非短期或一次性活动。图书代理商的履约能力对图书馆是非常重要的。因此,对代理商履约能力的评估、考核也是非常必要的。

从国家图书馆这两次招标采购的实践来看,对代理商缺乏科学合理的评估考核标准是目前存在的主要问题。虽然在采购合同中规定了各种服务基本内容,如到货率、到货时间、图书质量、原始码洋、增值服务等提出了要求,也规定了相应的违约责任,但真正执行时,却缺乏行之有效的考核评估手段,也缺乏统一的、双方都认可的标准和可操作的方案。

以到货率为例,现实情况是图书馆的订单是逐月逐批发出,而由于出版、运输、配送和库存的原因,不可能一起发出的订单一起到货,每批到书可能是当年的或去年的,甚至几年前发出的订单。所以以时间段或批次为准,都不能很好反映实际情况,出现了代理商所统计的到货率标准和图书馆的口径相差甚远。代理商排除了各种所谓的"客观原因",统计的到货率高达99% 多。与图书馆统计的 70% —80% 相去甚远。实际上任何一种未到的图书都能找到客观原因,这就使到货率作为考核标准实际上成为一纸空文。

到书时效上的情况也是千差万别,一批订单中有现书、暂时缺货或即将出版等情况,图书馆不知道每本书的具体情况,不可能有人力、精力去一一核对。又如,书目报道的全面性与时效性,面对数目众多的出版社与数量庞大的出版物,由于缺少一个权威的出版社书目比对,无法对其书目报道的全面性和时效性进行评估,实际上图书馆在这方面也没有找到一种行之有效的考核方法。

目前图书馆所能考核的只是一些细枝末节的小问题,如发票清单是否完整、准确,价格有无大出入等。对于真正体现代理商实力的书目信息收集能力、到货率、到货时间等方面,却缺乏科学、合理、被广泛认可的标准。

当然,出现这些情况的根源是图书出版的不确定性,也是图书这种商品的特殊性,无论是代理商还是图书馆都无法控制的。因此,如何对中标代理商进行有效的考核成为一个难点。这也是图书馆今后面临的共同问题。

参考文献

[1]李武,肖东发.2000年以来英国图书出版业发展特征和趋势研究[J].出版发行研究,2008(12):15－23.

[2]叶文芳,丁一.美国出版业的发展对我国出版体制改革的借鉴[J].科技与出版,2010(5):49－52.

[3]顾犇.外文文献采访工作手册[M].北京:北京图书馆出版社,2004:140.

[4]林泽明.图书采购特点、折扣与质量的分析[J].大学图书情报学刊,2008(4):47－49.

关于我国音像、电子出版物呈缴工作的思考

——以国家图书馆音像、电子出版物呈缴工作为例

刘洁萍　孙保珍　徐闻婵(国家图书馆)

音像、电子出版业是出版行业的一个重要门类,它的发生、发展曾经被看做是出版业告别"铅与火",走向"光与电"的重要标志。在当今我国文化行业大发展、大繁荣的时代,文献出版行业获得了长足的发展。随着各类型出版物品种的增加、出版量的增大,作为法定出版物样本受缴单位之一的国家图书馆的样本呈缴数量应该呈现出连年增长的态势,然而,现实情况却恰恰相反。

1　现阶段音像、电子出版物缴送工作现状

笔者通过电话、信函、调查问卷、实地走访等多种方式对部分音像、电子出版物受缴单位调研,结果表明,现阶段我国音像、电子出版物的整体缴送状况不容乐观。以国家图书馆为例,国家图书馆自1987年开始正式接受电子出版物的缴送,2001年开始正式接受音像制品的缴送。目前,音像、电子出版物的缴送样本已成为国家图书馆馆藏资源不可缺少的一部分,在丰富馆藏和"国家文献资源总库"建设等工作中发挥着巨大的作用。但是,近年来国家图书馆音像、电子出版物的缴送率却一直徘徊在较低水平。这种状况既受音像、电子出版行业本身的出版行情、缴送制度等外部因素的影响,又受催缴机制、催缴人员素质等内部因素的制约。

2　音像、电子出版行业的原因分析

改革开放以来,我国音像、电子出版业的发展可谓是跌宕起伏,尤其是现阶段网络、电子技术的飞速发展对其形成的冲击,转企改制带来的一系列问题等多种因素导致了目前我国音像、电子出版业的市场监管缺失、盗版猖獗、合作出版、市场混乱等现象,使音像、电子出版业被锁

定在一个内外交困的格局中,我国的音像、电子出版业已明显表现出衰退迹象。

2.1 遭遇盗版

盗版是国内所有音像、电子出版社面临的头号大敌,也是音像、电子出版量急剧减少的首要原因。盗版对于正规音像、电子出版单位的打击是毁灭性的,它不仅使正版生产企业在经济利益上蒙受重大损失,还极其严重地影响了音像、电子生产企业的原创积极性。例如,天津市文化艺术音像出版社有限公司是一家专门制作地方戏曲曲目的音像公司,饱受盗版侵害之苦。该社社长告诉我们,社里曾经花费几十万元精心制作了一种戏曲类音像出版物,在进入市场的第二天就在网络上发现了该盘的盗版产品,制作的精美程度不亚于正版,而且还能在线欣赏。猖獗的盗版行为严重干扰了各音像、电子出版社的正常工作,很多音像、电子出版社因此失去了工作热情,基本不搞原创,不推新品,致使其年出版量迅速下降。

2.2 空壳运转

合作出版,即由出版社负责办理出版号手续,并开具委印单和发行委托书;由民营公司支付出版号费用,完成出版物的策划、编辑、印刷、发行等环节。简单地说,就是除和版号有关的必要手续外,出版社无实质性作为,也没有付出其他成本和工作,"空壳运转"现象严重。可以说,合作出版现象越多,出版社对出版物失去控制的可能性就越大,样本缴送的义务也就越难履行。

2.3 经济负担

我国音像、电子出版社于 2010 年始进行转企改制,改制后的出版社由原先的事业单位变为自负盈亏的企业。这种转变一方面使职工们在短时间里难以接受由"国家人"变为"企业人"的角色转换,从而影响其工作的积极性,另一方面市场经济下企业运转的自负盈亏使企业以追求营利为唯一目标,这使其将无偿的样本缴送义务看做是企业运转的经济负担,想方设法地进行逃避。

3 多头缴送的呈缴政策

目前我国的呈缴政策虽未上升到立法层面,但关于出版物样本缴送的规定却是由来已久。如国务院发布的《出版管理条例》《音像制品管理条例》和国家新闻出版总署发布的《电子出版物出版管理规定》《音像制品出版管理规定》等相关条例和法规,都对我国音像、电子出版物样本缴送作了明确的规定。这些规定均明确了出版单位应向新闻出版总署、中国版本图书馆和国家图书馆三家国家层面的单位缴送样本。

但是,实际情况是各出版社除了向国家级单位缴送样本外,还要遵照执行本省、市、地区自己的地方性缴送政策,将样本上缴至上级出版行政管理部门,省、市级图书馆和相关管理单位等。曾有出版社反映,每出版一个新品种需要缴送的样本数量多达 11 个,这对于规模小、经济成本高又自负盈亏的出版社来说,无疑是一种沉重的经济负担。多头缴送导致出版单位缴送样本数量过多,负担过重,是我国现行样本缴送制度存在的一个突出问题,也是影响我国缴送制度执行力的一个重要因素。

4 催缴机制与出版信息的缺失

4.1 现行的催缴机制

笔者通过对出版社及几家样本受缴单位的走访调研发现,目前我国尚未形成统一合理的样本催缴机制,各个受缴单位根据自己的样本收缴情况各自进行不同方式的催缴,而且不同文献类型的催缴工作分属于不同的工作部门,形成一种催缴工作多方管理的局面。这一方面使出版社感到无所适从,另一方面也使得受缴单位的信息、人力、物力等各种资源比较分散,影响了对出版社的催缴力度与实效。

4.2 出版信息的缺失

音像、电子出版物始终无目录可查,催缴工作无的放矢。图书有《全国新书目》《新华书目报》等可查询的信息工具,为催缴工作提供了较大便利。而音像、电子出版物却从未有过类似的信息工具可供使用,催缴工作难以开展。据了解,新闻出版总署、各省新闻出版管理局、中国版本图书馆都掌握有年度实际出版音像制品及电子出版物的总品种数和总盘(片)数的信息,但能否获取还需要与这些部门进一步协商。

4.3 催缴人员的信息意识不强

在飞速发展的信息时代,信息已经成为社会各领域中最活跃、最具有决定意义的因素。作为一名合格的采访人员一定要具有较强的信息意识。而现实工作中的采访人员搜集信息的主动性不强,如很少参与全国性大型图书展览会,错过了太多音像、电子出版信息的收集机会。

5 提高音像、电子出版物样本缴送量的对策

5.1 建立样本缴送的监管体系,加强对样本缴送工作的监管力度

目前我国关于出版物样本缴送的规定中,虽有对于不缴送者予以处罚等相关规定,但是对于不缴送或少缴、漏缴者却缺乏监管,图书馆对出版单位不具监督、处罚的权力,因而导致催缴工作困难重重。基于有部分音像、电子出版社不缴送、少缴送或选择性缴送以及拒绝缴送的行为,建议其行政主管部门在年度核验之时,把"是否按时足量缴送样本"作为核验其合格与否的必备条件之一,强化各出版社的样本缴送意识,引导他们把缴送工作正规化、常态化。

5.2 加强对缴送样本的宣传推介,激发出版社的缴送积极性

大多数出版社并不清楚他们缴送的样本的最终去向及其用途,因此各样本受缴单位应该加大对收到的样本的宣传工作,用以激发出版社的缴送积极性。以国家图书馆为例,建议在其主页的显著位置设立音像、电子出版物缴送工作及到馆样本的专栏,为出版社提供一个宣传、展示自己作品的平台,既向出版社展示了样本缴送的意义,又可以站在出版社的立场为其出版物做宣传,可以极大地提高出版社对出版物样本缴送的积极性。

5.3　实施网络实名申领制度,规范出版市场

面对我国音像、电子出版业走向没落的现状,音像制品版号、电子出版物专用书号网络实名申领制度将会对出版行业的重新崛起起到至关重要的作用。建议相关部门尽快启动音像、电子出版物的网上版号申领制度,提前掌握音像、电子出版物的预出版信息。如果能获得其预出版信息,那么催缴人员的工作就有据可依、有的放矢,得以顺利地展开。

5.4　改变多头缴送的现状,减轻出版单位的负担

出版物样本的多头缴送使本就举步维艰的音像、电子出版单位苦不堪言。据了解,出版社每出版一个品种都要向各类上级部门缴送 5—10 盘样本。假如某音像社一年出版了 10 个品种,每个品种上缴 10 盘,出版社就要免费赠送出 100 盘,这使得本就出版艰难、出版量日渐下降的音像、电子出版社有些吃不消。

5.5　建立出版物样本缴送的补偿机制

市场经济的规律决定了出版单位需要追求经济利润,而我国现行的出版物样本缴送制度是出版单位的无偿缴送,这本身就是以行政的力量对市场经济的干预,是与市场规律相违背的行为。而且,出版单位除了无偿的缴送样本之外,还要无偿地承担样本缴送过程中产生的运费、人力开支等其他费用,这无疑进一步加重了出版单位对于样本缴送的负担。建议尽快建立出版物样本缴送的补偿机制,采取支付一部分出版成本、承担运费等多种方式,给出版单位一定的经济补偿,从而可以提高出版单位样本缴送的积极性。

5.6　催缴人员要走出新思路

催缴使用最多的方式是电话沟通,除此之外还有信函、网络联系以及上门拜访等。笔者通过近期对京津两地音像、电子出版单位的密集走访,感觉到上门拜访的效果较为显著。例如,国家图书馆近期派员工到甘肃、青海等省进行催缴时,与当地新闻出版管理局的相关领导,省市主要的图书、期刊、音像出版单位的相关领导联合召开小型座谈会,共同探讨缴送事宜,取得了较好的效果。"走出去"的事实表明:催缴人员对出版单位了解得越多,催缴思路就越清晰,从而制定出具有针对性的催缴策略,催缴工作也会取得相应的成果。此外,还建议催缴人员一定要经常参与各种类型的图书展览会,以便获取超大量的出版信息,使自己的催缴工作有的放矢。

6　结束语

目前我国音像、电子出版行业已经全面完成转制改企,虽然音像、电子出版社的现实困境给其样本缴送工作带来了巨大挑战,但同时也带来了调整和完善其样本缴送工作的新契机。

参考文献

[1]国家图书馆数字采集组 2007—2009 年缴送报告[R].

[2]郭建忠.教育音像与改革开放同行[J].大学出版,2008(6):21 – 23.

[3]王松茂.产业融合对我国出版业规制的挑战与对策[J].出版科学,2007(4):41-47.

[4]国家图书馆关于2009年接受文献缴送情况的报告[R],国图函(2010)104号.

[5]赵乾海.音像行业突破销售瓶颈亟待解决的七个问题[J].全国新书目,2006(7):14-16.

[6]苏健.缴送制度中的国家图书馆[J].新世纪图书馆,2011(5):53-55.

[7]李春明,张炜.缴存制度——数字资源长期保存的基础[J].图书馆建设,2009(5):12-16.

图书馆配商量化考评

刘孝容(重庆图书馆)

1 引言

图书采访工作是图书馆工作的基础,购买的图书质量将直接影响到图书馆藏书的质量、读者对图书馆图书的借阅情况及其图书馆的口碑。随着经费的增加,图书馆能够采购的图书数量逐年增大,在采访工作人员不变的情况下,工作强度相对加大,对采访质量及其到货率的控制就会力不从心,而以招标采购的方式进行购书,对书商的依赖比较大。通过对2010年各个书商提供的书目的选中率的监测以及各个书商到货率的监测,可以反映各个书商对图书馆的服务态度及书商本身的实力,从而为今后的招投标工作提供参考,也督促采访人员在图书的催缺及其补缺工作上下工夫。

笔者针对6个通过书目征订的方式进行合作的馆配商在2010年拟订图书的情况及其图书的到馆情况进行了统计分析,以充分了解各个书商的情况,结合在验收过程中涉及图书采访工作的问题的总结与分析,找到产生此结果的原因,并找到解决这些问题的方法,并及时地解决这些问题,争取在以后的采访工作中不再出现类似的问题,为采访工作的持续进步提供参考。

2 书目征订数据统计的内容和理论依据

2.1 书目征订数据统计的时间和内容

本次数据来源于2010年各个书商提供的源数据,以及最后订购的图□□□□□□此数据来源于平时的工作记录。未到图书数据为2011年6月通过批次号从ALE□□□□据,通过各种数据的对比分析综合考评书商。

2.2 理论依据

书商提供书目数量的多少可以反映书商对客户的重视程度及书□□□□□□□书目的频率也反映书商是否有固定的书目来源,间接反映其实力情□

书商的送货速度,也反映书商的服务态度。作为图书馆而言,希望书商提供的书目快、全,到货速度快,到货率高,这样才能保证读者在最短的时间看到新书,也减少采访员的催缺工作。通过对各种数据的比较,分析研究各个书商的服务态度、对服务对象的重视程度、实力水平,可以客观公正地的评价各个书商,对以后的招投标工作提供参考。同时,通过总结图书验收过程中出现涉及采访工作的问题,及时总结,不断改进,督促采访工作。

3 统计结果与分析

3.1 与馆配商相关的数据统计情况与分析

通过书目征订方式合作的 6 家书商,笔者以 A、N、C、D、E、F 代表各个书商,对各个馆配商的数据作了相关统计,从表中数据可以看出,各个书商提供的源书目数据的差距较大,提供书目多少直接导致最后选中的图书总种数的多少。从表中可以看出,提供的原始书目数据越多,选中的数量越多。

表 1　各书商提供的书目数据及拟订数量分布表

馆配商	总批次	源书目数	订购种数	未到馆种数	到货率
A	27	85 374	17 165	1051	93.88%
B	52	97 951	14 640	1478	89.90%
C	37	55 413	10 994	4291	60.97%
D	47	17 758	8133	866	89.35%
E	16	13 857	5049	839	83.68%
F	9	5200	1573	860	45.33%

3.2 图书订购情况的统计与分析

通过书目征订图书的模式是,馆配商将图书目录发到采访人员手里,采访人员将源数据导入采访拟订系统,根据图书馆图书的采访原则与图书采访条例及其平时了解到的读者的阅读倾向与阅读需求,先发的数据先做订单,保证公平性与能者与快者多获得订单的原则。

从表中的统计情况看,提供源书目越多,订购的总种数相应也就越多,在相同采访原则与采访条例的限制下进行图书选订工作,保证公正公平。为了更直观、清晰地反映各个馆配商所发送的源书目与最后选中品种的比例,笔者用柱状图表示(见图1)。

统计结果表明,提供的源书目越多,选中的图书总种数也越多。但是馆配商 A 提供的源书目较馆配商 B 提供的源书目数量少,订购的总种数却比 B 多。从长期的采访工作中发现,馆配商 A 提供的书目范围较广,不仅有中央级出版社出版的图书,还有地方级出版社的图书目录。而馆配商 B 提供的书目主要集中在中央级出版社,导致与其他书商重复的概率较大,查新书目较 A 少,供选择的范围就会少,选中率就会低,其他几个馆配商的订购与提供的源书目数成正关系。

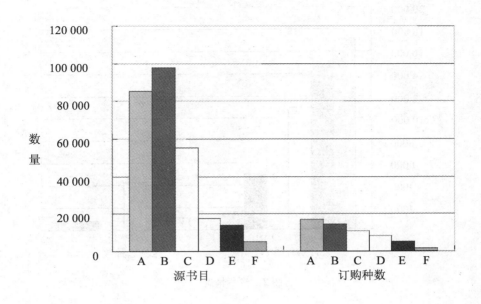

图1 订购情况

3.3 各个馆配商的送货情况统计与分析

图书馆与馆配商应该达到互利共赢的关系,处理好文献采访和图书馆配商的关系尤为重要。衡量一个馆配商的综合实力,有很多的评价指标,比如馆配商的信誉与忠诚度、馆配商能提供的采购方式、提供书各类信息的能力、提供精细化服务的能力、提供查漏补缺的能力、提供的文献编目加工的能力、计算机网络开发与应用的能力。不同的图书馆本身的条件及其与馆配商的合作方式不一样,对馆配商的要求也不一样。对于通过书目征订方式进行主要合作方式的馆配商来说,图书的到货率是衡量馆配商的重要指标。到货率越高说明馆配商的实力越强,对订单的跟踪越勤到货率会越高。根据平时工作中与馆配商的沟通,了解到,他们在与出版社或者是其他供应商联系的时候,常常因为订单量少达不到打一包的要求,部分订单就被搁置了。有的订单中的图书是因为出版社暂时无货,以后也没有再次印刷的计划,他们由于拿货渠道单一,这部分单子也被搁置,也没给采访人员信息回馈,于是这些图书就再也到不了图书馆。采访人员并不知道这部分图书能否送到,必须随时跟踪,会花费大量的时间,一旦工作太多,就会被搁置,即使发现了有的图书长期未到,也必须先通知馆配商,不能轻易从其他渠道购书。从到货情况的柱状图(见图2)中可以看出,馆配商 A 的到货情况很好,馆配商 B 的到货率也较高,C、F 的到货情况较差。

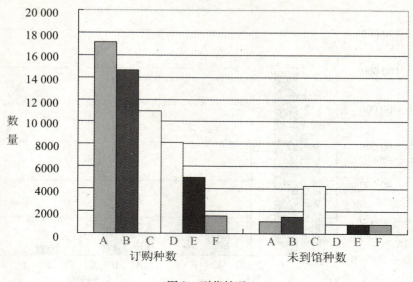

图 2　到货情况

4　图书验收环节涉及图书采访工作的问题

在计算机还不普及时,图书验收工作都是人工验收,灵活性较大。而使用机器验收图书,虽然较死板,却能较好地控制图书的质量。由于机器验收图书必须满足送到的图书与订单完全吻合的条件,才是符合要求的图书,有订单却不符合馆藏要求的图书,馆内的图书验收人员也会发现,及时反馈给采访人员。除了以上的有利之处外,还有利于结账,使账目更加清晰与准确。由于采访工作中的疏忽或者考虑不周全,导致一系列问题,给图书的验收与编目工作造成一定程度的困扰,通过总结经验,为避免同类问题再次发现提供了教训,也鞭策采访人员在做图书征订工作的时候,考虑要更加全面,更加注重细节。

4.1　书商发送来无订单图书

在验收的过程中,发现有部分图书无订单。在处理这些图书时发现,导致这些情况发生的原因有如下几点:

(1)书商提供的书号错误,导致未能正确查重,其中有一部分是采访人员能避免的,有的是采访人员不能控制的。要减少退书,减少采访工作外的其他工作,采访人员要更加细致,对以后书商的书目格式、书目的准确度严加控制,订单正式发订前作相应的检查,将问题扼杀在源头上。

(2)书商送错图书,将本来是送给其他馆的图书送到了我馆。

(3)在配送图书时,出现重复配送同一种书。这些都会产生退书,无形中增加了工作人员的工作量,也给人留下服务态度不好的印象。

4.2　订购了不符合馆藏要求的图书

对于公共图书馆而言,每个图书馆都会根据自己馆的实际情况,对所购图书的种类的载体形式都有一定的限制,比如说,部分公共馆不予采购纯碟子、挂图、练习册、考试卷等,从书商提供的书目信息中分辨不出图书的种类,所以选购时给选了,导致这些不符合要求的图书进了馆,但是我们又不能收,只有退书,像这种情况太多,影响采访人员的威信,如没能发现,进了流通库,加大流通库的管理难度,且对于公共馆,这些类别图书的意义不大。

4.3　同一种书有几条订单

对于同一种书,有两条或者两条以上的订单。书商配送图书时并没发现此问题,会重复送书,大部分的图书品种只是一条订单中的数量完全能满足馆里的要求,也能满足读者的需求,多余的只能退。出现此问题的原因是:书商提供的书目有时同一批次里一种图书有两条甚至两条以上的书目,源头在书商那里,但作为控制图质量源头的采访人员,在发订前可以排序查重,避免这样的事情发生。这样的情况主要是刚做采访工作的工作人员常常出现,有了一定的经验后,这样的问题是可以避免的。

图书质量的控制,采访人员是源头,也需要验收人员以及编目人员的配合,但是能在采访环节做好的就一定要在采访环节做好。

5　结语

通过对重庆图书馆6个通过书目供货的供应商提供书目的源数量、到货率的分析,得出以下结论:(1)在通过书目征订的六个馆配商中,提供的源书目越多,图书馆订购的图书越多。(2)最后获得订单越多的馆配商,到货率也越高(C除外)。(3)从提供的书目批次看,各个书商在每月提供的批次为1—4次,图书采访人员更希望书商提供的书目频率高一点,每次的书目数量在一定范围内。这样不仅可以加快图书的流通,还可以保证最新出的书能及时到馆,也减轻了工作人员的劳动密集度,提高采访效率。

综上所述,除了最基本的条件外,书商是否重视这个客户、书商是否有广阔的渠道获得书目、是否能在最短的时间内将订单中的货送入馆中等因素都构成了评估一个书商的依据。为今后在图书馆招投标工作中提供参考的因素,如果这些书商再来竞标,提供了强有力的参考。同时,对验收问题中发现的采访工作问题进行总结与分析,鞭策采访人员在以后的工作要更加仔细,充分利用现代技术为工作带来的便利,更好地进行图书采访工作。

参考文献

[1]李世芳.图书馆配商综合能力评价初探[J].图书馆工作与研究,2009(8):44.

高校图书馆图书招标采购存在的问题及对策

刘自强(常州大学图书馆)

目前,高校图书馆大部分实行了图书招标采购制度。经过这些年的招标实践,高校图书馆图书招标活动已经取得了良好的社会效益和经济效益,不仅节约了购书经费,降低了购书成本,而且也有效防止了采购过程中的腐败行为,同时也降低了图书馆采编人员的工作强度,提高了工作效率。然而,在高校图书馆实际的招标过程中,也出现了一些新的问题。这些问题不仅影响了图书馆文献资源建设的质量,而且也造成了个别综合实力不强的书商凭借低价中标,形成了恶性竞争的不良局面,从而导致一些有实力的书商在招标过程中名落孙山,退出了以后的招标活动。

1 高校图书馆图书招标采购过程中出现的问题

1.1 一年一招,过于频繁

目前,通常高校图书馆的图书招标都是一年一招。但通过几年的招标实践来看,每年中标的书商基本变化不大。因此,每年花费人力物力,组织招标投标评标工作有些得不偿失,这种过于频繁的一年一招,不仅浪费了人力物力成本,而且也不利于图书馆采编部门工作顺利开展。

1.2 低价中标

现在图书馆图书招标采购都是采用综合评分法来筛选中标书商的。综合评分法目前仍不失为是一种简便易行考虑全面的科学评价体系,它通过简单的公式量化了各个书商的综合实力,通过综合得分反映出投标书商的差距,最后通过综合得分高低排名来确定中标书商的名次,这无疑是目前最公平合理的招标办法。但是图书不同于一般普通的商品,不能完全按照一般货物低价优先法来招标。

图书馆采购图书包括了已经出版的图书,还包括了出版社尚未出版的图书,自然这些尚未出版的图书是无法确定书名的。因此,图书馆在和书商签订的合同中,无法列明采购图书的书名和复本,只能在通过综合评分法确定中标书商后,按照图书码洋多少来签订供货合同。签订这种合同其实质就是一种认可书商资质和服务能力的假定行为,特别是对于那些从未合作过的书商,他们的标书做得近乎完美,图书馆提出的所有招标要求不仅都能完全响应,而且还提出自己很多优惠条件,最后凭借较低的折扣一举中标。从近几年的招标实践来看,往往低价中标的书商都有恶意竞争的嫌疑,在实际的采购过程中,低价中标的书商只能靠过滤书目来生存,而且在采访数据和编目数据的提供上,也无法和那些有实力的书商相提并论。所谓的低价中标,其实质就是以牺牲图书采购的到书率和文献资源建设质量为代价的一种短视行为。从招标的成果上看,低价中标为学校节约了购书经费,但是这种短视行为对于高校图书馆文献资源建设是有百害而无一益的,至于这种危害的严重性,也正是下文要涉及的目前图书馆图书招标采购中的最大问题:书目过滤。

1.3　书目过滤,严重影响馆藏资源建设质量

书商把采访数据经过一定程度的过滤,再发给图书馆采访人员,这种行为在行业内已经不是秘密。书商提供过滤书目数据的动机主要还是为了利润,不去做亏本的买卖。书商通过低价策略中标后,为了获取最大的利润,首先就会在自己所提供的采访数据上做文章。也就是对相对全面的书目数据进行筛选,把那些按照中标折扣提供后基本无利润甚至亏损的书目数据删除,只提供那些低折扣的书目或者提供比较多的社科类图书,供图书馆采访人员选购。这样既保证了书商的利润,同时也保证了图书的到书率,可谓一箭双雕。作为图书馆的采访人员,通常情况下,很难发现这其中的奥秘所在。有的书商在采访人员提交了某些高折扣书目或者个别出版社的订单后(这些书目一般不是书商提供的,都是采访人员自己通过其他途径收集获得的与学校学科专业关系紧密的书目),书商会明确告知采访人员,这些图书他们是无法采购的,原因自然还是没人愿意做亏本的买卖。但是在竞标的过程中,这些书商是完全承诺和响应图书馆的招标要求的,自己并未提出过任何异议,这种书目过滤的后果直接导致了那些高校图书馆急需的高折扣图书无人供货,严重影响了图书馆文献资源建设的质量。这些后果产生的原因只有一个,那就是低价中标。虽然在折扣上,为学校节约了1%左右的经费,但是却付出了牺牲文献资源建设质量的代价,从根本上来说是得不偿失的。

1.4　招标小组中图书馆专业人员比重较低

招标小组通常情况下由学校纪检、审计、财务、图书馆等人员组成。在人员比例上,图书馆工作人员比例偏低,从招标实践看,纪检、审计、财务部门的工作人员,经常参与一般货物的招标工作,对于招标评标工作流程驾轻就熟。但是,正如前文所述,图书是一种不同于一般普通商品的特殊商品,它有着不可预知性和不确定性,图书采购则具有连续性的特点。[1]图书采购的招标如果完全按照低价优先中标的普通招标方法来评标的话,它的后果一定就是以牺牲文献资源建设质量为代价的不负责任的行为。书商是以获得经营利润为目的的商人,在无利可图甚至亏本的情况下,是无法保证到书率的。而纪检、审计、财务的招标小组成员习惯于本着节约学校经费的原则来参与评标,对于参与招标的图书馆人员的意见,往往不甚重视。在他们看来,如果让那些高折扣的书商中标,就意味着腐败和不公正。之所以采取公开招标就是为了杜绝腐败,为国家节约经费,在这种原则的主导下,那些真正有实力能够提供较全书目、编目数据质量过关的但是报价较高的书商一般都会遭到淘汰。这种严酷的现实确实是目前高校图书馆图书招标采购工作中一个无法回避的悖论:个别有实力的书商难以中标,个别低价中标的书商往往在和图书馆合作一年后,就失去了图书馆的信任,无法继续合作下去。自然,招标小组中,图书馆人员人数比例不高也导致了在招标过程中难以掌握招标的话语权,最后每次招标的结果依然是图书折扣大战的赢家中标,图书馆人员呼吁注重书商服务(包括采访数据、编目数据质量及后期加工服务)的声音显得微不足道。

1.5 合同履行过程中对于书商的违约行为处罚力度不够

图书馆与书商签订的合同中,对于到货率、采访数据、编目数据质量等都有明确的规定,但是在实际操作过程中,却因为种种原因,无法按照合同中规定的违约条款对书商进行相应的处罚,由于没有严格执行合同中的违约处罚,使得书商缺乏足够的约束力,不利于改善和提高图书采购的品种和质量。

针对上述高校图书馆图书招标采购过程中存在的问题,结合多年参与图书采访工作的实践,特提出相应的对治策略如下。

2 高校图书馆图书招标采购中出现的问题之对策

2.1 变一年一招为三年一招

高校图书馆图书招标采购一年一招标,过于频繁,可以改为三年一招标。三年中,对于服务质量优良的书商逐年续约,满三年后,重新招标。对于无法提供全面书目、到书率较低的书商可以在合同中规定逐年减少合同码洋。如果到书率低于30%,经图书馆馆长同意后,提前终止合同。这样不仅减少了花费在图书招标采购上的人力物力支出,也保证了采编工作相对稳定和连续,有利于提高文献资源建设的质量。

2.2 降低综合评分法中折扣比重,杜绝低价中标

低价中标的原因前文已经述及,此不赘述。要切实杜绝低价中标的关键步骤,就是在综合评分法的评分标准中,切实降低图书折扣的权重,真正把书商的资信和服务作为考核评价书商的重要因素,把图书报价折扣作为次要因素,只有这样,才能有效杜绝低价中标这种恶意竞争的商业行为发生。

从近几年的招标实践看,之所以出现低价中标现象,其主要原因就是书商图书报价折扣的权重过大所致。通常情况下,图书馆图书招标采购的评分构成中,书商图书报价折扣的比例高达70%。在这种既定的评分标准下,所谓的图书招标采购,其实质就变成了书商之间的折扣大战。虽然为了防止出现恶意的低价中标现象,会采取一定的算法,计算出一个最优折扣值,并规定,高出最优折扣值一个点扣除70分中的若干分,低于最优折扣值一个点扣除若干分,这样做虽然防止了最低价中标的出现,但仍然没有改变以图书折扣论英雄的评分标准大格局,图书折扣占70%的权重实际上就已经决定了书商中标的关键因素所在,至于书商的资信和服务,在剩下的30%权重中所能产生的影响是微乎其微的。

从北京大学图书馆的招标实践来看,他们采取的评分标准是值得借鉴和推广的。北大图书馆在招标过程中实行的是,书商良好的资信和优质的服务在评标中占80%的分值,同时分析当前图书市场图书价格的利润空间,强调图书报价必须限定在合理的范围。如果超出这个范围的报价,就被视为恶意投标。图书折扣作为评标的次要因素,占20%的分值。[2] 这种以资信和服务为主,折扣为辅的评标原则,才是真正杜绝低价中标出现的有力举措。

2.3 广泛采集书目,应对书商过滤

针对书商书目过滤的问题,作为图书馆采访人员,应该摆脱完全依赖书商提供书目的被动

局面,通过不同途径,广泛收集书目,以应对这种书商暗中过滤书目的挑战。

目前,一些大的出版社除了在自己的网站及时发布最新图书的 MARC 书目数据外,还会主动给各高校图书馆采访人员的电子信箱中定期寄发书目数据,这些由出版社提供的书目是最新最全的,完全可以应对书商的过滤,从而保证文献的采全率。

此外,目前部分出版社也建立了面向图书馆的馆配部,有专人负责定期收集各馆采购自家出版社图书的信息,并针对各馆馆藏数据,提供各馆所需的未订购的书目数据(包括回溯书目数据),这种措施大大方便了图书馆采访人员,从而也为应对书商的书目过滤创造了良好的客观条件。

最后,部分出版社目前还建立了全国各大学图书馆采访人员的 QQ 超级群。在这个超级群中,出版社的人员会及时通过群共享发布最新出版的图书 MARC 数据,还能在线与各位采访人员进行及时交流,大大方便了图书馆书目数据的收集,从而也绕过了书商暗中的过滤,保证了书目数据的完整性,也最终保证了文献资源建设的质量。

总之,应对书商书目过滤行为的杀手锏,就是在不完全依赖书商提供的书目数据的前提下,通过到书率来整治书商的书目过滤行为。依据出版社提供的第一手的书目数据,再加上书商自己保证的不同时期的到书率承诺,这样双管齐下,一定能够克服书目过滤的危害,从书目数据来源上保证图书的采全率。

2.4　外聘图书馆专家,加大图书馆人员在招标小组中的比重

在招标小组中,除了原有的纪检、审计、财务等成员外,加大图书馆专业人员的比重。可以考虑外聘其他高校图书馆的馆长或者采编人员加入进来,这样不仅能够借鉴其他高校图书招标的经验,同时也在一定程度上提高了图书馆专业人员在招标小组中的比重,体现出图书招标不同于普通货物招标的特色,从而最终保证中标书商的资信和服务能力,而不是一味倚重图书折扣。

2.5　合同落实是纲,其余是目

经过这么多年的招标实践和从事采访工作的经验,解决图书馆图书招标采购中存在的这些问题的关键措施,就是抓好合同的落实和执行。在图书馆与中标书商签订的合同中,关于采访数据、编目数据、到书率以及其他服务条款,都有详细的约定。目前在招标实践以及随后与书商合作过程中出现的问题,其基本原因都是没有严格按照合同约定去执行。主要问题包括:书商没有严格履行合同条款,而是提供给图书馆经过过滤的书目;编目数据质量不高;到货率在一定时期内达不到自己承诺的比例。所有这些问题的出现除了书商主观和客观、有意与无意因素之外,主要还是图书馆自身对合同的监督执行力度不够。只有图书馆真正严格按照合同条文落实约束书商,对于书商的违约行为进行毫不留情的处罚,才能从根本上解决目前招标过程中出现的一系列问题,保证图书馆文献资源建设的质量。

2.6　分开标段,兼顾书商的利益

鉴于目前部分出版社出版的图书折扣较高,书商如果按照中标折扣提供给图书馆,无疑是要赔本的。正是由于这种情况,有的书商暗中对书目进行过滤,删除那些折扣高的出版社的书目,甚至尽量提供社科类的书目。有的书商明确告知图书馆,这些出版社的图书无法保证到书

率。[3]但是对于高校图书馆来说,这些书商过滤掉的图书或者拒绝采购的图书,正好都是学校急需的专业图书。如果不能保证这些出版社出版的图书采购,那么无疑将会影响到学校师生的教学科研活动。为了解决这个矛盾,兼顾书商的利益,保证馆藏文献资源建设的质量,可以采取分标段招标的办法,即把这些图书折扣较高、书商无利可图但学校图书馆却需要采购图书的出版社,单独列举出来,作为一个单独的标段,除此之外的出版社作为另外一个标段,这样分标段招标的结果,既兼顾了书商的利益,同时也保证了图书馆文献的采全率,真正实现了书商和图书馆利益的双赢。

总之,高校图书馆实行图书招标采购制度是目前市场经济条件下一种高效科学的采购方法,也是大势所趋。至于招标过程中出现的一些问题,只要应对得当,加强监督,严格履行合同,适当兼顾书商利益,那么这些问题都是可以迎刃而解的。

参考文献

[1]柳菁,邓谷泉.综合评分法在高校图书馆图书招标中存在的问题与对策[J].长沙大学学报,2011,25(3):47
  -48.

[2]张美萍.北京大学图书馆图书招标工作的过程与特点[J].大学图书馆学报,2008(1):19-22.

[3]刘自强.工科院校图书馆图书采购学科比例失调现状及对策[J].常州大学学报(社会科学版),2010,11
  (4):74-76.

国家图书馆中文图书目次数据建设研究

萨　蕾　温　泉(国家图书馆)

1　公共图书馆进行目次数据建设的必要性

图书馆对文献的组织以用户便利性为首要功能,在对图书进行传统的文献组织工作之外,还致力于更深的知识挖掘与更多的增值服务。如:在书目数据中为目录增加摘要、目次等信息;对数字形式的图书进行整合与揭示时,增加图书封面,以达到所见即所得的效果,建立目录与正文之间的连接,使用户可以方便地从目录直接定位到正文相关部分等。其中,目次数据具有重要的作用。

目次数据的功能主要表现在:

(1)对文献内容的揭示。目次数据是对文献内容的客观忠实的反映。曾有学者通过问卷进行调查统计,[1]其中一项表明了各参考项目对读者决策借书的影响程度(注:问卷所列各项只选最重要的一项),结果见表1。

表1　某学者问卷调查结果表

书名	著者	出版时间	内容简介	目次（书前目录）	出版社	关键词	分类号	价格
31	0	8	36	415	0	0	0	0

由此可以看出目次对用户在对图书进行选择时起到了重要作用。

（2）对文献结构的展示。图书的目次是图书的内容大纲，可以完整真实地反映图书的整体结构，使用户在阅读前对图书内容的架构能一目了然。

（3）由于目次专指性较强，在用户检索时可以提供更详尽更准确的检索点，因此，非常有助于促进目录查找功能的完善。

基于以上分析，可以看出，目次数据对于增强书目数据揭示文献内容、精确查找资源的功能具有得天独厚的优势，对其进行合理有效的建设应受到书目数据制作者的充分重视。

2　公共图书馆中文图书目次数据建设方式及其利弊分析

中文图书的目次主要产生于图书的制作、出版、利用的各个环节，制作及发布主体包括：著者、出版社、书店（含网上书店）、书商、网络读书平台、百科网站、图书馆、数据库厂商等，产生的目次数据各具特点，著录的内容、数据的格式都有差异。图书馆作为图书的书目数据的提供者，基于对产生于各类主体的目次数据的特征进行的分析，研究目次数据的建设方式，有利于图书馆按照自身特点及需求选择适用性强的目次数据建设途径，为用户提供最准确、最具时效性的目次数据检索服务。主要可采取如下几种方式。

2.1　自建

图书馆目次数据自建方式主要分成两种，一是由图书馆员制作，二是来源于馆藏中文图书的数字化资源。

2.1.1　人工制作的传统方式

（1）概况

在 MARC 格式中，目次数据一般有两种著录方法：一种是将目次的全部信息著录于书目数据中的既定字段，如：CNMARC 中的 327 字段。这种方法的优势在于制作时方便，使用时清晰，规范的格式、统一的著录标识符有利于数据交换。但是由于一些编目系统对记录长度有限定，因此可能出现无法完整著录的情况。另一种是制作单独的目次数据库，与书目数据库挂接。在书目数据中通过特定的连接款目体现与相关书目数据的连接关系。独立的目次数据库可以减轻书目数据库的压力，还可以对目次数据库进行整合，以形成其他的增值产品。

国家图书馆从 2000 年开始制作学术性中文图书的目次数据。截止到 2009 年 8 月，制作了 7.7 万多种图书的 840 多万条数据。目前，这部分目次数据并未和中国国家书目整合到一起，也未提供用户使用。

目前还未见到国内其他公共图书馆进行大范围中文图书目次库的建设与服务。更被关注的是期刊的篇名目次库的建设。如：中国高等教育文献保障系统（China Academic Library & Information System，简称 CALIS）建设了 CALIS 西文期刊目次数据库，包含 2.3 万种西文学术类期刊,可以实现篇名目次检索、馆藏期刊的 OPAC 链接、电子全文期刊链接等功能。[2]

（2）利弊分析

由图书馆员制作目次数据的最大优势在于：图书馆员在制作书目数据时遵循统一的著录规则,对数据进行规范控制,因此,形成的数据具有统一规范的格式,不管是读者使用、还是全球范围内的数据交换,都方便易用。

而由人工来制作目次数据的最大问题在于：人工制作的速度是制作目次数据的瓶颈。如果要对每年出版的所有中文图书进行目次数据的制作,需要投入大量的人力物力进行制作、校对等工作。尤其是网络电子图书发展迅速,这部分资源也逐渐被纳入图书馆采集、整合、保存的范围,人力更是显得捉襟见肘。

2.1.2 馆藏中文图书数字化

（1）概况

对纸本文献进行数字化是在网络时代对文献进行保存及利用的方式之一。这一项工作现在已经非常普及。如：美国卡内基梅隆大学发起的图书数字化项目 Million Book Project,这一项目与中印等国进行了密切的协作。目前,在 Universal Digital Library 网站上可以查到的中文图书有972 513册、184 160 292页。[3]

2007 年起,国家图书馆开始对中文普通图书进行数字化扫描,目前,已数字化约 20 余万册,这些中文图书中98%有目次数据,保存在单独的数据表中,内容包括加工编号、标引序号、章节号、章节名、作者、页码、绝对页码、页位置、属性等内容。

（2）利弊分析

通过数字化方式获得目次信息的优势在于：首先,目次数据实际是数字化工作的副产品,一举两得,不必再单独进行目次数据的制作；其次,目次数据与中文图书的对应关系清晰,减少了在查重、挂接等方面的工作。再次,目次信息数据质量较好,遵循一定的规则存储在数据库文件中,便于获取或更改为其他格式。

但是,从数字化的途径获取目次信息也存在一些问题,首先,每年中文图书的出版量以 10 万计,对其进行数字化需耗费大量人力、财力,因此,目前数字化工作在国内图书馆还没有大规模开展,已数字化的中文图书数量较少。其次,数字化工作要对文献进行分拆、扫描、装订,需花费一定时间,会造成目次数据的服务滞后。

2.2 从第三方获取

从第三方获取目次数据主要有三种类型,一是从数据库厂商购买包含目次数据的中文图书数据库,二是从出版社、供书商获取缴送或购买的纸质本图书的目次数据,三是采集网络上的免费资源。

2.2.1 中文图书数据库

（1）概况

方正电子图书所收录内容来自 400 多家出版社,大概 100 多万册,覆盖了中图法所有二级分类。目前方正电子图书的目次全部录入到了图书的元数据中,但是没有提供单独的产品,如果需要导出目次数据的话需要开发工具批量导出,导出的数据没有目次层级关系。

中文在线收录图书 20 多万种,其中约 80% 有目次信息。中文在线的电子图书存储格式有 PDF 和 EPub,图书的目次信息以 PDF 书签和 EPub 书签的形式存储在对象数据中；另外目次信息也用 txt 格式存储,不同层级的目录有指定标识,可区分出层级关系。

（2）利弊分析

这种形式的优点是:数据库厂商制作电子图书数据库,因为是用于商业销售,一般会提供比较完整的目次信息。

但也存在着很多问题:一、购买已制作好的成品数据,势必造成图书馆获得的数据缺乏制作过程前与过程中的规范控制,数据不是按照图书馆的规范制作的,在格式与标引规则上都会与图书馆的既有数据有较大差异,会影响对目次数据进行的再整合;二、将独立数据库的目次数据与图书馆的其他数据(包括外购数据库及馆藏纸质文献)进行整合,需先进行排重,且由于书籍版本的多样化,对相同文献的认定具有一定的难度,这一过程必须进行人工干预。

2.2.2 与受缴或购买的纸质图书配套获取

（1）概况

图书馆中文图书的受缴或购买的渠道主要包括出版社和供书商。

①出版社

作为正式出版的中文图书,出版社是最权威的信息来源,也就理所当然地成为图书馆获取目次信息的主要渠道之一。如:美国国会图书馆凭借其国家图书馆的地位,与出版者等积极合作,由出版者向其提供相关信息。

出版社为了推广展示出版的图书,在其门户网站上提供出版图书的各类信息,部分出版社网站发布的图书信息中包含目次信息,如:中国人民大学出版社、复旦大学出版社等,清华大学出版社除有目次展示外,还提供 txt 类型的目次文件以供下载,社会科学文献出版社的门户网站及网上书城不但提供了目次信息,还包括各章节对应的页码,有些图书还提供了英文目次。

②图书经销商

图书经销商是指以各种形式经销图书的商业机构,包括书店、网络书店、图书进出口公司等。

网络书店以提供丰富的书目信息作为便捷、有效的营销手段,一些网络书店的书目信息中包含有目次,如:当当网提供目次信息,但在目次较多的情况下,有删减、省略的现象。其他如:china-pub 网上书店、新华书店网上商城——文轩网等网络书店都提供较全的目次信息;也有一些网络书店不提供目次信息,如北京图书大厦网络书店、卓越亚马逊网等。

北京人天书店有限公司作为中国内地规模较大的民营图书发行公司和出版信息提供商,拥有完整的编目队伍,可以提供适用于公共馆和高校馆的编目数据。其门户网站上提供的图书信息中不包含目次,但是,作为其旗下控股公司的蔚蓝网部分图书提供了目次信息。

中国教育图书进出口公司是专门从事出版物进出口业务与图书国内贸易的国有企业,自1987 年成立至今,已发展为国内教育系统大型书业公司。该公司门户网站上的书目信息中不包含目次。

（2）利弊分析

这种方式的优势在于:①与图书馆纸质图书的来源渠道一致,可以成批随书提供,因此在嵌入 MARC 数据时不存在查重的问题;②图书馆中文图书的采访工作一向是基础业务工作的重中之重,一般都能建立顺畅的沟通渠道、良好的工作联系,因此,从出版社或供书商处获取目次数据具有可行性;③这类数据来源于较权威的机构,一般都经过多次校对及审查,数据质量较好。

这一方式的问题在于:由于目次数据的缴送不在法定呈缴的范围之内,因此,需与出版社进行相关的沟通工作,对一些缴送情况不好的出版社需增加催缴的力度。另外,出版社制作的元数据与图书馆界执行的通用元数据标准有差异,需制定互操作的规则,对数据进行清洗,才能达到共享的目的。

2.2.3　网络采集

（1）概况

网络共享社区是近年来发展迅速的信息资源集散地,是公共图书馆在网络环境下获取目次数据必不可少的一个来源。网络上可获取的目次数据主要来源于以下几种类型的网站:

①提供电子图书资源的网站

在线读书,如:新浪读书、搜狐读书、腾讯读书、新华读书等。这些读书频道提供了大量的电子图书供免费阅读,其中包括原创的文学作品及正式出版的图书的数字版本。

原创文学门户,如:起点中文小说网。资源主要为个人原创电子图书,以连载形式发布,其中部分图书在网络发布后由出版社出版成纸质图书。

电子图书下载,如我爱电子书、书香中文网等。提供 txt、jar、umd、chm 等格式的电子书下载。

提供在线阅读的电子图书一般都有目次,可以通过目录链接到书中相应的章节。

②提供图书相关信息的网站

社会编目网站:一些社会编目网站提供图书的各种信息,发布者多数是个人。较为知名的是豆瓣读书。豆瓣读书里的图书信息中一般都有目次信息,有些还标明了页码。同时,提供新书速递的服务,经过对比发现,豆瓣的新书信息的发布早于西单图书大厦网站、当当网、卓越网等图书销售商的图书数据,更具有时效性。

知识性百科:如在百度百科、互动百科上都可以查到图书的信息。一本中文图书作为一个词条,其中的内容一般包括目次,数据多数来自其他对图书进行销售或推广的网站,信息的质量受来源网站的影响较大。

对网络上的中文图书目次进行采集包括两种形式:

一种是抓取网络上提供的免费的目次信息,与图书馆书目数据进行挂接。这种形式是利用网页爬虫抓取 web 数据,使用解析程序对网页内容进行解析,得出图书目次。

另一种是在采集网络电子图书的过程中,同时采集其中的目次数据,通过技术处理,与电子图书全文一起为用户提供服务。

近年来,公共图书馆的数字资源建设有了长足的发展,除自建资源外,也对各种网络资源进行了有效整合。网络电子图书作为网络资源的重要组成部分,正在逐渐进入图书馆的馆藏范围。2010 年国家图书馆采集了部分网络上的免费电子图书资源,应用数字技术对电子图书的目次信息进行提取,实现目次数据与全文的链接,使用户可以方便地从目录直接定位到正文。

（2）利弊分析

网络采集的优势在于:面对网络的海量资源,单凭人力,只能望洋兴叹,而借助于飞速发展的技术创新,大量的数据得以快速进行采集和处理,有利于资源的发现与利用。

但是,由于网络资源的不规范、不受控的特性,导致其存在着一些缺陷,问题主要包括:

- 因为版权的原因,提供的图书往往不是完整版本,造成目次信息也不完整;网络原创小说随意性较强,目次数据缺乏规范格式。

● 由于数字资源的传播特点,一本书常在多个网站上发布,因此,在各个刊载的网站可能出现目次的内容或排列顺序不同的问题,很难确定其权威性。

● 商业性网站提供目次信息是为使浏览者快速了解图书内容,进而转变为潜在的购买者,制作简单,没有进行质量控制,因此,正确性、完整性都得不到保证。

● 目次的格式没有统一的标准,对目次解析工作造成很大困难。

以上问题导致对网络抓取的电子书进行整合存在很大困难,数据抓取下来后需经过后期技术处理,同时必须以大量的校对工作来保证数据的准确性。

对于这些问题,目前正在通过实践摸索解决的办法。如根据各种格式来开发相应的目次解析程序,并尽量采用参数配置化开发,保持通用性。通过正则表达式匹配;字符串特征扫描;使用 pCos 解析控件解析 PDF 文件中的书签信息,读取其中的标题文字,跳转页码,使用该信息生成目次等方法来解析目录。现有的解决方案仅是初步的探索,但还远远不够,需要不断进行完善。

3　国家图书馆中文图书目次数据建设构想

3.1　问题

首先,目次数据资源数量庞杂:近几年中文图书的出版量一般在 20—30 万种,其中新书的数量超过一半;[4] 近年来网络原创小说发展迅速;除每年新增的中文图书外,目次数据的建设还面临更大规模的已有图书的回溯工作。

其次,目前,目次数据的建设问题很多,如:数据的制作者很多,但非常分散,存在重复建设,造成资源的浪费;无统一标准、规范,影响数据的交换与利用,等等。

再次,建设方式各有利弊:图书馆员制作的数据质量较好,但由于大量工作需人工干预,效率较低,服务滞后,无法满足用户需求;而其他商务机构为推动图书的销售,不使用户流失,可在短时间内提供大量的目次数据资源,但数据质量欠佳,且缺乏规范,有一些还存在不完整的现象,影响对目次数据进行深层挖掘及多次利用。

因此,国家图书馆对目次数据的建设应以共建共享为最佳发展方向。

3.2　合作模式

目次数据的共建主要有两种形式:一、横向联合,指建设图书馆界的联合共建平台;二、纵向联合,指图书出版发行利用流程中的各个节点的联合共建。

国家图书馆建设的全国图书馆联合编目中心已具有一定规模,书目数据的使用单位已超过 1000 家,成员馆已发展到 600 多家,并且成立了 14 家分中心。[5] 借助这一共建共享平台进行目次数据的建设,将目次数据与书目数据整合在一起,有利于强化书目的功能。

但是业界合作也存在着不足,如:

● 以图书馆馆员为建设主体,保证了数据的标准化与规范化,但是由于目次数据资源的数量过于庞大,即使多个图书馆联合,也还是存在人力严重不足的问题,无法及时为用户提供信息服务;

● 图书由产生到提供给读者使用,图书馆处于这一链条的中间,这一状态也在客观上造成

了目次数据的建设与利用具有滞后性;

• 以图书馆为建设主体的资源,制作和使用的环境都相对封闭,因此,虽然图书馆拥有质量较好的数据,但是,利用率不高,造成了资源的浪费。

元数据的创建、交换与使用贯穿于图书从产生到利用的全过程,通过跨行业合作的方式,整合图书供应链中相关各方制作的元数据,资源共建、优势共享是数字图书馆建设发展的必由之路。

因此,笔者认为,国家图书馆目次数据的共建模式应是以业界合作为核心,寻求更广范围内的合作。

3.3 合作内容

图书馆界与其他行业通过对元数据的交换进行资源的共享,已积累了大量的经验,对国家图书馆目次数据合作模式的构建具有借鉴意义。

在图书的供应链上,出版社位于源头位置,且出版社与作者联系最为紧密,拥有权威的信息来源,因此,与出版社就元数据的共建共享进行密切合作就成为围绕图书生命链构建跨行业合作平台的主要环节。因此,本文将以图书馆与出版社在元数据方面的合作为例进行分析。

3.3.1 元数据互操作的研究

解决元数据的互操作问题是元数据交换的前提条件。ONIX 与 MARC21、RDA 等图书馆通用元数据标准间的映射是备受关注的工作,且成效显著。如:美国国会图书馆在其 MARC 标准主页上提供了 ONIX/MARC21 的对照表;2006 年联合指导委员会(The Joint Steering Committee,简称 JSC)推出的 RDA/ONIX 资源分类框架为图书馆和出版机构的元数据互操作提供了更多的便利。

3.3.2 元数据的交换与互惠

目前,已有多家图书馆或网站利用 ONIX 数据为用户提供书目服务,如:美国国会图书馆利用 ONIX 数据已有多年;加州数字图书馆的 Roy Tennant 下载了十余万条 ONIX 记录为用户提供检索,检索结果除书目信息外,还有目次与内容简介。[6]

除对出版业制作的 ONIX 数据善加利用外,图书馆界还结合自身的专业优势对元数据进行完善后反馈给出版社。如:OCLC 推出了 ONIX 元数据强化服务,[7]将 ONIX 数据转换为 MARC格式,加入 WorldCat,并通过数据挖掘与数据映射的方式自动强化数据,强化后的元数据以ONIX 格式返回给出版社,通过这种反馈机制,一方面为出版社提供服务,另一方面,对强化后的数据质量作出评估。

3.3.3 以图书馆与出版业的合作为基础,逐渐向图书供应链上的其他节点延伸

2009 年 6 月,一项旨在扩展 RDA/ONIX 框架的计划启动,扩展后的框架被称为词表映射框架(Vocabulary Mapping Framework,简称 VMF),目的在建立针对具有扩展性的多种元数据标准的词表之间的映射,建立支持跨行业互操作的工具。这一框架可覆盖图书馆、博物馆、出版社、教育机构、网络等图书元数据的制作与利用,促进多机构间元数据的交流与合作。[8]

3.4 存在问题

(1)图书馆与出版业的合作形式主要集中在元数据的交换,由于这种合作方式较为松散,容易出现一些问题,如:因为没有进行统筹规划,造成热门图书重复建设、浪费资源,冷门图书

无人问津;只能对已形成的元数据进行后期控制,给目次数据的整合带来问题,也造成人力物力的浪费。

(2)与国外相比,国内出版行业书目数据的标准化进程还处于刚刚开始的阶段,图书馆与出版业在书目数据的共建方面缺乏合作,目次数据的共建就更无从谈起。

2010年7月4日,《中国出版物在线信息交换(CNONIX)图书产品信息格式》国家标准制定工作启动会在京举行,标准的制定乃至与其他类型元数据的交换互惠还有着很长的路要走,从技术到体制都需慢慢摸索。

(3)目前,跨行业合作的尝试主要集中在图书馆界与出版行业间,而中文书目数据的建设主体多种多样,包括数据库商、销售商等,尤其是在网络环境下,信息建设与采集者的角色呈多样化发展,一些网站及个人都成为深度参与者,形成的元数据具有多种格式且不规范,为元数据的发现、交换与整合带来极大的问题。

3.5 解决构想

(1)在国内元数据标准化的进程中,国家图书馆应积极倡导及参与。首先,国家图书馆应努力推动国内元数据标准化的进程,并在标准的制定过程中就参与进来,加强不同格式元数据之间的融合性,为将来在元数据交换方面进行合作奠定基础。

(2)打破行业壁垒,形成多主体建设、资源共享的合作模式。国家图书馆应充分利用已建书目数据共建平台,扩大规模,打破行业壁垒,形成多主体建设、资源共享的中文图书信息资源整合服务的最终基地。依托这一整合平台,进行中文图书相关信息资源与书目数据的一体化建设,强化书目数据的查找与识别功能,为用户提供丰富的信息资源。

(3)与用户间建设良好的沟通、互动机制。由于元数据的制作者中有一部分是以个人为主体,如:作者、网络社区中的资源和百科词条的个人发布者等,所以在元数据的建设中还应建设良好的沟通、互动机制,将用户(特别是作者)纳入到元数据的建设体系中。

参考文献

[1]孙维钧.图书目录的缺陷及 MARC 的完善[J].大学图书馆学报,1999(4):65-67.

[2]中国高等教育文献保障系统.CCC 西文期刊篇名目次[EB/OL].[2011-06-30]. http://home. calis. edu. cn/calisnew/calis_index. asp? fid=4&class=7.

[3]The Universal Digital Library[EB/OL].[2011-06-30]. http://www. ulib. org/cgi-bin/udlcgi/ULIBAdvSearch. cgi? listStart=0&language1=Chinese&perPage=20

[4]中华人民共和国新闻出版总署[EB/OL].[2011-06-30]. http://www. gapp. gov. cn/cms/html/21/464/List-1. html.

[5]国家图书馆联合编目中心.联合编目中心简介[EB/OL].[2011-06-30]. http://olcc. nlc. gov. cn/about-zxjj. html.

[6]ONIX Records for Libraries[EB/OL].[2011-08-20]. http://roytennant. com/proto/onix/.

[7]OCLC Metadata Services for Publishers[EB/OL].[2011-06-30]. http://publishers. oclc. org/en/213918usb_services_for_publishers. pdf.

[8]UNIMARC、RDA 和语义网[EB/OL].[2011-07-20]. http://www. ifla. org/files/hq/papers/ifla75/135-dunsire-zh. pdf.

德国图书馆数字资源建设政策实例分析

唐玉屏　李　菡(国家图书馆)

从计算机存储介质开始发生变化,直到网络进入人们的日常生活,图书馆的数字资源建设就从来没有停止过前进的步伐,德国的图书馆数字化工程也是如此。

1　德国图书馆数字资源建设的背景

尽管德国的图书馆体系是一个分散的总体格局,德国图书馆界却非常重视图书馆间的资源共建和共享。20世纪70年代初,德国图书馆大会倡议并制定了《图书馆'73》,尝试建立第一个覆盖全西德的图书馆网络。20年后德国图书馆协会联合会提出的《图书馆'93》方案,奠定了德国图书馆之间的基本合作模式。方案要求涉及各个层面的问题应由一些中央机构或联盟组织通过协商合作来解决。[1]自此,合作也就成为德国图书馆界的一个重要特征。21世纪开始不久,《图书馆'2007》开始调研编制,它旨在加强德图书馆系统与教育系统的整合,鼓励在图书馆功能优化方面展开专业讨论,进而发起一项全面的战略性变革。目前,德国的图书馆体系在'93方案的既成框架下,正在加强'07方案的规划执行,不过其信息资源共建共享的模式是基本的,其中数字资源的建设模式和格局更加清晰地体现了这一特点。它形成的地区—全国—国际的多层次和多系统共建共享网络模式,以地区性图书馆网络为德国图书馆信息资源共享的主要形式,以全国性图书馆合作项目为各大学图书馆、专业信息提供中心、研究机构和基金会的资源联合方式,多个国际联盟、组织和文献传递机构为参与国际性图书馆合作的重要形式。[2]

正是因为德国的图书馆体系具有这样既分散又合作共建共享的特点,所以,本文选取了德国国家图书馆、巴伐利亚州立图书馆、波恩大学图书馆,这3个图书馆分别作为国家馆、公共馆、高校馆的代表实例,探讨它们在数字资源建设政策方面的主要方针和特点。

2　德国图书馆数字资源建设采访政策实例比较

电子出版物现在迅速发展成补充新近文献的重要手段之一,它或以CD-ROM为存储介质可离线使用,或以网络出版物的形式可在线直接获得。在此种背景之下,电子出版物已成为德国图书馆资源建设过程中不可或缺的一部分。

这里需要指出的是,虽然电子出版物越来越顺应数字时代的信息需求,但它还没有发展成为德国图书馆馆藏建设的首要形式或主要方式,纸本图书仍然是当前各个图书馆馆藏的主要组成部分和近期的建设主体,尽管根据各图书馆的职能和条件不同,各个图书馆的文献采选对象会有所侧重。

2.1　采访总方针

德国国家图书馆遵照《图书馆法》和《采选方针》,对该馆非物理形式文献的采选范围作出了规定,包括声音、视频和文本文件,如电子专著、制图学作品、标准、期刊、报纸、高校结业论文、音乐资料(乐谱)、电子辞典、音乐文件、物理文献的数字形式以及以音乐为前景的电影资料。所采选网络出版物的主要形式有电子期刊、电子书、高校结业论文、数码化文献、音乐文件以及网页。

巴伐利亚州立图书馆的电子出版物采选流程也仍然以该馆印刷型文献的采选标准为准,所选电子出版物一般是确属该馆馆藏范围,但无印刷版或印刷版已停出,且仅(还)有电子版可用的某专著或连续出版物。

波恩大学图书馆根据学校重点学科和研究所的研究方面采选适当的电子资源。

2.2　电子书

德国国家图书馆采选电子书时遵循馆藏总收藏方针,收藏在公共网络上出版且可获得的德语网络出版物,主要包括以下三大类:地方政府的网络出版物、在线零星出版物、与纸本同时出版的网络出版物。地方政府的网络出版物中需要采选的包括联邦及各州非公务内容的网络出版物,联邦、各州及乡镇出版的涉及文化信息、历史或专业内容的公务网络出版物等。在线零星出版物包括:(1)由企业编辑出版的,满足公众需要的网络出版物;(2)为公众服务的机构所出版的出版物;(3)协会、社团、俱乐部等机构的出版物;(4)电子手册;(5)机构或公共协会、团体的历史介绍。同时出版的网络出版物包括:(1)不确定期限的电子印刷品;(2)与最终出版物相关的预先印刷品;(3)同时出版的网络出版物,外观或内容与实体出版物不完全一致;(4)同时出版的网络出版物,功用不同;(5)与实体出版物同步出版的网络出版物。

在巴伐利亚州立图书馆,电子书的采选要考虑出版物的出版形式(以信息载体或在线形式)、可能同时出版的印刷版、其主题在馆藏学科标准中的地位(如馆藏重点)、存档、潜在利用率等方面问题。重要的特藏电子书如果同时具有其他的出版形式,要始终尽量采购其印刷版,以达到长期保存的目的。倘若既有印刷版又有电子版可提供,且电子版价格低廉,则可同时采购其印刷版和电子版两种形式。对于不属特藏重点范围内的电子书要分专著和工具书区别处理。基于易于保存的原因,专著的印刷版本应优先考虑。仅以电子形式出版的单本专著可采选其电子版;多卷集则应特别审查。工具书的采选要具体情况具体分析。大型工具书可直接选择其电子版。由于电子版具有可多次重复利用的显著优点,所以该馆藏书所涉各学科的相关工具书都采选了一定的电子书形式。

在波恩大学图书馆,读者可使用多达数十万种 HTML 和 PDF 形式的电子书和电子全文文献。值得关注的是,波恩大学图书馆的"中国基本古籍库"收有10 000种中国古籍作品电子书,凡是在德国境内的个人均可通过大学网络、学术图书馆网络或者在柏林国家图书馆网站上免费注册来使用该电子书库全文。还有"十八、十九世纪德语女性文学库"收有十八、十九世纪的女性作者的 848 种电子书达 22 万多页,使用方法与"中国基本古籍库"类似。其他还有"早期英语书在线书库"、"天主教改革数字图书馆"、"十八世纪收藏在线"、"Springer 专业电子书库"等。

2.3 电子报刊

报纸出版发行机构不但会增加印刷报纸的出版量,也会在网上为其订阅者提供数字化形式报纸,德国国家图书馆就提供150多万页数字化报纸的阅览服务。在莱比锡和法兰克福的馆舍,可以阅读约36 500期德文电子报纸。每天,图书馆馆藏会新增约300期最新的电子报纸。周一到周六,会增加约1800期新报刊,每周日新增16期周日报纸。莱比锡和法兰克福地区以外的用户能直接通过目录寻找到所需要的某期电子报纸。数字版本出版一周后,用户就可在阅览室进行阅读。以前,报纸需经过3至4个月,以缩微平片的形式才能供用户使用。相比之下,目前的服务有明显的改善。出于版权,该服务不向外部用户提供。同样出于版权,电子报纸全部或部分内容均不提供复制及以数字化形式获取的服务。

在德国,只有少数图书馆有全面独立采选电子期刊的政策,巴伐利亚州立图书馆在这方面的工作具有一定的特点:在电子期刊和纸本期刊同时发行的情况下,优先采选纸本期刊;如果随纸本同时发行的电子期刊不额外追加费用,则尽量系统地开通利用;需要追加费用的和纯电子期刊仅限于少数学科(特藏库、人文社科类)可以采选;需要追加费用的其他学科(尤其是社会学和生物学类)的电子期刊需根据需求适当采选;巴伐利亚州立图书馆原则上是巴伐利亚州期刊联合协会的成员之一。

其他大多数德国图书馆,尤其是大学图书馆和科学专业图书馆都采取参与电子期刊虚拟专业图书馆合作项目的方式向用户提供电子学术期刊全文资料,波恩大学图书馆就是该项目成员之一。电子期刊虚拟专业图书馆由雷根斯堡大学图书馆与慕尼黑科技大学图书馆联合发起,截至2009年底,拥有419家德国图书馆和来自10个其他国家的129家国外图书馆,总计545家应用成员馆,[3]提供网络出版的科学和学术期刊的有效利用的服务。参与的图书馆合作收藏文献并且共同更新中央数据库的书目数据,提供各自订购期刊的全文访问。对于每个参与机构,电子期刊图书馆提供一系列符合各个图书馆需要的电子期刊。每个成员可以自己管理本地的授权期刊,还能够以分布式授权管理方式加入特定的用户指导。电子期刊图书馆提供科学和学术全文期刊的快速、结构化和标准化的获取,非学术期刊和报纸不予收录。[4]截至2009年年底,它拥有各个学科主题的46 711种期刊,其中6082种期刊仅在网络上发行,23 400种期刊可以免费阅读,[3]是全世界馆藏最丰富的电子期刊数据库。

2.4 数据库

实体数据库和在线数据库相对于印刷资源来说,其重复利用性得到很大改善,因此是巴伐利亚州立图书馆在采选时优先考虑的对象。另外由于经费问题,印刷版常常被撤销订单。一般情况下,该馆严格遴选与特藏库相关的数据库、馆藏学科的总数据库和相关数据库,以及少量各学科的实体数据库。

以波恩大学图书馆为代表的诸多大学和科学图书馆通过"数据库信息系统"提供数百个在线数据库,读者可以通过公共网络或校园网检索并下载各数据库提供的书目和重要、常用的文献(百科全书、辞典、原著、地图等)文本全文。该"数据库信息系统"最早是在巴伐利亚州科学、研究和艺术办公厅以及德国科学研究会的资助下,由雷根斯堡大学图书馆发起建立起来的。发展至今,已有205座图书馆参与建设并使用该信息系统作为本地图书馆的数据库服务项目。该"数据库信息系统"现已收录7898项记录,其中有2701个数据库的资源可以在线免费使用。虽然该数据库信息系统覆盖面广,内容丰富,但在收录对象的选择上亦有自己的标准,其中不予收录的主要是:以 PDF 或者 HTML 网页形式存在的、不具备搜索功能的文献目录;电子期刊;电子专著(电子书);网页链接目录;单独的图书馆目录。

2.5 高校论文

德国国家图书馆自 2005 年起,至 2008 年止,进行了一个"在线博士论文门户"项目,开通的网站将德国的博士电子论文和教职电子论文整合到了一个平台上,而且实现了全文搜索。

波恩大学图书馆将在波恩大学攻读博士学位的学生的博士论文以电子版的形式全文保存,并提供在线存取服务。除了博士论文之外,还提供波恩大学任教者的教授资格论文。

3 德国图书馆资源数字化实例比较

3.1 德国国家图书馆的数字化工程

德国的国家数字图书馆就像分散在三个不同地方的国家馆一样,也不是某个图书馆的专有名称,而是由政府资助,行业协会和国家馆牵头,多家图书馆、档案馆、博物馆、研究所多方合作建设的全国性的数字图书馆。

德国国家图书馆与柏林国立图书馆、普鲁士文化基金会合作,开发并维护"期刊数据库",以在线目录的形式提供世界范围内的期刊、报纸等连续性文献的题名和馆藏信息,不仅有纸本期刊,也包括电子期刊。该项目体现了国家馆的一定统筹全局的职能。另外,德国国家图书馆开发的"在线博士论文门户"和"数字报纸"工程,都是该馆众多数字化工程的代表,为全国甚至欧盟国家的远程使用提供服务。

在馆藏数字化方面,德国国家图书馆也颇有特色。以特藏"流亡文学"为例,为了最大程度地发挥 1933—1945 年期间的德国流亡期刊和流亡报纸的重大科研价值,德国国家图书馆把这部分珍贵馆藏经过编目、数字化、上网等操作流程,面向全世界读者开放。

3.2 巴伐利亚州立图书馆的馆藏数字化

巴伐利亚州立图书馆设有慕尼黑数字化中心,即巴伐利亚数字图书馆的建设和维护主体,是馆藏建设与开发部的下属机构。该数字化中心从 1997 年开始致力于馆藏资源的数字化、在线出版以及长期存档三方面主要工作。

出于文献资源长期保存或安全方面的考虑,数字化中心长期以来一直在进行已有馆藏的数字化工程。在德国研究协会、巴伐利亚州科研艺术部的推动与促进下,通过与世界第一大搜索引擎 Google 合作或通过自筹资力,数字化中心已经完成了多个馆藏资源的数字化项目,并仍在继续推进。其中有的项目仅涉及巴伐利亚州立图书馆的自有馆藏,有的则需要与其他图书馆合作。目前已完成部分手稿、历史工具书、百科全书、原版图书的数字化,并通过网络提供给读者免费使用。

数字化中心还在馆藏资源数字化的基础上开展电子文献的开发与出版,为专业虚拟图书馆的建立与维护提供技术支持,并肩负"在线巴伐利亚州图书馆"的监管职责。另外,巴伐利亚州立图书馆通过馆藏数字化开发出的所有电子文献都需要在这里进行存档,以供后期使用。

目前正在或计划实施中的新数字化项目主要有:馆藏 16 世纪德语区文献数字化项目、数字化副本 Google 合作项目、改善通向文本之路——历史文本光学识别技术开发项目、欧洲 Michael(博物馆、图书馆、档案馆)门户工程、巴伐利亚州立在线图书馆项目、音乐虚拟专业图书馆项目等。

3.3 波恩大学图书馆的馆藏数字化

波恩大学图书馆自参与建设"数据库信息系统"以来,已根据现有馆藏开发并管理多个的数据库项目,其中比较重要的有:

(1)以马利·康德全集全文数据库:以康德作品的学院版的前 3 个系列共 23 卷为蓝本,包括康德著作、书信和手稿遗作。随着康德研究工作的进一步发展,该数据库内容也随之作进一步调整和完善。该数据库由德国科学研究会资助,提供免费在线全文检索。

(2)罗马语言文学虚拟专业图书馆:该数据库以门户网站的形式将馆藏实体资源数字化,由德国科学研究会资助,供读者免费使用。它作为波恩大学图书馆罗马语言文学特藏的数字化拓展项目,是该馆发展特色资源的一个成功典型。目前仍在建设当中。

(3)康德全集全文数据库:该数据库的内容根据普鲁士皇家科学院出版的《歌德全集》,将其中的第 1 至 13 卷整理编辑并数字化,包括康德所有的已发表著作和书写、收到的书信。在大学网内可免费全文检索。

4 德国图书馆数字资源建设的特点与经验

4.1 明确责权分工合作共建高效资源网络

不管是纵向梳理这几个图书馆在电子书、电子期刊、数据库等方面的资源建设方针,还是横向比较 3 个图书馆不同的采选特色,都很容易得出比较清晰的权责分配图像。以电子期刊为例:首先,国家馆的主要职责是从全国性甚至国际合作的层面提供总的资源清单,搭建共建共享的资源平台,如"期刊数据库"网站;其次,独立采选电子期刊的职责则主要分散到了重要的州立图书馆和中央图书馆身上,如巴伐利亚州立图书馆依附纸本期刊采选适当的电子期刊;再次,大学图书馆则把重点放在与本校学科教育相适应的电子资源方面,由 400 多家高校馆参与建设的"电子期刊虚拟专业图书馆"很好地整合了各校图书馆电子期刊,大大降低了重复建设带来的资金、人力等方面的浪费。

没有明确的权责分工,就难以保证特色,长此以往既造成了资源浪费,又很容易产生新的矛盾。我国的图书馆数字资源建设可以说是正在如火如荼的进行中,但是长远来看,是否真的能做到规划明确,权责明确,从国家到地方层次清晰,内容有序,可能还有立法、管理、监督许多地方需要改善甚至是变革。

4.2 全面依托地区优势合作采选数字资源

由于政体的原因,德国图书馆呈现分散的格局特征,同时又由于各联邦分而治之,其文化机构的地区性职能非常明显,各州的图书馆在本地区文献资源方面拥有别的州的图书馆所不可超越的优势。另一方面,各有特色的不同地区的图书馆在充分发挥自主权的同时还能够通力合作,以地方授权或者缔结付费协议的方式,合作采选并合作使用一些价格较高又十分重要、珍贵的特藏资源。德国研究协会在授权和整合资源方面起到重要的作用。

我国存在文化、教育资源分布不均的情况,图书馆和文献信息资源也存在明显的地区差异,因此如何发挥地区优势,缩小地区差距,将是一个难题。数字资源的开发既符合时代的发展,又具有空间和时间上的诸多优势,如果能够在某一个领域,或者从某一个地区出发,建立一个地区优势互补,共建、共享的数字资源采选、利用、管理模式,无疑是有利于我国图书馆事业全面进步的。

4.3 有效利用特色馆藏开发自有数字资源

特色馆藏是一个图书馆藏书的重要发展方向,是图书馆明确服务定位和实现服务价值的基础,顺应时代潮流的特色数字资源也是衡量图书馆馆藏和服务质量的一个重要标准。以遍及全德国"德意志印刷品珍藏"为例,五大图书馆参与收集德国各个不同历史时期的德语出版物,使得各图书馆在馆藏重点和珍藏特色方面具有鲜明的个性。正是因为如此,巴伐利亚州立图书馆才能够基于自己的收藏范围,即公元1450—1600年间的德语区出版物和德语出版物,经过数字化项目开发出"16世纪德语区文献数据库",这在全德国应该是首屈一指,也是绝无仅有的珍贵文献资源。

对于珍贵的文献资源,有的图书馆并不一定要以拥有为荣,更不能有攀比的心理,当特色成为人人都热衷复制的印刷品,也就失去了其应有的价值。特色文献信息资源建设与国家文献资源建设的总体目标是一致的,符合国际文献资源建设的潮流。所以,发展真正的特色,利用真正的特色才应该是当前图书馆应当秉持的原则之一。如何借助现代化的技术设备,利用本身的特色资源,开发有特色的数字化产品和服务,正是我国图书馆数字资源建设应该探索的问题。

4.4 大力发展合作体系保障数字资源共享

从"德意志印刷品珍藏"到"电子期刊虚拟专业图书馆",再到"图书馆网络联盟"和"全国文献传递项目",都不是自采、自产、自藏、自利用的典型。可以说,德国图书馆的文献资源建设,尤其是数字资源建设,充分体现出合作共享的特色和优势。

在合作的体系基础上建立全国性或者地区性的资源共享和文献信息传递系统,并有专门的组织机构协调和管理,我国也有研究人员提出,图书馆共同体和图书馆联盟也许是图书馆未来资源共享的发展方向。[5]中国图书馆事业的系统和行业归口管理体制使得各个系统或行业的图书馆往往各自为政,[5]如何减少重复建设,充分、有效、便捷地利用各馆数字资源,建立权威的文献信息资源共享管理组织,实现地区性、全国性甚至是国际性共享资源的协调服务,将是值得图书馆人长期努力的方向。

参考文献

[1]约根·西佛德,鲁德格·苏勒. 通往过去与未来之门——德国的图书馆[M]. 希尔德斯海姆:联邦德国图书馆协会联合会出版,奥尔姆思出版社,2003.

[2]朱前东,高波. 德国的图书馆信息资源共享模式[J]. 大学图书馆学报,2008(5):43.

[3]Elektronische Zeitschriftenbibliothek:Jahresbericht 2009[EB/OL]. 2010 - 11. [2011 - 08 - 12]. http://rzblx1. uni-regensburg. de/ezeit/about. phtml? bibid = AAAAA&colors = 7&lang = de.

[4]Informationen zur Elektronischen Zeitschriftenbibliothek [EB/OL]. [2009 - 06 - 03]. http://rzblx1. uni-regensburg. de/ezeit/about. phtml? bibid = AAAAA&colors = 7&lang = de.

[5]陈新艳,郭玉强,谢岩屏,等.德国图书馆馆际互借发展的启示[J].理工高教研究,2006,25(3):94.

浅谈图书馆赠书工作

——以国家图书馆为例

汤　华　包建民　刘洁萍(国家图书馆)

1　图书馆接受赠书概况

图书馆几乎从萌芽时期起,社会援助就是其生命乳汁的一部分,古今中外概莫能外。以国家图书馆为例,作为国家总书库,全面入藏中外文图书、期刊、报纸、音像资料、电子出版物等各种类型出版物,除了接受缴送样本之外,国家图书馆接收社会各界捐赠已有近百年历史,从未中断,通过接受赠书的方式为丰富我馆的馆藏发挥了重要作用。

1.1　受赠文献数量增加

改革开放以来,随着我国经济、社会的迅猛发展,公众的科技、文化素质不断提高,著书立说渐成时尚。尤其是近几年国家图书馆的社会影响力、公众感召力的日益增强,极大地激发了公民热爱图书馆、使用图书馆、建设图书馆的热情。同时,由于国家图书馆对赠书工作的重视,接受图书捐赠数量增加。从2006至2010这5年中,国家图书馆接受赠书数量达到9071种。平均每年受赠约1500余种图书(见图1)。

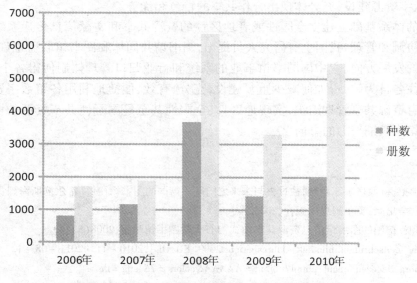

图1　2006—2010年国家图书馆受赠图书种册数

1.2 受赠文献内容广泛

仅以 2009 年受赠图书为例,受赠图书共 1401 种、2097 册,其中马列类(A)占总数的 4%,哲学类(B)6%,法律类(D)5%,军事类(E)1%,经济类(F)50%,教育类(G)3%,文学类(I)10%,历史地理类(K)3%,生物科学类(Q)6%,医药卫生类(R)3%,农业科学类(S)4%,综合性图书(Z)5%。其中经济类图书占据了赠书总种数的一半,从另一个侧面反映出 2009 年我国经济发展备受关注的程度。

2 图书馆接受赠书工作流程的思考

目前,多数图书馆都开展接受赠书工作,很多图书馆设专人负责接受赠书工作,并制定有详细、完整的赠书工作条例、入藏标准、处理方法,建立有接受赠书的工作制度,赠书工作取得了巨大成绩。笔者从事赠书工作十余年,对我馆今后赠书工作的再完善进行了以下几个方面的思索,并提出几点建议。

2.1 建立规范的赠书登记制度

随着赠书数量的逐年增加,图书馆建立一套规范的赠书登记制度十分必要。在实际工作中,采访人员应使用一个统一、规范的赠书登记格式,不管图书馆是否设立专门负责接受赠书的工作岗位,采访人员打开表单都可以对受赠图书进行完整、详细的登记。登记内容至少要包括所赠图书信息、捐赠人信息、是否发放感谢函信息,以及登记信息等。登记方法可以采用手工登记、计算机登记或者网络登记。只是手工登记检索起来较为困难,且不易保存;而计算机登记较为普遍,内部工作人员查询较为方便;网络登记可以让采访人员、公众共同使用,检索简捷。但无论选择何种登记方式,图书馆必须要留存一套完整、详细的赠书登记记录。

2.2 重视赠书的甄别、筛选工作

图书馆在接受赠书时常遭遇的困扰就是遭遇非正规出版的图书。我们常常碰到这样的情况:当捐赠者把辛苦出版的图书郑重地赠送给图书馆时,却被告知是非正规出版的图书,大多是"盗用书号"或是"假书号",所谓"盗用书号"是指盗用其他图书已经使用过的 ISBN 号,"假书号"是指随便编造一个出版社和 ISBN 号的图书。此外,还有部分赠书使用的不是图书的 ISBN 号而是电子出版物的 ISBN 号。这些图书实质上都属于非法出版物。我们对 2006—2010 年接受的赠书进行了统计分析,非正规出版的图书大约占到捐赠图书总量的 11% 左右。为了给广大读者、捐赠者和图书馆采访人员普及书号知识以及如何鉴别出版的图书是否正规,笔者用以下几种图书举例,并将鉴别方法提供给同行参考。

表 1 捐赠图书鉴别方法

捐赠图书题名	捐赠图书出版社	CIP 核字号验证	正规图书题名	正规图书出版社	鉴别后结论
《走向大西南纪念画册》	中国文史出版社	(2009)185246	《热点重点难点专题测试示范卷.第 2 辑.英语》	吉林文史出版社	非正规出版图书

续表

捐赠图书题名	捐赠图书出版社	CIP 核字号验证	正规图书题名	正规图书出版社	鉴别后结论
《西楚野人诗文集》	人民日报出版社	(2006)061816	《电机修理工》	化学工业出版社	非正规出版图书
《旧时月色》	黑龙江人民出版社	(2005)064260	《电路数学》	人民邮电出版社	非正规出版图书
《心声集》	中国文联出版社	(2006)083086	《希望书苑》	中国文联出版社	非正规出版图书
《歌颂长征》	北方文艺出版社	(2008)018320	《中华人民共和国草原法》图释:哈萨克文	新疆人民出版社	非正规出版图书

以上鉴别结论是采访人员用中国新闻出版信息网(http//:www.cppinfo.com)的"CIP 核字号验证"进行验证后得出。非正规渠道出版的图书是存在于出版业内的顽疾,它极大地损坏了出书人的利益,破坏了出版社的名声,这给图书馆的受赠工作带来了一定的负面影响,更在一定程度上削弱了捐赠人捐赠图书的热情。因此,采访人员在接受赠书时必须对受赠图书进行甄别,不能让非法出版物在图书馆这块净土上有藏身之处。

同时,由于赠送的文献内容广泛庞杂,图书馆不能来者不拒,无条件接受。采访人员应首先对受赠图书从内容、数量、品相、价值等方面进行鉴定,然后再作出是否入藏的决定。图书馆对捐赠图书拥有的自主处理权既能控制赠书质量,又有利于赠书工作的健康发展。

2.3　给予赠书特定的加工处理

许多图书馆对受赠图书的典藏规则作出明文规定:不作专门处理,和其他普通图书一样全部进入保存、流通环节。事实上,这种规定与捐赠者的愿望是不谋而合的。赠书者的赠书行为本质上是文献资源共享的一种体现,他们的动机和目的主要是为了把自己的著述通过这种行为传递给广大读者,不为藏只为用。而图书馆对赠书不作专门处理的分散管理不仅可以提高图书的利用率,也恰好实现了捐赠人的心愿。

但是,笔者还是建议把普通图书与捐赠图书作一些区别对待,例如,在加工环节中在书标上打印特殊标记;或者在编目环节中增加 905 字段,注明"赠书",目的在于方便今后图书馆对赠书数量的统计,以及赠书书目的编辑工作。

3　关于赠书工作的几点创新

接受赠书工作是图书采访工作有机的组成部分。以国家图书馆为例,一直以来,我馆受赠图书工作开展顺利,宣传力度和影响面都在逐年增强。但是,大多数图书馆的接受赠书工作都处于一个被动接收局面,并没有主动出击的"索赠"行为。实事上,每位公民手中都可能蕴藏有珍贵的、有价值的图书,如果采访人员能将这些分散于民间的图书宝藏集零为整收集到我馆,对于国家图书馆来说是一件功在当代、利在千秋的大好事。那么,如何集零为整是当前采访人员需要好好思考的问题。

3.1　关注签名售书活动,主动出击实现图书"索赠"

签名售书活动是一种图书销售手段,无论是出版社还是作者本人都希望通过这种形式达到图书推介和取得销售佳绩的效果。由于签名售书活动是著者为配合书店和出版社发行而举办的,因此,社会上对这种签售活动褒贬不一。抛开签名售书活动本身的是与非,作为图书馆的采访人员却能够从这些活动中获取许多有用的信息,因为几乎每一次签售活动的宣传材料中都包括了大量的图书信息、作者信息和出版信息。可事实上却很少有采访人员关注这些签售活动,以至于部分签售图书缺藏。以下是笔者在互联网上搜索的近三年在全国各地举办的30起签售活动,同时,在我馆的采访系统中对这些图书进行检索。

30起签售活动中未查到馆藏的图书占到所签售图书的37%左右。这些签售图书都是作者的私人著作,采访人员完全可以通过活动宣传材料所透露的信息找到作者"索赠",以丰富和补充馆藏。

3.2 借助网络优势,搭建捐赠者与受赠者之间的平台

为了扩大图书馆接受捐赠工作的影响面,进一步激发公众的捐赠热情,以国家图书馆为例,笔者认为应当在国家图书馆网站主页上设置私人捐赠栏目,利用网络的开放性、快捷性、交互性的优势,搭建捐赠者与受赠者之间的平台,向公众宣传我馆接受赠书的受赠原则、受赠范围以及我馆捐赠工作管理办法,引导公众向国家图书馆踊跃捐赠好书佳作。专栏稿件可由接受捐赠工作的采访人员全面提供,栏目内容可以多种多样。

3.2.1 捐赠精品图书报道

"国家图书馆接受捐赠图书办法"中规定除了全面接受入藏范围内的正式及非正式国内出版物外,重点接受中外古籍文献、革命历史文献、名家手稿、批校本等具有较高保存和研究价值的文献。事实上,我馆的受赠文献中不乏精品、上品,例如:《清代文书档案图鉴》《补遗雷公炮制便览》《般若菠萝蜜多心经》《褚遂良雁塔圣教序》等。但是,这样的图书量少价高,多数都属孤本,一旦进入保存本库就再难与读者见面。我们可以把这些稀见的、重要的、有价值的图书拍成图片并配以介绍性文章上传至馆网,在网络平台予以展示。

3.2.2 捐赠人专题报道

我馆每年接受的捐赠图书达上千种,馆藏建设离不开这些默默无闻的捐赠者的无私捐献。在和捐赠人的交谈中,我经常被他们朴实的语言、感人的行为所震撼。为了表彰他们为图书馆作出的贡献,采访人员可以拍摄简短的DV记录捐赠人的言行,表达他们捐赠时的内心感受,或者利用馆网公布捐赠者及所赠图书名单,以资鼓励。如华南师范大学图书馆主站上设有"图书捐赠"栏,点开后在"捐赠名录"里详细注明了受赠图书的题名、作者、捐赠者及捐赠数量。而北京大学软件与微电子学院网站上的"赠书光荣榜"则非常醒目,点击进入后可以清晰地看到2008—2010年的赠书目录,以及其他捐赠信息。这些做法无疑会增强捐赠者的自豪感,同时也能激发其他人的捐赠热情。

3.2.3 捐赠图书推荐报道

捐赠图书中有一些具有独特的学术、研究价值。例如我们曾接受过一本题名叫《中国古代军事测绘史》的图书,据捐赠人讲,他在这本书中所作的研究在中国尚属首次,有很高的研究参考价值。对于这部分图书,我们不妨做一个"捐赠图书推介",对于其独具特色的内容、价值进行网络推介。

3.2.4 捐赠信息报道

图书馆应定期或不定期举办赠书展览,对展出的赠书加以必要的说明,旨在加大赠书的宣

传力度。此外,图书馆也可以利用馆报、馆刊、宣传册等印刷品宣传本馆的接受图书捐赠办法,受赠图书的收藏、使用情况等,提高受赠图书质量。让公众对图书馆的接受赠书工作有一个比较直观的认识,同时,也为了让赠书人对自己和他人的赠书有一个简洁、清晰的了解,在图书馆网站对受赠电子档案(个人信息部分除外)给予公布,不但能给捐赠人心理上的满足和成就感,还能激发其他人积极加入捐赠图书的行列。

馆网上设置的捐赠栏目内容除以上列举之外还有许多内容可以添加,只要采访人员用心去做,就一定能够借助网络平台的力量把我馆接受捐赠工作做得更加出色。

3.3 不定期回访捐赠人

捐赠人中有普通百姓也有社会名流,有科研工作者也有工人,虽然工作各异,社会分工不同,但是他们都有一个共同的特点——愿意把自己的著作无偿地捐献给图书馆,与别人分享他们的写作成果。在实际工作中,我们通常只对那些告诉我们还将会有后续著作出版的捐赠者进行回访,其他的捐赠者基本上都是在接受一次捐赠之后就不再建立联系了。事实上,我们的受赠档案中都较为详细地登记有捐赠人的信息,笔者认为,有必要把不定期回访捐赠人纳入受赠工作范围,在回访过程中与捐赠者建立紧密联系,获得他们信任的同时,我们的采访工作也会收获意想不到的成果。

4 结束语

赠书者的赠书行为是一种比较彻底的公益性行为,可以说每一本赠书都凝结了赠书者无私的奉献精神和赠书报国、赠书助教、传播文化知识的心意。图书馆采访人员应当在继续做好受赠图书工作的同时,创新受赠工作思路,灵活受赠工作的方式、方法,加强受赠工作的宣传力度、广度和深度,以获取公众更加广泛的信任和支持以及赠书热情,从而大大提高赠书质量和利用率。

参考文献

[1]黄宗忠.文献采访学[M].北京:北京图书馆出版社,2001.

图书馆文献采购招标问题探析

王和平(山西省图书馆)
毛志宏(山西阳泉市图书馆)　李俊芳(山西太原师范学院图书馆)

招标采购图书招标采购早已在世界各国广泛采用,其宗旨在于选择最合适的图书供应商,能够最快、最全、最经济地采购到读者最需要的图书,避免图书采购中的一些不合理现象,有效地防止采购腐败的产生。然而,图书馆招标采购实施几年来,依然存在着相当多的问题。

1 存在的问题

1.1 招标制度极不健全

缺乏图书采购招标专门的组织机构,招标、评标合二为一的现象比较普遍。此外,招标文件不科学、不规范、没有操作性,招标程序过于简单,缺少对投标商资格审查等必备环节。

1.2 评标标准不尽科学

科学的、合理的、可操作性的评分标准,是保证公平、公正的重要条件。图书的特殊性决定了没有明确的标的,图书馆只能以自己的购书经费制度进行集中招标。在技术参数方面,一般图书馆只会要求社科书多少比例,科技书多少比例,至于买什么书,买多少书,买哪些出版社的书,一概无从知道,如此,造成标的不清,从而引发投标过程中的无的放矢。

1.3 低价中标相当普遍

目前图书馆招标普遍存在的问题是低价者中标。一些资质较低的投标商家为了中标随意报价,不考虑自身实际承受能力,在投标时将折扣让得很高,中标后的图书质量、到书率和其他后续服务却难以保证,而一些资质高、服务好、实力雄厚的投标商在招标中反而容易落败。这样的招标结果容易导致和加剧恶性竞争。

1.4 监督机制形同虚设

图书馆面对书商的违约行为缺乏有效的约束机制,有的图书馆定期约谈有关商家,向书商反馈服务情况,对服务不到位的商家提出警告,虽然起到一定的作用,但不能从根本上解决问题。虽然合同中也明确了商家违约所应承担的责任,但实施起来却相当的困难。

1.5 后续服务难以到位

1.5.1 供货承诺不能兑现

尽管书商在投标时对其服务有明确承诺,信誓旦旦,并将其写入了合同书,但是这些承诺在履约过程中才能体现。一些书商在投标时以价格优势中标,而服务则无法保证。某些书商在配套服务方面能省则省,将竞标时的供货和服务承诺置之脑后,不按合同规定履行。中标商随意变更、撕毁合同的商业行为屡屡发生,他们或以种种理由来解释某些因素影响了供货过程,或以各种借口来狡辩更改合同某些条款的所谓原因。

1.5.2 到书时间经常不能保证

到书时间周期长,速度慢,部分图书到货率和到货周期不能保证,到书率低。有些书商一味追求经济利益,不按订单供书,随意搭配非图书馆所订图书等,严重影响所需图书的订准率,供书品种上也不能保证图书馆的多样化需求。此外,凭订单订购的图书较难到馆,重复配送或漏配图书的情况多有发生。

1.6 资源建设质量下降

由于招标选择的供应商具有期限性,即具有不确定性和不稳定性,很难有一家供应商保证每次都中标,这便使图书馆的预订工作受到一定影响,连续出版的多卷书、工具书、配套书很难保证系统性和完整性。当有些出版社给书商的折扣较少,特别是对一些印数少的专业图书给的折扣更少,低于书商竞标的均价时,书商就不得不考虑自身的利益,很难再以均价将这些图书配送给图书馆。如此必然会造成图书馆所需文献的缺藏,从而直接影响文献资源建设的质量。

1.7 图书成本扑朔迷离

由于图书招标中的评分标准不够科学、统一,价格的混乱便接踵而来。最高的报价和最低的报价甚至相差六、七个百分点,让人对这个行业的真实成本感到疑虑重重。

1.8 书目数据不尽完备

不择手段中标的供书商往往无法按照承诺提供完备的书目信息和标准的数据格式,是招标采购中存在的最大问题,例如书目数据采集不充分,许多供书商没有能力提供全面的书目数据。为了提高到货率、节约时间,在供书操作过程中,只能勉为其难,仅仅提供部分出版社的书目数据。此外出于自身利益的考虑,某些供应商往往只是提供一些折扣高、热门畅销图书的书目订单。而那些学术性强、折扣率低的书目订单很少提供,甚至没有,至于标准的书目数据更是无法提供。

1.9 馆藏结构受到影响

图书采购具有多元化的特点,即品种多复本少,而且具有较强的专业性。它完全不同于一般设备、物资以及教材的采购,在招标之时,常常无法确定购买的具体图书,也无法明确是哪家出版社的图书,全国数百家出版社已经出版或尚未出版的图书都有可能成为图书馆的藏书。图书品种看似繁多,但很多为闲杂消遣类,与图书馆的需求不符,漏订图书会给图书馆藏书的系统性和完整性造成极大损失。投标方对图书馆的藏书特点了解甚少,图书品种数量有限,特别是适合图书馆读者群的专业图书品种太少,组织的书源难以满足图书馆的需求。长此以往,导致了图书馆藏书品种的匮乏和藏书结构的变化。

1.10 书商林立无端浪费

全国各地都搞图书招标,相当于又诞生了一批割据一方的图书批发公司,既不能形成规模效应,又无法节约社会成本,书商也苦不堪言。

1.11 评标委员人为产生

毋庸讳言,有的地方在人工选择评标委员时,由于私心、权力等方方面面的干扰,将有真知灼见、有正义感、敢于直言的学者专家排除在外,宁可邀请那些唯唯诺诺又不十分熟悉招标产品的专家,因为形不成威胁意见,不会改变预定的招标结果。甚至于有的人专找那些能"串通"的、能为某个投标商说话,让他中标的专家。这些现象极大地影响招标的公正和公平。

1.12 招标时间过于漫长

由于国情所致,招标时间必须随着财政预算走,必须等预算出来,否则预算数字出不来则招标量、购书金额等无法估算,一般年财政预算要到 4 月份才能出来,招投标又必须有一个过程,如此势必导致购书计划滞后,影响全年图书采购。

1.13 评标过程流于形式

现行的图书采购招标评分标准主要是针对书商能够提供的资质、服务和报价制定的,从理论上来说还是比较合理的,具有较强的执行性和参考性。但是实际上,评标小组中除了图书馆有一名工作人员参与评标,其他评标人员并不了解所有的书商及书商的真实服务情况,而所有的书商都会对图书馆要求的服务进行全盘承诺,最后比的还是报价,这就违背了采用评分方法的本意,往往是谁的报价最低谁胜出,图书馆要想选择出真正具有实力、能够提供优质服务的书商简直比登天还难。

2 解决问题的几点想法

2.1 健全相关的组织机构

学校要成立图书采购工作领导小组,负责对全校图书采购工作的领导、组织和监督,领导小组下设采购招标小组和采购评标工作小组。采购招标工作小组,由采购项目承办单位相关人员组成,具体负责起草图书文献采购招标相关文件和技术规范,对投标单位资质进行初审,管理相关招标文件。采购评标小组由采购项目承办单位工作人员和评标专家组成,具体负责图书采购的开标、评标工作。

2.2 制定科学的评标标准

在众多的投标中,如何筛选出最适合本图书馆需要的最佳书商,评标的标准相当重要。评标是通过分值来计算的,招标委员会应制定一套科学的、合理的评分标准,而且要易于操作,细化技术评分要求,如经营资质、经营场所、营销网络、客户群体、客户数量、成功案例、信誉度、服务能力、服务水平、财务状况、到货率、到货周期、性价比都要有详细的指标。要减少价格分的比例,为避免指标采购中价格"一票胜出"的弊端,招标时可以取所有投标单位报价的平均值为参考依据、上下都进行扣分的处理办法。

2.3 加强有关的沟通联系

政府采购是政府上的要求和称呼,其对采购的规定也仅仅是采购的程序而不是具体的操作细节,主管部门对其特殊性的认识也有较大差异。在已实行政府采购的图书馆中,具体操作要求难以完全一致,有的实行全额招标,有的只是部分招标;有的中文图书采用政府采购,有的所有文献类型都采用政府采购。因此,加强与政府主管部门的沟通是完善文献资源政府采购过程的要素。

2.4 实行书商的准入制度

面对供应商资质参差不齐的状况,政府主管部门应通过市场的广泛调研,明确书商的基本条件和各项服务指标,如资质、性价比、供书周期、增值服务、付款方式等,实行准入制度。只有达到准入制要求的供应商,才可以成为文献资源政府采购的供应商。政府主管部门要对其实行资格审核,颁发资格证书。通过对参与投标商家的资质、规模、实力、信誉反应能力等诸多因素的筛选、过滤,确定最终参与投标的商家,谨防不法商家扰乱市场秩序,给采购工作带来不必要的麻烦和损失。

2.5　完善相应的监评机制

要对政府采购过程进行全面监督,包括财务、技术和党纪监督,同时还应对供应商的服务质量进行监督。作为采购方的图书馆要及时向政府主管部门提供服务质量的评估材料和产品反馈信息,以便于主管部门对供应商的资格进行宏观调控,对有违规操作或被投诉的供应商向社会公布,取消其资格,甚至进行行政处罚,保证采购市场的健康发展。同样,如果采购方有任何超出采购合同的要求,供应商可以向政府主管部门进行投诉,保证整个采购过程的公开、公平、公正,使文献资源政府采购成为真正意义上的阳光交易。

2.6　摈弃折扣的干扰诱惑

众所周知,影响图书折扣的因素是多方面的,装帧、用纸及印数、畅销书与滞销书等都可以在价格的折扣上有着不同的体现,因此,笼统地规定一个最低标底势必给图书馆实际购书和订到率带来不利的影响。

合理规定最低投标价法,不宜采用经评审的最低投标加法的招标项目,一般应当采取综合评估法进行评审。既能够满足招标文件的各项要求,投标价格最低的投标又可作为中选投标(投标价格低于成本的除外)。

招标时价格可以取所有投标单位报价的平均值为参考依据、上下都进行扣分的处理办法,或者在取得平均值后,选择供应商时把报价最高和最低的全部淘汰,再进行选择等方式。

2.7　建立规范的招标程序

在制定了科学的评标标准的基础上,招标前最好由图书馆对参与投标公司的资格进行审定,然后进行邀标。对于评分标准要尽量减少价格分的比例,细化技术评分的要求,因为目前价格已经到了非常低的程度。在评标过程中向其他评委说明技术指标的重要性,当然图书馆必须要有可操作的技术评分的详细指标。

考察投标方的硬件设施情况、客户群体的分配情况和客户数量,作为重要的考核供应商的指标,这样就不会有太大的偏差。通过亲临考察,可以目睹投标方的真实实力,从而保证项目的安全实施。

2.8　保证严格的协议执行

在采购的过程中要严格按照合同和标书的要求执行,杜绝不规范行为的公司中标,对不能执行合同的公司应有相应的处罚,如此才能使以后投标的公司心存顾忌。长此以往,这个市场应该就能规范起来了。

2.9　确定多家代理书商

为更合理地实现资源配置,图书的采集应该是多渠道的。在确定招标项目内容时,应根据采购的图书品种将项目划分为若干个分标来操作,即同时选择多个不同的供书商,分标采购。

2.10 预留一定的购书经费

图书招标规范了采访工作的程序,但并不是所有的图书都可以通过中标的书商来采购的。图书馆图书资料具有时效性强、采购的动态性和及时性等特点,图书馆应主动向有关部门申请,预留一定的、不机动的购书经费,弥补招标之不足预留的额度用以图书馆自主使用,用来购置那些零星出版,独家经营、自办发行并无法列入招标采购计划之内的文献等。

3 结语

政府采购在图书馆的实行,是近年刚刚出来的新生事物,目前还处在探索阶段,出现一些问题也是在所难免的。我们相信并期待通过大家的积极努力,一定可以探寻到一个妥当的方式,达到一个理想的结果。

参考文献

[1] 政府采购谨防 5 大变味现象[EB/OL].[2011 – 08 – 19].http://www.chinabidding.com/zxzx-detail-351032.html.
[2] 刘洪波.招标腐败案:有块遮羞布叫程序[N].广州日报,2009 – 09 – 19,(A26).
[3] 吕梅.图书馆文献实行招标采购的思考[J].科技情报开发与经济,2006(15):31 – 33.
[4] 钱忠宝.正在自杀的中国招标:解救篇[EB/OL].[2011 – 08 – 19].http://www.chinabidding.com/zxzx-detail-1377360.html.
[5] 陈伟.图书采购招标过程中的问题及解决方法[J].新世纪图书馆,2008(2):32 – 34,55.
[6] 吴兴功.图书采购招标过程中的问题及对策[J].文教资料,2011(3):87 – 89.
[7] 如何看待图书招标中的问题[EB/OL].[2011 – 08 – 19].www.rtbook.com/newsinfo.php?ID=9086.
[8] 姜曼莉,朱成涛.图书招标采购的诸多弊端和对策[C]// 国家图书馆图书采选编目部.新形势下的图书馆采访工作:第一届全国图书采访工作研讨会论文集.北京:北京图书馆出版社,2005:45 – 50.
[9] 李建华.试析公共图书馆招标采购的利弊得失:以张家港市图书馆为例[EB/OL].[2011 – 08 – 29].http://www.jslib.org.cn/pub/njlib/njlib_zzjg/njlib_tsgzc/njlib_tsgzcml/201107/t20110711_101488.htm.

论签名本文献的采集与整理

吴庆珍(杭州图书馆)

1 签名本文献的概念及其分类

签名本文献(以下称签名本)就是著者在他们自己的著作、译著或汇编文集上签名的文献资料,广义的签名本包括在自己的图籍资料上签名的文献,也包括在他人著作上签名的书。

从签名时序角度看,签名本可分成四类:在自己的著作签上名的图书、应读者或收藏者请求而签名的图书、当场签售交流的图书、在出版经销环节限量签名或签号的图书。从签署的文字内容看,签名本也可分四类:第一类是记录情深往事,常用于赠送亲朋好友;第二类是充满谦恭的敬语,用于呈送前辈;第三类是简单随意的签名,签售图书时常用;第四类是签写励志话语,为晚辈签名时常用。在签名本中,具备有上下款、题词或含有其他更多内容的签名本,会显得更加宝贵,这种签名方式在正式的场合用得比较多。

2 签名本收藏的重要性

签名本是作家、艺术家和学者的心灵写照,构筑了一座文化的宝库,融思想文化价值、史料价值、艺术价值于一体,收藏签名本具有重要的现实意义。

第一,签名留手泽,签名本在其产生及流传的过程中,记录作者和名人事迹,凝结了特殊的人文价值,有重要的纪念意义,为后人研究历史文化留下了丰富的思想遗产,显示出独特的文化魅力。

第二,签名本是一种文化现象,折射出时代的文化,反映出作者的情感、境界和心声,凝结着作者与受书人之间的情谊,传递着珍贵的友情,蕴藏着动人的故事,是一份美好的回忆。

第三,有的签名本签名题字有助于考证文献的真实性、原本性,考证受书人与送书人之间的关系,了解历史背景,考证图书版本演变源流,具有重要的文化价值。

第四,作者个性化的签名题字,为书增色添彩,从手迹中欣赏到作者的书法艺术,也能从中读出作者的心迹和修养,蕴藏丰富文化内涵,为后人留下了宝贵的精神财富。

第五,时过境迁,签名本成了收藏者的一笔宝贵的财富,藏书界重视有创意、有价值的早年签名本图书。一本有上款、下款和作者题词的签名本,一般都会是拍卖会上的抢手货,收藏家通常把重要作家的代表作签名本当成文物来收藏。

3 公共图书馆应当承担起保护与传承的职责

近年来,签名本在拍卖市场频频亮相,常有人不惜重金竞拍,对这种珍贵图书的追捧,源于个人收藏热的兴起。现在社会上大部分签名本都私藏于个人手里,或散失于书市当中,而公藏公有的却很少。实践证明,时局变化、虫鼠之害及家族变故都可能导致私藏毁于一旦,借助社会力量,让签名本等珍籍公有公用势在必行。公共图书馆具有征集、收藏、管理和利用文献的职能,应当主动搜集这些文献,改变目前签名本多为私藏的局面,使这种类型的珍贵图书惠及更多的人,使这种文化现象得到更好的保护与传承。

4 图书馆采集签名本文献的途径

签名本文献的采集是一项难度大的工作,需要工作人员付出辛勤的劳动。做好这一文献资料的收集,需要组织专门的工作班子,采取相应措施,广开门路,比如印发宣传资料、寄送征集函、媒体宣传等,才能打开工作局面,同时将签名本的收集工作与地方文献的征集有效地结合,相得益彰,这样可以收到良好的效果。鉴于本馆收藏工作的实践经验,例举开展签名本收集的几种途径,以供参考。

4.1　购买途径

按照既定的收集计划,通过购买途径取得缺藏文献,从私人手里、旧书店、拍卖市场等渠道购买获得所需的签名本,是图书馆常用的手段。这就要求工作人员对作者、版本、内容等知识有一定的研究,对签名要有一定的鉴别能力,明辨真伪。同时需要图书馆有强大的经费保障做后盾,尤其是在图书拍卖市场,许多签名本的价格一路飙升,没有经费支持,收藏珍贵签名本只能是望而却步。

4.2　签赠途径

地方作者及名人名家是图书馆获取签赠的主要对象。制定收藏计划,经常与签赠的对象沟通,通过座谈、发函、上门等形式,了解他们的研究、写作、出版动向,适时表明收藏意图,建立良好的关系。对到馆参观访问、借阅文献、讲座交流的名人名家发出签赠请求,是图书馆最简便常用的取得方式。通过各方热心人士共同努力,利用其人脉关系,穿针引线或代征签赠,也可以通过社会团体或行业协会的平台,在集会或发函表达求书之意,起到事半功倍的效果。

4.3　捐赠途径

捐赠取得这种特殊文献,是借助于图书馆的良好信誉,或是机缘巧合,做好签名本收藏工作的宣传,突出公共图书馆的公藏公用的良好形象,才会期待更多的签名本捐赠。公共图书馆应解放思想,改变工作思路,在馆内建立通畅而科学的捐赠机制,如设立展示专柜、寄发感谢函、媒体报道或发起捐赠仪式,同时进一步加强工作的敏感性和主动性,掌握地方作者及名人名家的活动信息,适时采取必要的公关手段,说服当事人或家人向图书馆公益捐赠所珍藏的文献。

4.4　交换途径

互通有无,对缺藏文献通过与单位、个人或是作者进行交换获得,交换方式取得签名本,个人收藏用得比较多。图书馆对到馆参观访问和讲座交流的名人名家签赠时,适当题签一些复本,用于馆际交流或与私人藏家的交流互换。

4.5　邮寄途径

时下,许多私人藏家将自己藏书邮寄给作者,请其签名,大多著作者也如愿题签,许多私藏签名本是通过这种方式取得的。这种方法非常值得公共图书馆借鉴和运用,以公共图书馆扮演的社会角色,采取邮寄求签的方式,较之个人拒签率应该很低,问题是公共图书馆做不做、重视不重视的问题。

5　公共图书馆如何开展签名本的整理和利用

签名本蕴含着博大精深的文化现象,弥漫出诱人的魅力,是中国文化风格深层体现,也是中国古典知识以及文化精神的传承。签名本收集、整理与利用是公共图书馆不可推卸的职责。

书是让人阅读的,文献不整理就不能发挥实际作用,签名本经过登记分编整理,排架入库,进入图书馆的文献利用环节,我们要将收藏与实用相结合,最大限度发挥签名本的社会效益。一般而言,签名本作为馆藏的特殊类别,作为特藏文献不外借,我们根据签名本的重要性和特殊性,开展签名本文献的利用工作。以下是几种签名本的利用方式。

第一,签名本中有大量的地方文献的签名本,这部分签名本的利用实际上就与地方文献的利用结合在一起了。按照地方文献利用体系,充分挖掘深层次的文化内涵,加上签名信息及其背后的故事,可以起到画龙点睛的作用。

第二,利用现代信息技术,实现签名本相关信息的数字化,建立签名本的签名信息数据库,加快签名本所承载的文化信息得流通,实现签名本价值最大程度的体现,达到全社会的信息资源共享。

第三,重视签名本的增值和利用,通过科学整理、归档使其增值,编写二三次文献,把文献的相关信息及其题签信息分类介绍出来,编印成册,令读者一目了然。

第四,签名本馆藏达到一定规模时,举办签名本及其利用成果展览,大力宣传利用签名本文献的效果,加深读者对收藏签名本的意义和价值的了解,并为其所用。通过展览扩大签名本的社会影响,引起社会各界关注和支持,从而提高签名本的知名度和利用率。

第五,根据签名本珍贵程度,实行分类管理,区别对待,没有查看题签需求的尽量提供其他非签名的版本,以免可能造成的文献破损或遗失。如果已经将签名本的有关题签信息数字化,那么有查看题签需求的尽量提供数字版的签名信息,达到既方便读者又保护文献。

6 结束语

文人签书,儒雅之举,岁月的流逝,签名本必定会愈发引起社会的关注。馆藏签名本拉近读者与作家的距离,不同风格的著作,加之各具特色的签名,让人赏心悦目,爱不释手,特别是印数较少的版本显得尤为珍贵,所以,公共图书馆应当加强这类特殊文献的典藏,重视签名本的采集、整理和利用工作,使这种珍贵文献续脉相传,永放异彩。

参考文献

[1]王桂英.浅谈地方文献的收集、整理和利用[J].图书馆杂志,1995(2):31－32.

[2]张磊,黄嘉慧.话说签名本[J].图书馆杂志,2005(8):94－96.

[3]武晓丽.古籍整理与文化传承的所思所想[J].兰台世界,2010(1):29－30.

[4]张磊.留有名人手迹的书的历史价值[J].云梦学刊,2007(11):159－160.

[5]朱航满.闲话签名本[J].出版广角,2009(3):39－40.

[6]周爱武.民国图书签名本外延研究[J].大学图书情报学刊,2009(12):80－84.

[7]邓彦.签名本的收藏摭谈[J].图书馆工作与研究,2006(1):67－68.

以欧洲区为例浅谈数字信息资源的国际交换工作

闫　健(国家图书馆)

1　数字信息资源建设的理论基础

1.1　数字信息资源建设的时代背景

21 世纪是信息化、网络化的时代。随着计算机技术的逐渐成熟以及国际互联网的飞速发展,整个世界日益成为一个相互连结、密不可分的整体。无论是在个人层面、组织层面还是国家层面,不同民族和国家之间往来日渐增多,大大加强了彼此的相互了解,促进了文化研究的进步以及社会的繁荣。

正是在这样的时代背景下,信息化、网络化、数字化逐渐成为科学技术发展的主旋律。然而,这样的时代潮流也给世界各国的图书馆事业带来了巨大冲击。对于中国的图书馆而言,这既是机遇又是挑战。称其为机遇是因为新的时代特征为图书馆事业的发展提供了一个新的发展路径,使各图书馆能够以更加方便快捷的方式为读者提供更加周到的服务,从而更加深入地实现以人为本的思想;称其为挑战,则是因为向来以纸质文献作为馆藏特色和优势的传统图书馆不得不用更加高远的眼光和积极的心态来面对这一趋势,以时代为导向,及时调整自己,与时俱进,开拓创新。

1.2　数字信息资源的概念解释与特点

以计算机为核心的现代信息技术,将人类社会带入数字化时代。"数字信息资源"、"数字资源"作为一个专业术语,越来越频繁地出现在各种文献中,并被图书馆学、信息学界广泛使用。目前就"数字信息资源"有多种解释,虽小有差异,但大体一致。在这里笔者更倾向使用学者肖希明的解释。他认为:所谓数字信息资源就是指所有以电子数据的形式把文字、图像、声音、动画等多种形式的信息,存储在光、磁等非纸质介质的载体中,并通过网络通信、计算机或者终端等方式再现出来的资源。而所谓的数字资源建设,就是运用数字化的技术手段,将文字、图像、声音、动画等多种形式的信息,进行数字化的处理和加工,同时对已经形成的数字信息资源进行科学的规划、选择、采集和组织,使之成为可资利用的数字信息资源体系的全过程。

数字信息资源具有与传统纸质文献完全不同的特点:(1)高度共享性。数字信息可以进行大量无差别复制,而且成本低廉。此外,数字信息以机读数据形式存在,可以通过网络进行远距离传输,不受时空限制。(2)类型多样性。它可以包含电子报刊、商业信息、文献信息、电子地图、新闻报道等各种形式。(3)检索便利性。检索信息速度快,途径多,使人可以在浩如烟海的信息中找到最需要的信息。(4)信息时效性。相较于纸质文献的出版,数字资源出版时间要短得多,而且更新也要比传统出版物更加容易。

1.3 数字资源建设在中国国家图书馆的具体体现

数字信息资源建设促使数字信息资源科学化,使无序的信息成为可以利用的重要资源,进而促进了信息资源的深层次开发和远距离获取,为人们带来了极大便利。图书馆是信息资源的主要集散地之一,在网络环境下,数字信息资源已经成为信息资源的主题,也是图书馆等信息机构开展信息服务的最重要资源基础。数字信息资源建设对数字信息资源进行科学的规划、选择、采集、组织,使之形成可资利用的数字信息资源体系,因而是图书馆在新的时代背景下赖以提供服务的重要基础和保障。

2000年4月,由文化部牵头的中国数字图书馆工程座谈会第一次联席会议在国家图书馆召开。至此,中国数字图书馆工程几经筹备后终于正式启动。为应对这一潮流,国家图书馆开始了有计划、有步骤的数字工程建设。时至今日,已经建成了"中国少儿数字图书馆"、"中国盲人数字图书馆"、"中国残疾人数字图书馆"等多个专门性数字图书馆。此外,外文电子书籍采选、外文电子期刊数据库的购买、馆藏文献缩微复制、出版物交换组网上选书平台等项目同样进展有序。

作为国家图书馆外文采编部所属科组之一,数字信息资源建设在出版物交换组同样有所体现,前面提到的网上选书平台即是一例。此外,在与各大洲进行的交换工作中,对于数字资源也同样有所涉及。接下来,笔者将以所负责的欧洲区交换工作为例进行一下相关的探讨。

2 欧洲区出版物交换工作介绍

目前,欧洲共45个国家和地区,人口约7.28亿,是人口密度最大的一个洲。欧洲经济发展水平居各大洲之首,然而总体来说,该地区经济和社会发展却参差不齐,既有像英法德意这样的工业强国,也有保加利亚、罗马尼亚和土耳其等实力很弱的国家。欧洲居民中99%属欧罗巴人种(白种人),种族构成比较单一,然而该地区却存在着近30种语言,是世界上语言种类最丰富的地区之一。因此,多样的地形和气候,多样的民族和语言以及多层次的经济和文化水平决定了这一地区的复杂性。

出版物交换组自成立以来,一直与欧洲国家保持着交换关系。从新中国成立初期与前苏联国家以及东欧国家建交,到社会主义建设时期开始初步接触西方资本主义国家,再到"文革"之后积极与世界各国建立交换关系,半个多世纪的交换历程中,始终都有欧洲参与其中。目前,除独联体国家以及西班牙和葡萄牙之外,交换组共与欧洲20个国家存在交换往来。根据最新统计,目前交换组接受欧洲(不含独联体国家与西班牙葡萄牙,下文中提到的欧洲均不含上述国家)123家单位来刊共计297种,同时寄往欧洲155个单位共计国内发行刊物189种,528份。此外,交换组还定期给交换户寄发选书目录,同时也收到交换单位寄来的选书目录,目前从欧洲区每年选来的书大约在900种左右。除了书刊两大文献类型之外,还有报纸、磁带、光盘等其他载体的出版物。自欧洲换来的所有出版物中,所涉语言多达16种,而去刊语种则主要包括汉、蒙、藏、维、韩、哈、英、法等数种语言。

从国家层面来看,目前交换组与英国、法国、德国、瑞士、荷兰等欧洲发达国家往来总体较为活跃,与实力较弱的国家,如斯洛文尼亚、斯洛伐克等国也保持着稳定的交换关系。从交换户种类来看,在欧洲所有建立交换关系的国家中,交换组都与该国国家图书馆建立了联系,此外就是各个大学图书馆,目前有 18 家,其余的交换机构则为各个研究机构、出版社或者艺术单位。

3 欧洲区数字信息形式的出版物交换

学者肖希明曾将数字信息资源按照不同的范畴进行分类。如果按照传播范围划分,他认为可以将之分为单机信息资源和网络信息资源。两者间的区别是前者仅通过计算机存储和阅读,但不用于网络传输。而后者,按照学者郝亚玲的解释,指的就是通过计算机网络可以利用的各种信息资源的总和。在本文中,笔者所探讨的信息资源主要指后者,即网络信息资源。下面笔者从三个层面不同程度地对交换工作中的数字信息资源进行探讨和分析。

3.1 网络信息资源在交换中的三个层面

从交换历史上看,出版物交换业务的文献载体绝大多数是纸质媒介。然而在数字化飞速发展的今天,国际交换业务也自然会接触到网络信息资源。特别是最近几年来,这一现象日渐增多。虽然目前在交换业务中该现象尚不足以成为主流,然而却是未来的一个发展趋势,值得交换工作人员未雨绸缪,深入研究。

根据笔者负责欧洲区交换工作的经历,新时期网络信息资源的交换层面可分为:电邮方式的书单互寄、网上选书平台、网上交换文献的直接获取。

3.1.1 电邮方式的书单互寄

对于交换工作而言,这可以说是网络化信息化的第一个体现。交换户之间以电子邮件的方式互相发送选书目录,接收方在收到邮件后进行书籍采选,而后回寄确定的书单。相较于以往邮寄纸质信件的方式,此方式大大缩减了信件传递的时间,提高了工作效率。目前,欧洲区较发达国家的活跃交换户绝大多数已实现了电邮往来,然而由于欧洲整体的不均衡性,一些较为落后的国家,尚无电邮联系方式,给交换工作增添了一定难度。

3.1.2 网上选书平台

这是网络化、信息化发展对于交换工作的又一次推动,也是各国数字化工程的重要体现。以电邮寄送选书目录虽然方便快捷,自身却也同样存在着一定风险。如果交换户众多,兼之选书目录附件容量过大,或者网络间歇性不畅以及各网络用户复杂而又易变的端口防火墙设置,所有这些因素在交换单位群发选书目录时都有可能造成系统退信或者是信件寄丢,进而影响交换工作的正常进行。而网上选书平台则很好地解决了这一问题。维护者会搭建起一个网络平台,将自己的选书目录定期在该平台上更新,同时将所有交换户纳入平台之中,交换户凭借由维护方分配的账户名以及自己设定的密码登录平台。这种方式不仅降低了双方邮寄书刊目录的时间成本和风险,更便于维护方对信息进行集中处理和操作,也能实现选书记录自动备案,用户信息维护方便,而且反馈及时,同时平台本身也可以根据现实需求进行改善和更新,比如增设选书数量限额模块,价格限额模块等。目前,网上选书平台做得最好的是美国国会馆,平台利用方便简洁,服务内容全面,个性化操作明显。作为对于世界信息化潮流以及我国政府大力鼓励数字化工程建设的应对和响应,中国国家图书馆也建立了网上选书平台系统作为数字工程的一个项目。目前,该平台正在探索式发展当中,运行较为稳定,总体上还有很多地方可以完善。自笔者负责欧洲区工作以来,欧洲建立选书平台的交换户已有四家,分别是比利时卢万天主教大学图书馆、德国新肯堡博物学会、德国弗莱堡贝尔格图书馆以及芬兰科学文献交换中心。这四家的平台相对而言比较简单。

3.1.3　网上交换文献的直接获取

如果说前两个层面仅仅是缩短了通信交流时间的话,那么这种方式则在真正意义上实现了数字资源的即时共享。文献以数字资源的形式置于互联网上,可以由用户在最短时间内获取和保存。目前这种以电子期刊和电子数据库为代表的数字资源形式在信息化的时代大潮下已经在全世界得到快速发展。然而对我国交换业务而言,这却是一种较新的现象,因为长时间以来交换业务都是以传统纸质文献为主。从某种程度上讲,这种新的交换形式必定会对旧的交换形式造成冲击,然而它却也为新时期的出版物交换事业掀开了新的一页,拓宽了交换业务的信息资源空间和服务模式。近两年来,已经有四家单位将交换刊物改为网络电子版,其中包括爱尔兰昆士兰大学医学图书馆将交换刊物 The Ulster Medical journal 改为网络版,法国科学院图书馆将 Comptes Rendus 改为网络版。去年,芬兰科学文献交换中心又将刊物 Fennia 改为网络版,通过进入指定网址可以查看到最近两年该刊所有期数。最有典型意义的是匈牙利科学院图书馆的交换刊物数据化工作,这是一种真正意义上的数据库交换,尽管目前是单向的。该机构将其四种交换刊存入其所建的数据库中,然后根据我馆 IP 号段为我馆开通权限,经过外文报刊组与数字资源整合组整合以后,目前这四种刊物已连同其余五种完全开放式存取资源(Open Access Resource)以及 41 种具有部分阅览权限的刊物作为数据库挂在了我馆的数据库页面上,既保证了交换组所换四种刊物的持续性,又在一定程度上丰富了馆藏,更大可能地满足了读者的需求。

相较于前两种模式而言,这一新型交换方式优势无疑更加明显。它的核心优势就在于将出版物运输时间成本缩短为零,大大加速了信息的获取,是信息时代特征最鲜明的体现。而且在此过程中,它的其他优势同样不容小视。虚拟信息资源的远程获取不但缩短了获取时间,同时也大大降低了风险。在传统的出版物交换过程当中,在双方经过通信确定交换内容之后,出版物从换出单位到换入单位最快也要半个月时间,长则两三个月乃至半年都有可能,或是因为路途遥远、或是因为海关程序繁多,或是由于邮寄外包商或者受委托商出于种种原因没能将货物及时发出。此外,网上获取资源不存在纸质书籍在海运途中受潮、浸湿、破损的风险,内容完整性良好,且易检索,易保存,而且就期刊而言,还能保证其连续性,从而大大省掉缺刊催补的程序。

3.2　欧洲区出现新的信息资源交换形式的原因分析及利弊分析

从当前出版物交换的实际工作来看,上述三个层面最具创新意义的当属后两层面,其中第三层面尤甚。如果说前两个层面是在信息化潮流之下自交换业务内部自然而然出现的一种交换方式的话,那么第三个层面就是由当前繁荣发展的数字化现实自外部推动和冲击而生,因而是一种新现象、新问题、新的研究对象,也是本文旨在讨论的重点。

笔者认为,欧洲区交换户之所以出现第二、第三种交换形式不外乎以下几点原因:(1)全世界网络化、信息化和数字化成为时代潮流。在与时俱进、开拓创新的时代主体思想影响下,各国积极参与其中,大力推进数字资源建设,不甘在信息时代中落于人后。(2)各交换户在自身实际工作中的自然改良。不难发现,新的交换形式的出现既有时代主题的因素,同样离不开具体的工作实际。毫无疑问,数字信息资源较之于传统交换方式有着自己独特的优势,不仅可以提高实际的工作效率,更可以扩大文化的传播,加强文化间的交流。(3)当前欧洲整体拮据的经济状况,为了在保持交换关系不中断的情况下最大程度地削减支出,建设数字资源无疑是一条很好的途径。

数字信息资源的优势是显而易见的,然而不足同样存在,比如:数字资源制作到目前依然缺乏统一的行业标准;数字资源本身质量良莠不齐,总量虽大,但有质量的品种却较为有限;相较于纸质文献,不具备纸质文献便于阅读、携带,具有审美价值以及收藏价值的优点;新的交换形式必定要引起版权、部门协调、统计方式革新,反馈方式改变等问题。

3.3 新的交换形式的意义与启示

(1)正确处理数字信息资源与传统纸质文献的关系。数字资源具有自身无可比拟的优势,然而纸质文献也同样有自己的优点。数字资源虽然是未来的发展趋势,但在相当长一段时间内将是两者并存的局面。出版物交换业务长时间以来都以纸质文献为主体,在面临新的交换形式的时候,既不能故步自封、落后保守,又不能唯新是图、过分激进。出版物交换工作者应做好两线作战的准备。

(2)虽然今后较长一段时间内,出版物交换仍以纸质文献为主,但是最好能及早建立一套规范的数字资源交换方式和流程。在这一过程中有几个问题值得重视。首先是版权,关于电子出版物版权纠纷屡见不鲜,因此交换人员应该特别注意版权情况,建立起正确处理版权问题的方法。其次是部门协调,新的交换内容必然会在一定程度上变更交换组人员在馆内的合作对象。比如纸质文献在交换登到之后,可以转给编目组进行下一加工流程,而数字资源则必然要与数字资源部相关科组进行联系,如能建立起良好的沟通机制,工作开展会更方便。第三是统计方式与反馈方式,对于这种新的交换内容显然不能再用传统的方式来统计,到刊率、催刊方式、绩效计算、年度刊物种册核算等都应有新的合理方法。

(3)注重交换形式的灵活多样性与交换的互动性。本着"以我所有,还我所需"和"平等互利"的交换方针,交换人员的核心目的就是换来所需文献,至于交换方式则属次要。并不一定非要纸质文献换纸质文献,数字资源换数字资源。如有可能,完全可以尝试着用纸质文献换数字资源,或者相反。例如匈牙利科学院图书馆在提供其部分权限的数据库时,我方就曾建议用更多的纸质文献来等额换取对方的整个数据库。为了加强数字资源交换方面的互动性,出版物交换组向交换户提供了大量汉学方面的数字出版物,如少林功夫系列、中国影视系列、中国传统文化系列等。在今后的时间里,这样的工作相信会进一步得到加强。

综上所述,数字信息资源建设已经成为时代发展的趋势,也日益成为出版物交换事业的一部分。对于交换人员而言,这既是机遇又是挑战。只有顺应时代变化,不断创新,努力探索新形势下交换工作的特点和规律,国际交换工作才会良好、有序、持久、繁荣地发展。

参考文献

[1]马静,黄曼丽.国家图书馆书刊国际交换发展史浅析[J].图书馆理论与实践,2007(2):90-91,122.

[2]马静,黄曼丽.论全球化视角下的出版物国际交换[C]//新信息环境下图书馆资源建设的趋势与对策:第三届全国图书馆文献采访工作研讨会论文集.北京:国家图书馆出版社,2009.

[3]郝亚玲.图书馆网络信息资源的组织[G]//《图书馆杂志》编辑部,上海市图书馆学会.网络资源的组织与管理.北京:北京图书馆出版社,2002.

[4]肖希明.数字信息资源建设与服务研究[M].武汉:武汉大学出版社,2008.

[5]张晓林.数字图书馆理论、方法与技术[M].北京:北京图书馆出版社,2007.

基于企业化出版市场的图书采访工作探究

——以国家图书馆为例

于菲菲　王　萃(国家图书馆)

众所周知,图书采访工作是图书馆的基础性工作,是文献资源建设的首要环节,更是关乎藏书建设质量的重中之重。随着近些年来出版社改企转制的逐步完成,企业化的出版市场给出版发行行业带来了竞争日益激烈的局面,信息量的大量激增引起了文献信息资源出版量的膨胀。新时期企业化出版市场的复杂变化给图书馆的图书采访工作带来了前所未有的影响和挑战,面对这些巨大的影响和挑战,图书采访工作不能墨守成规,必须有所创新才能够从容应对新时代的企业化出版市场,才能适应读者对图书馆日益高涨的阅读需求。

1　企业化出版市场之新现状

随着各大出版社从以前的事业单位转变为企业单位,集团化趋势明显,出版发行单位日益增多。越来越多的出版社更换社名和社号,新增副牌出版社也日益增多,比如中西书局是上海百家出版社的新增副牌,很多原名为某某出版社改名为某某出版集团或某某出版公司,图书采访人员面对更新得如此之快的出版社名称显得有些"应接不暇",这对于以"中文求全、外文求精"为采访政策的国家图书馆来说无疑是一种挑战。

1.1　图书出版量大幅增加

出版业受企业化市场的影响,一方面由于出版社逐利倾向渐重使得图书出版量大幅增加,另一方面一些出版社出现大量的选题"撞车"现象,重复出版,缺乏精品,甚至有些竞相迎合市场,反复抄袭。某类图书在市场上畅销,就会立刻出现仿抄之作。而质量高、创意新颖、专业性强的图书却少之又少,新增学科的专业图书更是匮乏,出现了学术著作冷寂的强烈反差,出版社企业化后这种现象更为明显。

1.2　合作出版、包销书比例激增

企业化市场的变化严重影响了图书品种和结构的合理性,自负盈亏的压力使得绝大多数的出版发行单位选择与图书公司合作出版图书以及作者包销出版图书。有资料分析,当今各大出版社广泛开展了自办发行业务,包销本社图书平均比例为44.48%,这样就使得大部分的图书货源都掌握在合作出版的图书公司或者作者自己手中,出版社发行部门却没有图书。这样做出版社将自负盈亏的压力化解,求得了利润,却将这些所谓合作出版的图书和包销书难买的难题抛给了图书馆的图书采访人员和书商。

212

1.3　各种书目信息充斥市场

获取书目信息是图书采访工作的源头,出版社企业化的变化使得各种书目信息充斥市场,良莠不齐,却尚无一种囊括所有出版社全部或某一门类新书的书目信息。出版社的书目信息是真实可信的,但出版行业的范围日益扩大,想将大量书目整合起来十分烦琐,书商的书目相对实用且便捷,但由于折扣问题和主发出版社范围的局限,想将新书、好书采全到位则实属不易。

1.4　图书出版周期日益不稳定

图书出版周期日益不稳定,由于大多数公共图书馆现在都采取政府采购招标书商的方式进行采购图书,因此考核书商就成为图书采访人员一项重要的工作。而笔者在利用《全国新书目》对中标书商进行考核时了解到,很多出版社申报了 CIP 却推迟出版。随着发行渠道的多元化,市面上的新书很多,但在具体运营中,相当部分的图书因征订数未达目标而推迟或取消出版,或者书商向出版社发出的订单总量达不到出版社发货要求也可能出现到货率低的现象。图书出版周期的不稳定,严重制约了图书馆的信息资源建设。

2　图书采访工作的几大难题

2.1　图书采全难

由于追求利益最大化的出版社图书出版量过大、质量参差不齐、包销合作出版图书的现象日益明显,这就加大了图书馆图书采访工作的难度。以国家图书馆为例,中文出版物求全是我馆长期以来的馆藏政策,图书出版量过大使得这项任务变得愈加艰巨。以采访现状来讲,多家书商分区域进行购书一定程度上解决了一家书商采全难的问题,但是由于近一半的合作出版和包销书的货源都没有掌握在出版社手中,要联系到合作出版的图书公司也要经历一番周折,因此大大降低了新书到馆的速度,有的甚至根本无法获知购书渠道,图书采访人员完全依靠书商根本解决不了图书采全难的问题。

2.2　搜集整合书目难

搜集整合书目是图书馆的图书采访人员的一项非常重要的工作,书目搜集的好与坏直接关系到图书采访的质量和数量。企业化市场带来的各种书目信息的杂糅使得图书馆采访人员的搜集整合书目工作变得难上加难。包销和合作出版图书的比例很高,通过出版社获取的书目只是全部书目的一部分,因此书目也并不齐全;通过书商获取的书目大多为折扣合理的书目;通过网络获取的书目大多为旧书,新书更新较慢;而 CIP 数据却不是很准确,推迟或取消出版的图书很多。通过这些方式获取的书目各有利弊,把它们搜集齐全并将其一一整合在一起就更加困难了。

2.3　及时获取出版信息难

图书馆现行的信息资源建设的信息获取渠道主要以书商为主体,出版社的发行人员很少直接与图书馆人员联系,同样图书馆采访人员也很少直接从出版社获取信息,各类书目信息成为获得图书出版信息的主要来源。各类排行榜、畅销书信息此起彼伏,经销商和出版社也热衷于推销此类更能产生经济效益的图书信息,但图书馆采访人员想知道读者真正需要的书目出版信息却很难。目前我馆只通过读者书面荐书的形式获悉,而通过这种方式获取了书目信息之后,再给书商进行发订,却错过了最佳采购时间已经无法采到。因此及时从各种渠道获取出版信息书目就显得尤为重要。

3 新环境下图书采访工作对策

3.1 建立完备的开放性图书信息供需系统

传统的图书出版发行机制决定了出版社是出版信息的控制者,书商处在出版社和图书馆信息沟通的交点,因此,图书馆处在出版信息获取的不利位置。面对图书采全难和搜集整合书目难的问题,我们应该建立一套完备的开放性图书信息供需系统,充分吸收出版社、书商、读者推荐、网上书店,尤其是图书公司、包销作者的图书信息,整合从各种渠道获得的书目信息资源,利用多种服务手段,在一定的安全性框架内,允许采访人员、读者、书商、出版社四者间的信息共建共享。采访人员和读者可以把需要的书目添加在这个系统中,而书商、出版社、图书公司也按照时间将书目信息上传到此系统,允许采访人员共享书目,实现信息的双向交换。

同时,在网络上建立一个互动平台,通过读者网络荐书系统,充分了解读者需求,快速获取图书出版信息,而不是被动等待图书出版目录。

3.2 有针对性地收集书目信息,采购更多的专藏文献

面对企业化图书市场出版的图书良莠不齐的局面,也为了力争做到图书采全的目标,图书采访人员应该有针对性地收集书目信息,采购更多的读者需要的专业书和畅销书,评估现有馆藏,按学科调查了解馆藏的数量与质量以及各类藏书的流通使用情况,掌握馆藏的缺漏情况和薄弱环节,并据此进行综合分析,制定合理的采购计划,使藏书体系不断丰富和完善。同时,采购更多的专藏文献以满足读者需求,比如我馆特有的专藏图书年鉴、图书馆学、经典图书等,开辟更多的读者需要的专藏文献区域,有针对性地收集相关图书信息,加大力度做好专藏文献的采购。

3.3 通过缴送平台与出版社建立长期合作关系

国家图书馆是全国的出版社缴送样书的基地之一,一部分包销书和书商因折扣问题而不肯采购的图书出版社也是进行缴送的,因此图书采购可以利用我馆独有的缴送平台与出版社建立长期的合作关系,建立此缴送平台后,出版社可以定期将电子版缴送清单上传到此平台,而图书采访人员定期将此缴送清单进行整理优化,及时了解新增出版动态,对于缺藏文献和包销书果断通过出版社或其他渠道进行采购,以取得互惠互利的效果。

3.4 与其他公共图书馆进行出版信息合作共享

在我国 20 世纪 50 年代曾有过"全国图书协调方案",80 年代开展过全国文献资源调查和布局研究活动。这是国内最早的图书馆联盟的雏形,虽然因为各种原因没有得以继续,但是为后来的文献资源共建共享提供了实践和理论基础,CALIS、NSTL 等项目的成功成为图书馆联盟

最佳的实践模型。因此与其他公共图书馆进行出版信息的合作共享也是可以实现的,这样可以将出版信息进行互补,互通有无,既补充了馆藏信息,又能解决基于企业化出版市场带来的图书采全难和搜集书目难等的负面影响。

3.5　加大数字化补藏力度

重视数字化补藏是有效缓解采全难问题的措施之一。我馆可以通过馆际互借的方式将我们认为采购较难的图书进行数字化补藏,虽然数字化补藏在一定程度上没有购买原书更具保存价值,但可进行快速利用,使读者能够利用到急需的馆藏资源。另外,随着数字出版形态的迅速发展,随书光盘数字出版和电子图书、期刊数据库的出版量大大提高,印刷出版物和电子出版物的协调采购也应提上日程,加大数字化补藏力度也是协调采购的有力补充和延伸。

3.6　提高图书采访人员获取出版信息的能力

应对获取出版信息难的问题,图书馆采访人员应具备捕捉图书出版、发行等有利信息的能力,要对图书信息的嗅觉相当灵敏。无论信息来自出版社、供应商、同行、读者、甚至是陌生人随意说出的话都应该留心记住,关注各类权威书评、各种销售借阅排行榜等获得补充信息。同时,对网上书店的图书信息进行动态监控,目前很多大型网站与出版社间建立了战略合作关系,比如当当网与多家出版单位建立了合作伙伴关系,其图书出版信息相对于书商更加全面系统、快捷。图书采访是一个长期积累的过程,如果光靠书商的书目或是现场采购是远远不够的,只有图书采访人员不断提高自己捕捉信息的能力,才能应对企业化市场的巨大变化,更好地做好图书采访工作。

4　结语

企业化的出版市场已成为整个图书市场的大背景,这给图书馆图书采访工作带来了很多以前未曾出现过的影响和难题。面对这些难题,图书采访人员必须改变以前固有的工作模式,积极推进建立一套完备的开放性图书信息供需系统,有针对性地收集书目信息,利用我馆特有的缴送平台与出版社建立长期的合作关系,并与其他图书馆进行出版信息合作共享,加大数字化补藏力度,积极提高自己获取出版信息的能力,为我馆营造一个健康有序的采访环境,使图书馆的馆藏建设更加科学、系统、合理。

参考文献

[1]王腾飞.发挥专业优势、打造资源特色:论学科馆员与高校图书馆中文图书采访工作[J].中国城市经济,2011(3):220.

[2]时冬梅.基于馆配市场的高校图书馆图书采访策略[J].西北农林科技大学学报(社会科学版),2009(1):80－82.

[3]和龚.关于中央级出版单位转制的几点思考[J].中国报道,2009(8):60－64.

多源异构采访数据转换及处理的方法和技巧

余　侠(淮南师范学院图书馆)

随着图书馆自动化管理系统的应用,对采访数据的转换及处理成为采访人员工作中不可或缺的重要环节。由于采访人员搜集到的书目信息来自不同的渠道,所以需要对所搜集到的异构数据进行整理与转换,才能有效利用这些书目数据。作为图书馆采访人员,熟练掌握一些数据转换及处理的方法和技巧是很有必要的。

1　由 Txt 格式的书目数据文件转换为 Excel 格式的书目数据文件

由于 Excel 是一种良好的数据处理软件,它在数据的排序、数列的调整、数据的查找与替换、数据的查重等方面具有强大的功能,一般在书目数据导入采访系统之前,都将书目数据转换为 Excel 格式,并加以处理后,再转入采访系统。

若书目数据为 Txt 格式(如图 1),如何转换为 Excel 格式呢? 步骤如下:首先,打开 Microsoft Excel 软件,在其工具栏“数据”的下拉框中选择“导入外部数据”,其右方会出现“导入数据”,然后点击“导入数据”,便会出现“选取数据源”的对话框,通过查找范围的限定,找到需要转换的数据文件后,点“打开”,出现“数据的放置”的选择框,选择“现有工作表”点“确定”,这时已将 Txt 格式的书目数据文件转换为 Excel 格式的书目数据文件(如图 2)了。在此基础上再进行其他操作。

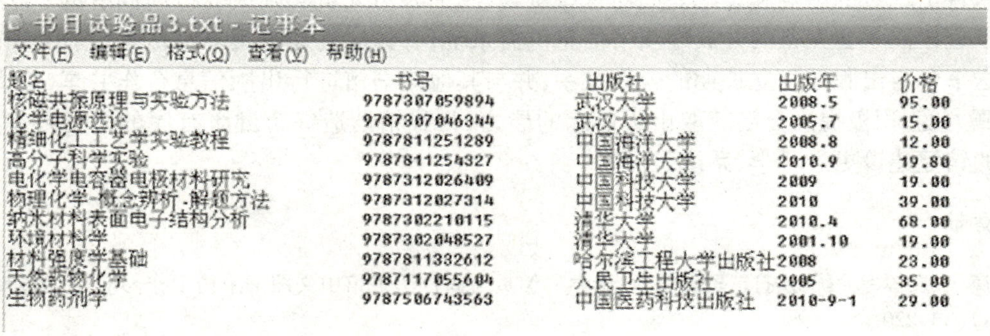
书目试验品3.txt - 记事本
文件(F) 编辑(E) 格式(O) 查看(V) 帮助(H)

题名	书号	出版社	出版年	价格
核磁共振原理与实验方法	9787307059894	武汉大学	2008.5	95.00
化学电源选论	9787307046344	武汉大学	2005.7	15.00
精细化工工艺学实验教程	9787811251289	中国海洋大学	2008.8	12.00
高分子科学实验	9787811254327	中国海洋大学	2010.9	19.80
电化学电容器电极材料研究	9787312026409	中国科技大学	2009	19.00
物理化学-概念辨析.解题方法	9787312027314	中国科技大学	2010	39.00
纳米材料表面电子结构分析	9787302210115	清华大学	2010.4	68.00
环境材料学	9787302048527	清华大学	2001.10	19.00
材料强度学基础	9787811332612	哈尔滨工程大学出版社	2008	23.00
天然药物化学	9787117055604	人民卫生出版社	2005	35.00
生物药剂学	9787506743563	中国医药科技出版社	2010-9-1	29.00

图 1

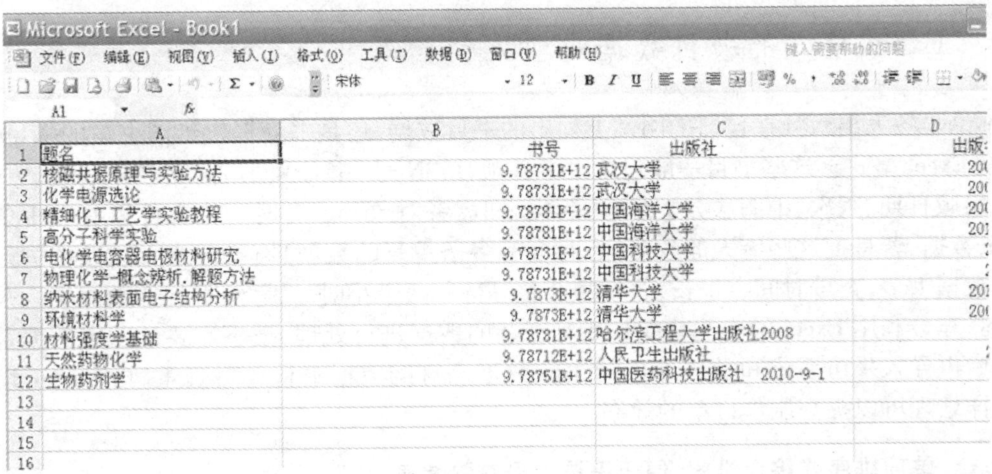

图2

2 多个 Excel 格式的书目数据文件合并为一个 Excel 格式的书目数据文件

现以两个 Excel 格式的数据文件合并为一个 Excel 格式的数据文件为例进行操作说明,有书目数据 1 和书目数据 2,以书目数据 1 为基础,把书目数据 2 合并到书目数据 1 内。首先把书目数据 2 各列的顺序按书目数据 1 一样排列好,像著者号、页数等列缺少的可用空列代替,再把各列宽度调整到和书目数据 1 各列对应的宽度相同,然后把调整好列及列宽的书目数据 2 的第 2 行至 12 行加以复制,粘贴到书目数据 1 的空白行即可(图 3),此时的书目数据 1 包括了原来的书目数据 1 及书目数据 2 的内容,然后加以保存。

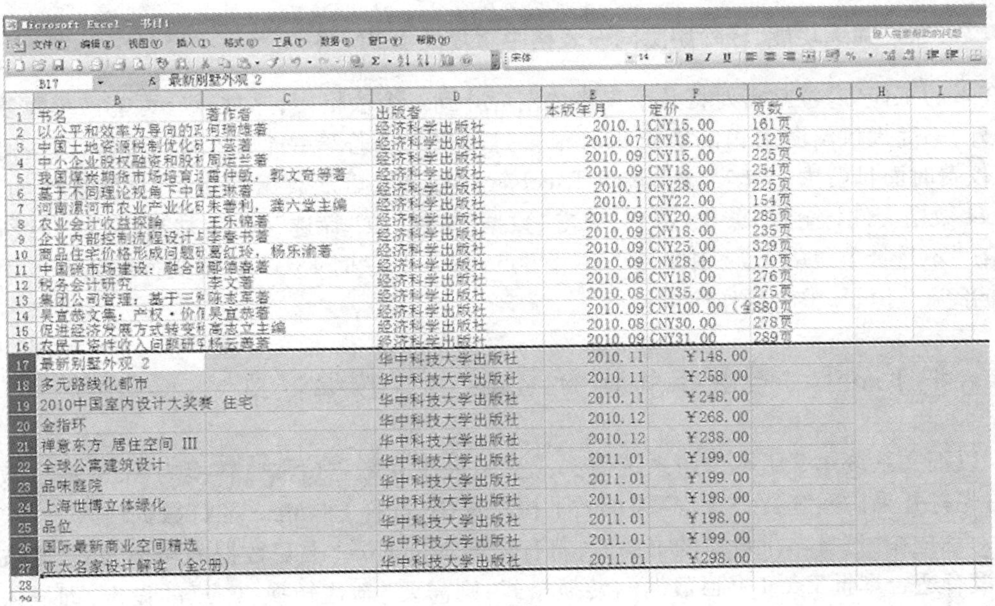

图3

3 Excel 格式的书目数据处理

不论是各大出版社在自己的网站上列出的书目数据,还是书商提供给图书馆的书目数据,常常是 Excel 格式。这些书目一般包含以下各项:ISBN 号(书号)、书名(题名)、著者、单价、出版社、出版日期、版次、中图法分类号、内容提要、读者对象等。有时一个文件里有数千条甚至上万条数据,若是把这些庞大的数据(有时会有多条重复的数据)直接导入采访系统进行批查重,因数据太多,查重时间会很长,有时甚至要等待一两个小时。因此,最好在数据导入采访系统之前,充分利用 Excel 的一些功能技巧对庞杂的数据进行处理,把不需要的图书数据基本删除,然后再导入采访系统和数据库里的馆藏数据及订购数据进行比对查重,再对数据逐条筛选,这样处理可以提高制作订单的效率。

3.1 单项排序或综合排序,便于采访人员查看信息

在进行数据处理时,可以根据需要分别选择关键词如书名、出版社、出版时间、ISBN 号、中图法分类号等项进行单项排序或选择多项关键词进行综合排序。若按出版社排序,可以把本馆不收藏的出版社直接批量删去;若按中图法分类号排序,可以把本馆藏不收藏的类目进行批量删去;若按时间排序,可以把本馆不需要的时间段里的书目全部删去;若按 ISBN 排序或题名排序,可看出该批数据内是否重复,并删去重复数据;若按价格进行排序,可以对高码洋的图书更严格把关等。若对一份书目数据进行综合排序,首先打开 Excel 数据文件,单击"数据"按纽,点"排序"命令,然后弹出"排序"对话框,从"主要关键字"、"次要关键字"和"第三关键字"下拉列表中分别选择排序关键词,例如对一批书目数据按"出版社"、"出版时间"和"ISBN号",进行综合排序的过程,排序后对各出版社书目的新旧及重复与否都一目了然。

3.2 通过筛选功能,轻松剔除同一表格中重复的 ISBN 号

在采访工作中,经常需要将几个表格数据合并到一个表格中,这样就有可能产生重复的数据,另外,书商提供给图书馆的数据也有很多是重复的。若是一个一个手工删除这些重复数据,不仅费时而且费力。其实,Microsoft Excel 软件有清除重复数据的功能,具体操作如下:打开 Excel 数据文件,选中"ISBN 号"列,单击"数据"按纽,点"筛选"命令,然后再点"高级筛选"命令,在"不选择重复的记录"中打上"√",再点"确定",这时 Excel 数据文件中重复的数据记录被全部筛选掉了,整个操作简单易行。

4 把 Excel 书目数据转换为 Marc 书目数据订单

现以汇文系统 4.5 版本采访系统为例,把 Excel 书目数据(图 4)转换为 Marc 书目数据订单。首先打开采访系统,在"征订"菜单的下拉菜单中,选择"非 Marc 征订数据转入",在"征订数据"对话框中,选择本批订单的书商后,若有适合本批 Excel 书目数据的转换格式,则选定格式;若没有适合本批 Excel 书目数据的转换格式,则需要"新增转换格式"的设定,即插入若干个所需字段,在外部字段名内填写 Excel 书目数据所需转换的列的名称,在相应的 Marc 数据段

下输入对应的 Marc 字段代码,填上新增转换类别名,点确定(图5),即设置完成了新的转换格式。选定适合的转换格式后,在"源文件"选择中打开需转换的文件,再点确定,这样本批 Excel 格式的书目数据便转换为 Marc 格式的采访数据了(图6)。

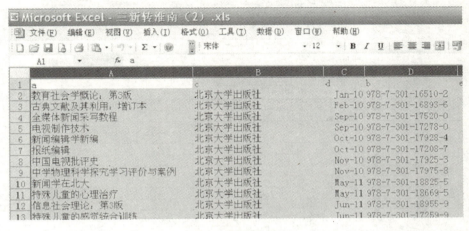

图4

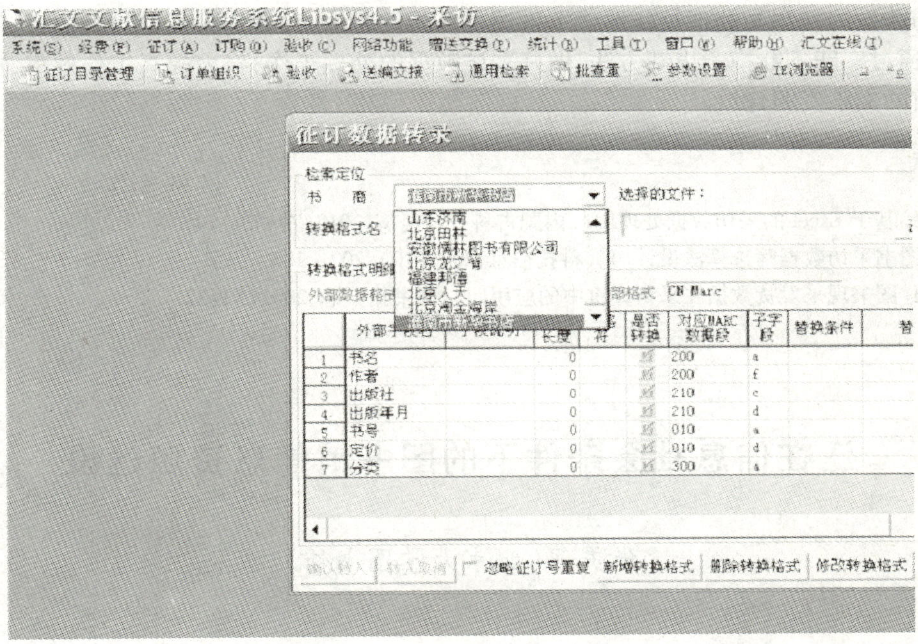

图5

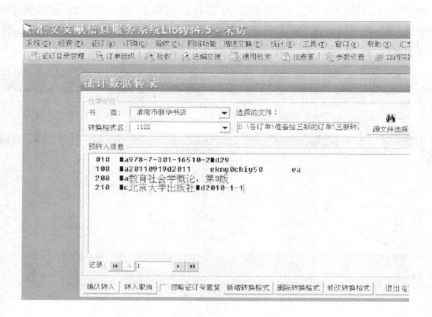

图6

采访数据的搜集与处理是新形势下采访工作的重要内容,采访人员要与时俱进,不断学习新技术,通过实践不断摸索出新方法,做好采访数据的处理工作,努力提高工作效率,更好地做好图书馆的文献资源建设。

参考文献

[1]郭彩峰.基于 Excel 的采访数据处理[J].内蒙古科技与经济,2010(7):73-74.

[2]马倩.图书采访数据筛选算法设计[J].科技信息,2008(10):202-203.

[3]牛振恒.图书现采发货数据在采访查重中的应用[J].图书馆杂志,2005(5):52.

泛在信息社会条件下的图书馆信息资源建设

张美萍(北京大学图书馆)

1 泛在信息社会的特点

"泛在"的英文为 Ubiquitous,来源于拉丁语,意思是普遍存在,无处不在,通常被理解为互联网环境在任何时候和任何情况下都可以全面互联的状态。[1]泛在信息社会作为当今人类生活的一种模式,从技术上来讲,它充分利用了无线网络及宽带,包括计算机在内的所有电子终端及物品,将任何人与任何物纳入可随时连接互联网的环境之中,一个人可以同时利用多个网络,一条信息的传播也可以利用多个不同的网络媒介,这样就使得信息的传播途径更加广、信息来源更加多元,信息传递更加智能。

泛在信息社会的这一特点使得人们不再像过去那样为找不到信息而担忧,而是为怎样能够方便快捷地找到准确有用的信息而发愁。为了方便快捷地找到自己所需的信息,只能借助于智能工具对纷繁复杂的信息进行信息获取、信息处理、信息再生和信息利用。

2 泛在信息社会条件下出版发行及信息资源建设现状

泛在信息社会条件下信息传播的特点影响着人类生活的方方面面,同样也影响着出版发行业和图书馆的信息资源建设工作。

2.1 出版发行的载体更加多样

泛在信息社会条件下,出版发行的载体更加多样,载体类型由传统的以印刷纸本出版物为主发展到印刷纸本出版物、电子出版物、数字出版物、网络出版物等多种载体出版物并存。目前,由于传播载体的多元化需求变化和出版技术手段的提升,同一作者的同一内容的文献可以通过多种载体形式的出版物并存出现。由于网络技术的充分运用,出版发行的市场信息不断地从出版社到销售终端,又从终端到出版发行机构周而复始地进行传输,一些纸本图书依据市场传输信息按需即时印刷的情况开始出现,一个纸质与电子、印刷与数字多媒体立体出版共生的过渡局面开始呈现。

2.2 出版企业成为市场竞争主体

出版社转企改制工作基本完成,出版社开始逐步成为真正的市场竞争主体。出版社的转企改制工作完成使其思想观念发生根本性转变,从传统出版商向内容服务供应商转变,效益意识更加突出,对出版物的内容和质量亦相应地提出更高的要求,对发行工作向终端发展有了明确的目标,因此,更加注重信息的推荐,由过去单一向批销商发布信息转为向批销商、网络媒体传播者、图书馆及个体用户终端等多元渠道发布信息,使同一出版物信息发布出现了泛在的特点。

2.3 图书馆信息资源建设外延得到拓展

泛在信息社会使图书馆的信息资源建设外延得到更广的拓展,由原来的文献资源建设拓展为"文献资源建设、数据库建设和网络信息资源的开发与组织等"。[2]泛在信息社会条件下,数字图书馆的建设发展,使得图书馆在注重传统文献资源建设的基础上,越来越重视对数据库及网络信息资源的开发与组织。

2.4 图书馆信息资源建设的难度急剧增大

2.4.1 文献资源建设的难度不断增大

首先,泛在信息社会条件下,信息的收集比以往更加困难。由于文献资源的出版发行渠道更为多元,出版发行部门借助于信息网络体系、服务商、供货商进行多元渠道传输发布或传递。然而,这些信息的多元传输渠道却缺乏统一的信息整合发布机构,各出版商、服务商、供货商各展的互联网技术条件下,各种传播媒体、著录格式分散发布,形成信息来源渠~~范、大量信息重复发布的繁杂局面,使采访人员对其进行有序的整合归类使用~~难度。在这种情况下,除了供货商提供的样书及书目信息以外,广泛地收集出版~~合成规范可使用的信息成为采访人员补充采访的一项重要工作任务。

其次,资源采访查重难度加大。目前一些高校图书馆特别是综合性大学图书馆的文献资源采访人员分工较为精细,或按语种分工,或按载体形式分工协作采访,由于各供应商经营方向不同,经营的品种受限,提供的载体多样,其提供的文献资源无论在内容上还是在载体形式上多有重复、交叉,使得采访人员在采购某一语种或载体的文献时需要兼顾其他语种或载体是否有藏,采购人员不再像过去单一纸本主导的出版时代,只需查看本馆是否有纸本收藏即可确定是否采购。在多语种、多载体文献、多出版模式并存的现状下,采访人员在采购某种文献时不仅要考虑馆藏的布局,进行纸本图书的查重,还要兼顾其他电子图书、数据库、多媒体数字资源等其他载体的相同内容的文献是否有藏。对采访人员而言,进行更多途径的文献载体和语种的查重,进行各载体文献协调采访,成为必不可少的一项重要工作。

再次,发行渠道繁杂,但采购渠道相对单一,增加了文献采到率的难度。招标采购使得图书馆采访人员采购渠道受到一定的制约,在招标采购过程中,大多数高校图书馆只能在中标供应商那里进行采访,对于纸本文献而言,这种招标采访模式的成功建立在中标供应商具有相当的实力与相对较强的责任心的基础上,如果中标供应商缺乏一定的实力或者责任心较差,那么只有相当少的一部分资金可以到中标供应商以外的地方进行采访,就势必会造成相当数量的文献资源缺藏。任何一个供应商不可能做到全品种供货,所以采访渠道的相对单一就会使图书馆在采访时受到很大的制约,这无疑加大了文献采到率的难度。

2.4.2 数据库建设和网络信息开发和组织问题不断涌现

泛在信息社会条件下,随着数字图书馆的发展,数据库开发商日益增多,数据库品种日益繁多,其内容与网络资源和传统文献资源多有交叉、重复,采购时与各种资源的去重协调等工作加大,对数据库的使用评估工作难度日益加大。在网络信息资源的开发和组织方面,目前,有能力的高校图书馆已经开始进行网络信息资源的开发和组织,如学科仓储特色资源库及开放获取资源的建设。

3 泛在信息条件下的文献资源建设对策

3.1 与重点出版社建立信息沟通机制

出版社的改制促使出版社改变出版发行思路,进行出版资源的优化,用市场的手段推动出版社的进步,增加有社会价值和经济价值的图书文献,有助于图书馆采购工作。加强出版社与图书馆之间的信息交流,有利于在泛在信息社会条件下突显出版社的出版信息,有利于图书馆采全自己所需的文献,补充供应商书目信息提供的不足,此外,对于出版社销售自己的图书等文献也很有成效。因此,这种沟通活动会收到双赢的效果。

3.2 利用智能工具提高信息的有效使用

利用智能工具来提高信息收集、整理的速度,可以提高信息的有效使用。一方面,图书馆应加大人力资源的投入和培养,充分利用现有的图书馆工作平台,开发一些智能软件,比如一些进行规范化、批量化处理信息的智能工作软件;另一方面,出版社应该加强与图书馆之间的沟通,提供规范化、标准化的信息格式,以利于图书馆方便使用。

3.3 加大对图书馆采访人员的信息素养培训

泛在信息社会条件下,信息瞬息万变,今天在互联网上可以查到的信息,明天就有可能无法寻觅,所以保持相对快速的捕捉信息的能力是一个采访人员必备的基本功,因此,加大对图书馆采访人员的信息素养培训显得格外重要。

3.4 选择适合的采访渠道

一个适合的供应商,必须具有相应的实力。所谓的实力应该是有较强的信息捕捉的能力,提供的采访信息有较高的选中率,而且应该具有较高的配到率,此外还应该与图书馆配合默契,具有较强的服务能力,能够及时地反馈采访信息。

3.5 完善招标采购流程

招标采购有其有利于图书馆和采购人员的一面,例如,较小的风险,较周到的服务,具有法律强制的合同约束;同时,招标采购也有其不利的一面,例如,中标后不认真履约,采购渠道的单一。所以在招标采购时,还应选择好相应的补充供应商,无论是主要供应商还是补充供应商,都应该认真地签订好合同,双方都应严格按照合同进行履约,这样可以使招标单位具有更多的灵活性,有利于读者急需图书、一些包销图书及图书馆缺藏的一些旧版图书的采购等。

3.6 实施对开放获取资源的获取

开放获取(Open Access,简称OA)资源作为网络信息资源成为新学术交流和出版新模式,亦成为信息资源建设发展的一项重要任务。开放获取作为国际学术界、出版界、图书情报界为推动科研成果利用互联网自由传播,免费供公众自由获取文献资源而采取的运动,目前它有开放获取仓储(Open Access Repositories)和开放存取期刊(Open Access Journals)两种主要出版模式。学科仓储和机构仓储(机构知识库)作为开放获取仓储的两种重要类型,同开放存取期刊一样成为现代图书馆信息资源建设的一项重要课题。学科仓储是以学科为主线,对某个学科领域的各种类型资源进行捕获、收集、整理、描述、组织和索引,并实现这些资源的长期保存、传播、共享和利用。[3]机构知识库作为机构为其员工提供的一套全新的服务,以网络为依托,以收集、整理、保存、检索和提供利用为目的,以本机构成员在工作过程中所创建的各种数字化产品为内容,用于管理和发布所在机构的各个部门及其成员创作的数字化产品。[4]

泛在信息社会条件下,开放获取资源作为一种新兴的文献资源出版模式和服务模式,已经纳入图书馆文献资源建设和读者服务的范围之内,研究机构及大学图书馆应尽早部署开放获取资源建设,通过建立学科仓储、机构知识库,开展定题服务、特色服务,将繁杂信息资源进行收集、归类、整理、利用,这样不仅会有利于增加馆藏数量,而且易于形成自己馆藏的学科特色,扩大学科的影响力。开放获取资源的建设应以学科仓储为主导,以机构知识库建立为特色,充分发挥文献资源建设人员、学科馆员以及技术人员的专长特色,形成整体合力,共同建设开发。

总之,泛在信息社会条件下,无论是出版发行部门,还是中间的供应商,或是终端的使用者、图书馆及读者,都处于全面的互联状态,只有随时而变,与时俱进,才能使自己立于有利的境地,使图书馆的文献资源建设工作取得预期的成效。

参考文献

[1]中国新闻网[EB/OL].[2007-05-28].http://www.sina.com.cn.

[2]刘兹恒.对图书馆信息资源建设的一些看法[C]//图书馆馆藏建设论文集.北京:北京图书馆出版社,2005:12.

[3]马晶.高校机构知识库及图书馆开放获取资源建设初探[J].科技信息,2009(24):680.

[4]陈韬.机构知识库对图书馆的作用[EB/OL].[2011-08-15].http://www.libnet.sh.cn/tsgxh/hyzq/list.asp?id=1452.

新信息环境下的图书馆多元化文献采访模式

张　玮　侯　宁(国家图书馆)

文献资源建设作为图书馆的一项基础工作直接影响着图书馆的馆藏质量和服务水平。正如美国图书馆学家唐斯(Robert B. Downs)所言,一所图书馆的工作,"后人对我们工作如有所褒贬,绝不是因为完备的目录,精密的分类方法,简便的出纳制度,或是完善的参考服务,而是针对藏书——究竟从我们的手中留下些什么,或是忽略掉什么"[1]。

近年来,随着信息技术的发展,信息环境日新月异,图书馆资源突破传统物理"馆藏"的概念,极大地扩展了可提供服务的信息资源的种类和范围,进而对包括采访在内的图书馆工作提出了更高的要求。在这样的时代背景下,如何提高图书馆文献资源建设水平,提高文献资源采访效率,成为摆在图书馆管理者面前亟待解决的问题,也是每个图书馆采访人员所必须思考的命题。

1　新信息环境下采访工作的特点与难点

新时期文化的繁荣以及科技的发展为文献资源的采访工作带来了新的机遇,也带来了巨大的挑战。新信息环境下读者的新需求以及社会的新发展为图书馆文献采访工作提出了新的特殊要求。其一,馆藏资源的综合性、多样性。文化事业的蓬勃发展让越来越多的公众开始利用图书馆,要满足不同读者越来越纷繁的需求,为最广大的读者提供好的信息服务、知识服务,图书馆在资源建设过程中务求馆藏资源的综合与多样。因此,通过多种渠道,采选多种载体、多种类型的文献资源,成为采访工作者的重要职责。其二,馆藏资源的完整性、系统性。在人类文化的发展长河中,图书馆还承担着保存和收藏文化成果的历史使命,只有系统地收藏文献资源才能勾勒出文化发展的脉络。因此,掌握发展频率,有规律、有节奏地入藏文献资源成为对采访工作的又一要求。其三,馆藏资源的特色和个性。所谓特色馆藏是各图书馆根据地区特色或自身渊源形成的具有一定规模的专题资源库,以满足研究人员的专门需求。建设特色馆藏资源是对采访人员有更加专业的要求。

在新的时代需求下,传统的采访模式面临越来越多的难题。首先,新的学科、新的知识,以及交叉学科的飞速发展,对采访馆员的素质提出了更高的要求。传统的采访分工模式忽略文献本身所蕴含的知识内容,使得每位采访人员面对多种学科的文献时,馆员自身学科背景的局限性与采访工作学科的多样性之间的矛盾就暴露出来,既增加了选书员的工作难度,也影响了馆藏资源建设的规划和发展,无法形成高质量的、系统建设的馆藏资源。其次,中外出版发行行业的蓬勃发展扩大了文献采访的范围。图书市场不断繁荣,文献品种日益增多,出版信息激增,这些都要求采选人员投入更多的时间研究出版动态和发行现状,但是,传统的采访模式重"采"而轻"访",选书人员长期埋首于繁重的选书工作,没有足够的时间深入研究学科出版动态,掌握读者意见、需求和阅读倾向,难以形成科学的方法搜集文献信息。第三,随着信息技术的发展,文献载体形态日趋多样化,提升了文献采访工作的技术性。传统采访方式将文献类型分割采购,不利于实现印刷型文献和电子型文献的合理平衡和有力互补。

2　现有传统采访模式

多年来,根据文献采访工作的特点和要求,我国图书馆界业已形成一套相对稳定的文献采访程序。目前文献采选工作的分工主要还是以文献类型为标准,将业务分为相对集中的图书采访、期刊采访、数据库采访等模块,以利于图书馆与供应商之间的联系和沟通。从操作层面而言,大多数图书馆仍遵循着"收集书目信息—查选—发订—回馈书商—购买图书—到馆编目"这一固定而传统的流程。

当前,采访人员选书制仍是各图书馆文献采访的主流模式。采访人员根据学科分工,结合学科重点、现有馆藏特点、本馆定位、读者需求等原则采选图书。具体而言,又可以分为书目选书和图书现采两种。这种采选模式对采访馆员的素质要求较高,采访馆员的决定对馆藏图书质量负全责,采访馆员不仅应具备文献采访的理论知识,还应了解学科发展方向,熟悉馆藏文献特色,掌握读者的文献需求,以及文献出版、发行的信息等。因此,采选结果不可避免地带有个人的主观随意性,也会随采访人员的专业素质而使选书质量有所差异。

此外,读者推荐、专家咨询等途径也是传统选书模式的有效补充。

信息时代的发展不断对传统的采访模式提出挑战,各图书馆为了适应时代和社会的发展变化,积极探寻适合本馆发展的采访模式。近年来随着业界的不断探索,出现了网上采选、纲目选书、读者荐购,以及学科馆员制度新的采访模式。

3　新信息环境下的采访模式

3.1　网上采选——文献采访的发展趋势

随着网络的发展与普及,网上文献采访成为图书馆文献采访的新渠道,与传统文献采访渠道并存互补。网上选书可以说是传统基于纸质目录的选书模式的升级,是对当前信息时代最直接的反馈和应答。

数字化是时代对图书馆的要求和挑战。当前,图书馆的用户利用信息资源的能力越来越强,数字化、网络化已经成为时代对图书馆的基本要求。为适应用户需求的变化,世界先进图书馆陆续开启了图书馆数字化的进程。数字化使图书馆变被动服务为主动服务,突破传统工作模式和服务范围的局限,实现文献信息资源利用的最大化。在这样的背景下,文献采选工作也同步开始了数字化的变革。

这种变化不仅体现在图书馆界,也体现在出版社和馆配商、图书馆供应商、代理商方面。众多的出版社开始在网上发布最新的图书出版信息和书目信息,馆配商通过技术手段抓取网上书目,经过整理、分类后又通过互联网将书目信息推送给各馆采访人员。

网上采选图书是图书馆的采访人员基于互联网,对网上书目信息提供商所给出图书目录、简介、价格、评价、作者信息等内容进行查检和筛选,进而通过一定的购买程序而发订的过程。目前个人用户多已习惯使用 Amazon 等商业网站购买图书,但对于图书馆而言,这类商业网站只适用于购买补订少量文献,而大批量的购书则更倾向于通过专为图书馆提供服务的网站,这类网站可以提供新书推荐、MARC 数据下载、书目检索等更专业的服务。目前,Baker & Taylor 旗下 YBP 图书馆服务公司 GOBI3 网上选书系统,中国图书进出口(集团)总公司的 PSOP 海外图书采选系统,都是当前信息时代下推出的网上图书采选平台。

与传统的采访模式相比,网上采选具有非常明显的优势:其一,书目信息量大,发布迅速,获取便利,突破了时间和空间的限制;其二,为馆藏补缺工作提供便捷;其三,操作方便,多功能检索有利于图书馆员查检;其四,提高工作效率,减少发订流程,节省订单传递时间和费用。

3.2 纲目选书——提高选书效率

纲目选书(Approval Plan),也称为"自动配书",起源于 20 世纪 60 年代的美国。其具体做法是图书馆根据自己的定位、任务及读者特点,对馆配商所编制的主题词表(由分类、主题、非主题组成,并配有参照和注释)进行选定,选择相关的主题词和非主题参数,或限定相关的主题。馆配商依据确定的购书纲目将符合条件的新出版图书供应图书馆,图书馆验收后将不符合自己要求的图书在约定时间内退还给馆配商。国外著名的图书代理商,如 Blackwell、Baker & Taylor 等均对图书馆提供纲目采购服务。

纲目选书的最大优势在于提高了图书采选的效率,简化选书流程,新书及时到馆,缩短了文献与读者见面的周期,节省人力和物力。只要纲目编制得当,就可以通过事前质量控制提高采访的准确率。纲目选书有利于获取较为全面的新书出版信息,提高采全率,降低误采率和漏订率,从而在一定程度上使文献采集结构更加合理,对特色馆藏资源的建设更有裨益。

国外及我国香港地区的许多图书馆均采用纲目采选模式。但目前,纲目采选在我国内地发展缓慢,在推广使用上还有一定的困难。选择纲目采购的模式对馆配商和图书馆自身都有很高的要求,对馆配商而言,需要制定完善而科学的主题词表,充分体现学科文献的发展特点,符合出版行情的变化;对图书馆而言,需要在充分理解主题词表的复杂结构及每个词语含义的基础上,合理制定选书纲目,并有足够的经费保证。否则,随着技术的更新和学科的发展,读者的阅读需求不断变化,纲目选书很难达到理想的效果。

3.3 基于 Web2.0 的读者荐购——补充馆藏不足

在传统的馆藏资源建设过程中,读者推荐购书是了解读者需求的重要手段,也是图书馆为弥补馆藏建设与读者实际需求之间不一致问题的努力尝试。但多年来,"读者推荐"对馆藏资源建设的贡献十分有限。近年来,Web2.0 及社会网络的出现,为"读者推荐"模式的升级提供了技术上的支持,在此基础上形成的读者荐购模式将成为馆藏资源建设中的有效补充。读者荐购模式是一种以采访馆员为主导、读者参与采访工作的综合文献采访模式,突出读者在文献采访工作中的作用,体现图书馆"以读者为本"的理念,搭建了采访馆员与读者之间沟通的桥梁,有利于便捷了解读者的阅读倾向和文献需求,提高文献的借阅率和使用率,既提高了读者对馆藏资源建设的参与度,又弥补了采访馆员在学科专业知识上的不足,在一定程度上补充了采访人力资源,实现了采访人员与读者之间的良性互动。

所谓荐购系统,是图书馆为了方便读者向图书馆推荐图书而开发的软件或平台。目前主要有两种模式,一是在图书馆所采用的自动化集成管理系统中嵌入读者荐购模块,二是在图书馆网页上链接网络荐购平台。

构建读者荐购系统,在内容上,要求书目来源避免单一化,品种内容丰富多样,并且按照不同学科进行分类汇总,掌握好各类图书的推荐比例,要定期和及时地整理更新平台,以吸引更多的读者参与到图书推荐中来。在技术上,要求图书馆网页与外部网页(包括出版商网页)的无缝链接,同时,提供相关读者身份信息的多个系统统一认证技术。

目前多家图书馆运行读者荐购机制,但在实际操作过程中尚有许多问题亟待解决。其一,读者参与率较低;其二,读者荐购书目质量较低,或偏离图书馆藏书特点,读者所提供的荐购书目过于简单、随意,或信息不准确,造成采访人员无法订购。

为充分发挥读者荐购系统的作用,首先,图书馆需加大宣传力度,将荐购栏目置于图书馆主页的明显位置上,使读者充分掌握信息。其二,改进荐购系统,基于 Web2.0 的读者荐购系统在设计开发时就应符合图书馆特点,界面友好,便于操作;能够实现荐购系统数据与图书馆的OPAC 数据的对接,便于读者在荐购同时及时掌握馆藏状态;增加统计的功能,及时更新读者荐书排行榜等信息,帮助采访人员分析读者需求和动向。其三,丰富书目信息的内容,及时挂放新书书目信息,保证书目信息的质量和准确性。其四,及时向读者反馈荐购图书意见的处理情况,保护读者参与的热情和积极性。其五,简化荐购流程。其六,确保采访人员的把关和主导地位,控制采访质量,审核荐购书目。

3.4 学科馆员制度——把握选书质量

学科馆员制度是一种现代图书馆服务模式。学科馆员(Subject Librarian,又称联络馆员,Liaision Librarian)最早在 20 世纪 70 年代中后期发端于美国和加拿大的研究型大学图书馆。当前,作为一种先进的服务理念和模式,学科馆员普遍出现于发达国家的研究型图书馆中。学科馆员既具有图书情报专业的学科背景,又具有某个学科的专业学历,在图书馆和学科用户之间发挥积极的沟通作用,熟悉学科需求,有针对性地为科研活动提供主动的、深层次的、全方位的指导性服务。"国外 20 多年实践证明了学科馆员制度使大学图书馆真正融入了学校的教学科研当中,使各种形式、各种载体的文献信息资源得以充分和有效的利用"。[2]

在国内外学科馆员制度草创时期,都选择了以资深参考咨询馆员担任学科馆员的模式,但是,在日新月异的信息时代,在馆藏资源建设方面同样需要以学科为导向,这样才能保证馆藏建设的完整性与系统性。

学科采访馆员是从事某一学科及其相关学科,或某几个特定学科的文献资源采访的专业人员,基于前期对特定学科知识的掌握而展开有组织的搜集、整理各种类型文献资源的活动。美国所实行的学科馆员采选制度,整合了各学科文献从资源建设到利用的流程,打破了业务操作中的人为分隔,是提升美国图书馆服务能力的重要举措。在美国,学科采访馆员的主要负责某类或相关几类学科的各种载体文献的发展规划、经费控制、文献挑选,以及与用户沟通等全方位工作,并将馆藏建设与参考咨询、用户信息素养培训等多项工作整合进行。

为了采访高质量的文献,建设高质量的馆藏资源,学科采访馆员的工作职责主要是以某一学科及相关学科为中心,对各种类型的信息资源进行较深入的研究,深入了解学科历史和现状、经典文献,跟踪学科发展动态、学术前沿,把握图书出版信息,对特定学科的文献系统进行搜集和选购,制定长期稳定的、符合本学科特点的文献资源建设方案,并从多种渠道对读者和用户揭示馆藏价值,促进文献利用率的提升。

以学科馆员管理采访业务,其一,可以保障馆藏资源的完整性和系统性,保持学科文献的历史连贯性,通过馆藏反映学术发展脉络和演变过程,实现"辨章学术,考镜源流"的学术传统;其二,可以避免盲目采访文献所造成的采访资金的浪费,也打破了传统的按载体类型分工采选的过程中造成的重复购进问题;其三,可以提高文献的使用率,采选更符合用户需求,满足当前学术发展和学科进步的文献;其四,可以提高图书馆本身的科研能力,加强人才培养力度。

目前,我国各高校图书馆、研究型图书馆以及专业图书馆根据自身实际情况、优势和特色采用学科馆员制度,既有专职学科馆员,也有兼职学科馆员,但还是以兼职方式在院系中聘请专家、教授担任选书推荐工作为主。然而,在实践过程中,也逐渐暴露出院系专家不了解图书馆服务特点和图书采选工作的规律,兼职工作无法保证选书时间等问题。而在学科馆员制度建设方面步伐相对迟缓的公共图书馆本身就不具有高校的人力资源优势,在这样的情况下,实行专职的学科采访馆员成为突破瓶颈的有效途径。

4 结语

综上所述,馆藏文献质量的优劣是图书馆赖以生存和发展的根本。在知识爆炸的今天,图书馆不再仅仅是传统意义上提供文献借还服务的机构,传统的采访模式和人员配置方式面临着相应的改革。随着信息技术的发展,图书馆获取图书出版信息的能力越来越强,读者的主体地位不断提高,文献采访模式由单一向多元化模式发展,由单一的基于纸质书目的采访馆员选定模式,向网上采选、纲目采选、读者荐购,及学科采访馆员采选等多元化模式发展。

图书馆多元化文献采访模式需协调发展,共同服务于发展馆藏资源建设的目标。可以预见,随着网络技术的发展与普及,专职选书人员采选制度仍是采选模式的主流,但面临着从纸质书目对象向网络书目的转型,采选流程日趋无纸化;纲目选书和读者荐购模式成为采访人员选书的有效补充机制,提高选书效率和文献利用率;学科采访馆员则在制度上保证了采访的专业性和有效性。

参考文献

[1]黄宗忠.论图书采访学[J].图书馆,1997(4):1-8,11.

[2]柯平,唐承秀.高校图书馆学科馆员工作创新——兼谈南开大学图书馆开展学科馆员工作的经验[J].大学图书馆学报,2003(6):42-45.

网络环境下小型专业图书馆的采访工作

——以中科院古脊椎所图书馆为例

曹　颖（中国科学院古脊椎动物与古人类研究所）

人类社会进入 21 世纪以来，网络革命席卷全球。作为有着悠久历史文化传统的图书馆也将面临着严峻的挑战，与传统图书馆相比，网络环境下图书馆文献资源建设的方方面面已经发生了根本性的变化，如何及时把握这些新特点并采取相应措施，制定科学的可持续发展的藏书发展策略，将直接关系到图书馆今后的生存和发展，而对于小型的专业图书馆更是如此。

1　信息时代小型专业图书馆采访工作面临的挑战

21 世纪，网络已成为主要的信息平台，信息载体的电子化、智能化，信息传输的全球化、网络化，对图书馆的各项工作已发出挑战。同时，我们还处在一个知识飞速更新的时代，一方面出版物的出版量不断扩大，载体形式不断翻新，书刊价格飞涨；另一方面，作为小型专业图书馆服务对象的科研机构，其规模在不断扩大，科研方向也在不断调整和优化，图书采购经费严重不足。面临这种情况，作为小型专业图书馆不可能也没有必要全部采购。"如何制定馆藏发展策略，建设怎样的馆藏，才能在网络信息环境中占据应有的地位"已成为图书馆工作人员思考的问题，而以科研需求为导向的特色文献资源建设和特色服务正是符合专业图书馆实际情况的出路，对小型专业图书馆而言建设特色馆藏具有重大而深远的意义。

2　网络环境下小型专业图书馆采访工作的变化

在新形势下，文献采访工作是专业图书馆做好其各项工作的前提，这就要求采访人员注意到采访工作内容的变化，应广开渠道，实行多样化的采集手段。

2.1　采购方式多样化

作为科研信息收集、加工、存储、传播的中介机构的专业图书馆，随着社会信息资源类型以及信息产生和发布方式的巨大变化，其传统的以印刷型为主的信息传递模式正在逐渐让位于以数字形式为主要载体的网络信息发布和传播。所以专业图书馆的信息采集模式发生了根本的变化。如中科院文献情报系统的集团采购就是一种新的采购模式，我所作为中科院联合采购体系的成员馆之一参加了数个科技期刊全文数据库的集团采购。为我所科研人员营造了一个共建、共知、共享的信息网络环境。

2.2　科研活动、图书馆服务模式的变化驱动了采访工作的变化

互联网的发展带来了社会的变革，也使科学研究的环境、科学研究的需求转变；而图书馆

服务模式也从基于单馆的文献保障和服务到基于共建共享和集成整合的联合保障与服务。这些变化对专业图书馆都具有深层影响，都需要采访人员转变工作重点，与科研人员多交流，收集各种有用信息，多注重特色馆藏的收集与利用。

3　新形势下小型专业图书馆采访工作的策略

全国人大常委会副委员长、中科院院长路甬祥曾对中国科学院文献情报工作的要求是：让全院科研人员满意、让全院研究生满意、让全国的科研工作者满意。作为中科院古脊椎所图书馆，我们的目标是让全所的科研人员满意、让全所研究生满意、让全国的从事古生物学研究的学者满意。让用户满意是图书馆所有工作的核心，更是采访工作的核心，也是其自身存在与发展的前提。

3.1　关于期刊的采购

随着科学技术的发展，学科间的交叉与渗透越来越明显，各自为政的管理与服务模式难以满足科研用户日益广泛的信息需求。在最节省成本的情况下，使科研用户的信息需求得到最大程度的满足，集团采购应运而生。我所作为中科院文献情报系统的一员参加了中科院系统的集团采购，购买的西文期刊全文数据库有 8 个，即 Elsevier、Science、Blackwell、SpringerLink、Nature、Bioone、John Wiley 和 Jstor；中文期刊全文数据库 2 个，即 CNKI 和维普。这避免了文献资源的重复建设，使资源建设的成本达到最低。同时，由于资源共享，使用户可使用的资源范围达到了最大。

另外，对于网络期刊没有涵盖的，如东欧、非洲等地域的一些关于古生物学方面的期刊就要通过中国图书进出口（集团）总公司（简称"中图"）等公司进行纸本订购，这样就覆盖古生物学领域所有的国内外期刊文献资源的 99% 以上。在期刊方面基本满足了我所科研的需要，加强了我所的特色馆藏。

3.2　关于图书文献等其他类型文献的采购

3.2.1　书目征订仍然是获得外文图书的主渠道

在传统图书馆时代，图书采购均是通过中国图书进出口（集团）总公司等公司征订的。目前虽然增加了网上选书等新手段，书目征订仍然是获得外文图书的主渠道。由于中图公司等派发下来的征订目录是面向各高校、各研究单位的，对于某一方向的图书很难全部收集到，所以除了上述这些公司所发下来的每一期的征订目录外，还应重视由出版社直接寄给各单位的征订目录。通常有些出版社会根据科研机构的研究方向，寄出一些相关的征订目录，这些目录上有许多是中图等公司的目录上没有的，而又是我单位需要的，如我所就经常收到 Cambridge、Oxford、Elsevier、Springer 等出版社寄来的新书目录，这些目录极大地丰富了我们的采集源，扩大了我们的挑选范围。

对小型专业图书馆来说，采访原则应该是：以特色专业的学科需求为基础，以对一般专业的学科需求给予足够的重视为导向，做到特色专业学科文献全面系统收藏，一般专业的学科文献有选择地收藏，形成本机构有特色、较完整、有一定水准的学科文献体系。

3.2.2　与学科的建设与发展相结合，形成自己的馆藏特色

近些年来,我所在古鱼类、两栖类、恐龙类、翼龙类、海生爬行类、古鸟类学和古哺乳动物及地层学,以及古人类学等领域都取得了重要成果。我国古脊椎动物学研究整体水平居世界前列,在国际上产生重大影响,这就要求采访人员了解科研活动的新研究动态和趋势,掌握科研人员对文献的新需求,可由科研人员与图书馆共同担负起特色专业学科领域信息资源建设的重任,弥补采购人员在专业知识方面的不足,避免采购的盲目性和主观性,提高图书的采选质量,确保文献的采集有预见性、前瞻性和实用性,保证有限的购置经费最大程度地满足科研人员的专业需求。

3.2.3　注意新的学科增长点

在我所的多个重大研究成果中,鸟类起源研究是古生物学和进化生物学最热点的学科增长点之一。以往的古鸟类化石最著名的仅为德国发现的始祖鸟,随着古鸟类化石在我国的不断发现,从包括化石形态学、系统学和分子生物学等多个角度对这一问题进行了深入的探讨和研究,并取得一系列重要进展。图书馆采访人员应密切关注这一问题,增加现代发育生物学、现代分子系统学等方面的文献,为科学研究工作提供强有力的文献保障。

3.3　全文传递与馆际互借服务作以补充

随着科研创新的不断发展,新的海量信息环境的形成,传统的单个图书馆不可能也没有必要将研究所需的文献全部采购,网络化的信息资源共享与联合服务弥补图书馆非特色馆藏的这少部分需求。比如科学院各专业图书馆之间建立了文献传递与馆际互借服务体系,该体系包括中科院国科图和近百个研究所的小型专业图书馆,我所图书馆是这一体系的成员馆之一,通过这种服务满足科研活动的多学科文献需求。

3.4　加强文献采访人员的业务培训,提高驾驭和利用网络的技能

知识经济时代所要求的人才结构正在发生变化,由单一型向复合型人才过渡。采访人员也同样要适应这一发展趋势。就专业图书馆文献采访人员来说,除了懂得图书信息方面的知识外,还要尽可能多地了解本学科的专业知识,熟悉计算机的操作方法及具备一定的外语水平,同时还要根据本馆的馆藏特色,有针对性地了解国内外出版社的出版动态,熟悉出版机构以及他们所出版文献的特点、质量。在工作中,采访人员还必须虚心向同行、专家学习,吸取他们的先进经验,弥补自己工作中的不足,逐渐适应新形势下的采访工作,使采访工作更上一层楼。

总之,小型专业图书馆的采访工作一定要有系统性,能满足本机构各学科建设和发展需要,保证学科文献建设的完整性、连续性和系统性,充分利用文献传递与馆际互借的优势,基于本馆特色,把握采访工作的原则。

参考文献

[1]朱建亮.论专业化服务[J].图书馆论坛,2005(6):224-226.

[2]赵丽梅.论信息资源专业化建设[J].图书馆学刊,2007(3):114-116.

[3]韩海涛,曹晓英.网络环境下面向学科方向的文献资源建设[J].图书情报工作,2005(7):70-72.

新形势下专业图书馆文献资源建设所面临的挑战与对策

陈 杰 林 浩（中国社会科学院民族学与人类学研究所图书馆）

专业图书馆是我国图书馆系统的重要组成部分。随着信息技术的不断发展,专业图书馆在自动化、网络化、数字化和文献资源的共享等方面都取得了长足的发展和进步,各专业图书馆的服务模式和手段不断创新,服务能力不断深化,为我国科研创新体系的建设和发展提供了良好的信息保障。

1 专业图书馆文献资源建设的基本目标

专业图书馆是针对某一学科或某一领域的若干相关学科信息资源的收藏,与公共图书馆和学校图书馆相比,在服务对象、服务方式、服务层次上存在着一定意义上的不同。

在我国图书馆界,一般认为,专业图书馆应具备如下 4 个方面条件:(1)藏书专门化,它收藏的大部分是某一专业领域或学科、主题的文献资料;(2)为专门的读者群服务,服务对象主要是本单位的科研人员;(3)拥有受过专业学科或特定方法专门训练的工作人员;(4)提供专业化和个性化服务。

专业图书馆的文献资源建设相比其他类型图书馆而言,具有比较鲜明的特点:(1)文献资料专业特色鲜明;(2)时效性要求比较高;(3)文献需要数量比较少,一般没有复本;(4)对本学科文献收集要求系统完整,对到馆率有比较高的要求。

总体而言,专业图书馆文献资源建设的目标是围绕某一学科建设和发展而开展对文献资源的收集整合,完成为科研人员提供有效信息保障的任务。在当前的新形势下,实现这一目标具有相当大的难度。

2 专业图书馆面临的困境与挑战

随着时代的进步和发展,当今社会已进入信息化社会,信息传播手段发生了天翻地覆的变化,同时社会大环境也发生了比较大的变化,两者都在不同程度上对专业图书馆文献资源建设产生了影响。

2.1 网络信息环境对专业文献资源建设的影响

数字化、网络化的信息环境,使专业文献信息环境发生了巨大的变化,从而给专业文献资源建设带来了重要而深刻的影响,主要体现在以下几个方面:

2.1.1 增加了专业文献的内涵与外延

在网络环境下的今天,专业文献数量与日俱增,内容广泛丰富,其含义也在进一步延伸,其形式和内涵同过去相比,已有很大区别。很多学科之间相互融合,产生了很多交叉学科,以人类学学科为例,已从文化人类学、体质人类学发展成为包含经济人类学、历史人类学、美学人类学、宗教人类学、音乐人类学等众多分支学科的学科体系。载体形式不仅有印刷型的书籍,也有了缩微品、录音、录像、机读磁带等品种。相当多的专业文献以数据库、电子书等形式出现,这就给专业文献资源建设增加了相当大的难度,不仅要关注传统文献的出版信息,同时也要关注相关学科电子资源的信息。

2.1.2 专业文献采访的复杂化专业化

在网络环境下,文献资源采访的理论基础和技术支撑发生了变化,相关专业文献的采访不但依靠传统方式来获取,而且要通过网络来完成。包括文献信息的收集整理、书目信息的传递和报订。这就要求工作人员拥有比较高的计算机水平和网络应用能力以及相关的学科知识。

2.1.3 专业文献资源采访的思路得到拓宽

在网络环境下,文献信息储存与传递的方式得到了改变,虚拟性、动态性、即时性信息的收集成为了工作的重要内容,专业文献采访的工作内容将愈来愈丰富多彩。评价专业文献资料资源质量的标准也不只限于馆藏实体专业文献数量、结构和利用率,还要看在网络环境下获取专业文献信息的能力。

总体而言,网络信息环境对于专业文献资源建设具有相当大的帮助,但与此同时也对工作人员提出了更高的业务要求。

2.2 人文社会环境对文献资源建设的挑战

社会的巨大进步与发展一方面给人们带来更好的物质生活,同时也对人们提出了更高的要求,要求人们更广泛地汲取信息,而传统意义上的读书渠道已经被大大拓宽,相当多的网络资源和电子资源在很大程度上取代了图书的位置,网络检索在一定程度上取代了图书检索。这一切都表明图书馆特别是专业图书馆遇到了前所未有的压力和挑战。

专业图书馆所面临的挑战首先是来自读者,即读者对图书馆的需求和依附程度在降低。近年来随着国家对科研事业支持力度的不断加大,科研人员拥有来自多方面的经费支持,以中国社会科学院为例,科研人员可以申请国家社科基金、院重大重点课题、本研究所课题等多方面的项目,科研人员所掌握的经费额度也在不断增加,很多需要的文献资源使用从以往的从图书馆借阅改为自己直接购买,图书馆文献资源的借阅量在下降,这是很多专业图书馆不得不承认的现实。

与此同时,文献资源建设的来源和渠道在减少。根据统计,2010 年全国约有10 000家民营书店倒闭,"国进民退"现象反映在图书市场上表现得相当突出,以北京图书市场为例,2010 年初曾号称全国最大民营书店的第三极书局倒闭。2011 年 6 月曾经是北京民营学术书店代表的风入松书店也寿终正寝,退出了历史舞台,在很长一段时间内熙熙攘攘的海淀图书城现在也变得门可罗雀,这自然是民营图书行业的悲哀,也在很大程度上影响了专业图书馆文献资源建设的质量。应该看到,以新华书店为代表的国营书店,其服务对象主要为社会大众和中小学生,专业学术图书品种相对比较少。很多具有专业特色的民营书店在很大程度上弥补了专业图书馆对于专业性学术性文献的需求。试问,当我们的采购对象都是同一家新华书店的时候,各图书馆的文献资源还会有特色吗? 这也在一定程度上影响了专业图书馆的文献资源建设,甚至直接影响了读者的利用。

事实上,专业图书馆目前正承受着来自多方面的压力和挑战,如何走出困境,走出一条适合自身发展的道路,是摆在每一个专业图书馆面前的艰巨任务。

3 专业图书馆文献资源建设的思路与对策

文献资源建设,有一个问题是绕不过去的,那就是图书的折扣问题。无须讳言,图书馆不是游离于社会的真空,也存在着来自各方面的各种各样的诱惑,例如20世纪末由于出版业的不规范,很多图书馆都收藏了一些高码洋低折扣的大套图书,这些图书质次价高。再如21世纪初的"人天书店"事件让个别图书馆员身陷其中。随着国家对图书馆采访工作的不断规范,绝大部分高校和公共图书馆将招标引入文献采访工作,但是对专业图书馆而言,由于资金量有限,大部分馆暂时还未开展招标,这就需要我们根据自身情况,理清思路,在保障馆藏质量的前提下,提高资金使用效率,为专业图书馆的发展奠定良好的基础。

3.1 正确认识有关专业学术类文献的折扣问题

应该看到专业图书馆的文献资源建设与其他类型图书馆是有很大区别的,大众畅销类图书和专业学术性图书两者无论是读者数量还是印刷数量都相差甚远,一部畅销书印数几十万很常见,而学术类文献印数多在1000左右,两类文献折扣岂能一样。

就图书馆而言,由于读者的原因,高校图书馆复本量多在10本以上,而专业图书馆基本上没有复本,再加上资金量大小的缘故,同样是采访,两者的折扣也不可能一样。特别是在我国出版行业进入企业化运作的大前提下,作为企业,追求经济效益无可厚非,也是职责所在,可是由于学术类图书读者面窄、印数少,因此供货折扣一直处于比较高的水准,这是众所周知的事实。

因此,无论是管理者还是具体工作人员,在从事文献采访工作中,应该把保证入馆文献的学术性和专业性放在首位,对于有些珍稀文献即使没有折扣也要及时采购,例如一些少数民族文字出版物,由于出版数量极少,没有折扣的情况也时有发生,只要是符合馆藏需要,也应该及时采购到馆。

3.2 提高馆员的职业道德素质和业务能力

无须讳言,专业图书馆与其他类型图书馆相比,有一个特点就是其工作人员在本单位系统内部大多处于弱势地位,在职称评定、职务晋升以及工作待遇等方面往往要排在最后,这也使得部分馆员的工作积极性不高,处于混日子的状态。因此当前应该把提倡敬业精神放在重要位置,力求把实践职业道德规范真正落在实处。孔子倡导修己以敬,然后修己以安人,修己以安百姓。朱熹说,敬业者,专心致志以事其业也。中国传统道德文化关于敬业的思想无疑是图书馆职业道德建构的直接思想来源。在图书馆事业发展过程中,我们仍要大力提倡敬业精神,以恪尽职守、勤奋工作来满足读者对文献信息的需求。

从文献采访的角度来讲,一方面馆员应该勇于承担责任,当遇到符合馆藏需要的文献时,即使是折扣比较高,甚至于没有折扣的,也要大胆购入;另一方面馆员应该努力钻研业务,提高专业素养,这是对每个图书馆员的基本要求。当今图书馆行业,特别是专业图书馆之间,比较馆藏数量、馆舍水平、保管水平已经成为历史,馆员的服务能力、所收馆藏的学术价值成为衡量图书馆发展水平的主流标准。就专业图书馆采访工作而言,馆员不仅要有比较高的外语水平和计算机应用能力,而且对于所在单位学科发展的内容、研究重点、国外研究现状等都应该有所了解和掌握,以便及时准确地了解科研需要,有重点、有选择性地采购相关文献资源。

在专业图书馆的文献资源建设中,了解和掌握学科发展动态尤为重要。以民族学文献资源建设为例,西夏学研究是民族学研究的重要分支学科,在近年西夏学研究成果中,几乎同时出版了两部大型文献《中国藏西夏文献》和《中国国家图书馆藏西夏文献》,两部文献分别由宁夏大学西夏学研究中心和宁夏社会科学院编辑完成,出版单位分别为敦煌文艺出版社和上海古籍出版社,学术界普遍认为这两者在选题和内容上基本雷同,可以说是撞车了,而且这两者价格相差悬殊,如果对这一领域的学术动态缺乏基本的了解,就会造成不必要的浪费。

再比如近年来有关民族边疆类的文献成为出版热点,众多出版社先后出版了《民国边政史料汇编》《历代边事资料辑刊》《中国边疆社会调查报告集成》《边疆方志文献初编》《中国边境史料通编》《中国近现代边疆文献辑录》等,这些文献的内容不可避免地有所重复,作为图书馆员来讲应该根据科研需要和文献内容,精心选择,以达到馆藏文献资料的优化。

应该看到出版业的蓬勃发展对图书馆员特别是专业图书馆员的能力也是一个不小的考验。当前很多民营机构开始进入学术类文献的出版领域,如甘肃五凉古籍整理研究中心、石室书轩、蝠池书院等单位近年来先后编辑出版了大量历史类民族类的学术文献,如果不了解相关信息,很可能会造成部分文献的漏采。

因此在专业图书馆的采访工作中,馆员不仅应该具备图书馆学、外语、计算机等方面的能力,更应该把对有关学科专业知识的掌握放在重要位置。

3.3 制定专业图书馆图书文献资源建设工作质量评估体系

目前,对于专业图书馆而言,经常要接受来自各方面的考核,但其中主要是针对财务方面,对于馆藏质量缺乏客观的评价。因此应从专业图书馆的内外部建立科学的工作质量评估方法,加强采访质量管理。在专业图书馆内部,在实施采访工作之前首先确定文献采访的质量标准,从各个采访环节贯彻并实施采访标准,为采访文献的质量把关。专业图书馆的馆藏质量并不体现在大而全,而是应该专业、系统、高效,即:专业上与本单位的主要研发领域保持高度一致;收录的专业文献应覆盖国内外该技术领域文献的绝大多数;连续出版的核心文献的采购要具有连续性、完整性;采访的专业文献具有较高的应用和学术价值,到馆速度比较快,能反映国内外最新科研成果。在外部,通过文献利用效果反馈信息、读者需求跟踪调查信息等形式对文献采访工作质量进行评估。

总体而言,文献资源建设的质量是衡量一个专业图书馆水平的关键,图书馆应紧密围绕这一中心工作,提高图书馆自身的竞争力和吸引力,使图书馆工作真正成为实现其社会价值的工作,为中国的图书馆事业的发展作出新的贡献。

参考文献

[1]李景瑞.大书城替代不了小书店[N].文汇读书周报,2011 – 08 – 26.

[2]马可青.浅谈专业图书馆的核心竞争力[C]//中国图书馆学会专业图书馆分会编.专业图书情报机构的知识服务创新.北京:国家图书馆出版社,2010.

[3]王科琴.试论专业图书馆采访原则与实践方法[J].现代企业文化,2008(3):53 – 54.

[4]雍斌.宁夏两学术机构西夏文献科研项目撞车[N/OL].新消息报,2005 – 08 – 18[2011 – 08 – 06]. http://www.xinhuanet.com/chinanews/2005 – 08/18/content_4910405.htm.

做好海外汉学(中国学)文献采访工作的思考

陈　蕊(国家图书馆)

海外汉学(中国学)文献是国家图书馆(以下简称"国图")颇具声望的特色馆藏之一,她伴随着国图走过了百年的风风雨雨,为国内外汉学(中国学)研究提供了丰富的学科研究文献。百年来,海外汉学(中国学)的出版物始终是国图重点采访的文献之一。这些文献包括图书、期刊、报纸等纸本类型,也囊括了一切制作成缩微胶卷、拓片等的文献类型。

然而,在各种类型文献海量出版的今日,要做好此类文献的采访工作绝非易事。一是,现代出版物的类型更加复杂、多样。今日的出版物不仅有纸版、电子版,还有时时更新的网络版,以及各种版本、各种类型、各种规模的数据库等。这些都给图书馆的文献采访工作增加了难度,对从事采访工作的人员提出了更高的要求。二是,海外汉学(中国学)作为一个学科,即不能将其归入历史、地理等学科,也不能将她视为政治、哲学等的单一学科。"她是对历史、地理、哲学、宗教、语言、文学等都有研究的综合学科",[1]也就是说"海外汉学(中国学)研究文献不能笼统地归入现行《中图法》的任何一类,而她又包含在《中图法》的各个类别之中"。[1]此外,她不但有现代出版物的各种特征,还有自己独特的文献特性和出版规律,所以,图书馆的海外汉学(中国学)文献采访工作,对从事采访工作的人员的个人素质有较高的要求。

1　海外汉学(中国学)文献出版特征

海外汉学(中国学)文献有诸多不同于其他出版物的特征,如它的官方性、规范性和学术性等。但对于图书馆的采访人员来讲,其出版量少和时效性是最为突出的特征,也是这类文献难于采全的主要原因之一。

1.1　出版量少

纵观海外汉学(中国学)的发展,始终包含两个方面的内容:一是与现实问题密切相关的研究,主要任务是服务于各国的东方政策;二是基础理论研究,包括对中国古代史、文学经典的翻译、研究,以及汉学研究人才的培养等。这两项内容都注定这类文献始终是研究型文

图 1　各种类型出版物出版量

献,而学术性极强的研究型文献,历来出版量都不会很大,始终是各种类型出版物中出版、发行量最少的一部分(如图 1)。

这是现在比较通行的各种类型出版物数量的示意图。这个图形表示,金字塔顶部是出版量少的学术出版物。而海外汉学(中国学)出版物也仅占这类出版物中的很少一部分。而且,海外汉学(中国学)出版物的特点是国际化、所用语言种类多、小众化、印数低、价格高、几乎没有广告收入。

我们仅以研究中国为主要对象的俄罗斯科学院远东研究所(Институт Дальнего Востока AH России)①为例,年出版专著几百种,平均印数也只有几千册左右。笔者查阅了近10年来国图入藏的、俄罗斯出版的有关中国学的书籍,印数超过5000册的都很少,有的书印数仅有几百册。

1.2 时效性强

海外汉学(中国学)文献的时效性强,并非是文献本身的时效性。相反,好的书籍并不会埋没在时间的尘埃之中。比如,俄国汉学史上三个划时代的人物之一瓦·米·阿列克谢耶夫(B. M. Алексеев,1881—1951)院士的《中国论诗人的长诗——司空图(837—908)的〈诗品〉》,1916年第一版面世,之后不断再版。时至今日仍然是业内备受推崇的作品。

这里讲的时效性,是从采访的角度谈文献采买的时效性。因为此类文献出版量很少,所以错过了出版季就很难再购买到了。比如,世界各国举办的各种"中国学"研讨会,会后都会有各种会议录、论文集出版。虽然都是公开出版物,但印数均不会很大,一旦错过了此类研讨会,就很难再觅到。

2 采访人员要具备的能力

作好海外汉学(中国学)文献的采访工作,对采访人员有很高的要求。即从事此项工作的人员应是有"中国学研究所需要的专业学科背景,又熟悉掌握图书馆文献管理与使用技能的复合型人才"。[2]詹馆长说的"复合型人才",就是要求采访人员同时要具备几个方面的能力,才能完成海外汉学(中国学)文献的采访工作。这几个方面的能力包括:扎实的图书馆专业的基本功、较高的外语水平、对海外汉学(中国学)基本知识的了解、掌握一定的国学知识,以及对馆藏现状了如指掌的业务基础技能等。其次,如何选、怎样选,也是对采访人员个人素质的考验。

2.1 做好海外汉学(中国学)文献采访工作的保障

较高的外语水平是做好海外汉学(中国学)文献采访工作的前提。海外汉学(中国学)作为一门世界性的学科,涉及的语言种类很多。目前,世界上有40多个国家和地区都开展了汉学(中国学)专门的学科研究,出版的研究文献涉及英文、法文、俄文、日文等诸多语言。因此,有较高的外语水平是做好海外汉学(中国学)文献采访工作的前提之一。而国图将近年来入馆的高学历人才安排到采访工作岗位的做法,有效地解决了这一问题。

做好海外汉学(中国学)文献采访工作的前提之二,是采访人员必须具备扎实的图书馆工作的基本功。这些基本功包括:熟练的工作技能、工作流程的熟知、对馆藏现状的了解掌握等。

---

① 俄罗斯科学院远东研究所前身是创立于1958年的中国学研究所(Институт Китаеведения),其主要研究对象是中国。

国图新员工进馆培训制度较好地解决了这个问题,为新员工成为业务扎实的采访员奠定了很好的基础。

2.2 具备海外汉学(中国学)的基本知识是做好采访工作的起点

如果说,前两项一个是采访人员在入馆前就具备的能力,一个是入馆后强化出来的本事。那么,不断积累海外汉学(中国学)的基本知识,则完全是个人继续学习、提高的结果。因为,并非每一位从事图书馆的采访工作的人都是海外汉学专业的毕业生,也并非每一位采访员都对海外汉学(中国学)学科感兴趣,但为了更好地完成采访任务,就必须要不断地学习、积累这方面的知识,提高自身的学术水平与鉴别能力。因为只有具备一定的海外汉学(中国学)的知识,才能从当今"海量"出版物中筛选出海外汉学(中国学)的文献。也只有了解海外汉学(中国学)发展的历史与趋势,才能摸准此类文献的出版脉搏。这是做好图书馆海外汉学(中国学)文献采访工作的第一步,也是关键的一步。

2.3 较扎实的国学功底是做好海外汉学(中国学)文献采访工作的基础

海外汉学(中国学)是门外国人研究中国的学问。如果我们没有较深厚的国学功底,也就无从了解他们研究的内容。举个例子,俄罗斯著名汉学家 E. A. 谢列布里亚科夫教授曾经翻译过宋朝大诗人陆游的《入蜀记》,俄文为《Поездка в Шу》,从字面上译成中文是:去蜀旅行。如果对中国历史不了解,不知道陆游为何人,就不可能知道他的著名诗篇《入蜀记》,也就不可能判断出《入蜀记》是翻译成俄文的、中国的著名诗作,更不可能判断出是属于海外汉学(中国学)的文献。所以,学一点国学,具备较扎实的国学功底是做好海外汉学(中国学)文献采访工作的基础。

3 如何采选海外汉学(中国学)文献

有人将当今的时代称之为知识爆炸时代。各种类型的文献海量出版的现状,也印证了这一说法的正确性。据联合国教科文组织(UNESCO)出版的《联合国教科文组织统计年鉴》(1993 年版)中公布的统计数据,1993 年图书出版占首位的是英国,为95 015种,中国92 972种,位居第二。然后依次为德国67 206种,美国49 276种,法国41 234种。这只是公开图书市场的图书种数,并未收入各级政府和大学出版的图书及其他类型的出版物。据美国《出版商周刊》披露,1991 年美国出版了110 080种出版物。

要想从这些"海量"文献中,筛选出海外汉学(中国学)文献绝非易事。首先,海外汉学(中国学)本身是门跨学科、跨文化的学问。它涵盖的学科范围很广:人文科学、社会科学中的各个学科都涉及,还有对中医学、中国建筑学等的研究。即海外汉学(中国学)文献要从海量出版物中剖析,要从各个学科中筛选出。再有,"汉学"与"海外"的关系是题中本有之意:汉学是一门关于中国和中国文化的学问,是一门"海外"的学问——汉学学科的传统主体是中国本土学术圈之外的其他文化中人(当然也包括旅居海外的华裔)从事的学问。即此处汉学的话语场域,主要发生在中国本土之外;汉学史上的诸种研究范式,也都是在异文化的背景下形成的。

搞清楚这两点后,图书馆海外汉学(中国学)文献的采访工作就好定位了。除此之外,还有就是其出版信息的获取问题。

3.1 文献出版信息的获取

图书馆的采访工作就是从大量的出版信息中,筛选出符合本馆收藏的文献。所以,搜集、掌握文献的出版信息是图书馆采访员所必备的基本功,也是必须要做的工作。即图书馆的采访不同于新闻工作的采访。图书馆的采访工作包括两个方面的内容:采,采购、购买;访,调研。前期的调研是采访员必做的功课。目前,国图外文文献采访部门获取文献出版信息的来源主要有5种。

3.1.1 从国内各代理公司提供的目录中采集

国图每年采购的外文文献的信息,主要来自国内各图书进出口代理公司提供的出版目录。这些目录,可以满足国图60%—70%的年文献采购需求。但这些目录里,海外汉学(中国学)文献的出版信息显然是不够的。所以,有经验的采访员会在这些目录的基础上,再寻找其他的出版信息源,来保证所采文献的全面性。

3.1.2 利用互联网,采集世界各国中国学文献的出版信息

进入21世纪的今天,网络进入到人们的工作、学习、生活之中。而图书馆利用当今发达的网络,采集世界各国的中国学文献的信息,应该是较为便捷的方法之一。

(1)关注海外汉学(中国学)研究机构的网站

各国的中国学研究机构因其官方性的特征,不论是专业的研究所,还是大专院校的汉语专业都有各自很正规的网站。在这些网站里,可以查到所有与研究机构有关的信息。这些信息包括:研究机构的历史、现状,人员的构成,学者的研究方向,以及学术研讨会举办的信息等。当然,也包括其学术成果的出版信息。而且,这些网站通常都是官方网站,可信度高。

(2)利用网上的新书出版信息

利用网上的各国出版商网站,可以查到最新的出版、征订信息。但这类信息会时时更新,所以要经常关注、浏览、采集。

(3)与国内研究海外汉学(中国学)的学者建立密切联系

与国内专事海外汉学(中国学)研究的学者建立密切的联系,也是掌握国外此类文献出版信息的好方法。学者间经常性的学术交流,使他们比常人更了解学科发展现状,更清楚学科出版信息,与这些专家学者建立密切的联系,会从中了解到国外学科发展的动态、出版动态等。但做到这点很有难度,它要求采访人员自己最好也从事相应学科的研究。

3.1.3 从世界各国编制的数据库中,搜寻有关中国学文献的信息

在各国编制的数据库中,尤其是人文、社会学科的数据库中,往往会将海外汉学(中国学)文献作为普通出版物收入其中。而且,收进数据库的文献,通常是已经出版发行的文献,这对于图书馆回溯文献的补充极有帮助。

3.1.4 跟踪世界各国的中国学的专业研究机构

关注、跟踪世界各国专门的中国学研究机构的动态、研究方向、出版信息应该是很专业的做法。但这点对采访人员自身的海外汉学(中国学)的专业知识要求很高,会有一定的难度。

3.1.5 从书展上获取

国际图书展览会是采访人员直接面对实物选购出版物的最好时机。平时只能从各种出版信息中摘选信息的采访员,此时终于见到了实物。在书展上,可以印证平时了解到的信息,也可以弥补以往忽略的信息。在书展上,经常会有意外收获。所以,国际书展应是图书馆采访人

员需要仔细参观的展会。

这几种方法都是了解海外汉学（中国学）出版信息的途径。但有一点需要特别注意，即使用这几种方法获取的信息会有交叉、重叠的现象，所以要求采访人员要具有从中鉴别、筛选的能力，以避免重采、漏采的现象发生。

4　常见的问题及解决的方法

在图书馆界流行一句老话，图书馆人研究的是书皮上的学问。这句话概括了图书馆工作的性质，图书馆的采访人员的工作也进一步印证了这句话的准确性。采访人员的日常工作主要是通过各种出版目录筛选文献，而出版目录上提供的出版信息仅为：题名、作者、出版社、出版地、出版年等。想从这些有限地信息中，甄别出海外汉学（中国学）文献是对采访人员综合素质的考验，主要有以下常见问题。

4.1　书名里有"China"、"Китай"等字样的，就是中国学的文献

将书名中含有"中国"字样的出版物，通通认定是中国学文献，这是最常见的错误之一。通常有两种情况在书名中会有"中国"字样的单词：一、世界各国研究中国的出版物；二、中国对外宣传的出版物。

根据前面讲的"海外汉学"的定义。显然，第一种出版物无疑是标准的海外汉学（中国学）出版物，而第二种则不应该列入海外汉学（中国学）之列。

在没有见到原书之前，采访员要把题名、出版地、出版者、作者，以及 ISBN、ISSN 号等相关信息综合在一起考虑，才可能作出正确判断，而不是只从一个书名就认定。比如，《Строительство антикоррупционного и неподкупного правительство в Китае》《中国反腐败和廉政建设》，出版地：北京，出版者：中华人民共和国国家事务委员会。从现有的这些信息中，完全可以断定，这部书是中国对外宣传的出版物，而非海外中国学文献。

4.2　海外汉学（中国学）文献都是用外文撰写的

语言上，学术研究著作多为句型结构严谨，用词丰富，语言难度很大的作品。所以，作者多会用自己驾轻就熟的母语写作。这也就形成了"海外汉学"文献的第一个特征——多为外语文献。但也有少数学者在中国生活了多年，他们的中文水平已经达到了炉火纯青的程度，也会偶尔用中文写作。所以，"海外汉学"文献也有中文版本[①]。如，当代俄罗斯著名汉学家李福清（Б. Л. Рифтин，1932—　）院士，就有多部用中文出版的专著。国图收藏他的中文论著有《汉文古小说论衡》（1992，江苏古籍出版社）、《中国神话故事论集》（1991，台湾学生书局）等多部。

4.3　海外汉学（中国学）文献的作者都是外国人

海外汉学（中国学）本身就是门外国人研究中国的学问，所以，作者多为外国人。但也有多年旅居国外的外籍华人也撰写了大量此类书著。如，美国中国学的主流学者均为美籍华人，这是众所周知的。所以，不能仅凭作者是否是外国人来评判海外汉学（中国学）文献，主要还是要

---

① 这里所讲的"中文版本"，特指作者用中文撰写的作品，而非翻译作品。

好好研究书著本身的内容。

海外汉学(中国学)文献是含在各个学科当中的文献,其构成较为复杂。所以,在图书馆的采访工作中,判断是否是海外汉学(中国学)文献也要综合去考虑。绝不能以偏概全,以点代面。愿国图海外汉学(中国学)文献的收藏在国图人不懈的努力下,更具规模性、有序性、规范性,让它更彰显其特有的学术研究价值和文献价值。

参考文献

[1]陈蕊.馆藏海外汉学(中国学)文献收藏辨析[G]//中国图书馆学会年会论文集(2010年卷).北京:国家图书馆出版社,2010

[2]詹福瑞.国家图书馆开展中国学研究的服务定位与目标实施[J].国家图书馆学刊,2010(1):40 – 42

[3]乐黛云.文化交流的双向反应:中国文学在国外丛书总序[OL].[2011 – 12 – 19].http://www. du8. com/readfree/16/01138/1

[4]王瑜世.浅谈韩国出版韩文中国学图书现状以及国家图书馆对其的采访工作[G]//新信息环境下图书馆资源建设的趋势与对策——第三届全国图书馆文献采访研讨会论文集.北京:国家图书馆出版社,2009

[5]李明滨.中国文学俄罗斯传播史[M].北京:学苑出版社,2011

刍议工科高校图书馆中文图书现场采购

顾声权(华北电力大学)

1 引言

在社会发展建设进程中,高校是自主创新的重要力量,是先进生产力和先进文化的引领推动者。而工科高校又是知识创新、技术创新和行业创新的骨干力量,在解决行业内应用性问题,已经凝练成稳健的科研目标方向。工科高校作为人才学科知识的重要基地,伴随着信息技术的高速发展,知识更新周期越来越短,社会对人才要求越来越高,读者对文献资源的需求也随之提高。工科高校图书馆传统的中文图书购置模式已不能适应读者对文献资源日益高涨的需要,也应该创新改良,使之适应发展的需求。

工科高校的属性鲜明,即便其学科结构不断调整,引发战略性转型发展。一般是由相对集中的单一性学科类别的专门院校转变为综合性大学;或是由实力较强的专门本科院校合并为多学科的综合性大学。其主干专业一般不会遗失,其图书馆的特色馆藏也会得以保留加强。由于信息技术迅猛发展普及,使得工科高校图书馆馆藏资源的结构及供货形式等都发生了很大变化。中文图书购置工作必须根据环境变化,更新理念,调整思路,为读者提供优质的馆藏图书资源,充分发挥文献资源的保障作用。

2 现状

工科高校图书馆传统的中文图书购置方式主要是预订,其流程是:采访人员搜集各种出版发行信息,整合各类图书目录征订单,组织相关学科专家圈订初审,再根据计划确定文献复本,随后查重并制成预订书目,发送订购单。图书到馆后,由验收人员与预订书目核对登到入库。

2.1 以预订为主弊端多

通过走访调研部分工科高校图书馆,可以发现工科高校图书馆一般都采取预订与现场采购相结合的方式完成中文图书采访工作,其中预订份额占总采购量的70%以上。实际采访工作效果差强人意,预订为主的方式无法保障藏书质量,主要表现在到书速度慢、到书比率低、到书质量不可知等方面。在图书配送过程中由于图书经销商的原因,极易出现种种纰漏,严重影响采访工作的质量和效率。

2.2 图书利用情况是馆藏的生命线

评价馆藏图书的含金量,主要依据就是回溯调查其能否被读者利用,读者需求就是文献采访工作质量考评的重要标尺,这已成为业内共识。工科高校为了适应经济社会发展建设需要,一般会不断调整专业设置,增设新学科,其图书馆馆藏资源建设也必须及时作出相应调整,以满足教学科研的需求。然而中文图书购置有其自身的规律,很难快速地全面回应。虽然在制订采访计划时已经具备了一定的前瞻性,但全新专业的增加使得传统预订方式无法及时跟上学科发展步伐,远不能满足学校教学科研发展的需求。

2.3 传统方式与社会发展脱节

随着社会发展,出版机构不断增多,出版物数量剧增,出版业竞争激烈,图书的出版、发行、销售等很多配套服务却相对滞后,通过书目报道可预订图书品种逐年减少。据国家新闻出版总署公布的数据:

2005年全国共出版图书222 473种,其中一版一次的新版图书128 578种;2006年全国共出版图书233 971种,其中一版一次的新版图书130 264种;2007年全国共出版图书248 283种,其中一版一次的新版图书136 226种;2008年全国共出版图书274 123种,其中一版一次的新版图书148 978种;2009年全国共出版图书301 719种,其中一版一次的新版图书168 296种。

这五年中在新华书目报和地方版书目报上登载的新版图书信息,每年也就是两万种左右,其信息量还不到每年图书出版量的20%,也就是说每年有近80%的新书未经征订就直接进入了图书市场,致使图书馆根本无法预订这部分图书。而已刊登在书目报上的图书信息,很多都是新书已出版发行才在书目报上征订,若采用预订方式购买这部分图书,一般需三个月甚至半年才能到货,对读者利用必然会带来不利影响。由此可见,采用书目选书去预订图书,不仅选择面窄,而且到书时间过长。

3　措施

工科高校图书馆一定要认真分析出版发行形势,根据读者需求及时调整采访策略,与时俱进,适应发展要求。从兄弟院校图书馆的先进经验来看,最好的办法就是在坚持传统预订方式的同时,大力加强图书现场采购,预订与现场采购的比例要达到五五开甚至更多才行。通过不同渠道及各种方式,进行图书现场采购,及时补充馆藏,加强特色馆藏资源建设。

3.1　现场采购直观性强

工科高校图书馆采访人员在购书现场通过浏览样书,对图书的种类质量有直观的认识。看样订书对内容等都有直接了解,可以缩短购置过程中预订与实际到货的差距,避免仅靠书目的广告性摘要预订的盲目性,求得最为快捷准确的图书信息,因而更能把握图书质量及学术水平的优劣。

3.2　现场采购针对性强

现场采购图书可避免繁杂环节,有效控制结果,节约采购时间,压缩到书周期,缩短新书与读者见面区间,提高工作效率。图书订货会等活动卖场,一般都汇集了众多新书和畅销书及常销书,为工科高校图书馆提供了加强馆藏建设的机会。同时参加图书现场采购可以搜集大批预出版新书通告,回交相关学科人员圈选推荐,通过读者需求调查,强化图书购置针对性。

3.3　现场采购有多渠道选择

现在馆配市场有不同的经济实体参与,它们之间互相竞争,各有特色优势,同时又具备新书较多、地方版多、品种齐全、范围广泛等特点,为工科高校图书馆现场采购提供了良好的条件。采访人员可根据本校专业设置、科研进展及重点学科建设等方面的特点,特别是新设专业的特点,到不同图书馆配商经营的卖场实施现场选购。这样不仅避免了对不同学科领域了解不深而导致选书出现偏差的现象,还能及时补充新增专业领域的图书资料,避免了预订所带来的不利情况,确保读者对专业图书的需求,满足了工科高校教学科研的需要。

3.4　现场采购能查漏补缺

工科高校图书馆预订图书都可能因故漏采,对特色馆藏建设和读者需求都有严重影响。对于与本馆特色馆藏相关的出版物,一定全力搜集入藏。采访人员可以在参加图书现场采购前期对一些具有学术连续性的实用技术标准、文件汇编、参考书、年鉴等主干图书进行统计汇总,把漏藏、缺藏的情况进行整理,在参加现场采购前把该信息交付相关经销商作预案,有针对性地补充馆藏,保持特色馆藏建设的专业性、连续性和完整性。

4　思考

工科高校图书馆馆藏由于学校的隶属因素必然决定其以科技类图书为主的状况,而出版读物大众化与入藏著作学术性的矛盾,长久以来一直困扰着采访人员。购置中文图书选择范围相对较小,种种矛盾冲突在预订过程就已经彰显。通过现场采购方式,用筛选淘金法,一般都会有意外的收获。

工科高校图书馆急需的专业学术类著作,具有出版品种分散、印刷复本较少、销售折扣偏高等特点,一般馆配供应商不愿意主动提供在征订目录上。现场采购提供了一个绝好的平台,若采访人员选中这类图书,利润再低供应商也要勉为其难正常发货。有些作者包销的图书,一般都不会出现在出版社的征订目录上,但有可能会以"尾货"的形式出现在卖场,若是专业学术相关的书籍,就只能依靠现场采购来补充这部分馆藏。

工科高校图书馆中文图书现场采购通常会遇到许多兄弟院校的同行,攀谈过程就是交流业务经验体会的时机,相互间取长补短。同时也能见到不同出版社的商务代表,了解出版动态,反馈读者的阅读需求,请之在组稿编辑时有所侧重,推动工科行业书籍出版发行。

工科高校图书馆中文图书现场采购主要是从图书经销商提供的图书批销中心等卖场的现货或样书里选购,主要选购时效性强的热销图书,如:最新版本的英语四六级考试、计算机等级考试、研究生考试及公务员考试等各类专题图书,以及重点学科和新建学科的相关图书。通过现场采购图书,采访人员能直接翻阅文献,了解文献的主要内容,而且能及时了解市场形势,切身感受图书文化潮流。通过直观现场把握文献出版动态,大大减少文献选择中的盲目性,从而提高文献采购的准确性,购置符合本馆要求的精品图书,从而克服了预订的诸多弊端。

4.1　注意整合数据

工科高校图书馆现场采购过程中,采访人员主要借助数据采集器进行现场查重,因此,预先灌装的馆藏图书的原始数据的可靠性准确性直接影响现场查重采购的图书质量。

(1)合并记录。把发订未到与已到数据合并,避免与现采图书重复,减少登载数量,确保查重可靠性。

(2)筛选数据。原始数据中许多项列与现场采购毫无关联,将之筛掉,减少冗余,保留ISBN 等主干项列即可。

4.2　重点读者陪同现场采购

动员组织重点读者参与,邀请相关学科的专家亲身参与图书现场采访工作,共同精选图书,既使采访工作更有针对性,能大力提高购书质量,又使采访工作人员在现场采购时把平时广泛征求的师生购书需求作为采购导向,使采购的图书更贴近读者的需求。

4.3　注意现场采购的"重"与"漏"

"重"与"漏"是现场采购过程中比较容易疏忽的有两个方面:

"重",一是现场采购多人同时挑选,存在现场重复录入;二是现场情况复杂,同书不同架会多次出现,造成重复录入;三是由多个数据采集器同时工作,重复录入,在发订前必须把采集器数据合并,删除重复数据。

"漏",由于多人多设备同时操作,稍有疏忽就可能与需要采集的图书擦肩而过。

现场采购活动结束以后,数据整合是关键,既不能"重",更不能"漏"。

4.4 现场采购应是文献建设的重点

现场采购主要是从书商提供的图书批销中心等卖场直接看样选购,是带有突击性的集中批量购书活动。对于一些选购热门、时效性强的图书,以及重点学科和新学科文献的采集,应采用现采方式。有些印数比较少的学术性图书,可能是自主发行或是包销成分图书,若能在卖场相遇,就必须通过现采实现购置。现场采购图书质量直观,通过直接翻阅文献了解内容,凭经验学识现场决策,大大减少盲目误订,从而提高文献采购的准确性,购置符合本馆入藏要求的精品图书。

4.5 严格验收维护现场采购成果

入馆图书的验收是图书采购质量控制非常重要的最后环节。完善准确的现场选书明细清单是现场采购验收的可靠依据。工科高校图书馆一定要对到馆图书与现场采购清单进行核对,审校二者之间是否有出入;针对合同相关条款进行验收,如 Marc 数据情况及其他附带加工工序是否到位等。若验收马虎仓促,势必影响馆藏质量,大家的辛苦有可能付之东流,现场采购的社会效益大打折扣。采访人员要不断加强学习,提高自身素质,才能够很好地完成现场采购以及其他采购模式的任务,从而直接提升图书现场采购的效果,强化高校图书馆藏书质量。

5 结语

工科高校图书馆中文图书购置工作,就是根据其图书馆的性质任务、读者需求,通过选择采集建立特色馆藏,并且连续不断地补充新书的过程。随着时代发展科技普及,工科高校图书馆馆藏资源的类型结构、空间结构及供货形式等都发生了很大变化,其中文图书购置工作必然要根据环境的变化,采取新对策,提高采访质量,切实发挥图书馆文献资源保障作用。现场采购的途径为实现目标提供了可靠的支持,采访人员应以各种方式和渠道广泛收集新书书目信息,通过与学科馆员等专业人士沟通,了解读者图书需求。图书购置是一项重要而复杂的工作,需要选择有效采购模式,综合利用各种采购途径,全面征集采购图书意见,并不断探索新方法,才能为工科高校图书馆建成现代化信息中心提供可靠的优质图书资源。采访人员只有综合灵活采用现场采购方式,才能为工科高校图书馆配置高质、高效的馆藏资源。

参考文献

[1]吴慰慈.图书馆学概论[M].北京:北京图书馆出版社,2002.
[2]李德跃.中文图书采访工作手册[M].北京:北京图书馆出版社,2004.
[3]梁洪杰.图书馆科学管理论丛[M].北京:机械工业出版社,2008.
[4]刘兹恒.信息媒体及其采集[M].北京:北京大学出版社,2008.

浅谈国家图书馆阿拉伯文图书采选工作

郭秋福(国家图书馆)

1 馆藏阿拉伯文图书的历史与现状

随着我馆"解放思想、开拓创新"大讨论活动的深入开展,在文化大发展大繁荣的形势推动之下,图书馆事业得到了难得的发展机遇,馆领导对馆藏发展建设十分重视,图书购置经费大幅提高。在这样的背景下,如何在目前有限的人力和设备资源的条件下,有效提高阿拉伯文图书采选质量和水平,扩大采选范围和数量,满足读者日益增长的文献需求,更好地发挥我馆作为我国外文文献战略保障基地的作用,是阿拉伯文图书采选工作目前亟待解决的问题。本着立足实际、群策群力、解放思想、开拓创新的原则和目标,本文对当前阿拉伯文图书采访工作进行了深刻的剖析和自省,力求从多角度、多层次、多渠道实现馆藏阿拉伯文文献资源建设的新突破。

截至目前,我馆共计收藏阿拉伯文图书近25 000种册,纸本目录编辑的阿拉伯文图书馆藏约2万种册,其中文学图书6500多种册,哲学类图书约3500种册,政治、经济、文化、历史、地理等类图书约8500种册,其他类图书约1500种册。2006年我馆使用了以色列 ALEPH 图书馆集成系统软件。完成 ALEPH14 版升级到 ALEPH16 版的语言兼容测试后,我馆开始了阿拉伯文图书的计算机编目工作。截至目前编辑了阿文图书数据约5000余条,涵盖了哲学宗教、政治、经济、文化历史、文学艺术等学科,填补了国家馆数据库馆藏阿拉伯文数据的缺失,方便了读者的查询借阅,为读者学术研究提供了丰富的资源。

2 阿拉伯文图书的采选原则

阿拉伯文图书的采选原则,是根据我馆外文图书中的小文种图书的采选原则来制定的,主要是以采选社会科学图书为主,具体条例及范围如下:

(1)采选阿拉伯国家有关重要党派、社会团体和有影响人物的全集、选集以及传记、评论性文章和著作。

(2)阿拉伯国家的重要会议、文件汇编。

(3)阿拉伯国家对中国进行的专题研究的专著。

(4)阿拉伯国家的哲学、社会科学、人文科学方面有参考研究价值的学术著作。

(5)中国的出版物在阿拉伯国家的译本。

(6)获得国际、国家、阿拉伯地区奖的文学作品和各时期有代表性的文学、艺术作品。

(7)阿拉伯国家的宪法及各种法律、法令。

(8)有实用价值的阿拉伯文,阿英对照的各类辞典、字典、年鉴、手册、工具书、百科全书等。

（9）采购部分科技类文献、会议论文、正式出版的博士论文等文献以及阿拉伯国家的部分医学专著。学位论文最能反映当代的学术动向和成果。

（10）学术回忆录：国际性、全国性、地区性会议，与会者一般都是某一学科的专家，所讨论的多半是大家所感兴趣的问题，尤其是国际回忆录，最能反映当前某一问题的动向和国际水平，学术界对此极为重视。

（11）研究机构出版物：阿拉伯国家的研究院所或研究中心的出版物，主要是社会科学的出版物。

（12）国际组织出版物：联合国及其所属机构的出版物及阿拉伯联盟、阿拉伯联盟教科文组织、海湾国家合作理事会等一些阿拉伯地区性组织。

（13）地图：阿拉伯国家地处西亚北非重要的交通要道，占有重要的国际地位，是地区性组织中比较大的国际组织。现代的地图已不局限于表现陆地、海洋和城市。大量的学科，凡与地理有关的，都各有专门的地图。政治的、历史的、自然环境的、经济的、生产的、工农业的、社会的不胜枚举，都是学术界不可缺少的资料。

3　阿文图书采选流程

笔者遍搜阿拉伯国家在线书店及实体书店提供的阿拉伯文图书目录，汇总的同时，根据国家图书馆采选条例和参照国家社会科学选题，社会科学院历史所、文学所、宗教所、西亚非洲研究中心的课题项目选择合适的图书目录，查重后提供给各科研单位、大专院校、专家学者参考选用，最后根据他们的建议发送新书订单。

书目的主要来源：黎巴嫩国家的实体书店和网上书店，巴勒斯坦的"阿拉伯统一研究中心"的网上书店，阿拉伯联合酋长国的国家出版总局（国家文委）和阿联酋战略研究中心的网上书店，沙特阿拉伯法欧德国家图书馆和阿布杜阿齐兹国王公共图书馆出版的新书目录及沙特阿拉伯的在线书店，埃及国家图书出版总局和埃及金字塔出版公司以及埃及家庭图书馆发行社和其他的埃及图书出版社，叙利亚阿萨德国家图书馆编辑提供的叙利亚国际书展阿拉伯文图书目录，科威特国家文化艺术理事会的网站，中国国际图书进出口总公司提供的部分新书目，等等。

此外，一些读者根据各自社会科学选题、研究项目、毕业论文等所需要的图书资料，提供给我们必要的图书期刊资料目录。采访人员根据小文种图书采选条例，查重选定后发给招标的图书代理商——中国国际图书进出口总公司，进行最后的图书发订工作。

4　馆藏阿文图书的来源

4.1　阿拉伯文图书的采选渠道

4.1.1　中国书店（中国图书进出口总公司的前身）

鉴于当时的历史状况，阿拉伯文图书的采选，是由中国书店提供书目。采访人员筛选查重后，再打印成订单给中国书店。当时的状况是，实到图书数量不到采访订单的三分之一，到达时间一般都在半年以上，甚至有时发订的订单由于购买渠道的不畅通，常常得不到执行，以至于半年多都没有买到图书。

4.1.2 香港新民主出版社有限公司

香港新民主有限公司作为我馆外文图书代理商,并不能直接从阿拉伯世界购买图书,而是委托代理商购买。

4.1.3 国际书店,现更名为中国国际图书进出口总公司

在与中国图书进出口总公司、香港新民主出版社有限公司购买图书的同时,我馆也开始与中国国际图书进出口总公司进行洽商,委托他们进行阿拉伯文图书的采选购买。在其他单位不再积极买小文种图书特别是阿拉伯文图书的情况下,鉴于他们有阿拉伯文的工作人员,到货质量、时间、图书折扣及汇率等各方面做得也比较好,我馆逐渐把阿拉伯文图书的采选订单都交给了中国国际图书进出口总公司。

4.1.4 委托我国外派人员协助在当地采购

这样做的好处是采购新书比较及时全面,价格比较合理,而且能及时地运回国家图书馆。这种方式对我馆的阿拉伯文图书的采选工作提供了很大帮助,也及时满足了广大读者的要求。委托外派人员代购的图书基本上分为两部分。

(1)一部分是我馆前期的阿拉伯语工作人员潘定宇采购的图书。他被调到文化部外联局工作后,利用其在中国驻阿拉伯国家大使馆文化处的便利,为国家图书馆采购了好几批阿拉伯文图书,解决了我馆当时没有阿拉伯文工作人员采购阿拉伯文图书的问题。

(2)一部分是委托我国前往埃及开罗进修学习的同志协助采购的图书。这些同志主要是中国社会科学院外国文学研究所的关偁同志、历史研究所杨浩成同志、王少奎同志以及宗教所的王俊荣同志等专家学者。他们根据研究课题及学术项目采购了大批的阿拉伯文图书,为我馆解决了当时阿拉伯文图书采购比较困难等问题,也及时解决了他们科研项目所需要的研究资料,实现了双赢的目的。

4.2 赠书

4.2.1 国内个人赠书

我馆自从建馆以来,不断得到著名专家学者的赠书,其中最著名的是大作家巴金先生。此外著名的阿拉伯语学者马坚先生、白寿彝先生、钱廷涛先生等学者赠送了包括文学、历史、政治、经济、语言文化、宗教研究等方面的阿拉伯文图书。这些图书是他们多年科研生活中所使用的,都很有收藏价值,极大地丰富了我馆阿拉伯文的藏书。

4.2.2 国外赠送

随着国家对外不断开放,国际文化交往的增多,来我馆参观访问的阿拉伯世界国家的领导人、学者、文化官员、阿拉伯国家驻华使馆团体的外交官也在不断增多。来馆参观的访问者或多或少都有赠书,这些赠书的情况可以分为国家各级领导人、驻华大使馆、学者三大类。

(1)国家和政府领导人

①沙特阿拉伯王国亲王国防大臣艾米尔·苏莱曼·本·阿卜杜阿齐兹·埃勒苏欧德,在1997年参观访问国家图书馆时,向我馆赠送了数百种阿拉伯文图书。其中最有学术研究价值的是一套32卷本的"阿拉伯世界大百科全书",内容丰富,资料详实,图文并茂,涵盖了阿拉伯国家的政治经济、文化历史等各个方面,是20世纪最具权威的一套全面了解和研究阿拉伯国家的大百科全书。

②2002年1月24日,埃及总统穆罕默德·胡斯尼·穆巴拉克夫人苏珊·穆巴拉克向我馆

赠书,赠书仪式在文津厅隆重举行。埃及驻华大使馆文化官员,中国文化部外联局的有关负责同志,我馆馆长任继愈,我馆党委副书记、副馆长张雅芳出席了赠书仪式。这是我馆建馆以来收到的最大一批关于埃及的赠书。赠书共24种近500册,涵盖了埃及历史、文化、旅游、社科等各方面内容,基本反映了这个文明古国的全貌。特别是"现代埃及大百科全书"、"古代埃及大百科全书"更是全面地介绍了埃及的历史发展进程和国家的历史变革。

陪同穆巴拉克总统访华的苏珊·穆巴拉克在赠书仪式上说,此次赠书给中国国家图书馆,是为了更好地促进中埃文化交流,使中国人民了解埃及。

③摩洛哥国王哈桑参观国家图书馆时,向我馆赠送书刊数百种。包括摩洛哥国王大学出版的专业学术杂志《摩洛哥经济发展与法律》《经济与法律》《人文科学与文学》《摩洛哥文献与信息》等,对了解摩洛哥学术研究现状和历史是很有帮助的。目前这些期刊已可以在我馆的在线期刊数据库查找。赠送的图书中最有价值的是一套有关"摩洛哥王国哈桑六世"的档案文献,共有40多卷,内容丰富,涵盖了近几十年摩洛哥的政治经济文化等方面的内容,便于了解摩洛哥王国近现代发展的状况。

(2)阿拉伯国家驻华使馆及阿拉伯国家机构

①阿拉伯联盟驻华办事处:在2001年,时任驻华办事处主任的穆罕默德·萨基特博士与我馆签订了"阿拉伯国家联盟文献信息中心与中国国家图书馆议定书"。

②科威特国家文委(科威特国家文学文化艺术理事会):科威特驻华大使馆每年都向国家图书馆赠送数量不等的图书期刊,所赠图书多数较有学术研究价值,极大地丰富了我馆的藏书。

③沙特阿拉伯王国驻华大使馆文化处:近几年,每届中国国际图书博览会上或展会结束后,沙特阿拉伯王国参展人员和文化处人员都或多或少给我馆一部分赠书。文化参赞来我馆参观后也曾向我馆赠送过一些图书期刊。

④埃及驻华使馆新闻处:每年都向我馆赠送数量不等的中文、阿拉伯文图书期刊和年鉴,部分书展上也曾向我馆赠送过数量不等的图书期刊和光盘。

⑤阿曼苏丹王国驻华使馆:前后也曾向我馆赠送了近百种阿拉伯文图书,内容主要是哲学宗教、政治历史、文化艺术等图书。

⑥阿拉伯联合酋长国驻华使馆:曾向我馆赠送了数量不等的图书、期刊。

当然其他阿拉伯国家驻华使馆也曾或多或少向我馆赠送过阿拉伯文图书、期刊和年鉴,丰富了我馆的阿拉伯文藏书,增进了中国和阿拉伯国家的文化交流,促进了中国和阿拉伯文化的交往。

(3)阿拉伯国家的专家学者

阿拉伯国家的专家学者也把他们的个人专著,比如叙利亚的语言学家、阿拉伯联合酋长国的新闻学者等,都把作品赠送给了国家图书馆,丰富了我馆的馆藏,也拉近了中国和阿拉伯民间友好往来。

4.3 国际交换

在我馆的国际图书交换的历史上,曾经与大多数的阿拉伯国家图书馆有过图书期刊的交换关系,下面就与我馆有过长期交换关系的国家图书馆作个简单介绍:

(1)埃及国家图书出版局及国家图书馆:从中国与埃及建交后,我馆就担负起"中埃两国文化交流协议"中的有关国家图书馆之间的交流工作,建立了长期的图书期刊交换工作,特别是我馆把"埃及国家图书出版档案局"作为我馆看世界的重要交流馆之一,起到了宣传中华文化走向世界的巨大作用。

（2）沙特阿拉伯法赫德国王图书馆及阿卜杜阿齐兹国王公共图书馆:与我馆保持着图书交换关系,每年有几次数量不多的图书期刊交流。

（3）突尼斯国家图书馆:基本上能保证每年一次的近百种图书交换,以增进双方的了解和交流。

（4）摩洛哥国家图书馆:国家馆之间保持着对等的图书期刊交流。

（5）此外,我馆与叙利亚阿萨德国家图书馆、阿尔及利亚国家图书馆、约旦国家图书馆和约旦王国大学图书馆、科威特国家文化艺术理事会、阿拉伯联合酋长国国家图书馆、苏丹国家图书馆、伊拉克国家图书馆等阿拉伯国家图书馆也存在交换关系。

4.4 缴送

中国自建立近代图书馆之后,效仿西方国家的做法,明文规定了出版物的缴送制度,新中国成立后,国家新闻出版总署及文化部等相关单位也明文规定了出版物缴送国家图书馆的制度。目前国内出版阿拉伯文图书有以下几家出版社:

（1）外文出版社,华语教学出版社,新兴出版社等,每年都出版一些阿拉伯语图书,数量很少,但基本上能保证每出版一本书都上缴国家图书馆。

（2）五洲出版社隶属于国家新闻办公室,她以"让世界了解中国,让中国了解世界"为宗旨,通过多种手段和渠道,使用中、外文多种语言,向国外介绍中国的历史以及政治、经济、科技、教育、文化、卫生、人民生活等方面的基本情况,展示中国改革开放、经济发展、社会进步以及社会主义物质文明、政治文明和精神文明协调发展的业绩;同时,将世界各国情况以及国外优秀文化介绍给中国人民。每年分以下几大系列出版多语种图书:中国基本情况系列、中外关系系列、中国文化系列、中外文化交流系列、经济中国系列、外国人看中国系列、地方、民族系列、人物与事件系列等,出版后缴送也比较及时。

5 阿拉伯文采访遇到的问题

5.1 目录收集

阿拉伯国家的实体书店、在线书店都属于私人所开,出版物也多是由个人出资出版,当然,有国家资助出版的图书也不少,比如埃及国家文化部的最高文委出资赞助的艾资哈尔大学中文系教授阿卜杜·阿齐兹教授的东方哲学研究、孙子兵法等著作,但出版量都很有限,最多时也就1000册到2000册,最少时就100到200册,如不能及时得到书目,很多图书就不可能购买到了。

5.2 采访渠道

5.2.1 中国图书进出口总公司

鉴于没有阿拉伯文的工作人员,购买阿拉伯文图书没有多大的营利,中图公司对代购小语种图书不再感兴趣,其后阿文图书的订单已基本上不再执行了。

5.2.2　中国国际图书进出总公司

鉴于中东地区连年战乱不止,加上恐怖主义活动的影响,图书的集中海运或空运都受到极大的影响,再加上其委托的代理商所在的国家受到制裁不能及时汇款给代理商。

5.2.3　委托代购

因财务政策的原因,委托代购的渠道彻底停止了。

5.2.4　香港新民主出版社

提供的书目不全不及时,因委托代理商周转时间长,加上海路运输,时间长、到货慢,采购到的图书也只是订单的一部分,严重影响我馆采购图书的质量和数量,且需支付外币,较麻烦,汇率变化又比较大,加上联系也不是很方便,后来就不再委托他们代理我们购买阿拉伯文图书。

5.3　国际交换的问题

交换关系时断时续,这其中有人员更换不熟悉工作的,也有的是国家政府的更迭、政治动乱造成的,原因不等。

6　解决方法和建议

6.1　目录收集

鉴于我馆是国家图书馆,担负着为党政军国家机关提供必要的服务,阿拉伯国家处于西亚北非地区,是我国重要的外交、文化交流、经贸往来、军事交往的重要对象,及时提供所需要的资料是我们工作中的重点之重。随时关注阿拉伯国家出版的重要研究论著、文献资料的出版信息,是每天必做的工作,及时发现及时选定,争取做到第一时间采购到所需要的文献资料,为我国的对外交流和学术研究提供服务。

6.2　采访渠道的解决思路和建议

6.2.1　广开采访渠道

目前我馆小文种图书的采访招标单位是中国国际图书进出口总公司,其委托的阿拉伯代理商为黎巴嫩最大的网上和实体书店"neelwafurat"以及埃及最大出版公司"金字塔出版集团";香港新民主出版社和中国图书进出口总公司都有其各自的代理商,可以多家发订采访订单,互补其采访的不足,完善我们的采访渠道。

6.2.2　恢复代购渠道

鉴于当前阿拉伯世界现状,为了能更好地及时地购买到重要的阿拉伯学术论著,应恢复委托在外执行学术交流的专家学者和驻外使馆文化处官员代购图书的渠道。

6.2.3　解决国际交换问题

我国与各阿拉伯国家都签订有"两国文化交流协定执行计划",一方面希望我驻外使馆人员特别是驻外文化处官员能督促两国相关人员切实执行"交流计划"中的国家图书馆间的图书和人员交流协定;另一方面,我馆也应积极主动和加大执行"交流计划"的力度,积极恢复和完善与阿拉伯国家图书馆之间的图书期刊交换关系。

6.2.4　完善缴送制度

完善缴送制度及多渠道督促出版社及时缴送他们出版的阿拉伯文图书。国家图书馆作为中国国家总书库，是国内外文文献最大的收藏单位，国家图书馆"十一五"规划纲要指出："加强文献信息资源的采集与保存，建设高质量的国家文献信息资源保存基地，形成内容丰富、载体多样、文种齐全、特色鲜明的文献信息资源体系……巩固国家图书馆作为世界中文文献保存基地和国内外文文献最大收藏单位的地位。"国家馆的藏书，应当是知识性、学术性最强的。国家馆应该是国家的藏书中心和知识宝库。国家馆的采访，首先要挑选那些能反映各国优秀文化和国家特点的、能准确记录人类最有价值的活动（各方面的）的图书。应加大阿拉伯文社科类文献的采选力度，补充部分科技类文献、会议论文、正式出版的博士论文等文献。长期以来，我馆外文文献入藏结构形成了以人文社科类文献为主的模式，在今后仍需继续坚持并发扬这一传统，保持业已形成的我馆文献资源建设的特点和优势。加大中国学文献的补藏力度，保证全面入藏，发挥国家图书馆的文献战略保障作用。

参考文献

[1]朱晓兰.再谈国家图书馆东方语文图书采访工作[G]//国家图书馆图书采选编目部编.新形势下的图书馆采访工作：第一届全国图书采访工作研讨会优秀论文集.北京：北京图书馆出版社，2005.
[2]朱晓兰.浅谈北京图书馆东方语文图书采访工作[J].国家图书馆学刊，1996（2）：13－18，114.
[3]张季华.北京图书馆80年[J].中国图书馆学报，1992（4）：5－11.
[4]蔡锡铭.谈小文种出版物的采选[J].国家图书馆学刊，1995（Z2）：26－29.
[5]魏宇清.对国家图书馆外语小语种图书采访工作的思考[G]//文津论丛：国家图书馆第九次科学讨论会获奖论文选集.北京：北京图书馆出版社，2008.
[6]顾犇.国家图书馆外文图书采访工作的回顾与展望[J].国家图书馆学刊，2004（4）：32－36.

Aleph500 系统中日文文献采访、编目业务的关系

韩　惠（国家图书馆）

2003 年国家图书馆日文文献资源建设迎来了一个全新的开始，自这一年起，日文文献采编工作开始在 Aleph500 系统中进行，书目格式采用 USMARC 格式。

Aleph500 系统将文献采访、编目、流通等各项业务以不同的模块集成在一起，用一套书目记录，供给传统的图书馆采、编、阅各流程共同使用，终结了卡片目录时代采、编、阅各流程都需拥有自己的卡片目录的状况。书目数据的共享在提高工作效率的同时，把各个流程之间的关系变得更为紧密，对各流程之间的协调、合作提出更高的要求。

面对 Aleph500 系统，日文文献采访、编目在工作认识和具体的数据制作上都进行了调整，以适应系统的需求，发挥系统的优势。本文对采用 Aleph500 系统后日文文献在采编业务上的一些变化、调整作一梳理和说明，在此基础上提出日文采编业务需要作的进一步的改进。

1 Aleph500 系统下日文文献采访、编目业务的密切关系

1.1 共建、共享书目数据,互为对方数据的使用者

在 Aleph500 系统中,采访、编目两个流程共建、共享一套书目数据。最原始的书目数据是采访人员制作的采访数据。文献到馆后,记到人员在采访数据上添加到馆信息。然后,转入编目流程,编目人员对照着实体文献,已添加到馆信息的采访数据为基础,编制最终详尽的书目记录。一条数据从采访到编目逐步走向成熟和完善。

另一方面,采访人员也是编目数据最直接、最频繁的使用者。查询、了解已有馆藏信息,对文献进行查重均需使用编目数据。采访人员对编目数据的使用实质上起到了数据校验的功能,有助于及时发现编目数据中的问题,提升编目数据的质量。

1.2 采访人员文献检索能力的提高有赖于对编目数据的熟悉

USMRAC 拥有数量众多且各有分工的字段、子字段和指示符,能够更加清晰、有条理地揭示文献信息。在此基础上建立起来的检索功能则能适应多种需求,进行各种组合式检索,提供或精准或宽泛的检索结果。

采访人员要使用好 Aleph500 中的检索功能,需要对编目数据的字段以及字段与各检索项之间的对应关系有所了解。如,我们以"中国古典小说选"作为关键词进行检索,因不同的检索项对应的字段不同,会得到不同的检索结果。

表1 检索结果表

检索模块	检索项	检索结果数量(单位:条)	USMARC 中对应的字段	检索结果分析
高级检索	题名	2	245 $a	精准
	丛编	12	440	精准
多字段检索	题名	23	所有与题名有关的字段,如 242、245、246、440 等	检索出的结果最为全面

如果不懂这些对应关系,就容易出现漏检,或为大量无效的检索结果所累。

采访人员只有熟悉编目数据,熟悉各个检索项与编目数据中字段的对应关系,才能在文献检索时做到得心应手,将全面检索与精准检索结合使用,有的放矢,控制复本量的同时丰富同一主题的不同文献。

1.3 编目人员需做好采访数据、编目数据的定位

数据在采访流程和编目流程的功用是不同的。采访数据主要是起到区别文献个体的作用,尽量减少那些有可能影响到检索结果,导致出现复本的因素。而编目数据,除要能够区别个体文献外,还需要有利于数据交换,有利于数据批处理,要标准化、规范化,在详简程度上达到一定的水平。编目人员必须认识并把握好采访数据与编目数据这种不同的定位,才能更好地与采访流程对接,减少业务流程中的摩擦。

2 采用 Aleph500 系统后日文文献采访、编目业务的一些变化和调整

2.1 采访数据由粗放、繁杂变得简洁明了

采访数据的变化主要表现在套录数据方面。部分采访数据可以通过 Aleph 的 Z39.50 关口从日本国立情报学研究所套录到本地。这些套录过来的数据保留了大量日本馆藏、系统号等我们在本地化过程中可以删除不要的信息。但这些信息不影响采访数据区别文献个体的功能，所以最初采访人员对这些信息不作处理。

然而，过于庞大的信息量影响了数据打开的速度，并且，后期编目人员还要删除。所以，后来我们将数据精简的工作调整到了数据制作的源头，在采访阶段就将数据中一些价值不大的信息删除掉，使采访数据简洁明了。这样既有利于采访阶段的查重工作，也节约了编目流程的工作时间。

2.2 编目数据质量明显提高

前面提到，采访人员是编目数据最直接、最频繁的使用者。采访人员对编目数据的使用对编目工作有着严格的质量监督作用。同时，编目人员在编制数据时也会考虑采访人员使用数据的方便性、简洁性。在这两方面的作用下，日文文献编目数据质量有了明显的提高。

这种提高主要表现在两个方面，一是数据格式更为一致，二是集中著录的力度增强。如，日文文献中经常出现类似"平成18年度版"等"XX年度版"的信息，原来这些信息有时被放在250版本项，有时被放在245 $b 题名其他信息处。在检索结果列表里，这些信息显示不出来或显示在列表的不同位置，影响采访人员查看。后来，将其统一到245 $n 子字段，如有版本含义，再在250著录一次。这样检索结果列表就能一目了然，采访人员甚至可以不用逐条打开记录，就能获得想要的信息。

2.3 采访人员与编目人员的互动与换岗

采用 Aleph 系统后，采访人员与编目人员之间的交流和互动增强了。像上述采访数据、编目数据的变化都是在双方人员相互交流、探讨的基础上达成的。

除了这种互动，采访人员与编目人员还有换岗操作，有原来从事文献采访的人员来到了编目岗位，也有原来编目岗位的人员去做了采访业务。实践证明，这种变化是有利于业务提升的。从事过编目业务的人员编制出的采访数据更为规范，减少了数据修改、保存的次数，也就节约了全流程的时间。而从事过采访工作的人员在编目时能更好地考虑到数据使用者的便利性，将具有区别文献个体功能的元素著录在更为合适的位置，使其在检索结果列表中更为突出，从而提高了文献检索的效率。

鉴于岗位互换的这种良好效果，近两年，对新入职的日文工作人员实行了轮岗制。新入职人员一进馆就有机会了解采访、编目的全流程，打下了良好了业务基础，培养了整体的、关联的意识，为他们未来在业务上的发展开拓了空间，也为工作质量的进一步提高奠定了人力基础。

3 日文文献采访、编目业务有待进一步改进的地方

3.1 提高采访数据的质量

采访数据是编目数据的基础,适当地对采访数据做一些编目方面的要求,提高采访数据的质量,能够促进采、编流程更加顺畅、高效。采访数据可从以下几点来提高质量。

(1)相互关联的文献,其著录格式尽量保持一致。如规范丛编题名与正题名的著录,将它们分别著录在各自对应的字段。

(2)对集中著录、分散著录有正确的认识,尽量选择合适的著录方式。有的应该集中著录的文献,在采访阶段采用了分散著录方式,到编目环节,又要作记录合并,删除多余记录,造成人力双重浪费,系统中还会产生很多垃圾数据。所以要尽量在源头避免这种情况。

(3)文献数量标注准确。有的采访数据采用了集中著录的方式,但在 300 $a 子字段没有明确记录整体有多少卷。这样在编目时会误将未完全到馆的文献当成已完全到馆的来著录。

采访数据的基础打好,后续的编目数据制作起来会更省时省力,数据质量更有保证。

3.2 加强编目环节的数据维护力度

在编目业务的不同发展阶段,编目规则、编目方法有所不同,据此编制出的编目数据也就难以保持样式统一。编目人员在工作中应该对发现的这种不一致进行及时处理,提高数据的一致性。

3.3 进一步加强采访、编目人员的互动、交流

采访与编目业务虽然在理论和科研方向上完全不同,但通过上面的介绍,我们可以发现两者在实际、具体的业务操作中却是你中有我,我中有你,联系密切,密不可分。结构清晰、正确的采访数据是高效编目的基础和保障,格式统一、准确的编目数据是采访工作顺利开展的条件,两者相辅相成。

这种紧密的联系要求采访人员、编目人员都应更多地去了解对方的业务和需求,以便做出好的配合,发挥出系统的优势,提高工作质量和效率。因此,有必要继续加强采访、编目人员之间的互动和交流。具体的方法可以是不定期地举行采、编人员共同参加的业务交流会,条件允许时,还可实行采、编岗位人员互换。

参考文献

[1]顾犇.第 76 届国际图联大会编目相关论文评析[J].中国图书馆学报,2010(6):82 – 87.

[2]顾犇.国家图书馆外文图书采访工作的回顾与展望[J].国家图书馆学刊,2004(4):32 – 35.

[3]樊瑜."采"、"编"合一的工作实践[J].河南图书馆学刊,2001(06):45 – 47.

[4]李美红.采访编目计算机自动查重及工作流程整合初探[J].图书馆杂志,2007(5):23 – 26.

高校图书馆文献采访质量控制研究

何永进　饶思军(华中农业大学图书馆)

文献采访是高校图书馆建设中的一项重要业务工作,其质量直接影响到图书馆的馆藏质量和馆藏结构,关系到图书馆的服务水平和读者的满意度,还会影响到教师的科研活动和读者的借阅效果。随着科学技术的飞速发展,新信息快速涌现,一方面使高校学科建设处在不断发展变化之中,另一方面使文献载体发生了新的变化。面对新的采访形势,作为图书馆业务工作的第一站——采访工作,应主动迎合时代潮流,及时调整采访策略、观念、目的和方式,使有限的文献购置经费发挥最大的效益,使采集的各种文献信息资源更科学、更合理、更规范。为此,认真分析影响高校图书馆文献采访质量的主要因素,提出有针对性的文献采访质量控制新思路,对于做好文献采访工作,促进图书馆文献资源建设具有重要的现实意义。

1 影响文献采访质量主要因素的分析

1.1 文献采访对象呈现多元化的趋势

传统的采购对象主要是印刷型文献、缩微制品、音像制品等。在网络环境下,信息的载体和发布方式出现了多样化的趋势,多种载体形式并存,如电子图书,电子期刊、联机数据库等。在这种情况下,仅依靠传统文献已经不能满足读者对馆藏文献的需求,采访人员在采访传统文献的同时,需要增加新的电子型、网络型出版物等数字化文献的采购,建立起多载体的馆藏资源体系,使数字化资源和传统的资源相通相融。

1.2 文献采访互动机制不健全

高校图书馆的采访人员人数一般比较少,采访任务重,根本没有时间与读者经常联系,相互沟通与交流少,不能深入了解不同层次读者的个性化信息需求,也就不能保证各学科各专业文献采访工作的质量。影响一本图书评价的因素有很多,如出版社、作者、读者需求等,其中,读者需求是影响图书采访决策的重要参考因素。加强与读者协调、建立有效的读者沟通渠道、营造读者与图书馆的互动交流体系是提高文献质量和保障率的一个重要途径。

1.3 文献采访方式单一

文献的采购方式一般有订购、现购、邮购、网购等,高校图书馆文献采访工作主要是通过书目征订和现场采购等方式进行。书目征订是以书目信息为依据,以书目预订为渠道的采访模式。这种订购方法的优点是:书源比较丰富,能给图书采访者提供较大的对比选择空间,能保证采购品种和数量的计划性、连续性和系统性。但也存在不足:书目一般只提供待订图书的简单信息,采访人员只能凭借主观判断订购,具有很大的局限性和滞后性,且容易造成图书的误订。

1.4　文献采访的针对性不强

教师读者长期从事教学科研工作,为了满足教学科研工作需求,他们需要一些专业性较强、质量较高的学术著作;学生读者也对一些热销书、畅销书等有特定的需求。面对品种繁多、类型复杂的文献信息,如何全面系统地选择并收藏各个学科的专业文献及相关文献,全力争取满足读者需求,增强采访工作的针对性,是一个值得采访人员深入思考的问题。

1.5　文献资源配置不合理

信息技术的高速发展使图书馆提供的资源趋于多样化,这其中有传统的纸质文献,也有各种各样的电子资源。据有关资料,读者的需求已逐步转向各种类型的电子资源,其中电子书刊占 26.9%,光盘数据库占 25.2%,联机数据库占 30.4%,网上镜像数据库占 10.6%,图书报刊、视听资源占 7.3%。面对种类繁多的资源,大多数高校图书馆只是盲目地去扩大知识资源的数量和品种,却极少关注如何配置资源的种类和数量,使其得到充分的利用,从而发挥最大的效用,因此造成资源的利用率低下。

1.6　文献资源建设重点不突出

高校图书馆应注重馆藏建设的学术性和重点性。学校重点学科是学校核心竞争力之一,高校图书馆应该围绕重点学科的专业设置和科研方向,全面系统地进行文献资源建设。但是目前工作不够深入,重点不突出。图书馆的馆藏文献结构是否与重点学科相结合、是否体现其专业特色,是高校图书馆馆藏资源是否有特色的重要标志。

1.7　文献资源利用率偏低

入藏文献能否满足读者的需要是衡量藏书质量与体系是否合理的客观标准,尽管高校图书馆文献资源在不断地进行开发利用,但是图书馆馆藏文献资源的利用率仍然偏低,造成的结果是,一方面,广大师生的文献需求不能得到充分满足,另一方面,图书馆购买的部分文献资源处于闲置状态,得不到利用。

1.8　文献选择评价的难度增加

传统的文献主要是以印刷的形式出版,文献采访人员可以直接面对文献。而随着现代数字化制作技术和传播技术的发展,许多文献信息资源开始通过网络以数字化方式传输。文献信息量增大,文献类型繁多,虽然给文献采访工作提供了更多便利,但同时发行信息散乱,大量垃圾信息充斥网上,文献采访人员难以辨别信息的真伪、优劣。这就大大增加了文献采访人员对文献信息正确评价的难度。同时采访人员在文献采访时因受其学科知识、兴趣爱好等因素的制约必然不自觉地带有一定的盲目性和随意性,也制约了图书馆馆藏质量。

2 高校图书馆文献采访质量控制策略

2.1 树立以用户为中心的文献采访新理念

文献采访是图书馆的龙头性工作,采访的理念应由传统的"以藏为主",转变为"以读者为本,以用户为中心"的采访新理念,采访文献资源时应以读者的需要为取向,确保采购的文献是对读者最有用的文献、最有价值的文献。采访人员要多接触读者、多了解读者,掌握各类读者的偏好、文化程度与职称情况、阅读兴趣、各类藏书的利用情况以及读者对图书需求发展变化的规律。采购时,应根据不同的读者群进行有目的的选购,满足读者对信息新颖性、时效性的要求。同时要缩短文献资料与读者之间的距离,采访人员要缩短自身与教学、科研工作的距离,要强化参与意识,主动介入到学校的教学、科研工作中去,只有这样才能使图书馆馆藏文献资源体系具有鲜明的学科特点和优势,才能使图书馆馆藏文献资源满足读者越来越多样化、专业化、个性化的信息需求。

2.2 建立完善的文献采访制度体系

由于图书馆的文献采访工作是一个需要充分发挥采访人员主观能动性的工作,因此,建立完善的文献采访质量控制体系就显得尤为重要,该体系应包括以下三方面的内容:

(1)制定文献采访计划。文献采访计划是图书馆对一个时期内文献发展的计划,采访计划是文献采访工作的指南和依据,也是馆藏发展目标和采购原则的具体体现。为了确保馆藏文献的连续、系统和全面,高校图书馆应根据本校的办学规模、学科专业特点及现有馆藏情况,兼顾学校发展的最新动态,比如学校的专业设置、教学科研情况、课程设置等情况,制订合适的采访计划。形成满足本校师生的馆藏体系,对文献采访工作涉及的具体工作流程加以科学规范,包括制定文献的选择和采访策略、经费分配政策等,通过规范文献采访过程中的各种业务行为,使文献采访目标更加明确,采访行为更加规范。

(2)构建文献采访基本原则。文献采访工作十分繁琐,文献采访计划只是一个大的采购方向,不可能规定得面面俱到。为了让文献采访既有章可循,又不偏离采购计划,有必要在采购计划之外制定一个采购文献的基本原则。文献采访要遵循针对性、可靠性、适用性、平衡性、时效性、连续性和协调性的原则,同时遵循实用性、价值性、系统性的文献采访质量标准,注重文献的连续性、系统性和综合性,使之更好地为学校的教育、教学、科研服务,更好地满足不同层次读者的借阅需求。

(3)制定文献采访质量控制体系文件。为了保证文献采访的质量,需要将文献采访的业务流程、工作程序明确下来,写成文件并予以颁布。文献采访的质量控制体系文件内容主要包括:采访的方针、目标;采访工作的业务流程、工作程序的具体运行方式、方法;采访人员的职责和规范。形成文献采访质量控制体系文件能使采访的业务流程和工作程序处于受控状态,减少采访中容易出现的问题,并且当问题出现之后,能够尽快采取补救措施。

2.3 利用网络新技术优化文献采访流程

网络采访模式已成为现代化图书馆采集文献信息的必然趋势,高校图书馆应充分利用网络技术优化重组采访流程,实施"图书二级采访"新模式。所谓"图书二级采访",是指构建网络图书采访平台,采访人员将各种图书信息及时搜集整理发布在该平台上,以院系为单位,采访人员根据专业、学科建设的情况划分文献经费额度和采访计划,由二级院系自行组织各系师生进行网上筛选,形成最初订单,发到图书馆。采访人员对师生选定的书目进行查重、审核、确定复本,形成最终订单发至书商。同时采访人员可利用 RSS 订阅,运用博客与书商交流,RSS 的好处表现在:一是可以快速收集读者反馈的意见,二是能利用 RSS 进行频道订阅,在第一时间获取出版社、书商、网上书店等的最新书目信息。图书馆在日常采访工作中,常常会接触到书商发来的各类订单,有的订单是通过电子邮件形式,有的是通过光盘形式,还有的是通过 QQ 传送文件形式等,这些电子订单可以转成统一的格式再分类存储于博客上。读者访问博客时可以下载自身学科的书目订单查看最新书目信息,并可以将所需要的图书目录在评论中贴出来,就图书书目进行深入的交流和探讨。

2.4　建立文献采访互动机制

图书馆的读者既包括教师也包括学生,还有通过网络访问的用户。为了更好地进行采访工作,文献采访人员可通过建立图书馆读者互动服务平台等方式征求广大读者的意见。

(1)建立图书馆读者互动服务平台。高校文献采访互动机制中,馆读互动服务平台是最核心的一个环节。读者是图书馆赖以存在的基础,应加强与读者协调,建立有效的读者沟通渠道,营造读者与图书馆的互动交流。与读者多接触、多沟通,了解他们的需求,尽可能让教师学生参与到图书馆采访工作中,充分调动他们参与文献采访的积极性,并利用他们所具有的学科专业知识,采访一些专业性强、有针对性的图书,以保证文献的质量。

(2)与学科专家、学科馆员的互动配合。目前国内许多高校图书馆已经建立了学科馆员制度来为各院系提供专业化的服务,对于采访工作而言,设立采访学科馆员是比较理想的采访模式。由于学科采访馆员具备较深厚的学科专业知识,对其所负责的专业学科的发展趋势、科研动态有更多的了解,较易与各学科的教师进行沟通,掌握师生的显性需求和潜在需求,所以,通过学科采访馆员制度可以建立图书馆采访工作与教学、科研信息需求间的互动关系,从而更好地把握学术文献的采购,保证重点学科文献收藏的准确性。另外,高校图书馆还可根据自身情况,设置专家订荐书系统,让学科带头人、专家、专业教师参与采访,因为他们对本学科的规划发展方向较为了解,对学科发展也有着超前的意识,让他们参与到采访工作中来,可以提高采访的质量。

2.5　建设结构合理的文献资源体系

围绕学校的学科、专业设置合理地配置各学科、专业文献,并做到馆藏资源布局合理,比例协调。第一,采访工作要体现专业化标准,专业化就是要求所购图书在内容与结构上满足读者的专业化需求,如果在图书采购过程中不考虑本校的专业设置,很可能导致该有的专业文献没有,不需要的专业文献大量存在的现象,因此,专业文献要成为馆藏文献的主要组成部分;第二,采访工作也要兼顾广大师生的普遍化需求,文献采购除了重点考虑专业化需求之外,还必须兼顾读者共性的普遍化需求;第三,处理好纸质文献资源与电子文献资源的关系,电子文献资源是近年来图书馆收藏的新的文献形式,电子文献极大方便了读者的检索利用,高校图书馆应在确保印刷型文献收藏的同时,逐步加大电子文献资源的收藏比例。

2.6　建立特色文献资源书目数据库

高校图书馆文献资源建设不仅要在规模上覆盖全校的学科专业,在数量上满足学校各项教学和科研任务,还需根据学校重点学科建设情况,制定文献信息资源建设方案,形成具有本校特色的馆藏资源体系和合理布局。高校图书馆可对本校特色专业学科、重点学科,对读者需求量大、使用频率高、有特色的专业馆藏资源进行数字化,建立本馆特色馆藏文献资源的书目数据库、本校重点学科和专业学科导航库、专题资料数据库等,对本馆的书目数据库进行更深层次的加工处理,使这些文献资源系统化、完整化,逐步建立起具有本校特色的馆藏资源体系,提升馆藏建设质量,从而在更深层次、更高水平上服务读者。

2.7　积极推行文献资源协调采购

在网络环境下,图书馆的文献保障能力,不仅要依靠本馆的文献满足读者需求,同时还要利用网络技术与兄弟馆之间实现协调采购实现资源共享。同一地区的高校图书馆应联合起来,明确各自的馆藏结构和馆藏重点,充分利用有限经费,建立各馆有重点、有特色的文献资源体系,在特色馆藏的基础上进行书目数据库、专题数据库以及全文特色数据库的开发上网,通过文献资源的"共建、共知、共享"构成整体化的文献资源保障系统,实现网上文献资源的共享和互补。通过馆际互借联合征订等协作方式的有效实施,与兄弟馆之间互通有无,从而实现资源的科学分配、资金使用的有效配置、经济效益的合理提高,以达到文献使用价值的最高体现。

2.8　建立文献采访质量评价机制

采访质量评价是采访质量控制的重要环节,通过质量评价,可以了解购入的文献是否符合馆藏特点,是否符合馆藏发展目标,可以了解文献购置经费是否得到合理使用,可以了解采购的文献是否具有长远发展的价值,同时又是促进采访质量不断提高的目标和动力。高校图书馆采访质量评价应主要围绕内容质量、构成质量、使用质量三个层面展开。各图书馆可以根据本馆的情况设定一个相关的简单的评价形式或评价指标,将每年采购的文献种类、所购文献来源的出版社、热门文献等分门别类地进行调研,包括文献内容的好坏、借阅频次、复本量等,并加入读者的评价,将这些信息汇总并形成每年对照形式,逐年累积,就形成了一个适合本馆的采访评价体系。在这个体系逐渐完善的过程中,详细的调研数据及与读者的交流沟通相当重要,即"访"字当先,才能让这个体系有较高的质量保证。

参考文献

[1]郑立新.理念的变革与技术的进步对文献采访的影响[J].四川图书馆学报,2011(2):34 – 37.

[2]岳天强.论高校图书馆文献采访的质量控制[J].山东图书馆学刊,2009(5):54 – 56.

[3]宋玉艳,武英杰.新形势下图书馆采访工作问题与对策[J].图书馆学研究,2011(5):66 – 68.

[4]施雁冰.文献采访质量控制探究[J].江苏教育学院学报(社会科学版),2009(4):102 – 104.

新环境下图书馆上网采访文献探析

黄　亮　安　妮(中国人民解放军后勤学院)

随着因特网的发展,网上书店的兴起,图书馆上网采访文献不仅是图书馆文献采访的重要方式,而且是馆藏文献来源的主要渠道之一。

由于纸质印刷型图书期刊和声像资料将继续存在,传统书店也不会消失,因此在相当长的时期内,网上书店与传统书店将并存互补,相互竞争,形成各自特色,图书馆文献采访的传统方式与上网采访将同时存在并用。

1　传统书店存在的原因

任何事物都有自己的特色,新生事物一时不可能完全替代传统的事物。社会在不断发展,新的科学技术不断出现,新事物不断涌现,但许多传统事物依然存在,这是因为每种事物各有自己的特色、作用,新事物不可能完全代替传统事物。同样,网上书店不可能完全代替传统书店,传统书店仍有它自身的优势:建店条件低,只要有店铺、备货、职员、一定的流动资金就可以开展服务;读者可到店内直接选择图书;直接付款结账。

从网上书店与传统书店的关系来看,二者不可分离。网上书店是传统书店或图书出版发行部门的一部分,是传统书店的延伸。网上书店以传统书店为基础,依托于传统书店。网上书店在网上销售的图书,除网上传输的虚拟版外,实体图书仍依靠传统书店进货、备存、编制目录,网上交易之后,仍靠网外的传统书店派人送货、邮寄或托运给买主。

只要物理概念的实体文献存在并继续生产,传统书店就会存在。事实证明,无纸社会在相当长时间内不会出现,而纸质印刷型、声像资料、光盘等实体文献将继续大量生产。有生产就有产品,就要寻找市场销售,传统书店仍旧是重要市场和销售渠道。

此外,传统书店为了适应社会的发展,在不断进行自身的改革,提高自身的竞争力与生存能力。

2　上网采访文献的基本条件、内容与方式

图书馆传统文献采访条件简单,内容主要是纸质印刷型图书期刊和声像资料,采访方式是接受书目信息、评审和选择图书、发出订单、出版社或书店配发所订购图书、验收、付款、收取发票、报销等。而上网采访文献的基本条件、内容、方法则大不相同。

2.1　上网采访文献的基本条件

与传统文献采访比较,上网采访文献的基本条件比较高,要求有电脑并与因特网联网,有懂得计算机技术、网络技术、会操作电脑并熟悉网上文献采访程序的采访人员。

2.2 上网采访文献的内容

上网采访的文献内容与传统的文献采访内容有所不同。上网采访文献,空间大,范围广,不受时空限制,内容在不断丰富。上网之后,既可采购网上出版物,即在线文献、在线电子版,也可以采购传统纸质型出版物、非数字化音像制品、封装型电子文献等。网上书店销售的文献,大体可分为两大类:第一类是网络上传输的信息,包括在线电子版、联机数据库,它是虚拟的,不是实体。网上传输的信息,有的可免费共享;有的只能购得网上使用权,如联机数据库;有的可购买所有权。购买所有权的文献,可从网上下载,存入服务器使用。有的在购得所有权之后,可直接从网上将所购文献打印出来。第二类是非网络上传输的信息,它是实体,如纸质印刷型图书期刊、非数字化音像制品、封装型电子文献等。这类实体文献,由网上书店提供书目、内容简介、封面等,供上网采访文献的图书馆工作人员选择、订购。订购之后,有的可在网上支付,有的是书到之后再结算付款。网上订购的实体文献,一般都由网上书店在网外派人送书至图书馆,或从邮局,或从其他运输系统把所购之文献送到图书馆。以上两类文献,图书馆上网采访文献的采访人员可根据需要选购。

2.3 上网采访文献的程序与方法

由于网上书店各家设计的软件不完全相同,因此上网采访文献的程序与方法也不完全一样。有的功能多、程序细,上网采访文献的程序可分次在网上完成;有的功能少、程序粗,网上只能订购,网外送书付款,给正式发票。图书馆上网采访文献,从整个过程来看,一部分程序在网上完成,一部分程序必须在网外进行,如查重、专家与读者参与选书、领导审核订购图书、验收、财务报销等。图书馆上网采访文献从网上作业来看,在网上网外应有如下程序和方法。第一,选择图书馆所需订购图书期刊相对应的网上书店;第二,查寻网上有关书目和文献采访的资料。主要有以下几个方面:一是网上新书目,了解最近或正在出版的新书,以便选择、订购;二是网上书目数据库、存货书目,以便查证书价或补漏、补缺、补齐;三是网上图书评论、图书介绍,以便订购时研究参考;四是网上论坛,了解网上图书发行的情况与趋势;五是网上有关出版社、图书公司、书店的介绍,掌握图书出版和发行单位的历史、现状、信誉度,供订购图书时参考。第三,对网上图书进行选择。主要是两个方面:一是正在网上传输的在线电子版图书期刊;二是非网上传输的图书期刊资料。第四,发送图书订购单。图书选定后,产生订购单,并发送有关网上书店。第五,网上支付、安全认证、数字签名。第六,催索或取消。对已订购图书,要定期检查,如果在预定期限内未收到网上书店的图书,就要在网上催促;如果超出预先约定期限,经催促不送书者,可取消网上订单。第七,验收与退货。订购图书到馆后,要根据网上订购单进行验收,如有差错或质量问题,应即时退货。第八,网上结算,索取正式发票。第九,报销。

3 上网采访文献的优越性与局限性

3.1 上网采访文献的优越性

图书馆文献采访从技术方法来看经历了三个阶段:第一阶段是手工操作的文献采访,也就是传统的文献采访方式;第二阶段是文献采访计算机自动化管理;第三阶段是文献采访网络化,也就是上网采访文献。三个阶段中,第二、第三阶段在技术方法上都有很大提升与发展。

手工操作阶段,主要是靠人力去完成文献采访的每个环节,速度慢、耗费人力多,采访范围极其有限,中间环节多、成本高、差错比较多,采访质量受影响。文献采访计算机自动化管理阶段,一部分文献采访的环节由计算机去完成,提高了文献采访的速度、效率和准确率,减少人力,降低成本,但仍有很大的局限性,一部分环节仍需由人工完成。上网采访文献,实现了文献采访网络化,文献采访的主要环节都在网上完成,采访的范围更大,速度更快,手续简便,开放度与透明度更大,自动化程度更高,对图书馆文献采访人员素质要求更高。

具体说来,上网采访文献具有如下明显的优越性:第一,采访信息量大,有充分的选择余地。每个网上书店一般都拥有几万条、几十万条或几百万条书目信息和内容介绍,且内容比较完整。第二,网上采访范围广,不受距离远近的限制,采访人员不出门,在计算机前,按鼠标就可以访遍全世界的网上书店。第三,不受时间限制,一天 24 小时均可上网选购,十分方便。第四,网上采访是图书馆与书店或出版社直接交易,减少中间环节,提高效率,速度变快,成本变低。第五,网上支付,减少了环节,还可防止某些弊端与腐败。

3.2 上网采访文献的局限性

上网采访文献虽然好处很多,但仍有一些问题与局限性。第一,网上文献信息量大,选择难度大。文献信息量大既有好的一面,也有不利的一面,网络版数据库常有几千万字或上亿字的信息量。这样大的信息量,不要说详细研究,就是把相关目录浏览一遍都不容易。第二,网上传输的文献信息,难以把握住内容质量关。其原因有二:一是内容繁杂,缺乏规范,精度低,其中有用的或能服务于读者的只是一部分,另一部分是用处不大的。如何准确地挑选出有用部分是有待于研究和进一步解决的问题;二是作者复杂。网络出版的一个特点,就是作者不必经过出版商,就能直接实现出版自己作品的愿望,作者只需把自己的作品送上网络,就可将其出版了。这样,网上出版物的质量就成问题,大量信息垃圾充斥网络。若不认真挑选、把关,就容易购入一些质量差或内容有问题的网上文献。第三,在网上订购实体文献有局限性。网上只能见到书目,不能直接浏览文献的内容,一本书的选择,往往仅凭书名和简单的内容介绍。这样,容易购买一些不该买的书。第四,实际操作中存在的问题:一是网上书店派人送书或邮局寄书收费高;二是网上购书周期长;三是退书难等。

4 图书馆应有的对策

随着网上书店的发展,上网采访文献将成为图书馆文献采访的必然发展趋势。为了适应这种新形势,图书馆应及时采取新措施,迎战未来,以适应上网采访文献发展的需要。

从目前来看,应从以下方面采取措施:第一,加强图书馆人员的教育,充分认识上网采访文献是图书馆文献采访的必然趋势。第二,加速图书馆上网采访文献的硬件与软件建设。第三,加强图书馆采访人员队伍的建设。这里有两个方面:一是改变图书馆文献采访的用人观念,传统图书馆选择文献采访人员的标准是年轻、体力强。现在则要求文献采访人员能上网作业,熟悉外语,懂计算机技术、网络技术、数字技术、文献采访的知识等。二是调整现有采访人员队伍,加强知识更新,全面提高现有采访人员的素质。第四,加强文献采访理论的研究,特别是如何搞好上网采访文献的研究。第五,注意把传统文献采访与上网采访文献有机结合起来,解决运行中的问题。在未来相当长一段时间内,仍是两种不同的采访方式同时存在,相互补充。

参考文献

[1]李小平.网上书店营销策略与图书采访模式创新研究[J].市场论坛,2009(5):83-84.
[2]谢耀芳.新环境下中文图书采访模式探究[J].图书馆工作与研究,2009(3):42-45.
[3]吕明.新时期高校图书馆图书资源采访模式的变化和策略[J].科学与管理,2008(3).
[4]熊秀玲,张凯,薛丽.浅析高校图书馆新兴文献采访模式[J].中国西部科技,2011(8):92,95-96.
[5]黄宗忠.文献采访学[M].北京:北京图书馆出版社,2001.
[6]杨肥生.文献采访学研究[M].合肥:安徽大学出版社,2005.

日本国立国会图书馆"国际少儿图书馆"的馆藏资源建设及思考

霍晓伟 崔 健(国家图书馆)

1 日本国立国会图书馆"国际少儿图书馆"概况

日本"国际少儿图书馆"是依据《日本国立国会图书馆法》第22条内容规定,于2000年开馆的日本唯一的国家级少儿图书馆,隶属于日本国立国会图书馆。日本"国际少儿图书馆"自设立之日起,始终以"用少儿图书连接世界、开拓未来"为目标,以构筑让少儿享受读书乐趣环境为己任,发挥着积极的作用。

在"关于推广少儿读书活动的法律"的第2条中这样写道:通过读书,少儿可以学习语言、培养情操、提高表现力、丰富想象力;读书是获得生存能力不可或缺的活动。日本"国际少儿图书馆"占地面积7733平方米,馆舍面积6671平方米,收藏能力为40万册。[1]该馆广泛收集、保存国内外少儿图书以及相关资料,提供阅览、外借、复印、参考咨询服务的同时,还通过调查研究、信息发布、举办展览会和读书会等多种形式支持少儿读书活动的推广。据统计,2010年(1—12月)日本"国际少儿图书馆"藏书(含外文)为314 247册,杂志(含外文)2267种,报纸(含外文)13种。2010年开馆日为286天,来馆读者达121 866人,其中少儿读者17 888人;馆网访问量达323 878次。[1]

2 日本国立国会图书馆"国际少儿图书馆"馆藏资源

日本国际少儿图书馆根据法定呈缴制度广泛收集日本国内的少儿图书、杂志、学习参考书以及面向儿童的DVD/CD-ROM等(主要是以18岁以下读者为主)。2002年开始采集教科书。同时,通过购买、国际交换以及捐赠等方式收集约120个国家与地区的少儿图书及相关资料。

2.1 纸质文献馆藏建设

日本国内主要收集的是明治期以后的国内发行的儿童图书。以实行呈缴制度(1948年)以后的资料为中心,而之前的文献则收藏的较少。教科书于2002年开始收藏。为了研究工作需要,还收藏有欧美、中国、韩国等 120 多个国家和地区的儿童图书及相关研究资料。目前尚未收藏其他各国的教科书、学习参考书及音频资料等。

据最新数据统计,日本国立国会图书馆"国际少儿图书馆"现藏有纸本文献约314 247册,杂志 2267 种,报纸 13 种,具体如下表所示。

表 1　日本国际少儿图书馆纸质文献馆藏统计(至 2010 年 9 月 30 日)[2]

资料分类				收藏数量
资料信息科	图书（单位：册）	日文	少儿图书	222 782
			少儿图书相关书、参考书	16 281
			合计	239 063
		外文	少儿图书　西文	49 042
			少儿图书　东文	22 136
			少儿图书相关参考书	4006
			合计	75 184
		合计		314 247
	期刊（单位：种）	杂志	日文　少儿杂志	1307
			日文　少儿相关类杂志	780
			外文　少儿杂志　西文	44
			外文　少儿杂志　东文	30
			外文　少儿相关杂志　西文	100
			外文　少儿相关杂志　东文	6
			合计	2267
		报纸	日文	12
			外文	1
少儿服务科	图书（单位：册）		日文	17 946
			外文	2614
			合计	20 560
	期刊　（单位：种）			20

2.2　数字资源馆藏建设

日本"国际少儿图书馆"在广泛收集纸质文献的同时,还积极建设与丰富数字资源。截至 2010 年 9 月,该馆藏有包含唱片、CD、磁带在内的音频资料 1814 种,包含有录像带、DVD 在内的视频资料 5794 种,其他电子资料(光盘、磁盘等)5826 种。[2]

该馆还陆续将馆藏图书进行电子化并提供服务,具体如下。[3]

表2　馆藏图书服务

资料	服务开放日期	数量	网站及提供服务范围
国内出版儿童书(旧儿童书电子图书馆提供资料)	2011 年 2 月 2 日	约 2100 册	近代数字图书馆 http://kindai. ndl. go. jp/index. html(网站公开)
国内出版儿童书(昭和前期、战后刊行)	2011 年 6 月 30 日	约 4400 册	近代数字图书馆 http://kindai. ndl. go. jp/index. html(限定馆内公开)
国内出版儿童书(战后～昭和 43 年刊行)	2011 年 7 月 4 日	约25 700册	国立国会图书馆的电子化资料 图书 http://dl. ndl. go. jp/#books(限定馆内公开)
儿童杂志(昭和 45 年以前)(《小学一年级》—《小学六年级》(小学馆)6 种到平成 12 年)	2011 年 7 月 4 日	约 550 种	国立国会图书馆的电子化资料 杂志 http://dl. ndl. go. jp/#magazines(限定馆内公开)

此外,日本"国际少儿图书馆"还为 18 岁以上读者提供电子信息服务终端,为其提供少儿电子图书与杂志的阅览复制服务,同时还向读者提供在线数据库与电子期刊的服务。日本"国际少儿图书馆"的电子图书馆则由宣传与信息发布、数字典藏(以儿童书综合目录数据库为中心)、电子博物馆(提供电子展示)等几大部分组成。

2.3　特色文献资源建设

日本"国际少儿图书馆"还有丰富的特色资源,包括有"池田宣正藏书"、"英格拉姆藏书"、"普兰格文库少儿图书专藏"等。在该馆网站上提供了这些特色资源的介绍及检索获取的途径。

其中"池田宣正藏书"指的是 2001 年由池田宣正的遗属捐赠的池田宣正的著作 509 册,包括日文图书 382 册,中文图书 1 册,杂志 65 册,杂志附录 16 册,教科书 45 册;以及池田宣正执笔的参考资料 351 册,包括日文图书 9 册,外文图书 342 册。总计 860 册。池田宣正(1893—1980)本名为宣正,曾以南洋一郎、萩江信正为笔名。1926 年在《少年俱乐部》上发表小说《令人怀念的丹麦少年》,迈出少年小说家的第一步。同时,作为冒险小说家曾以南洋一郎为笔名在《少年俱乐部》上发表小说《密林的王者》(1932 年 1 月—3 月号)、《咆哮密林》(同年 4 月—12 月号)得到了广大青少年的喜爱。

"英格拉姆藏书(Ingram collection)"主要由英国 18—20 世纪的少儿图书 1150 册构成(18 世纪 10 册、19 世纪 470 册、20 世纪 670 册)。除英国少儿图书外,还包括若干美国、澳大利亚、法国和丹麦的少儿图书。英格拉姆藏书是由英国赫里福德大圣堂教座名誉参事会会员爱德华·亨利·温宁顿·英格拉姆(1849—1930)从 19 世纪后半期开始收集的遵循维多利亚时期的道德观与价值观的以儿童文学为主的藏书。后来由他的女儿昆坦斯继续收集,并将收集对象延展至古典儿童文学以及画本等领域。1996 年该套藏书被日本"国际少儿图书馆"采购。该套藏书包含有英国儿童文学黎明时期的路易斯·卡罗尔以及 20 世纪的多位代表作家、画家的作品,是能够反映出英国儿童文学史发展历程的独特的珍藏。

"普兰格文库"是美国马里兰州大学收藏的战后占领时期日本接受联合国最高司令官总司

令部(GHQ/SCAP)审查的出版物与文件的系列藏品。"普兰格文库"收藏的73 000册图书之中,少儿图书有8000册,包括画本、通俗读物、漫画等多种资料。该文库收藏有大量日本国内机构未收藏的资料,是了解占领时期日本儿童文学、儿童文化以及出版情况的珍贵的历史资料。

2.4 自建资源

在丰富馆藏资源的同时,日本"国际少儿图书馆"还积极将相关研究成果发表,发布在自创刊物中。其中比较突出的刊物有《国际儿童图书馆之窗》《儿童文学系列讲座讲义录》《儿童图书馆服务指南》等。

《国际儿童图书馆之窗》是年刊,于2001年3月创刊,发表一年之间的活动报告以及与儿童文学、儿童阅览服务相关的报道。《儿童文学系列讲座讲义录》收载儿童系列讲座的概要与讲义录,不仅印刷发行,还在日本"国际少儿图书馆"馆网上发布PDF电子版本。2003年12月IFLA儿童与青少年图书馆分科会出版了宣传册《儿童图书馆服务指南》,该指南详细说明了公共图书馆儿童服务指针,是1991年刊行指南的改订版本。国际少儿图书馆,在社团法人日本图书馆协会儿童青少年委员会的协助下,于2007年8月刊行了宣传册的日语版本。

2.5 今后馆藏建设的规划

伴随着信息化的快速发展,以及日本社会老龄少子化问题的日益突出,少儿图书馆发展的环境发生了巨大的变化。为此,日本"国际少儿图书馆"适时制定了今后发展的规划。特别针对馆藏资源建设方面,提出了具体可行的计划。

上文提到,日本"国际少儿图书馆"的收藏能力为40万册,但是,截止2010年9月,馆藏已经达到30多万册,据推测该馆的书库将于2013年前后达到饱和状态。因此,日本"国际少儿图书馆"计划建立新的书库以适应馆藏建设需要。该馆计划新建馆藏能力达到100万册的新书库,同时,该书库要能满足古籍、手稿等的保存条件,还要具备能够收藏电子资料、映像资料(DVD/VHS)等多种媒体资料的机能。[4]

日本"国际少儿图书馆"迄今为止主要收藏少儿图书、相关研究书等图书资料以及录像等非图书资料。今后在图书资料方面,首先要重点收集亚洲地区的少儿文献以及相关文献,其次要重点收集日本"文库"类图书以及相关方面研究书。在非图书资料方面,要有计划地收集"儿童的生活记录以及画本的原稿",此外,还将在一定程度上收集可以了解少儿出版物出版过程、作家的思想、作品的背景等内容的手稿及日记。日本"国际少儿图书馆"为了给研究者提供便利,还计划将日本文学馆与美术馆的与少儿文学有关的文献目录进行整合。

数字资源建设规划方面,首先,数字典藏方面,积极构筑少儿图书研究成果以及相关信息门户网站,在提供研究者信息目录的同时,更要促进国内外相关机构研究者对其的利用。要不断充实包括日本"国际少儿图书馆"以及日本国内为数不多的少儿图书收藏机构的少儿图书综合目录,不断扩充少儿电子图书馆的外延。其次,电子博物馆方面,在现有"画本长廊"的基础上,将开拓新的领域,例如亚洲少儿图书目录等。

3 馆藏建设的依据

3.1 法律依据

根据日本《国立国会图书馆法》[①]第九章、第十章中关于收集资料的规定,收集资料的途径主要有购买、捐赠、交换、遗赠以及呈缴等。其中,《国立国会图书馆法》对呈缴范围作了明确规定:包括图书、期刊、乐谱、地图、电影胶卷、唱片等。少儿文献以及相关资料的收集也要遵循这一法律依据。

3.2 国会馆采访政策

日本国立国会图书馆于 1993 年制定了《资料收集指针》,该指针前后经历 4 次的修订,最近一次修订是 2010 年完成的。该指针明确了资料收集的目的及方向。而具体的采访政策规定则要依据于 1995 年制定的《资料收集方针书》,该方针书也经历了 2 次修订。

根据《资料收集方针书 2009》中对少儿图书采访政策的规定,首先,对儿童图书的定义是:18 岁以下未成年者为主要读者的资料,除了画本、儿童文学、经实文学外还包括教科书、学习参考书以及漫画等。其次,收藏对象除了图书、杂志、报纸外还包括短歌纸牌、映像资料等非图书资料。再次,从收集范围来看:日本国内文献方面根据呈缴制度采集儿童图书外,还积极收集呈缴制度施行后未按规定呈缴的出版物。广泛收集包括杂志、报纸的缺订本在内的明治、大正、昭和前期发行的该馆未收藏的儿童书;国外文献方面积极收集各国儿童文学史上主要的作品与作家的代表作;还积极收集权威儿童文学奖获奖作品,以及日本少儿文学作品的译著和少儿文学作品日文译著的外文原著。原则上收集与日本相关的或在儿童文学史上获取较高评价的漫画,收集一部分其他国家儿童书原著的外文译著,收集国外少儿基本参考书及研究书。电子出版物严格采选收集。

4 对日本国际少儿图书馆馆藏建设的思考

笔者根据所掌握的材料总结了日本国际少儿图书馆的馆藏资源建设的依据及其具体内容。通过数据我们可以直观、全面地了解日本国际少儿图书馆馆藏的"量",而通过立法依据、采访政策等内容我们可以间接地了解其馆藏资源的"质"。

首先,从"量"的方面来说,日本国际少儿图书馆日文纸质文献达259 081种,而外文纸质文献也达55 166种,通过两个数据我们可以看出该馆不仅拥有丰富的日文少儿文献,还收藏有大量的外文少儿文献。这不仅为广大少年儿童提供了丰富的阅读材料,开拓了少儿读者的视野,延伸了少儿读者的阅读范围,也为教育者、研究者提供了全面、翔实、客观、立体的科研材料。同时,日本国际少儿图书馆的数字资源不仅使日本全国各地的少年读者享受同等服务准备了前提条件,还使少年读者能够较早地接触到多种媒体的文献资源,对阅读产生浓厚的兴趣,从而更加生动、形象、深刻地汲取知识。而电子化的图书对文献保护能够起到积极作用也是毋庸置疑的。

---

① 昭和 23 年(1948 年),法律第 5 号。

其次，从"质"的方面来说，日本国际少儿图书馆的采访政策所规定的日文少儿文献的采访范围不仅局限于儿童文学、教科书、参考书、漫画等传统图书资料，还涵盖了短歌纸牌、音、视频资料等非书资料。其中特别需要留意的是日本国际少儿图书馆对日本国内漫画和短歌纸牌的收集，一方面拓宽了儿童阅读的外延，增加了儿童阅读的乐趣，另一方面，对继承与保护日本传统特色文化也具有积极作用。然而，日本国际少儿图书馆的采访政策给笔者感触最深的是其对海外少儿文献的采访政策，兼容并包地积极收集海外具有代表性的儿童文学作品的原著或不同语言版本的译著，对教育者或研究者来说，少儿图书馆俨然成为了难能可贵的知识宝库与科研圣地，这势必为日本少儿文学的发展产生积极深远的影响，从而也间接地促进日本少儿读者能够不断地受到优秀少儿文学的熏陶，在书香中成长。

5　结语

综上所述，日本国际少儿图书馆重视馆藏建设，馆藏资源丰富，馆藏建设有立法依据以及统一标准的规范。馆藏的质量决定少儿的阅读质量，因此可以说少儿图书馆建设的重中之重为馆藏建设。目前，我国日益重视少儿图书馆的建设与发展，这是一个国家重视文明与文化传承的重要体现，然而，国内少儿图书馆特别是馆藏建设尚缺乏立法依据以及统一标准的规范，这对少儿图书馆发挥其社会教育职能是十分不利的。因此，笔者衷心希望所总结的内容能够对中国少儿图书馆的馆藏建设起到借鉴作用，同时也希望能够看到国内少儿图书馆的蓬勃发展，看到国内的少年儿童在良好的阅读氛围中成长。

参考文献

[1]从数字看日本国际少儿图书馆[EB/OL].[2011 – 08 – 15]. http://www. kodomo. go. jp /about /outline/ number. html.

[2]日本国际少儿图书馆的馆藏资料[EB/OL].[2011 – 08 – 15]. http://www. kodomo. go. jp /about /material. html.

[3]日本国际少儿图书馆电子图书、电子期刊的使用说明[EB/OL].[2011 – 08 – 15]. http:// www. kodomo. go. jp/news/2011 – 21. html.

[4]日本国际少儿图书馆关于扩充服务的调查会答辩书(2005 年)[EB/OL].[2011 – 08 – 15]. http://www. kodomo. go. jp/about/law/pdf/H17-toushin. pdf.

图书馆图书采购招标法律属性研究

李万春(扬州市邗江区图书馆)

改革开放以来，随着社会主义市场经济体制的逐步建立和完善，为进一步规范市场经济交易中的法律行为，我国政府先后于 2000 年和 2003 年出台了《中华人民共和国招标投标法》(以下简称《招标投标法》)和《中华人民共和国政府招标法》(以下简称《政府招标法》)等有关法律、法规,使我国的工程建设、货物采购等招标工作逐步进入法制化、规范化的轨道,进一步深化了我国市场化体制改革,促进了公平竞争,规范了社会主义市场经济。为了更好地贯彻这两部法律,各级政府和相关机构出台了相关招标投标规定。我国各类型图书馆图书采购工作中陆续采用了招标形式进行采购,几年的实践使图书馆图书采购的资金得到更好的利用,进一步规范图书采购渠道,避免采购过程中不合理现象的发生,通过招标采购选择到服务质量高的书商,有效地保障图书采购的质量,满足读者的需求。

近几年,由于图书发行渠道的变化,文献发行市场打破了新华书店和邮局发行一统天下的局面,民营书店和个体书店大量涌现并迅速发展壮大,专业性发行代理公司应运而生,使图书馆图书采购渠道不断扩大,给图书馆图书采购工作提供了机遇。同时图书馆与书商之间也会出现一些法律纠纷和矛盾,这就需要供需双方在图书采购招标投标过程中强化法律意识,本文试对图书馆图书采购招标投标中的法律性作一些探讨。

1 图书采购招标的重要作用

招标投标制度是市场经济中一项重要制度,我国《招标投标法》实施多年来,在社会主义经济建设中对于规范招标投标活动,保护国家利益、社会公共利益和招标投标活动当事人的合法权益,提高经济效益,保证项目质量都具有特别重要的意义。对于获取最大程度的竞争,使参与投标的供应商获得公平和公正的待遇,使招标人依法买到便宜合用的货物,以及提高采购的透明度和客观性,促进采购资金的节约和采购效益的最大化,杜绝腐败和滥用职权等,图书馆图书采购实现招标投标都具有至为重要的作用。

1.1 提高图书馆馆藏质量

图书馆图书采购实行招标,吸引到更多的书商参加竞争投标。图书馆通过审查投标人投标文件,能够广泛地了解到社会上具有实力的书商,从而在这众多的书商中选择资信优良、服务质量比较高的商家代表,有效地保证图书采购的质量。

1.2 保障图书馆合法权益

图书馆图书采购通过招标确定书商,并签订有关采购合同,使图书馆与书商间的合作在法律的约束下进行,最大程度地保证文献采购的质量,如到书率、到书时间、退换书等问题就可以用合同条款的方式确定下来。从法律上来保证采购图书的质量,而不再由书商说了算,有利于保证图书馆的合法权益。

1.3 提高图书采购透明度,杜绝腐败现象产生

图书馆图书采购招标在采购前将采购的要求、条件、方式、程序等公开地向社会发布公告,然后由招标人对投标人的应标书进行评标,最后选定中标人。通过招标,增强了采购透明度,使图书采购争取的回扣成为阳光下的行为,而不是个人行为,既维护了图书馆的利益,也保护了有关的工作人员。通过招标实行"公开、公正、公平"的原则,使书商在有序、守法的环境下竞争,从而在源头上防止采购中腐败现象的产生。

1.4 节约图书资源建设经费

图书馆图书采购招标把市场竞争引入到图书馆资金管理中,在激烈的竞争环境下,书商们为了抢占图书馆这个大客户,在标书中明确了较优惠的折扣率,这实际上是变相降低了图书的价格,图书馆可以将让利(折扣)部分再投入到文献购置中去,用来加强馆藏的建设。图书馆通过招标采购,还能把一部分工作量作为附加的服务条件,如对书商规定免费提供编目数据、盖馆藏章、贴条形码、贴防盗磁条、贴书标等,通过附加服务条件的实现节约图书馆部分经费。

2 图书招标的原则

2.1 公开原则

图书馆图书采购招标投标中,要求招标活动信息公开、开标活动公开、评标标准公开、定标结果公开。招标活动信息公开:图书馆进行招标之始,就要将招标图书的类型,招标的金额、时间、到书率等有关信息在招标管理机构指定的媒介上发布,以同等的信息量晓谕潜在的投标人。开标活动公开:要求将开标时间、地点和开标程序通知投标书商。评标标准公开:文献采购评标标准应该在招标文件中载明,以便投标人作相应的准备,从而证明自己是最合适的中标人。定标结果公开:图书馆根据评标结果,经综合平衡,确定中标人后,应当向中标书商发出中标通知书,同时将定标结果通知未中标的书商,适时将中标结果在媒体上公布。所有这一切信息的公开,得到社会有效的监督。

2.2 公平原则

图书采购一经确定公开招标,图书馆要给予所有投标人以平等竞争的机会,使之享有一视同仁的权利并履行相应的义务,禁止对任何投标人予以歧视的做法。这包括给所有投标人同等的信息量,同等的投标资格要求,不设倾向性的评标条件,使每一个投标书商都能够获得同等的权利。

2.3 公正原则

图书馆在图书采购评标时应按事先公布的标准对待所有的投标人。对招标方来说,必须严格按照公开招标条件,同等地对待每一个投标者,不得厚此薄彼,有亲有疏。图书馆在执行开标程序,评标委员会在执行评标标准时都要严格照章办事,尤其是处理迟到标,判定废标、无效标以及质疑过程中更要体现公正,使每一个应标书商对评标结果心服口服。

2.4 诚实信用原则

在图书采购招标和投标过程中,招投标双方应以诚实、善意的态度行使权利、履行义务,以维持双方的利益平衡以及自身利益和社会利益的平衡。尊重他人利益,以对待自己事务的态度对待他人事务,保证彼此都能得到自己应得的利益。不得通过不正当手段和活动损害第三人和社会的利益,必须在法律范围内以符合其社会经济目的的方式行使自己的权利。有了诚实守信的态度,图书采购招标活动才能出现良性循环局面。

3 图书采购招投标的法律性质

图书馆图书采购招标投标全过程是依据《招标投标法》和《政府采购法》为主体的法律制度下进行的一项工作,这一活动既受到我国法律的保护,同时又受到法律的监督。图书采购招标投标的目的在于选择中标人,并与之签订合同。因此,招标是签订合同的具体行为,是要约与承诺的特殊表现形式。招标投标中主要的具体法律行为有招标行为、投标行为和确定中标人行为。

3.1 图书采购招标行为的法律性质是要约邀请

图书馆图书招标采购发布招标通告或投标邀请书的直接目的在于邀请投标人投标,书商投标之后并不需要订立合同,因此招标行为仅仅是要约邀请,一般没有法律约束力。图书采购招标时可以修改招标公告和招标文件,但是由于招标行为的特殊性,图书馆为了实现采购的效率及公平性等原则,在对招标文件进行修改时也往往要遵循一些基本原则,修改应在投标有效期内进行,应向所有的投标书商提供相同的修改信息。

3.2 书商投标行为的法律性质是要约行为

书商在图书采购投标文件中包含有将来订立合同的具体条款,只要宣布中标,招标投标双方就可签订合同。作为要约的投标行为具有法律约束力,表现为:投标是一次性的,同一投标人不能就同一招标进行一次以上的投标;各个投标人对自己的报价负责;在投标文件发出后的投标有效期内,投标人不得随意修改投标文件的内容和撤回投标文件,否则将成为违约行为。

3.3 图书采购确定中标人行为的法律性质是承诺行为

图书采购机构一旦宣布确定中标人,就是对中标书商的承诺。招标人和中标人各自都有权利要求对方签订合同,也有义务与对方签订合同。另外,在确定中标结果和签订合同前,双方不能就图书采购合同的内容进行谈判。

4 图书采购招投标过程中应该注意的几个问题

4.1 以法律、法规为依据,严格图书采购招投标程序

在我国,以《招标投标法》和《政府采购法》为主,以相关基本法(如民法、合同法等)及相关法规、规章为辅的关于招标投标的法律制度已经基本形成了一个比较完整的独立体系。图书馆图书采购招标投标过程中,必须以相关法律、法规为依据,严格按照招标、投标、开标、评标和中标等程序开展招标投标工作,这样才能保证招标投标活动当事人和参与人的权利义务,使我们图书采购招标投标受到法律保护,一旦发生纠纷,当事双方都可拿出一定的法律依据。

4.2 制定合理招标书,完善各种评标标准

图书馆图书采购招标投标不同于其他设备招标,图书采购招标招的是"资格标",图书采购不是一次性的行为,招标时不可能像采购其他设备一样提供具体的采购清单,它仅提供学科

（专业）目录，也就是说采购的是"非固定标的物"，它只能按时间段或年度、图书采购总码洋进行控制。招标只是确定中盘商的供货资格，招的是"资格标"，完善各种评标标准非常重要。图书评标的内容包括商务评分、技术评分和价格评分三个部分，商务评分包括公司的资质状况、业绩等方面的内容，评的是中盘商的综合实力；技术评分包括提供现货采购的能力、到书率、图书加工能力、服务承诺等方面的内容，评的是中盘商的服务水平；价格评分是根据报价给出相应的分数，评的是价格的优惠率。评分标准的设置应视招标图书类型和市场行情确定。

4.3 认真做好投标书商资格审查，做好招投标前的考察工作

图书馆图书采购招标发布公告后，投标书商在投标前须向图书馆方提供工商营业执照、税务登记证、银行最新资信证明、法人代表身份证（如为委托人出席招标会，则须附上法人委托授权书及受托代表的身份证）等相关资料，由招标工作小组进行资格确认。同时对来自参加投标的书商进行实地考察，确切掌握对方的经济实力、诚信和服务质量等情况，做到心中有数。

4.4 严格执行招标中服务项目要求，加强中标后执行情况全程监控

加强中标后执行情况的监控，是文献采购招标的关键。图书市场放开后，各类书商鱼目混杂，他们能否保质、保量地完成供应质量和配套服务，需要一个过程。不排除一些诚信较差的书商，将招标中的损失转嫁到日后的服务中来，如把滞销书、盗版书夹杂其中随便塞给图书馆，随意变更服务合同，使用劣质磁条等行为。图书馆应根据招标合同，对采访数据、编目数据、到书率、到书时间、图书加工等各项服务指标进行全过程控制，从而确保图书采购质量。

参考文献

[1]叶莉.高校图书馆文献资源采购招标的对策研究[J].图书馆论坛,2006(1):114-115.
[2]邓福泉.在图书采购招标过程中应坚持的若干原则[J].图书馆建设,2007(4):61-62.
[3]苏华.高校图书馆图书招标采购的质量控制[J].中州大学学报,2008(4):94-96.
[4]吴晓骏.高校馆图书采购招标的现状与问题[J].图书馆杂志,2008(3):18,34-35.
[5]王金娜.中文图书采购招标评价指标体系的构建[J].现代情报,2010(2):129-132.
[6]郑红.公共图书馆图书招标采购中存在问题与对策[J].河南图书馆学刊,2011(1):40-41.

对高校图书馆文献招标采购的思考

李月丽（武警指挥学院图书馆）

1 文献招标采购概述

1.1 基本内涵

根据 2000 年《中华人民共和国投标招标法》和 2003 年《中华人民共和国政府采购法》《教

育部政府采购管理暂行办法》的实施精神,为提高资金使用效益,促进廉政建设以及保障图书采购质量,高校图书馆文献采购应实施政府采购。

2006 年 10 月 19 日,教育部高等学校图书情报工作指导委员会、中国图书馆学会高等学校图书馆分会公布《普通高等学校图书馆文献集中采购工作指南》,同时附有《中文图书招标专家评审表》等 9 个附件,为高校图书馆文献采购中的招投标工作提供了参考依据、操作程序及法律保障。近年来,招标采购正逐步成为高校图书馆文献采购的一种主要方式。

所谓图书馆文献采购中的招投标,是指图书馆根据本馆性质、采购方针、采购原则、经费情况、供应商资质等情况,提出采购文献的条件和要求,制定公开招标文件,邀请众多文献供应商参加投标,以公开、公平、公正和竞争择优的方式,经过招标、投标、开标、评标、定标、签订合同等程序,最终确定图书供应商的交易行为。

1.2 运作模式

目前,图书招标采购模式主要有以下几种方式:一是政府采购中心组织招标工作小组,图书馆派员参加;二是高校组织招标工作小组,图书馆派员参加;三是由图书馆组织招标、评标、定标。中标后各馆的实际采购各有不同:一是本馆一定时间内所有馆藏均由中标商采购;二是本馆部分馆藏由中标商采购,其余由图书馆自身采购。为了避免有些中标商对质量优秀、专业性强但利润较少的图书,以各种理由拒绝提供,造成缺藏等现象,一些馆制定了招标采购经费门槛价,凡门槛价以上的图书由中标商采购,门槛价以下的图书由图书馆随时随地采购。

2 文献采购招标的优点

2.1 节约采购经费

招标活动将市场竞争机制引入到图书馆资金的分配和管理中,有益于发挥资金的使用效益。图书馆文献资料实施采购招标后,每个供应商投标都要做出一定的折让,使有限的资金能够购置更多的文献,读者成为最大的受益者。

2.2 提高图书质量

一般情况下,中标商多为信誉好且具有相当经验的馆配商,他们本身熟悉图书出版、发行等各个流程,了解各类图书的出版动态,能够及时提供图书馆所需的专业新书目,并根据需求采购入馆,较之由图书馆采编人员单纯从书目上了解图书动态采购图书的模式来说,具有很大的优势。

2.3 获取增值服务

很多投标商为了增加中标几率,在招标时提供了诸多免费附增服务,如:免费附送标准(CNMARC)数据,免费提供贴磁条、贴条码、加盖馆藏章等。有的投标商甚至承诺,只要把订购书目给他,一切的后续工作都免费提供,还包括图书的深加工服务直至上架。一些投标商本身就建有专业加工队伍且人员具有较为丰富的从业经验,成为招标采购中一个不可忽视的参考要素。

2.4 提升采编效益

通过中标商提供的免费增值服务,或只需花费较低额度的费用实行中标商对图书进行编目,可缓解图书馆文献资源加工的工作负担,缩短文献资料加工周期,提高新书上架速度,更好地为读者服务。

2.5 抑制腐败滋生

高校对教学仪器设备、基建工程项目进行招标由来已久,而图书馆文献资料的招标工作则是近几年的事,在此之前,图书馆的文献资料采购大都没有实行招标采购,高校各级审计、计财、纪检、监察部门多有非议,不少高校图书馆领导压力很大。实施文献资料采购招标后,整个文献资料采购的过程严格按照招投标有关规定程序在公开、公平、公正的环境下进行,使文献资料采购的折扣成为阳光下的行为,有利于抑制腐败现象滋生。

3 图书招标采购中存在的问题

目前,图书销售市场进入微利阶段,利润空间较少,片面追求低底标,造成许多不容忽视的问题。

3.1 图书质量不尽如人意

一是专业、学术性强的图书难求。书商受利益驱动,提供给图书馆的热门、高折扣图书较多,而有价值的专业图书由于利润小则少买或不买或拖延到书时间。二是图书装帧质量不高。从我馆实践来看,书商提供的图书除了有个别盗版图书外,倒页、漏页、散裂等现象时有发生,有的图书应附光盘却无光盘,或光盘破损、劣质不可读。三是复本书量过大。有的复本总量高达 20 册以上,造成人力、财力的浪费。

3.2 忽视供后服务

中标商随意变更或撕毁合同现象时有发生,并以种种借口为自己辩解。具体表现在:一是供书时间不能保证。由于图书上市有旺季和淡季之分,中标商在供书时间上安排有冲突,导致供书不及时。二是供书品种不能保证。其原因是中标商书源有限,考虑自身利益过多,不愿提供超出折扣的图书。三是到书率不能保证,后期配送不及时,且部分图书到书周期太长。

3.3 编目数据质量不高

中标商为了赶超任务只求数量,提供的编目数据质量不高,有的图书加工不按图书馆规范操作,提供的加工产品质量不高,除了影响了图书的美观外,还为图书的流通造成一定的困难。

3.4 招标流程效率较低

招标程序从草拟标书,到招标完成,再到业务运行,需要一至两月时间,还要投入相当大的人力和物力。大多数图书采购招标采取一年一个周期的方式进行,且招标程序复杂,既影响本年度采购业务的进行,也影响下年度采购业务的开展,极不利于招标效率的提高。

4 提高文献采购招标质量的建议

4.1 制定馆藏资源建设政策

教育部《普通高等学校本科教学工作水平评估方案》是各高校发展建设的指导方针,《评估方案》对高校图书馆的文献资源配置有明确的要求。为了尽快达标,各高校图书馆纷纷采取措施。将馆藏资源采购从单纯依靠自身力量采编转向招标采购是各馆普遍采取的举措之一。为了使招标采购的资源能够充分满足本馆读者需求,各馆应制定并修改完善原有的馆藏资源建设发展规划,确立馆藏资源建设重点,明确本馆资源建设特色,特别是针对资源采购途径的变化,制定相应的措施,使之不仅成为本馆的采访方针,也作为书商为本馆采购图书的行为指导。

4.2 规范招标采购程序

4.2.1 合理规划招标周期

可将一年一度的招标延长到两年一个周期,招标业务宜在年底,而不是通常的次年三、四月进行,这个时段图书采购大部分业务已基本结束或接近尾声,既节省人力、物力的投入,更有利于提高招标效率。

4.2.2 采取灵活多样的招标方式

可以按文献种类分别招标,同时保留自主采购方式。图书馆收藏的文献种类繁多,不同种类文献的采购都有其特殊性,采购招标时可分不同文献种类制定招标文件、评标依据,分别实施招标。为了保证馆藏文献资料的系统性、完整性和连续性,保持和发展馆藏特色,每年应该在预算的文献资料采购经费中划出一定比例,对部分文献实行自主采购。

4.2.3 重视拟定招标文件

招标文件是高校图书馆采购招标活动的第一个重要环节,是开启招标人与投标人双方交涉的第一个文本依据,对整个招标流程有着很强的导向性。这个头开得好不好,直接决定了招投标博弈双方能否有效交流并达成共识。为此,在撰写招标文件前应多了解市场,运用文献采购招标实践中积累的经验,找出既符合市场规律,又能充分满足本单位需求的平衡点。同时要注重招标文件的实用性和严密性,最大程度地发挥招标文件对整个招标活动的指导作用。

4.2.4 制定合理的评标依据

目前,参加图书采购评标的专家多是校内资产管理、计划财务、纪检监察部门的人员,他们对图书馆的要求和服务不甚了解,更多地把注意力集中在折扣上。为了使图书馆获得优质的服务,应制定相应的评标依据,对投标方的各种要求项目进行量化,制定评分标准,严格进行评分,根据综合因素确定中标供货商。有条件的院校或机构应建立评标专家库。

4.3 合理利用附送服务

文献编目是一项技术性很强的工作,不同图书馆有不同的要求,如:种次号的配置、著者号的使用等,如果错误编目,会给文献检索、借阅、流通等带来严重影响。因此,图书馆要正确对待和合理利用投标商提供的附送服务,要对中标商提出文献加工的明确要求,并进行相关业务辅导。同时要安排专业编目或技术人员进行全程编目控制和质量检查,及时审核并更正中标商提供的编目数据。有条件的图书馆可设立数据质量检验员,对图书采购、编目、典藏、加工等流程各个环节所形成的数据进行质量控制,对书商提供的 MARC 数据,从分类标引到编目——进行审核、校验,以便及时纠正分编过程中产生的差错,把好数据的质量关,从而保证书目数据的质量。

4.4　提高采编人员素质

高校图书馆实行文献招标采购,对采访人员的素质提出了新的要求。阮冈纳赞说过:"一个图书馆成败的关键在于图书馆工作者。"同样,图书馆馆藏资源的质量,关键在于采访人员的素质与水平。国外高校图书馆采访人员都是由有着较高学历背景的人担任,例如,德国高校图书采访工作要求既学有专长又有图书馆学位的高级馆员担任,美国高校图书馆三分之二的馆员除已获得图书馆学硕士学位外,还具有第二硕士或更高学位,他们实际上是各学科专家。在文献招标采购形势下,提高采访人员素质能力,使他们熟悉招标采购程序,熟练同书商打交道,掌握招标采购的各种文件拟定等,是非常必要,也是非常迫切的一项任务。

参考文献

[1]缪小燕等.北京地区文献采购中招投标机制研究[J].农业图书情报学刊,2011(3):98－100.

[2]姜宝良,刘学燕.图书馆文献采购招标释疑[J].图书馆杂志,2008(12):47－49.

[3]高静萍,等.关于高校图书馆文献采购招标的思考[J].高校图书馆工作,2007(2):46－47.

[4]唐虹.图书资料招标采购中存在的现实问题[J].情报资料工作,2006(4):88－91.

图书馆非公开文献的采访

刘　朝(首都图书馆)

随着信息时代的到来,文献信息的密度和广度以几何倍数提升。传统的文献采访模式已经不能完全适应时代的要求。如何在新时代增加公开图书到货率、缩短到货时间等问题前人多有详论,在此不再赘述。笔者在此仅对图书馆非公开文献的采访进行一些探讨。

1　非公开文献及其采访人员

1.1　非公开文献的定位

笔者认为,某种文献在某一时刻或时代的价值高低,仅取决于该文献内容本身及其自身的相关因素,这些因素包括作者在其领域内的知名度及专业度、发行量及存世量多寡等,而与其是否公开出版这种人为分类并无关联。以各公共图书馆都非常重视的工具书年鉴为例,北京各区县几乎均下设方志办等机构专门负责年鉴的编辑工作,有些区县的年鉴为公开发行,有些区县的年鉴为非公开性质,这些年鉴单从文献角度来看,并无高低上下之分。而有些政府文件、政策法规的汇编,甚至一些机构内部发行画册、图书等更能反映出这一时段本地域的时代特点,就其价值而言更为重要。

非公开文献由于其自身没有明确定价、编目信息有时并不完整、搜寻起来费时费力等客观原因,被有些同志区别对待。其实这种由于自身认知不足而导致的偏见对于整个图书馆的文献资源建设来讲是一种极大的损失。以方志这一重要文献类型为例,北京市各行业、各区县每一时段几乎都有新志书面世,这些志书连带的初稿、复稿、送审稿、最终稿等却往往被忽略掉,很难像其最终出版的成品一样得到足够重视,然而这些非公开的稿子从版本学的角度来讲,却是更具有价值,这种缺失不得不说是一种遗憾。

可喜的是,很多国内大型图书馆都对非公开文献更加重视起来,其下设的地方文献机构的一项重要职能就是突出自身的地域特点,全面、系统、详尽地收集相关的非公开文献。比如上海图书馆以"海派文化"为基础的地方文献,甘肃图书馆以丝绸之路为骨架的西北五省地方文献,首都图书馆以皇都、京味文化为背景的北京地方文献等。国家图书馆近年来也设立了专门机构对家谱、论文、汇编等非公开文献进行专门收录,给予了足够的重视。

1.2　非公开文献采访人员的要求

作为非公开文献的采访人员,要随机应变很多不确定的因素,在征集非公开文献时,由于对方的不理解,丧气而返也是时有发生的。因此,除了要具备强烈的使命感和奉献精神以及相应的专业知识以外,最重要的一点就是要具备极强的公关意识和开拓能力。非公开文献的采访人员在工作过程中,更多面对的是文献生产机构的某一专门工作人员而不是文献生产机构的整体或者高层,因此,这种基层与基层之间的"感情投资"就变成了必须。与这些特定的基层人员形成一种既是同道又是朋友的关系对于文献信息的获得和整个采访工作的展开往往起到关键作用。

2　对于非公开文献采访工作的一些思考

以地域特点为基础,对内容上描述本地域并具有一定价值非公开文献的采访几乎是笔者这些年来的全部工作内容。非公开文献范围极广,书籍、报刊、工具书、会议记录、文件汇编、论文、科技报告、舆图、契书、统计报表、商标、戏剧说明书等浩如烟海,这些年来特别是近10年来,产生量也大大增加,文献来源更是五花八门。然而就目前而言,即使是国内一些大型图书馆,其在非公开采访的实际岗位上最多设一两个人,这就使得非公开文献的采访很难全面铺开。必须要把工作排出先后顺序,才能更大程度上提升采访效率和更充分地体现文献价值,甚至更好地与图书馆其他相关工作相配合,这对一个非公开文献的采访人员来说是很值得思考的。

2.1　寻求上级支持,建立长效机制

非公开文献的产生机构很多,联系起来也很费力。特别是一些政府机关,级别对等的心理还是较为严重,他们出版的非公开文献往往不是不能给,而是不想给,顾虑较多,怕麻烦,怕担责任,基层的采访人员沟通起来大多困难重重。一些成功经验往往也是可以借鉴却不能复制。这就导致目前大多数图书馆非公开文献的采访人员采用了一种由下而上、零敲碎打的采访模式,即为了一种或几种文献直接同该机构的具体工作人员联系,往往该人员要向上请示,致使

这种方法时间长、效率低。由于战线拉得过长，也很难保证文献采访的质量和系统性。但是这种方法至少还具有一定的可行性和成功率，所以仍然沿用至今。

笔者就这一问题多次向馆领导进行过汇报，并在研究探讨过程中达成了较为一致的观点。既通过馆领导的工作关系，与对方机构的负责人直接沟通，解决级别对等问题，取得理解和支持，形成自上而下的工作模式。此外，突出自身特点，为对方解决一些实际问题，比如设立某一机构的赠书专架向广大读者进行宣传，扩大其社会影响力。又或利用自身专业的藏书条件，对某些机构的赠书进行专门、系统的收藏，并保证其优先使用权，以此达到双赢，从而与对方机构建立一种类似于公开图书呈缴的制度，形成良性循环。最终目的是以这些形成良好关系的机构为标杆，扩大这种合作的社会影响，以点破面，打消其他机构的顾虑，彻底打开非公开文献采访的工作局面，与这些政府机关建立起长效机制。

2.2　以政务公开为契机，拓展采访渠道

《中华人民共和国政府信息公开条例》已经在 2007 年 1 月 17 日国务院第 165 次常务会议中通过，并于 2008 年 5 月 1 日起开始施行。条例中规定各级人民政府、行政机关应当及时向档案馆、公共图书馆提供公开的政府信息。首都图书馆就承担着北京市政务信息公开这一责任，设置了专门的政府信息查阅场所，为公民、法人或者其他组织获取政府信息提供便利。北京市政府机关以及各委办局几乎都有专人负责，并且定期接洽相关工作。这就为各党政机关非公开文献的采访提供了极大的有力条件，与这些专门负责的同志建立交流关系，形成一种"互相帮忙"的态势，能够极大地拓展非公开文献的采访人员原有的渠道，对于一些可给可不给的非公开文献的采访有时甚至起着至关重要的作用。

2.3　对原有库藏精品的补充和延续

作为非公开文献的采访人员，要对已有的藏书情况有深刻的认识和见解，库藏中一些精品的补充和延续，对于提高采访效率，提升采访质量有着极其重要的作用。

首都图书馆收藏有一套北京旧戏单，包括从清朝光绪末年至太平洋战争期间，北京城大大小小 40 余家茶园、戏园和戏院印发的戏单，总数近 800 种。单张的戏单可以再现当时演出的基本情况，具有一定的史料价值，若是集结成套，就是一个时代、一个地区、一个戏社或一个剧场的演出档案，就勾勒出了一部真实可信的演出史。对考证和阐述自清末至 20 世纪 40 年代初期北京营业性戏剧演出事业的发展历程也具有重要意义。

鉴于这些老戏单的重要性，作为采访人员无时无刻不想着去补充和完善它。今年终于通过多方联系和耐心沟通，促成京城资深戏迷、戏单收藏家杨蒲生先生，将他珍藏的几百份新中国成立后到"文革"前的珍贵戏单无偿捐赠给首都图书馆北京地方文献中心。这批戏单弥补了戏单资料的空缺，让我们看到 20 世纪整个 50 年代和 60 年代初这一时期京剧的繁荣。同时对于老戏单这一收藏品种补益良多，使其涵盖的时间范围大大增加，更具价值。

2.4　培养具有一定专业素质的书商

近年来旧书市场逐渐火爆，北京如潘家园、报国寺等市场全国驰名，网络上如孔夫子旧书网影响也越来越大。通过这些平台，造就了大批的个体书商。这些书商往往能力较强，并且拥有较多的社会关系。采访人员应该向其中一些书商学习，通过语言交流、价格影响等手段，提

高非公开文献采访的专业素质,这对于整个非公开文献采访渠道的拓展以及库藏的建设都是非常有益的。

2.5 有选择地进行拍卖

近年来,随着图书馆购书经费的相对充沛,参加拍卖会获得一些重要文献成为了文献采访的途径之一。

对于这种比较新的采访途径,首先应该有清醒的认识。某种价格不菲的文献原件和其比较清晰的复印件或翻拍件,仅从文献所赋含的信息来讲,对于图书馆的价值其实是一样的。作为图书馆的采访人员对于文献价值的判断更多的是依据文献内容,所以往往预计某种拍品应该竞争激烈,然而鲜有人问津,预计某种拍品很顺利,最后成交价却高得吓人。参加每一场拍卖会之前除了要对拍卖图录认真研究,在预展中仔细观察以外,一定要确定目标拍品中何者为重,何者次之,定好价格区间。我们不是投机者,原件当然最好,但是对图书馆来讲并不是必须。经费是有限的,好钢要用在刀刃上,我们更多重视的是其文献价值,而不是其经济价值。

笔者通过几十次拍卖经验的积累,发现还有一点必须注意,就是观察和了解其他如档案馆、博物馆等相关机构的拍卖意向,往往我们感兴趣的拍品这些“准同行”们也会关注,要在拍卖开始前就尽量避免“内斗”,同时也能较为准确地得知一些对我们价值一般,但对他们价值较高的拍品的最终流向。这对于参加拍卖人员各方面的能力确实要求很高。

3 结语

以上是笔者工作这些年来的一些体会,写出来与各位同行、前辈分享,并求指证和帮助。从全国整体来看,非公开文献的采访底子还薄,人员配置资金投入也相对薄弱。但是,其价值是极高的,文献量也是巨大的,笔者愿与诸君共同努力,在这条道路上继续求索。

从读者阅读需求探究中文图书采访策略

——以荆门市图书馆为例

刘开红(湖北荆门市图书馆)

年初,文化部、财政部共同出台《关于推进全国美术馆、公共图书馆、文化馆(站)免费开放工作的意见》,要求于 2011 年年底之前,全国所有公共图书馆实现无障碍、零门槛进入。荆门市图书馆作为一所地市级公共图书馆,也积极响应,计划于 10 月 1 日对公众免费开放。这就意味着会有更多的读者走进图书馆,利用图书馆,对于文献资源的阅读需求也越来越大。如何吸引更多类型、更多层次的读者,让图书馆真正回归公众,无疑,加强馆藏图书资源建设是首要条件。作为地市级公共图书馆,文献采访首先应尽量满足大众读者的需求,这是立馆之本。因此文献采访工作必须从现实出发,必须建立在满足读者阅读需要的基础上,要以“用”为中心,这就要求图书采访员必须认真分析本馆读者的阅读倾向,了解读者的阅读需求,从而更好地确定图书的采访方向,并适时调整图书馆的采访策略。

1 读者阅读需求分析

1.1 本馆读者群分析

读者是图书馆工作的对象,读者阅读倾向和对文献的利用直接反映着特定时期内特定读者群的需求特点。公共图书馆的读者群体非常复杂,从小学生到大学生,从少年儿童到老年读者,从工人到科研人员等,所有这些读者的阅读倾向我们都必须考虑。所以采访人员应分析本馆的读者群,了解不同年龄段读者的阅读心理,了解他们不同的阅读需求,进而更好地采访图书,尽可能地满足读者的借阅需求。

1.2 从本馆图书借阅数据分析读者的阅读倾向

图书借阅数据真实地反映读者借阅图书的情况,从图书借阅统计表可以看出读者对馆藏文献的不同阅读需要,并发现馆藏文献与读者需求之间的矛盾,从而调整藏书的结构与比例。荆门市图书馆每月都会对本馆的图书借阅进行统计,以形成读者借阅表。并对当年购买的新书进行分析,了解当年所购的新书被读者利用的情况,明确当年图书采访是否满足读者需求。

从近两年读者借阅的情况来看,阅览量最多的是社科类文献,占外借总量的60%以上,其中文学类占41.5%、历史地理类占11.2%、哲学宗教类占8.7%,而排在最末的是环境科学、航空航天、数理科学和化学,这三类图书平均不足1%。这说明人文社科类图书仍受到读者的青睐。虽然近两年荆门市图书馆购书经费有所增长,但每年入藏新书仍在10 000册左右。从入藏新书的构成来看,虽然工业技术等自然科学类图书的入藏量有所提升,但整体上仍以文学、历史地理、哲学宗教、语言文字等四类社科类图书居多,几乎占入藏图书种数的一半,达到49%,而环境科学类图书还不足入藏图书总数的1%。因此,图书资源明显匮乏,藏书结构不尽合理,信息存储速度明显滞后。基础工作不牢直接导致了图书馆吸引力下降,读者构成单一。

1.3 从图书销售排行榜分析读者的阅读倾向

采访人员要时刻关注图书的出版市场,了解图书的销售情况,根据图书销售排行榜可以很好地了解图书在大众读者心中的地位,销售量大的图书在图书馆的借阅量也相对较大,这样的图书都应列入我们购买的计划。

1.4 从大众读者的阅读特征分析读者的阅读倾向

公共图书馆读者阅读特征多表现为学习型和休闲型,阅读需求包括消遣需要、实用需要、求知需要、审美需要、探索社会和人生的需要、研究创造的需要等。在快节奏的社会生活中,休闲阅读和流行阅读已经成了公共图书馆读者的阅读主流。人们的阅读兴趣集中体现在养生、化妆、烹饪、园艺、励志、理财等生活类、时尚类流行读物方面,另外,言情小说、青春网络文学和动漫读物也是公共图书馆读者借阅的重点。

2 文献采访的对策

2.1 制定科学的文献采访规划

图书馆文献采访规划的制定一定要立足本馆具体任务,围绕读者群的阅读需求及特色馆藏建设的长远发展需要,合理定位,科学规划,确立本馆的采购策略,即:文献采访要偏重大众性和实用性,围绕读者的阅读需要,结合本馆藏书特色,既要保证全面,又要兼顾重点,既要满足当前需要,又要适应未来发展的需要。

2.2 加强读者的需求调查

近年来,荆门市图书馆采访部门通过多种形式和手段,对读者需求进行调查,构建多维化"访问"机制。

(1)开展网上读者需求调查。采访人员设计了"读者文献资源需求调查表",利用本馆的外网(http://www.jmlib.net)开展网上读者文献资源需求调查活动,广泛收集读者对图书馆文献资源建设的意见和建议,了解和掌握读者的文献资源需求。

(2)召开文献需求座谈。荆门市图书馆每年年初召开不同层次的读者座谈会,听取读者对图书馆文献资源建设工作的意见和建议,供采购文献作重要参考。

(3)采访人员主动走访专家教授及党政负责人,征求、了解、掌握他们对图书馆文献资源建设的意见和建议。

(4)挖掘读者深层次的信息需求,加强学术性图书的采选。学术性图书内容偏重理论性,难以像畅销书一样通俗易懂,要真正适合读者的需求,学术图书不仅要"有用",而且要"可用"。"有用"(学术价值)是文献价值的核心,"可用"(实用价值)是文献价值实现的前提。权威出版社及作者能使学术性图书的质量得到保证,深层挖掘高校读者的信息需求,能加强学术性图书的针对性。

(5)图书利用情况调查。采访人员到流通、阅览或借阅部门去了解所购图书和利用情况,与这些部门的人员进行交流沟通,掌握读者阅读的特点,并对多种信息进行收集分析,掌握读者借阅图书的学科分布特点。

(6)设立读者文献需求意见簿。图书馆在馆内显著位置设立读者图书需求征集簿,在图书馆主页设置"新书由你订"栏目供读者推荐图书,采访人员及时做好读者意见的反馈及订购工作。

通过上述不同形式、不同手段的多维"访问"机制来充分了解读者的需求,建设读者所需求的藏书体系,真正达到馆藏文献资源为读者所用。

2.3 建立特色馆藏,强调重点学科类书刊品种入藏的齐全率

市级图书馆无论是经费、馆舍、人员条件都比较欠缺,尤其购书经费与省级图书馆差距较大,因此进行文献资源建设时应突出重点,注重形成本馆文献资源特色,只有形成本馆文献资源的特色优势,才有被其他图书馆认可、提供社会利用的价值,以及逐步实现网络化和资源共享的价值。笔者认为,图书馆的特色化文献资源建设,就是建立不重复、经济实用、有别于他馆的文献资源体系,系统完备地收集某一学科、某一专题的文献,使之在数量、载体、内容形式上

形成一定规模,有较高利用开发、学术研究价值。只有这样才能形成文献资源需要的群体,从而促进文献资源建设的良性循环。

一是地方文献资料。地方文献是反映一个地方政治、经济、历史、文化、教育、民俗等各方面的地域性资料,是认识和了解一个地区的沿革和社会发展动态的重要窗口,因此重点收藏类目的确定,是根据本市的政治、经济、文化发展的规划、目标而选择某些学科及其相关学科的书刊。这种选择定要有战略眼光,使收藏的书刊能真正适应城市发展的需要,有较大的参考利用价值,重点藏书应尽可能系统完整。荆门市图书馆自 1984 建馆以来,一直重视地方文献的收藏,在积极争取下,荆门市政府先后于 1989 年、1994 年、2001 年三次下发了《关于做好地方文献呈缴工作的通知》,明确规定各县、市、区人民政府,市政府各部门及直属单位,各人民团体,各大中型企事业单位,凡属在荆正式出版或非正式出版,以及有关荆门历史、现状、发展、风土人情等各类文献资料,都属我市地方文献范畴,都应及时完整地呈缴。通过政府下发的文件,能从根本上扭转地方文献征集工作不力的局面,确定征集地方文献工作的连贯性,对本地地方文献建设起到了保障作用。我馆根据《湖北省公共图书馆条例》的有关规定,遵照《荆门市地方文献呈邀本制度》的有关精神,广泛收集地方文献,力争收齐收全,同时加大资金投入订购一些作者无法呈缴的地方文献。

二是以重点收藏类目的书刊,强调品种收藏的齐全率。荆门市图书馆自 2004 年成立采访委员会,每年召开一次采访委员工作会议。在他们的建议下,我馆确立了 5 个研究级学科体系的藏书建设任务(廉政廉洁文献、啤酒文献、地方文献、粮食转化文献、石膏文献)。因此,采购工作在保证藏书结构的基础上,重点加大了以上几个学科文献的采购及收集力度。

金龙泉啤酒集团是荆门市的龙头企业之一,产品荣获"中国名牌"称号,被指定为人民大会堂国宴特供酒和中华人民共和国成立 50 周年庆典国宴用酒。为了更好地服务地方经济,为企业服务,市馆于 1997 年创建了"湖北啤酒文献中心"。该中心以特色馆形式设在金龙泉啤酒集团内,由企业提供发展经费,我馆派管理员工。该中心以轻工业食品酿造为主,组织特色馆藏,并收集相关灰色文献及实物馆藏,积极为金龙泉集团公司技术人员提供信息服务,并通过编辑二次文献《中国报刊经济信息总汇》(啤酒类),编辑出版《啤酒文献书目索引:1949—2002》等方式提供深层次服务。

2004 年,为配合荆门市党风廉政建设,在市纪委的支持指导下,市馆开办了全省第一个"廉政"图书窗口,为市直机关和事业单位副县级以上领导干部办理了借阅证。本书屋注重收藏国内外反腐倡廉的理论书籍、史料及党纪政纪、法律法规、正反典型教育资料、人物传记、有关反腐倡廉的文艺作品等,突出廉政教育的关键和重点,使藏书具有适用性,并拓展书屋图书馆内容,兼收文、史、哲、政、经等人文社科类文献等,办出廉政特色。

荆门高新区是 2000 年 11 月 6 日由省政府批准成立的省级高新技术产业开发区。2005 年8 月,荆门市被省发展改革委确定为全省唯一的循环经济试点城市,荆门高新区被确定为全省四个循环经济试点园区之一,循环经济正在成为荆门耀眼的"亮点经济",并将成为荆门最具活力的经济增长点之一。《荆门市第十一个五年规划纲要》则用了一章两节对循环经济大书特写,绘就了今后五年发展循环经济的宏伟蓝图。为了服务开发区经济建设,为该园区科技人员提供有效的智力支撑,方便科技人员查阅新技术资料,丰富园区内干部职工及企业员工的精神文化生活,市图书馆积极响应市委、市政府的号召,与高新区合作共建"前沿图书馆",于 2008年 4 月 22 日正式开馆。该馆藏书以工业、企业经济、高新区建设为主,以循环经济、节能环保为特色,并共享市馆的所有馆藏及数字化信息资源,馆员着重为高新区提供深层次信息开发服务。

荆门市图书馆的"郭店楚简"收藏中心收藏有郭店一号墓出土的轰动国际的《郭店楚简》相关文献,该文献被誉为文化史库,国际上曾展开多次学术研讨。为确保这些资料完整,我馆曾多次派人参加全国举办的书市选购并在互联网上征订相关文献,形成"全中有重,重中有特"的荆门特色文献资源体系。

2.4 科学配置各种文献载体,用丰富的文化品种最大程度满足读者需求

现代科技的发展,先进的机读目录,数据库正在取代印刷品的目录、索引、文摘的检索,光学和声像技术使缩微制品、视听制品获得了迅速发展。文献资源建设要适应时代,变单一印刷型文献的收藏为多种载体文献的收藏。公共图书馆必须将不同载体、不同记录形式、不同提供方式、不同内容程度、不同类型的文献,依据自身服务对象的不同情况,按照科学比例,进行合理配置。对于图书与期刊的比例,实物文献与网上资源的比例,印刷型纸质文献、缩微制品与声像光盘等电子文献的比例,自然科学与社会科学的比例,都要依据公共图书馆服务对象、目的、性质的不同而有所侧重,保证品种的多样性和适应性,最大程度地满足社会需求。

2.5 加强网络化、协作开发本区图书馆文献资源

信息时代的到来,文献数量的激增以及文献需求的深化,使得任何一个图书馆都难以依靠一己之力满足用户的需求,必须进行网络化建设,利用网络通信技术,实现区域图书馆文献资源的共同开发与服务提供。同时,完善文献资源建设的各项法规,加强数据库建设,数据库建设包括书目数据、事实数据、全文数据和多媒体数据的建设。

总之,采访工作是文献资源的入口,作为采访人员,要加强对读者文献信息需求的分析研究,掌握不同读者需求的特点,特别要了解"个性化"的需求,随时调整文献采访策略,做到与时俱进,将满足读者需求作为图书馆文献采访的终极目标。

参考文献

[1]徐夏莲.掌握读者阅读倾向优化图书采访工作[J].图书馆学刊,2009(6):78-79.
[2]刘开红.新时期荆门市图书馆资源建设体系的规划及共建共享[G]//第三届图书采访工作研讨会论文集.北京:国家图书馆出版社,2009:431-434.
[3]庄雷,汤诚.高校读者阅读倾向对馆藏建设的影响[J].图书馆学刊,2010(1):20-21.

新时期图书馆采访与编目工作关系探析

刘学燕　赵英豪(山东大学图书馆)

文献资源建设中的采访、编目是图书馆最基础的业务工作。采访、编目工作简称采编,相

对图书馆整个业务流程来说,采编是图书馆信息资源开发、配置的重要环节,是关系到图书馆文献资源建设质量及读者服务效率的基础。新时期,计算机网络技术、信息技术的发展,联机合作编目的广泛应用,图书出版发行的市场化运作,给图书馆事业发展带来巨大影响,使采访与编目工作的环境、对象、工作模式等发生了很大变化,并面临着诸多机遇和挑战,需要我们重新审视和研究两者之间的关系,以适应新形势、新发展的要求。

1 从管理体制和模式看两者之间关系

图书馆集成化管理系统的使用,为采访和编目工作搭建了统一的检索平台,实现了跨库检索和统一的书目数据分类标引、体系和标准。所以采访和编目工作需要紧密结合、协调作战。从目前我国大部分图书馆采访和编目工作机构设置情况看,基本上有以下几种:一是把采访和编目分为两个独立的部门,分别称采访部和编目部,两者隶属于文献中心或采编中心;二是将采访和编目合二为一组成采编部或室;三是以文种来划分设中文采编部、外文采编部,两者隶属文献中心或采编中心。[1]三种部门设置各有利弊。

分成"采访部"与"编目部"明确了各自的分工,职能范围清晰,自身业务精练;缺点是采访人员与编目人员相互之间缺乏沟通,馆员理解性差异引发工作上的差错,导致文献资源检索的检全率和检准率下降,工作流程不畅。这必然影响到图书馆其他业务,造成图书馆人力、物力、财力等多方面的浪费,不利于图书馆的文献资源建设。作为合二为一的采编部或室,把采访和编目紧密地联系在一起,有利于工作流程上的沟通与协作,便于领导的统一安排,减少交叉工作,加快文献资源及时进入流通利用状态,增强了文献的时效性,便于读者对文献检索,而存在的问题是分工不明确,职能范围模糊,在重复交叉的工作中相互推诿,责任心不强,从而造成文献资源的重订或漏订,不利于馆藏建设。中文与外文采编由于存在着书商、货币种类、编目规则、预算金额等诸多不同的方面,分别设立部门有利于提高运转效率,明确采编人员职责,可以根据各自的部门情况自我调整,但也存在着文献资源重复采编、部门臃肿、协调性差、人力资源浪费等问题。

但无论机构如何设置,其业务工作内容同属文献资源建设的体系范畴,最终的目的都是更好地发挥采、编工作职能,使其效益最大化,提高采编工作质量,为图书馆其他业务的开展打下良好基础。从采编合一模式看,有利于统一协调全馆的文献资源建设和利用,减少管理层次,合理配置,调整人力资源,节省人力、物力,减少采访和编目工作中的一些重复性劳动,简化业务工作流程。从采编各自独立管理的模式看,能更好地把采访和编目自身的业务工作做得更精细,便于业务工作的管理,因为毕竟采访工作的灵活性大一些,而编目工作可以量化工作指标多一些,相对而言编目工作稳定性更大一些。从中我们可以看出两者既可合二为一,也可相对独立,具体采用哪种模式,应根据各自图书馆发展需要、图书馆自动化系统的使用情况、业务岗位设置、人员情况等,选择适合自身发展的模式才是上策。因此就管理体制和模式而言,没有固定模式,既可合二为一组成一个有机整体,也可作为密切联系的两个独立的个体。

2 采访和编目工作环境、对象的变化对两者关系的影响

新时期,随着我国高等教育事业的蓬勃发展,高校并建和多校区建设成为我国高等教育发

展的一种新现象。所谓并建高校,就是由几所高等院校合并成为一所综合性高校,而多校区则是在原有一所高等院校的基础上派生出若干校区,这两种情况都将对图书馆文献资源建设提出新的要求。在这种新形势下,如何配置与利用图书馆的文献资源,将在很大程度上影响图书馆功能的发挥。一方面,并建高校和多校区高校存在馆藏空间分割的现象,加上并建高校和多校区高校读者对象的复杂性以及学科专业的特殊性,这就要求图书馆在进行文献资源采访和编目工作的时候要充分考虑到这些因素;另一方面由于历史遗留原因,合并前的各高校图书馆图书分编方式与分编手段不尽相同,具体表现在采用的文献分编自动化系统不相同、分类方式不统一、著录方式不一致、编目手段不一样等。这样就造成了合并后的高校文献数据的不兼容性,要改变这种状况必须进行统一分编,数据共享,采用一种自动化系统,采用一种分类法,采用相同的著录方式,这样才能保证文献及其数据的标准性和兼容性。而对于历史已存在的文献著录格式和编目数据,则应根据具体情况,采取相应的回溯建库措施,使之能与现有的文献管理系统兼容。

传统图书馆的采访和编目工作是在封闭的环境下对印刷型文献资源进行组织加工,馆藏文献资源受时空限制。新时期采访和编目面临数字时代全面开放的环境和纸质与电子文献共存的时代,不仅环境发生了变化,而且采编工作的对象也呈多元化发展态势。各种电子文献、网络信息、多媒体文献、计算机文档等成为采访与编目工作的对象。文献载体电子化、数字化格局的转变,拓展了采访与编目工作的内容,也使采编的对象更为复杂化。所以两者所处的环境和面临的对象都是相同的。怎样对这些电子化、数字化的资源进行采集和组织是采访与编目工作共同面临的新课题,需要探寻新的技术手段和工作模式。

3 从采访和编目工作的内容和流程看两者之间关系

采访工作是根据馆藏发展政策和采访工作计划,利用各种渠道搜集图书馆所需要的各类型文献资源。编目工作则是对采访搜集的各类型文献资源进行整序,依据行业标准如《中国机读目录格式手册》《中国图书馆分类法》《中国文献编目规则》《CNMARC 著录格式》《汉语主题词表》等,或利用国家图书馆联合采编中心和"211 工程"的高等教育文献保障体系(CALIS)联合编目中心这两个我国最大的书目中心数据进行分类、著录和标引,力求全方位多角度揭示文献资源外在特征和内容特征,从而为读者服务打下坚实基础。图书馆计算机自动化集成管理系统的使用,使采访和编目工作共用一个平台,所有采编业务工作均可在网上进行,实现了跨库检索。如采访人员订购验收的书目数据可以作为编目人员的预编数据直接使用,减少部分字段的输入,从而为编目人员节省了时间,网络信息技术的发展使两者之间的关系更为密切,也使采编工作有许多交互性的工作内容。

而采访工作采选的各类型文献资源的配置是否合理,各学科比例是否恰当,多卷书、连续出版物收集是否系统、齐全等这些都依赖于编目工作各项统计数据作参考。再如期刊的卷期、出版频次变化、催缺等都需要期刊验收人员及时将这些情况反馈给采访和编目人员,以便及时更新书目数据。

在多卷书、丛书、连续出版物的分类标引方面,是集中处理做成一条编目数据或分别处理,这些都会对采访工作带来很大影响,容易造成漏订、误订。因此像以上这些情况都需要采访与编目人员及时沟通协调。同样,对读者急需的文献,除要求采访人员以最快的速度购进,当然也需要编目人员以最快速度分编,由此可见采访与编目人员必须密切配合才能使购进的文献尽快与读者见面。

另一方面,编目工作如果是在回溯状态下进行,就体现了其独立性一面,可以完全脱离采访而进行,只不过他们仍需要做一些采访验收工作,如财产号输入、粘贴条形码、盖馆藏章等,虽可独立完成,但还是做了一部分采访验收的工作,从这一点我们可看到采编工作的交互性。

因此从工作内容看,两者都执行统一的图书分类、著录标引标准,两者的业务工作相互影响,相互制约。而通过各自业务工作内容为彼此更好的开展业务工作,提供了有效的支撑和保障。

4 采访和编目工作模式的变化对两者关系的影响

20世纪90年代后期,业务外包管理方法引进我国图书馆界,并在近几年得到极大发展。目前图书馆业务外包主要集中在采访和编目工作的外包。外包形式分为全部外包和部分外包。全部外包就是将采编已有业务工作外包;部分外包是把采访中的查重、订单制作以及图书加工中的拆包、验收、粘贴条形码、加装磁条、盖馆藏章等,编目工作中的查重、分类、著录、标引、打印书标、贴书标以及典藏业务中的分馆藏地等,外包给图书供应商或数据公司来完成。可以说在网络发达的今天,利用网络合作而构建的具有统一标准的联合目录数据库,真正实现了联机合作编目,各成员馆可以上传或下载编目数据,大大降低了原始编目数量,特别是大量的原始数据被套录两大编目中心的数据所取代,使编目技术难度降低,因而也为编目工作的外包创造了条件,成为业界的一种发展趋势,当然也是图书馆近年来在采编人力不足的条件下的必然选择。许多图书馆采编业务外包成功的实践证明,采编业务外包的确提高了采编工作效率,大大缩短了新书与读者见面的时间,从而加快了图书的流通,这些优势有目共睹。而且外包的项目多是一些技术含量要求不高的工序。但为了保证采编工作的质量,在业务外包方面还需注意以下几方面:首先,选择资信好、业务精细熟练的图书供应商或数据公司来承担;其次,要对选择的外包承包商有关人员进行采访和编目有关业务培训,培训内容应包括采访数据制作要求、标准、财产的录入、条码、磁条、书标粘贴、文献分类著录、标引规则要求、种次号选取、复本MARC合并、盖馆藏章等,[2]使他们掌握本馆采访编目业务标准,做到标准化、规范化管理。

另一方面,由于承包商工作人员不归图书馆管理,人员流动性大,对采编数据的质量产生影响,因此必须建立外包业务许可机制,并有专人负责监督检查数据质量,及时发现问题,及时与承包商协商解决。可以说采编业务外包使采编劳动强度降低,而联机联合编目降低了编目技术难度,甚至有人提出了采编工作业务弱化,但从以上分析可以看出,其管理的职能在不断增强,也使采访和编目有更多的时间来进行深层次的业务拓展,由文献层面深入到知识层面。[3]

5 新时期采访和编目工作职能的拓展

新时期文献类型载体的多元化要求采访和编目工作拓展、深化采编方式和内容。各种数字化、网络化信息资源的出现,以及读者对信息资源利用的要求与期待,为采访和编目工作增加了新的工作内容,这就要求采访和编目探寻新的工作模式。

传统的采访对象只是针对纸制型的书、刊、报等,而新时期图书馆的采访对象还包括视听型、机读型、光盘型、网络型的电子信息资源。同时,电子信息资源的比例也在逐年增加。为了满足用户需求和图书馆网络化建设的需要,应调整采访策略,对各类文献的入藏比例和经费支出比例进行调整,逐渐加大对电子信息资源的收藏,这将为加快信息检索自动化、促进网络化建设进程和实现图书馆资源共享奠定物质基础。

传统的编目对象就是书目单元和文献单元。随着当今计算机技术和通信技术在图书馆的应用,如多媒体资源、本校学位论文、本馆购买的光盘数据库,以及网上资源的编目都是新的编目课题,需要编目工作者不断去探索。这些网络信息资源相比传统实体资源有几个特点,一是数目增长迅速,质量良莠不齐;二是信息源不规范,难以客观著录;三是内容丰富多彩,难以准确标引;四是网络存取,时空范围得到最大程度的延伸和扩展。因此最近几年,LC 和 OCLC 不断对 USMARC 格式进行局部的修改,以及 InterCat、NetFirst 等建库,以适应网络信息资源编目不断发展的需要。

需要指出的是现行的 MARC 用于网络信息资源编目,成本高且速度慢,面对海量的网络信息资源深有力不从心之感,因此图书馆界也在积极探讨利用各种元数据的方式进行组织,随着元数据格式和标准的完善,相信编目人员在整合和处理网络资源方面将会扮演重要角色。

总之,在新时期,图书馆采访和编目工作面对新的信息环境和信息资源,为图书馆采访和编目人员提出了许多新的课题,需要我们不断思考、探索和创新。

参考文献

[1]谭春花.网络环境下图书馆采编工作的创新与协作[J].情报杂志,2008(4):148-150.

[2]郑振品.高校图书馆采编业务管理模式比较研究[J].图书馆学研究,2007(3):49-51.

[3]赵晶,韩煦,丁如龄.我国高校图书馆编目工作的现状[J].中华医学图书情报杂志,2010,19(7):37-39,42.

出版社改制给图书采访带来的挑战和对策探析

刘　雅　曲艳华(国家图书馆)

柳斌杰署长曾经指出:"如果新闻出版业不走市场化发展道路,不进入市场,就会始终缺乏资本,缺乏实力,缺乏一套完整的运行机制,就会逐渐萎缩而不是发展。"因此,出版业不改革就没有出路。出版社由事业单位向企业单位转变,给图书采访工作带来了新的挑战,图书采访人员必须了解清楚当今形势下出版市场的全貌,做好新信息环境下图书的采访工作,建设好图书馆馆藏体系。

1 出版社改制的历程和目前出版业的总体情况

我国的出版业是在计划经济体制下形成的,具有十分浓厚的计划经济和行政色彩,一方面享受着双重优待——事业单位和企业单位的好处,另一方面又受到条条框框的限制,比如政策的限制,办刊的只能办刊,出书的只能出书,办网的只能办网,导致出版业僵化没有活力。

2003 年,文化体制改革启动,确定 21 个新闻出版企事业单位为全国文化体制改革的试点单位。2004 年 4 月 5 日,国家新闻出版总署正式进行出版体制改革,除人民出版社以外的所有出版社都将转型为经营型企业单位。2006 年继续扩大改革试点。2007 年是高校出版社改革推广的实施年。2008 年年底,第二批 60 多家大学出版社转制启动。2009 年是出版社体制改革的决胜之年,中央各部门各单位转企改制步伐进一步加快,当年 4 月,新闻出版总署印发《关于进一步推进新闻出版体制改革的指导意见》,明确了中央各部门各单位体制改革"时间表"、"路线图"。5 月,新闻出版总署出台了中央级出版社体制改革工作方案。到 2009 年年底,已有 268 家地方出版社、100 多家高校出版社、101 家中央部委社完成了转企改制。[1]截止到 2010 年 12 月 30 日,中央各部门各单位出版社已全面完成转企任务。在约占我国出版社总数三分之一的 177 家中央各部门各单位经营性出版社中,除 1 家出版社停办退出,其余 176 家都已换了"企业身份证"。[2]截至 2011 年 1 月,包括地方出版社、高校出版社、中央各部门各单位出版社在内的全国所有经营性出版社已全部完成转企,成为市场主体。2011 年 4 月 7 日,新闻出版总署出台了《关于进一步推进新闻出版体制改革的指导意见》,提出 2012 年年底前,全面完成经营性新闻出版单位转制任务,在三到五年内,培育出六、七家资产超过百亿、销售超过百亿的国内一流、国际知名的大型出版传媒企业。中国出版业将进入一个崭新时代。

2 出版社改制给图书采访带来的挑战

2.1 出版业重新洗牌使采访信息的采集困难重重

很多出版社在改企过程中更换地址、联系人、电话、库房等,还有一些出版社更名、被取缔、被合并等,社会科学文献出版社社长谢寿光认为,"在未来 3—5 年内,现有出版企业至少有三分之一可能活不下去。少数出版集团会进入快速发展和增长期,但相当一部分中小出版社将会出现不适应症,退出现有的出版领域"。[3]出版社的重新洗牌,使得出版信息收集不全、不准确、不及时等诸多问题接踵而来,图书采访的信息急需更新。而出版发行的市场化也导致一些图书发行单位的垄断地位被打破,各种民营、集体、私有企业纷纷加入,发行渠道的分散使图书出版的信息也随之分散,导致书目多、信息零散、报道迟缓甚至失真等现象。这就为图书采访信息的收集工作带来了重重困难。

2.2 图书出版量大幅上扬增加了图书采访的压力

中央编译出版社社长和龑曾经指出:随着出版社改制的成功,极大地解放生产力,逐步提升市场化程度,我国出版业将会有一个极大的发展空间,势必会出现"井喷"现象。近几年,国内图书出版速度一路激增,大有不可逆转之势,下表为近 5 年出版量。

表 1　近 5 年我国图书出版总量

出版年	合计	新版图书	重版、重印书
2006	233 971 种	130 264 种	103 707 种
2007	248 283 种	136 226 种	112 057 种
2008	274 123 种	148 978 种	125 145 种
2009	301 719 种	168 296 种	133 423 种
2010	328 387 种	189 295 种	139 092 种

从表格中我们能看出这 5 年我国图书出版一直处于增长状态。国家新闻出版总署副署长于永湛说,"我国每年出版的新书在以 10% 的速度增长"。一方面,图书出版总量的大幅增长增加了采访人员的工作量;另一方面,面对海量文献,如何从中精选出适合收藏的高质量图书,则成为图书采访人员面临的一大问题。

2.3　出版社市场化使得图书选题重复、质量参差不齐

出版社改制后,由于出版社要自负盈亏,出版物的经营自然也要市场化——图书品种和选题迎合读者的喜好。因此,各出版社之间出现同一种类不同版本的优秀书、畅销书、炒作书等,重复出版、"跟风"现象比较严重。据 2005 年有关统计,《红楼梦》已经有 230 个版本,《三国演义》已经有 210 个版本,《水浒传》《西游记》也都超过 190 个版本。2008 年一年各出版社又新出原著《红楼梦》56 种,原著《三国演义》56 种,原著《西游记》62 种,原著《水浒传》56 种。对于图书采访来说,如果按照国际标准书号 ISBN 查重,那些不同出版社出版的数百个版本的著作都有独立的 ISBN 号,必然会导致大量重复购买;而如果在 ISBN 号批量查重的基础上再加上题名查重,则可能导致放走了权威本和各种特色本而购买了低水平重复本、抄袭本。而且,采购书目信息基本上只有书名、出版社名、定价、出版时间、ISBN 号(条形码)等信息,仅从这些信息中无法对版本作出鉴定,图书采访人员需要花费大量心血才能淘到真正有价值的版本。与此形成强烈反差的是,由于改制后的市场导向,出版社对一些学术价值较高、专业性强、应用范围小、读者面窄的专业图书不愿投入市场宣传,导致学术著作冷寂。

另一方面,包销书明显增多,这部分图书的印刷量本来就非常少,有的时候样书间也只留几本甚至没有,也就无法给图书馆缴送这部分图书,读者、图书馆都难以买到,包销书的漏藏就很有可能逐渐增多。

以上情况都加大了图书馆采访人员鉴别和采购的难度。

3　应对出版社改制后带来的挑战的具体对策

出版社改制后,出版社的经营理念、出版情况等都发生了变化,给图书馆的采访工作带来了新的挑战,图书馆的采访观念也要与时俱进,采访人员应不断研究市场动态,开展市场调查,关注图书发行趋势,了解图书发行渠道的种种变化,保证图书馆的采访质量。以下是针对出版社改制后给图书采访带来的挑战所提出的对策,任何一个单独的对策都不能满足图书馆同时对采全率和采准率的要求,所以以下的对策是一个整体。

3.1 图书馆与出版社直接开展合作

改制后,出版社从生产型变为生产经营型,从出版图书延伸到批发图书和直销图书,日渐成为图书市场流通的主要组织者。出版集团更是增强发行实力,从仓储、发货、推广、渠道构建、网络配置、资金回流,组建一条龙发行服务。对于出版社而言,图书馆这块市场有可观的市场消费量,退货情况较少,付款及时有保障,所以出版社愿意主动开展对图书馆的营销。

对于图书馆来说,曾有图书馆提出采购"二八律",即"80% 左右的书经常来自于 20% 的出版社"。如果图书馆直接从核心出版社采访图书,只要双方在操作过程中密切配合和良性互动,将提高图书采访工作效率。

既然出版社和图书馆开展合作可以双赢,鉴于图书馆采访的要求,图书馆和出版社的合作(以下简称馆社合作)可以采取"从核心出版社扩展到外围出版社"的模式。布拉德福定律对核心出版社给了定义,核心出版社是指文献信息密度高、文献新颖、利用率和学术声誉高,并且其出版的图书最适合本馆的入藏要求,同时在馆藏体系中所占比例最大的某些出版社。"核心出版社"采购法就是通过研究学科文献的出版品种分布,确定各学科文献源"核心区"———核心出版社,然后直接向出版社采购,或者将各学科核心出版社出版的图书委托给一家或多家专业书商代理采购。我们这里要说的是直接向出版社采购。

具体操作方法是:采访人员先确定核心出版社的范围,收齐核心出版社的目录,与他们达成长期合作协议,采访人员采取"网罗式"重点采购方式,除了少数不符合入藏要求的,其他全部购齐。外围出版社即核心出版社以外的出版社。外围出版社的图书由采访人员运用各种手段补齐,可以通过书目预订采购,采取"精选式"的采访策略,也可以将外围出版社的图书采购承包给书商。

馆社合作具有以下几个优点:

一是价格优势。馆社合作,省去了中间商这一层利益,便于争取到出版社最大程度的优惠政策。同时出版社库存的图书,也能以较大折扣处理给图书馆。这样图书馆的购书经费能得到最大利用,购买到更多图书,从而使馆藏量增加。

二是采访周期缩短。出版社作为直接的图书生产者和供货者,能在第一时间将书送达图书馆,保证了图书信息传递的及时性、准确性等。据统计,通过出版社直接订购,从发出订单到新书入馆一般只需几天, 最长不超过 15 日, 较由经销商提供图书的时间周期要提前 1—2 个月,现购图书的到书率大大提高。这样满足了读者对信息的快、准、新的要求,提高了新书的利用价值。

三是提高采访效率。一方面长期合作能让图书馆全面了解核心出版社的文献出版情况,另一方面图书馆可以充分利用学科文献出版相对集中的特性,花费较少时间和精力收藏大部分所需图书,购全率高,保证了图书馆藏书结构的完善。

3.2 开展网络采购

目前,网络已经深入人们生活的各个方面,电子商务也风靡全球,网上书店随着网络技术的发展应运而生。网上书店通过人与电子通信方式的结合,依靠计算机网络,以通信技术为基础,实现图书销售的网上交易。网络采购也叫网络采访、在线采购,是图书馆文献采访人员以网络为媒介,以交易双方为主体,根据网上书店设计的购书程序,通过网上支付进行图书交易。

网上书店具有覆盖全球的优势,网络采访可以成为图书馆图书采购的一个重要补充途径。

网上书店所经销的图书品种数量之多、品种之全,令所有的传统书店望尘莫及。比如,当当网上书店有图书28万余种,北京图书大厦只有图书20万余种。在国外,著名的亚马逊网上书店能提供310多万种图书,美国俄亥俄州的图书馆网络书店能提供100多万种在版图书和300多万种绝版图书。

网上书店利用网络优势能提供海量书源信息,包括题名、ISBN、前言、出版社、折扣等多种信息,采访人员可以充分了解出版物的相关信息,及时掌握最新出版动态,使得采访在全面了解后的决策更具科学性。网上书店还可将出版或发行单位的书目数据与图书馆采编系统的数据有机结合,实现资源共享和采编工作全过程的自动化。

网上书店为图书文献的查找和挑选提供了便捷高效的检索工具,可采用题名、ISBN 等多种方式进行检索,采购人员可以从各种不同的角度检索,从而大大节省了图书采访时间,提高了文献采购效率。

网上采访突破了地域空间的限制,使图书馆高效获取世界各国出版的图书成为可能。因一切信息和数据均在因特网上高速流动,节省了大量人力、物力和时间。

根据目前电子商务的发展态势,可以预测网上采访将是图书馆采访工作发展的必然趋势,将为图书采购工作注入新的活力,实现真正意义上的图书馆采访工作网络化和现代化。

3.3 采取招标方式,选择好的书商

出版社改制后,图书出版量呈现"井喷"现象,图书馆的采访人员即使加班加点也无法满足工作需要。针对此现象,可以采取图书采购招投标的方式选择供书商采访图书,作为馆社合作采访模式的补充。

需要注意的是,不能把所有的采访工作集中在一家供书商身上,应该根据不同业务需要选择不同的供书商,这样一方面有利于竞争,另一方面也可防止腐败。目前,国内主要经营图书馆供书的书商大致分为三类,即新华书店系统、民营书商、出版社图书馆直供系统,三者各具特色,各有优劣势。新华书店系统立足北京,辐射全国,是规模宏大、资金雄厚、信誉优良的国内最大的图书发行中盘商,占据了 25%—30% 的市场份额。民营书商是新华书店系统最强劲的竞争对手,它经过 10 多年的发展壮大,凭借灵活的经营策略、敏锐的商业嗅觉、热情周到的服务等,占据了约 60% 左右的市场份额。第三类目前占据的市场份额比较少。

那么,如何选择供书商才能使图书馆的采访工作达到采全率和采准率的要求?

首先要选择资质好的书商。书商资质主要指书商的综合实力,包括财务状况和经营状况。在招标文件中可以明确注明书商的注册资金、固定资产和负债情况,选择具有雄厚经济实力的优质书商。还要考核书商的经营状况,包括书商的年销售量、合作情况和卖场规模等。

其次是选择服务好的书商。书商的服务承诺可归纳为书目数据、到货承诺和售后服务三个方面,注意要选择与本馆的采编系统相匹配的书目数据格式的书商。

还要建立书商考核机制,对书商提供的书目、订单、图书品种等方面进行全面考核,引入有效的竞争机制,对供应图书效果不佳的发行商及时淘汰。

3.4 提高采访人员的素质

改制后出版行业更加错综复杂,为追求经济利益,可能会有大量沽名钓誉之作、拼凑抄袭

之作、大同小异的教辅书、所谓的畅销书等垃圾书籍出现,采访人员的素质对文献馆藏质量起着至关重要的作用。

图书采访人员必须相应地要求提高素质,把握好文献采购的基本原则,精通不同文献载体的出版特点,具有敏锐的情报意识,有计划、有目的地在众多出版物中精挑细选。采访人员可以通过网络阅读某些图书内容,或者通过各方面调研来作出采购决策。采访人员还必须具备出版行业、重点学科的相关知识。据了解,每年全国至少有5000种图书是重印书,采访人员在采访时要注意版本考察,具有版本知识,了解清楚同书不同品种、不同版本或旧书再版情况,用变通的方式来解决纷繁复杂的采访环境中面临的各种问题,不能局限于一种采访手段,同时要适时调整工作方法。

4 结束语

综上所述,出版社改制对我国的图书馆事业产生了不可忽视的影响,重视出版业在图书馆发展中的作用,认真对待改制给图书馆采访带来的挑战,化挑战为动力,寻求对策,将有利于图书馆的建设,两者之间的合作发展将给出版业和图书馆带来不可估量的益处。

参考文献

[1]熊建莉.核心出版社及其采访模式探讨[J],情报探索,2009(7):50-51.

[2]龚菲.图书采购实行馆社合作新模式之我见[J].图书馆学研究,2005(12):46-48.

[3]和龑.关于中央级出版社转制的几点思考[J].中国报道,2009(7):28-29.

[4]牛振恒.对出版社直供图书馆的几点看法[J].出版发行研究,2006(3):32-36.

[5]新闻出版总署网站[EB/OL].[2011-09-13].http://www.gapp.gov.cn.

图书馆音像资料采访工作的认识与思考

刘 峥 孙晓玫 冉志娟(国家图书馆)

图书馆采访是图书馆重要的基础业务工作,是图书馆馆藏建设和读者获取信息资源的基石,关系到图书馆的馆藏质量,同时更是信息资源服务的重中之重。而音像资料作为非书资料的一种,是图书馆收藏的重要文献类型之一,同样是不可缺失的一个重要组成部分。然而,由于音像资料的特殊性,比如载体类型的变化、内容涉及的学科领域广泛等使得我们在音像资料的采访、管理、使用等方面存在着一定的问题,笔者从事图书馆音像资料采编工作多年,也经常和来访的图书馆同行就电子资源、音像资料的管理进行交流,在此针对音像资料的特点及采访谈谈自己的几点认识和工作体会。

做好音像资料的采访工作,除了要求采访人员本身应具有的良好的业务素质、熟悉馆藏和用户需求之外,还要熟悉和了解音像资料这种信息载体的特点、类型和变化发展,有计划地搜集相关信息,只有这样才能做好音像资料的采访选订,保证馆藏质量,使得图书馆馆藏资源向着有目标有系统的方向发展。

1 音像资料及其变化与发展

1.1 音像资料

音像资料又称声像资料、视听资料、音视频资料等,"是以电磁材料、感光材料为存储介质,以电磁手段或光学手段将声音和图像记录下来而形成的一种文献类型"。以声音和图像的形式记录和传播信息,形象生动,同时传播迅速,受众面广,能广泛普及,而受载体形式所限,需要一定的设备才能使用是音像资料的特点。音像资料主要分为以下几种形式:

(1)音频资料(单纯声音),比如传统的唱片、录音带,如今的光盘(CD、MP3)等;(2)视频资料(单纯图像),比如投影胶片、幻灯片和无声电影等;

(3)音视频资料(声音图像兼备),综合声、像两种技术,既能记录声音又能记录图像的,常见形式有记录在录像带、光盘(VCD、DVD)上的影视片、动画片等。

1.2 变化与发展

音像资料的产生和发展与现代工业和高科技的进展有着密切的关系,其发展过程被称为"是一部现代传播媒介的发展史"。1877年7月18日,爱迪生在实验室里录下并重放了他自己朗诵的歌词和他的笑声,这在人类历史上还是第一次,录放声音的成功也就诞生了早期的唱片。伴随人类历史发展中第三次技术革命产生的电子、激光技术应用于文化信息传播而兴起的高科技产业,使得音像资料的载体类型和信息记录方式不断地推陈出新,高科技的快速进步,特别是数字化技术、压缩技术、超媒体技术的出现在音像资料记录技术上成就了一次质的飞跃。音像资料的发展变化大致表现在以下几个方面。

1.2.1 载体类型的变化

音像资料经历了从低存储量到高存储量、从短暂的播放时间向较长的播放时间,从胶片到唱片到磁带再到光盘的发展。如,最早的胶木、塑胶→磁带→光盘→虚拟的网络,主要载体表现有胶片(幻灯片、电影片)、唱片(粗纹、密纹)、磁带(录音带、录像带)、光盘(LD视盘、CD、VCD、DVD)、虚拟网络(VOD点播、互联网在线视听)等。

1.2.2 信息记录技术的变化

音像资料主要经历了从模拟视听存储到数字视听存储的发展,从单纯的视、听到视听兼备到多媒体技术广泛应用的历程。数字化就是把影像、声音或图形等信息以数字方式表示出来的过程。而这个过程已经发展到一个新境界,可以把任何形式的数据以极高效率存储、传输和检索,而失真程度极低。

1.2.3 信息存储方式的变化

由于科学技术的突飞猛进,视听的存储技术领域也发生了此起彼伏的革命,经历了机械记录到光学记录到磁性记录,最后到数字记录;从单纯视觉和听觉技术到视听综合运用到多媒体技术的发展过程。其中数字技术和多媒体技术的出现在音像资料记录技术的发展史上成就了一次质的飞跃。如,机械存储技术的早期的唱片、光学存储技术的有声影片、磁存储技术的录音带和录像带、数字存储技术的光盘(CD、VCD、DVD)等。技术的发展,特别是压缩技术和多媒体技术的出现,使得一些大容量的信息存储成为现实,多媒体技术的应用,使得传播媒介不仅可以视听兼备,还可以在信息的组织和处理上更人性化,在资料的播放过程中具有更好的交互性,使得视听媒体的存储方式朝向超媒体、互动性、连结性、多层次性等方向发展。

1.2.4　信息内容变化

科学技术的发展,将许多的不可能变成了现实,音像资料的内容主题也发生巨大变化,早期的音像资料主题内容以音乐、影视类为主,而今涉及的学科主题、内容更加广泛,如语言、文学、历史、政治、自然科学、农业、医药卫生、旅游、地理等,成为人们学习、生活必不可少的信息来源之一。互联网的迅猛发展和广泛普及,以及电子商务的应运而生促使人类欣赏方式又面临新的突破,人们既可以通过互联网上的音乐站点欣赏音像节目,也可以通过互联网购买到自己喜欢的产品。同时,网络技术的发展带给音像业一种全新的音像租赁方式——网络租赁。

2　音像资料的选择标准和需要注意的问题

音像资料的诞生可以追溯到 17 世纪,而它被社会重视并在图书馆、情报机构得到大力的收集和利用还是在 20 世纪以后。当时,国内音像资料的出版刚刚起步,其发行量还没有形成一定的规模,全国图书馆系统还没有几家收藏音像资料。然而这种新兴载体的优越性和实用性,已逐渐被人们认识。比如,国家图书馆音像资料的收藏起源于 20 世纪 80 年代。目前馆藏音像资料载体类型多样,实体资源有录音带、录像带(1/2 录像带、3/4 录像带、Beta 录像带)、高密度视盘(VHS)、激光视盘(LD)、光盘(CD、MP3、DVD)等;网络资源有库克数字音乐图书馆、新东方多媒体学习库、搜客有声图书馆、网上报告厅等。内容方面更是丰富多彩,除了音乐、影视方面,还涉及政治、经济、军事、法律、教育、医学、历史地理、人物传记、文化艺术、科技信息等广泛的学科领域。由此看出,音像资料选择标准的关键就是信息资源的记录载体和信息资源的内容,也就是说,在音像资料的选择上,要遵循一般资料类型的采访原则,考虑到实用性、系统性、特色与协调性、经济性以及时效性,同时,考虑使用设备的更新、技术的先进性等方面,制定采访方针、选择标准,更要侧重的是在音像资料自身的特点的情况下,收集相关的出版信息进行查重、选订等,最后完成音像资料的采访工作。

2.1　音像资料信息资源记录载体的选择

音像资料作为出版物的一种类型,其内容和载体形态都多种多样,因此在采访的选择标准上一般从其所表现的内容和载体类型两方面考虑。目前,市场上音像资料出版物的主要载体有实体的数字光盘(CD、MP3、VCD、DVD)、录音带和虚拟的网络联机系统三种载体类型,在选择上要考虑信息记录的载体与现有的播放、使用的设备是否相匹配,同时考虑不同的信息载体所表现出的不同的音质、画面的清晰度。例如,国家图书馆馆藏《世界舞蹈大系》原来载体是录像带,后又出版 DVD 光盘版,由于光盘的存储信息量大,又经过数字化的处理,增加了画质清晰度,色彩更加丰富多彩,因此虽然内容相同,但是也要收藏。又如,蓝光 DVD,当人们对于多媒体的品质要求日趋严格的情况下,储存高画质的影音以及高容量的资料储存的蓝光 DVD 走向市场,出现在我们面前,图书馆对于收藏这种新型的资料类型也是很有必要的。需要注意的是,蓝光 DVD 的播放设备必须匹配,比如要配备相应的蓝光 DVD 播放机、蓝光光驱,同时需要有与蓝光光驱相匹配的计算机硬件以及播放软件等。超媒体、网络技术的发展为音视频资源的利用提供了更加便利的条件,人们可以通过互联网在线视、听自己所需要的影视、音乐作品。国家图书馆收藏了大量而丰富的古典音乐作品,由于都是实体资源(CD 光盘),用户在使用时不够便利,需要通过馆藏书目数据记录检索、填写索书单,由工作人员到库房取盘、安排专门设备播放,环节、流程繁琐。而音视频数字资源"库克数字音乐图书馆"(在线)不但收藏大量的世界古典音乐,同时藏有世界各国的国歌,独具特色的民族风情音乐、爵士音乐、电影音乐,汇聚了从中世纪到现代 9000 多位艺术家、100 多种乐器的音乐作品,总计 50 万首曲目,同时还可提供 10 万余页的乐谱下载,用户可直接在线观看歌剧、音乐会、舞蹈等。另外,还有《网上报告厅》《万方视频数据库》等,这些网络资源拥有很好的平台和先进技术,内容定期更新,对于图书馆收藏特别是在用户服务方面有着实体资源无法比拟的优势,因此图书馆选择购买这些网络音视频资源,在满足用户需求的同时,更有利于实体资源的保存和收藏。

2.2 音像资料信息资源内容的选择

音像资料内容涉及领域广泛,选择的内容要符合馆藏标准、满足用户的需求。根据音像资料的特殊性,在内容的选择上一般分音频、视频两方面考虑。

2.2.1 音频

音频资料主要是音乐作品,其次是一些讲座、讲话、语言学习等方面的资料。音频资料选择难点主要在音乐作品上。对于音频资料,除了题名、责任者、出版者等一般信息的查询外,侧重点在资料内容上,也就是每个曲目的甄别上。一般有以下几种情况。

(1)相同的题名(曲名)不同责任者、不同的责任方式。例如,著名的古典音乐作品《圣母颂》,作曲者分别有舒伯特、巴赫、莫扎特等,表演方式和表演者又不尽相同,有独唱、合唱、低音提琴、器乐合奏等演奏形式,演唱者有美籍华人崔岩光、意大利贝尼阿米诺·吉利以及杭州爱乐天使合唱团,低音提琴演奏有美国著名低音提琴演奏家加里·卡尔,合奏有法国萨克管合奏团等,不同的表演方式和表演者对作品的诠释有着不同效果,带给人们的感受也是不一样的。

(2)同一作品、责任者不同时期的作品也要作为选择范围。例如,《E 小调小提琴协奏曲,作品 64》有两个 CD 专辑,作曲者是门德尔松,由美国著名小提琴家内森·米尔斯坦分别在 1945 年和 1973 年演奏、录音。

(3)版本的不同也是选择的一个标准。例如,意大利作曲家安东尼奥·维瓦尔第的《四季》就有三个版本。一是由 Philips 公司出版的意大利小提琴家萨尔瓦多·阿卡尔多演奏的,此版本是 1987 年意大利莫纳音乐节上的现场实况,被《企鹅唱片指南》评为三星带花。二是由 L'OLEAU-LYRE 公司出版的,古音乐学会管弦乐团演奏,克里斯托弗·霍格伍德指挥的版本,由于仿古乐器演奏,音色和演奏风格更具有时代感。三是德国 DG 出版公司出版,由四位著名小提琴大师演奏,祖宾·梅塔指挥的《四季》专辑,为胡贝尔曼音乐节实况(The Huber-man Festival),被誉为"当代小提琴艺术顶峰"。

由此看出,音频资料的选择主要从作曲者、演奏者、指挥者、乐队甚至录音出版等方面考虑,同一作曲家的作品,不同的演奏、指挥甚至录音者不同,都需收藏。三者均相同的还需要考虑责任者所处的时期、年龄等因素,这些因素的差异,代表了演奏者思想情感,带给观众的感受也均不相同。另外,一首歌曲,其演唱者不同、演出形式不同(独唱、合唱、老歌新唱等),演绎效果不同。因此在采访原则、方针的指导下,对这些有着各种差异的作品都应尽量收藏。

2.2.2 视频

目前市场上出版的视频资料主要是影视作品、讲座以及资料片、纪录片、电视节目等。电影、电视剧的繁荣发展给图书馆音像资料的采访带来一定的复杂性，除了考虑音质、图像、设备使用外，还要考虑以下几点。

（1）内容的甄别。经典、著名的各类型影片无疑是图书馆收藏的重点，而往往因为著名、经典而会出现许多复杂的情况，如四大名著之一的《红楼梦》，就有电影、电视剧、戏剧电影、舞台剧等，电视剧又有新版，舞台戏剧又有京剧、越剧、评剧等，在众多形式作品中，除了原著者曹雪芹，其他诸如编剧、导演、主演等均不相同，由于对名著的理解有差异，因此产生出的作品也不尽相同，具有一定的收藏价值。

（2）对白语言、字幕语言。目前主要有三种形式：一是对白和字幕的语言完全相同；二是对白和字幕语言不相同，比如英语对白，英文、中文、日文、韩语字幕；三是配音的不同，比如20世纪80年代初引进的一批国外经典电影，均有上影厂或长影厂著名配音演员配音，具有时代感，资料珍贵，属于收藏范围。

另外，对于一些非正式出版的，市场上购买不到的资料，其画面清晰，内容新颖、具有收藏价值的也应选择收藏。

2.3　音像资料出版物特殊情况的处理

由于国内音像市场出版情况复杂，出版物良莠不齐，一些民营公司没有出版权，但是却比出版社更了解市场需求，在出版物的产品上形成自己的品牌，如俏佳人、中凯文化、泰盛文化等通过购买版号或者以合作出版方式出版大量音像资料，针对各个图书大厦、音像店，时效性强，数量有限，如果在采访时不及时跟踪了解这些出版信息，过时就很难再购买到这些资料。另外就是选择信誉比较好的音像资料品牌产品是比较安全的行为，如资格最老的百代唱片公司、索尼唱片公司、德国留声机公司出版或授权出版的资料，无论在内容还是在音质上都能保证较高而稳定的水准，可以作为首选。需要注意的是一些套装的音像出版物虽然收录内容全而精，对于保证馆藏内容的完整、系列性很有帮助，却有个别出版商、发行商为某种出版目的以套装、礼盒包装形式出版一些音像出版物，其内容重复、制作粗糙，东拼西凑，如影视类，通常是奥斯卡的经典电影、迪斯尼动画等，更换不同主题反复出版；还有就是某专题类的，把内容相关的出版物重新封装，给予新的题名、版号，但是里面的出版物本身都带着不同出版社的名称和版号。这些情况如果只凭借出版商提供的目录来查重、选订是很难判断的，只有在拆开包装后才能发现这些问题。因此，音像资料的购买单从出版社、出版商提供的目录作为唯一选择途径是不可行的，还是要根据实物再甄别，或者可以从网上（当当网、亚马逊）查询对比，以防止鱼目混珠，造成人力、物力、财力的浪费，无法保证馆藏质量。

音像资料是图书馆资源建设的重要组成部分，因此对一般资料的选择原则也适用于音像资料，由于音视频资源的特殊情况，选择标准、范围很复杂多样，图书馆制定的采访方针不可能涵盖所有复杂情况，本文所述的只是一些目前采访工作中比较常见的一些问题及解决方法，未来随科学技术的发展，还会出现更多更复杂的情况，需要采访人员以"用最少的花费给最多的读者以最好的阅读"为座右铭，不断更新观念，补充知识，开阔眼界，以适应时代的发展、采访工作的需要。

参考文献

[1]刘兹恒.非书资料采访工作手册[M].北京:北京图书馆出版社,2004.

[2]葛涛.声音记录下的社会变迁:20世纪初叶至1937年的上海唱片业[J].史林,2004(6):53-60.

[3]堵海燕.关于外文期刊采访工作的思考:从中国地质图书馆外文期刊采访谈起[J].图书情报工作,2005(增刊):126-128.

[4]任蓓.论新时期图书馆文献采访工作[J].内蒙古科技与经济,2010(9):114,123.

[5]曾勇新,刘峥.国家图书馆音像资料的收藏特色之一:志鸟专藏[J].农业情报学刊,2010(5):145-147.

[6]中国国家图书馆数字资源检索系统[DB/OL].[2011-08-30].http://dportal.nlc.gov.cn:8332/nlcdrss/szzy/sjklb_cn.htm.

[7]蓝光光碟[EB/OL].[2011-08-30].http://baike.baidu.com/view/49236.htm.

世界银行公开数据库的开发利用

罗　晨(国家图书馆)

1　引言

世界银行不是一般意义上的银行,而是联合国的一个专门机构,成立于1945年。它是全球最大的政府间金融机构,工作重心放在减少贫困、促进发展中国家乃至全球的可持续的经济和社会发展上。世界银行总部设在美国首都华盛顿,并在各成员国设有代表处。

世界银行每年出版大量的图书、报告,期刊、光盘等,并以英、法、西班牙、荷兰和中文等多种文字出版。1980年5月,中国恢复了在世界银行的合法席位。国家图书馆从那时起开始系统收藏世界银行出版物,收藏的大都为其1970年之后出版的文献。这些文献具体由国际组织与外国政府出版物组负责管理,世界银行拥有其批准的保存图书馆。它免费向保存馆提供其出版物,保存馆则有义务向公众提供免费的阅览服务。国家图书馆为世界银行在中国的12个保存馆之一。

在传统文献占主导地位的年代,国家图书馆无论是收藏的数量还是质量都在国内同类收藏机构中处于领先地位。到目前为止,国际组织与外国政府出版物组共收藏世界银行英文图书约9000种、中文图书约160种,期刊、光盘少量。该组对世界银行出版物实行集中单独管理,便于读者专题查找。近年来,每年新到图书300种左右,新到期刊、光盘数种。

随着计算机及网络技术的普及,世界银行出版的光盘和提供的网络电子资源日趋增多。世界银行建立了自己的网站(http://www.worldbank.org),许多出版物都可免费下载。由于经费的限制,世界银行向保存馆分发的图书、期刊、光盘等实体型文献出现下降的趋势,而网络信息资源却极大地丰富。在新的形势下,如何开发利用其网络信息资源,以补充实体资源的不足,继续保持领先地位,成为摆在我们面前的重要课题。

2 世界银行公开数据库

2.1 概况

世界银行网站共有英文、西班牙文、法文、俄文、阿拉伯文和中文 6 种语言的界面。点击右上角的语言栏可以很方便地进行语种切换。

主页标题栏有 ABOUT(关于我们)、DATA(数据)、RESEARCH(研究)、LEARNING(培训)、NEWS(新闻)、PROJECTS & OPERATILNS(投资项目与业务)、PUBLICATIONS(出版物)、COUNTRIES(国家)和 TOPICS(专题)等。中文版相应的栏目为关于我们、数据、研究(En)、培训(En)、新闻、项目、出版物(En)、国家和专题(En)。从其中可以清楚地看出研究、培训、出版物和专题四个板块的内容未汉化,仍是英文的。由于最后的文献大多是英文的,因此推荐懂英语的用户尽可能使用英文版。由于世界银行网络资源十分丰富,数量非常庞大,限于篇幅的限制,本文只能介绍其中最重要、最具特色、利用率最高的"公开数据库"。

单击世界银行主页上的"DATA"按钮,或在浏览器地址栏中直接输入"http://data.worldbank.org",皆可进入世界银行公开数据库。它是世界银行 2010 年 4 月推出的完全开放存取的数据网站。世界银行将其所有数据全部上网并免费向公众提供。当时有英、法、西班牙、阿拉伯 4 种语言的界面。世界银行驻中国代表处于 2011 年 4 月推出了中文网站。现共有上述 5 种语言的界面。组建该网站是世界银行数据公开计划的一项内容。它提供共 7000 多个指标,翻译成中文的 1200 多个指标。

在世界银行公开数据库中,有"By Country"(按国家)、"By Topic"(按主题)、"Indicators"(指标)、"Data Catalog"(数据目录)、"Microdata"(微观数据)等导航按钮。

按国家浏览数据:国家页面列出了所有人口数量在 3 万人以上的经济体以及更小的经济体(均为世界银行的成员)。按国家英文名称的字母顺序排列的 211 个国家和经济体。而且还可按地区分类,如发展中地区、东亚与太平洋、欧洲和中亚、拉丁美洲和加勒比海地区、中东和北非、南亚、撒哈拉以南非洲等;按收入水平分类,高收入非经合组织国家,低收入、下中等收入国家,上中等收入国家,高收入经合组织国家等。其他国家分组:阿拉伯联盟国家、欧洲货币联盟、欧洲联盟、经合组织成员和世界等。

按专题浏览数据:专题页面按照英文字母顺序列出了 16 个经济发展专题(见表 1)。

表 1 16 个专题(中英对照)

Agriculture & Rural Development	农业与农村发展	Infrastructure	基础设施
Aid Effectiveness	援助效率	Labor & Social Protection	劳动和社会保障
Economic Policy and External Debt	经济政策与外债	Poverty	贫困
Education	教育	Private Sector	私营部门
Energy & Mining	能源与矿产	Public Sector	公共部门
Environment	环境	Science & Technology	科学技术
Financial Sector	金融部门	Social Development	社会发展
Health	健康	Urban Development	城市发展

用户可以选择其中的任何一个,点击后进入新的页面,就可以浏览所选专题的相关信息,包括简要介绍、与之相关的指标、地区总量和主要数据的视图。图形和地图便于用户通过图形有效查看数据,交互式地图便于用户进行国家间的比较。

指标:提供世界发展指标(WDI)中的 420 个指标,时间范围从 1960 年到 2009 年,覆盖 209 个国家,指标已被译成西班牙语、法语、阿拉伯语及中文。访问数据银行或点击"所有指标",获取世界发展指标完整版。

下载:在国家、主题、指标页,可以找到"Download data"链接,它提供数据显示的大批下载。国家下载提供一个单个国家的所有年份的全部数据;主题下载提供所有国家和所有年份的关于该主题的每个指标,并且,指标下载提供所有国家所有年份的数据。

2.2　Data Catalog(数据目录)

Data Catalog 是一份世界银行出版的现有数据和数据集的综合清单。该目录包含了数据银行中的所有数据集,以及许多其他有用的数据集,包括数据库、没有格式化的表格和报告,以及来自调查的原始数据。其中的每个条目都包括数据集的名称、对该数据集的描述以及数据集的直接链接方式。在可能的情况下,数据库被直接连接到一个选择屏,用户可以在这里选择他们想要搜索的国家、指标和年份。如"全球发展金融:概述与国家表格",下面有一个对话框,点击右侧箭头出现一个下拉菜单,选项有"主要债务指标"、"外债总存量的构成"、"所有发展中国家"、"低收入国家"等和各个国家名称,方便读者进一步窄化他们的检索。除对数据集的描述和链接外,每个条目还详细指明了其是否在应用程序界面(API)中提供;是否在数据银行中,若有,则提供链接;具体的可导出的格式如 EXCEL、CSV 或 PDF 格式等。为方便读者,甚至标明每一个数据集以某种格式下载所占的容量(压缩后),如《世界发展指标》在"API 中可以找到",数据银行中有,WDI 与 GDF 以 EXCEL 格式下载压缩包的容量为 60.3MB,以 CSV 格式下载压缩包的容量为 32.8MB。

世界银行的开放数据举措意在使所有用户都能有机会得到世界银行的数据。单击"Data Catalog",就可看到很长的数据集列表。英文版中共有 76 个数据集的清单,中文版中则只有 61 个。

在这些数据集中,国家图书馆较为完整地收藏了"World Development Indicators"图书、"Global Development Finance"图书和缩微平片,"World Bank Policy Research Working Papers"丛书、"Africa Development Indicators"图书、光盘、缩微平片,而重要的"Global Economic Monitor"一册也没有,其余大多数都没有实体馆藏。由于许多数据和文献都可以从网络获取,世界银行数据目录中的许多内容根本就未出版过实体文献。越来越多的世界银行文献资源只有通过网络才能获取。

2.3　数据银行

在世界银行公开数据库主页,点击"INDICATOR",这时网页右侧靠上方出现"Databank",点击进入"数据银行"。数据银行包括世界银行中的 20 多个主要数据库,共收录了 2000 多个指标。

(1)数据银行的功能特点

①为单纯英语的,不提供多语种;

②可以从多个数据库和指标体系中进行选择,而未进入数据银行的其他数据库只能单库检索;

③可以使用取向功能展示不同格式的数据;

④搜索选项大为完善。

(2)先进的报告功能

①为不同的指标选择不同的格式选项;

②使用"比较报告"功能,经任何指标、国家或年份设定为比较基准;

③拥有灵活的绘图功能,按需要绘制图表;

④拥有自定义地图绘制功能,可以改变图例、地图尺寸和图层等。

(3)先进的导出功能

①支持下载大容量的数据集(最多可包含250万个单项数据);

②搜索结果可以以不同的格式导出,提供包括 EXCEL、CSV、TXT 和 SDMX 等格式的不同下载格式;

③能够提供元数据信息的下载选项。

3 国家图书馆开发世界银行网络资源的努力

在 2010 年以前,使用 World Bank E-Library(世界银行电子图书馆),以及 World Development Indicators、Global Development Finance、Africa Development Indicators、Global Economic Monitor 等在线数据库需要订阅。订阅分为个人订阅和机构订阅两种。一般来说,订阅需付费。2008 年,中国国家图书馆作为世界银行的保存馆,经过努力,与世界银行联系订阅这些在线数据库。2008 年 6 月得到世界银行通知,已激活了国际组织与外国政府出版物组的 IP 地址,该组能通过以下直接链接访问数据库:

"世界发展指标"、"全球开发财政"、"非洲发展指标"

世界银行为中国国家图书馆分配了客户 ID(940032)。国家图书馆获准在世界银行电子图书馆注册,分配一个也被称为 CID 号码的注册身份号码。该组随即注册并激活对世界银行电子图书馆的订阅。之后从被激活的 IP 进去的每个人,都会从 http://www.worldbank.org/elibrary 自动访问(进入)e-Library,并且可阅读所有文献全文。国家图书馆对在线数据库的订阅期限为 3 年,截止到 2010 年 12 月 31 日。

后来,国图将世界银行电子图书馆和 World Development Indicators(世界发展指标)、Global Development Finance(全球金融发展)、Africa Development Indicators(非洲发展指标)、Global Economic Monitor(全球经济监控)四个重要在线统计数据库添加到国图网站"资源列表"中。

4 对世界银行网络信息资源利用的建议

(1)利用世界银行主页上的出版物目录,核对到馆的实体型文献,如图书、期刊、缩微平片、光盘等是否齐全,缺藏的及时索补。

(2)世界银行欢迎和积极推动公众对其网络信息资源的利用,其网络资源一般都可免费无限制地利用。因此对一些本馆缺藏、网站以 PDF 格式提供的资源,我们可以下载下来,保存在阅览室的计算机里,弥补实体文献的不足。

(3)我们现在正在酝酿在国图网页上建立国际组织和外国政府信息网络综合服务平台,准备对在包括世界银行在内的国际组织的重要网上资源提供直接链接。

(4)采取网络资源的长期保存措施

世界银行网络资源具有一般网络资源共有的一些特征,优点是信息量庞大、检索功能强、导出格式多并且使用方便。但它和实体资源相比,又具有生命周期短暂、更新快、缺乏稳定性和具有易消失性的缺点。这导致两个后果:其一是原有链接常常失效,如不及时更新维护,往往造成死链,无法保证图书馆用户对这类资源的持续、有效访问。其二是重要数据的不可追溯。有些机构对于其陈旧、过期数据不再保留或不再公开提供,导致一些文献资源无处寻找。如果图书馆没有对这类网络资源及时进行抓取和保存,很可能造成数据的永久消失。这给图书馆的采访人员和想要获取它的研究人员造成了获取和使用的巨大挑战。用资源导航的形式引导读者使用开放获取资源固然是一种经济、实用又简便易行的方法,但其最大的不足在于无法进行网络资源的长期保存。图书馆必须在这个新的信息世界中扩大采访范围、制定网络资源采集标准,我们应逐步对世界银行资源进行有计划有目的的抓取、收割与保存,将虚拟馆藏转化为实体馆藏,构建综合化、一体化馆藏。现在网页抓取和网页收割在技术上应该不存在障碍,重要的是采访工作人员和有关领导要重视这个问题,顺应时代的潮流和文献的变化,投入相当的人力、物力和财力。我们应根据不同网络资源的不同特征,在尊重版权的基础上建立相应的长期保存政策、技术和标准。

虽然国际组织与外国政府出版物组从2008年就开始追踪、研究世界银行网络资源,但由于日常业务工作繁忙,对网络信息资源的重要性认识不够,而且世界银行网站发展、变化速度较快,我们对世界银行网络资源的了解、认识、使用还是很不够的,很多内容我们还不知道,很多功能还没有开发出来。

世界银行网络资源的建设问题,是我馆采访人员必须关注的问题。加强采访工作,充分利用保存图书馆免费获取世界银行资料,丰富馆藏,使馆藏资源由原来的单纯印刷型文献变为各种实体型文献与虚拟网络型资源并存互补,尽最大努力建设世界银行资源,极大地满足广大读者的需求,使国家图书馆真正成为国内保存世界银行文献最多、最新、最好的图书馆,是我们的奋斗目标。

参考文献

[1]罗晨.国家图书馆收藏的世界银行出版物及其利用研究[J].四川图书馆学报,2004(4):69-71.

[2]世界银行驻中国代表处.公开数据库(未正式出版).2010.

[3]世界银行公开数据库[DB/OL].[2011-09-20].http://data.worldbank.org.

[4]世界银行主页[EB/OL].[2011-09-09].http://www.worldbank.org.

[5]国际组织和外国政府出版物组.国际组织和外国政府出版物网络资源调查报告(未正式出版).2010.

图书采访工作实践中的美学表现

——以国家图书馆日文采访日常工作为例

孟宪文（国家图书馆）

文献采访是实践性很强的工作，但也需要多方面的知识，对图书馆员的综合素质要求很高。笔者从事日文图书采访工作已多有时日，刚到国家图书馆时，看到整整齐齐的书架摆放着花花绿绿的图书，心情也曾激动过。激动之余逐渐趋于平淡，久而久之愈加感到单调、乏味，以为采访工作只是几个简单的程序，没有刺激，更没有新奇。但随着笔者对日文采访工作日益熟练，了解更加深入，笔者对这种看似程序简单、重复、让人找不到兴奋点，缺乏挑战性和创新性的日文采访工作有了一个崭新的认识，愈来愈感到日文采访工作是有它美的表现的。

1 美学

美学(Aesthetics)，又称感觉学，是以对美的本质及其意义的研究为主题的学科。

美学一词来源于希腊语"aisthetikos"。最初的意义是"对感观的感受"。由德国哲学家鲍姆嘉通首次使用。他的《美学》一书的出版标志了美学作为一门独立学科的产生。

美的本质在于它的客观社会性，是人们创造生活、改造世界的能动活动。美是实实在在的，美的本质也是可以认识的。

审美实践是指人有目的地欣赏美、创造美的实际活动、行为及其过程。它可以提高人们认识美、发现美、创造美的能力，从而运用所学的美学理论知识，分析、评论、鉴赏文学艺术的美、大自然的美、社会生活中的美，为人的全面发展奠定基础。

美学是研究人类审美活动的科学，只要你爱美，它就与你有关。美学作为一门年轻而古老的科学，从 18 世纪后半期成为一门独立的学科以来，已经发展成为一个庞大的学科体系，审美已经深入到现代人们的物质文化和现实生活的各个领域。各门类美学，如技术美学、社会美学、劳动美学、生活美学、环境美学、建筑美学、文艺美学、心理美学、审美心理学、审美教育学等的兴起体现了美学发展的趋势。

2 图书馆美学

图书馆美学是一门新兴应用科学，重在审美实践，图书馆美学是人类社会实践的一种特殊形式。

图书馆美学的任务就是：创造一个良好的审美环境，满足读者的生理与心理方面的美感需要，从而影响读者的行为；实施审美教育，培养和提高审美能力、审美理想、陶冶和塑造人的心灵。

图书馆中收藏的文献资料、图书馆建筑外在形象和内在环境、图书馆服务方式，图书馆工作人员等是图书馆审美的重要的组成部分。图书馆是美的实体，它的许多工作都包含着极为丰富的美学因素。

读者需要美,读者需要美的图书馆,读者需要在美的图书海洋中享受着美的图书馆环境;图书馆需要美,图书馆员工需要美,图书馆员工的工作需要用美来承载。

3 国家图书馆日文采访业务工作中的美学观点

人类本就有审美的意识特质,人之所以需要审美,是因为世界上存在着许多的东西,需要我们去取舍,找到适合我们需要的那部分,即美的事物。文献采访工作就由文献采访人员对图书进行的审美取舍活动,美的构成蕴藏于采访工作的所有环节。但在实际的工作中,美常常因为一些客观因素被掩盖,需要我们用心去观察、用心去体验,从中创造美、发现美。

3.1 选书工作中美的体验

文献采访是图书馆的基础性业务,也是龙头工作,而选书工作则是龙头的龙头,是图书馆的第一项工作。

选书之美在于选书员应具备广泛的知识面,选书员在选书时要对图书进行分析、判断、取舍,对订购书目进行认真汇集、整理,剔除内容重复、信息不全的书目,根据本馆采访方针和选择标准对文献内容及订购与否进行认真的分析、判别,对拟选的文献进行初步的圈定。每一批订单处理完后,选书员应对自己所做的订单进行检查、整理,认真核查所订的每一种文献是否合适、有无误选,对有疑问的文献作出标记,交由上一级文献采选人员进行处理。这是一项综合性的运用知识的脑力劳动。选书员的工作过程还是一个决策的过程,选书员的知识水平直接反映出决策水平的高低,最终影响采访工作的结果。选书员应有美好的心理状态,要有美的心灵,要有品学兼优的基本素质,选出符合我馆收藏标准,符合广大读者需求的图书。图书对于图书馆来说,就如同水滴汇入大海。当选书员用聪明的头脑、美好的心灵,遴选出一册册装帧精美的图书时,自豪之情也会油然而生。

3.2 发订工作中美的体验

图书发订是选书之后的一项具体工作,要有认真细致的工作作风。发订工作的查重尤为重要,因为外文图书杜绝副本是我馆外文采访工作的一项重要任务。查重要通过文献的国际标准书号(ISBN 号)、书名、著者、出版社等多个检索途径对预订文献进行查重,避免产生误订。若上述方法仍不能解决问题时,还可通过其他途径(如年代、价格、页码)进行查重。查重工作最能体现美学的标准美(根据图书的书名、出版社、著者、年代、版次查重)、规范美(根据图书的页码、价格查重)、科学美(根据图书的装帧、开本查重)。录入的订单要项目清晰,包括文献的题名、责任者、出版者、标准书号、价格、页码、出版年、订购数量等。录入完毕要进行核查,保证各项录入数据准确。

3.3 验收工作中美的体验

文献的验收是指图书馆所订文献到馆后,由验收人员对文献的数量、质量、价格等进行的核查工作。主要是核查订单、到货清单和文献,核对三者是否一致,文献的质量、数量是否达到入藏要求,文献价格是否有误。国家图书馆的日文图书到馆,均要经过验收、记到、登录、加工(使用计算机后记到、登录不再使用纸质的卡片及登录簿)后才能进行编目,最后上书架与读者见面。

国家图书馆的日文文献采访量很大,文献到馆每年要有10 000—15 000种(册)。都要经过订购核对、质量验收、数量核对、价格核对、装帧验收、内容验收等。文献到馆量大,文献验收的工作量就很大,但这并不是可以把书箱乱放的理由,相反更应该分批次、分来源、分日期、分箱号整齐码放,就像列队整齐的士兵,无论人数多么巨大都会分军种、兵种,按军、师、旅、团、营、连、排、班列队整齐等待检阅。一箱箱整齐码放的文献,像是一座座等待我们去征服的高山,美好的感觉油然而生。而整齐有序的码放也有利于我们进行下一步的工作。

文献验收在很多外人看来是一项简单的体力劳动,只不过就是搬搬书箱、码码书箱、拆拆书箱,其实不然。搬书箱要有次序美,分清箱号、来源和日期,从源头做起简单、省力又有效率;码书箱要有外观美,码放书箱大小分开,整齐有序;拆书箱要有整洁美,拆后的书箱按大小整理好,以便日后处理。总之只要用心就会发现工作中的美,当你发现这项工作的美时,你就会爱上这工作,你就会用心去感悟工作,而工作也会给你带来更多的快乐。

3.4　文献记到加工中美的体验

文献记到是对到馆文献进行馆藏信息的录入,包括贴条形码、盖馆藏章、贴磁条和贴书标等。

(1)贴条形码。国家图书馆外文采访招标时有规定,贴条形码一般由书商负责。根据笔者多年的工作经验和对日文记到工作的研究发现,日文文献的条码应贴于文献的书名页的正中上面或下面最能保持图书原有装帧设计美感。但文献书名页装帧设计差别很大,所以贴条码可分五种情况:①书名页出版社项上面或下面的空白空间够大,选在出版社项上面或下面。条形码贴于此不破坏书籍本来的设计美、装帧美,可以和书籍的书名页整齐一致、美观大方。②如若书名页的正中上面或下面的空白空间不够大,可贴于靠近出版社项左面或右面,为有利于加盖图书馆馆藏章,条形码最好贴于出版社项左面即远离书脊的那一面。③如果书名页出版社项上下左右都没有空白,只能把条形码贴于书名页的其他空白处,需要特别注意的是贴于空白处,不能贴于有字或有图的地方而遮挡住其他字或图,特别不能贴在著者名、副书名或其他题名、提要等重要文字上。④没有书名页的情况,遇到这种情况一般把条形码贴于目次页的正中最下方空白处,如空白不够可上移,以不遮挡页码为宜。⑤没有书名页也没有目次页的情况,遇到这种情况一般把条形码贴于图书的正文第一页的正中最下方空白处,不能遮挡正文任何文字。如果空白处不够大可把条形码贴于图书的任何空白处,但以靠下方为宜。

(2)加盖馆藏章。国家图书馆日文采访的馆藏章分为两种,一种是购买的文献(包括团体赠送、个人赠送的图书)要加盖刻有"国家图书馆藏"的正方形馆藏章;一种是日贩赠送的文献要加盖刻有"日本出版贩卖株式会社赠书"和"国家图书馆藏"的长方形馆藏章。国家图书馆规定,日文采访的方形馆藏章,要加盖于文献书名页靠近书脊一侧的空白处,馆藏章不要加盖于任何文字或图画之上。馆藏章为红色,加盖时颜色应浓淡适宜,加盖的力度要适度,使馆藏章显现出端庄平稳、大方美观的意境,既清晰可见,又不影响读者对文献的阅读使用。馆藏章和条形码要出现在同一页码中,这样馆藏章与条形码红黑相映,分外惹眼,美不胜收。

(3)夹磁条。为保证文献安全、保证读者安全和方便读者使用,夹贴磁条应尽量隐蔽。文献夹贴磁条是为了防止文献失窃,是为了保护国家财产。但夹贴磁条决不能破坏文献,更不能伤害到读者。有些文献加工人员在夹贴磁条时相当随意,随手一翻放上磁条,也不管磁条是否贴到了文字上,这种敷衍的工作态度是图书采访工作所不能允许的。笔者还曾遇到过由于磁条露出了图书,把笔者的手指扎破的事情。从此凡经笔者手的图书,遇到有磁条露出来的,笔者都要用剪刀剪掉长的部分。这是对工作的负责也是对读者的健康负责。

(4)贴书标。国家图书馆的书标都是用统一的三菱尺划线后,贴于所划线之上。划线便于贴标,且位置固定,整齐、美观、大方。所贴书标不能掩盖书脊上的书名、作者和出版社的信息。

(5)贴正误表。有的书籍出版后发现有错误会附加正误表。正误表一般为一页,不会大过正文书页,一般贴于封面页的第二页,大过正文的正误表须把正误表对折贴于封面第一第二页之间,折痕贴于书脊缝中。多页正误表要先把正误表装订整齐,再贴于书脊缝中。

4 结束语

在生活中,人们无时无刻不在用眼睛发现美、捕捉美,用心灵去感受美、享受美,用生活去实践美、创造美。工作中同样也应如此。热爱你的工作,用心灵与之沟通,用心灵去感受,你就能摆脱工作的单调乏味,在精神上体验到丰富的审美情趣,使人心身愉悦,倍感自豪。当看到一批批杂乱无章的书在我们辛勤的工作中,打扮得漂漂亮亮摆放在书车上,再一车车运送出去与读者见面,那种工作的成就感就会油然而生,因为我们就是美的创造者!

参考文献

[1]中国图书馆学会.《图书馆文献采访工作规范》介绍[EB/OL].中国图书馆学会(2006 - 10 - 25)[2011 - 08 - 17]. http://www. lsc. org. cn/admin/MakeTopictoHTML. php? Action = ViewNews&channel ID = 13&topicID = 57&newsID = 1001&language = CN&keyword = % CD% BC% CA% E9% B9% DD% CE% C4% CF% D7% B2% C9% B7% C3% B9% A4% D7% F7% B9% E6% B7% B6.

[2]周巧玲. 巧玲浅谈如何在编目之中体现美[J]. 内蒙古科技与经济.2011(1):158 - 159.

[3]冯振宇. 浅议新时期图书馆采访工作人员的素质[J/OL]. 豆丁网[2011 - 08 - 04]. http://www. docin. com/ p - 222358192. html.

[4]刘兹恒. 文献采访规范解读[EB/OL]. 道客巴巴网,(2011 - 01 - 17)[2011 - 08 - 13]. http://www. doc88. com/p - 77283500266. html.

[5]中山大学. 图书馆美学[EB/OL]. 中国图书馆网,(2009 - 07 - 28)[2011 - 08 - 09]. http://www. sinolib. com/papers/2009/07 - 28/15. html.

[6]屈小娥,高云,贾二鹏. 图书馆美学的含义与维度分析[J]. 学理论,2011(12):194 - 195.

[7]顾犇. 外文文献采访工作手册[M]. 北京:北京图书馆出版社,2004.

图书采访面临的难题及对策

潘小艳(广西桂林图书馆)

图书馆的文献采访工作是根据图书馆的性质、任务和读者需求、经费状况,通过觅求、选择、采集等多种方式获取文献,以积累和补充馆藏的工作,它是图书馆工作的有机组成部分,其水平的高低直接影响着图书馆馆藏的数量和质量,直接影响着读者需求的满足程度和图书馆的服务水平。目前,图书在图书馆馆藏文献中占了很大的比重,随着社会政治、经济和科技的发展,图书出版数量激增,图书市场的空前繁荣、销售渠道的多样化,使得图书馆图书采购渠道不断扩大,其采购方式、采购渠道所发生的变化,必定对图书采访工作有一定的影响。

1 新时期下图书采访工作面临的难题

1.1 图书可供信息缺失,缺藏风险依然存在

据新闻出版署发布的《2010年新闻出版产业分析报告》,2010年全国共出版图书32.8万种,对于这30多万种图书的具体信息,如哪些书可供、由哪家出版社提供、可供的数量有多少,还没有一家权威性的信息机构能提供,缺乏一个及时更新、实时跟踪的信息共享平台,即所谓的"中国可供书目"。在图书的可供情况不明确的情况下,不少图书馆订购图书的依据都是以中标书商提供的书目为主,以《全国新书目》为辅,或者从与本馆馆藏密切的出版社索要书目,勾选后交由书商采购。和图书馆合作的中标书商一般都有两家以上,虽然能定期提供新书采访目录,但提供的采访目录大部分是相同的,采访人员抱怨选书难,采访信息重复、滞后、不准确的现象仍然存在,馆藏与出版之间依然存在"信息不对称、特色不突出"的状况,呈现一种"二八困境";80%的可供信息泛滥,但20%的图书信息奇缺,[1]在这20%里有不少是中小型出版社所出的图书或地方版图书,而这些图书往往又是图书馆所需要的。即使采访人员从其他渠道获取本馆所需的图书信息,交由中标书商采购后到货情况也不乐观。虽然书商在中标合同书上对现采图书、预订图书的到货率都有所承诺,但由于部分图书的折扣问题、著者包销或图书出版计划的变更等多种因素,图书的到货率并没有达到中标合同上所要求的。通常图书馆还会参加书商组织的各类书市采购图书,现采图书直观,到货速度也较快,但品种有所限制。以往是图书馆经费不足,购书量无法满足读者的需求,如今图书馆购书经费每年都在递增,却存在着经费充足却没有合适的图书可买的情况,图书馆缺藏风险仍然存在。图书可供信息缺失,图书到货率不高,图书馆所需的文献未能及时购入或获取。采访人员为完成采购任务,必须不断地勾选书目或现采图书,采访人员的工作量无形中增加了。即使这样,也无法避免馆藏图书的缺失,图书馆图书的缺藏在一定程度上影响了图书馆功能的正常发挥。

1.2 图书质量参差不平,采访风险增大

目前国内出版社有500多家,每年出书品种在增加,购书经费充足的图书馆可以尽可能地采购所需的图书,经费拮据的图书馆只能精挑细选,即使这样,也不能保证所购入的图书是质量好、值得收藏的图书。2011年新闻出版总署出版产品质量监督检测中心检查的50种养生保健类畅销图书中,有26种图书编校质量合格,24种图书编校质量不合格,这24种图书中有不少是销售码洋几百万甚至上千万的图书,被新闻出版局以编校不合格为由,要求出版单位将其全部收回销毁。

另据来自《新闻出版报》的报道,一本《现代汉语大字典》的差错率达到了万分之十三,而《咬文嚼字》曾公布数据,在对382种出版物进行检查后,合格率不足20%。面对此类质量不合格的图书,图书馆所做的只能是从馆藏中剔除图书,由书商退还给出版社,而合作的中标书商的更换也给图书退换工作带来了不便。

1.3 图书馆采书误选比例较高

图书采访是根据馆藏原则和读者的需要,遵循一定的原则,采取科学的方法,尽可能地采集合适的图书给读者,在满足读者需求的同时建立具有特定功能的馆藏体系。虽然每年的图书出版品种都在递增,但同质化且低水平重复现象严重,部分图书出版商为了吸引读者眼球,使其利益最大化,不惜重金投资出版畅销图书,而且凭借题目的标新立异进行图书炒作,图书"标题党"现象尤为严重。[3]如韩国作家南仁淑的一本《20几岁,决定女人的一生》出版后,迅速登上畅销书榜,随后便出现了标题为《3岁决定孩子的一生》《18岁以前决定孩子的一生》《30岁上下决定男人一生》《35岁以前决定你的一生》等十几种图书。这类形似而神不似的"标题党"图书虽然在一定程度上吸引了读者的关注,但是其大多为图书出版商的投机行为,内容质量无法保证。[3]在采购任务繁重的情况下,虽然采访人员选择图书时慎之又慎,还是会"误选"不少图书。"误选"即错误的选择,指对所购置图书的错误选择。图书馆对图书的误选几乎每天都在发生,谁也无法保证所选的每种图书都是有价值的,这就形成了"误选黑洞"。[4]有学者对国内五所综合性大学图书馆2002—2005年入藏的计算机类图书经过数据对比研究,发现他们每年购入的计算机类图书数量并不少,但核心图书占所购入图书的比例却很低,最高是平均33.7%,最低仅为23%,[4]过高的误选比例不仅会造成人力、空间和经费的浪费,而且大量无价值的图书入藏还将大大削弱图书馆的功能。虽然误选无法避免,但是图书馆应该尽可能地将误选图书比例控制在一定范围内。

2 提高图书采访质量的举措

2.1 加强采访人员学术研究能力的培养,提高其综合素质

一个合格的采访人员除了要熟悉本馆馆藏结构,还要关注出版动态,对本馆核心馆藏中有价值的图书的作者、核心出版社的出版强项或特色要有所了解。采访人员在选定核心馆藏中各个学科的核心作者或知名作者后,对其所著的"好书"的形成要素要进行对比研究,如对这些核心作者或知名学者的身份、年龄、所属机构、所属地域等进行分析,为这些作者建立数据库。目前,选择核心出版社是图书馆提高图书采访质量的常用办法。核心出版社的测定是在某个学科范围内进行的,而一个学科涉及的范围太大,相同学科领域的核心出版社之间肯定存在着某种差异,不可能所有该学科的图书都是某个核心出版社的出版强项。各个核心出版社的出版强项是不同的,它们的出版倾向是有差异的。如出版计算机类图书,国内几个出版大社如清华大学出版社、科学出版社、电子工业出版社就各有其出版特色,曾有学者抽取2002年至2005年出版的一定数量的计算机类图书,对其被引量进行数据对比分析后得出:清华大学出版社在TP311类图书出版排名第一,而科学出版社在TP312、TP316、TP36类的排名均为第一,电子工业出版社在TP393类排名第一。[4]对各学科的核心出版社的测定,掌握核心馆藏产生的要素及增长规律,掌握图书采访质量的测评方法等,应是一个合格的采访人员力求做到的。一直以来,图书馆对采访人员的要求都以强调熟悉图书馆馆藏结构为主,往往忽视了对其自身的学术研究能力的培养。随着我国图书馆馆藏建设研究的深入,采访人员应在熟悉馆藏结构的前提下,学会运用图书馆统计法、引文分析法、书目核对法、读者调查法等实证研究方法,通过馆藏中各学科的核心出版社的测定,分析其所属学科范围,分析其受哪些科研基金资助,并通过对

核心馆藏中形成好书的基本要素对比研究后,探索此类图书的出版和馆藏增长规律,这对提高图书采访质量、降低误选图书的比例都大有帮助。

此外,采访人员要做好图书的阅读导向员角色,应具备敏锐的洞察力,要具有客观、中立的职业素养和独到的眼光,在图书选择过程中不掺杂个人的观点、信仰,准确把握社会热点、大众焦点问题,在正确把握社会阅读趋势的前提下,尽可能使所采图书满足读者需求。

2.2 加强采访人员与编目员的信息交流,建立采访补配反馈制度

图书编目工作是对图书信息的著录、标引,要对文献进行深入细致、由表及里、多方面、多层次的内容分析,把文献中有价值的信息充分揭示出来,它在读者与馆藏图书之间架起了一座桥梁。尤其在科学技术迅速发展的今天,各种学科的综合、分化和相互渗透,使得一些新兴学科、交叉学科不断涌现,文献信息的内容更加错综复杂。读者想要快速、准确地获取所需的文献信息,都离不开编目工作。可以说,图书采访和图书编目都是为广大读者服务的基础业务工作,是开展读者服务的基础和前提,两者在馆藏建设中所发挥的作用都是同等重要的,而编目工作对采访工作所起的辅助、监督作用也是不容忽视的。

和采访人员相比,编目员对图书的了解更深入、更细致,如编目人员熟悉 MARC 数据格式,善于辨别书商提供的书目数据质量,也有助于判断书商提供数据的能力,从而帮助采访部门确定合作的书商。当前采访人员采购图书的方式以现采居多,订购为辅,订购查重为人工利用计算机逐条查重,费时费力;现采工作强度大,采购量大,查重时多为计算机自动批量查重或利用数据采集器查重,对入藏图书了解不够深入,对于采访人员而言,容易误订。而编目人员在进行计算机编目的过程中,是以图书实体为依据,人工利用计算机逐条于系统中查重,在对图书内容进行分析时,能从图书的摘要、序言、出版说明中获取文献的相关信息,对一些"标题党"图书或质量有问题的图书能及时发现,并及时反馈给采访人员。同时编目人员在系统中或联机联合编目查重时,可根据书目数据中的各字段所含信息来判断一种图书及其相关图书的各种关系,有利于判断一种图书的订购价值,能挖掘可用的图书信息,如丛书中未订购齐全的各分册书,同一著者相关度较大的有订购价值的其他图书,同类书中本馆应该收藏而未收藏的图书信息,都应反馈给采访人员,扩大采访信息面。编目人员发现漏订、补订情况,应鼓励他们及时反馈图书信息,及时填写"馆藏图书补订漏订登记表",并将其向采访人员反馈,采访人员收到反馈应填写"补购登记表",并及时加以处理。通过发挥编目人员熟悉馆藏的优势,加强采访人员与编目人员的信息交流,明确采访人员和编目人员的责任,所建立的补订漏订制度即采访补配反馈制度,能充分发挥两者在馆藏建设中相辅相成的作用,即图书经过采访人员采购进馆,编目员著录标引,其促进阅读、引领阅读的作用才得以发挥,公众阅读才有可能朝着积极、和谐、包容的方向发展。

2.3 建立行之有效的馆藏评价体系

馆藏评价是图书馆文献资源建设的重要内容和环节之一,包括对馆藏数量、馆藏结构、馆藏本身的学术价值及使用效果等各个指标进行综合分析与总体评价。馆藏评价对于图书馆了解馆藏结构、明晰馆藏优劣、及时调整馆藏发展方向具有重要意义。目前对于传统印刷型图书的馆藏评价的研究已经基本成熟,主要是对图书本身评价(数量、质量、结构和效能),主要集中在藏书数量和质量方面,也就是把图书馆藏书作为一种整体资源来试图测度和展示其规模、增

长率及一些衡量其质量的指标。具体的指标有藏书总量、藏书年增长率、文献保障率、读者满足率、藏书利用率、文献拒借率、藏书周转率、馆际互借满足率、相关度、馆藏文献对各学科领域文献的覆盖率等。通过对藏书的检测,反馈各种信息,有助于文献采集、文献清点、文献剔除、文献保管等各项工作的开展,为制定出图书馆的馆藏发展政策,控制藏书发展过程提供客观依据。[5]

　　虽然图书馆界一直以来十分注重馆藏评价,在长期的探索与实践中创建了丰富的馆藏评价理论和方法。但在具体的实际工作中,不少图书馆并没有建立一套行之有效的图书馆馆藏评价体系,有的图书馆虽然成立了文献资源建设委员会,但有名无实,在馆藏发展政策的制定、实施、馆藏评价上未能发挥应有的作用。很多情况下文献经费分配、采访人员的聘任往往是主管领导说了算,对文献采访质量的评价,没有科学的评价指标来衡量。文献采访工作好坏直接关系着图书馆文献资源建设的成败,一套行之有效的馆藏评价体系,首先对采访人员的聘任标准要有明确规定,采访人员的素质决定着采访质量,要考虑采访人员的综合素质,要求其能运用常用的馆藏评价方法对所购进馆的文献质量进行评价。常用的馆藏评价方法主要有:直观评价法、用户评议法、统计分析法、书目核对法、引文分析法、馆藏结构分析法等。各种评价方法各有优缺点,应根据文献类型来选择适当的评价指标来衡量文献的数量、质量、结构、效能,改变以往只采用读者意见听取法、年度采购分析报告这些简单的方法。文献资源建设委员会除了负责制定文献资源建设方针,为文献采购经费预算、经费分配出谋划策,还要负责指导、监督馆藏评价的实施工作,检验购书经费是否使用合理,所购文献是否合适,能否满足读者需要,是否符合馆藏发展方向等,具体地说包括文献内容、采全率、采准率、结构比例、重点学科、馆藏特色、文献流通率、读者满意率等,通过定期对文献采访质量进行科学评价,才能进一步提高图书馆的文献资源建设工作水平。

　　馆藏建设是图书馆建设工作的核心,是一个图书馆的价值所在,文献采访则是馆藏建设的首要环节,建立一套科学合理的馆藏评价体系,定期对文献采访质量进行综合评价,才能完善图书馆的馆藏建设。

参考文献

[1]卢芳.馆藏与出版的信息裂缝[J].出版人·图书馆与阅读,2008(6).

[2]杨月欣.分析《24种编校质量不合格养生保健类图书名单》[EB/OL].YANG's营养工作室,(2011－08－13)[2011－09－04].http://blog.sina.com.cn/s/blog_510a544a0100t25n.html.

[3]姚杰.图书采访谨防图书"标题党"陷阱[J].图书馆建设,2011(7):26－27.

[4]陆怡洲,吴志荣.当前藏书建设中存在的高比例误选黑洞及对策——以计算机类图书为例[J].图书馆建设,2011(7):19－22.

[5]邱燕燕.网络环境与馆藏评价[J].图书馆学刊,2000(2):18－20.

对国家图书馆西文科技图书采访工作的几点思考

平　安（国家图书馆）

中国国家图书馆是综合性研究图书馆，是国家总书库，是国内典藏外文书刊最多的图书馆，而外文图书采访工作的质量，直接关系到国家图书馆的馆藏建设质量和读者服务质量。[1] 根据国家图书馆主页上的数据，截止到 2010 年，国家图书馆馆藏外文西文书（英文、法文、德文及其他）1 895 277 册，俄文书（含其他部分斯拉夫语种）622 147 册，日文和东文书（日文及其他部分东方语种）1 041 785 册，合计3 559 209 册。利用 ALEPH 采访编目系统的 NLC09 库，按作品语种为 eng，并结合中图分类号检索可知目前我馆的英文科技类图书约为480 000 种，其中按照中图分类号排列，T 类的图书最多，约为165 000 种，其次为数理科学和化学、医药卫生、生物科学等。[2]

在国家图书馆外文文献资源建设中，外文图书采访以"外文求精"为宗旨，[3] 具体到西文科技图书，要求其一方面能够反映世界最新的科技成果、学术思潮，[4] 满足读者的科学文化需求，另一方面又能代表某一自然科学、工程应用领域里高水平的学术研究成果，具有较高的收藏价值。在西文科技图书的采访工作中，采访馆员、科技图书和馆藏建设这三个因素相互博弈，本文将围绕这三个因素产生的诸多问题进行思考，寻求保证国家图书馆西文科技图书采访质量，提升采访业务水平的方法和策略。

1　当前国家图书馆外文科技图书采访中出现的问题

科技图书是外文图书采访的一个重点方向，它需要具体规定自然学科和工程应用领域中不同深度和广度的文献图书的收藏比例和经费分配，形成有国家图书馆特色的藏书体系，保证采访质量，规范采访工作，下面将着重讨论目前采访工作中遇到的难点问题。

1.1　外文科技图书的收藏价值和使用价值矛盾

科技图书是国家重要的战略资源，[5] 在出版界占据着重要的地位，但由于其知识文献老化的速度较快，随着科技的不断进步，很多科技图书几年后就已陈旧过时，失去了保存价值。同时，各类外文科技图书的出版发行情况日渐复杂，出版量越来越大，涉及范围越来越广，出现大量的新版、再版、修订版图书和多语种、多国版的图书。另外，学科内的分化更加深入，各类边缘学科、交叉学科纷纷涌现。总之，外文图书内容的质量和水平参差不齐，如何利用有限的经费，既能满足读者的需求，反映出科技发展的趋势，又能体现出国家图书馆的科技文献收藏体系，解决和协调好藏与用之间关系，是西文科技图书采访中的核心问题。

1.2 外文科技图书的普适性和专业性矛盾

目前国家图书馆选择外文科技图书大多集中于英文图书,比较偏重于经典学术图书,侧重于几个权威出版社,采选具有学术性和参考性的高水平图书,这一方面是由于欧美等发达国家在科技方面处于领先地位,欧美出版行业比较发达,另一方面是国家图书馆"外文求精"方针的具体体现,也是保证科技图书采访质量的现实要求。同时大多数普通读者喜欢的是科普读物和大众化的科技时尚图书,比如现在 IT 产业界红极一时的苹果公司相关的图书,无论是苹果创始人乔布斯的传记类图书,还是 iPhone、iPod 和 iPad 的使用指南、操作手册、进阶之路等图书,这类图书已经在各类书店铺天盖地,深受读者热捧。以计算机为主的各类科技图书采选是件很有挑战的事情。如何能兼顾科技图书的权威性和时效性,又能满足公众对国家图书馆的期望和阅读爱好,取舍科技图书变得复杂而现实。

1.3 采访工作的程式化和馆员能动性矛盾

与一些公共图书馆相比,国家图书馆的采访工作更加系统化和专业化,采访组将选书、查重、验收、登录等技术性工作细化分工,各负其责,然而环节的分工必然带来一些缺点,选书员均按照自己擅长的科目进行纵向选书时,容易忽视横向的知识积累,不利于对自身科学知识水平的提高和文化视野的扩大。[6]图书公司以目录方式的提供选书渠道,限制了采访馆员主动搜索图书文献源和收集调查读者信息,也令外文图书采访失去了一定的活力,限制了采访馆员的能动性的发挥。

1.4 图书采访质量评估和读者反馈脱节的问题

读者反馈是指读者使用馆藏图书后的感受、评价以及愿望和态度。[7]采访人员对本馆藏书发展规划及藏书原则的理解和实施难免会出现一些偏差,读者的反馈信息是纠正文献采选偏差的一剂良药。评价图书采访质量的优劣,关键在于所采访图书是否能满足读者需求。图书质量反馈评估是提高采访质量的关键,是采访过程中重要的、动态的和持续发展的环节,而又是常常被忽视的一个环节。目前的评估制度还不够完整和客观,读者反馈的渠道还不够通畅,如何建立以读者需求为中心的图书质量的反馈评估制度,使评估工作规范化、制度化、科学化,是采访人员面临的难点问题之一。

1.5 外文科技图书的缺藏补藏问题

所谓缺藏,就是图书馆根据自身的性质、任务和读者需求,应该收藏而未能收藏的图书。[8]缺藏一方面会使馆藏资源建设受到损失,影响图书馆的整体资源建设水平;另一方面也会使读者和用户受到损失,不能满足读者对文献的需求,进而会严重影响读者对图书馆服务的满意度,从而影响国家图书馆的声誉。

2 西文科技图书采访的策略

制定科学、系统、可持续、反映时代特色的外文图书馆藏发展政策是图书馆界同仁的一致追求,是读者用户的客观需求,也是对外文图书文献资源建设的整体规划的必然要求。随着时代发展和科技进步,根据科技图书的自身特点,图书馆应及时调整其内容和结构,以适应社会需求的变化,确保外文科技藏书的持续健康发展。

2.1 坚持"外文求精"的馆藏采访方针

国家图书馆虽然藏书众多,读者广泛,但是也不可能100%满足读者的需求,美国、日本等国外的国立图书馆亦是如此。国家图书馆根据自身的性质和职能定位,结合国家经济和科技发展的需要,开展特色的外文馆藏建设,保证其系统性、完整性和连续性,使国家图书馆保持其读者影响力,归根结底是要坚持"外文求精"的馆藏方针。同时加强和国家科学图书馆、各高校图书馆、各公共图书馆、各研究所协同分工,共同进行外文科技图书资源建设,实现优势互补和资源优化,提高国家外文图书整体保障能力,引领和带动外文科技图书文献馆藏建设。在满足科技图书学术性和专业性的同时,适当采选公众喜闻乐见的科普读物,谨慎扩大科技图书的受众范围。

2.2 坚持动态平衡的科技选书标准

坚持稳定的采访方针的同时也要制定灵活多变的动态选书标准。必须适应科学技术尤其是新兴学科、交叉学科等发展以及读者需求结构的变化,以保证各学科馆藏之间的动态平衡,使选书人员在采访过程中最大程度地保证外文图书质量,降低缺藏率。比如2010年后,协和医学院图书馆不再购买纸质图书,这对于我国医学纸质图书的藏书非常不利,国家图书馆在能力范围内,谨慎采选一些经典权威的医学类非临床的图书,是保障我国医学类科技图书的重要途径。另外近年来在我国举办的国际会议增多,大量国内的科研人员在其中发表论文,但不是人人都会参加会议购买论文集,而这些论文集是研究生毕业、科研人员评职称的必要途径,这些会议论文集的收藏价值不一定比国外的会议论文集高,但是这些国内召开的国际会议论文集的使用率远远大于在国外召开的国际会议论文集的使用率,国家图书馆有必要全部采选。

2.3 采访人员需加强采访主动性

一方面采访人员需要深入了解各出版社的情况,做到知己知彼,争取采访主动权,主动选择供应商、主动提出符合馆藏特点的目录要求、主动组合不同的采访方式、主动拓展采访渠道等;还要了解公众阅读习惯和行为模式的变化,调查馆藏外文科技图书的使用情况,令外文采访更具针对性,担负着"为书找人"、"为人找书"的使命,优化图书采访。

2.4 建立带有读者反馈的采访质量评估体系

读者是图书文献使用的主体,注重对读者反馈情况的调查分析,并根据这些反馈信息来调整和修正采访标准和行为,建立一个系统、科学、完整的采访质量评估体系,使采访工作有的放矢,使所购图书文献更加贴近读者的需要。目前我馆正在实施数字图书馆推广工作,建设一个以用户为中心,应用Web2.0技术的网上选书系统,在国家图书馆网站上以一种互动的方式对读者的建议、推荐等反馈进行采访工作,对图书馆各种购买和不予购买的图书加以详细的说明和解释,不仅尊重了读者的参与,而且掌握了读者的真实需求,通过社会各界对图书馆文献采访的评价情况,能够促使图书馆在文献采访方面及时总结经验、吸取教训,从而促进今后图书采访工作的更好发展。

2.5 兼顾新与旧的缺藏补藏策略

采访馆员一方面要获取更多的外文科技图书渠道,与图书公司一同把科技回溯目录做好,还要不断完善自身知识结构,加强对读者需求的了解,这样就可以有效避免馆藏结构单一的问题,这是解决历史遗留的科技图书的补藏手段。同时,多留意边缘学科和交叉学科领域的最新进展,尤其是关注一些非常有收藏价值或是反映前沿进展的科技新图书,这些图书很可能是以后某个学术分支的开山之作。作为国家图书馆有必要也有能力确保馆藏的系统性和连续性,将缺藏补藏工作作为图书文献保障体系的重要组成部分。

3 结束语

随着时代的发展,图书馆采访人员应时刻关注科技领域的最新进展和趋势,把握科技图书的自身特点,审时度势地把握好采访方针,动态调整选书的标准,优化科技藏书的内容和结构,用新的观念和手段解决老问题,迎接新挑战,适应社会需求的变化,确保外文科技藏书的持续健康发展。

参考文献

[1]顾犇.国家图书馆外文图书采访工作的回顾与展望[J].国家图书馆学刊,2004(4):32-35.

[2]馆藏一览[EB/OL].[2011-09-18].http://www.nlc.gov.cn/service/dzzn_gcyl.htm.

[3]邵文杰.九十年来外文文献的采访[J].国家图书馆学刊,1999(3):3-10.

[4]顾犇.北京图书馆西文图书馆藏特点及采选工作[J].北京图书馆馆刊,1998(1):18-24.

[5]孙羽.对国家图书馆西文科技图书采访工作的探讨[J].河南图书馆学刊,2009,29(2):70-72.

[6]何燕.对当前公共图书馆外文图书采访工作的思考[J].图书馆论坛,2010,30(4):93-95.

[7]王栋."采""访"并重——谈图书采访的前期与善后工作[J].图书馆工作与研究,2008(8):65-67.

[8]尚小辉.图书缺藏控制研究[J].图书馆学研究,2011(2):48-51.

关于日本少儿漫画文献采访工作的断想

朴 燕(国家图书馆)

1 序言

1.1 选题动机

自2010年5月31日开馆以来,国家图书馆少儿馆向少儿读者提供了2.2万册纸本文献与10TB的数字资源阅览服务。[1]这些文献与资源多以中文为主,主要服务对象是6至15周岁的少年儿童及其家长。而从长远来看,为扩大少儿读者的阅读视界,收藏外文少儿文献与资源并提供服务也将是国图少儿馆日后需要逐步发展的方向。作为目前从事日文图书采访工作的一名图书馆员,结合工作实践,感到有必要为日文少儿文献的采访做些预备。而考虑到能力有限,且日本少儿文献本身又包含文学、艺术、科学等等庞博的类别,因此,本文将考察范围限定在日文少儿文献中较有特色的少儿漫画类,围绕该主题,旨在分享了解到的相关信息并提供粗浅的思路。

1.2 相关词汇

1.2.1 漫画(Manga,Comic)

"漫画"一词源自日语,假名形式为"まんが",汉字形式即"漫画",现代日语词典的解释为:(1)用简洁轻妙的笔法描绘的,以夸张、讽刺、胡闹(nonsense)为基调的图画;(2)连续排列图画并多伴有对白的故事形式作品。[2]

在日本开始使用现代意义上的"漫画"一词,始自明治时代的今泉一瓢,他于1895年出版了以讽刺画为主的《一瓢漫画集初编》,其中首次将"caricature"与"cartoon"译为了"漫画"。[3]

从表现形式看,漫画是从绘画艺术中发展出来的一支,在古今中外都能找到其原始形态。在中国,最早带有插图的书籍可上溯到《山海经》,汉代山东武梁祠石刻《夏桀》,北魏司马金龙墓出土的彩绘人物故事漆屏,清朝八大山人的《孔雀图》等,经美术界专家考证,都可视为"古代漫画"。

现代漫画的名称第一次出现在中国是1925年,漫画大师丰子恺开始在郑振铎主编的《文学周报》上刊载绘画作品,并从第172期标上了"漫画"的字样。[4]丰子恺认为,漫画乃绘事中简笔而注重意义之绘画,其"漫"字,与漫笔、漫谈中"漫"字用意相似,漫笔、漫谈在文体中是随笔、小品文,而漫画是画中之随笔、之小品,一般亦随意取材、篇幅短小,通过写实、比喻、象征、假借、夸张、点睛诸法表现精粹内容。[5]

1.2.2 绘本

自从台湾绘本作家几米(Jimmy)的《向左走、向右走》《地下铁》等作品风靡大陆以来,人们似乎对"绘本"(Picture Book)这一称呼已司空见惯。出自日语的"绘本"一词,顾名思义就是以图画为主的书,在日本,虽然也有适合成人阅读的绘本,但其阅读对象主要仍为幼儿和儿童。

1.2.3 连环画

连环画,是用多幅画面连续叙述一个故事或事件的绘画形式,典型的是在我国20世纪六七十年代家喻户晓的"小人书"。经过1949—1965的繁荣期、1966—1976的萧条期、1977—1980的转型期后,到20世纪90年代,多数出版社和书店彻底停止了连环画的出版发行,并开始大量引进国外的卡通漫画。大家耳熟能详的《黑猫警长》《葫芦兄弟》《大头儿子和小头爸爸全集》等就是原创连环画作品。[6]

1.3 其他界定

广义的漫画,作为一种图文并茂的表现形式,其表现技法与内容虽然在古代、近代、现代、当代各有不同,但讽刺画、绘本、连环画,以及现代故事漫画等都可以列入广义漫画范畴当中。狭义的漫画,主要指现代故事漫画,即俗称的卡通漫画。随着漫画作品与动画技术的结合,很多漫画被赋予动态的形式,由此进入了卡通动漫时代,而动漫风潮也反过来推动了漫画的发展。

日本作为漫画大国之一,其少儿漫画也异彩纷呈。按阅读对象,可分为儿童漫画(针对小学生的漫画)、少年漫画(以小学到高中的少年为主要对象的漫画,很大一部分青年人和少女也是少年漫画的忠实读者)、少女漫画(以小学到高中的少女为主要对象的漫画,绝大部分的少女漫画家均为女性)。

按内容,则可以分为校园漫画、搞笑(gag)漫画、幻想(fantasy)漫画、SF(science fiction,科学小说)漫画、恐怖漫画、爱情漫画、体育漫画、音乐漫画、美食漫画、推理漫画等。少年漫画中还有冒险漫画、格斗(battle)漫画等。[7]

本文以下谈及的漫画主要指现代故事漫画这一狭义范畴,少儿漫画文献的类型主要指单行本与漫画类杂志。

2　日本少儿漫画文献概况

2.1　出版概况

根据《出版年鉴》(2010)统计,2009 年日本出版的新书为80 776种,比 2008 年增长了1.1%。其中,少儿书为4813 种,占新书的6.13%。

据估算统计,2008 年漫画杂志的发行量为94 991万册,其中,少儿类周刊杂志的发行量是30 762万册,占32.4%。2008 年漫画单行本的新书出版量为12 048种,发行量(估算)为68 195万册,销售量(估算)为47 847万册,退书率为29.8%。详见表1、表2。

表1　漫画杂志的发行量与销售量(估算)(1998—2008)

年度	漫画杂志			少儿类周刊杂志		
	发行量(万册)	销售量(万册)	退书率(%)	发行量(万册)	销售量(万册)	退书率(%)
1998	147 279	117 785	20.0	50 041	44 536	11.0
1999	138 254	110 675	20.0	48 074	42 768	11.0
2000	130 715	104 330	20.2	45 981	40 510	11.9
2001	129 553	102 104	21.2	44 926	39 086	13.0
2002	125 147	97 480	22.1	43 061	37 334	13.3
2003	118 609	90 742	23.5	40 574	34 610	14.7
2004	113 400	86 100	24.1	37 362	31 645	15.3
2005	108 310	80 471	25.7	34 922	29 405	15.8
2006	102 714	74 537	27.4	32 533	27 035	16.9
2007	100 023	71 718	28.3	31 888	26 436	17.1
2008	94 991	66 910	29.6	30 762	25 347	17.6

资料来源:www. geocities. jp/wj_log/rank/hokan/rank_kibo. html

表2　漫画新书出版量・发行量・销售量(估算)(1998—2008)

表2　漫画新书出版量・发行量・销售量(估算)(1998—2008)

年度	新书出版量(种)	发行量(万册)	销售量(万册)	退书率(%)
1998	7 596	66 207	51 823	21.7
1999	7 924	63 146	48 423	23.3
2000	7 825	64 686	50 154	22.5
2001	8 970	69 007	52 048	24.6
2002	9 829	71 657	53 408	25.5
2003	10 014	73 106	52 833	27.7
2004	10 431	71 953	52 231	27.4
2005	10 738	74 252	54 403	26.7
2006	10 965	71 891	52 303	26.8
2007	11 368	71 295	51 794	27.4
2008	12 048	68 195	47 847	29.8

资料来源:www.geocities.jp/wj_log/rank/hokan/rank_kibo.html

2.2　出版社

据《出版年鉴》(2010)统计,2009年日本共有3902家出版社。若要考察主要有哪些出版社出版少儿类漫画,统计少男・少女漫画杂志的出版社应为捷径。经统计,出版3种以上少儿类漫画杂志的出版社有小学馆、讲谈社、集英社、学研教育未来、学研Publishing、Child总社、Froebel馆(フレーベル馆)、光之国(ひかりのくに)、角川书店、福音馆书店、秋田书店、白泉社、铃木出版、朝日新闻出版、SQUARE ENIX(スクウエア・エニックス)、德间书店等16家。另外还有少年画报社、诚文堂新光社、实业之日本社、poplar社(ポプラ社)、新潮社等18家出版社发行1—2种少儿漫画杂志。而少儿漫画单行本的出版主要集中在讲谈社、小学馆、集英社这三家大型出版社。(备注:为避免在翻译中产生歧义,以下表中的杂志名称保留日文原貌。)

表3　出版少儿漫画的出版社概况(按出版少儿漫画杂志的多少顺序排列)

名称	成立时间	类型	资金(日元)	职员数	网址
小学馆	1922.8.8	股份	1亿4700万	803	www.shogakukan.co.jp
讲谈社	1909.11	股份	3亿	957	www.kodansha.co.jp
集英社	1926.8.8	股份	1亿80万	806	www.shueisha.co.jp
Child总社	1944.9.5	股份	3000万	203	www.childbook.co.jp
Froebel馆(フレーベル馆)	1907.4.21	股份	5000万	300	www.froebel-kan.co.jp
学研教育未来	2009.1.13		5000万	192	gakken-kyoikumirai.co.jp
光之国(ひかりのくに)	1948.3	股份	7500万	320	www.hikarinokuni.co.jp
福音馆书店	1952.2.1	股份	5000万	140	www.fukuinkan.co.jp
秋田书店	1948.8.10	股份	5700万	146	www.akitachoten.co.jp

续表

名称	成立时间	类型	资金（日元）	职员数	网址
白泉社	1973.12.1	股份	1000 万	92	www.hakusensha.co.jp
角川书店	2007.1.4	股份	2 亿 5000 万	160	www.kadokawa.co.jp
铃木出版	1954.1.29	股份	6600 万	56	www.suzuki-syuppan.co.jp
学研 Publishing	2009.10.1	股份	5000 万	209	gakken-publishing.co.jp
朝日新闻出版	2008.4.1 由"朝日新闻社"改名	股份	8000 万	170	publications.asahi.com
SQUARE ENIX（スクウエア・エニックス）	2008.10	股份	15 亿		www.square-enix.com/jp/
德间书店	1954.3.19	股份	5000 万	120	www.tokuma.jp

注：依据《出版年鉴》(2010)中的"出版社名簿"整理。

2.3 相关机构

2.3.1 日本少儿图书出版协会[8]

日本少儿图书出版协会于 1953 年 3 月由 14 家出版少儿书的出版社组成，到 2011 年其会员已经发展到 47 家出版社，讲谈社、小学馆、集英社、偕成社、福音馆书店等都是该协会的会员。该协会出版介绍新书消息的月刊《儿童之书》，以及介绍主要出版社少儿图书的《少儿图书总目录》的小学版和中学版等。另外，也组织多种活动、讨论会、问卷调查等，致力于促进少儿书的普及与学校图书馆的馆藏建设。

2.3.2 日本漫画学会[9]

为了深化漫画研究，并促进漫画研究者之间的交流，以及共享最新的研究成果以形成漫画相关信息的全国网络，2001 年由日本社会各界的漫画研究专家组成了日本漫画学会。该学会又分为 8 个分会，其中还专设少女漫画杂志分会，至今已举办 2 届研讨会。

该学会不仅收集、保存和整理关于漫画的大量资料，并在主页上提供目录与检索，而且定期举办各种研讨会，还发行《漫画研究》《NewsLetter》等刊物。其中的《漫画研究》作为学会的机关杂志，已出了 17 期，刊载了各界专家的漫画研究论文、报告等，为日本漫画学研究与交流提供了专业的平台。

2.3.3 日本漫画家协会[10]

日本漫画家协会是日本唯一的漫画家的全国性组织机构，于 1964 年 12 月成立，1985 年经文部省（现文部科学省）认可为公益社团法人。至今有 559 名会员，其中正式会员 493 名，另外有 7 名名誉会员，还有 59 家赞助会员。

该协会主要致力于漫画的普及、漫画创作的奖励、漫画文化的国际交流、关于漫画的调研等，并定期出版《会报》。协会主办的"漫画家协会奖"，共分"大奖"、"优秀奖"、"特别奖"、"文部科学大臣奖"等四个奖项，至今已举办 40 次，挖掘和奖励了大量优秀的漫画作品及其作者。

2.4　相关奖项

除了日本漫画家协会、文化厅等机构颁发漫画相关奖项以鼓励漫画创作外，各家出版社也定期选拔优秀作品给予奖励。有趣的是，大出版社的奖项，例如小学馆漫画奖与讲谈社漫画奖的获奖作品多出自自家出版社。较有影响力的奖项如表4所示。

表4　漫画相关主要奖项

名称	主办方	面向领域	颁奖时间
手塚治虫文化奖	朝日新闻社	漫画大奖	1997—
讲谈社漫画奖	讲谈社	儿童部门、少年部门、少女部门、一般部门、讲谈社创业100周年纪念特别赏	1977—
小学馆漫画奖	日本儿童教育振兴财团、小学馆	面向儿童部门、少年部门、少女部门、一般部门	1955—
日本绘本奖	全国学校图书馆协议会、每日新闻社	"大奖"、"日本绘本奖"	
日本漫画家协会奖	日本漫画家协会		1975—
文化厅媒体艺术节漫画部门	文化厅		1997—
漫画大奖	漫画大奖实行委员会		2008—
文艺春秋漫画奖	文艺春秋		1955—2002
星云奖	日本SF大会	漫画部门	1978—

资料来源：《出版年鉴（资料·名簿编）》(2010)：148–178.

另外，日本的出版社也为挖掘新人而专设一些奖项，详见表5。

表5　少儿漫画相关新人奖

名称	主办单位	出版社	领域
手塚奖	周刊少年JUMP杂志与JUMP SQUARE杂志联合	集英社	少年漫画（故事漫画）
赤塚奖	周刊少年JUMP杂志与JUMP SQUARE杂志联合	集英社	少年漫画（ギャグ漫画）
小学馆新人漫画大奖		小学馆	儿童漫画·少年漫画·少女、女性漫画·青年漫画
周刊少年champion新人漫画奖	周刊少年champion	秋田书店	少年漫画
好友新人漫画奖	好友	讲谈社	少女漫画

续表

名称	主办单位	出版社	领域
白泉社雅典娜新人大奖	花与梦·别册花与梦·LaLa·MELODY 等 4 个杂志联合	白泉社	少女漫画
周刊少年 Magazine 新人漫画奖	周刊少年 Magazine	讲谈社	少年漫画
金王冠大奖	集英社的 8 个少女·女性漫画杂志联合	集英社	少女、女性漫画

资料来源：http://ja.wikipedia.org/wiki/日本の漫画賞。

2.5 主要少儿漫画杂志及作品（表6、表7）

表6 累计发行量超过 1 亿册的作品

作品	卷数	著者	出版社
美味しんぼ※ （料理类漫画）	1—90	雁屋哲/花咲アキラ	小学馆
こちら葛飾区亀有公園前派出所 （这里是葛饰区龟有公园前的派出所）	1—142	秋本治	集英社
ゴルゴ13 （小行星）	1—135	さいとう？たかを	LEED Publishing （リイド社）
SLAM DUNK （灌篮高手）	全31	井上雄彦	集英社
ドラえもん※ （机器猫）	1—45	藤子.F.不二雄	小学馆
DRAGON BALL （七龙珠）	全42	鸟山明	集英社
名探偵コナン※ （名侦探柯南）	1—47	青山刚昌	小学馆
ONE PIECE （海贼王）	1—35	尾田荣一郎	集英社
			※含各种版本

出处：《出版指标年报》（2005）

资料来源：www.geocities.jp/wj_log/rank/hokan/rank_kibo.html。

表7 三大出版社的少男·少女漫画杂志

杂志名称①	出版社	创刊年	类型	定价（日元）②
小学四年生	小学馆	1924	月	680
小学一年生	小学馆	1925	月	700
小学二年生	小学馆	1925	月	680
小学三年生	小学馆	1925	月	680

---

① 按日文假名顺序排列。

② 含税。

杂志名称	出版社	创刊年	类型	定价(日元)
幼稚園	小学馆	1932	月	600
周刊少年サンデー	小学馆	1959	周	260
めばえ	小学馆	1959	月	550
ベビーブック	小学馆	1968	月	580
Sho-Comi	小学馆	1968	半月	320
ペツコミ	小学馆	1970	月	390
少年サンデー(スーパー)	小学馆	1971	月	420
てれびくん	小学馆	1976	月	500
月刊コロコロコミック	小学馆	1977	月	480
ちゃお	小学馆	1977	月	420
プチコミック	小学馆	1977	月	460
別冊コロコロコミックSpecial	小学馆	1981	隔月	440
入学準備学習幼稚園	小学馆	1982	季	680
ポジェット	小学馆	1983	隔月	680
おひさま	小学馆	1995	隔月	590
Cheese!（チーズ）	小学馆	1996	月	400
月刊サンデーGX(ジェネックス)	小学馆	2000	月	550
PS(ピーエス)	小学馆	2002	月	450
きらら	小学馆	2005	月	年200
コロコロイチバン！	小学馆	2005	隔月	680
Ane Can(アネキャン)	小学馆	2007	月	620
ぷっちぐみ	小学馆	2008	月	650
ゲッサン	小学馆	2009	月	500
GAKUMANplus(ガクマンプラス)	小学馆	2010	隔月	650
なかよし	讲谈社	1954	月	420
たのしい幼稚園	讲谈社	1956	月	50
周刊少年マガジン	讲谈社	1959	周	260
別冊フレンド	讲谈社	1965	月	390
テレビマガジン	讲谈社	1971	月	500
ヤングマガジン	讲谈社	1980	周	300
BE LOVE	讲谈社	1980	半月	370
NHKのおかあさんといっしょ	讲谈社	1985	月	490
マガジンSpecial	讲谈社	1989	月	480

续表

杂志名称	出版社	创刊年	类型	定价(日元)
ディズニーファン	讲谈社	1990	月	750
げんき	讲谈社	1994	月	480
デザート	讲谈社	1996	月	420
The デザート	讲谈社	1999	隔月	690
別冊少年マガジン	讲谈社	2009	月	500
りぼん	集英社	1955	月	420
マーガレット	集英社	1963	半月	30
別冊マーガレット	集英社	1965	月	390
デラックスマーガレット	集英社	1967	隔月	400
周刊少年 JUMP	集英社	1968	周	240
SEVENTEEN	集英社	1968	半月	500
周刊ヤングジャンプ	集英社	1979	周	290
ザ・マーガレット	集英社	1982	月	580
コーラス	集英社	1994	月	450
ウルトラジャンプ	集英社	1999	月	480
クッキー	集英社	2000	月	420
JUMP SQUARE(ジャンプスクエア)	集英社	2007	月	500

资料来源:《出版年鉴(资料·名簿编)》2010.出版新闻社,2010(6):1810-1811.

3 少儿漫画文献采访相关问题与基础原则

3.1 相关问题

在把握日文少儿漫画文献采访工作之前,有两个问题需要略加探讨:一是,日文少儿文献的读者是谁;二是,漫画对青少年儿童是否有负面影响;

关于第一个问题,正如到我馆借阅日文文献的读者主要为高校日文相关专业的学生与教师、科研机构的研究人员、在华学习工作的日本人等,具有日文阅读能力是其前提。因此预计日文少儿文献的读者主要会是具备一定日文阅读能力的家长与少儿、在我国生活的日本籍少儿及其家长,还有部分虽不能阅读日文,但对日本漫画感兴趣的青少年儿童。所以,既要采访高质量的少儿文献,同时要尽可能考虑到阅读对象的特点和需要。在条件允许的情况下,可以通过问卷调查、小规模的座谈会或读者推介等多方了解具体需求。

第二个问题也是家长和老师们较为关注的方面。关于漫画这一媒介是否对青少年儿童有负面影响,暂无定论,相关研究也较少,成人所担心的更多是部分漫画中的暴力、色情等内容对孩子们的负面影响。在日本,对漫画进行限制的政策主要有两个法律依据,一是《刑法》第一百七十五条①,对发布或公然陈列猥琐图画者将处以 2 年以下的刑罚或罚款。二是东京都的《青少年健全育成条例》②,对向青少年销售、发布、借贷不健康图书(含漫画)及电影的行为予以明确限制。虽有出版界、漫画家、市民团体以"出版自由"和"自主限制"为旗帜,对该条例及修订案进行长期的抵制,但不管怎样,在某种意义上,法律层面的限制为保护青少年提供了客观依据。而从图书馆的采访工作来看,分辨和筛选"不健康"的漫画是最大限度地避免负面影响的关键。

3.2　采访实践

基于以上信息和问题,在日文少儿文献的采访方面,有以下几点建议仅供日后从事相关工作的同仁们参考。

(1)考虑到少儿漫画期刊种类过于繁多,其内容也过于庞杂,内容的变化不易把握,在采访工作的初期,以采访单行本为主,在单行本形成规模以后,再扩大到期刊的采访。在期刊采访方面,不以发行量、销售量多少为依据,而是以其刊载的内容为主要考察点。

(2)在漫画内容类型方面,参照"学习型为主、娱乐型为辅"的原则,即以校园漫画、科学小说漫画、冒险漫画、推理漫画为重点,辅以体育漫画、幻想漫画等。

(3)以漫画形式提供各类知识的"学习类"、"百科类"漫画,予以重点采访。

(4)以中国古典文献为蓝本的漫画,如《西游记》《三国志》等系列,进行重点采访。

(5)充分利用网络资源和工具书,可供参照的有:"少儿图书综合目录"③、由日本儿童图书出版协会提供的"儿童读物推介"④、由日本漫画学会提供的数据库资料⑤、各儿童图书馆⑥的书目,以及《出版年鉴》等。充分参照上述工具将有助于采选人员选择高质量的少儿漫画文献。

4　结语

日文少儿漫画文献的采访工作,是一个需要认真摸索和积累经验的过程。如何在浩如烟海的作品中选择高质量的少儿漫画,以及用何具体标准,事先严格地分辨筛选"不健康"文献是其难点。这不仅需要采访人员充实教育学、儿童心理学、传播学等领域的相关知识,更需要心怀对下一代的健康成长认真负责的态度,也需要相关同仁一同探索和努力。

---

① ［2011－07－19］. http://law. e-gov. go. jp/htmldata/M40/M40HO045. html

② ［2011－08－10］. http://www. reiki. metro. tokyo. jp/reiki_honbun/g1012150001. html

③ ［2011－08－14］. http://www. kodomo. go. jp/search/toc. html(提供国际青少年儿童图书馆、国立国会图书馆,以及日本国内主要收藏少儿文献的大阪府立中央图书馆国际儿童文学馆、神奈川近代文学馆、三康文化研究所附属三康图书馆、日本近代文学馆、东京都立多摩图书馆、梅花女子大学图书馆、白百合女子大学图书馆等 7 家单位收藏的少儿文献及相关资料的目录检索。)

④ ［2011－07－13］. http://www. kodomo. gr. jp/books. html

⑤ ［2011－07－12］. http://www. jsscc. net/database/index. html

⑥ 国际青少年儿童图书馆(www. kodomo. go. jp)、大阪国际儿童文学馆(www. iiclo. or. jp)、东京儿童图书馆 (www. fcl. or. jp)、日本图书馆协会资料室儿童图书专藏(www. jla. or. jp)、广岛市漫画图书馆 (http://www. library. city. hiroshima. jp/manga/)等。

参考文献

[1] 国家图书馆少儿馆介绍[EB/OL].[2011 – 07 – 16].http://kids.nlc.gov.cn/newxdzzn/segjs/.

[2] 大辞泉[EB/OL].[2011 – 07 – 16].http://dic.yahoo.co.jp/dsearch? p = 漫画 &stype = 0&dtype = 0.

[3] 清水勲.日本漫画事典[M].东京:三省堂,1985:102.

[4] 漫画[EB/OL].[2011 – 07 – 19].http://zh.wikipedia.org/wiki/漫画.

[5] 丰子恺.《现代美术家画论? 作品? 生平——漫画的描法》[M].学林出版社,1987:243.

[6] 介子平.连环画出版 60 年[N/OL].中国新闻出版报,2009 – 10 – 28 (4).

[7] 日本漫画[EB/OL].[2011 – 08 – 12].http://ja.wikipedia.org/wiki/日本の漫画#cite_note-Manga_ no_Jiten_ 02 – 5.

[8] 日本少儿图书出版协会[EB/OL].[2011 – 07 – 23].http://www.kodomo.gr.jp/index.html.

[9] 日本漫画学会[EB/OL].[2011 – 07 – 09].http://www.jsscc.net/.

[10] 日本漫画家协会[EB/OL].[2011 – 08 – 20].http://www.nihonmangakakyokai.or.jp/.

浅谈图书馆视角下的电子资源发展历程与挑战

齐东峰　苗璐珺　曹　迁(国家图书馆)

早在计算机技术发展之初,图书馆员们便意识到了它对增益图书馆资源可获取性的潜在能力,因为馆员们往往是新技术的尝鲜者。[1]实际上,计算机技术在图书馆的应用主要取决于图书馆学科的核心价值,即阮冈纳赞的"图书馆学五定律"。将它应用在电子资源中,我们可以这样转述:电子资源是为了用的,每个读者有其电子资源,每种电子资源有其读者,节省读者的时间,图书馆是一个生长着的有机体;[2]这才是驱使图书馆将电子资源纳入馆藏与服务的真正动力。

因此,电子资源的每一次技术的进步均着眼于如何使资源的获取可以更加直接、更加方便、更加省时。它在完善与发展的同时也促进着馆员逐步接纳新的工作流程、适应不断变化的应用技术,促进着图书馆这一有机体的生长。

1　图书馆电子资源概述

电子资源是伴随着电子计算机技术的诞生而出现的。1946 年世界上第一台大型电子计算机在美国的问世,成为了实现信息数字化的开端,也为随之而来的电子资源奠定了基础。

图书馆电子资源的出现始自 20 世纪 60 年代中期的机读编目格式(MARC),[3]8不久,图书馆的书目数据库也随之产生,而这比万维网(World Wide Web)的出现早了足有 30 年。20 世纪 80 年代,磁盘(diskettes)的出现令电子资源进入了新的发展期,光盘数据库(CD-ROM Database)成为图书馆获取软件和数据的热点,它开始装载文献的全文[4]5,检索界面也越来越简单易用。1990 年,蒂姆·伯纳斯 – 李(Tim Berners-Lee)创造了万维网,这不仅使互联网的历史开始了新纪元,同时也促使图书馆电子资源呈现出前所未有的发展。基于网络的电子资源自此迅速发展起来,图书馆开始提供基于网络的编目数据、书目数据库和全文数据库服务,读者的研究工作再也不用仅局限于图书馆的物理空间之内。

目前图书馆界对电子资源的表述不尽相同,称谓也稍有差异,如数字资源、电子信息资源、或电子文献等。无论称谓如何,其含义基本相同。电子资源比较通行的定义为"所有以电子数据的形式把文字、图像、声音、动画等多种形式的信息存储在光、磁等非纸介质的载体中,并通过网络通信、计算机或终端等方式再现出来的资源",[5]它包括光盘数据库(网络版和单机版)、网络或联机数据库、电子图书、电子期刊以及其他互联网信息资源,如 web 站点、电子论坛、新闻组、公告栏、博客、播客等。

电子资源的类型是随着信息技术的不断发展而日益丰富的。由于它的范围广泛、形式多样,所以在不同的标准下,可以划分为不同的类型。按内容表现形式,可以分为数据库、电子期刊、电子图书、电子报纸等;按存储介质,可分为磁介质和光介质两种;按传播范围,可分为互联网资源和单机资源;按性质和功能,可以分为一次资源、二次资源和三次资源。[6]

2 基于馆藏揭示的数据库发展历程

图书馆基于揭示的电子资源的发展主要经历了两个阶段。第一是机读目录的发展阶段,这主要指通过计算机的自动化功能对印本资源进行揭示,即 MARC 的产生与发展;第二是以揭示为目的的数据库及工具的建设阶段,这主要是指联机编目系统、联机公共检索目录和新网络环境下的印本和电子资源整合(表1)。

表1 影响馆藏揭示的电子资源发展的里程碑

年代	里程碑
20 世纪 60 年代	MARC
20 世纪 70 年代	Shared Cataloging
20 世纪 70 年代	OPAC
20 世纪 90 年代	Web-based OPAC
21 世纪初	Discovery Service

2.1 不得不谈的 MARC

"机读编目格式(MARC)"的出现使得读者获取图书馆资源的方式发生飞跃式的变化,它走出了图书馆全面自动化的重要一步。[7] MARC 不仅成为图书馆最早服务于读者的电子资源,也使图书馆的书目提供方式从集中走向联合,加速了书目数据的获取,进一步促进了图书馆自动化系统的应用,同时为电子资源的深入发展奠定了基础。

1964 年,美国图书馆资源委员会(Council on Library Resources)发起了关于用机读格式描述编目数据的研究,并形成了报告"The Recording of Library of Congress Bibliographic Data in Machine Form"。[8] 1966 年 1 月,MARC 试验项目(MARC Pilot Project)开始筹划,由图书馆资源委员会基金支持;1966 年 4 月 MARC I 诞生;1968 年 7 月,MARC II 推出;1969 年 3 月,MARC II

格式磁带正式发行，MARC 作为电子资源产品走上了图书馆自动化和数字化的舞台。[3]8-12。随后，各国便基于本国编目实践的独特性，根据 USMARC、UKMARC 以及 UNMARC 三种范本开发本国的 MARC 格式，如我国的 CNMARC。

20 世纪 90 年代，编目界又出现了转向 MARC21（USMARC）的趋势，XML 格式的 MARC 也成为一种新的方向。然而，当前图书馆界对 MARC 存在的质疑之声越来越大，因为它虽然具有严格的数据形式，但却不能添加评论、图像和声音文件等，无法实现所有类型的媒介的描述，不能满足新生资源特点的灵活性和可扩性。并且随着 RDA（Resource Description and Access）的出现，MARC 将可能被放弃，但 MARC 始终是图书馆人最引以为豪的成果。无论其命运如何，它的诞生奠定了图书馆书目数据和数据库资源共享的基础，可以说是图书馆电子资源的鼻祖。

2.2 基于揭示的数据库与工具

2.2.1 联机编目（Shared Cataloging）

谈联机编目，还需要从 MARC 系统在全球范围内的应用说起。1972 年底，LOC 的 MARC 数据库已经装载了超过 30 万条的记录；同时，英国、法国、意大利、西德、荷兰以及日本等国也陆续开展了 MARC 系统的研究与开发。[9] 与此同时，图书馆也面临着其发展过程中的两个严重挑战：一是信息爆炸——用户对信息的质量和数量的需求增加，二是图书馆经费不增反减。[10] 在这样一个矛盾重重的时刻，美国俄亥俄州大学协会（Ohio College Association）建立了俄亥俄大学图书馆中心（Ohio College Library Center，即 OCLC），并于 1971 年开始引入联机编目的概念（即现在的 WorldCat），初始目的主要是解决俄亥俄州大学图书馆所面临的困难，服务于该州的 54 所大学图书馆。它的理念是一个图书馆所创建的在线书目记录，其他图书馆均可以使用，并以此创建与他们的印本文献相同的本地卡片目录，这为各图书馆有效地节约了人力、物力等成本，例如，俄亥俄大学的奥尔登图书馆在使用联机编目系统的第一年，其编目数据就在增加了 1/3 的同时，减少了 17 个编目工作的职位。

此后，联机编目遍及全球，并逐渐形成了一套比较成熟的技术。除 OCLC 外，还产生了相当数量的书目系统和机构提供网络环境下的联机编目、查询以及馆际互借服务，形成了较大的资源共享规模。如美国国会图书馆的"合作编目计划（PPC）"、英国的"图书馆自动情报服务系统（Blaise）"、日本的"国立情报学研究所（NII）"、韩国的"教育及研究情报服务系统（KERIS）"以及我国的"全国图书馆联合编目中心（OLCC）"等。

2.2.2 联机公共检索目录（OPAC）

联机公共检索目录，即 Online Public Access Catalog（OPAC），是 20 世纪 70 年代美国一些大学图书馆和公共图书馆共同开发的公共检索系统，是利用计算机终端来查询图书馆馆藏数据资源的一种现代化检索方式，是图书馆最早的电子资源数据库集成系统。1975 年，俄亥俄州立大学图书馆在各计算机终端安装了"图书馆管理系统（Library Control System）"，实现了读者在无馆员帮助的情况下直接检索。这个"图书馆管理系统"就是最早的 OPAC，它的检索字段已经包括了著者、题名、索取号以及国会分类法主题词等；另外，该系统还拥有"电子书架"供读者浏览使用，[11]但当时的功能还主要集中在编目和流通方面。

20 世纪 80 年代，OPAC 的进一步发展弥补了许多功能上的不足，它吸收了商用书目信息检索系统的优点，采用字词后组配方式，用户界面采用下拉式菜单，并实现了在线帮助、人机交互、用户导航等功能。在检索和匹配技术方面有了新的突破后，OPAC 又增加了与用户交流、理解并掌握用户需求的能力。用户界面利用超文本、图形接口技术和 Z39.50 协议,拓展了用户交流、图像与多媒体界面、语音及触摸屏用户界面等功能,成为用户信息共享的重要工具。[12]

2.2.3 基于网络的编目与整合

互联网的发展改变了图书馆资源整合的模式,从基于网络的 OPAC(Web- based OPAC)编目揭示到充分利用各种新兴的资源揭示工具。基于网络的 OPAC 的产生是互联网发展的必然产物,并逐渐成为网络环境中图书馆以及其他信息机构公共检索服务的重要途径。基于网络的 OPAC 集成图书馆自动化管理系统是在传统 OPAC 基础上的"扩大、扩展和延伸(Enhanced, Expanded and Extended, E3OPAC)"[13],通过互联网为用户提供远程服务,如为用户提供书目信息、用户个人信息、借阅与预约情况等。为满足用户在互联网时代新的需求,图书馆员也试图对网页在 OPAC 中进行编目,但事实证明,像对传统资源一样对网页进行编目是无法解决问题的。随着技术的进步,Aliweb、WebCrawler、Lycos 等网络搜索引擎以及 Yahoo! 等网络导航系统产生,网页的编目与整合问题得到了解决。

此外,在电子资源的整合工作中,图书馆利用新技术、新规则有效地组织了纷杂的图书馆馆藏资源,通过购买整合服务商的电子资源导航工具(如 SFX、A-to-Z 等)、链接服务器(如 LinkSource、SFX 等)、联邦检索工具(如 MetaLib、360Search 等)、探索服务(如 WorldCat Local、EBSCO Discovery Service 等)等对已购电子资源进行深度揭示,提供读者服务。

3 基于内容的电子资源发展历程

本文之所以对基于内容和采访的电子资源发展历程进行单独介绍,目的在于从文献收藏变化的角度理清电子资源的起源、发展及其在图书馆文献资源收藏的脉络,进而希望藉此能够加强馆员对当前环境中电子资源的理解,帮助馆员理清电子馆藏与传统纸本馆藏的关系,合理地加强电子资源的采访、整合与保存(表 2)。

表 2　影响基于内容的电子资源发展的里程碑

年代	里程碑
20 世纪 60 年代	Bibliographic Database and Retrieval System
20 世纪 80 年代	CD-ROM Databases
20 世纪 90 年代	Web-based Databases

3.1 早期的联机数据库

电子出版物的实践略早于图书馆 MARC 的产生,但很长的一段时间内并没有形成规模。20 世纪 50 年代早期,利用计算机进行信息检索试验的同时,电子编辑出版也开始了探索,但初期的电子出版物通常局限于文献的索引和文摘。最早的二次文献数据库系统当属 1966 年由洛克希德公司(Lockheed)罗杰·萨米特(Roger K. Summit)博士领导并研制的 Dialog 数据库。[14] 著名的教育类书目数据库 ERIC 和生物医学书目数据库 MEDLINE 也分别在 1968 年和 1969 年获得资助,并付诸实践。[15] 截至 20 世纪 70 年代末,书目数据库的数量已经多达 360 个,而包含有文摘和索引的数据库也已经有 40 个之多。[16]84

如果说促成二次文献数据库产生的第一要素是计算技术,那么促进它进一步向前迈进的原因则是"价格因素"。20 世纪 70 年代文摘索引类数据库虽已初具规模,但其检索成本却居高不下。以洛克希德信息系统(LIS)和美国系统开发公司(SDC)两家的检索系统为例,各图书馆每次在线检索的平均成本约为 50 美元。到 70 年代末,虽然有多家书目检索服务系统出现,参与了市场的竞争,但 LIS 和 SDC 的单次检索成本仍然维持在 25 美元。[16]1 正是由于这种高昂的检索成本以及数据库之间检索协议的不同,检索行为要利用布尔逻辑经过严格周密的设计,而这在当时却不是任何人都能做到的,只有图书馆参考馆员经过培训后才能够胜任此项工作,同时还需要对用户收取一定的数据库服务费用。这种检索的不便利和不菲的费用使得数据库的使用仅限制在很小的范围之内,并且很多图书馆也因为经费原因无法采购这些数据库。这与数据库建立的初衷——帮助图书馆,以经济的方式,为用户提供知识信息——背道而驰。"价格因素"成了图书馆电子资源进一步发展的导火线。20 世纪 80 年代,互联网技术有了新的进展,用户可以在网上自行查找自己需要的信息,联机检索进入衰退时代,基于互联网的电子资源使用授权方式成为主流。

3.2 光盘数据库

光盘数据库(CD-ROM Database)是伴随着联机检索的衰退而步入图书馆电子资源历史舞台的,成为联机数据库和网络数据库之间重要的过渡产品。第一种专门为图书馆定制的光盘数据库是 BiblioFile,它的内容以美国国会图书馆的 MARC 书目数据为主,并在 1985 年 ALA 的仲冬会议上发布。[17] 此时的光盘数据库与联机检索系统相比,已经具有相对友好的用户界面,读者不需要在专业的参考馆员的帮助下进行文献检索。最重要的是,数据库检索是否收费完全由图书馆决定,因为图书馆不用再支付昂贵的在线检索费用。另外,光盘数据库还具有轻便灵活、体积小的特点,这些都是它在图书馆界流行起来的重要因素。光盘数据库的产生使得数据库的类型也发生了很大的变化,除以往的数据、文摘索引类数据库以外,全文数据库开始迅速增加,而数值数据库、指南类数据库也崭露头角。20 世纪 90 年代初期产生了许多著名的光盘检索系统和新兴的全文数据库,如科学引文索引(SCI)的光盘版、化学文摘的光盘版(CA on CD)、Ei 工程索引的光盘版、IEEE 的光盘全文数据库等。

光盘数据库从 20 世纪 80 年代开始,经历了大约 10 年左右的兴盛期。自 90 年代后期开始,随着互联网的发展,特别是一次文献数据库产业(电子期刊、电子图书、数值/事实类数据库等)的壮大,光盘数据库逐步暴露了其局限性,它无法提供大量的数据存储,不能处理大用户量的访问。因此,随着网络技术的发展,它便逐步被网络数据库所取代。

3.3 基于网络的数据库

国际互联网的出现与流行是电子资源发展的另一个转折点,改变了联机数据库的用户界面,用户通过互联网和浏览器界面对数据库进行检索,使数据库的检索变得容易起来。基于互联网的数据库具有分布式的特点,这表现在数据库的分布式存储、用户的分布式检索和数据的分布式处理。这一特点具有联机数据库和光盘数据库所缺失的优势:①数据库的存储量迅速增长;②数据内容的形式多样化,包括文本、图像、音频、视频等;③数据更新方便迅速;④检索响应速度快。[4]22 尤其是在各种各样的元搜索和联邦检索引擎大量出现之后,跨库检索成为了可能,并在各图书馆广泛地应用起来。因此,自 20 世纪 90 年代以来,基于互联网的电子资源有了突飞猛进的增长(表3)。

表3　1975—2000 年间数据库等增长情况[18]

	1975 年	2000 年	增长倍数
数据库(个)	300	13000	43.2
数据库生产商(家)	200	4000	20
数据库代理商(家)	100	3000	30
数据记录条数	5200 万	152.5 亿	293.3

3.4　主流电子出版物

3.4.1　电子期刊

外文期刊载体形态经过近几年的发展,电子期刊逐渐形成规模,与印本期刊相比,其具有传播速度快、检索平台功能强、存取灵活、交流方便等优势,因此与印本期刊一并成为图书馆重要的文献资源,并有逐渐取代印本期刊的趋势。目前,出版界开始流行"按需出版"(Print on Demand),即出版商多出售电子版期刊或网络期刊,只有在客户提出需求的时候才印刷纸本期刊。它将期刊的出版发行从印刷型为主转向了电子版为主,同时,电子版也经历了从 CD-ROM 到 DVD 再到互联网的过程,服务模式也经历了从单机、联机到万维网的发展。另外,电子版期刊也拥有两种形式:印本期刊的电子版和原生电子期刊。

3.4.2　电子图书

电子图书的概念是在 20 世纪 60 年代初第一批电子期刊出版之后提出的,并在美国产生了对电子图书编辑出版的实践,但当时并没有关于电子图书统一规范的用语产生。电子图书的名称"electronic book"这一术语的出现是在 20 世纪 70 年代晚期,由美国布朗大学计算机教授安德里斯·范·达姆(Andries van Dam)创造的。电子书市场真正进入快速发展期,是在 20 世纪 90 年代末。基于 PC 机的网络型电子书数据库自此开始了空前规模的发展,国外一些大型的出版机构均开始涉足这一领域。欧美国家因市场庞大且拥有大型的出版社和系统商,在电子图书出版及数据库建设方面成为重要的区域。另外,近几年日本、韩国的电子书市场也悄然发展起来,积极投入电子图书出版和数据库建设的机构主要包括图书馆、出版社、系统技术厂商、网上书店、搜索引擎公司等。

3.4.3　电子报纸

近些年来,网络的发展令报纸业的竞争越来越激烈。国内外各报社为提高自身的信息竞争能力,均纷纷建立了自己的网络报纸,并且每一种电子报纸无论在信息内容的广泛性还是信息获取的灵活性方面都远远超过了印刷版。部分出版商通过收购或授权的方式将数百种甚至上千种电子报纸搜罗旗下,并配置了功能强大的检索和查询系统,建立了专门电子报纸全文数据库产品。电子报纸的服务方式更加贴近用户的生活需求,它可以根据受众的需求设计不同主题的相关内容,不但节省了反复翻阅的麻烦和过滤信息的时间,也不容易遗漏相关的信息。此外,电子报纸的制作与发行成本远较印刷型报纸低得多,那些限于报纸版面篇幅、无法长期刊载的文章,或是较为小众的信息内容,都可以通过电子报纸的渠道发行。但对学术性图书馆而言,电子报纸真正的价值并不在提供眼前需求的生活资讯,反而是回溯历年累积的报纸内容转制为数据库形式发售,为学术研究者提供针对某一主题的相关新闻性信息。

4 图书馆电子资源发展特点及其带来的挑战

4.1 电子资源的独有特点给图书馆的编目与整合带来挑战

在互联网已经成为一个完全开放性信息平台的今天,它所承载的电子信息资源已逐渐占据了人们的信息消费生活。但由于它的开放性、分散性和自发无序性,使得其自身存在着许多问题。

4.1.1 数据量大且分散无序

网络的开放性使信息提供和使用的受限相对减少,甚至网络的使用者同时又是信息的提供者,这样网络电子资源数据量自然会无限制地膨胀起来。另外,由于互联网是一个多网络、分散型的结构,它不具有信息领导和组织的主管机构,其资源多处于一种自发无序的状态。

4.1.2 稳定性差且分布不平衡

互联网中的资源更替频繁,通常是根据用户的需求进行更新和变动,这一时效性强的特征对于资源组织和保存则有了更高的要求。同时,在不同行业、学科领域和地域中,各种互联网资源都存在着较大的差异,资源分布也处于极不平衡的状态。

4.1.3 信息组织和标引不规范

互联网资源分布的无序性和不平衡性导致它在组织和标引上也存在着许多问题,例如,分类体系不统一、分类名称设置不规范、层次不合理、索引方法有差异等。这些都将可能导致信息组织和揭示系统不兼容,无法有效地为用户提供服务。

因此,图书馆应以海纳百川的度量将互联网资源转化为可用的图书馆资源,整合、揭示和保存这些无序而容易消失的信息,并积极开展馆际间的共建、共知与共享,使其得以完整地保存和传播。

4.2 多元的数据库系统与产品给图书馆馆藏建设带来挑战

数据库数量和资源类型的增长是毋庸置疑的,其迅猛发展,带动了电子资源服务机构、服务方式、资源类型等各方面的多元化。各类数据库的生产商、服务商也不断涌现,国内外大型的资源生产和服务商逐步发展起来,如 OCLC、EBSCO、ProQuest、Elsevier、CNKI、超星、万方等。此外,公益性电子资源也随之诞生,如 DOAJ、Free Medical Journals 等。各类电子资源数量和类型的急剧增加,导致图书馆的电子资源馆藏建设面临着新的挑战,如何利用有限的经费最大限度地采购图书馆用户所需的电子资源成为了图书馆不得不积极面对的课题。同时,由于不同类型、不同载体的资源所采取的检索系统和用户界面存在着很大差异,用户检索和文献获取的需求也越来也高。因此,从事图书馆电子资源馆藏建设的相关馆员还须充分发挥自身整合与揭示上的专业素质,充分利用现有的资源整合工具和系统,将分散的、独立的内容进行有机地组织,搭建统一的平台和有序的资源导航体系,实现图书馆馆藏资源的一站式服务。

参考文献

[1] YU H, BREIVOLD S. Electronic resource management in libraries:Research and practice[M]. Hershey, PA:Information Science Reference, 2008.

[2] RANGANATHAN S R. The five laws of library science [M]. Bombay: Asia Publishing House,1963.

[3] AVRAM H D. MARC: Its history and implications [M]. Washington: Library of Congress,1975//ERIC database [DB/OL]. [2011 - 03 - 24]. http://eric. ed. gov/PDFS /ED127954. pdf.

[4] 肖珑. 数字信息资源的检索与利用 [M]. 北京: 北京大学出版社,2003.

[5] 田丽君. 电子信息资源与检索 [M]. 北京: 人民教育出版社,2002.

[6] 肖希明. 数字信息资源建设与服务研究 [M]. 武汉: 武汉大学出版社,2008.

[7] 胡小菁,李恺. MARC 四十年的发展及其未来 [J]. 中国图书馆学报,2010(3):83 - 89.

[8] BUCKLAND L F. The recording of Library of Congress bibliographic data in machine form [R]. Council on Library Resources, Washington D. C.,1965.

[9] TORKINGTON R B. MARC and its application to library automation [G]// M. J. Voigt (Vol. Ed.), Advances in librarianship(V.4). New York: Academic Press, 1974.

[10] 丘东江. 全球图书馆界的"联合国" [M]. 北京: 海洋出版社,2010.

[11] NORDEN D J,LAWRENCE G H. Public terminal use in an online catalog: Some preliminary results [J]. College & Research Libraries,1981(4):308 - 316.

[12] 乔欢,刘漫,陈志新. OPAC 历史沿革及其发展趋势 [J]. 国家图书馆学刊,2006(4):5 - 9.

[13] MATTHEWS J R. Time for new OPAC initiatives: an overview of landmarks in the literature and introduction to Word Focus [J]. Library Hi Tech,1997, 15(1/2):111 - 122.

[14] Dialog Invented Online Information Services [EB/OL]. [2011 - 03 - 27]. http://www. dialog. com/about/.

[15] BJORNER S, ARDITO S C. Online before the Internet: Early pioneers tell their stories [J]. Searcher,2003,11 (6):36 -46.

[16] CHRISTIAN R W. The electronic library: Bibliographic data Bases, 1978 - 79 [M]. White Plains, N. Y.: Knowledge Industry Publications,1978.

[17] EATON N L. CD-ROM and other optical information systems: Implementation issues for libraries [M]. Phoenix, AZ: Oryx Press,1989.

[18] HAHN T B. Online database and information retrieval services industry [M]. Encyclopedia of Library and Information Sciences,3ed. Taylor & Francis, 2010:3963 - 3973.

专业图书馆馆藏信息资源的优化

齐学军(中国石油经济技术研究院图书馆)

作为科研专业类型的图书馆,中国石油集团经济技术研究院图书馆担负着如下主要任务:首先是紧密结合本系统、本单位的科研方向与任务,搜集、整理、保管和提供国内外科技文献,为科学研究和生产技术服务;其次是积极开展信息调研和分析,摸清各研究课题的国内外发展水平和趋势,不断向科研人员和领导部门提供分析报告和有科学价值的信息资料;再次是开展图书信息理论、方法和现代化手段的研究。

中国石油集团经济技术研究院图书馆建立于 1964 年,随着我国石油工业的发展,馆藏文献资源不断丰富。经过 40 多年的积累,该馆目前拥有的文献总量已达 41 万册,收集和保存的文献最早的始于1917年。文献资源涉及石油天然气勘探、开发、炼油、化工、石油经济等领域，种类有国内外与石油石化相关的期刊、图书、会议文献、公司年报、研究报告、石油工业标准、技术专利等。

网络的快速发展与普遍性，不可避免地对各类型的图书馆产生很大的影响，包括企业文献部门。因为很多资源以数字化的形式出现，读者可以随时随地访问利用这些资源。例如我院读者借助网络，可以通过本单位的共享平台获取诸如中外文电子期刊、研究报告、相关网站等丰富的馆藏，也可以访问互联网上丰富的免费资源。因此，图书馆已不是传统意义上的图书馆，图书馆与读者传统意义的互动亦在逐渐减少，用户对图书馆的需求与以往大大不同。

1 新环境下图书馆文献信息资源的主要变化

1.1 资源结构的变化

联机数据库、网上信息资源等的出现，打破了多年来印刷型文献在馆藏建设中的绝对地位。随着网络环境的形成和发展，图书馆的资源不再只是传统意义上的文献，而是包括传统文献、电子出版物和网络信息在内范围很广的信息资源。网络资源明显增加，纸本资源呈下降趋势，纸本资源将逐渐被边缘化。以我馆为例，中文纸本期刊已经被边缘化，被清华同方、维普、万方中文全文数据库取代。

1.2 馆藏资源获取方式及服务的变化

传统馆藏主要是指印刷型文献，在未来较长的发展时期内，印刷型文献仍然是图书馆馆藏的主体，传统馆藏的获取形式主要是订购、交换、赠送等。随着网络化的不断发展，资源结构形式的变化，虚拟馆藏建设是专业图书馆建设的新课题。我馆的虚拟馆藏获取形式主要有：以邮件形式发送到研究人员，以网站（单用户）订制服务形式为研究人员服务，以光盘形式为专业人员提供刻录服务，科技期刊数字化后及时更新到共享平台。表1展现了馆藏资源的多种获取方式。原来我馆纸本资源的读者人次最多6000人次/年，现在使用人次达到100 000人次/年，原来复印量最多5万篇/年，现在下载量至少40万篇/年。

表1　多种获取形式的信息资源（部分内容）

信息资源名称	主要内容	更新频率	表现形式	发布情况
SPE 数据库	涵盖了石油上、中、下游各个领域的论文	一年一次	光盘及网络版	光盘刻录及 One petroleum 网站
CERA 报告	美国剑桥能源咨询公司有关地缘政治、行业、石油市场等方面的研究报告	不定期更新	英文网站（多用户）	用户名、密码登录
API、ISO 国际石油标准	API、ISO 等国际组织发布的有关石油天然气国际标准	每月更新	光盘	查询服务
Arab Oil and Gas	中东和北非各国的国家油气勘探开发动态报告	每月更新	电子邮件	订制服务

信息资源名称	主要内容	更新频率	表现形式	发布情况
PFC 信息	上下游竞争服务、石油风险管理等	每日更新	英文网站（单用户）	用户名、密码登录
HIS IOL	世界各产油国油气招标投标及勘探开发分析总结报告	每周更新	电子邮件	订制服务
新华社能源信息	新华社发布的国内外能源、财经等方面的及时动态信息	每日更新	终端	通过信息资源网有关栏目服务
Reuters 能源信息	普氏全球信息、路透超级 3000 信息、路透中文快讯等	每日更新	英文网站（单用户）	用户名、密码登录

1.3 采购费用分配的变化

传统的图书馆经费主要用来购买纸质资料,而网络环境下的图书馆采购经费发生了很大的变化。除了购买本馆具有特色、最常用的文献资源外,还将大部分经费用于本馆网络资源的获取和数据库的建设等,现在我馆购置网络虚拟资源、邮件资源占所有文献经费的 80%（表2）。

表2 文献经费的分配情况

文献载体及内容	文献数量	经费（元）
中文期刊(纸件):涵盖了石油地质、勘探、开发、炼化、石油综合类、经济类、科技管理类等内容	250 余种	3 万左右
外文期刊(大部分为纸件):涵盖了如上领域	300 余种	100 万左右
中英文图书(纸件):内容同上	共计 400 余册	20 万左右
国际石油会议(光盘):石油上、中、下游各种会议	50 余种	10 万左右
数据库(美国石油文摘、美国化工文摘、清华同方等)	10 种	150 万
国内外网络信息(新华社、道琼斯、路透社、PFC 信息等)	60 种	800 万

2 优化信息资源的主要策略

在网络环境下,文献资源信息结构发生了重大的变化,如何对包括传统型文献在内的各种文献信息资源进行重组、评价、采集和收藏,已成为专业图书馆馆藏建设中迫切需要解决的问题。

2.1 重视特色资源的搜集工作

图书馆的特色馆藏是指一个图书馆所收藏的具有人无我有、人有我优的独特风格的部分馆藏。专业图书馆的特藏建设要紧紧围绕本行业技术的最新领域来开展,馆藏文献的搜集、特色服务的开展都不应该离开这一核心。

仍以石油研究院为例，我馆的特色馆藏是国际性石油能源类会议文献。经过多年的特种文献馆藏建设，我馆作为本行业最大、最全面的文献中心共收集了近五十余种的国际会议文献。正因为较全面的收藏，每年都有来自各大油田的读者查其所需，对基层单位的馆藏起到了很好的补充作用，对科研发展起到了应有的作用。由于多方面的原因，现有特种馆藏无论从种类上还是从数量上都出现了下降的趋势，因此，从 PA 数据库检索出的文献，读者非常需要，而我馆却没有馆藏。

为了最大程度地保证读者需求，我馆应通过多种途径加强特色文献的收集工作，以保证特色馆藏的连续性。第一，直购，即与出版商直接取得联系，目前我馆的 SPE 数据库仍采用直购的形式；第二，通过出版商定期提供的目录选书，如根据我馆的专业特征，定期从石油、石化、地质、经济、统计等出版社提供的目录中选取所需；第三，通过书商提供的目录，委托采购所需信息资源；第四，以不定期交换的形式获取本馆所需资源，如各大石油公司年报（纸质）都是以此种方式获取；第五，委托参加行业会议的人员搜集国内外会议资料，如 EAGE（欧洲勘探物理学家协会）、SEG（勘探地球物理学家协会）等国际会议都是以此种形式延续馆藏。除以上多种采访形式以外，还应开阔思路，扩展采访模式，更多的参与国内外图书博览会，在浩瀚的书海中选取有价值的信息资源。

2.2 合理购置新书刊，不断优化馆藏

文献采访作为图书馆资源建设的基础工作，采访人员应严格按照本馆的采集原则，结合本单位的研究目标和方向，避免文献采购的随意性和盲目性，利用多种途径完成文献资源的建设任务。在当今的信息时代，馆藏建设由重保存向重利用方面发展，开发馆藏的价值显得尤为重要。图书馆必须依据读者的需求，在广泛调研的基础上，注重征求反馈意见，从而决定采集、订阅不同种类文献载体比重的大小，数量的多与少，不断优化馆藏信息资源的结构。

我院主要从事石油工业发展、石油科技、石油经济、石油市场、海外投资环境、政策法规等方面的趋势分析与策略研究，提供广泛的能源信息咨询服务，根据我院专业人员研究方向，提供有价值的文献信息是专业人员做好咨询工作的基本保障。

基于纸质资源的利用率呈现不断下降的趋势，中文纸本期刊已经被边缘化，被清华同方、维普、万方中文全文数据库取代。因此，在选购中文期刊时，我馆只保留了石油上、中、下游以及经济类的近 200 种刊，取消了机械、一般科技类以及环保等类几十种期刊的征订。

在选购外文图书时，由于近年来图书价格上涨幅度大，我们只采购本院科研所需的文献。在购书过程中，采取与各专业人员配合的方式，对专业新科技书籍不断补充收藏，使本院各专业藏书比例趋于合理，形成专业性和实用性相结合的藏书体系。具体的做法是：从 Gulf（海湾出版公司）、Oxford University Press（牛津大学出版社）、亚马逊公司以及中图提供的书目中精选书目，定期（每月一次）制作外文图书采购调查表，发送到每个专业人员手中，根据专业人员的勾选，确定采购的依据（见表3）。

表 3　2011 年 6 月外文图书调查表（部分内容）

英文名称	出版机构	出版时间
Natural Gas：Outlooks and Opportunities	Nova Press	2011 – 04
New Developments in Sustainable Petroleum Engineering	Nova Press	2011 – 06
Oil Policies，Oil Myths：The Observations Of An Opec Insider	I B Tauris & Co Ltd	2010 – 11
The Refinery Of The Future	William Andrew	2010 – 12
The Role of Taxes in Energy Production and Conservation	Nova Press	2010 – 10
Oil and Natural Gas Fields：A Study of Selected Countries	VDM Verlag Dr. Muller Aktiengesellschaft	2010 – 06
The European Union's Energy System Regulations	VDM Verlag Dr. Muller Aktiengesellschaft	2010 – 07
The Oil road：A Journey to the Heart of the Energy Economy	Verso Books	2011 – 03
Upstream Oil and Gas：Cases，Materials and Commentary	Globe Law and Business	2011 – 03

我们依据专业人员勾选的情况，确定是否采购该书以及采购的份数。例如，*Oil Policies，Oil Myths：The Observations Of An OPEC Insider* 一书，每个专业处室的人都有勾选，我们就会采购复本，而有些书，专业人员无一勾选，就不会采购。通过此做法，大大降低了图书的零阅读率，从而真正做到了轻藏重用的原则。

2.3　馆藏数字化应突出实用及特色原则

馆藏资源的数字化是一项复杂的系统工程，需要人力、物力、财力的保证。专业图书馆在进行数字化工作时，应充分利用有限的经费，保障最新文献的采购，对数字化的回溯建设也要设定一个合理的年限。据有关部门的调查，80% 的读者所需的科技文献是近 10 年以内的出版物。我院对外文期刊数字化只回溯到 2000 年。但在实用性基础上，也要具有灵活性的特征，根据馆藏利用率等情况合理调整馆藏数字化资源的结构。

另外，独具特色的馆藏数字化信息资源结构是图书馆提高核心竞争力和可持续发展的动力。数字化资源建设必须走特色化的道路，要结合本行业重点学科建设和技术特长进行馆藏建设，形成自己的特色资源，最大限度地发挥特色馆藏资源的利用价值。我院具备其他行业图书馆所不具备的丰富的国际石油会议资料，应逐步将这几十种的国际会议资料中仍具有使用率的进行优先数字化。

2.4　馆际合作，做好资源共享

我馆作为集团公司信息资源集中采购的承担单位，集中采购了多种资源，这些资源已在集团内部实现共享。对部分特色资源以签订协议的形式实现共享，如 API 国际标准的采购与使用，与石油标准化所签订了使用协议；有些特色资源的使用，与区域内的行业图书馆建立了长期合作联系，如不定期地为石油勘探院下载 SPE 数据。但是，特色资源的建设仍旧存在着"闭门自建"的现象,不仅浪费人力财力,且都不能保障特色资源的完整建设及保存。为了充分共建共享馆藏资源,还有待于我们进行更多的探讨,以最终达到既节约人力财力又实现最大程度上的资源共建共享。

总之,专业图书馆的馆藏建设已发生了巨大的变革,衡量其馆藏建设水平的高低,已不再视其馆藏文献的多少,而要视其提供信息的深度以及满足读者信息需求的能力。网络为专业图书馆的发展提供了机遇和挑战,图书馆应充分利用各种现代化技术、采取积极有效的措施,才能不断提高馆藏建设水平,提升信息服务能力,最大限度地满足科研的需求,以适应新时代的发展要求。

参考文献

[1]金以明.图书馆特色馆藏资源建设[J].大学图书馆学报,2008(6):94 – 95.

[2]张怀涛,索传军,代根兴.网络环境与图书馆信息资源[M].郑州:郑州大学出版社,2002:89 – 90.

[3]陈香珠.基于网络环境下的图书馆联盟探讨[J].当代图书馆,2009(1):67 – 68.

[4]东主南加.论图书馆的特色馆藏[J].医学信息杂志,2010,31(1):68 – 69.

国际组织与外国政府出版物文献的信息开放存取浅析

乔洪奎(国家图书馆)

将开放存取(Open Access,简称OA)的理念从科研和学术交流的区域引申出来,在整个信息服务界中运用,真正开创信息整合后的全球共享,是当前信息服务的一个趋势。其中,联合国比较早地进行了信息传播和公开获取的实践,联合国首先将各机构的有效文献向有意获取的用户提供了公开的信息,联合国托存馆文献传播的操作方式与OA模式有异曲同工之妙。

1 开放存取概念和国际组织出版物的特点

开放存取是国际学术界、出版界、图书情报界为了推动科研成果通过互联网自由传播而采取的行动。其目的是促进科学及人文信息的广泛交流,促进利用互联网进行科学交流与出版,提升科学研究的公共利用程度,保障科学信息的长期保存,提高科学研究的效率。科学信息资源的开放获取将对科学出版、科学信息交流、科学研究乃至科研合作产生深远的影响,对世界各国平等、有效地利用人类的科技文化遗产和科技成果具有重要的意义。

一般认为,《布达佩斯开放存取先导计划》(BOAI)[1]中给出的"开放存取"的定义是可取的。该文件指出,对文献的"开放存取"不应存在不同的政策和权限,用户可以通过互联网免费阅读、下载、复制、传播、打印和检索作品,实现对作品全文的链接,为作品建立索引,将作品作为数据传递给相应软件,或者进行任何其他出于合法目的的使用。而这些使用方式除网络本身的物理障碍和出于对作者著作权保护的考虑外,不应受经济、法律和技术的任何限制。

国际组织指两个或两个以上国家(或其他国际法主体)为实现共同的政治、经济、文化目标或解决某一领域、某一地区的问题,依据其缔结的条约或其他正式法律文件建立的常设性机构。常见的国际组织有联合国、世界卫生组织、世界贸易组织、美洲国家组织、亚洲开发银行等。随着全球化的推进,国际组织发展迅速,在国际政治、经济、社会、文化、体育、卫生、教育、环境、安全、人口、妇女儿童等诸多与人类生存和发展相关的领域中发挥了举足轻重的作用,已成为左右世界局势和人类社会发展的重要力量,其每年出版、发布的大量统计数据、专题报告、年鉴、条约、文件记录等是了解国际社会的发展与现状的重要文献工具,在社会科学及自然科学研究领域被视为稳定的、高质量的、权威的数据源,具有重要的科研价值和使用价值。[2]

(1)在国际组织与外国政府出版物中,网络资源不断取代实体型文献的趋势不可阻挡

进入二十一世纪以来,信息通信技术迅猛发展,传统实体型文献的制作、传播方式已无法跟上大型公共机构信息传播的需要。同时,针对商业出版物在版权问题上的掣肘,以促进信息公开与自由获取为宗旨的各类国际组织和各国政府利用网络传播技术,率先发起了开放存取运动,大大促进了网络资源的发展,提高了网络资源在文献资源中的所占比例。

一些文献资源甚至完全改为网络分发,不再出版实体文献。例如,2004 年 12 月起联合国启用正式文件系统(ODS),其会议文件从此以数据库的形式向公众提供,不再出版印刷型,网络资源取代传统实体型文献的趋势已不可阻挡。再以美国政府为例,2003 年美国以数字格式为唯一发布形式的政府公共信息就已达到政府公共信息发布总量的 60% 以上;到 2008 年,进入到联邦保存馆计划(Federal Depository Library Program,简称 FDLP)的文献 97% 是数字化制作的。目前美国几乎每个政府机构都建立了自己的网站。

而近年来兴起的开放获取运动和数字化进程,使得国际组织可以提供的网络资源内容大大扩增,而且多为免费资源或非盈利性资源。联合国及其专门机构等国际组织和各发达国家政府几乎都建立了自己的网站,网络信息资源日趋丰富。国际组织的网络资源建设旨在推动全球公众对知识信息的平等获取,不以盈利为目的,其网络资源具有内容丰富可靠、发布及时、文献组织有序、获取便捷、具有较强的参考价值等特点。因此,面对如此丰富、权威、高质、低获取成本的信息资源,对其内容、分布、来源、存在状况、质量、稳定性等问题进行评估,为公众及学界提供积极有效的信息资源导航,使这些资源可以开放存取,已成为十分迫切和必要的课题。

(2)国际组织、政府部门属于权威的公益性机构,大量公开的网络资源有其重要的科研价值和经济价值

长久以来,在社科研究领域,甚至自然科学研究领域,国际组织和政府出版物作为图书馆藏书的重要组成部分,被看做是稳定的、高质量的、权威的数据源,具有重要的科研价值和使用价值。其中联合国系统及美国、加拿大政府出版物以其出版量之大、内容涵盖面之广、载体形式之多样而为世界之冠。以联合国系统为例,作为世界上最大的国际组织,正式的组织和机构有 113 个,涉及了政治、经济、金融、贸易、法律、教育、卫生等各个领域,内容极为丰富。这些机构大多建立了自己的网页,信息涵盖面非常大,是国内研究国际组织的最主要也是最权威的信息来源。

但是综观国内,由于种种原因,我国图书馆界对这类文献资源一直重视不够,未能充分挖掘其应有价值。根据对国内托存馆情况进行的调查,发现普遍存在着收藏不成体系、文献利用率低、缺乏有效文献揭示和开发等问题,大多数图书馆仍停留在提供简单的被动式的咨询服务层面。有关的研究论文和专著数量并不多见,也较少成体系,对国际组织最新网络资源的调查

研究更是凤毛麟角,与西方发达国家图书馆相比,还有相当差距。因此加强对国际组织和外国政府出版物网络资源开放存取的研究,充分发挥这类文献的应有价值是一项必须完成而又迫切需要完成的任务。

2 国际组织出版物开放内容和开放存取实现的途径

2.1 开放内容即开放存取出版物

《Bethesda 开放存取出版声明》(2003 年 6 月)明确提出开放存取出版物应具备以下两个条件:[3]

(1)作者和版权所有者授权所有用户有对作品的免费、广泛和长期访问的权限,并允许他们以任何数字媒体形式对作品进行公开复制、使用、传播、展示以及在原作品的基础上创作和传播其演绎作品,只要用户的使用是基于合法目的并在使用作品时注明相应的引用信息。

(2)在作品发表后,应该将完整的作品版本和所有附件(包括上述各种使用许可的协议复本)以一种标准的数字格式立即存储在至少一种在线仓储中,以确保作品的开放访问、自由传播、统一检索和长期存档。

国际组织与外国政府出版物多为免费资源或非盈利性资源,而且信息涵盖面非常大,非常适合开放存取,免费、便利提供给读者、研究者使用。

2.2 开放存取实现途径

目前开放存取依文献类型不同,主要有两种实现途径:开放期刊(OA journals)和开放仓储(OA archives)。

(1)开放期刊

目前开放期刊主要有两种类型:一种是由传统期刊逐步过渡到开放期刊,作者自己选择论文是否采用开放存取模式;一种是直接创办的开放期刊。开放期刊多由出版商或者学(协)会机构创办,采用同行评审,以确保期刊专业质量;同时采用作者(作者所在单位或基金)付费,对读者免费,使期刊能在更大范围内被利用,扩大期刊的读者范围和影响力。

学术出版与资源联盟(Scholarly Publishing and Academic Resources Coalition,简称 SPARC)于 1998 年创建,由美国研究图书馆协会管理,是集大学、研究图书馆和学术机构为一体的非营利性的信息合作组织。SPARC 的宗旨在于解决学术机构间信息交流不畅,促进广泛地学术信息资源访问与共享。SPARC 本身并不出版开放期刊,只是提供了 14 种免费资源和 17 种付费资源的链接,以及 SPARC 制作的文件。其服务针对四种类型用户:研究人员、出版机构、图书馆与社会团体。[4]

对于国际组织与外国政府出版物资源,也应该采取这样的联盟方式。与各组织机构沟通,搭建一个集成平台,为读者提供免费资源和付费资源的链接,同时有针对性地面对各种类型的用户,为其提供服务平台。

(2)开放仓储

开放仓储多由研究机构、学(协)会或作者个人支持,可以存储论文的电子印本,包括预印本和后印本。开放仓储分为学科仓储和机构仓储。目前发展比较成功的主要集中在使用基于 OAI 的开放源码软件建立的学科仓储,如 arXiv. org 和 CogPrints。

国内开放存取应借鉴国外的成功经验,统一采用 OAI-PMH 协议、DOI 文献标识机制、OAIS 永久保存机制、WebService 机制,推动国内的学术文献资源数字化、网络化、互操作及永久保存利用,创办更多的开放期刊和开放仓储,使得我国丰富的学术文献资源能被越来越多的网络用户发现和使用,从而推动国内的资源共享和知识普及,推进科技进展速度。

3 国际组织信息资源整合问题

所有开放存取实现方式应该说都面临一个资源整合的问题,如开放存取期刊中所提到的开放存取期刊名录(DOAJ)就是一个按照学科进行整合了的名录。我们认为,在网络环境下,信息资源的整合简单来说包括聚集型资源整合与搜索型资源整合。所谓聚集型,是指仍然基于传统的理念尽可能地搜集、分类、罗列相关信息资源的方式;而搜索型,则是指充分利用各种先进的 IT 网络技术,以搜索为基础,达到对相关信息资源整合的目的。我们认为各种开放存取实现方式如何利用最新的网络技术来整合其中相关的信息资源,应该是一个值得深入探讨的问题。

联合国及其专门机构网站多数建有在线出版物、数据库、网上图书馆(或电子书店)、书目信息系统等专栏,这些栏目中的信息往往具有很高的利用价值,而且许多信息资源可免费查阅或下载,若能充分利用,就能更好地满足读者的需要。这些资源根据不同的文献内容有不同的形式,可分为索引型或题录型、全文型或图表型。一般而言,书目信息系统(数据库)、网上图书馆(或电子书店)多以索引型或题录型的形式显示,通过浏览或检索可以获取该机构的出版物目录,如:联合国书目信息系统数据库。各种"统计数据库"主要是以图表的形式显示,通过查询可以获取各种主题的统计数据,如联合国教科文组织统计研究所数据库提供全球教育、科学与技术、文化与交流方面的各国和地区间可比性统计数据。各种"在线出版物"和"文献数据库"主要是以全文的形式显示,可直接阅读,如国际货币基金组织在线连续出版物中有各年的"工作报告"、"国家报告"、"国际货币基金组织概览"、"金融与发展",甚至新书均可全文阅读,这些网络资源是我们可以利用的重要资源。

目前大部分重要国际组织通过与国内相关机构合作,开辟了其网络资源的中文版。此外已经有一些国内机构、图书馆、高校及研究所对部分国际组织网站进行过整理、导航。以联合国网络资源的开发为例,2010 年 4 月,笔者对我国 20 家"联合国托存图书馆"①网站的建设情况进行了调研。在信息技术迅速发展的今天,可以采用多种途径访问、获取这些机构的网络资源。目前常用的获取方式主要有直接访问主页、通过搜索引擎、利用图书馆在线资源和专门信息服务机构的数据库等。用户可以通过这些途径,使用题名、责任者、语言、出版年份、关键词等若干检索点组合来查找文件,进行在线阅读或下载。有些数据库还允许用户自行创建表格,将数据整理成所需的数据格式。

(1)直接访问主页

如果已知某国际组织或政府机构的官方主页或官方数据库主页,则可以直接输入网址,进行访问。例如通过白宫主页(http://www.whitehouse.gov)可以获取总统、副总统及第一夫人资

---

① 联合国总部图书馆 20 家托存图书馆名录[EB/OL].[2011-07-15]. http://www.un.org/depts/dhl/deplib/countries/chin.htm.

料、新闻和政策、白宫历史与游览、政府内阁、最新对内外政策的新闻等信息。访问 GPO Access（http://www. access. gpo. gov）可获取美国政府信息的网络资源；访问 Government Communications Unit(http://www. gcu. gov. au/)可以从这个网站链接到澳大利亚联邦政府的各个部门。

（2）通过搜索引擎

如果不知道某国际组织或政府机构的官方主页，或者对目标文献的出版情况不够明确，可以使用 Google 等搜索引擎进行一般检索。通过在搜索框中输入部分题名、关键词、责任者甚至文字内容等进行搜索，可以方便快速地确定文献来源及获取方式，甚至直接阅读和下载。

此外，很多国际组织和各国政府从方便公众获取的角度出发，对其体系庞大的网络资源进行过初步或深度的整合，向用户提供专业搜索引擎。例如：Federal Web Locator（http://www. infoctr. edu. fwl/）是美国政府信息网页索引，为检索政府信息的首选工具；Government Information Finder Technology（http://www. gc. ca）提供搜索加拿大政府文件和数据的信息服务。

（3）利用图书馆在线资源

一些图书馆通过与各国政府、图书馆及其他商业机构合作，将其部分特色馆藏进行整合并提供在线访问，这些特色数字馆藏即包括大量的国际组织和政府信息资源。例如美国国会图书馆的全球法律信息在线（Global Legal Information Network，GLIN）即为一个可公开访问的国际法律数据库，收藏经出版机构认定为官方正式版本的原文全文，主要包含全球范围各司法区域的法律、司法判决、立法记录和法律文献。所有资料均由政府机关和国际性组织提供，每份文件随附一篇英文摘要，所有摘要向公众开放，并且在大部分司法区域可以访问全文。在线法律指南（Guide to Law Online）是带有注解的美国各州、国家和地区政府和法律信息资源导航（可通过国会法律图书馆网站访问）。

（4）专门信息服务机构的数据库

包括公益性数据库和商业数据库。前者主要由相关国际组织、政府机构和民间组织开发，可以免费获取或低价获取。例如国际贸易信息包（http://ww. ita. doc. gov/），由美国商业部建立，是最好的贸易信息网站，提供进出口咨询服务、贸易条款、贸易诉讼、市场与流通、贸易政策、贸易计划、贸易经济结构等信息。

后者则由一些专门的信息服务机构和数据商生产或代理。例如在 OCLC 的 FirstSearch 数据库中，就包含了 ERIC 和 GPO 两个政府出版物数据库，凡是购买了 OCLC FirstSearch 数据库的学校的校园网用户就可以在这个数据库中查找到相关的政府信息。

网络资源作为图书馆馆藏的有力补充必须引起采访部门的高度重视，作为免费共享资源，图书馆采访人员可以将有用的信息资源进行整理、分类，建成专题数据库，或者将所搜集的信息进行综合，建成导航库，这些工作都将成为新时期国际组织文献采访工作的重要内容，也是未来国际组织采访工作的发展方向。所以图书馆也应该加大电子图书和专题数据库的采访并重视国际组织网络资源建设。

作为国家图书馆，亦可组织国内各图书馆共同对国际组织网络资源进行开发、整合，依托各大高校、研究所等学术机构，深化文献揭示力度，强强联合、优势互补，合力构建全国性的国际组织信息资源共建共享平台，推动国内公众及学界对国际组织信息资源的获取与利用。2010 年 4 月举行的联合国托存图书馆研讨会上，也将国际组织的开放存取作为一个议题进行了广泛的讨论。

4 国际组织与外国政府出版物资源的长期保存问题

基于 OAIS 的永久保存机制开放存取的对象是网上的数字化学术资源。要长期有效地进行开放存取,就需要长期保存元数据。OAIS(Reference Model for Open Archival Information System)即开放信息系统参考模型,作为 ISO 标准,适用于致力于长期保存数字资源并提供利用的系统和组织,从而为很多组织和机构包括政府部门和数字图书馆所采用。这个参考模型旨在建立对数字信息的长期保存和访问,它提供了对存档概念的理解框架和对存档文件的操作。我们应该借鉴 OAIS 的保存模式,进行深入研究,以便对国际组织与外国政府出版物文献的长期保存作有效参考。

国际组织网络资源具有普通网络资源共有的一些特征,如信息量庞大繁杂、生命周期短暂、更新快、不稳定性和易消失等。这些特点导致两个后果:其一是原有链接常常失效,如不及时更新维护,往往造成死链,无法获取相关信息,亦无法保证图书馆用户对这类资源的持续、有效访问;其二是重要数据的不可追溯,有些机构对于其陈旧、过期数据不再保留或不再公开提供,导致一些文献资源成为"昙花文献"、"蜉蝣文献",如果图书馆没有对这类网络资源及时进行抓取和保存,很可能造成数据的永久消失,但目前国内对这类资源的保存工作几乎没有开展。[5]

鉴于数字世界的庞大规模及其生命周期的短暂,图书馆必须在这个新的信息世界中扩大采访范围,制定网络资源采集标准,以便继续履行其永久保存重要知识信息的历史使命。因此我们应逐步对这部分资源进行有计划有目的的抓取、收集与保存,将虚拟馆藏转化为实体馆藏,构建综合化、一体化馆藏。我们可以根据不同网络资源的不同特征,在尊重版权的基础上建立相应的长期保存政策、技术和标准。例如:对部分已获得版权授权并具有长期保存价值的必要文件,下载到本地服务器中重新归类、定期总结并进行编目,以供读者使用;对于未获得授权的,可根据读者的需求情况,积极与相关国际组织进行协商,获取长期保存、使用授权。

5 知识产权方面

开放存取在实现资源共享的同时合法保护著作的原创性。目前比较通用的是建立在各国版权法基础上的创作共用授权协议(Creative Common License)。它是针对数字作品的开放共享和保护原创者权利的一种新型授权协议,致力于让任何创造性作品都有机会被更多人分享和再创造,共同促进人类知识作品在其生命周期内产生最大价值,文献版权仍属于出版商或作者。它由 Creative Commons. org 发起,并在全球越来越多地区被广泛采纳,在中文领域的授权机构是 CNBlog. org mv,在 2003 年 11 月就已经在中国上海发布了中文版"创作共用"协议项目。[6]

信息时代环境下,通过下载等途径获取网络资源以弥补实体馆藏文献的不足是图书馆文献资源建设的重要方式。但是版权等法律问题是图书馆进行获取前必须首先考量的因素:网络资源的采集和利用必须合法。一般来说,图书馆文献提供服务以教育、学习和研究为目的,这与很多国际组织非盈利、促进信息公开平等获取的宗旨相一致,因此多数国际组织愿意图书馆利用其网络文献,帮助其进行信息传播。即使有版权限制的文献资料,只要事先得到有关机构或有关作者的许可和授权即可使用,但不允许大量复制(刻录)、翻译或以此牟利。但很多图书馆由于长期忽略这部分文献资源的建设,或由于害怕麻烦、懒于沟通、语言障碍等原因导致我国托存图书馆与这些国际组织沟通渠道不畅、谈判不够积极主动,目前对于国际组织网络资源的开发还多局限于简单的网站导航。

6 结语

开放存取不是一个技术问题,而是一个观念和文化问题。我国与西方国家一样面临图书馆的经费危机、互联网上的资源建设和利用、科学信息资源的有效利用等问题,我们同样需要"开放"资源。[7] 我们不得不面对的问题是体制不够灵活,传统科学交流体制有自己独特的经费来源,而这些免费的、开放存取的项目其经费从哪里来? 是否会造成图书馆经费削减和相应的抵触情绪? 我们应在多大范围内试验和适用? 如何避免重复和冲突?

OAI 的信息组织方式是值得我们吸收和借鉴的。它将数据提供者和服务提供者分离,在分散的信息系统和服务系统之间形成松散而有机的联盟,提高了系统的互操作性,用户无需知道具体的信息源,只需要知道有关服务的提供者。目前 OAI 已经吸纳了很多电子文献档案和网络期刊加入,说明这是一种有效的信息整合方式。

我国的图书情报部门也是国外出版商们的客户,国外科学交流开放存取的发展,使我们能够充分利用这些开放信息资源和相关组织提供的免费或低价资源,以补充馆藏。

参考文献

[1] ARL Bimonthly Report 220[EB/OL].[2011 – 07 – 16]. http://www. arl. org/bm~doc/access – 2. pdf.
[2] 宋克俭,郭岚. 联合国文献及其开发利用[J]. 图书与情报,2001(2):37 – 39.
[3] Bethesda Statement On Open Access Publishing,2003 – 6 – 20[EB/OL].[2011 – 07 – 18]. http://www. earlham. edu/~peters/fos/bethesda. htm.
[4] 王静,阎雅娜,金华. 国外开放存取发展现状浅析[J]. 情报探索,2006(4):3 – 5.
[5] 雷亮,张燕,李跃进. 国际组织网络资源开发利用中的问题与对策[J]. 知识、学习与管理,2011(3):122 – 126.
[6] 杨帆,詹德优. 开放存取及其实现方式分析[J]. 图书馆论坛,2006,26(1):186 – 189.
[7] 乔冬梅. 国外学术交流开放存取发展综述[J]. 图书情报工作,2004(48):74 – 78.

网络采访:图书馆文献采访发展的必然趋势

石云霜(荆门市图书馆)

文献采访,也称图书馆文献采访工作,即根据图书馆的性质、任务、读者需求、经费状况,通过觅求、选择、采集等方式建立馆藏,并连续不断地补充新出版物的过程。文献采访工作不仅是图书馆的一项重要的基础性工作,也是每个图书馆做好各项服务工作的前提。随着互联网的快速发展和普及,网络环境给图书馆带来了广泛而深刻的影响,也给文献采访工作带来了深刻变化。网上书店的迅速发展使得文献信息的获得方式发生了根本性的变革。传统的文献采访模式已经逐步被人们所改变,适应时代潮流的新方法和新模式——网上采购,已经不断在实践中出现,并且已成为一种必然的发展趋势。

1 文献采访的传统模式及其优缺点

1.1 书目预订模式

书目预订是图书馆传统文献采访的主要方式之一,是指图书馆根据各种书目订单提供的文献信息,结合本馆的实际来选择所需文献,按格式要求形成订单提供给出版发行机构,如书店或出版社等的一种文献采购模式。书目预订主要以全国性的《社科新书目》《科技新书目》《全国地方版科技新书目》《古籍新书目》及各地出版发行的书目等为主要征订目录。采访人员根据征订目录,结合本馆的馆藏现状进行查重后订购。书目预订具有系统性强、易查重、信息源稳定等优点,可以确保图书馆文献资源建设的系统性和完整性。书目预订也存在许多缺点:一是时间长,时效差。这种方式环节多、文献传递慢、文献简介资料失实、订户难以控制。从征订到文献到馆,历时少则3个月,多则一年半载。因此,一方面图书馆每年都花了一笔不小数目的经费用于订文献,另一方面书架上的文献迟迟不能到位。尤其是一些时效性相对较强的文献,更是可望而不可及。二是书目订单涉及的书目品种不够全面,不能反映整个出版界的真实动态。这与发行渠道的多样化、文献载体的多元化形成了矛盾,仅仅依靠这种传统采购模式远远不能满足现今采访信息量的要求。

1.2 现场选购模式

现场选购途径有多种,可以参加全国书市、图书订货会,再者可以到图书批销中心、各大书店进行现场选购。现场采购的好处在于直接阅览样本,可以一目了然看到文献装帧质量,把握文献的内容。对具体文献进行鉴别、判断、取舍,这一环节知识性最强,对具体文献的认识也是平时知识积累的体现。现场选购不但缩短了文献采访周期,还可以采购到利用率高、质量好的文献,而且读者急需的部分文献也能尽快进入流通。现场采选的缺点:一是在文献品种和数量上有其局限性,不可能满足图书馆的所有需求;二是缺少现代化技术与设备为依托,容易造成文献重购;三是采访时间紧,容易造成错漏现象,并耗费人力、物力、财力;四是难以保证文献的系统和完整性。

1.3 纲目订购模式

纲目订购是由书商按图书馆事先提供的购书纲目主动地将有关新文献或新文献出版信息提供给图书馆,图书馆则根据样书进行挑选,把认为符合本馆需要的文献留下,把不符合本馆需求的文献退还给供货方。纲目购书的优点:正确率高,获得文献迅速及时;采集面广,漏订率低;以核心藏书和广泛满足读者要求为基础建立起来的购书纲目,可以帮助图书馆建立具有自己特色的藏书体系。纲目购书的缺点:一是成本较高,一般执行起来比较困难;二是需要花较多的时间修改和补充才能成熟和完善。

1.4 邮购模式

邮购的方式是图书馆根据书目、广告、订单向外地的文献出版发行机构汇款,用邮寄的方式购买所需文献。邮购的好处在于有些文献是出版商自办发行、作者自己包销的文献,在书店难以买到,只能通过邮购才能获得。邮购虽然可以起到补漏、补缺的作用,缺点在于经费支出大、手续繁杂、工作量大,因此邮购只能作为文献采访的一种辅助模式。

2 文献网络采访及其优越性

2.1 网络采访书目信息量大、品种全、范围广

随着互联网的快速发展,许多出版社与书商都将自己的图书书目数据、新书书目和推荐书目公布于网上,极大地丰富了文献采访信息来源。据统计,我国网上书店已达几百家,其中比较有名的如:全球最大的网上书店——当当网、卓越亚马逊网、京东商城网、中国图书网、北京图书大厦等。它们为网上采访提供了比较齐全的文献书目数据,彻底改变了传统的依靠《社科新书目》《科技新书目》《全国地方版科技新书目》等书目进行文献采访的被动局面。网上采访极大地拓展和丰富了文献采购的品种范围,使图书馆采购的范围扩大到全球。

2.2 网络采访时间短、效率高

网上文献采访使图书馆基本实现了采购手段的现代化,采用各种快捷的搜索引擎和分类目录,采购人员可以从不同的角度入手检索文献,并能很快地得到自己想要文献的现状;通过网络填写电子订单和进行电子货币支付、计算机帐目自动核算,省去了许多不必要的手续和环节,从而大大地缩短了时间,提高了文献采访的工作效率。如:省去了订单处理的时间、文献在书店滞留的时间。此外,文献采访员不受时空限制,只要电脑能上网就可以通过网络在海量信息中直接进行书目信息的搜集、查询、浏览等工作。网上采购缩短了图书交货的时间,缩短了新书与读者见面的时间。因此,网上采购也大大提高了文献采购的效率。

2.3 网络采访互动性强

图书馆文献采访员可以发挥自己的主观能动性,广泛征集本馆所需的文献。文献采访员在整个过程中可以实时跟踪,随时获取有关已采访文献的信息,如订单接收情况、书商货源情况等。也可随时向书商提交订单发送情况、到书情况、付款情况等。另外,书商也可以将有关信息发送给文献采访员供其查询。这样,文献采访员与书商通过交互式联系,使双方的互动性增强,有利于加强双方的联系与合作。

2.4 网络采访有利于读者参与

在网络采购模式中,采访人员将得到的书目电子数据转入到本馆系统后,系统将数据自动发布到图书馆 WEB 服务器上,读者可通过图书馆网页上的新书荐购栏目浏览查看所有的新书目录,看到有需要的文献都可以进行"推荐采购",采访人员可以通过系统荐购程序查看读者荐购情况,进行统计预订。这种形式的采购有利于读者与采购人员之间的交流,实现图书馆"藏为所用"的服务宗旨。

3 文献网络采访应注意的问题

图书馆文献网上采购以其不可比拟的优越性,对传统的文献采购模式产生了强烈的冲击。目前,各图书馆的网上采购还处在探索阶段,在实践过程中我们应注意以下几个方面的问题。

3.1 网上书店的选择

图书馆通过对网上书店采购文献,首先要对网上书店进行有比较的筛选,即通过对网上书店的文献的销售范围、支付方式、发货速度、配送方式、售后服务的质量、是否全程跟踪服务、折扣率等服务功能方面进行比较,从中选择与本馆馆藏建设最适合、服务最好、提供文献最多、购书条件最优惠的网上书店作为本馆文献采购的代理,并且将这些经过选择的书店的网址利用超文本链接在图书馆管理系统采访子系统页面上,以方便进入。

3.2 采访人员技能的提升

网络环境下,采访人员采集信息的主要工具是现代技术设备。如果采访人员不具备一定的计算机知识和网络技能,采访工作就无法按网络时代要求的方式进行,网络的功能和作用无法发挥,既浪费了设备资源,又只能面对取之不尽的网络资源望洋兴叹。因此,采访人员除了应该熟悉、精通传统的采访手段外,还要掌握好计算机网络知识,熟练地运用网络来开展工作,经常到网上搜索浏览与采访有关的信息源,可以建立一些网上信息档案,如各出版社网址、各大型书店的网址等。

3.3 文献网上采访质量的界定

根据网上书店提供的详细书目目录以及附有的图书封面照片、书评、读者留言等信息,对文献的内容,装帧情况进行多方位的了解,确保网购的文献内容健康、装帧质量到位。

3.4 网络支付方式的把握

网上书店商号林立,对于每一家网上书店,其提供的支付方式大都不同。图书馆采购文献与一般顾客的个体行为有所不同,图书馆网上采访购书品种多、码洋大,相应购书款数额大,因此在网上采访之前,要对所选择的网上书店的付款方式、网上支付的安全性能有所了解,并且针对每一个网上书店,确定恰当的付款方式。如在采购数量大的情况下,可以采用货到付款方式支付。

4 结语

图书馆传统的文献采访非常复杂、繁琐,花费的时间多,出错率也高。网络环境下,图书馆实现了自动化、网络化,用先进的计算机技术从事查重工作、打印订单、统计、验收,使采访信息数据化、标准化。特别是网上在线采购不仅是采购手段上的变化,而且将采购人员从狭窄、封闭的传统手工状态转变为开放的、全球性的现代化状态。现代化的高效采访不仅提高了工作质量和工作效率,也节约了采购人员的时间和精力,使他们能够将主要精力用于了解、掌握、研究图书出版动态信息,研究读者需求,确保文献采访质量的不断提高。随着时间的推移,网络采访将成为图书馆文献采访发展的必然趋势。

参考文献

[1]什么是文献采访? 百度知道[OL].[2011 – 08 – 28]. http://zhidao. baidu. com/question/55673692. html.

[2]国家图书馆图书采选编目部.信息资源建设中的图书馆采访工作[M].北京:北京图书馆出版社,2007.

[3]爨会英.网络采访是图书馆文献采访的发展趋势[J].图书馆学刊,2010(6):58 – 60.

[4]胡敏.图书馆网上采购模式[J].情报探索,2002(4):26 – 27.

[5]彭晓静.图书馆采购新模式:网上采购[J].情报探索,2006(6):89 – 90.

[6]陈香珠.浅析网络环境下高校图书馆采访工作的变革[J].科技情报开发与经济,2006(16):59 – 61.

论学位论文采访和编目的特点与关系

宋文燕（国家图书馆）

1 引言

根据美国标准学会解释,学位论文是为了获取不同级别学位的候选资格、专业资格或授奖而提出的研究成果或研究结论的书面报告。简而言之,学位论文就是学生为了获取学位向学校或其他学位授予单位①提交的最终学术研究成果。学位论文尤其是博士、硕士学位论文,其中蕴涵着大量的富有创造性的思维和成果,它不仅反映学校、科研机构学位候选人的科研水平,同时也直接反映各学科领域的前沿动态和最新发展,具有极高的收藏和利用价值。学位论文以其专业性强、非正式出版、学科广泛、内容新颖等特点,日益受到社会各界的重视,成为高校、科研院所等图书馆文献资源建设中非常宝贵的信息资源。随着信息技术、网络技术的发展,以及对学位论文这种稀缺资源的认识,各种机构加大了对宝贵的学位论文资源的"抢夺"。因此,做好学位论文的采访和编目工作,保证学位论文书目数据的质量和书目信息的快速报道,使读者方便检索利用,赢得读者和缴送单位的信任和口碑,是我们需要探讨的问题。

2 学位论文采访和编目的特点

2.1 学位论文采访

学位论文作为图书馆馆藏资源建设的重要组成部分,系统、完整是学位论文采访工作的目标,收全率是这个目标实现的价值体现。收全率直接影响到馆藏学位论文资源体系的结构和质量,直接影响到读者的需求和满足程度。因此,学位论文采访工作的意义非常重大。

---

① 《中华人民共和国学位条例》规定,授予学位的高等学校和科学研究机构简称为学位授予单位。

区别于普通书刊资料的采访,学位论文的采访具有自己的特点。

(1)难度大。学位论文作为非正式出版物,至今没有一部《图书馆法》或者《著作权法》来明确规定学位论文的缴送、永久保存利用机构,没有相应的权利与义务的承担者。1981年国务院批准实施的《中华人民共和国学位条例暂行实施办法》第二十三条规定,"已经通过的博士学位论文,应当交存北京图书馆(已更名为国家图书馆)和有关的专业图书馆各一份",但由于颁布的年代久远,作为一个暂行的行政条例,没有一个专门机构对学位授予单位和学位论文作者进行监督。另外,一些学位管理部门工作人员变动大,容易造成对学位论文收藏部门有关信息掌握不足,再加上利用学位论文时产生的知识产权等问题,造成了学位论文采访工作的困难。从另一个层面来说,有效有力的制度和法律法规的缺失,也会造成国家层面上的学位论文资源流失,不利于国家文献保障体系的建设。

(2)数量多。近些年来,国家加大了对研究生的教育培养,高校和科研院所对各学位授予点和专业进行了增设、扩招,使得在校和毕业研究生数量迅速增长。2010年全国招收研究生53.82万人,比2009年增加2.72万人,增长5.33%,其中招收博士生6.38万人,招收硕士生47.44万人。在学研究生153.84万人,比2009年增加13.35万人,增长9.50%,其中在学博士生25.89万人,在学硕士生127.95万人。毕业研究生38.36万人,比2009年增加1.23万人,增长3.31%,其中毕业博士生4.90万人,毕业硕士生33.46万人。[①] 持续增长的招生和毕业生规模使得学位论文的数量持续增长,同样也使采访量高速增长。

(3)经费难。一方面,由于多头缴送的出现,学位论文作者不仅需要印制一定数量的学位论文以做答辩用,还要自留一部分送同学师友,更主要的是要有一定数量的论文送缴学位条例规定的收藏单位和自己所在的学校、科研机构的图书馆、档案馆、资料室以及与学位授予单位签订买卖关系的其他一些商业营利组织,印制成本的提高,使得学位论文作者的负担加重,影响学位论文的缴送。另一方面,学位授予单位由于毕业研究生数量的增加,使学位论文托运费、工作量相应地也增加,而非营利的图书馆以往无偿接收学位论文的做法已跟不上经济驱动的步伐,运费等问题难以很好地解决,无疑影响了无偿、义务缴送学位论文的积极性。

(4)采访人员缺乏。2010年全国共有研究生培养单位797个,其中高等学校481个,科研机构316个。[②] 面对成百上千的学位授予单位,要配备一定数量的采访人员来与之交流、沟通,使他们积极地呈缴每年的学位论文。然而,制度的缺失、数量的增加、经费的困难影响着采访人员的数量,而没有相应数量地采访人员,学位论文的收全率就会受到影响,而且电子版的学位论文采访除了没有统一的呈缴系统外,也没有设专门的采访人员从事这项工作,迫使这项工作基本处于停滞状态。

从以上分析可以看出,学位论文采访工作任务艰巨,如果不能很好地解决这些问题,那么,三、四年后,几十万甚至上百万种学位论文的纸本和电子版将流向何处?我们能否及时有效地收集、保存这些珍贵的文献资源?我们今后怎样为读者提供这种文献的服务?这些问题必将会影响到学术研究人员、政策决策部门这些读者群的流向。

解决上述问题除了加快相应的立法,建立健全制度,从法律和制度层面确保学位论文采访工作有法可依、有规可循外,国家也要从多层面解决实际的经费问题。图书馆除了增加采访人

---

① 数据来源于教育部2010年全国教育事业发展统计公报。

② 同上注。

员外,也要重视采访人员的素质培养。图书馆在尊重实际困难的情况下,要多想办法,多与学位授予单位沟通,耐心宣传学位条例的有关规定,请他们理解并支持缴送工作,同时也要力所能及地帮助学位授予单位解决一些实际问题,从而达到收缴率的提高。

2.2 学位论文编目

图书馆的编目工作是对文献资源分析后进行有效的分类标引和主题标引,并在系统上用相应的格式著录、编目,使文献资源的主要内容及特征通过书目形式呈现给读者,方便读者检索利用。学位论文的编目工作也不例外,就是对学位论文进行主题分析和分类分析,依据《中国图书馆分类法》和《中国分类主题词表》,给出正确恰当的主题词、关键词和分类号,依据《中国文献编目规则》和《学位论文编目实用指南》对学位论文的规定信息源包括题名与责任者项、版本项、日期项、载体形态项、附注项、获得方式项等著录项目进行分析,并使用 CNMARC 专用字段进行著录,最终形成学位论文书目数据提供给读者检索使用。学位论文的编目也具有自己的特点:

(1)难度大。学位论文往往反映了学位论文作者对某一研究领域或者科学前沿的研究成果,因此,学位论文编目时在揭示其内容特征和主题时没有或者很少有可以参考的依据,产出的都是原编数据,既要保证原编数据的科学性,也要保证学位论文内容揭示的准确性,所以分编的难度比较大。

(2)数量大,人员少。面对日益增多的文献资源,编目工作量也在增加。编目工作是图书馆的一项最基础的业务工作,编目人员既要具有钻研精神,也要具有学习精神,产出的书目数据才能更好更容易地被读者利用,但编目工作的清苦,使得编目员的数量并没有随工作量的增加而增加。学位论文编目工作同样面临着数量的激增和人员编制少的矛盾,影响了读者利用学位论文书目数据。

(3)技术性强。由于学位论文的学科广泛、内容专深等特点,学位论文编目过程中,要求编目员具有较高的科学素养和广博的知识,即面对各学科独创性的学位论文时,要看得懂。只有看得懂,才能了解学位论文的内容,辨别学位论文中使用的科学方法哪些是主要的,哪些是次要的,该项研究中的学术术语和专有名词是否是新出现的,具不具备可检性,论文中研究的哪个问题是主要问题等。在进行主题标引时,除了选用正确合适的主题词外,关键词选取时要注意规范性、标准性,还要考虑关键词选取后是否具有普遍性,随着时代发展是否能成为主题词,读者是否普遍认可该词等。如"手机"一词刚出现时,主题词表里只有"便携式移动电话",社会公众一说到"手机"时就知道是什么,随着通信技术的发展,"手机"一词很普遍,也被学者们普遍使用,而"便携式移动电话"已不为读者检索时接受。同样,只有主题分析正确,选用的主题词、关键词能准确地揭示学位论文的内容,分类标引才能准确恰当,才能为下一步读者检索利用提供方便。

3 学位论文采访和编目的关系

我们知道,图书馆是收集、整理和保存文献资料并向读者提供利用的科学、文化教育机构,是社会公共文化服务体系的重要组成部分,文献资源建设是图书馆的根本物质保障,是图书馆发展的基础,图书馆为读者提供的各种服务都是建立在文献资源上的,结构合理、数量丰富、利用高效的文献资源,是图书馆服务的基础,作为图书馆基础工作的文献采访工作和编目工作又是基础的基础。图书馆作为一个生长着的有机体,其业务工作的各个环节都是相互影响、相互作用的,一环扣着一环。每一道工序的开展,既受前道工序的影响,又为后面的工作提供发展的基础。图书馆如果采集不到文献资源,就成为了无源之水,无本之木,一切工作都无从谈起,更不要说编目和提供读者服务。采访工作和编目工作作为图书馆的主要基础业务工作,两者联系紧密。学位论文的采访和编目工作更是你中有我、我中有你,相互之间协调有序,互相成为重要的补充。

3.1 学位论文采访和编目工作目标一致

学位论文作为图书馆文献资源建设的重要组成部分,它的采访成为图书馆业务工作基础中的基础,采访工作直接影响着编目、流通阅览、读者使用等环节。采访人员能否在学位论文与读者之间发挥纽带作用,最大限度地采全学位论文以满足不同读者的需求,是衡量学位论文采访工作的一个重要指标,也是学位论文采访工作的最高目标。学位论文专、深、新的特点,对学位论文的编目工作提出更高的要求,学位论文编目的目的就是把采来的学位论文通过制作成学位论文书目数据,提供给读者检索利用。如何全面、客观、正确地揭示学位论文的内容特征,将无序的信息有序化,使编出的书目数据既标引准确又能满足读者的检索习惯和检索需求,是衡量学位论文编目工作质量的标准。学位论文编目工作是学位论文读者服务工作得以顺利开展的根本保证,其质量直接影响到读者服务工作的质量。由此可见,无论是学位论文的采访还是编目,它们的共同目的都是为了满足读者利用资源的需求,都是更好地为读者服务,它们的目标是一致的。

3.2 学位论文采访和编目工作相互协调、互为补充

采访员将学位论文采集来后,就要对学位论文进行登记验收,包括数量、来自哪个授予单位、是否保密、与教育部报表信息是否一致等。然后就要进行初步的记到,在记到中第一步就是要查重,没有重的数据时,就要对学位论文规定的信息源如题名、作者、导师、学位授予单位等进行著录,以形成最基本的书目数据。盖馆藏章和贴条形码可以在登记验收后,也可与记到同时进行。这些工作完成后,就交由编目员对学位论文进行深层次的分析和处理。编目员首先要对学位论文查重,以确保采访记到时同一授予单位同一作者的学位论文没有重复。重复的情况也有发生,如果不同的著录人员在系统上同时对某一种学位论文进行记到时,在同一时间里查不到该种学位论文有重复的数据;又如在查找学位论文规定信息源时,也能发现保密的学位论文等,这个时候编目工作为采访工作起到很好地查漏补缺作用。

由于学位论文缺乏统一的格式标准,国家又没有明确的学位论文编写格式标准,有些学位论文就很不规范。比如,有些呈缴单位把提交给答辩委员的匿名论文缴送过来,著录时缺失学位论文作者或者导师或者学位授予单位或者专业、研究方向等;各学位授予单位学位论文密级表述不一致,有些把"内部"视为保密,如北京理工大学,而吉林大学的"内部"则为公开,还有"Ⅰ级"、"A级"等不易判断密级的标识;出现同一本学位论文封面题名与题名页、目次页或者其他地方的题名不一致等等类似情况时,编目人员就需要与采访人员进行沟通,确定著录信息的准确性、唯一性、规范性。这时采访工作为编目工作起到准确提供信息的作用。

学位论文采访和编目工作之间互相协调、互为补充,能保证学位论文书目数据的质量,使

读者准确、便捷地检索出所需的资料。学位论文授予单位或者作者的成果被规范、优质地制作出来,通过 OPAC 系统把科研书目数据发布出去,被广大读者认可,这让读者直观地了解到他们的科研能力、科研水平、研究领域等,从而让学位论文授予单位或者作者产生对图书馆的认可和信任,增加他们或者其他单位和个人缴送学位论文的积极性。

4 结语

在谈到学位论文采访和编目的关系时,探讨它们各自的特点似乎与它们之间的关系没有任何关联,然而,要完整地认识一个事物或者一件事情,只有了解了它的特性,才能进一步了解组成这个事物或者事件各部分的关系,才能清楚地了解这个事物或者事件本身。我们正是了解了学位论文采访和编目的特点,才能在做这两项工作时,紧密结合各自的特点,避开一时难以解决的制度、经费、人员等问题,从实际出发,理顺两者的关系,工作中互相合作,相互促进,使图书馆业务工作链条上的两个环节有效地运行,推动工作向前发展,实现学位论文为读者所用的目标。

参考文献

[1]杨艳君.文献采访工作中读者满意度的实现[J].图书馆学刊,2010,32(1):78-80.

[2]李素萍.试论编目工作如何更好为读者服务[J].桂林师范高等专科学校学报,2006,20(3):156-158.

[3]赵阳,周杰.国家学位论文资源状况调研与分析[J].情报杂志,2006,25(6):105-107.

大英声音地图的启示

苏　健(国家图书馆)

大英图书馆的声音档案馆(The British Library Sound Archive)是世界上知名的声音档案馆之一,原为 1955 年成立的英国录音协会(British Institute of Recorded Sound),1983 年成为大英图书馆的部门。其馆藏有古典音乐、戏剧、口述历史、流行音乐、爵士乐、自然原野声音、世界各地的传统音乐等类型。为了提高声音档案馆的使用程度,大英图书馆与联合信息系统委员会(Joint Information Systems Committee, JISC)合作,建置了声音档案记录服务(Archival Sound Recordings)网站,线上提供各种声音档案,供高等教育机构使用。2010 年他们推出了为期一年的新项目——大英声音地图。

1 大英声音地图

1.1 概述

2010 年 8 月 17 日,英国国家图书馆(大英图书馆)正式推出了一个互动项目——"大英声音地图"(the UK Soundmap)，该项目是为未来绘制并保存英国的声音图景而设立的。参与者可借助智能手机的语音技术，把周围的声音录下来上传至声音档案记录服务网站所链接的声音地图，这些录音及数据将被永久保存。这是大英图书馆第一个全国范围的声音地图，覆盖了包括大不列颠及北爱尔兰在内的整个英国。它于 2010 年 7 月以谢菲尔德大都市区为试点展开调查，任何人都可以参与到这个研究项目中来，上传一个或多个录音。

1.2　操作

在 iPhone、Android 等智能手机上或 Web 浏览器上免费使用 AudioBoo 应用程序，把周围的声音录下来上传发布，就可以参加这个项目，每段录音可长达 5 分钟。当通过 Audioboo 上传录音资料时，添加"uksm"标签，它们就会出现在声音地图(SoundMap)上，时间需要 48 小时，同时还可以利用 AudioBoo. fm 迅速检查录音。人们访问 SoundMap 时，按标签会很容易地搜索到录音的位置，听到要听的声音。

1.3　录音采集范围

大英声音地图倡导人们记录周围的日常生活环境，在不同时间不同地点尽可能多地录下声音，但对于参与者选择什么样的声音只给予了笼统的提示，他们认为参与者对声音的选择本身就是一种信息反馈。[1]

同时他们认识到视觉传播与听觉传播的差异，摄像有建筑、工业设计、时尚和广告可资借鉴，也可以从其他摄影师的作品中获得灵感，而录音要难得多。随着时间的推移，这种差异有可能会加大，因为人们平均文化程度不断提高，更容易接受视觉媒介，而人们的日常背景声音因交通噪音而上升，录音师对声音的捕捉比以往更难。

尽管如此，大英声音地图的博客还是就声音的选择提出了建议：

（1）大自然的声音

自然创造的声音；灾难；水；空气；土壤；火；鸟类；哺乳动物；昆虫；季节。

（2）人类的声音

噪音；身体发出的声音；衣服的声音。

（3）声音与社会

农村音景；城镇音景；城市音景；海上音景；家庭音景；交易的声音；职场和营生；工厂和办公室的声音；娱乐的声音；音乐、仪式和节日的声音；公园和花园的声音；宗教节日的声音。

（4）机械的声音

工业设备；车辆、飞机；建筑和拆卸设备；机械工具；通风设备和空调；农机具。

（5）环境呈现宁静状态时能听到的声音

（6）起指示作用的声音

钟声和锣鼓；喇叭和哨子；钟表声；电话；预警系统；娱乐信号和行为提示音。

声音地图的编辑指出，这些类别都值得参考，但录音师对当地环境的了解和对声音的感知能力是不可替代的。

1.4　合作者

大英声音地图是大英图书馆与"嘈杂的未来"网络(Noise Futures Network)合作的项目。

"嘈杂的未来"网络于 2006 年 6 月 1 日建立,由英国工程和自然科学研究委员会提供赞助,主要致力于声景观研究(也称音景)。[2]

声景观是声音生态学的一个学科,是指所处环境中产生出的一个声音或声音组合。它包括自然声环境,即大自然的声音,比如动物的发声、天气或其他自然因素引发的声音;也包括人类创造的声音,比如音乐创作,拟音,人类谈话、工作等日常活动发出的声响,工业技术产业的机器轰鸣声。最近几年,声景观研究受到环境声学领域的广泛关注,发展成为多学科渗透和交叉的研究热点,主要集中在几个方面进行:视觉和听觉交感作用研究;声景观在声环境设计中的应用研究;不同区域、不同人群的特征声音和特征景观研究;声景观图的研究。

大英声音地图收录的声音可能会被"噪杂的未来"网络的专家拿来做研究,一旦收集到足够的数据并作出了分析,他们会把研究成果公布出来。

2 绘制声音地图的目的

大英图书馆制作声音地图的目的是想解决两方面的问题:一是今天的英国听起来是什么样的? 二是这些声音对我们的生活有何影响?

英国的声音环境一直在改变,城市化、交通运输的发展、气候变迁甚至日常生活方式无时无刻不在影响着人为或自然的声音环境,而周围的声音环境也在影响着人类,有的声音具有积极的安抚的作用,有的则会干扰人类,甚至影响人类的健康,无论是正面或负面,通过采集今天的声音,并把它提交给大英图书馆的数字资源收藏中心,可以建立一个永久性的研究型资源。

在收集录音资料绘制有声地图方面,大英图书馆并不是始作俑者,在此之前英国的研究者们就开始制作声音地图了。其中比较有影响的是英国画家、视频艺术家 Stanza 创建的 Soundcitie(soundcities. com)网站。Stanza 从 1984 年开始环球旅行,每到一处就把当地的声响录制下来,经过数十年的积累,他开始在互联网上发布声音地图,并于 2004 年创建了数据库。Soundcitie 是一家开源的声音地图网站,内容丰富,任何人都可以发布和免费获取各个城市的声音。用户还可以根据关键字来搜索城市,比如"节拍"、"鸟"、"教堂"、"工业"和"天气"。[3] 另外,英国萨尔福德大学(Salford University)于 2010 年发布了一个英国声音地图,号召大众用自己的手机将当地的环境声音录制下来,并将声音发送给制作团队,声音资料将上载至互联网形成有声地图,供人们查阅下载。最终这个项目将和谷歌街景图(Google Street View)结合在一起,让人们不仅可以看到当地的地形,还能够听到当地的声音。[4]

在现今城市环境中,视觉传播信息的手段要比听觉普遍得多,人们对周围的感知主要以视觉为主导,很多研究者试图扭转这一状态,希望通过声音重新建构与世界的关系。前者以城市声音地图的形式传播城市的概念;后者希望通过声音文本绘制出能反映英国噪音情况的地图,帮助减少噪音污染。

声景观概念的出现,使人们从控制噪声污染提高到一个新的境界,那就是人不仅需要安静,而且也需要和谐、美妙、舒适的声环境,也就是说,除了噪音问题,还希望研究出为何有些声音可以为环境增色,而有些声音只会让人们产生反感。在英国,声学专家、政策制定者和声学研究人员越来越多地把声景观数据分析作为未来声音环境规划和监管的重要组成部分,而构建一份声音地图以及相当规模的背景资料在英国还未出现过,大英图书馆制作的声音地图无疑是一项具有深远意义的项目,它将为研究者提供丰富的信息数据库,并把英国置于声景观研究的前沿。

3 采集结果统计报告

大英声音地图项目为期一年,从 2010 年 8 月 17 日开始,截止于 2011 年 6 月 24 日,共有 350 人参与了声音录制工作并成功上传了 2167 份录音资料,[5]大英图书馆就录音采集结果作了详细的统计分析。[6]

3.1 工具

在这些录音中,约有 80% 使用的是移动电话,另外 20% 使用的是比较时尚的带有手持数字音频录音的设备。有些超逼真的双路立体声录音是由能放到耳朵里的微型麦克风录制的;有小部分使用的是具有行业标准的设备;有一个录音使用的是超声波蝙蝠探测器。

3.2 时间频率

每月成功上传的录音数量,呈现出季节性变化的周期。当天气变冷白天变短时,收到的录音就少。约 90% 的录音是在白天录制的。

3.3 采集标准

总体而言,采集标准是比较宽泛的,低拒绝率可以鼓励更多的人参与到项目中来,同时也肯定了参与者所做的工作。

在 2000 多份录音中,约有 7% 的录音遭到拒绝,没有上传到声音地图上,其中最常见的原因是录音者没有设置录音存放的位置。除客观因素外,大英声音地图设置了几个原则性的采访标准:

(1)涉嫌版权问题的录音,比如录音中最突出的声音是流行歌曲;

(2)音频质量差,含有过多风声的录音;

(3)含有粗口等暴力语言的录音,这部分录音所占比重极小,但是因为大英声音地图对带有暴力语言的录音没有预先警告听众的方法,所以这部分录音也遭到拒绝。

3.4 录音地点

3.4.1 按录音采集地的地理背景分类

按录音采集地的地理背景分类,城区比重最大,其次是郊区。来自海滨城镇或更偏远的海岸沿线地区和来自内陆农村的录音数量相当,这在一定程度上显示了英国相对突出的海岸线,也反映了人们喜欢大海的声音或者愿意与人分享度假时听到的声音。

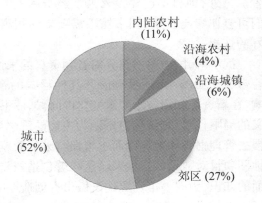

图 1 按地理背景分类

3.4.2 按录音采集地点分类

录音采集地点包括街道,广场、人行道,交通枢纽、酒吧、商场、咖啡屋、火车、有轨电车、公路用车、公园、运动场,等等。

"街道"这一类划分得比较模糊,因为大部分录音录自行人专用街道、市场和街心广场,这些地方车辆都到不了,主题声音不会被交通噪音压倒。"交通枢纽"一类的录音大部分来自火车站,另外包括来自"图书馆、博物馆、院校"以及"艺术画廊"的录音,在一定程度上反映了回声这种特殊音质的魅力,当这些地方寂静无声时,录音师会产生大叫一声或敲东西的冲动,因为这样会听到回声。来自工作场所的录音比较少,尤其是工业场所,部分原因是由于移动电话覆盖范围的限制。另外来自沼地、森林或山区的也很少。

3.5 录音内容

人类的声音是最常见的类型,出现在大约一半的录音中,有日常交谈声、欢呼声、歌声,还有通过扩音系统放大的通告声,并能听到声音背后的广播和电视节目声。20%的录音是交通噪声,16%是鸟声,15%是脚步声,11%是警报声、蜂鸣声和钟声,8%是现场音乐。在大自然的声音中,最突出的元素是水,在大英声音地图上能找到水的所有自然形态:冰、雪、喷泉、运河、溪流、雨、海水、蒸汽等等。此外,还有火的声音,比如秋冬季篝火和壁炉的声音。

3.6 存储

目前采集工作已全面结束,大英图书馆正在进行资源存储,不久将形成一个永久性的可访问的馆藏资源,这份资源不仅反映了2010年和2011年英国的音景状况,同时也寄托了参与者对英国未来音景的希望。

4 启示

4.1 信息时代文献采访的新模式

大英声音地图采用大众移动技术,以一种新颖的方法捕捉和整合具有研究水准的音频样本,以一种互动的方式更新了图书馆资源采访的思路。首先录音采访不需要图书馆员和录音者特别的专业知识,录音者只要会使用手机录音,把信息传给图书馆员,再由图书馆对信息进行整合,就可以完成资源生成,在此意义上图书馆既是资源的管理者又是资源的生成者。另外,项目不需要投入太多经费和人力,录音设备由录音者自己提供,项目是开放的,人们可自愿参与进来,图书馆不需要支付报酬,这对不断遭到经费削减的图书馆来说无疑是最好的选择。

据了解,国内图书馆界对音频资料的采访多集中于正式出版的音像制品,其载体形式为录音带、CD、MP3等,还没有展开其他形式的音频资料的采集。因为受实物载体资源界定的影响,在新资源和新技术要求变化的时候,图书馆在一定程度上显得过于受专业和编制等传统主义的局限,[7]以传统信息资源为主体的观念导致轻视其他信息资源的倾向,很多图书馆员只习惯去管理书刊和数据库而不习惯与外界打交道,更愿意管理信息而不是生成信息。大英声音地图项目对数据的自主采访意味着创造资源,图书馆员可凭借其数据存储技术和文献管理方面的知识,为图书馆资源建设做出有创造性的、学术性的贡献。

4.2 为研究人员提供的创新服务方式

大英图书馆在制订2008—2011年战略时,对所服务的不同类型用户群体的需求特点作了分析。其中,科研人员的需求特点是:越来越期望无缝获取即时、永久、免费的信息和服务,并想在网上找到一切。针对这一群体的需求特点,大英图书馆把"以创新的服务及一体化进程支持英国的研究"作为了大英图书馆2008—2011年战略重点之一。[8]2010年,大英图书馆与"嘈杂的未来"网络合作开发了大英声音地图项目,大英声音地图将在图书馆永久保存,并无偿提供给信息需求者,此项目被列入大英图书馆2011年行动计划。[9]声音地图针对的是环境科学界(包括科学家、决策者和出资者)的研究信息需求,在信息采集之初就具有极强的目的性,这一新型数据库为研究人员节省了数据采集的时间和资金,可视为信息时代图书馆文献采访为研究人员提供的创新服务方式。

参考文献

[1] Sound categories and finding subjects to record[OL]. [2011 – 07 – 12]. http://britishlibrary. typepad. co. uk/ archival_sounds/2010/08/sound-categories-can-help-you-find-more-subjects-to-record. html.

[2] Noise Futures Networks[OL]. [2011 – 07 – 12]. http://www. noisefutures. org/.

[3] Soundcities Introduction[OL]. [2011 – 07 – 12]. http://www. soundcities. com/info. php.

[4] Sounds Around You[OL]. [2011 – 07 – 12]. http://www. community. salford. ac. uk/cms/news/article/? id =10.

[5] British Library Sounds[OL]. [2011 – 07 – 12]. http://sounds. bl. uk/uksoundmap/fusionmap. aspx.

[6] Listening to Britain [OL]. [2011 – 07 – 25]. http://britishlibrary. typepad. co. uk/archival _ sounds/uk-soundmap/.

[7] 陈俊华. 图书馆开发口述历史资源探索[J]. 图书情报工作,2006(6):126 – 129.

[8] The British Library's Strategy 2008 – 2011[OL]. [2011 – 07 – 12]. http://www. bl. uk/aboutus/stratpolprog/ strategy0811/strategy2008 – 2011. pdf.

[9] The Value of Knowledge:Annual Report and Accounts 2009/ 2010 [OL]. [2011 – 07 – 25]. http://www. official-documents. gov. uk/document/hc1011/hc01/0153/0153. pdf.

图书馆构建电子图书馆藏的策略研究

孙 羽(国家图书馆)

1 电子书的特点及现状

电子书最早兴起并成熟于美国,由于电子书具有方便、环保等优势,如今正迅速在全世界普及。电子书一般指经过系统化与结构化的加值处理,并透过不同的设备供人阅读与再利用的数字化图书资料。其内容格式为 ePUB、PDF、HTML、XML、TXT、Word、EBK、DynaDoc 等,阅读工具有电脑、手机、PDA、专用阅读器、电子字典、MP4、电视、手表等。电子书与传统的印刷图书相比其优势主要体现在:

(1)记载容量大,节省存储空间。电子书阅读器更便捷,一个电子书阅读器能装下上千册以文字为主的电子书。

（2）电子书方便了读者的借阅。借阅电子书的读者不会因为超期而受到罚款；同时读者也无需到图书馆就可以阅读和下载电子书；当读者归还一本电子书，它立刻就回到流通中，减少了读者等待的时间。

（3）电子书的多媒体组合为读者提供了多元化的阅读平台。电子书阅读器和浏览器都有植入的读屏装置、屏幕放大的选择以及文字转化为声音的功能，满足了无法阅读纸质图书的图书馆使用者的需求。

（4）电子书具有检索和互动功能。读者可使用电子书进行全文检索，并可与作者透过网路互动。

正是由于电子书具有海量、便捷、价廉、即时、环保等新颖特点，已经发展成为一种知识信息传播的重要载体，并对纸质图书形成了冲击。电子书的类型主要分为：（1）参考图书：其中包括有字典、百科全书、辞典、手册、地图、图谱、年鉴、书目、传记、指南、缩写图书等；（2）教科书；（3）文学作品；（4）系列专著。从美国出版业协会（AAP）的统计可知：2002 年到 2009 年期间，在图书销售中，电子图书销售的比例呈逐年上升趋势，2002 年电子书销售仅占图书销售的 0.05%，到 2009 年已增长到 3.31%。电子图书的这种不可逆转的增长，促使图书馆逐渐开始重视对电子图书的收藏，电子图书的购买比例也在逐年增长。2008 年 11 月 21 日，NetLibrary 公布了其针对英国所做的关于电子馆藏的调查结果。OCLC 的 eContent 小组发现四分之三的学术图书馆和一半的公共图书馆打算在 2009 年增加电子书馆藏，即便是在当前财政吃紧的状况下。2011 年，三分之二的美国公共图书馆提供电子书，而两年前这个数字是 38%。根据《图书馆杂志》的统计，在当前还没有提供电子书的图书馆中，2/3 都计划在两年内开展这个服务（来源：LJ/SLJ Virtual Summit：eBooks at the Tipping Point，October 2010）。随着越来越多的图书馆购买并提供电子图书，图书馆读者的借阅模式也在发生着改变。了解读者对于电子图书的使用情况，对于未来图书馆馆藏发展的决策制定和促进电子图书使用率的提高具有十分重要的意义。

2　电子图书在国外图书馆利用状况的评估综述

电子书的出现不仅给出版、阅读和学习方式带来变革，也对图书馆的管理和服务产生越来越重要的影响。欧美图书馆开展电子书服务起步较早，一些关于电子图书在图书馆使用状况调查的论文，探讨了读者对电子书籍的接受和认知程度，明确了读者的借阅模式和偏好，为图书馆进一步提高电子图书服务提供了借鉴和参考。电子图书在国外图书馆的利用状况可归纳为以下几个特点：

（1）大学图书馆使用电子图书的对象以在校学生为主。从 Wendy Allen Shelburne 发表的《学术图书馆电子图书使用：使用者对电子图书的看法》一文中可知：在 Illinois 大学图书馆电子图书的利用以本科生为主，其次为研究生和博士生，约占 37%，而大学教授仅占 11%。

（2）使用电子书的学科主要以自然科学和社会科学为主，类别以参考书和学术专著为主。根据 Hacettepe 大学图书馆对 Ebrary 电子书数据库近四年（2006—2009）使用调查可知：读者使用率最高的电子书学科分类分别是医学、教育、语言、文学。Illinois 大学图书馆电子图书是以数学和自然科学为主，使用率为 42%，其次为社会科学（27%）和人文学科（20%）。同时调查指出：读者对参考电子书的利用是最多的，比例为59%，借阅研究专著为43%，教科书为44%。

（3）读者阅读电子图书的目的主要是用于学术研究。对 Illinois 大学图书馆电子图书使用调查显示：78%的人使用电子书用于研究，56%用于学习，10%用于教学和休闲，2%用于其他用途。

（4）读者对电子书的认知有待于进一步提高。《学术图书馆电子图书使用：使用者对电子图书的看法》一文指出：已经使用电子书的教师和研究生，大部分是通过图书馆之外的机构和端点获得的。而大约41%的没有使用过电子书的人，主要因为他们不知道获取电子书的途径。另外部分读者由于对电子书的内容没有足够的了解，他们未能找到研究所需的电子图书。

3 电子图书馆藏发展的策略思考

3.1 图书馆推进电子书的普及和发展

图书馆发展电子图书，首先要推进电子图书的普及。从电子图书在国外图书馆的利用状况可知，有部分读者缺乏对电子图书的了解，更不知如何获取和使用，从而影响了图书馆电子图书资源的利用率。因此图书馆仅仅将电子书服务包含在线上数据库检索之下，让读者只能通过自己挖掘电子书是不够的，图书馆有义务推广电子书。图书馆通过加强对电子图书的宣传教育工作，帮助读者加强使用电子资源的意识和技能。这样不仅可以提升图书馆的服务质量，而且方便读者享受到新科技所带来的好处与便利。图书馆所采取的一系列宣传推广措施，包括建立专门为学生撰写学位论文提供服务的参考咨询计划，将电子图书作为一种新的学术资源介绍给读者；通过图书馆网站发布电子图书信息；印制活页宣传单介绍电子图书；通过电子邮件向师生推送电子图书信息等。例如台湾中原大学图书馆宣传电子图书的方法包括：整理中西文电子书网站清单，或在网页上列出可供使用的电子书，整合馆藏资源，将每本电子图书的书目记录整合到本馆的 OPAC 系统中，通过提供更完整的目录，指引读者能够深入地查找所需资料。《美国研究图书馆协会2010年电子资源评估调查》一文指出图书馆宣传新电子资源有两种最常用、最有效的方法：在图书馆目录中添加电子资源记录；举办咨询会等与教职工和学生进行联络，或者直接联络个人（99%的成员使用，64%的成员认为有效）。

3.2 建立本馆特色的电子书，从而进一步完善印本图书

随着电子图书的发展成熟，图书馆购买电子图书正逐年增长，印本图书和电子图书这两种不同介质的载体已经构成了图书馆保存和传播文献信息的重要途径。因此，图书馆采访人员在配购文献信息资源时，必须充分考虑到读者需求的发展渐进性和日益变化性，根据本馆的图书采访政策，确定本馆的印本图书和电子图书的合理配购比例，在保持一定的印本图书增长率和覆盖面的基础上，逐渐增加电子图书购入的比例，并建立起具有本馆特色的电子图书，进一步优化馆藏结构。

馆藏特色化建设是信息时代图书馆发展的必然趋势，是图书馆彰显自身信息价值、增强竞争力的有效途径。而电子图书作为新兴的载体，与印本图书可以互为补充。从国内外电子图书在图书馆的利用状况调查可知，电子书的使用对象是以在校本科生及研究生等为主体，那么他们关注和选择的电子图书更多的是自身专业领域内用于教学与科学研究的教材和专著。因此各学校图书馆可结合学校的重点学科和专业，根据已有的自身资源，以及学校专业设置情况

和读者的阅读特点，建立购买具有本馆特色的电子图书，进一步完善本馆特色馆藏，满足教学和科研需求。而对于公共图书馆可根据地域、读者群体的特殊要求以电子图书为补充，完备特色馆藏文献。

3.3 定期进行电子图书馆藏资源的评估

电子图书馆藏资源的评估是对馆藏电子图书整体状况和读者利用情况的分析和评价，是图书馆电子图书馆藏发展与管理中不可缺少的重要环节，是进一步协调、构建好电子图书与印本图书馆藏结构的必要条件。馆藏评估的目的一方面在于保证资金效益的最大化，满足读者的文献需求；另一方面也为了解决无限持续增长的馆藏与有限书库空间之间的矛盾。电子图书的分析评价需考虑多种不同的因素，如内容的评估（包括质量和及时性）、商业模式、存档权、费用、接入许可、教师推荐、与纸本资源的重叠和图书馆集团利益等，这些都是在电子图书采购过程中需关注的重要因素。首先是电子图书的内容评估，需要从权威性、全面性、重复性、学科相关性、合法性进行考虑。其次是检索系统的评估，需要从网络设施的传输速度和通信稳定性，服务器的维护难度和稳定性，及存储设备的存储容量及稳定性等方面衡量。第三是用户使用用行为评估，包括用户的使用次数和下载量，用户使用界面的友好度和系统操作的简便性。最后是成本—效益的评价，就是图书馆花费尽可能少的成本，实现图书馆和用户最大的使用价值。在电子图书购买之前，大多数代理商和出版商会给图书馆提供有限的电子图书试销期，在这期间读者可以看到电子书的全文或者部分内容，试销期对于图书馆员评估是否购买电子图书是非常重要的。根据评估，有重点地购买电子图书，进而提高电子书的利用率和图书馆的文献保障率，提高读者的满意度。

3.4 根据电子书供应商的销售策略，制定合理的采购策略

我国目前购买和使用的电子图书数据库主要是由内容平台商和出版商出版发行的。内容平台商为所销售电子图书的数字集成商，是由技术平台商转化过来的；出版商为所销售电子图书的原出版者。根据电子图书销售策略，图书馆可根据本馆的选书政策，选择使用限制更少、成本效益更适合自己的产品。电子图书销售策略主要有：单本选购及与集团共享结合策略；打包组合销售策略；不同形式产品的组合销售等。NetLibrary、Ebary 等电子图书数据库为图书馆提供了单本选购模式，单本选购的优势就是：可根据馆藏情况和特色，考虑图书的内容和出版社等多种因素，通过电子图书的增补，进一步完善馆藏，满足读者需求。而多数数据库商都将电子图书打包销售，打包销售模式下出版商声誉是一项很重要的质量评价指标，对于按某一专题的学术著作或教材，权威工具书或经典丛书，这种方式比较利于图书馆的选择。有些数据库商如 Springer 和 iGROUP 同时有印本与电子版图书的销售业务。不同产品组合销售，价格上优惠很大，但总体费用高，对于经费充足的图书馆，可以选择这种方案，以满足各种读者对于不同载体阅读的需求和图书馆保存文献的需求。一般来说，电子图书销售商都不采取强制性捆绑销售，顺应了图书馆电子图书采购的意愿。总之，为了平衡电子书供应商和图书馆等多方利益需求，电子书供应商还将会推出更多的销售策略，图书馆也应不断的调整采购模式，选购到更适合自己的的产品。

3.5 实现电子书业务流程的电子化,提高图书馆对电子图书的管理

随着图书馆购买电子书比例的增加,电子图书日益成为图书馆馆藏的一个重要组成部分,图书馆有必要加强对电子书的有效管理和控制。电子图书是图书馆电子资源的一部分,它的工作流程与电子资源管理基本是一致的,因此可以利用电子资源管理系统软件对电子图书的工作流程进行管理,具体包括许可证的管理、续约、使用统计管理等。利用管理软件图书馆工作人员可以集中存储所有的许可信息和条款,使图书馆能够对许可条款进行对比和标准化,定义许可流程,增强一致性;同时图书馆员还可以接受系统提示主动及时地管理续约;帮助图书馆员全面了解电子图书的使用和借阅等信息。由此可知,通过实现电子书业务流程的电子化管理,不仅能有效地提高对电子书的控制,而且依据这些数据能够帮助图书馆员对电子图书馆藏发展做出更好的决策。

随着电子书产业的迅速发展,电子图书将会在图书馆的馆藏中占据越来越重要的位置,并给传统图书馆带来了新的挑战和机遇,图书馆应积极调整馆藏政策,推进传统图书馆馆藏与电子书馆藏的协同发展,从而进一步提高图书馆的服务水平,满足当今读者多元化的阅读需求。

参考文献

[1]宛玲,张长安,董伟.面向图书馆的电子图书销售策略分析[J].情报理论与实践,2010(1):92-95.

[2]刘华,徐刘靖.意大利图书馆的电子图书建设及启示[J].图书馆建设,2010(11):39.

[3]杨志刚,徐静.美国研究图书馆协会2010年电子资源评估调查[J].图书与情报,2011(1):45-49.

[4]朱珊.文献信息的合理配购与提高读者满意度的关系[J].科技情报开发与经济,2006,16(24):59-60.

[5]李文文,陈雅.基于资源利用过程的数字图书馆馆藏评价指标研究[J].现代情报,2010(12):148-149.

[6]编目精灵.把电子书与电子书阅读器集成进图书馆(之一)[OL].[2011-08-10].http://catwizard.net/posts/20110128202532.html.

[7]童敏惠.当图书馆遇到电子书:浅谈电子书利用服务[OL].[2011-08-20].http://www.docin.com/p-25901269.html.

[8]调查显示英国2009年将大幅增加电子书馆藏[OL].[2011-08-20].http://www.infotech.ac.cn/CN/item/showItemDetail.do? id=113.

[9]Shelburne A W. E-book usage in an academic library：User attit-udes and behaviors[J]. Library collections, Acquisitions & Technical Services. 2009(33):60-61.

[10]Polanka S. No shelf required：E - Books in libraries[M]. Chicago：ALA Editions, 2011.

[11]Al U, Soydal I, Tonta Y. Analysis of e-book use：the case of ebrary[OL].[2011-08-25].http://acikarsiv. hacettepe. edu. tr/browse/11302/helsinki. pdf.

政府招标采购下公共图书馆图书采访研究

陶冬云(扬州市图书馆)

我国自2000年1月1日《中华人民共和国招标投标法》和2003年1月1日《中华人民共

和国政府招标法》正式实施以来,公共图书馆图书采购方式发生了较大的变化,图书采购实行了政府招标采购,图书采购被纳入政府采购体系,标志着我国公共图书馆图书招标采购活动进入法制建设轨道。随着各级政府对公共图书馆文献采购经费投入的逐年提高,如何保证公共图书馆文献资源经费发挥最大使用效率,保障公民文化权利,这项工作已越来越受到重视和关注。通过近几年公共图书馆图书政府招标采购工作的开展,公共图书馆图书招标采购朝着健康的方向发展,取得了可喜的成效。但图书馆图书采购不同于一般货物的采购,它是一种专业行为,带有很强的学术性,公共图书馆图书实行政府采购后,在保障图书采访质量等方面也出现了一些问题。为进一步加强政府招标采购下公共图书馆图书采访工作,笔者结合多年工作实践,提出个人一点见解,就教于同行。

1 公共图书馆图书政府招标采购的意义

政府采购是指各级国家机关、事业单位和团体组织,使用财政性资金采购依法制定的集中采购目录以内的或者采购限制标准以上的货物、工程和服务的行为。政府采购的行为主体是政府机构,而不是任何其他的经济组织、单位和个人,它的目的是为达到一定的政府目标和维护公众利益而施行的,而不是为了某些特定的组织、单位或个人的目标和利益,因此公共性、普遍性和非营利性是政府采购制度的主要目标。公共图书馆图书由政府集中招标采购,经过几年的实践,在规范化、科学化上已经有了较为长足的发展,取得了一定的成效。

1.1 提高了图书馆经费使用效益

政府招标图书采购是各单位在政府部门调度下的统一采购,因此,它的采购量也较之各单位独立采购大得多,书商为获得这一市场,都在想方设法压缩成本,降低利润,纷纷给出最优惠的折扣让利,提高了购书经费的实际利用率。这样政府采购的价格要比各单位独立采购低许多,图书馆可采购到价廉物美的图书,在年度总购书资金不变的情况下,能使有限的资金购买到更多的书。

1.2 规范了馆配商的到书质量

通过政府采购招标,可以在更大范围内选择更多的代理商参与竞争投标,有利于图书馆广泛收集信息,从中择优选出资信优良、服务上乘的代理商,在一定程度上可以规范馆配商的到书质量,提高到书速度与到书率。图书馆通过招标采购,可将图书质量、到书时间、到书率等条件纳入招标合同,既保证了到书的质量,也加快了图书与读者见面的时间。

1.3 促进了图书采购中的廉政建设

政府采购遵循"公开、公正、公平"原则,采取公开招投、评标和决标的方式来确定所要采购的对象,且其招标的要求、招标的程序和最后的决标都是公开的、透明的,并接受社会各方面的监督,杜绝了采购过程中的私下交易现象,规范了采购行为,有利于真正做到阳光采购,从源头上杜绝腐败,遏制腐败现象,一定程度上把图书馆采访人员从人情书商的包围中解脱出来,使采访成为政府行为而非个人行为。

1.4　保护了图书馆和书商的利益

公共图书馆图书资源采购在未实行政府招标之前，多数图书馆与书商之间的合作都是建立在相互信任的基础上的，这种信任缺乏法律约束力。一旦产生纠纷，要么终止合作，要么彼此的利益受损，尤其是图书馆利益受损。公共图书馆图书资源实行政府招标，则可以从法律制度上保护图书馆和书商的利益。

1.5　获得了多种形式的增值服务

政府采购为图书馆文献分编、加工等业务活动外包提供了环境，要求参与竞争的书商提供配套服务，如征订目录、标准的 MARC 数据及图书的前期加工（加盖馆藏章、加贴图书防盗磁条、贴书标、贴条码）等等，大大减轻了采编人员的工作量，节省了图书馆的资金、人员投入，减轻了采编的工作量，提高了工作效率，加快了新书上架。

2　政府招标采购方式对图书采访质量的影响

我国公共图书馆图书实施政府采购，可以说这是执行国家法律的需要，对于图书馆来说是一个新生事物，一个新的措施出台后需要我们不断完善。由于政府采购部门对图书馆工作性质、藏书要求不甚了解，存在着视图书为一般商品来招标的情况。具体的商品招标采购时，只要在招标时指定该商品必须是哪个品牌、哪种型号、哪个生产厂家，以及供货时间、付款方式及售后服务等要求，然后只不过是看该商品在流通环节中某个供货商提供的价位低，谁就中标。目前政府招标采购方式对图书采访质量存在以下影响。

2.1　追求折扣率，影响馆藏图书质量

在政府招标采购的模式下，组织招标机构和评标委员会往往由相关职能部门人员组成，他们对图书馆的具体工作不太了解，在评标过程中，会视图书等同于政府采购中的普通商品，常常以折扣作为评标的一个主要依据，而对编目数据、到书率、到书周期等其他服务却忽略了。图书供应商为了提高中标率，往往出现报价过低，甚至低于成本价，由此可能导致一些实力差、资质不高、服务水平低下的书商中标。一些书商为了追求高额利润，也会习惯性地提供畅销书、休闲书、文学书目，较少提供学术性强的书目。一些书商甚至自行编制采访数据，将一些低质量、低折扣的图书信息混杂于其中，直接影响了图书的采购质量。在高折扣之下图书质量是无法保证的，甚至有的供应商以特价书充当全价书，以盗版书充当正版书；或对优惠率低的图书品种书商索性不购进，特别是出版量少、价格偏高的专业书、工具书很难配全，影响了馆藏图书质量。

2.2　招标周期长，影响图书采购效率

政府招标采购图书需要集中实施，很大程度上为一年一招，图书实行政府招标由于有政府参与，所走的是行政路线，因此必须要经过行政程序，这样必然会使招标周期加长。图书招标从拟标书、公布招标项目、投标方网上注册信息、递交标书、评委会开标、评标、选定供应商、签订相关合同、支付保证金等一系列法定程序，一般需要 1—3 个月的时间。招标周期较长，影响

图书馆图书采购效率。图书出版发行市场是动态变化的,读者的阅读需求也是处在不断变化之中的,招标周期较长,导致图书采购效率低下,影响图书的利用率,对于时效较强的图书影响会更大。

2.3 缺乏自主权,影响特殊文献采购

政府招标采购图书往往会将图书采购权集中,削弱了图书馆对文献源的选择权。政府招标采购原则上要求每年都需要重新招标来确定供应商,但很难有一家供应商能保证每次都中标,这使图书馆的采购工作受到影响。连续出版的多卷书、工具书、套书等文献不可能一次出齐,频繁地更换供应商,后续工作衔接不上,馆藏质量就会下降,容易中断特殊类型文献的采购,其结果是改变了资源建设的采访方针、影响了文献的使用特别是这些特殊类型文献的使用和连续性,给图书馆文献资源建设带来损失。

3 公共图书馆图书采购政府招标的应对策略

3.1 科学制定招标文件,提高评标机构中的专业人才比例

招标文件是图书招标采购工作的起点,为此,招标文件、招标程序、商家资质预审规则、招标书、评标标准等都要准确、规范、科学。对是否有现采库房、新书的更新速度、订单到货率、到货周期以及图书加工和数据配送能力等评分也要纳入到评标标准中来。在招标文件中合理设置分值非常重要,《政府采购货物和服务招标投标管理办法》规定:"货物服务招标采购的评标方法为最低评标价法、综合评分法和性价比法。"图书采购一般采用前两种方法,选择哪一种方法对什么样的投标人能中标是关键性的,也直接影响到其后图书采购工作的开展和馆藏建设的质量高低。如果以最低评标价法作为评分方法,那么报折扣最低者必然占有很大优势,而书源质量和后继服务也可能随之打折。在实际操作过程中,可以考虑将价格评分作适当的降低,相应地提高商务分和技术分的比重;可以尽量将商务评分和技术评分进行细分,划分到尽可能小的范围,减少评委打分时的随意性,尽可能避免评委凭印象打分。设置评标委员会时,要建立和完善专家评委库,要选择那些专业素质高,实践经验丰富的图书馆专家进入政府采购专家评委库,应适当增加图书馆专业人士的构成比例,真正体现招投标的合法性及权威性。

3.2 制定合理招标周期,建议实行滚动招标方式

图书馆图书招标周期,一直是我们关注的问题,从政府招标机构来说,普遍认为招标一般都是一年一次。但是从多年实践来看,由于图书是期货,图书的采购招标,与一般设备物资的采购招标不同。它具有采购品种多、单个品种数量少的特点,且采购任务是持续的、分批次进行的,不可能一次完成,从预定到图书到货,都要有一定周期,加之图书出版的连续性,所以,频繁招标对图书质量会造成一定影响。制定合理的招标周期值得我们考虑,因此,建议招标周期为2—3年比较适宜。为了保证馆藏资源建设质量和图书馆工作的连续性,建议实行滚动招标方式进行图书采购,即从上次中标的供应商中选定1—2家优秀供应商直接滚动到下一周期,这种方式有利于提高图书馆图书质量。

3.3 预留部分专项经费,争取部分自行采购权限

公共图书馆图书采购的目的,是更好地为本地区各类读者提供服务,但由于图书采购招标的特殊性,从多年实践来看,并不是中标供应商能提供图书馆需要的所有图书。为保证馆藏图书资料的专业性、学术性、系统性和完整性,尤其是要保证地方文献的收藏和尽可能满足读者的特殊要求,我们应和政府有关部门协调,争取一部分自行采购比例。因此,招标时应预留部分专项的非招标性经费,建议每年预留采购经费的1/20,用于有关图书的自主采购。

3.4 严把图书验收质量,建立图书采购监督机制

图书馆对到馆图书要仔细检查是否有污损,清单是否齐全,书单是否一致,是否按订单发书,是否价量相符;对于图书有污损、盗版书,错发书、重复配书、有意或无意加塞非本馆订购的图书发现后应坚决退货;此外,我们还要建立到书率、到书周期考核表,通过实时对到书率、到书周期的细致统计,及时客观反映供应商的实际服务情况。如在规定时间内到书比例未能达到要求,则可根据合同条款,视该供应商为不具备供货能力,除撤销原有订单外,还应停发新订单,并扣履约保证金。同时,还应建立图书采购监督机制,财务部门对图书采购的执行及资金使用等进行监督,采访部门要定期向馆领导汇报图书采购预算的执行情况,审计、纪检、监督等职能部门要对图书政府采购全程进行监督,对预留经费的使用更应制定完善的请购、采访、审批规定,使图书馆的图书采购活动更规范、更合理。

参考文献

[1]张为华.政府采购制度对高校图书馆图书采购的影响[J].山东图书馆季刊,2005(2):70–72.

[2]林泽明.图书采购特点、折扣与质量的分析[J].大学图书情报学刊,2008(2):47–49.

[3]韩冬丽.供书商综合评价体系及评价方法[J].图书馆理论与实践,2008(3):18–20.

[4]李晟.政府采购图书资料的利与弊[J].吉林省教育学院学报,2009(9):134–135.

[5]周佳兵.公共图书馆文献采购政府招标利与弊[J].图书情报论坛,2010(1):68–69.

[6]郑红.公共图书馆图书招标采购中存在的问题与对策[J].河南图书馆学刊,2011(1):40–41.

论馆员价值观对馆藏建设的影响

王春生(西安政治学院图书馆)

谈到影响馆藏建设的因素,一般都会提到图书馆的性质、任务、服务对象、经费等。毫无疑问,这些都是影响图书馆馆藏建设的重要因素。其实,还有一个影响馆藏建设的重要因素常常被大家忽略,那就是图书馆员的价值观。众所周知,在图书馆馆藏建设过程中,图书馆员扮演的是信息守门人的角色。既然是信息守门人,就承担对输入到图书馆的信息进行选择、把关之责。价值观对于馆员正确履行信息守门人之责发挥着各种有形和无形的作用,是关系能否建

设高质量馆藏体系的重要因素。

价值观是社会成员用来评价行为、事物以及从各种可能的目标中选择自己合意目标的准则。它影响人们对行为方式、手段和目的的选择。价值观是由一定的社会主体表达出来的,包括价值认识、价值评价、价值目标选择三个组成部分。价值观的主体主要由个体、群体和社会三种单一或复合的主体来构成,从而形成个人价值观、群体价值观和社会价值观。这三种价值观也代表三种行为与观念取向,即个人取向、群体取向和社会取向。因此,图书馆员的价值观可以分为图书馆员个人的价值观和图书馆员群体的价值观。无论是图书馆员作为个体还是作为群体的价值观,都既包含他们作为一般社会成员所拥有的基本价值观,也包括他们作为图书馆从业者的职业价值观。尽管图书馆员作为一般社会成员的基本价值观也对图书馆馆藏建设产生一定的影响,但影响图书馆馆藏建设更多的还是馆员的职业价值观。图书馆员的职业价值观包括图书馆员对图书馆及各种组成要素的认识、评价和价值目标选择。如果说价值观左右着人们的思想意向和行动趋势的话,那么价值目标选择则起着决定作用。馆员价值观,特别是图书馆员职业价值观所形成的关于图书馆的价值目标选择,具有一种支配图书馆员从事职业活动,当然也包括从事馆藏建设活动的力量,是引起图书馆员完成工作积极性和主动性的源泉。图书馆员对图书馆价值目标选择的结果,直接决定着图书馆员的职业活动,包括馆藏建设活动向何处发展。

1 馆员价值观影响馆藏建设的形式

1.1 馆员价值观影响着图书馆馆藏建设政策的制定

图书馆馆员的群体价值观体现着图书馆员群体对文献、对图书馆地位、作用的认识,决定了图书馆馆藏建设的目标。图书馆馆员的群体价值观对图书馆馆藏建设最直接、最集中的影响就是图书馆馆藏建设政策的制定和实施。图书馆的馆藏建设政策是图书馆以书面形式系统地确定本馆馆藏长期发展策略以及具体实施规范的纲领性文件,是图书馆规划文献馆藏建设,合理分配馆藏建设经费的基本依据。馆藏建设政策一般应当包括对图书馆性质、任务、服务对象、读者文献需求、馆藏现状等决定馆藏发展方向的基本因素的评价和说明。这些评价和说明实际上是馆员群体对图书馆所作的价值评价。在这些评价和说明的基础上,馆藏建设政策一定会对本馆的馆藏发展方向和目标进行详细阐述。这些阐述是馆员群体对图书馆馆藏建设所做出的价值目标选择,体现了一个图书馆馆员的群体价值观,因为科学的馆藏建设政策是要经过广泛、反复的讨论才能制定出来的,不会是一两个馆领导拍拍脑袋就能产生的结果。同样一个图书馆,图书馆员群体对其服务对象和性质、任务做出不同的价值判断,就会使图书馆在馆藏建设上选择不同的发展方向和目标。如同样是一个省级公共图书馆,如果馆员们把它定位于以满足科研需求为主,那么满足一般公众的休闲畅销图书阅读需求就很难被确定为图书馆馆藏建设的目标。在当前图书馆被视为是一种满足公众基本文化需求的公共服务设施的情况下,省级公共图书馆采购满足一般公众的休闲畅销图书阅读需求的图书不仅成为可能,而且是重要任务。

1.2 馆员价值观影响着对具体文献的选择

在馆藏建设活动中,馆藏建设政策是宏观的东西,具体文献的选择则属于微观、具体的东西。虽然有馆藏建设政策作为宏观指导,但馆员要选择好具体的文献,还需要馆员对馆藏建设政策有正确、科学的理解,对文献本身有准确的评价和判断。在具体文献的选择过程中,图书馆员的个人价值观,主要是职业价值观发挥着重要的作用。采访馆员个体对图书馆功能、图书馆馆藏的价值和作用的认识,及在此基础上做出的价值评价和价值目标选择,会影响到文献采访过程中馆员对具体文献的选择。馆员如果把文化传承、社会教化、阅读指导等作为图书馆的主要功能和馆藏的主要价值体现,在进行具体文献选择时就会对所选择文献的学术水平、所选择文献对馆藏系统性与完整性等可能产生的影响、文献的教化价值比较注重。馆员进行具体文献选择主要考虑的就会是文献本身能否满足读者"可能"和"应该"的需求,而不一定是某一特定读者的某一特定需求。这种情况下,图书馆馆藏的使用率可能不会太高(因为读者意识到的自身需求并不一定和馆员认为读者"应该"有的那些需求相一致。二者重叠比例有多大多少,馆藏的使用率就有多少),但馆藏的完整性、学术性、系统性是有保证的。馆员如果以满足读者具体需求,实现高使用率作为馆藏建设的目标追求,淡化馆藏的保存、教化等功能,文献选择时就会对具体读者的具体需求比较关注,即使要选取的文献的学术水平不是那么高,对读者的教化作用不是很大,对馆藏的系统性、完整性也没有太大帮助,但只要能够满足读者的现实需求,也会考虑选购。这种情况下建设的馆藏的完整性、学术性、系统性可能会有一些欠缺,但由于馆藏与读者实际需求的重合率比较高,馆藏的使用率也就比较高。图书馆员在进行具体文献选购时这两种常见而又不同的做法,实际上体现了图书馆员的不同职业价值观。各种各样的文献采访理论事实上也就是馆员在这两种不同的馆藏建设目标选择之间进行平衡和取舍的结果。实际工作中,每个从事馆藏建设的馆员,对本馆馆藏是什么、怎么样、应该怎么样都有自己的看法,也就是有自己的价值认识和价值判断,有自己对馆藏应该选择的价值目标取向的见解。这些判断和见解实际指导着馆藏建设中的具体文献选择工作。笔者作为一个从事20余年文献采访工作的馆员,对本馆馆藏也有自己的认识和判断。笔者认为,本馆服务的读者以在职进修人员为主,馆藏应当致力于帮助读者增加知识,提高能力,了解自己(个人、军队、国家),了解周边(军队、国家),了解对手(军队、国家),因而在选购文献时就以是否能够协助读者实现上述目标作为对文献进行选择的标准。

1.3 馆员的价值观影响着对馆藏建设中非正常事件的应对

这里说的馆藏建设中的非正常事件,主要是指馆藏建设过程中出现的可能影响到馆藏建设的正确发展方向和运行进程的各种意外现象,如领导对馆藏建设的不合乎规范的干预、文献选择过程中的非正常因素干扰等。这些非正常事件需要从事馆藏建设的馆员正确应对,否则会引发馆藏建设偏离正常的轨道。如某公共图书馆馆馆长在前些年甩掉采访馆员,直接与书商打交道,采购了大量高折扣礼品图书,致使高折扣礼品书充斥书架。在这种情况下,馆员能否据理力争,对馆长的做法进行适当的抵制和纠正,无疑是馆藏建设能否正常进行的一支稳定剂。馆员要发挥稳定剂作用,就需要有正确的价值观。再比如在文献采购过程中,供应商既出于联络双方感情的考虑,也是出于更多销售额的考虑,对采访馆员会经常进行一些利益上的诱惑,如果采访馆员经不住诱惑,文献选择的自主性就会丢失。面对诱惑如何处置,馆员的个人基本价值观会发挥着决定性的作用。这些馆藏建设中的非正常事件,虽然对馆藏建设的影响不一定立竿见影,但影响一定是实实在在的。馆员价值观通过应对这些非正常事件而对馆藏建设产生的影响也一定是实实在在的。

2 馆藏建设活动的变化,意味着馆员价值观的某些变化

馆员的价值观通过馆藏建设政策的制定、馆藏建设中的具体文献选择等途径影响着图书馆馆藏建设。从另一方面看,图书馆馆藏建设活动发生的变化,也意味着图书馆员价值观发生了某些变化。比如20世纪60年代以后,馆藏建设活动中共建共享活动逐渐增多,我国在20世纪80年代以后也开展了为数众多的馆藏建设共建共享活动。图书馆馆藏建设的这个变化,反映了在文献出版数量、价格和读者需求大量增加,图书馆经费增加有限的情况下,图书馆员们对图书馆自身满足读者需求的能力的价值判断发生了改变,馆员们意识到再也无法仅仅凭借一馆之力来满足读者的全部需求,因而为图书馆馆藏建设选择了走共建共享之路,依靠多个图书馆的联合力量满足读者需求的价值目标。图书馆馆藏建设的目标不再追求"全",而开始有所不为。再比如前几年,我国许多高校图书馆为了应付教学评估而每年突击采购大量图书。以2006年为例,当年采购纸质图书数量排前三名的高校图书馆分别采购了1 623 651册、1 244 883册、1 213 443册。这三个馆的纸质图书采购经费分别为7 164 825元、4 597 540元、15 456 893元,平均单价分别为4.41元、3.69元、12.73元。尽管对一个以采购学术图书为主的高校图书馆来说,2006年采购图书12.73元的均价与应该有的数字虽然有一定差距,但还靠谱,因为当年全国出版图书的平均定价刚刚超过10元;但仅为4元左右的图书平均采购价就有些不靠谱了,说明图书馆采购了大量的特价书充数。高校图书馆馆藏建设中出现的这一现象,实际上表明了馆员把采购的图书仅仅当做了应付检查评估的工具,而不是为读者服务的资源;馆藏建设的目标是达到上级制定的评估标准。再深究一些,高校图书馆在评估压力下大量突击采购图书充数,说明馆员对图书馆馆藏的价值判断和价值目标选择在外部高压下发生严重偏移。再比如,读者主导式采购(Patron Driven Acquisition,简称PDA,也译作"读者决策采购")是国外图书馆比较流行的一种电子图书采购方式。这种方式采购的电子图书大多数是由读者自主决定采购的,并不需要采购馆员的批准。图书馆文献采购方式的这种变化,实际上反映了在Web2.0时代人人都是内容贡献者的社会大背景下和图书馆馆藏使用率普遍不高的情况下,图书馆员对读者直接参与馆藏建设活动权利的认可,也反映了图书馆员对自己的信息守门人角色认知的变化及职业价值观的某些变化。在Web2.0时代,一些图书馆员不再认为自己是图书馆信息资源体系天然的和不可取代的守门人,感到有必要把信息的选择权交给读者,因为读者知道读者需要什么。这些认识上的变化,实际上是图书馆员关于馆藏建设的价值判断和价值目标选择的变化。

3 培养图书馆员正确的价值观,促进馆藏建设健康发展

3.1 拓展图书馆员的视野,让他们在更广阔的背景下思考图书馆馆藏建设

图书馆馆员对图书馆的认识是图书馆员职业价值观形成的基础和起点。把图书馆放在不同的背景下进行观察,对图书馆的认识也就会有很大的差异。由于大多数图书馆员对图书馆职业的评价比较低,弱势群体心态普遍,一般也不认为自己的工作会有什么惊天动地的成就,因而思考图书馆发展时经常会就事论事,不能以广阔的视野观察、思考问题。因此,要努力使图书馆员跳出图书馆的圈子,在一个较为广阔的背景下观察、思考图书馆建设,包括图书馆馆藏建设,这样才能为图书馆的发展确定正确的方向。对于公共图书馆而言,要放在国家建立覆

盖全社会的公共文化服务体系的背景下思考图书馆,重新评价图书馆的存在价值和社会功能,使图书馆包括图书馆馆藏的发展方向更符合社会公众的期待和图书馆本来应有的面目。对于高校图书馆而言,要以整个学校乃至整个社会对高等教育的要求为背景观察、思考图书馆的发展,形成对图书馆的价值评价和价值目标选择,进而确定出馆藏建设的科学发展方向。

3.2　提高图书馆员的知识修养,使他们在更专业、更全面的知识指导下进行文献选择

选择文献是图书馆进行馆藏建设必须要经过的环节。馆员的知识水平对文献选择是至关重要的,也是馆员正确的价值观形成的重要基础。提高图书馆员的知识修养,首先是提高图书馆员的专业知识修养,使馆员认识到馆藏不仅仅是自己的工作成果,更主要的是图书馆为读者服务的资源,因而图书馆员不能仅以自己的好恶来进行馆藏文献资源的取舍,而应以是否符合馆藏建设目标和满足读者需要作为文献是否能够成为馆藏的取舍标准。其次是拓宽图书馆员的知识面,使他们在多学科知识指导下对馆藏的发展目标,对读者的需求形成更为准确的理解和判断。宽阔的知识背景有助于馆员从多个角度观察和思考图书馆馆藏建设,有助于馆员准确把握读者需求,科学评价文献的价值。在馆藏建设过程中,采访馆员有限的学科知识背景和需要选择的文献所拥有的广阔的学科知识面之间的矛盾贯穿始终,扩大采访馆员的知识面是一个有效的矛盾解决之道。拓宽采访馆员的知识面,可以通过选用具有多学科知识背景的馆员作为采访馆员,也可以通过对现有采访馆员进行多学科知识培训的途径来实现。

3.3　提高图书馆员的道德修养,确保馆藏建设在正确的轨道上运行

图书馆员的道德修养是图书馆馆藏建设沿着正确方向发展的保障。提高馆员的道德修养,要提高馆员抵御各种诱惑的能力,避免各种不正常因素影响馆员对文献的选择,进而影响馆藏的质量。负责进行馆藏建设的馆员虽然权力不大,但受到的诱惑还是不少的。要使馆员认识到,各种诱惑都是浮云,职业操守才是最重要的,不要因为失守职业操守而让人看不起。

参考文献

[1]贾伯中.论价值观及其导向功能[J].福建论坛:经济社会版,1991(10):55 – 58.
[2]肖希明.信息资源建设[M].武汉:武汉大学出版社,2008.
[3]詹福瑞.中国图书馆年鉴(2007 年)[M].北京:国家图书馆出版社,2009.

网络环境下图书馆文献采访新探讨

王志君(国家图书馆)

文献采访工作是图书馆最重要的基础性业务工作之一,同时也是图书馆馆藏资源建设的关键一环,采访工作的质量直接决定着图书馆资源建设水平的高低。随着科学技术的不断发展,

通信技术、计算机技术以及网络技术也得到了长足的进步。在这个时代大背景下,国内图书馆界并没有甘居人后,许多图书馆在文献编目、检索、流通借阅等方面都已经实现了计算机自动化服务,但文献采访工作特别是纸本文献采访大多还是依靠传统的采选方法来进行,而随着近年来互联网和电子商务蓬勃发展,基于电子商务的网上书店不断兴起,已经对传统图书流通行业造成了一定的冲击。网上书店对传统的图书发行销售行业来说是一种"威胁",但对于图书馆采访工作来说却是另一片可以施展拳脚的"舞台"。图书馆事业面临着一个全新的外部环境:载体形式的多样化,读者需求的个性化,新兴业务的技术化。传统采访分散、封闭的方式已不能适应现代化图书馆工作的要求,在网络环境下图书馆应当转变观念,积极改善和优化图书馆采访工作。

1 网络环境下图书馆文献采访面临的新形势

1.1 外部形势

1.1.1 网络环境下文献资源类型存在多样化

这里所指的文献资源类型不仅包含传统的纸本印刷型文献,还包括电子型、网络型等多种载体类型文献。也就是说社会上同时存在着纸质印刷型文献、缩微型文献、视听型文献以及机读电子型文献等多元化文献类型。纸质印刷型文献的优点在于文献信息传递直观性强,受设备技术等制约少,保存成本较为低廉,更符合人们的传统阅读习惯等,因此可以说在一定时期内传统纸质文献仍旧是图书馆馆藏建设的重点。而电子型、网络型文献包含有电子期刊、电子图书、光盘资源、网络数据库、网站网页收藏等,它们是以数字形式存储在光、磁等存储介质上,并通过计算机和远程通信网进行阅读的文献资源形式。电子出版物体积小、容量大、密度高、收藏所需空间小,具有图、文、声、像并茂的特点,读者可以通过多种感官欣赏其内容,这样既可以引起读者阅读兴致又便于读者的知识记忆。另外它检索方便、效率高、成本低、价格便宜。由此可见,集以上特点于一身的电子型网络型文献资源在图书馆的采访工作中的比重会越来越重。

1.1.2 网络环境下文献来源渠道多样化

传统的文献来源一般是实体书店、图书中间商以及个人或者团体赠书等,而在网络环境下图书馆的文献来源途径可以更加多样化,除了传统途径之外,还包括网上书店、出版社或实体书店的网上销售以及图书中间商开发的图书采访系统等。这里所指的网上书店又名电子书店、线上书店、网络书店、虚拟书店,其内涵都一样,都是利用信息技术、数字技术、虚拟技术、网络技术在互联网或因特网上进行图书贸易的一种新型书店,是图书出版发行的另一个新型市场。现在比较著名的网上书店有亚马逊商城、当当网、京东商城图书频道等;一些出版社或者实体书店目前也开通了网上销售模式,如北京图书大厦网络书店(http://www.bjbb.com)、外文书店(http://www.bpiec.com.cn)、中国金融出版社网上书店(www.chinafph.com)等等;另外图书馆中间商也开发了一些图书采访系统如中图公司的 PSOP(海外图书选书系统)等。除此之外网络上的很多免费信息资源经过采访人员筛选整理后可供读者使用,这也成为了图书馆一种新的文献来源选择。

1.1.3 网络环境下读者需求日益多元化

在知识爆炸时代,知识日新月异,人们对于知识的渴求更加迫切,加之计算机技术和网络技术的运用，人们可以方便、快速地使用网络来寻求自己想要的"答案"，而如果图书馆采访工作缺失时效性这一特点，那图书馆采访工作的价值必将无处体现。同时随着社会经济发展的多元化，各种各样的读者需求也层出不穷，这给"以读者需求为要务"的图书馆提出了新的挑战，图书馆要及时主动地满足各类读者不同的信息需求，更要注重加强对信息的追踪、获取以及服务能力。

1.1.4 网络环境下读者阅读手段和阅读习惯的变化

时下年轻人越来越喜欢电子阅读，日常生活中也随处可见提供电子阅读的设备，比如说智能手机、平板电脑、笔记本电脑以及掌上游戏机等等，同时 WIFI、3G 等网络条件也为阅读提供了极大的便利。电子书、网络小说的流行和火爆也恰好说明了人们对于电子阅读的日益钟爱，传统的阅读方式正在受到挑战这一点毋庸置疑。网络以及计算机技术使书籍阅读和查找更为便利，而数字图书馆更会因其在软硬件上的优势以及服务的变化而大行其道。由此可见，图书馆若想跟上时代步伐必然要调整发展战略，对于数字资源的采访绝对不可轻视。

1.2 内部情况

1.2.1 多样化的文献采访内容

网络环境下文献采访的内容发生了很大的改变，以往采访主要是以纸质印刷型文献、缩微胶片以及非数字化音像制品为主，而在网络环境下，由于电子文献、网络文献的不断涌现，使得图书馆在采访环节中加大了对于数字化的电子文献、网络文献的采访比重，从而形成了以传统印刷型文献为主多种类型文献并存的馆藏结构。此外，除去购买和赠送的文献外，网络上的免费信息中也能筛选出有价值的知识，这些知识经过加工整理后可入藏供读者使用。

1.2.2 丰富的文献采访方式

随着出版事业的日益发展，出版发行以及销售的方式也在逐渐发生着变化，与此同时图书馆的馆藏资源的采访方式也发生了巨大的变化，出现了传统采访方式、网上采购方式、集团联合采访方式以及资源导航方式等多种采访方式并存的局面。在一些大型图书馆甚至出现了以政府招标方式确定文献供应商来替代采访人员自主选择文献供应商的局面。

1.2.3 网络环境下对采访人员的素质要求更高

由于信息资源的电子化、网络化以及网上书店的兴起，采访程序的电子化、数字化已成为文献采访新模式的主要特征。网上采访因其便捷、时效性强、资源丰富等优势必将会成为未来图书馆采访工作的首选采访手段。这同时就要求采访人员要具备良好的计算机以及网络知识、广阔的知识面以及对于信息敏锐的捕捉和分析处理能力。

1.2.4 有限的经费与文献价格不断上涨的矛盾

网络环境下的信息量非常庞大，但价格也是相当惊人，特别是各种数据库的价格更是不菲，且有年年上涨的趋势。虽然随着我国经济的不断发展，政府在文化方面的投入特别是图书馆方面的投入不断加大，但很多地方特别是中小城市的图书馆还是面临着经费不足的窘境。在有限的经费面前，如何来进行有效合理的采访是图书馆采访人员不得不面临的一个难题，而且近年来图书期刊价格不断上涨，信息价格的上涨速度远远超过采访经费的增长速度，在如此背景下图书馆采访人员如何优化分配采访经费，既考虑到文献资源的收藏价值又要兼顾文献资源类型的多样化选择，并要最大限度地满足各个阶层的信息需求，这对于图书馆的采访工作是一个不小的挑战。

2　网络环境下图书馆采访工作的新策略

2.1　确定好本馆的定位问题

图书馆的定位问题其实是一个老话题,即便是这样,笔者认为在谈到采访工作时还要再探讨一下为好。众所周知,采访工作是图书馆进行馆藏建设的首要环节,是图书馆中最基础的一项工作。也就是说采访环节直接决定了图书馆的馆藏建设质量如何、读者服务质量如何等问题,而做好采访工作第一点就是要搞清楚本馆的定位是什么,到底是什么类型的图书馆,所要面对以及服务的大众群体在哪个层次等等。用户群的划分可以采用不同的标准。1977 年美国图书馆学家史威尼(R. Sweeny)受国际图书馆协会与机构联合会(IFLA)的委托,提出了用户对象代码建议。他提出,所有的信息媒体可以大致分为教学用和非教学用两大类。教学用的信息媒体,用户依次可分为小学生、中学生、大学生、研究生和研究人员;而非教学用的信息媒体,用户则依次可分为儿童、青年、一般成年人、专业成年人等。但无论怎样划分用户类型,不同的用户群对信息媒体的利用需求和利用能力都不会相同,而任何信息服务机构也都只能选择入藏那些适合本单位用户水平和需求特点的信息媒体。也可以这样理解:图书馆的定位问题是做好采访工作的前提;图书馆本身定位得准,采访工作才能做到有的放矢。以读者需求为中心开展工作,快、准、稳地为读者提供信息支持是图书馆的本质所在。这里的"读者"群体可以分为很多类别,面对不同类别的群体,图书馆的定位也有所差别。比如说高校图书馆面对的是大学生、研究生以及高校教师等主要从事科研、教学等方面的读者群体,那么高校图书馆就要严格自己的定位,在采访环节中注重对学科教学类、科研类以及适合于大学生和教师阅读的文献进行采集。

2.2　采访工作中传统文献和数字化文献的优化协调问题

事实上,在网络环境下我们很难泛泛地用"以谁为主"或"两者并重"这样抽象的说法来描述这两种文献采访之间的关系。因为不同的图书馆有自己不同的情况,它们的性质、任务不同,读者需求不同,基础和条件也不尽不同,因而在处理传统文献和数字文献采访的关系时,必须要根据自己的实际做出不同的选择。当然,在图书馆制定信息资源建设政策、安排数字信息资源和传统文献资源采访比例的时候,还是有一些基本的原则可以遵循。

2.2.1　需求导向的原则

图书馆采访数字资源首先是为了服务于本馆的性质任务,服务于本馆读者,而不是为了赶时髦,更不能盲目追求数字资源的数量,以此炫耀图书馆的"现代化"。

其实,就是在数字化程度最高的美国,据美国《图书馆杂志》报道,2001 年美国高校图书馆的经费大多数仍是用于购置印刷型文献,仅美国研究图书馆协会所属 120 多所综合性大学,每年就要花费 6 亿美元来买印刷型文献。可见,纸本书刊仍将继续占据图书馆的大量书架。

2001 年北京大学图书馆、中国医学院图书馆、解放军医学图书馆三家图书馆在当年的文献采访中分别进行了传统文献以及电子文献的采访,并对传统文献和电子文献在当年文献采访中所占的比例以及所花费的采访经费做了如下统计,详见表1。

表1 三所图书馆 2001 年文献采访经费中传统文献和电子文献所占的比例

单位	总经费（万元）	传统文献采访经费(万元)	百分比（％）	电子文献采访经费(万元)	百分比（％）
北京大学图书馆	1800	1480	82.22	320	17.88
中国医学院图书馆	1300	1200	90.10	100	9.90
解放军医学图书馆	600	540	90.00	60	10.00

如上表所示,三所图书馆的文献采访中都包括电子文献的采访,这也是适应时代变化和读者需求所做出的积极调整,但不可忽略的是,电子文献采访费用在所有采访经费中所占的比例仍旧不高,这正说明了目前我国图书馆界一般仍是采访以传统文献为主、数字化文献为补充的采访总策略。事实上,经过几年的发展,电子出版物的数量有了较大增长,用户对数字文献的使用也逐渐熟悉,到 2006 年,为了适应用户的需要,各家图书馆对电子文献采访的经费比例都有了较大的增加,但仍然在全部采访经费中只占到小部分。如北京大学图书馆只占 1/4;清华大学图书馆和中国人民大学图书馆占 1/3;首都图书馆则只有 1/8 – 1/7;中国社科院文献情报中心更是只有 6% – 7% 。可见,传统文献的采访还是采访工作的主要内容。这一方面说明读者对于数字资源有所求并且在读者需求的指引下图书馆正在积极地采集各种适宜的数字化文献资源,而另一方面也表明目前传统文献市场仍占据着绝对性的地位,并且社会对于传统文献的需求也是相对更为迫切的。

2.2.2 协调互补原则

图书馆建设数字资源,不是要在图书馆已有的馆藏体系之外另外再建设一个独立的馆藏体系,而是要通过数字信息资源的建设使已有的馆藏体系更加完善。也就是说,数字信息资源的建设和传统文献资源的建设必须进行协调,成为互为补充的一个整体。对那些学术性强,利用率高的核心期刊,可以既订印刷版,又订电子版;而电子期刊制作发行有一定的时滞,所以在订了这些期刊的电子版后,仍应该允许它们的印刷版继续保留。相反,对那些利用率很低却有较高学术价值的期刊,可以只订电子版,不订印刷版;而对那些学术性不强,利用率却较高的期刊,则只需订印刷版,不订电子版。对于检索型、工具型的文献,由于它们的功能主要是提供参考、检索,电子版具有比印刷版更大的优势,就应该优先订购电子版。对一般的图书,电子版阅读反而不方便,所以印刷版仍应该是主流馆藏。

2.2.3 成本效益原则

以尽可能小的成本获得尽可能大的效益,是图书馆馆藏建设一项基本的经济法则,在处理数字资源和传统文献资源采访的关系时,也必须遵循这一法则。具体来说,就是要考虑数字资源和传统文献资源的价格/信息量之比。当某一数字资源所包含的内容全部或大部为本馆所需,且价格又比订阅这些内容的印刷版文献的总价格低或接近,就应该选择数字资源;反之,如果该数字资源所包含的内容大部分是本馆不需要的,而价格又高于购买等量信息内容的印刷型文献,就没有必要购买这种数字资源。

2.3 传统文献订购方法与网上订购方式并举

传统的文献订购方法主要是由图书出版发行商向图书馆发出征订目录,再由图书馆根据征订目录所提供的书目信息来对图书进行筛选,与此同时在预定单上填写决定订购的书籍题名等信息以及订购数量,然后再将该订单返回图书出版发行商。当图书出版后再由图书出版商按照订单的要求将书籍运至图书馆。比如说图书馆可通过《科技新书目》《社科新书目》来向新华书店订购中文图书,通过《全国报刊征订目录》向邮局订购国内公开发行的报刊杂志,通过《外文新书征订目录》向中国图书进出口集团总公司订购国外原版新书等等。这种传统的文献订购方式虽然能够根据征订目录采选到图书馆所需图书,但由于征订目录一般过于简单,仅凭书目进行采选极易出现错选、漏选以及选重等问题。

而随着网络信息资源数量的迅速增长,传统的图书采选方式已经不能完全适应这类新媒体资源,尤其是在购买网络数据库等文献资源时,图书馆得到的不是该文献的所有权而仅是使用权;信息市场的繁荣以及计算机技术和网络技术的普及使得信息发行商的竞争日趋激烈,信息文献发行手段不断出新,而随之一些新的文献购销手段也在这种大背景下孕育而生,这也就为图书馆在文献采访方面提供了更多的选择,其中网上采购就是近年来图书馆采选文献时常采用的一种新模式。网上采购又称网上订购或网购,是图书馆通过互联网在网上书店采选图书的一种新方式。图书馆通过互联网进行网上采购的形式主要有两种:一种是在网上购买数字型文献资源。对于这类文献资源图书馆有的是购买所有权,有的仅是购买使用权,但由于是网络化资源,所以都不需要文献发行商进行实际配送,而只需要采访人员在网上确认购买并下载即可。另一种是在网上购买非数字化的文献资源。由于这些文献资源是实体资源,而网上书店也只是作为一种交易平台存在的,所以采访人员需要根据网上书店提供的大量书目信息,经过筛选后确定并直接在网上订购,并通过安全认证、数字签名、网上支付等环节,最后再由网上书店安排物流配送人员将机构的文献传递到图书馆。由此可以看出,网上采购的优点在于:网上书目信息较多、更新较为及时而且可以从多个角度来阐述每种文献的相关信息,如封面照片、作者简介、章节目录、书评、同类文献比较以及热点推荐等等,这相对于传统文献采访来说是一个很大的进步,很好地弥补了传统文献采访的不足。再有,网上采访范围广,不受时空限制,采访人员不需出门就可以全天候查阅国内外的书目信息;在网上订购的数字文献采访人员可以直接下载,非数字文献则有网站配送,能够节省图书馆的人力物力;通过网上直接进行交易和支付,减少了中间环节,能够最大限度地避免在采访过程中的腐败现象。当然网上采购也有一定的弊端,如网上结算制度并不完善,国家还没有相应的法律法规来进行规范等等。但即便有这些问题,我们仍然认为作为一种新型的文献采访交易方式,网上采购必将会成为图书馆文献采访工作中的重要手段,并且随着电子商务的进一步发展,国家对电子交易的法律支持以及网上书店对于交易各环节的不断完善,图书馆的网上采访一定会有一个良好的环境和光明的未来。

2.4 全面提高图书馆采访员业务素质

网络环境下,传统工作方式已经很难适应新时期采访工作的要求,因此全面提高图书馆采访人员的业务素质迫在眉睫。

2.4.1 采访人员要有广博的知识面,博览群书,开阔自己的知识结构

当今社会学科复杂,交叉性学科、边缘学科和综合性学科不断涌现,现代科学发展的大潮流要求图书馆采访人员的专业水平比以往任何时期都要高,采访人员不但要加强自身的专业水平,还要对各学科以及相关知识都有所了解和涉猎,并要有一定的外语水平,这样才能更好

地对国内外的图书进行采访工作。

2.4.2　采访人员要有较高的计算机操作水平和丰富的网络知识

图书馆工作的自动化、网络化在提高了图书馆工作效率的同时也对采访人员的相应水平提出了技术挑战。采访人员要对本馆业务工作软件有充分了解、对网络资源有广泛涉猎、对计算机操作非常熟悉。

2.4.3　要加强采访人员思想理论素质和修养

采访人员要热爱图书采访工作,只有树立全心全意为读者服务的思想,才能全身心地投入到文献采访工作中去。虽然作为一名图书馆采访员并不与读者面对面地接触,但采访人员应充分认识到自身工作对读者工作的影响,要多为读者着想。素质的提高并不能一蹴而就,采访人员要在日常工作中不断加强学习、积累总结,使自己成为一名复合型的图书馆工作者。

参考文献

[1]林观苞.高校图书馆网上采购探讨[J].大学图书馆学报,2001(6):30－33.

[2]黄宗忠.网上书店与图书馆文献采访的未来[J].图书馆,2000(5):21－24.

[3]刘英雅,王凌.网络环境下高校采访工作的几点思考[J].福建图书馆理论与实践,2008(2):55－57.

[4]刘兹恒.信息媒体及其采集[M].第2版.北京:北京大学出版社,2008.

[5]李艳.图书馆网上采购探讨[J].内蒙古财经学院学报(综合版),2009(1):109－111.

[6]蔡丽萍,陈柯明.在线订购:图书馆采访未来之路[J].河南图书馆学刊,2001(3):35－36.

[7]罗颖.浅论图书馆采访工作[J].福建图书馆理论与实践,2010(3):43－44.

小型新建单位图书馆采访工作初探

温志红(中国航海博物馆学术研究部图书馆)

目前,国内越来越多的国有博物馆都建有自己的图书馆,无论是对公众开放抑或内部使用,都发挥着图书馆的收藏、整理并提供文献利用的基本职能。作为博物馆单位的图书馆,其主要职责就是要为博物馆的收藏、展示、研究和教育活动服务,因此馆藏文献也需要紧紧围绕博物馆的需求开展采访工作。

1　图书馆内外部因素分析

中国航海博物馆是中国唯一的国家级航海博物馆,2010年建成开馆。馆内建有一小型图书馆,同年在博物馆内部开放。一年以来,图书馆的馆藏量有一定的积累,纸质图书已达2万5千册,电子图书13万册,并自建特色新闻库一个。但同时,作为一个新建小型单位图书馆,如何配合博物馆的业务需要,提供快捷的信息服务,一直在摸索中,而文献采访工作由于内外部因素影响也遇到诸多困惑。

1.1 从图书馆内部因素分析

1.1.1 远景规划不明确

单位图书馆的定位往往从属于其所在单位的性质和发展目标。中国航海博物馆在开馆确定了"两个一",即"国际一流博物馆"和"国家一级博物馆"的发展目标。但是,中国航海博物馆开馆不久,正处于从筹建转运营,创新求发展的起步时期,很多工作还处于徘徊、思考的过渡期。作为博物馆的学术研究部下属的二级部门,图书馆的首要任务就是要为博物馆的科研服务,而"两个一"目标落实分解下来,图书馆可执行的量化指标很少,图书馆要朝哪个方向发展,收藏型、研究型、还是大众型? 要建成一个什么样子才符合"两个一"博物馆的标准? 这些方向性问题是一个新图书馆迫切需要寻找思路的。只有图书馆的定位和目标明确了,其馆藏资源建设才能有效地开展。

1.1.2 馆藏重点不明显

航海不是一门独立的学科,也不是一个单独的行业。从人文角度,可以理解为人类迁移、文化交流;从经济学角度,可以理解为海洋经济、航运贸易;从政治学角度,可以理解为领土扩张、海疆权益;从交通运输学角度,又涉及船舶、港口、航道、海事、海关等众多行业领域。正是这种概念的模糊性,使得图书采访范围很难把握,也难以突出馆藏重点。

1.1.3 单位客观条件制约

单位图书馆由于不是单位业务的主体,其功能也多为辅助服务性的,因而往往不太受领导的重视。受客观条件的限制,图书采访也较难大展拳脚,集中表现在人力、经费、制度、技术上。

(1)人员不足。单位为图书馆配置工作人员本来就少,而且准入门槛低,根本没有专职的图书采访人员,更不用说专业素质高的学科馆员。

(2)经费不足。作为单位的二级部门,图书馆每年的经费很有限,以2010年为例,全年纸质购书经费仅够采购几千册中文书。虽每年有递增,但也增加有限。

(3)制度僵化。购书经费属财政直拨,必须走政府采购途径,通过报价比选,签订购书合同。因此,像一些图书采访的常用方法,如书展现采、书店零采、网上直购等,都很难操作。

(4)技术限制。根据信息安全保密制度规定,我馆的公务内网与外网(互联网)必须作物理隔离,而单位图书馆的管理系统是在单位内部局域网使用,这样也就意味着图书馆管理系统中的电子订单功能形同虚设,而且给网上选书、MARC数据下载、数据库网络服务带来很大障碍。

1.2 从图书馆外部因素分析

1.2.1 采访环境复杂

图书市场繁荣,国内出版社众多,每年约有十几万种新书发行。书价上涨快,例如文物出版社出版的一些博物馆藏品目录、考古报告等等,装帧设计极尽考究,定价动辄几百元一册。出版业受经济利益驱动,在图书选题上重复、套版现象频繁,高质量、学术性强的图书较少。

博物馆图书馆的藏书,通常在出版市场属于小众和冷门,一般发行量少,再版频率低,一旦错过购置,以后就很难补全。而且船舶图纸、古地图、古籍、海图、航行记录、展览手册等非公开出版文献的采访难度很大,有如征集文物一般。

1.2.2 采访信息有限

出版社与书商之间信息不衔接,无法第一时间获得最新出版资讯。目前,无论是出版社还是书商提供的书目,信息量有限,一般仅有书名、著者、出版社、定价等,采访人员往往需要通过网络搜索,查找图书的更多资料,如摘要、目录、评论、背景介绍等。很大程度上,增加了采访工作的时间成本。若遇到大批量图书订购时,往往来不及做这道功课,只有凭借采访人员个人认知直接判断挑选。

1.2.3 缺少专业服务机构

对于退出发行市场的旧书采访,基本靠自己到旧书店、孔夫子网、淘宝网上进行搜寻、比较、询价、交易,耗费精力巨大,采访效率低下。目前,大多数书商都没有针对旧书、过期报刊的回溯和代购服务。此外,由于经费有限,小型图书馆要找到长期稳定的供货书商不是很容易。一方面大型专业书商库存充足,书目齐全,服务多样,是图书馆图书采访的理想合作伙伴,但由于小型图书馆对其利润贡献力有限,大型书商不是很关注这块"小蛋糕",更愿意投入精力与公共图书馆、高校图书馆合作。即使有合作,服务也不会很到位,往往一个合同执行完,合作也结束了。另一方面,小型图书馆虽然订单零散、码洋少,但是对书商的期望和服务需求一点也不少,希望书商能够针对本馆馆藏特点搜罗推荐专业书目,能够搜寻补缺古旧书刊,能够及时处理并配送小订单,甚至因为某几本书急需,能够加急快递,这些要求对于小本经营的小型书商是很难承担得起的。图书馆自筹建以来,接触过上海、江浙地区的一些书商,也与其中的几家有过合作,深深感到要找到满足需求、服务全面、值得信赖的长期合作书商很难。

2 中国航海博物馆图书馆的图书采访模式

小型单位图书馆必须清楚认识到,这些影响文献采访的内外部因素可能会长期存在,在开展采访工作时需要充分考虑不利因素,并积极寻找对策,转化为有利因素。目前,中国航海博物馆图书馆的图书采访模式有以下5种:

(1)获取各出版社的发行书目(最好是电子格式),供挑选。出版社的名单由图书馆选定,通常是符合博物馆研究需求的一些核心出版社,如文物出版社、科学出版社、中华书局等。这样能保证相关度集中的图书入藏,但采访范围受局限,其他出版社的好书会漏采。

(2)合同书商提供自己的库存清单,供挑选。这种采访完全受限于书商的库存规模和进货范围。专业书商一般都有实体书店,从市场需求考虑,他们的进货更趋于大众化和快餐化,符合博物馆研究需求的不多,需要耐心浏览,慧眼识珠。

(3)合同书商按照我们给出的学科范围和关键词进行书目信息推送,图书馆进行二次挑选。这种采访方式可以节省图书馆的采访时间和人力,提高采访效率,而且采访质量也较好。但是,由于各书商负责书目信息推送的人员素质有高低,提供书目的质量也参差不齐,有时候差强人意,反而降低了采访效率。

(4)博物馆内部员工推荐书目,主要是从事学术研究、文物管理的工作人员。他们推荐的书目专业性研究性都很强,对提高馆藏质量有很大帮助。但他们往往偏好老书、旧书,而这些也往往是图书馆很难采访收藏到的,采访难度很大。

(5)采访人员根据自身对馆藏重点的理解和对读者需求的认知,自己通过《社科新书目》《古籍新书目》《中国文物报》等专业报刊采访书目,这些报刊介绍的图书多为时下出版发行的新书,一般都可以买到,而且每本书都有详简不同的文字介绍,帮助采访人员深入了解图书的采访模式通常采访质量较高,但对采访人员的专业知识要求也高,否则漏□□样可能产生。

□验与体会

□书馆人对图书采访工作的研究一直没有停止过,针对图书采访的诸多问题,研究者提出□□多想法和对策,比如联合(集团)协调采购、在国外设立图书代购、引入学科馆员制度等等。□笔者认为,这些措施对于小型单位图书馆而言不太现实。小型单位图书馆以及尚处于起步阶段的新馆,在各方面条件有限的前提下,还是要因地制宜,从实践中总结经验,拓展思路,考虑更切实可行的措施,来改善图书采访工作。笔者有几点经验体会,供图书馆同行参考:

(1)开展图书征询,吸收单位内部人员参加图书补充工作,如邀请单位的研究人员在中国图书进出口公司的网上选书系统挑选外文原版书。馆内人员参加选书,在提高藏书质量同时,也有利于他们了解馆藏,促进博物馆业务工作进行。但是要注意,实践证明征询对象范围不宜过大,否则选定的图书没有系统性,种类繁杂,专业性和学术性不集中。图书馆 2010 年做过一次博物馆全馆范围的图书征询,所有部门都参与,结果反馈回来的书目夹杂着物业管理、机电维护、人员培训、财务管理、计算机技术等众多种类,离馆藏范围很远,采访人员整理和剔除困难。总结经验,今后再做读者征询,应紧密围绕馆藏目标,选择重点业务部门的专业技术人员挑选书目。

(2)坚持维护好一份完整的 Excel 版馆藏目录,每次购置的信息及时完整的输入并保存,记录包括购置日期、题名、著者、出版社、册数、复本数、定价、合同编号等,便于每次采访书目的查重。由于图书馆人手少,有些新书到货后不能及时编目入库,检索系统的书目信息不全。如果在系统里查重,很有可能会漏检导致重复购买,从这份馆藏目录中还可以动态统计馆藏量、总码洋,掌握各个合同的执行进度。

(3)对于退出发行市场的旧书,往往纸质书售价都高于其原定价,而且不易采访,应尽量购买其数字化的电子书,已有纸质馆藏文献也尽量配齐它们的数字化文献。在向专业数字文献服务商购买电子资源时,建议小型图书馆尽量购买镜像,安装在本地,不要包库购买,因为每年续用都需缴费而且远程数据使用不稳定。

4 关于小型图书馆采访工作的思考

馆藏质量的高低,是图书馆工作的关键,它直接影响博物馆研究的效率,而馆藏只有不断发展才具有生命力。对于今后小型图书馆的采访工作,笔者也进行了一些思考。

4.1 功能定位——小受众,大服务

中国航海博物馆图书馆隶属学术研究部,图书馆的功能定位也进一步明确,就是为博物馆的学术研究、课题研究服务,图书馆的服务对象定位在博物馆内部的研究人员,以及文博、航海业界的专家学者,图书馆的战略职能就是收藏和整理世界范围内航海文博的各类文献并向既定用户提供广泛利用。随着中国航海博物馆"十二五"规划和中长期学术研究规划的相继制定,图书馆的馆藏建设目标将会进一步明确,采访范围也将进一步清晰。

4.2 采访策略——抓重点,打基础

根据图书馆的功能定位,图书采访的目标也随之确立,就是坚持建立专业特色的馆藏资源保障体系,所有能够记录和研究人类航海文化遗产的古籍、专著、论文、图纸、资料甚至实物都应是中国航海博物馆图书馆采访的重点。图书馆应按照轻重缓急的原则和实际财力,有计划、有步骤地予以收藏,按照专业文献求"全",辅助文献求"精"的采访原则,重点收藏学术价值高的文献,重点优先保证补充博物馆研究用书。馆藏补充以搜集、保存印刷出版物的静态文献为主,以书目数据库和全文数据库的动态信息为辅。明确指出:采购的文献应既能满足研究人员的现实研究之需,又要满足基础研究和潜在研究之需。今后,应充分意识到图书借阅率对采访工作的作用。图书馆应做好日常图书流通情况的统计,利用图书借阅率,及时追加高借阅率图书的馆藏复本量,及时调整同类文献的收藏比例。

4.3 工作方式——强沟通,拓渠道

在单位内部,图书馆应加强与各业务部门的沟通,尤其是文物管理、研究、展览等博物馆核心业务部门,了解他们工作中对文献信息的需求,及时掌握研究课题、展览项目的情况并主动参与其中,有针对性地进行文献收集,从而使收集到的文献资料更好地为博物馆研究服务。在书目筛选、报刊订阅的过程中广泛征询博物馆专业技术人员的意见,并充分意识到博物馆专业技术人员既是文献资源的使用者也是提供者,是可以参与文献采访的生力军。通过出差、开会、馆际交流的机会,可以请其代为采访。在单位外部,加强与图书馆同行、出版社、编辑部、实体书店、网络书店、数据库服务商的广泛接触,获取行业动态和资讯,了解图书馆界、出版界的技术发展动态。

4.4 人员培养——学中干,干中学

一般人总以为文献采访就是买书,实则不然。笔者对"采访"的理解是:"采"是在给定范围内按照一定要求挑选,需要专业知识;"访"是按照一定要求在不确定的范围内寻找、搜索,需要业务技能。把采与访相结合,专业知识和业务技能兼备,采访人员才能做好文献收藏工作。小型图书馆没有专家,没有高学历,没有学科馆员,那就在实践中学习,积累经验,边干边学。除了学习图书情报的知识,还要尽量用一些时间翻阅馆藏文献,了解与采访工作有关的各专业学科的研究对象、学科分支、发展状况以及新学科、新技术、新方法等,加深理解馆藏。有意识地培养和提高图书采访人员的业务素质,培养自己的"选书专家"。

参考文献

[1]张毅.博物馆图书馆的图书采访策略探讨[J].科技情报开发与经济,2007(4):12 – 13.

[2]王鹭飞.网络环境下我馆图书采访工作的现状与思考[J].农业图书情报学刊,2005(3):53 – 55.

[3]编目精灵.编目的未来[M].北京:国家图书馆出版社,2010.

[4]李名洋,鄢小燕.面向科研的图书馆服务创新研究[J].国家图书馆学刊,2010(1):54 – 58.

[5]党军.21世纪专业图书馆馆藏建设的思考[J].图书馆工作与研究,2001(1):71 – 72.

[6]陆燕,信萍萍.专业图书馆文献采访的现状和探讨[C]//中国核学会.中国核科学技术进展报告:中国核学会2009年学术年会论文集(第1卷:核情报分卷).北京:原子能出版社,2009:191 – 193.

[7] 张永山. 有效利用图书借阅率提高图书馆藏书质量[J]. 兰台世界, 2011(10): 72 - 73.
[8] 陈彩娟. 浅谈医学专业图书馆的图书采访工作[J]. 河北科技图苑, 2006(6): 60 - 61.

德国地图出版业简述

翁莹芳(国家图书馆)

　　国家图书馆的地图采访和编目工作属于古籍馆舆图组业务范畴,主要包括中文地图采编、西文地图采编和日俄文地图采编。目前外文地图新增收藏的途径主要有:馆内外文采编部转交;拍卖;国内外征集;直接购买。其中通过图书进出口公司直接购买是目前最主要的采访方式。相较于受益国家出版物缴送制度的中文地图采访工作,目前的外文地图采访发展比较缓慢。导致这种状况的原因很多,例如对采访对象了解过少、资金有限、图书进口受限等。以此三者为例,后二者属客观因素,业务人员难以改变现状,前者则可以通过进一步完善调查工作得到改善。因此,笔者尝试调查德国地图出版行业,希望借此对扩大外文地图采访范围做出有益探索,进而丰富国家图书馆的馆藏舆图资源。

　　德国是一个高度崇知的国家,文化氛围浓厚,作为世界上出版图书最多的国家之一,多年来图书出版量及销售量均居世界前三。在 2010 年出炉的全球出版业排名前 50 位中,德国占有 10 个席位。结合德国的人口以及德语在全世界的使用范围来看,这份数据不得不令人惊叹。同时,德国图书的质量也继承了"德国制造"的传统,其科技图书水平之高超、艺术图书设计之精美、人文图书品种之丰富以及文学图书内容之精彩,都令世人瞩目。

　　地图不同于普通出版物,它不仅需要以测量、绘制等专业技术为前提,还涉及国家领土主权甚至国家机密。在德国,地图主要由两大方面来制作出版,一是政府测绘机构,二是专业出版部门。①

1　政府测绘机构

　　德国政府测绘机构按行政级别划分,大体可分为联邦测绘机构和州测绘机构。主管大地测量和制图事业的国家机构是总部位于美因河畔法兰克福的联邦制图和测地局(Bundesamt für Kartographie und Geodäsie),该局隶属联邦内务部;换言之,前者为联邦测绘执行机构,后者是联邦测绘管理机构。

　　联邦制图和测地局的职责包括:为国家提供空间和基础地理信息、研发并运用必要的相关技术、为政府提供大地测量和地理信息方面的咨询服务以及在国际上代表德国维护其相关专业领域内的利益。由此引申出联邦制图和测地局在地理信息事业方面的核心任务,即提供大

---

　　① 本文涉及各机构的信息和数据均来自各机构官方网站,未曾引用第三方资料;因机构较多,故不在参考文献中罗列网站地址。

地测量信息,这些信息的形式包括不同清晰度的数字地理基础数据、不同规格的地形图以及数字扫描制图数据。

在上述核心业务框架内,以及在本文所关注的范围内,①联邦制图和测地局提供的产品主要为小比例地形地理图和历史地理图,比例为1:200 000、1:500 000和1:1 000 000。地形地理图包括当前发行的最新版本的地图;历史地理图指最新版本以外的地图,这当中既有古旧地图,也包括已被新版替代的旧版地图。联邦制图和测地局制作的地图,内容以德国为中心,一般只涉及本国的领土范围。

根据德国基本法的规定,官方测量管辖权属于各联邦州。德国共有16个联邦州,每个州都设有测量机构。大部分州的测量机构在20世纪90年代或本世纪初进行了整改,成为本州既古老又现代的技术机构。各州的测量和地籍机构一般可分为三个层次:最上层是管理部门——州内务部,②各个州内务部的部门设置和数量略有差异,不过总有一个部门(Vermessungs- und Katasterverwaltung)专门负责测绘和地籍工作。管理部门下辖测量执行机构,上级机构是州测量局(Landesvermessungsamt),③负责州内的测量和地籍工作,下级机构是测量分局(Katasteramt),负责所辖区域内的地籍工作。

各州测绘部门的组织机构、管辖权、性质和任务由州法律决定。测量局本质上是个服务性质的州有企业,法律上不具备独立法人资格,组织上从属于州管理部门,日常活动不以营利为目的。测量局的主要职责是测量州土地,建立和维护地产地籍,制作、出售并更新与全州领土、空间范围相关的基本数据。其产品和服务主要包括数字地籍图、地形测量图、空中摄影、数字正射影像、数字地形模型、数字风景模型以及现代地理信息系统等。主要地图产品有地形图、地形图衍生图和历史地图。

地形图是测量局的基本产品。在地形图上,居民区、交通道路、水道、地区形状、植被以及地表的其他表现形式都要尽可能准确和完整地再现出来。地形图有统一的制图标准,因此也被称作系列作品。它们的封面设计相同,比例规格有四种,分别是1:10 000、1:25 000、1:50 000和1:100 000,④每种规格都有一个主色调,分别是棕色、绿色、蓝色和红色。地形图的特点是描述准确且细节化,因而不论在公共还是私人领域均使用广泛,可用于州和地区规划、建筑规划、自然和风景保护、旅游、灾害防护等方面。地形图每五年更新一次。

衍生图是指以地形图为基础,添加、省略或者重点突出某些信息的地图。衍生图有各种不同的主题,主要有地区地形图、地形地理图、行政区划图、休闲地图、地图、自行车线路图、汽车驾驶地图等。这些图大多在背面印有相应地区的文字说明,介绍该地区的自然、风光或历史。

历史地图的概念在上文已经给出。各州出版的历史地图主要以各州为主题。用于销售的主要是古旧地图的复制本和旧版地图的重印本。

---

① 目前舆图组以收藏纸质文献为主,因此本文也主要以纸质地图或书籍为关注范围;而事实上,本文所涉及的地图出版机构均出版相应的电子或数字产品。

② 萨尔州测量工作由环境部负责,莱法州由内务和体育部负责。

③ 该部门在各州具体名称有所不同,如在勃兰登堡州被称为州测量和地理基础信息局(Landesvermessung und Geobasisinformation Brandenburg)。

④ 依据管理协议,比例为1:25 000或更小的柏林市地形图由勃兰登堡州测量和地理基础信息局制作和出版。

2 专业出版部门

德国出版界有三大巨头，分别是贝塔斯曼集团（Bertelsmann AG）、霍兹布林克集团（Verlagsgruppe Georg von Holtzbrinck）和施普林格集团（Springer AG）。他们在 2010 年全球出版业排名[①]中分别居于第 5、10 和 18 位。国际出版集团出版规模宏大，更可能下辖专业地图出版社，所以是地图出版物的重要来源之一。

贝塔斯曼诞生于 1835 年，迄今已有 176 年的历史，总部设在德国北威州的居特斯洛。作为世界四大传媒巨头之一，贝塔斯曼的经营范围遍及全球 63 个国家和地区，经营内容涉及广播电视、图书出版、报纸期刊、音乐专辑、印刷和媒体服务、图书和音乐俱乐部等诸多领域。对许多大型出版集团而言，传统出版在集团所有业务中所占比例相对较小。贝塔斯曼旗下从事图书出版业务的子公司是兰登书屋（Random House）。

霍兹布林克成立于 1948 年，集团总部在德国斯图加特，其经营范围遍及全球 80 多个国家和地区，经营业务主要涉及四个领域：大众出版、教育与科学、报纸与经济信息、电子媒体与服务。霍兹布林克旗下有众多出版社，主营图书业务的超过二十家，其中不仅包括德国本土出版社，还有众多英美国家的出版社。

施普林格成立于 1946 年，总部位于德国柏林。它是世界科学、技术和医药出版领域的第二大专业期刊出版集团，也是德国最大的科技图书出版集团和德语区领先的 B2B 出版商。施普林格集团的核心出版领域为科学、医药、工程、经济、技术、建筑和交通运输。集团在欧洲、亚洲和美国等地拥有 60 多家出版公司，每年出版 1700 余种期刊和 5500 多种新书，另外还发布数据库、提供在线服务以及举办会议和讲座。其出版物的 60% 为英文版，一半的市场在国外。

2010 年全球出版业排名中，位于前 50 位的德国出版公司还有以下 7 家：

排名	出版社名称	总部（德国）
29	恩斯特·克莱特（Ernst Klett）	斯图加特（Stuttgart）
30	康乃馨（Cornelsen）	柏林（Berlin）
41	韦斯特曼（Westermann）	不伦瑞克（Braunschweig）
45	威卡（Weka）	基辛（Kissing）
47	浩富（Haufe）	弗莱堡（Freiburg）
48	MairDuMont	斯图加特（Stuttgart）
49	Weltbild	奥格斯堡（Augsburg）

其中与地图出版相关的介绍如下：

Ernst Klett：德国领先的教育和学术出版商，历史可追溯到 1897 年，目前拥有 59 家出版社。公司旗下的 Klett-Perthes 出版社出版高品质的地理和地理图册类图书及历史教科书，是地理教

---

① 出版人周刊. 出版人周刊官方网站［OL］. ［2011 – 09 – 15］. http://www. publishersweekly. com/pw/by-topic/industry-news/financial-reporting/article/44756-2010-ranking-of-the-global-publishing-industry. html.

学领域非常知名的品牌。这里的 Perthes 即是原来的 Justus Perthes 出版社,成立于 1785 年,是享有世界声誉的地理和地理教学地图品牌,與图组收藏的二十世纪上半叶西文地图较多出自 Justus Perthes 出版社。经历了二战和东西德一系列演变之后,为维持出版社的经营,1992 年 Perthes 家族将其出售给 Ernst Klett 出版社,Klett-Perthes 从 1995 年开始作为高品质地理制图产品品牌出现。

Cornelsen:康乃馨集团成立于 1946 年,主要从事教育出版,发行教学资料,2009 年收购了朗根沙特(Langenscheidt)旗下的工具书和地图出版部门。朗根沙特成立于 1856 年,致力于语言学习图书、字典以及旅行指南图书出版,是世界双语词典最大的出版商之一,也是美国排名第二的公路地图和字典出版商。朗根沙特分别于 20 世纪中叶和 90 年代合并了拥有百余年历史的旅行指南品牌 Polyglott 和 APA 出版集团(APA Publishing Group),还陆续集合了数个美国交通图领域的地区顶级品牌,如 American Map、Hagstrom、ADC – The Map People、Arrowoder Hammond。

韦斯特曼:韦斯特曼成立于 1838 年,旗下的韦斯特曼教学出版社(Westermann Schulbuchverlag)的主要产品也包括地图集和徒步地图,用于教学或其他用途,较著名的有韦斯特曼世界地图和历史地图等。

MairDuMont:该集团成立于 1948 年,是德国和欧洲市场上领先的旅游出版机构,是旅游信息出版行业的翘首,其麾下所有大型品牌均具有业内最高质量水准。公司在欧洲范围内拥有 11 家出版社和一家印刷厂,旗下有 10 个著名品牌,产品更是不计其数。主要产品包括旅行指南、美食旅行指南、城市导游、地图、地图集、世界地图集、徒步旅行和驾车旅行指南、酒店指南、导航系统、软件产品以及在线服务。事实上,每家出版社或者每个品牌对每种产品都有所涉及,不过各个品牌均有各自的侧重。例如,旅行指南主要有 Baedeker Allianz、Marco Polo、DuMont,徒步地图主要是 Kompass,等等。

MairDuMont 旗下出版社包括:

(1)DuMont 旅游出版社(DuMont Reiseverlag)

(2)Falk 出版社(Falk Verlag)

(3)Hallwag Kümmerly + Frey

(4)MAIRDUMONT

(5)Karl Baedeker 出版社(Karl Baedeker Verlag)

(6)指南针地图出版社(Kompass-Karten)

(7)旅游与交通出版社(RV Verlag)

(8)城市信息出版社(StadtINFO Verlag)

(9)Varta Führer 有限公司(Varta Führer GmbH)

(10)测绘旅游出版社(CartoTravel Verlag)

(11)马可波罗旅游出版社(Marco Polo Travel Publishing)

MairDuMont 旗下品牌:

(1)ADAC 制图(ADAC Kartografie)

ADAC 在德国市场上提供种类最为广泛的产品:城市图、城市地图集、交通地图集、各州地图、旅游图、休闲图等,内容丰富,阅读简便。

(2)Shell 制图(Shell Kartografie)

过去多年的经验与精湛的手工技能造就了 Shell 地图产品的高品质。现代化的 Shell 系统制图则为制图业确立了新的标准。Shell 致力于开发德国和欧洲市场，Shell 地图的特点是注重细节、地点索引和旅游信息详尽。

（3）Marco Polo

从 1991 年首批 39 种旅行指南上市至今，Marco Polo 已拥有 247 种旅行指南，几乎覆盖了全世界所有旅游目的地。Marco Polo 旅行指南的特点是内容丰富、信息量大、与时俱进。每份旅行指南均附带一份旅游地图或城市地图，并且提供风景名胜、酒店旅馆、购物消费、休闲美容、节日庆典等信息，为游客提供正宗而实用的专家级建议。

（4）Falk

Falk 是经验丰富的导向专家，提供明确且准确、安全且舒适的地区指引服务。它在城市图、城市地图集、街道图、旅游地图集、DVD 以及旅行计划方面是知名度最高的品牌。著名的 Falk 大地图运用新型的专利变焦系统，受到汽车和摩托车运动专家的大力推荐。

（5）Baedeker Allianz 旅行指南

Baedeker Allianz 旅行指南提供详细的背景信息和风景名胜介绍，并提供众多有益且实用的建议和提示，重要的建筑和风景名胜还采用 3D 效果图。Baedeker Allianz 是 Karl Baedeker 出版社和德国安联集团（Allianz AG）1979 年开始的合作产物，至今已涵盖 150 个旅游目的地。Baedeker 诞生于 1827 年，是世界上第一份旅行指南，它过去和现在都是最著名的旅行指南专家，被翻译成许多种语言。

（6）DUMONT

第一份 DuMont 旅行指南诞生于 1968 年。DuMont 旅游文学的特点是具有个性、开放性和高雅性。作品系列从重量级的艺术旅行指南到生动活泼的口袋书，包含休闲旅游、文化旅行、城市游览、远游或漫步度假等内容，实用、可靠且全面。所有作品都附有大量照片、地图以及户外活动、购物指南、当地夜生活等内容介绍，主要面向那些重视文化信息和个性的人们。最成功的作品包括 DuMont 袖珍旅游册、DuMont Direkt 以及最新的 DuMont Richtig Reisen。

（7）Stefan Loose 旅游手册

Stefan Loose 旅游手册提供从机场直至景点的全程信息，是人们自助旅游和探险之旅的有益指导。其目的是为了鼓励大家用自己的方式认识世界的多样性，手册提供的详细背景信息可以让游客轻松了解陌生的国度和文化，地图细节明确，使游客轻松穿梭于现代化的城市或传统的村庄。

（8）Kompass

Kompass 是一家奥地利公司，1967 年进入集团。Kompass 提供 600 余种徒步地图，这是欧洲最大的徒步地图系列，与之配套的是 Kompass 徒步指南和 Kompass 行车漫游指南。产品包括徒步和驾车旅行地图、徒步旅行丛书、徒步指南、行车漫游指南等。

（9）DUMONT BILDATLAS

这套图片地图是 DUMONT 旅游出版社从 2010 年 1 月开始出版发行的旅游月刊，每期介绍一个国家、地区或城市。刊内的大幅插图色彩鲜明，信息翔实，时事主题的背景介绍相当充足，还附有大量旅游小贴士。

（10）Lonely Planet

Lonely Planet 是 Lonely Planet 出版社的品牌。出版社成立于 20 世纪 70 年代初，迄今为止已有 500 余个标题项目,其中大约 270 个旅行指南。员工们常年在世界各地旅行,亲身考察和体验,为读者提供来自第一线的旅游信息。

德国的出版社按性质可分为十余类,如文学出版社、科学出版社、宗教出版社等,其中就有一类是地图出版社。上文介绍的 Klett-Perthes 出版社、Polyglott 出版社等,虽隶属于大型出版集团,但其本质上也是地图出版社。德国其他的地图出版社还有:(1)哥伦布出版社 Paul Oestergaard 有限公司(Die Columbus Verlag Paul Oestergaard GmbH)。这是世界上最古老的地球仪制造商,约有将近 100 年的历史,现已是专业领域内的领先品牌。该公司也同 Ravensburger、Was ist was 和 GEO 合作,生产一系列地图,如 Was ist was - Columbus 大型世界地图,主要用于学校教学,寓教于乐,是个成功的合作产品。(2)旅游知识出版社(Reise Know-how Verlag)。主要地图和旅游出版产品有地图、袖珍地图、城市导游册等。地图系列有 2001 年开始的"世界地图项目"(world mapping project),已经出版了大约 150 种,既有详细准确的徒步地图,也有小比例的国家地图。这些地图采用 Polyart 合成纸,防水防撕,另加保护套。许多地图上还有相应国家文字的说明。城市导游册主要有 Reise Know-how 系列旅行指南,提供有关旅行前准备工作的建议、揭秘具体的价格和联系方式、推荐各种价位的住宿、介绍非热门景点,满足人们探险之旅的需求。

上述地图出版机构是德国最主要的地图出版单位,关注这些机构基本能够满足舆图组目前的新增德文地图采访需求。舆图组近年收藏的上述相关机构出版的地图举例有:巴伐利亚州测绘局 2006 版《Gerolzhofen 地形图》,巴符州测绘局 2006 版《Klettgau Wutachtal 徒步地图》,梅前州测绘局 2004 版《梅前州行政区划图》,下萨克森州测绘局 1998 版《下萨克森州地形地理图》,贝塔斯曼出版的《大西洋:新版大型卫星世界地图》,施普林格 2004 版《南极洲地图:源于卫星雷达高度计数据地理统计分析的地形图》,韦斯特曼公司 2005 版《韦斯特曼世界地图》(Westermann Weltatlas),ADAC 2004 版《ADAC 德国印象地图》,Marco Polo 出版的《欧洲旅游指南》,Kompass 出版社出版的《下莱茵区南蒂罗尔徒步和自行车地图》(Südtirol Niederrhein Süd Wander- und Bikekarten),Lonely Planet 出版社 2004 年的《玉带上的东南亚》(Southeast Asia on a Shoestring)。

外文新增地图采访经费有限,"求精"的前提是了解各个出版社的特色产品,有针对性地进行采访。今后我们也可继续尝试以类似的方式对其他语种国家的地图出版情况展开调查。在进一步了解采访对象的基础上,相信未来的外文地图采访工作将会更具针对性和多样性。

参考文献

[1]吕永江.联邦德国的地籍测绘事业(上)[J].测绘标准化,1995(2):41 – 47.
[2]吕永江.联邦德国的地籍测绘事业(下)[J].测绘标准化,1995(3):41 – 45.
[3]出版人周刊.出版人周刊官方网站[OL].[2011 – 09 – 15]. http://www. publishersweekly. com/pw/by-topic/industry-news/financial-reporting/article/44756-2010-ranking-of-the-global-publishing-industry. html.

新环境下文献采访的挑战与对策

——基于公共图书馆的免费开放服务

谢耀芳(广西壮族自治区图书馆)

1 引言

在国家大力推进构建覆盖全社会的公共文化服务体系、提供普遍均等的公共文化服务的形势下,全国各地公共图书馆先后开展了全面免费服务,吸引了越来越多的人利用图书馆。读者人数急剧增加对图书馆的服务提出新的挑战和更高的要求。文献采访是图书馆一切工作的基础,图书馆的服务都直接和间接依托于文献资源的建设。因此,采访工作所承担的任务比过去更加繁重和复杂。有感于此,笔者就广西壮族自治区图书馆(以下简称我馆)采访工作出现的新问题进行分析和探讨,以期不断地完善藏书工作。

2 免费开放的背景

《公共图书馆宣言》指出,"作为原则,公共图书馆应当免费提供服务,开办和管理公共图书馆是国家和地方当局的责任"。党的十七大报告提出了"坚持把公益性文化事业作为保障人民基本文化权益的主要途径"。文化部、财政部共同出台的《关于推进全国美术馆、公共图书馆、文化馆(站)免费开放工作的意见》,要求于2011年底之前,全国所有公共图书馆实现无障碍零门槛进入,公共空间设施场地全部免费开放,所提供的基本服务项目全部免费。[1]浙江图书馆于2007年免费开放,南京图书馆新馆于2008年初免费开放。然而真正引发业界与社会震荡的却是国家图书馆从2008年2月7日(大年初一)起,全面减免收费项目。从此,中国图书馆进入服务的新时期,进一步推动了全国图书馆免费开放的步伐。[1]

3 公共图书馆免费开放的意义

公共图书馆是满足公众知识和信息需求、开展社会教育、实现和保障公众基本文化权益的公益性机构。公共文化服务体系建设以保障文化民生、促进文化公平为宗旨,图书馆作为公共文化服务体系的组成部分,实行免费服务是贯彻落实科学发展观内容之一,是保障公民文化权益的基本要求。建立完善的图书馆免费服务体系,就是要让所有的人都能积极参与文化成果创造的同时充分享用社会文化发展的成果。公共图书馆作为公益性的文化设施,既是文化产品的重要载体,又是服务大众的文化阵地,既是文化成果的展示平台,又是文化休闲的公众场所,实行免费服务就是要保障公民人人都能利用图书馆,共享文化发展成果。各级图书馆免费开放工作的目的,就是打造优质图书馆资源,吸引社会公众来利用公共图书馆,使图书馆更好地传播知识,传承文化,播撒文明,启迪智慧,服务群众,保障人民基本文化权益,努力让更多的人民群众走进图书馆,最大限度地利用图书馆,满足广大人民群众日益增长的精神文化需求,提高全民的思想道德和科学文化素质,促进经济社会又好又快发展,具有重要意义。

4 免费开放后图书馆文献采访工作出现的新情况

4.1 文献资源建设保障力度面临新挑战[2]

免费开放后,新增持证读者成倍增长,读者的流量和图书流通量的激增与文献资源保障的力度有点脱节,文献保障不能完全跟上读者的需求。我馆从 2006 年起实行免费办理阅览证等,是全区第一个实现免费开放的公共图书馆,2009 年 1 月在全区率先取消读者借书证工本费、年服务费、电子文献下载费、自修服务费等一系列降低读者利用图书馆费用的措施。读者的人数急剧上升,免费开放前年均接待到馆读者 50 余万人次,文献借阅 151 万册次,发展到现在年均接待到馆读者 140 万人次,文献借阅 280 万册次,累计持证读者约 14.2 万人(其中新增读者27 938 人)[3]。随着新增读者人数的迅猛增加,出现了馆藏文献不能满足读者需要的矛盾,对各级公共图书馆目前的文献保有量提出了很大的挑战。

4.2 文献购置经费严重不足

图书馆的经费完全依赖于政府的财政拨付,没有其他来源。免费开放,实际是将原来读者承担的费用直接转由政府财政支出。此外,由于图书流通量加快、加大,图书的高利用率也带来了损耗的相应增加,间接地增加了图书馆文献购置经费的支出。同时,出版物的类型和价格较之过去成几十甚至数百倍的增长,图书品种则以每年 14.8% 的速度递增,文献购置费远远不能满足新增文献的购买能力。

4.3 基于读者需求的文献资源建设内涵不断深化

免费开放带来了巨大变化,除读者人数大幅度增加外,读者需求构成也有明显变化,由单一的受教育、学知识,转变为全面的素质养成,以及休闲娱乐等。满足读者多元化的需求,培养多层次读者群体的行与知,对文献资源提出了更新更高的标准。如何掌握不同群体读者的求知需求,构建学科完整、结构合理、系统性的馆藏文献资源体系,挖掘图书资源优势,这是新形势下采访工作的一个新课题。

4.4 文献采访的数量、品种和复本发生变化

免费开放后,政府投入的购书经费大幅增加,2006 年总购书经费为 234 万元,到了 2010 年增加到 600 万元,增长率超过 156%。年均采购新书约 1 万多种 3 万册,2010 年已达 4 万多种 9 万册,比原来增长了 2.5 倍。由于读者对象更加复杂,不同文化程度、年龄、职业、兴趣爱好使得各读者群对文献的需求也各不相同,藏书内容也应考虑不同群体的要求而扩大品种范围,增加复本量。

5　新环境下文献采访应采取的针对措施

5.1　提高文献采访的质量

免费开放后,在经费不足的情况下,应调整文献采访原则和方针,对收藏结构和品种数量两个方面做出科学合理的调整,以"保证重点,兼顾一般"为基本原则,对信息含量高、具有鲜明地方特色的文献做重点配置,满足读者重点的情报信息需求,兼顾一般需求,保证藏书结构的系统性、科学性、完整性,以及最大限度地满足读者需求。在广度上,要保证学科覆盖面,全面收藏各门学科的文献,建立完整的馆藏体系,精选普及性、娱乐性文献,满足公众普及科学文化知识、提高科学文化素质和思想道德素质、提升艺术品味等精神需求。对文献的学科范围、层次,以及数量、文种、类型的配置要保持适当的比例,要与读者的数量,以及读者进行科学研究或一般阅读的深度和广度相适应。在深度上,应全面收藏具有较高的学科价值的文献,如我馆专门预留一定比例的经费,购买高码洋的精品图书,并保证入藏的获奖图书预订率达80%以上(包括国家级、国家图书馆文津奖及出版系统评选的获奖图书)。多卷书等其他连续出版物入藏完整率达97%,使本馆的藏书质量得到了提高。

5.2　重视读者需求的导向性

读者服务工作是图书馆全部工作的出发点与归宿,图书馆的最终目的是要为读者提供优质的服务,提供让读者满意的服务。为了让读者满意,图书馆就要充分认识读者的需要,找准其需求点,从而提供有针对性的服务。对于公共图书馆的大众读者来说,学习科学文化知识,丰富休闲娱乐生活仍然是他们利用图书馆的主要目的。因此,我馆根据馆内各类图书流通记录统计、了解、掌握读者的阅读动态和倾向,对读者利用率高的社科类图书,特别是文学、传记、经济、教育、励志类图书,自然科学的医学保健、生活服务,计算机和科普类图书,加大现采力度,增加复本,将热门小说的复本调整到5—7本,以满足读者的需求。

5.3　加强新书推荐宣传工作

推陈出新,新书介绍有意识地结合有关图书排行榜及我馆购入新书的情况,重点推荐上榜新书;报刊宣传采取专题形式,紧贴社会关注热点与人民生活息息相关的内容。同时,继续加强休闲阅览室的图书采购工作,为适应广大读者的需求,我馆特设了一个具有自助学习和休闲功能的阅览室,主要放置较热门、较贵重书籍,如家居、旅游、收藏类,并设休闲沙发,供读者休闲阅览,满足读者的特殊需求。

5.4　优化经费配置

免费开放后,图书馆需要对经费使用进行合理规划,在原有馆藏的基础上,根据本馆已有的藏书结构和特色合理分配经费。为优化购书经费配置与利用,应以尽可能少的经费投入获得结构合理、数量丰富的馆藏,达到图书采购经费效益最大化,这样才能有足够丰富的图书,足够浓郁的氛围,以及源源不断的新书,让读者有书可读,有新书可读,满足公众的基本和多样化需求。

5.5　加强采访人员队伍建设

采访人员的素质直接影响到图书馆的文献建设和读者服务水平,提高采访人员的素质,是搞好藏书建设、提高藏书利用率的保证。因此,要采取积极有效的措施,不断加强采访人员队伍的建设,培养责任心、事业心,加强采访人员的职业道德教育,树立终生学习的观念,通过不断学习,努力提高采访人员的思想素质和业务素质。只有这样才能采集到最大限度满足读者需求的文献,才能真正担当起新环境下文献采访工作的重任。

6　结语

综上所述,公共图书馆实行全免费服务,是我国图书馆事业发展的必然趋势,反映了广大人民群众的意愿,体现了社会主义制度的优越性,也受到了广大读者的热烈欢迎和普遍好评。[4]文献采访工作需要采取相应的措施来调节读者需求和馆藏资源之间的差距与矛盾,进一步提高馆藏质量,为构建普遍均等的公共文化服务体系,发挥公共图书馆的教育职能,提供资源保障,更好地服务于读者。

参考文献

[1]郑微.关于公共图书馆免费开放的策略[J].当代图书馆:理论纵横,2011(2):22-25.
[2]广西图书馆网页[DB/OL].[2010-03-16].http://www.gxlib.org.cn.
[3]周明艳.公共图书馆免费服务问题研究[J].农业图书情报学刊,2011(1):154-155,199.
[4]尹美馥.公共图书馆全面免费开放后出现的问题及对策[J].新世纪图书馆,2011(3):57-58.

论新时期合作书样本的缴送

徐云平　杨　熙(国家图书馆)

合作出版是我国 20 世纪 80 年代出现的一种出版形式,合作出版的图书简称合作书,也称"协作书"或"包销书"。合作书初期是指由出版单位和科研单位合作出版的科研成果,后来随着图书需求的扩大和出版资质的稀缺,为了实现资源优势互补,合作出版发展出多种多样的形式。合作书按合作对象划分有以下合作模式:出版社与图书文化公司或者工作室合作出版图书;出版社与出版社之间优势互补出版图书;出版社与期刊社合作出版期刊或图书;出版社与电子出版社合作出版书配盘出版物;国内出版社与国外出版社合作出版图书;合作出版的异化形式——买卖书号和一号多书。

1　合作书出现和发展壮大的背景分析

合作书出现和发展壮大有各方面原因。一是在中国内地设立出版社有严格的条件,出版单位必须是国有独资,严禁民营资本及外资进入。这种特殊的准入制度,使得出版社拥有的书号成为一种稀有的垄断资源。二是我国的图书市场日渐庞大,而出版社以前的身份一直是事业单位,没有面向市场竞争盈利的经验,资金也相对缺乏,并且由于改制以前出版社存在按地域和门类重复设置的状况(如各地都有人民社、美术社、教育社、科技社等),无法完全做到面向市场出版人民群众急需的图书。这一方面造成出版社面临生存困境,另一方面市场上也存在需求短缺。三是一些擅长市场化运作,掌握多种发行渠道,市场嗅觉灵敏,资金雄厚,有一定图书策划编辑能力的文化公司或图书工作室恰恰能够弥补出版社多方面或某方面的短缺,但是他们没有出版资质,只能和出版社合作,于是合作出版便成为一种普遍的出版现象。

2009 年 4 月 8 日国家新闻出版总署《关于进一步推进新闻出版体制改革的指导意见》中充分肯定和鼓励了合作出版方式,提出"鼓励国有出版企业在确保导向正确和国有资本主导地位的前提下,与非公有出版工作室进行资本、项目等多种方式的合作,为非公有出版工作室搭建发展平台"。2009 年之后,全国绝大多数出版单位逐步完成了转企改制,其他一些期刊报纸也加快转企改制的步伐。当前形势下,合作书的形式、数量将会进一步增加,呈现多元化、专业化的发展格局。

但是,合作书作为必须缴送样本的一部分在国家图书馆却收藏不完全。呈缴制度是指一个国家或地区为了完整地收集和保存全部出版物,要求所有出版者必须向指定的图书馆或出版主管机关呈缴一定份数的最新出版物的制度。出版物缴送包括缴送义务人和样本受缴者。在我国,缴送义务人指各出版单位以及硕士和博士学位授予单位。国家图书馆和中国版本图书馆受缴全国所有负有缴送义务的出版单位所缴送的样本。京师图书馆作为国家图书馆的前身获得样本缴送的权利是在北洋政府时期。呈缴出版物的目的可归纳为如下 4 个方面:(1)审查出版物;(2)登记著作权和出版权;(3)完整地保存文化和利用出版物;(4)编制国家书目。

2　合作书缴送的现状及存在的问题

根据国家图书馆 2008—2010 年缺缴数据对出版社进行催缴的情况来看,相关出版社未缴送样书的原因,除了由于机构调整、人员变动等客观原因外,缺缴的书因为是合作书而没有缴送占了相当大的比例。有的出版社表示没收到合作方的样书,有的出版社表示有待通知各地的合作者寄书过来再寄给国家图书馆,还有出版社直接表明这部分样书无法缴送也没有必要缴送,更有甚者明确表示当时的操作属于一号多书或者买卖书号,根本没有样书。虽然合作书从表面上看和本版书难以区分,无法统计全国每年出版多少种合作书及缴送到国家图书馆的比例情况,但催缴的实践表明合作书缺缴是一个普遍现象而非个别案例,合作书缺缴已经成为一个无法回避的影响缴送的问题。在当前合作书形式和数量呈现逐步增长的趋势下,如果合作书的缴送持续不完全、不及时,将造成国家总书库相当一部分图书品种的缺乏,继而影响国家信息资源、文化产品的完整收藏,给广大人民群众利用文化、信息资源带来不便。

总的来说,合作出版图书缴送中存在的主要问题如下:

(1)出版社不重视缴送合作书,缴送品种不全。比如部分出版社负责样书呈缴工作人员表示合作出版的图书多为价值不高的图书,没有必要缴送。这种思想的普遍存在严重妨碍了呈缴工作的展开。合作书的品种虽然良莠不齐,质量优劣难以统一论断,但图书的价值因人而异,谁也无法断定一本书的所有价值,因为每本图书都是记录了人们观察思考自然与社会之历程和结果的一种重要载体。例如有的学术著作专业性和研究性很强,对特定的读者群用处就很大。另外一方面,即使是价值不高的图书仍然有版本保存的价值,因为其客观真实反映了我国当前的出版现状,国家图书馆作为国家总书库有保存国内全部出版物的责任,以便提供给当代以及后世的人们利用。

(2)合作书缴送责任方界定模糊导致缺乏制度规范。一些出版社本意希望缴送完整所有出版物,但因合作经验不足,与合作方没有签订履行缴送义务的条约,合作方规模小、经营管理不规范,合作出书完毕后就无法联系到合作单位等诸多原因而无法收到合作书样本,或者收到复本不足的样本。这种情况也发生在两家出版社合作出版图书时,两家出版社都没有缴送样书,但都相互推诿,声明应由对方缴送。

这种现象说明,部分出版社在合作方式上存在种种不规范的操作,法律意识不强,对合作方监管不严。长此以往,不仅样书缴送不全影响继后的书号申领,而且更严重的是会削弱出版社的核心竞争力,逐渐丧失出版话语权。

(3)合作出版图书缴送周期延长。出版物样本缴送工作调研发现,很多缴送义务人表示可以缴送合作书,但希望样本受缴者延长合作书缴送周期。周期延长可能会造成因遗忘而漏缴,或因发行得好而没有样本留存的后果。

今后出版社转企,合作出版图书的现象越来越多,类型也会更加多样化,需要采访人员密切关注出版形式,做好图书缴送的宣传工作,督促出版社做好图书缴送工作,确保图书缴送的全品种,为我国的文化保存、传承、利用更好地做贡献。

3 促进合作书缴送的措施

为进一步规范合作书缴送工作,确保出版社按时保量上缴合作书,建议采取以下措施。

(1)新闻出版管理单位和样本受缴者要切实履行自身职责,做好监督、督促、宣传样本缴送工作。首先样本受缴者应在全国范围内加强出版物缴送的宣传工作。负责呈缴管理工作的人员不应只是单一的向出版单位催要未缴送的样本,还要从根本上阐明、宣传缴送样本的意义和价值,使出版单位对缴送行为的认识不仅停留在这是一种义务和一项必须执行的行政命令,也需要进一步认识到缴送样本是关乎国家、社会,有利于千秋万代的大事,并且国家图书馆对出版单位在宣传图书、向全球范围内提供缴送本编目、采访数据信息这方面都是有很大作用的。我们在出版物样本缴送工作调研中发现,凡是缴送特别好的出版社都是出版社领导和负责具体缴送工作的同志对样本缴送这一工作持理解、支持态度,因此样本受缴单位必要时可以召开座谈会等形式深入阐释、宣讲缴送政策,使出版社从上到下都重视样本缴送这项工作。

其次样本受缴者应为缴送义务人提供完整、详细的缴送目录,使出版单位了解到哪些合作出版的图书没有缴送,及时获知缺缴信息。国家图书馆的呈缴平台系统主体已经规划建设完毕,现在处于测试和试运行阶段,预计2011年12月15日正式投入使用。在平台上,各出版单位的出版数据、缴送数据、未缴送数据都能实时查询到统计结果,并实时更新。图1为平台系统规划图。

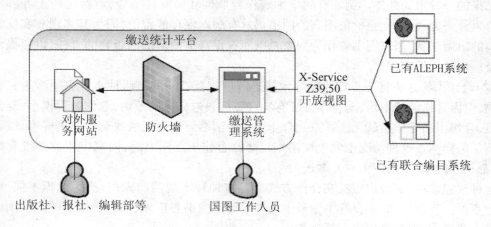

(缴送统计平台 内部标注)

X-Service Z39.50 开放视图

已有ALEPH系统

已有联合编目系统

对外服务网站　防火墙　缴送管理系统

出版社、报社、编辑部等　　国图工作人员

图1　国家图书馆呈缴平台系统规划

国家图书馆把联合编目数据和 CIP 数据以及 ALEPH 已有的购买数据放到平台上去,作为缴送数据的比对数据。出版社样书一旦缴送到馆,便可以在平台上及时查询包裹、图书的登记记录,根据国家图书馆的已有数据比对出来的缺缴数据也可以实时查询到。

再次是必须重视样本缴送的法律和法规保护。纵观国内外,许多国家的样书呈缴都有法律的保护,大部分是在《图书馆法》或《版权法》中明确,而中国尚无相关法律规定,只有行政法规,如 2001 年国务院颁布的《出版管理条例》规定"出版单位发行其出版物前,应当按照国家有关规定向国家图书馆、中国版本图书馆和国务院出版行政部门免费送交样本"。如果样本缴送能上升到法律层面约束出版单位,这对出版物的完整收缴,国家信息资源的保护,公民文化权益的保障都有极大促进作用。在没有法律保护的背景下,新闻出版总署应该积极出台新的行政法规,以行之有效的措施督促、约束出版单位按所使用书号情况完整缴送样本。

出版管理部门应切实整顿出版市场,坚决杜绝买卖书号、一号多书的情况发生。对于买卖书号情况严重的出版社,当地新闻出版局应责令其停业整顿,恢复规范化工作。

(2)出版社在与合作公司合作出版图书时,应实行规范化的流程管理,确保合作书出版主动权,不能放任合作方自由出版、发行。合作图书一定要经过出版社的三审三校一通读,并且要留够足量的样本,尽量与有一定经营规范、有良好合作信誉的出版公司、科研机构合作。合作中避免依附于合作方,造成要不回样本的情况,合作中占领主动也是对出版社本身的信誉、图书的质量一个很好的保障。

一些出版社缴送合作书比较及时、完整,方式有二:一是由出版社用合同或口头要求合作公司缴纳足量样本给出版社,由出版社统一给新闻出版总署和国家图书馆缴送。有的出版社将合作好的民营图书文化公司收归为自己的子公司,由子公司向出版社定期送书;二是由于合作方稳定,合作图书有一定的量,或者合作方的地理位置距样本受缴者比较近,就会和合作方达成协议,由合作方直接向样本受缴者缴送样本。这两种缴送模式出版单位都可以参考借鉴。

(3)出版社应切实做到由专人负责样本缴送工作和样本档案管理工作。我们在走访出版社时了解到,很多出版单位并非不愿意缴送样本,而是由于出版社规模、人员数量限制、管理水平等原因导致样本缴送工作很混乱,有的出版社甚至自己也不知道今年已经出了多少本书,都是什么书,合作出版的书就更乱,任由合作方发行。笔者在参观天津大学出版社档案室时发现该社的样本档案管理非常规范、统一,每本书都有专门的档案袋,所有的图书从申请书号、CIP到成书的文件都放在档案袋里,按出版时间排架,很规范、齐整,有两位工作人员专门负责此事,当然他们的缴送情况也很好,包括合作出版图书。其实,看起来每本书都归档、排序比较繁琐,但实际上把流程从源头上捋清楚了,是一劳永逸的事情,以后的图书缴送、评审、报奖包括出版本社的图书目录都可以很轻松地做到。

缴送专人负责制还可以保障样本的全品种缴送,一旦有合作出版的图书未向出版社交送,出版社负责人员可以及时向合作方催要,避免时间久了图书销售完没有样本的情况发生。

(4)建议将合作方或印刷者作为连带缴送义务人。当今出版的形式越来越多样化,合作出版已不拘泥于单一的地区、专业领域、机构,缴送义务人也不应限定于有出版资质的出版单位,进一步将合作方或印刷者作为连带承担缴送义务人。在法国,不单单是出版者,而且印刷者,也须履行缴送义务;在美国,缴送义务人为作品出版者或版权人。如果缴送义务人为多方,既可以保证样书的缴送率,也可以降低出版单位的经济负担。

总之,合作书数量和形式朝着百花齐放的方向发展,合作出版这一富有活力的出版形式越来越多地被出版企业所采用,在合作书蓬勃发展的同时保证其样本的缴送是一个不容忽视的问题。合作书因为涉及的单位比较多,缴送的方式和监督的手段都有待于改善和提高,但原则是以书号所在出版社为主体,由合作主体出版社负责缴送。出版社应提高认识,加强管理,不仅本版书需要缴送,用正规书号出版的合作出版图书也要缴送。图书缴送各方应采取各种积极措施,保障合作书缴送工作的规范、科学、高效。

参考文献

[1]孙雷.中外图书馆样本缴送制度比较分析[OL].[2011 – 08 – 10].http://www.npc.gov.cn/npc/xinwen/rdlt/fzjs/2009 – 03/25/content_1495035.htm.

[2]秦茂盛.出版社合作出版应处理好的若干事项[J].出版广角,2011(2):50 – 51.

[3]朱诠.出版业文化工作室现状及发展预测[J].出版参考,2003(8):22 – 23.

[4]苏健.缴送制度中的国家图书馆[J].新世纪图书馆,2011(5):53 – 55.

法国国家数字图书馆建设及对我国数字
图书馆电子资源建设的启示

杨 柳 郭 妮(国家图书馆)

二十世纪九十年代以来,随着网络技术、信息技术和数字技术的迅猛发展,网络逐渐成为信息存储、传播与获取的一个重要来源。与此同时,日新月异的新技术使得信息的种类和形式越来越丰富,需要存储和传播的信息量越来越大,传统的图书馆机制已难以满足这些需要。在此背景下,数字图书馆应运而生。

数字图书馆(Digital Library),又称电子图书馆、虚拟图书馆等,其概念出现在20世纪90年代。尽管数字图书馆的概念提出至今已有二十年的时间,但整个图书馆界对"数字图书馆"至今仍未形成统一的定义。美国数字图书馆联盟对数字图书馆的定义是:数字图书馆是一个拥有专业人员等相关资源的组织,该组织对数字式资源进行挑选、组织、智能化存取、翻译、传播、保持其完整性和永存性等工作,从而使得这些数字式资源能够快速且经济地被特定的用户或群体所利用。

与传统图书馆相比,数字图书馆具有十分明显的优势,如信息存储空间小,信息检索查阅方便,信息远程传递迅速,信息使用效率较高等。作为传统图书馆在信息时代的发展,十多年来,数字图书馆的功能也在不断丰富、完善,除了传统图书馆的功能外,还融合了其他多种文化设施(如博物馆、档案馆等)的一些功能,提供综合的公共信息访问服务。可以说,数字图书馆将成为未来社会的公共信息中心和枢纽。

中国国家数字图书馆工程于1998年起正式启动,至今已有十多年的历史。经过十多年的建设,中国国家数字图书馆建设已初见成效,但同时也暴露出一些问题。因此,研究国外数字图书馆,尤其是国外大型国家级数字图书馆的馆藏建设经验,为我国数字图书馆的建设提供借鉴就显得尤为重要。

1 Gallica——法国国家数字图书馆

1.1 法国国家数字图书馆概况

法国国家图书馆数字化第一批图书的历史可以追溯到1992年。1997年法国国家图书馆数字图书馆项目Gallica正式启动,并于2008年开始启用Gallica2.0版本。作为全球最大的数字图书馆之一,Gallica的数字资源在2010年已达到100万种,其网站的月访问量在2006年已逾百万。据最新数据显示,截至2010年2月24日,Gallica可提供1 020 766份数字资源,其中408 190份为文本格式,包括184 157种图书,5462种期刊,杂志和报纸共计698 446册,120 102份图像,4722份手稿,9759张卡片与平面图,2523份乐谱和1057件有声资料,并且资源总量还在以每天1500份的速度持续增长。

作为一个文化遗产类和百科全书式的图书馆,Gallica从法国国家图书馆(la Bibliothèque nationale de France)挑选经典图书、词典和期刊,内容涉及历史学、文学、自然科学、哲学、法学、经济学和政治学等诸多学科,语种以法语为主,但也不乏大量优秀的原版及译版外文典籍。作为欧洲数字图书馆计划Europeana的法国代表,Gallica在项目初期贡献了大约50%的资源,时至今日,Gallica依然占有约18%的份额,保持着Eurpeana第一贡献者的地位。这使得Gallica中的很多资源可以通过Europeana平台呈现在欧盟其他成员国的读者面前,并为其所用,进一步扩大了Gallica在整个欧洲以及国际上的影响力,显著提高了Gallica网站的访问量及其数字资源的利用率。

1.2 Gallica 馆藏概览

表1　Gallica 数字资源学科分布（2007 年）[1]

学科	总量	图书（册）	期刊（册）	期刊（种）	图像及声音文件
辞典、书目、书籍历史	1041	451	590	20	0
哲学	3000	2559	441	10	0
宗教	2616	2616	0	0	45 000 幅图像（敦煌）
历史	13 130	9659	3471	72	11 040 幅图像
地理、人种学	4247	2593	1360	19	10 130 幅图像
社会学、教育	731	705	26	3	0
法律	3124	2993	1360	19	0
经济	2540	2053	487	19	0
政治	7502	6321	1181	105	有声文件
科学、技术	11 594	9296	2592	55	500 幅图像
语言、语言学	1408	737	671	21	0
文学	14 000	11 658	2342	79	有声文件
艺术、建筑	605	492	107	1	4470 幅图像
音乐、戏剧艺术	600	537	63	8	7700 幅图像
生活艺术	108	88	20	1	0
总计	66 246	52 764	13 482	417	78 840 幅图像与 30 小时有声文件

　　从表1中可以看出，Gallica 的数字资源学科分布并不平衡，其中文学、历史与科学三个学科的文献数量明显高于其他学科，分别占到了数字资源总量的 21.1%、19.8% 和 17.5%。首先，这与法国以及整个欧洲悠久的历史与丰富的文学宝藏密不可分，历史与文学两个学科亦是法国国家图书馆印本文献馆藏的两个重要方面，因此作为国家数字图书馆的 Gallica，其馆藏资源在这两方面有所侧重亦无可厚非；其次，自然科学类文献的高馆藏量则是为了满足学术界日益增长的需求。这种馆藏上面的轻重取舍体现了 Gallica 资源建设的清晰思路，即同时兼顾到现有资源的重要性及各学科研究领域的前沿问题。根据 Gallica《章程（1997—2007）》，未来历史、文学和科学三个学科的资源量仍会保持平稳增长，同时哲学、宗教和政治将会逐渐转移到重点发展学科中。可以说未来的馆藏建设将兼顾全面性与重点性，在全面覆盖各类学科的基础上进一步突出自身特色，保证馆藏资源的均衡性、系统性、连贯性与科学性。

1.3　数字资源访问模式

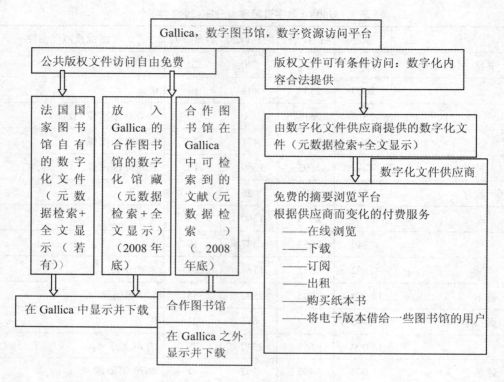

图 2　Gallica 数字资源访问模式

1.4　数字资源利用政策

Gallica 官方网站上对其所拥有的不同类型数字资源的使用条件进行了详细的规定,归纳起来共包含以下几点:[2]

(1)Gallica 网站所提供的内容大部分属于法国国家图书馆已成为"公产"的作品的数字化复制。这部分内容的使用参照 1978 年 7 月 17 日的 78 - 753 号法律。

●非商业化使用自由且免费,但必须遵守现行法律,并在使用时注明来源;

●商业化使用需付费并取得相应的授权。这里的"商业化使用"指以产品或服务的形式将内容再次出售。

(2)根据《公法人财产法典》L. 2112 - 1 条规定,Gallica 的所有内容归法国国家图书馆所有。

(3)部分数字资源的利用政策比较特殊,其中包括:

●受到第三方作者权保护的文件,在没有得到作者权所有者的许可的情况下不得进行非公开用途之外的再次利用。

●其他合作图书馆或合作机构的馆藏内容,通过"来源:gallica. bnf. fr/......图书馆(或其他合作伙伴)"来标明。读者可向相关机构咨询具体的使用政策。

（4）Gallica 是一个由法国国家图书馆生产的数据库，受到《知识产权法》L341－1 及其后续条文的保护。

（5）本条例所规定的 Gallica 所含资源的使用条件根据法国法律制定。其他国家的使用者应自行考虑其使用条件是否与本国相关法律规定相一致。

（6）使用者应保证遵守本文中所规定的使用条件以及现行法律，特别是知识产权案保护法。若有违背，根据 1978 年 7 月 17 日的 78－753 号法律，极有可能会对使用者进行罚款。

从上述条例中可以看出，Gallica 的数字资源使用条例对其馆藏的不同类型的资源的使用条件做出了明确的规定。值得一提的是，该使用条例有法文、英文和西语三个版本，为来自不同语言文化背景的读者提供了便利，充分体现了其服务全欧洲全世界的国际化定位。

2 对我国数字图书馆文献资源建设的启示

我国的数字图书馆建设虽然起步较晚，但是近年来，随着国内网络技术的发展、计算机的普及、人才储备的不断完善以及资金的充裕等多方面因素的共同作用，我国的数字图书馆从数量上来看已颇具规模。然而若从馆藏资源内容、访问模式以及使用方式等方面来看，我国的数字图书馆建设尚存在诸多改进空间。

2.1 馆藏特点

在数字图书馆建设之初，法国国家图书馆便进行了一项名为 BibUsages 的问卷调查，明确了 Gallica 的使用人群，对其进行细分，并对不同类型使用人群的使用偏好进行统计，并以此为基础制定相关的馆藏发展政策，以本国国家文化遗产、国际化项目和欧洲问题专著为三大重点发展领域。其发展章程中并未刻意追求对畅销书的涵盖，反而更加关注能够体现法国特色以及研究界需求较高的领域，并通过与本国其他专业领域数字图书馆，如医学院校联合图书馆数字图书馆、法国国立工艺学院数字博物馆、文艺复兴高等研究中心人文类虚拟图书馆等开展合作，为有专门需求的读者提供更为专业的服务。Gallica 以学术方面的补充性和技术方面的兼容性为选择标准，从大量公共合作伙伴（图书馆、学术研究中心等）选择共享文献对其自建数字资源进行补充，突破法国国家图书馆实体馆藏的限制，从而以较小的人力物力投入建立起系统均衡、覆盖全面且重点突出的数字资源体系，达到为读者提供优质服务的目的。

目前，我国的数字图书馆建设处于一种无序的竞争状态，无论是期刊数据还是电子图书、专题数据库，各数字图书馆虽然侧重点不同，但存在着大量的重复。数字图书馆的优势之一在于它打破了传统图书馆在地域上的限制，更加有利于资源的共享，倘若各个数字图书馆之间无序竞争，片面追求对数字资源的绝对拥有而忽视了数字资源的共建共享，那么无疑违背了数字图书馆的建设初衷，而大量的重复建设也造成了人力物力的极大浪费。另外，资源建设偏重于经济、文艺、外语、计算机等畅销图书资料，忽视了对一些用户急需的、有价值的特色资源的建设，放弃生产那些制作成本和市场价位较高的资源。这一现象造成的结果就是，数字图书馆馆藏学科内容不均衡、缺乏连续性，资源分布不成体系、缺乏科学性，从一定程度上影响了读者对数字资源的使用。

数字资源只有达到了一定的数量，构建了合理的资源分布体系才能吸引目标读者的使用。因此，各馆应对其现有数字资源进行评估调研，摸清现有资源的内容构成、资源特色、利用率等,根据调研结果制定科学的数字资源发展计划,避免与其他馆之间的无序竞争,降低各馆资源的重复率;同时通过多种途径考察读者对数字资源的使用需求和使用习惯,重点发展读者需求较高,富有地域、学科及时代特色的数字资源,逐步建立起均衡、连贯、科学的资源构成,吸引更多的读者,提高资源的使用率。

2.2 访问模式

目前,在 Gallica 提供的 1 020 766 份数字资源中有 408 190 份为文本格式,大约占到了资源总量的 40% ,文本格式的文件技术含量高,尽管加工成本较高,且加工速度较慢,但是却有利于读者进行检索利用。另外,在 Gallica 网站上,读者无需下载安装特别的软件即可进行阅读。经过数字化的文献到达法国国家图书馆后要经过编目处理,其书目信息将会加入到法国国家图书馆总目录中,并与相对应的纸本文献书目信息进行合并,这就使得数字资源可以通过法国国家图书馆的总书目直接为读者所用。读者只需在法国国家图书馆的检索平台输入检索词,而无需特意进入数字图书馆 Gallica 的检索界面,网站会列出相对应的网页、纸本资源和电子资源,读者只需根据需要选择获取相关的文献,操作简便直观。可以说 Gallica 的访问模式及各项服务将读者需求放在首位,充分体现了人性化的服务特点。

目前,我国的数字图书馆大多不提供全文检索,这使得用户检索起来非常不便,而且通常还需要下载安装浏览器才能进行阅读。国内许多数字图书馆采用的是技术含量较低的图像扫描技术,优点是加工成本较低,加工速度较快,能够保存图书原貌,但缺点是清晰度相对较低,二次利用必须通过 OCR 识别,不能直接提取文字信息进行检索、分类。如果用人工标引则会耗费大量人力,而且面对海量的信息也难于实现。同时,为查找需要的数字资源,读者必须进入相应的数字资源检索页面,以中国国家数字图书馆为例,读者需在中国国家图书馆网站进入"资源列表",选择相应的数字资源类型,操作繁琐,耗时较长,读者往往还无法准确查找到需要的资源。

我国的数字图书馆应进一步提高其服务质量,从数字资源加工建设这一环节开始便将读者需求放在首位,在追求数字资源总量不断提高的基础上,提高数字资源及相关服务的质量,改进访问模式,创造更加友好的检索平台,为读者提供更加便捷、科学的使用体验。

2.3 数字资源建设与利用政策

在法国,受到版权保护的文献的数字化问题是由法国国家图书馆、法国国家图书中心(Centre national du Livre)和法国书商协会(Syndicat national de l'édition)共同解决。根据法国国家图书中心数字化政策中的介绍[3],为了补充已有的不受版权保护的数字资源馆藏,逐步增加 Gallica 中当代文献的比重,同时也为了应对"谷歌图书"的挑战,自 2008 年 3 月开始,Gallica 开始向读者提供一项新服务:在适当条件下通过电子资源销售商平台查阅一些当代作品。法国国家图书馆、全国出版业联合会、图书与阅览司(归属法国文化与交流部)和国家图书中心联合,通过解决法律和技术等相关问题,最终寻找到一个合理的经济模型:由国家出资对数字化图书进行资助,使网络用户能够合法地从网络上获取受到版权保护的文献,既能使读者利用相关资料,又能严格尊重作者权。这项资助计划将于 2008 年正式启动,资助以补贴的形式发放,而参与者中不乏如阿尔宾·米歇尔、伽利玛和弗拉马里翁等知名出版社。资助计划的总金额超过 40 万欧元,约为数字化 9000 种书所需金额的一半。读者可以通过 Gallica 在数十家有合作关系的电子书出版商网站浏览这些数字化图书,同时由发行方自行决定全文显示的条件。通过 OAI-PMH 协议,读者通过 Gallica 还可以检索到一些与 Gallica 有合作伙伴关系的虚拟图书馆的数字资源。

我国数字图书馆的建设流程一般为三步,第一采集图书,第二开发检索系统,最后提供给读者。在第一步采集图书时,就会涉及数据库版权保护问题。世界知识产权组织和世界贸易组织将数据库看做汇编作品,认为数据库如果符合独创性的标准,就可以受到保护。根据《中华人民共和国著作权法(2001 年修正)》(以下简称《著作权法》)第二十二条第二项的规定,适当引用他人作品属于合理使用。如果超出适当引用范围,且信息本身又属于仍在著作权保护期内的作品,即使不以盈利为目的,仍可能构成侵权。一直以来,受到著作权保护的现当代作品的数字化问题一直难以得到有效解决。以中国国家数字图书馆为例,在它的网页上,有一栏名为"数字版权征集",面向全社会征集数字版权(主要是指作品数字化形式的复制权与信息网络传播权)。作品权利人既可选择授权中国国家数字图书馆专有使用或非专有使用,也可以选择将数字版权全部或部分转让于该馆,也可有偿授权或转让,并有专人接洽谈判。但是这一征集活动只是由单个数字图书馆发起,缺乏更大范围更高层次的统筹协调。

现当代受到版权保护的文献的数字化能够有效地补充现有数字资源,优化数字资源结构,提高资源的连贯性,扩大现当代文献的影响范围,为读者使用提供便利。但对于这部分文献的数字化使用与传播必须严格遵守相关的法律法规,既要方便读者利用,又要保护版权所有者的合法权利。在这一点上法国的做法很值得借鉴。这一问题牵扯到众多的利益方,需要成熟的法律和技术支持,仅靠一馆之力显然难以解决。希望国家有关部门能够对这一问题有足够的重视,并集合各相关利益方,兼顾各方利益,找到一个令各方都满意的解决方案。同时,针对已有数字资源,各数字图书馆应该依据我国法律,制定详细的使用条例,对读者的使用行为进行引导,在版权保护方面承担起应有的责任。

作为一个仅有十几年历史的新事物,数字图书馆还有巨大的发展潜力。然而,无论未来发展如何,数字图书馆与传统图书馆都不可忽视的一点就是文献资源建设,文献资源建设是数字图书馆向社会公众提供深化服务的基础。目前我国的数字图书馆发展正处在一个黄金时期,各种类型、各种级别的数字图书馆层出不穷,总体而言数字资源的数量也已经达到一定水平,但在数字图书馆馆藏资源建设中还存在着诸多问题。"他山之石,可以攻玉",积极学习借鉴国外大型数字图书馆的经验,对于我国数字图书馆的发展具有重要的意义。

参考文献

[1] Charte documentaire de Gallica:1997 – 2007[EB/OL]. [2011 – 09 – 28]. http://www. bnf. fr/fr/professionnels/ anx_pol_num/a. Charte_documentaire_de_Gallica_1997_2007. html.

[2] Conditions d'utilisation des contenus de Gallica[EB/OL]. [2011 – 09 – 28]. http://gallica. bnf. fr/html/fr/ editorial/conditions-dutilisation-des-contenus-de-gallica? ArianeWireIndex = true.

[3] 法国国家图书中心官方网站[OL]. [2011 – 09 – 28]. http://www. centrenationaldulivre. fr.

外文文献采访中读者参与的矛盾浅析

杨士丽(国家图书馆)

1 外文文献采访的特点

由于外文文献具有价格高、语言种类多、读者群具备一定的外语水平、出版地遍布世界各国、检索途径复杂、采购过程繁琐等特点,其采访工作较之中文文献有其复杂性。

外文文献的采访工作,对采访人员的素质要求较高。对采访人员个体而言,在具备文献采访能力的基础上,既需要一定的外语水平,又需要某个专业或多个专业的特长;对一支采访队伍而言,则需要配备各个语种、各个专业的人才。

外文文献的采访工作,对采访文献的质量要求更高。因为外文文献的价格高、采购过程复杂,所以必须有效地利用采购经费,做到用更少的经费采访到更有价值的文献,满足更多读者的需求。

2 读者参与图书馆采访工作的概况

我国图书馆工作的指导思想是"以人为本,读者第一",因此读者在图书馆工作中起着非常重要的作用。他们既是图书馆工作的服务对象,同时也是监督者、评价者和参与者。为了能够开发更优质的文献资源,为读者提供更好的服务,请读者参与图书馆工作的策略已经逐渐在更多的图书馆施行,参与的领域和形式也更加多元化。

目前读者在图书馆参与的领域包括文献采访、文献流通和监督管理等方面。所谓读者参与采访工作,就是指读者把自己专业领域的一些颇有收藏价值的文献推荐给图书馆采访人员去进行采购。

参与文献采访的读者根据专业水平可分为研究型、学习型、兴趣型;参与形式根据参与频率可分为偶然型和长期型;参与方式有读者选书、读者推荐、读者捐赠、意见调查等等;参与途径有到馆参与和网络参与。

读者的参与可分为几个阶段:无参与阶段、无效参与阶段、有限参与阶段、高度参与阶段、主导型参与阶段。每个图书馆由于其自身的条件和背景限制,所处的阶段也各不相同。但是,逐渐地发展到高度参与阶段和主导型参与阶段将是一个曲折漫长的过程。

3 外文文献采访中读者参与的矛盾

由于外文文献采访领域对采访业务能力、语言水平和责任心要求都较高,采访经费有限,因此对读者参与此项工作的要求也就更高。在读者参与外文文献采访的模式尚未成熟的情况下,这一模式既在一定程度上帮助采访人员提高了采访质量,同时也带来了一些问题。

这一模式带来了四个矛盾:(1)质疑和补充了外文文献采访方针,但是加重了读者的无效选书和图书馆采访人员的筛选工作;(2)更广泛地体现了读者的需求,但是文献本身的价值不能得到保障;(3)如果能够科学运用"读者参与"的方式,能够帮助采访人员提高采访质量,反之则降低了采访质量和采访效率;(4)虽然"读者参与"在理论上提出了种种方式和手段,但是在实际操作中遇到了很多困难,只能部分实现。

3.1 读者意愿与外文文献采访方针的矛盾

不同性质的图书馆其职能也有所差异,因此外文文献的采访方针也各不相同。1974年国际标准化组织颁布了ISO2784 – 1974(E)"国际图书馆统计标准",其中"图书馆的分类"一章将图书馆划分为国家图书馆、高等院校图书馆、其他主要的非专门图书馆、学校图书馆、专门图书馆和公共图书馆六大类。此外,这六大类图书馆也分别包含了更具体更有针对性的多种类型的图书馆。例如,中国的图书馆分为:国家图书馆、省级图书馆、市级图书馆、县级图书馆、城市图书馆、教会图书馆、中小学图书馆、音乐图书馆、青年图书馆、医院图书馆、监狱图书馆、工具书图书馆、盲人图书馆、军队图书馆,等等。因此,要区别出某一类型、某一指定图书馆的性质、职能及其采访方针,对于非图书馆采访人员而言并非易事。

以国家图书馆为例,在《国家图书馆文献条例》中,对外文文献的采访方针有着非常细致的说明。它根据国家图书馆的性质与任务、文献本身的类型与价值,分别遵循全面采选、重点采选、适当采选和不予采选的原则。某种类型的文献应遵循的原则,是广大读者并不熟知的。其中实行不予采选原则的有下列类型文献:普通儿童读物;中、小学教科书;硕士及硕士以下学位论文;一般性工业技术标准;一般性科研报告、技术报告;专利文献;产品样本、商业广告;纪念册之类的空白书、日历、交通时刻表、气象日志;迷信、荒诞、淫秽文献。在这些不予采选的文献类型中,中小学教科书和硕士及硕士以下学位论文被很多读者寻找和推荐。

读者在不熟知采访方针的情况下推荐文献,一方面有利于图书馆根据读者的意愿对采访方针进行查漏补缺,不断完善采访方针,从而优化馆藏;另一方面却会给图书馆采访人员带来干扰,降低采访效率。

每个图书馆制定的采访方针都不是一成不变的。各馆制定方针的时候,根据的是当时的条件和背景,随着时代和大众需求的变化,方针也应与时俱进,顺应社会的需求。读者参与文献采访,只要科学合理地统计他们的采访书目,就能够分析出一部分读者的需求。当这种需求成为趋势时,图书馆就应随之改变,不断完善。但是,由于读者的水平和态度良莠不齐,因此图书馆工作人员必须进行认真筛选,对违背采访方针的书目进行分析。这势必会增加工作量,从而降低了采访效率。

3.2 读者需求与文献价值的矛盾

文献价值,指的是文献的某种意义或有用性,它通过满足人的特定需要而产生和显示出来。在文献产生价值的过程中,文献是客体,人是主体,文献是人的活动对象。随着知识社会的高速发展,文献的数量与质量在人类活动的推动下一直处于变化发展的状态,文献的价值也随之变化。因此,在主体与客体的相互作用下,文献价值具有了多种属性,其中正负性、多层次性和实效性是其主要属性。

（1）正负性：文献对人的意义是积极的，那么这种文献具有正价值，反之则具有负价值。但是判断文献的正负性的标准并不具体规范。例如，有些负面文献对于有着一定判断能力的读者而言往往会具有反面教材的作用，有些正面文献如果利用不当，可能会造成资源浪费。

（2）多层次性：文献的应用领域是多方面的，因此文献价值具有多层次性。例如，语言类文献可以应用于教育、交流、工作和增长知识经验等多个方面。

（3）时效性：文献的价值随着时间和空间的变化而变化，因此具有理论上的、相对的时效性。如：计算机类文献，在20世纪80年代末到90年代初具有广泛价值的MS-DOS、UNIX操作系统、C语言等方面文献在21世纪已经失去了其利用价值，取而代之的是WINDOWS操作系统等方面的文献。奥运会方面的文献在2008年的中国受到了前所未有的重视。

文献价值的多种属性给采访人员的评估工作带来了诸多干扰，因此要正确判断文献的价值是一件非常重要和繁琐的工作。对于大众读者而言，并不能保证可以正确评估文献价值。而且，他们关注更多的是文献对读者需求的符合度。

读者需求主要包含以下几类：按持续性划分为临时需求、长期需求；按原因划分为专业需求、兴趣需求、消遣需求、提高自身素质需求；按范围划分为个人需求、群体需求、行业需求。

一方面由于其自身需求的复杂性，读者在推荐文献时，会推荐最新的、受大众喜爱的、更加专业的文献；另一方面由于外文文献的复杂属性和文献价值的多种属性的双重影响，读者会对外文文献价值的评估不全面，推荐的书目存在一定的局限性。而且，由于来馆的外文文献读者具有人数少、学历高的特点，因此他们推荐的书目并不能反映大众需求。在文献采访过程中，工作人员要找到读者需求和文献价值的平衡点，尤其重要。

3.3 读者水平与采访质量的矛盾

采访质量由多种因素决定，国内外图书馆学者对此的研究也各有侧重。其中，美国拉特列奇和斯温德勒的研究最有影响力。他们建立了一套图书馆藏书选购模型和藏书等级判断表，提出了六个选书要素，即主题、知识含量、潜在利用率、与馆藏的关系、出版者和文种。

这对采访人员提出了严格的要求。在熟悉采访方针和准确评估文献价值的基础上，还要进行大量的读者调查工作，从而全面深入地了解读者需求和阅读习惯。其次，还要进行科学的统计分析，研究文献的主题、知识含量、可能用途、与本馆馆藏的匹配度、语种和费用等。再次，图书的出版国家、出版社、出版时间、装帧形式等因素也要考虑其中。因此，图书采访是一份非常复杂的工作，尤其是外文图书的采访工作，对采访人员的要求就更加严格。外文图书的采访质量的好坏，关系到采购经费能否合理利用，关系到我国的图书馆界能否世界化和多元化，关系到国人能否及时跟上世界的步伐。

读者参与文献采访工作，一方面能够增强购进图书的针对性、学术性、专业性和时效性，提高采访质量；另一方面，则会降低采访效率，给图书馆的文献采访工作带来诸多不便。

参与文献采访的读者，由于其学科背景、知识水平、参与目的、道德素质都有很大差距，而且缺乏图书馆采访技能，因此他们所选的图书良莠不齐。这一方面为工作人员提供了大量的选书参考，一方面加重了他们的筛选和统计工作。如果盲目地参考读者所选图书，还可能造成购书经费的浪费和采访质量的降低。

因此要想解决这一矛盾，在做读者调查和聘请读者选书时，一定要特别注重"专家选书"的重要性和两面性。"专家选书"的专业性、学术性突出，但是相应地缩小了文献的收集范围。知识经济飞速发展的今天,各种交叉学科和边缘学科大量涌现,任何个人都不可能精通所有领域的知识。因此"专家选书"对文献的收集在学术性上有非常重要的参考意义,但是由于学科背景单一、选书时间有限、无法参与书展等原因,也造成了专家选书范围的局限性,无法体现大众需求。

对"选书专家"的需求由此产生。前北京大学图书馆馆长庄守经先生曾多次呼吁要培养图书馆的"选书专家",要求图书采访人员不但要有图书情报学历,还必须具备一定的专业背景知识,及时了解学科现状和发展趋势,逐渐成为"选书专家"。

读者中的专家参与图书采访工作能够帮助图书采访人员成为"选书专家"。把专业的图书采访人员和有学科背景的读者有机地结合起来,不仅能够提高文献资源建设的质量,还能帮助工作人员与时俱进、提升学科水平。最重要的是,二者有效的结合能够提高外文文献采访质量。

3.4 理论性与操作性的矛盾

请广大读者参与到图书采访工作中只是图书馆方面的意愿,读者的参与意愿、态度和目的各不相同。除了这些主观原因,参与时间、地点和方式等客观因素也制约着读者参与的有效实施。

读者类型的复杂性决定了读者参与的复杂性。在实施"读者参与"时,遇到的困难也接踵而至。

首先是寻找愿意参与的读者,并且保障读者的专业水平和态度。(1)每位读者来到图书馆,都是有着浅阅读或深阅读、查资料和学习等等具体的目的的,他们的时间也非常宝贵;(2)读者的专业背景、外语水平和道德素质也不能从表面观察出来,因此,从大众读者中寻找到优秀的读者来参与外文文献的采访工作,难度非常大;(3)从读者数量上看,外文文献的读者人数相对较少,很难形成规模,没有到馆的读者很多是因为馆内缺乏他们所需的文献。因此参与的读者并不能代表所有外文文献读者,他们的需求也无法体现大众对外文文献的需求。

其次是针对不同类型的读者采用不同的参与方式,与读者建立长期的合作关系,提高有效参与的比例。读者有研究型、兴趣型、学习型和消遣型等类型,他们参与文献采访的方式也应与之对应。例如,研究型读者的推荐书目具有较强的参考价值,应加强与他们的联系,争取长期的合作关系;学习型和兴趣型的读者反映了大众化的需求和兴趣,应扩大这些读者参与的人数和手段,有效利用网络等便利手段,收集到更多更全面的信息;外文文献消遣型的读者虽然数量有限,但是他们的意见既不能忽视,也不能混同在其他类型读者的意见中。所以一定要将各个类型的读者区分出来,才能准确全面地反映出广大读者的需求。

最后,对参与的读者进行培训和与之交流,查漏补缺。读者对图书馆文献采访工作的细节并不熟知,因此给有意愿参与采访的读者提供不定期的培训和交流活动,能够提高读者有效参与的比例,减少采访人员的删选工作,提高采访质量和采访效率。

4 结束语

只有建立一个完善有效的"读者参与"制度,才能真正体现读者参与的优越性,发挥读者的补充和参考意义。因此,我们要总结经验教训、借鉴他人的成功案例、结合自身的实践情况,探索建立一个切实可行的"读者参与"制度,既要符合外文文献的采访方针,又要体现文献自身的价值,从而帮助图书馆的采访人员提高工作效率和优化外文文献采访的质量。

参考文献

[1]姜红燕."以人为本"理念下高校图书馆"读者参与"问题探析[J].图书馆学刊,2010(4):16 – 19.

[2]贺红梅.浅析读者阅读心理与文献资源采访工作[J].科技情报开发与经济,2009(13):56 – 57.

[3]章红.试谈外文图书采访要求[J].图书情报论坛,2005(2):21 – 23.

[4]石武强.试论文献采访中平衡"读者需要"与"文献价值"的关系[J].图书馆工作与研究,2003(2):10 – 12.

[5]庞恩旭.大学图书馆的"专家选书"与"选书专家"[J].图书馆杂志,2003(4):54 – 56.

[6]吴利薇.公共图书馆外文文献的开发利用[J].图书馆学刊,2007(3):117 – 124.

[7]王同江.地方院校读者参与图书馆管理研究:以渭南师范学院图书馆为例[J].图书馆学刊,2010(6):21 – 24.

[8]冯崎峻.关于图书馆外文图书采访工作的探讨[J].图书馆论坛,2009(11):255.

[9]陈大莲.读者参与高校图书馆文献采访及其质量控制[J].闽江学院学报,2009(6):137 – 140.

高校图书馆图书招标的实践与探索

——以淮南师范学院图书馆为例

余　侠(淮南师范学院图书馆)

目前,我国高校图书馆的图书采购越来越规范,大多实行招标,主要形式包括政府招标及学院招标两种。笔者自 2004 年担任淮南师范学院图书馆采编部主任以后,在我馆各类图书招标中直接参与招标说明书的制定、评标的过程及图书的验收等各环节,现以我馆为例,对图书招标加以探讨。

1　图书招标的作用

1.1　图书采购更加规范透明

图书馆在招标说明书中对书商资质、图书质量、服务及采购金额等方面做出明确规定,以公开招标形式,按照一定的规则,经过招标、投标、开标等一系列程序,公开、公平、公正地从多家书商中评选出数家书商作为馆配商,从而使图书采购更加规范、透明。例如在我馆图书招标中一般有 10 到 20 家书商前来投标,我馆最终一般选择 2 至 3 家书商。

1.2　图书采购成本降低

由于图书馆图书采购采取公开招标,面向所有书商,书商们为了多占领高校图书采购的市场,必然会给图书馆尽可能多的优惠折扣及优厚条件。我馆 2004 年是 80% 左右的折扣,而2011 年是 70% 左右的折扣,可见由于竞争,书商的让利力度还是很大的。这样,图书馆降低了图书采购成本,从而可以使有限的经费购买更多的图书。

1.3 提升采编质量

1.3.1 提供个性化的书目信息

在图书采购环节,书商能够按照图书馆要求,改变了过去采访人员从社科新书目、自科新书目及各个出版社获取书目信息的状况,使书目信息在很大程度上得到了整合,采访人员能够"广、快、精、准"地获取书目信息,使订单的制作在时间上和质量上得到了保证。我馆要求书商能够按出版社、出版时间及类别提供包括 MARC 格式、ISO 格式、EXCEL 格式等多种格式的采访数据,这是我馆近年制作出高质量订单的前提和保证。另外,书商还为图书馆提供现采的大型书市,使图书采购更加快捷、直观。我馆最近几年每年都派老师到江苏省新华书店(现改名为江苏凤凰新华书业股份有限公司)举办的大型书展进行现场采书,使我馆的图书采购质量有了很大提升。

1.3.2 提供不同程度的图书加工

在图书编目环节,书商能够按照各馆的不同要求给予图书不同程度的加工。我馆目前在图书加工上只要求书商做包括贴磁条、贴条码、盖馆藏章的前期加工及送随书附编目数据,而淮南联合大学图书馆则要求书商做全加工,书到馆即可上架,上海复旦大学图书馆则要求书商到馆加工,这是各馆基于自身的实际需要确定的,但编目外包的总趋势越来越明显。

由于有书商介入图书的采编环节,不仅节省了图书馆有限的人力、物力,缩短了图书采购与编目的周期,加快了图书上架的速度,而且更加规范,提升了采编质量。

2 图书招标存在的问题

2.1 图书招标周期长

由于图书招标程序多,从编写招标说明书到最后签订合同是一个漫长的过程,少则三个月,多则半年。在这段时间里,由于馆配商无法确定,采购工作只能暂停,影响了采购工作的连续性。另外,按照财务要求,当年的预算应当年完成,否则可能影响到下一年的经费预算。我院一般每年 4 月份图书经费预算才能批下来,一般学院招标在 7 月份结果才能出来,政府招标经常在 10 月份左右,2010 年我馆图书的政府招标 11 月中旬才开标(我馆在 7 月份已递交招标说明书),等公示后签订合同已是 12 月份了。另外,为了完成采购任务容易出现突击采购现象,不利于图书采购质量的控制。

2.2 书商一次性到书率低

书商们为了最大限度地占领高校图书馆这个阵地,往往在投标时把折扣打得很低,利润空间很少。而书商从出版社拿书越晚,出版社给他们的折扣越低,所以有些书商故意拖延图书到馆时间,从而把在投标时的折扣损失补回来。表面看来,书商给图书馆让利了,但是图书馆不能及时获取所需图书,最终受损失的还是图书馆。我馆也遇到过这种情况,一批订单发出后很长一段时间才能陆续到货,有些书商少提供或不提供高折扣的图书,如高等教育出版社出版的图书。

2.3 个别书商偷换采访数据

在现场选书及网络选勾书目中,书商偷换采访数据现象时有发生。几年前,我馆在一次现采中,书商以"时间晚了,导数据人员不在"为借口,过了一段时间才把现采数据发过来,后来发现到馆的书不全是我们采购的书,甚至掺了一部分特价书,虽然给我们退回了4万多元的书,但毕竟给我们的工作带来很大麻烦。另外,我馆在一次书商提供软件系统的网络书目勾选中,发现生物系老师选了不少中文系的书,中文系老师选了不少数学系的书,经核实其中一部分书根本不是我院老师勾选的,而书商给的解释是选书软件系统出了问题。这批订单老师重新进行圈勾,浪费了老师及采访人员的时间,这件事给图书馆工作带来很多负面影响,性质是很恶劣的。

2.4 个别书商完成不了合同

为了中标,有些书商以低于成本价或以与市场价格明显不符的投标价来提高自身的竞争力。由于投标价在评分中占有很高的比例,致使个别书商有时能以超低价中标。我馆在政府图书招标及学校图书招标中各有一次以超低价中标的书商,其提供的书目掺入了不少特价书,而我馆制作订单的宗旨是"订我(我馆)所需,不是订你(书商)所有",这两家书商完成不了我馆精心制作的订单,因为退标的损失小于按订单供货的损失,最后都退标了。

3 提升图书招标质量的几点做法及建议

3.1 及时做好招标的前期工作

在图书馆图书采购经费下批之前做好招标说明书的编写、评标方案的制定等工作,在采购经费获批后,尽快进入招标程序,争取在最短的时间里完成图书采购招标,给图书采购赢得充裕的时间,避免仓促采购。

3.2 编制规范、完善的招标说明书

编制规范、完善的招标说明书是图书招标工作及采购工作顺利完成的前提和保证。招标说明书的条款要合法合理,要明确双方责、权、义,对重点工作条款如采访数据、编目数据、到货率、图书加工、退书等,必须要写得详细准确,无歧义。要避免中标单位有空可钻,最好多参照一些其他院校图书馆的招标说明书。同时,招标说明书的编写也是一个不断完善的过程,对在实践中发现的问题要及时提出解决办法。例如,针对前文所提到的书商偷换数据事件,我馆在招标说明书中写到:在现场采书时,书商应当场把采购数据提供给图书馆,否则图书馆有权撤销该次现采。对图书加工我们提供了明确的说明:图书应粘贴可长期反复充消磁的优质钴基高碳钢油性胶复合磁条(要求已充磁,可替代永久性磁条功能),要求使用正规厂家生产的钴基磁条,若图书超过300页需加贴两根以上的磁条,前300页内和后300页各贴1根,磁条需夹到书脊底部,隐蔽性好,不得露头。这样制作的招标说明书不仅规范、完善,而且可操作性强。

3.3 选择优秀馆配商

在图书采购招标中,招标委员会往往看重最低价,认为选出低折扣更有利于图书馆节约资金,更能显出招标的"公正"。其实,报价为最低价的书商经常在规模、资信、业绩、服务等方面不如其他书商。只有选择优秀的馆配商,图书采购工作才能顺利进行。如何选出优秀的馆配商呢? 这就要求制订出合理的评标标准。比较科学的是采用综合评分法,把公司规模、业绩、

信誉度、服务等因素同折扣一起加以考虑,再选得分高的书商作为馆配商。只有这样,选出的书商才能顺利完成图书馆的采购任务。为此,我馆在 2011 年政府招标说明书中这样写道:评标专家组根据投标人对条款的响应程度、报价、服务、高校图书馆客户量(提供近 3 年的合同)和出版社情况(提供当年的证明材料)、资信程度等指标进行评标。

3.4　选择 2 至 3 家书商为中标单位

在确定中标书商时,以选择 2 至 3 家为宜,最好不要选择一家书商。俗话说:"不怕不识货,就怕货比货",书商们为了争取继续合作,会竞相表现得好一些。何况每个书商都有自己的供货特色和服务特色,有的书商大学版做得好一些,有的书商京版做得好一些,有不同类型的书商能提高图书采购质量。另外,若有不能完成合同的书商,也不会使图书采购陷入困境。像我馆曾经有两次以最低价中标的书商退标事件,因当时我馆不止有一个中标单位,所以对我馆影响不是太大。

3.5　对图书按出版社进行分包招标

由于出版社的折扣差别很大,书商为了中标往往压低了价格,中标书商经常少供或不供高折图书,对像高教、科学、三联等出版社的订单,供货率低。针对这种情况,我馆在 2010 年的学院招标中把折扣较高的出版社单独列为一包,其余为另一包,这样,书商在投标中容易把握投标价,图书馆也能及时买到自己想买的书。

3.6　提高违约保证金

如果违约保证金低,一些实力不足的书商,可能以低报价中标。他们抱着侥幸心理,认为运用各种手段使一个图书馆购买他们所推荐的图书,那他们所获得的利润也是很可观的,即使不能完成合同,那点损失也不算什么。提高违约保证金,会加大不良书商的投机成本,更能约束其不当行为。原来我馆没有收违约保证金,有时三个月还没到一批书,到书率、到书时间得不到保证。今年在学院招标中,我们做了改进,收取了一定的违约保证金,结果三个月内全部到货,提前完成了采购任务,达到了预期效果。

3.7　严把图书验收关

要严防书商塞书。进入图书采访系统,逐种对书商所供图书和图书馆的订购数据进行核对,主要核对项为 ISBN 号、书名、价格、复本,若非我馆订购的图书,则剔除。我馆通过验收,杜绝了书商塞书,并能准确了解书商的到货率,为客观、公正地评价书商打下基础。

3.8　预留少量自行采购资金

为了使图书采购更具有科学性,学校下拨的图书年度购置经费不宜全部用于招标,应抽出小部分作为自行采购的费用,以补充教学科研急需的图书资料。有些大学如山东大学图书馆、湖南工程学院图书馆已这样做了,取得了良好的效果,一般预留总采购经费的 5%,这点值得我馆学习和借鉴。

图书馆要快速、全面、平价地采购到高质量的图书,需要不断规范图书采购市场,完善图书招标程序,使书商真正在公平、公开、公正的环境中形成良性竞争,实现图书馆及书商的双赢。

我馆也在一次次图书招标中不断积累经验,在实践中不断改进图书招标,使图书采购工作更加顺利地完成。

参考文献

[1] 查道懂. 高校图书馆图书资料招标采购制度探析[J]. 图书情报工作,2008(12):99 – 102.
[2] 马启花. 图书招标方式下高校图书馆图书采访质量保障策略[J]. 图书馆,2009(5):103 – 104.
[3] 姜宝良. 山东省高校图书馆招标采购图书问题分析[J]. 大学图书馆学报,2008(6):30 – 32.
[4] 余侠. 高校图书馆图书招标的质量控制研究[J]. 农业图书情报学刊,2010(4):158 – 160.
[5] 乌恩. 高校图书馆采购招标中遴选图书供应商新探[J]. 图书与情报,2010(3):141 – 143.

国家图书馆俄文图书采选工作现状与思考

张 芳 徐小凤(国家图书馆)

国家图书馆俄文藏书,实际包括俄文及由我国、独联体各国、波罗的海三国,以及保加利亚、塞尔维亚和马其顿共 19 个国家出版的 46 个语种的图书,自 20 世纪 50 年代初至 2010 年底共采编入藏645 224册。1991 年前苏联解体,俄罗斯图书出版和贸易的改制曾给我馆俄文图书采选工作带来巨大冲击,但自 1998—1999 年,特别是进入 21 世纪后,随着俄罗斯经济转型的完成,国家图书馆俄文图书采选工作也逐步趋于正常。本文主要介绍当前国家图书馆俄文图书采选工作现状以及对一些新问题的思考。

1 国家图书馆俄文图书采选现状

1.1 俄文图书采选途径

购买图书是国家图书馆俄文书采选最主要的途径。2010 年 8 月,国家图书馆对俄文图书的购买权在国内书商中进行了招标。为减少因目录重复造成的重复劳动,俄文图书的招标按照图书的出版地进行了分包。最终,由中国图书进出口(集团)总公司图书文献部中标提供莫斯科地区出版的图书,中国国际图书贸易总公司进口中心中标提供莫斯科以外的图书。本馆利用中标书商提供的纸本和 MARC 格式目录进行筛选和查重,到书后用人民币支付书款。国外书商则继续沿用俄罗斯 JSC"MK-KNIGI"(国际图书)有限公司和美国 East View(东方了望)公司,用外汇结算购买图书。书商每年提供给本馆的图书目录约为 3—4 万种,国家图书馆采选发订约 7000 多种,到书约 6000 种,花费人民币约 210 万元。

国际图书交换也是俄文图书采选非常重要的一个途径。特别是在中苏友好的 20 世纪 50 年代,曾从前苏联列宁图书馆(即现俄罗斯国立图书馆,位于首都莫斯科)、前苏联科学院、前苏联教育委员会等机构获得了大量图书,每年登记入藏数千种。这些图书及时丰富了本馆馆藏,支援了新中国的社会主义建设。而在中苏交恶的 20 世纪 70 年代,交换图书的数量最少时每年仅几十种。此后,俄文交换图书的数量多年维持在 500 册左右。进入 21 世纪以后,年交换图书的数量曾接近 1000 种,但由于购买图书与交换图书重复较多,如今每年交换俄文图书的数量又回到了约 500 册。

国家图书馆每年还通过缴送途径获得俄文图书数十册。这些图书主要由我国外文出版社、外语教学与研究出版社等机构出版,内容包含我国领导人的著作、重大会议的文件、资料以及反映我国政治、经济、地理、文化状况的图书。此类图书的数量虽然不多,却是我党、我国对外宣传的重要工具,也是外国友人了解中国的窗口。

目前国家图书馆获赠俄文图书的数量不多,每年入藏约 100 册,捐赠者多为各类机构、作者及收藏者等,比较零散。20 世纪 50 年代俄文馆藏建立之初,曾收到过由前苏联科学院、前苏联驻华使馆等单位捐赠的图书,个人捐赠中有曾任馆长的袁同礼先生所赠 1945 年中华民国政府和苏联签订的《中苏友好同盟条约》等。20 世纪 80 年代,本馆获得巴金俄文赠书 310 多册。在 20 世纪 80 年代至 90 年代初的十几年间,德籍华裔女作家周仲铮女士陆续捐赠给本馆俄文图书近千册。近年,有不少 20 世纪 50 年代留苏人员愿意将其图书捐赠给本馆,但由于这些图书多为科技类图书,且多半本馆已经收藏,因此,经过筛选、查重后实际入藏量很少。近年本馆获得的比较大量的捐赠为 2006 年第十三届北京国际图书博览会赠书。经过俄罗斯联邦出版与大众传媒署的动员,俄罗斯图书馆学会及俄各出版社的大力支持,共获赠图书 841 册,其中有关中国的图书 130 多册。

1.2 俄文图书的藏书结构及特点

长期以来,本馆俄文藏书以科技文献为主,包括苏联各科研机构、研究所出版的大量科技专著、连续性出版物等,科技文献约占本馆俄文藏书量的一半以上。此外,还藏有大量马列书籍、俄苏文学名著、工具书、中国学图书,以及俄侨在国外出版物、在华俄国东正教传教士团成员著作、俄文善本书、满铁图书等特色馆藏,形成了具有鲜明的学术性、文化艺术性和教育性的藏书特色。

1991 年前苏联解体后,本馆俄文图书的藏书结构与内容发生了变化,社科类图书大量增加,科技类图书的数量下降较大。2001—2010 年本馆社科类文献已占总入藏量的 82.25%,科技类及综合性图书不足 1/5。这一方面是由于本馆对军事、地质、医学、农业类图书限制购进,更主要源于俄罗斯图书出版结构的变化,如 2009 年共出版图书 127 596 种,其中社科类图书 81 730 种,科技类图书共计 34 766 种,儿童文学及综合性图书 11 100 种,[1] 分别占总出版量的 64.05%、27.25% 和 8.7%。从藏书内容上看,根据馆藏发展战略,重点加强了中国学、法律、各种获奖图书以及重点出版社重要学术著作及工具书的采选。如近年采选了《两位领袖:斯大林和毛泽东》《中俄珍宝岛战真相》等有关中国的图书以及《列夫·托尔斯泰:逃离天堂》等多部获得俄罗斯国家重要图书奖项的作品。

1.3 俄文图书的读者及利用情况

俄文图书的读者主要为在校师生、研究人员以及一些老读者,借阅的图书主要为语言、文学、政治、历史和工业技术类图书。读者利用文献的类别和数量与本馆的采选侧重基本相符,但图书的利用率偏低,如 2009 年外文新书第四阅览室(该室收藏近三年入藏的日、俄文文献)俄文图书读者利用情况为 288 册次,2007—2010 年基藏库俄文图书的流通量(含阅览、外借和馆际互借)分别为4642、4785、3129、3381册次,仅占俄文藏书总量的1%。

2 俄文图书采选工作中应注意的问题

2.1 关注俄罗斯图书出版状况,保障重要书目信息的完整

虽然正值全球金融危机,俄罗斯图书印刷量增长缓慢,但出版种类却持续增长。2000年俄罗斯全年的出版量为59 543种,[2]但自2004年起,出版量便超过了前苏联图书出版的最高值86 771种(1974年),达到8.7万种,[3]2009年更是出版图书127 596种,创历史新高,[4]其中每年出版的学术类著作约2万多种。

虽然俄罗斯出版大量图书,但无权威书目信息提供机构。因此,应跟踪了解俄罗斯出版状况,敦促书商履行招标书中的职责,保障重要书目及内容的完整。特别是去年俄文图书按出版地进行招标后,书商提供的目录大量减少。这主要因为目前俄罗斯书商及网上书店的图书目录多无出版地,这给书商按地区提供目录带来了困难;其次,俄文图书订户少、成本高,书商进书途径单一,又缺乏懂俄语的专业人员。为此,我们多次与书商进行沟通和磋商,提出增加进书渠道、扩大书目涵盖的地区范围、提供书商和书目网址等多项建议,自身也加大了重点图书的查找及补充,以保证采选工作的顺利进行。

2.2 合理配置资源,加强重点图书的采选

2.2.1 加强中国学图书的采选与补藏工作

国家图书馆历来对中国学图书的收藏比较重视,俄文该类图书的采选也比较全面。2011年年初,我们依据《中华人民共和国:政治、经济、文化年鉴》(2004—2005年版)进行了查重和补藏。该套书由俄罗斯科学院"东方文学"出版社出版,每册书后列有俄罗斯中国学新书目录。2004—2005年版共提供图书目录201种,本馆已入藏132种,除去博士论文等文献,共补书26册,基本为中小城市或出版社的图书。目前从书商处得到的信息,一般图书可以补到,但其中有几册有关西藏的著作很难补齐。

俄文旧书的价格不贵,与新书基本相同,但由于图书收藏机构及个人较多,而图书印刷量又比20世纪80年代减少了一半以上,[5]如1988年共出版图书81 600种,印刷达18.15亿册,[5]28-29 2010年共出版图书121 738种,总印刷量仅6.53亿册,[6]因此,图书一旦缺藏就很难补齐,特别是学术类图书。20世纪90年代初前苏联解体后,国家图书馆能继续精选俄文图书,这既归功于党和政府对国家图书馆工作的支持,也体现了馆领导的战略眼光与胆识。

2.2.2 加强法律图书的筛选

俄罗斯每年出版法律图书约6千多种,如2008年为6603种,占当年出版量123 336种的5.36%,[7]此外,还有前苏联解体后新成立的独联体各国、波罗的海三国等国出版的法律文献。根据本馆的采选条例,我们按重要法律及文献类型进行筛选,主要采选重要法律条文、专著以及与我国政治、经济生活密切相关行业和法律热点图书,如宪法、海关、能源开采、版权保护等。近三年入藏图书的数量如下:2008年336册,2009年304册,2010年340册,平均约占本馆俄文图书年入藏量的5%(全年入藏约6000种)。由于法律类图书出版量大且为本馆收藏重点,可适当扩大俄文图书年入藏总量,以避免因法律图书的增加形成对其他类学科图书的挤压。

2.2.3 加强学术及科技类图书的采选

俄罗斯是科技大国,在许多领域处于世界领先或一流地位,每年出版学术著作约6000种[2]70-71(不含医学、运动和农业)。因此,应根据我国经济发展的形势和需要、科学研究的发展方向,重点收藏俄罗斯科学院"科学"等重要出版社,航空航天、冶金机械、能源开发、自动控制等重点学科的学术及科学史著作。目前本馆每年入藏的科技类图书不足1千种,且有逐年下降趋势,如2010年仅入藏科技类图书759册,仅占全年入藏量的12.58%。应通过扩大目录来源、及时发订等手段,适当增加科技类图书的采选。

2.2.4 加强周边国家及小文种图书的采选

除俄文图书外,国家图书馆还收藏其他小语种的图书。目前小语种图书的主要采选来源为国际交换,主要文种有保加利亚文、乌克兰文、白俄罗斯文、塞尔维亚文和马其顿文,内容多为文学作品、传记等,每年入藏约200册。截止到2011年9月底,共收藏45个小语种图书17 775册,而同期俄文图书的总量为649 756册,小语种仅占2.7%。

小语种图书虽然读者少、利用率低、采编困难,但对其收藏主要为战略性的收藏,是对这些国家、民族及语言文化的尊重,也是为了加深了解和增进友谊。因此,应加强哈萨克斯坦等中亚周边国家和友好国家图书的采选,特别是采选其中中国学、工具书、领袖人物著作以及历史文化、人文地理等方面的图书。小语种图书一般没有配备专门采编人员,但因部分语言同属斯拉夫语系,因此,可派人去相关国家学习或在国内培训,对此项工作能起到良好的推动作用。

3 未来俄文图书采选工作的思考

3.1 保持或适度增加进书量

首先,俄罗斯是我国重要北方邻国,其地缘政治和战略上的重要地位无可置疑,且资源丰富、人口稀少,两国经济互补性极强。俄罗斯与我国有4300多公里的共同边界;天然气探明储量居世界第一位,石油居世界第二位,铁、铝、铀、黄金等的蕴藏量也均居世界前茅;国土面积是中国的近两倍,人口1.4亿,是中国的十分之一。俄罗斯还有悠久的历史、灿烂的文化,具有坚实的科学研究基础,值得我们去研究、学习和借鉴。

中俄两国政治、经济发展前景广阔。1996年《中俄联合声明》和2001年《中俄睦邻友好合作条约》的签署,确定了两国面向21世纪的战略协作伙伴关系。近年,双方在能源开发、航空航天、机械制造、高技术产业等行业均有良好的合作。[8]目前,全国约有100所高校开设了俄语专业课程。[9]据统计,2009年在俄罗斯有2万名中国留学生,[10]此数量已超过中苏友好的20世纪50年代。[11]在中俄两国政治、经济发展过程中,作为知识传播媒介的图书必将发挥其应有的作用。

世界主要国家图书馆均收藏较多外文图书,成为全国外文文献最大收藏基地也是本馆一贯发展战略。目前本馆俄文图书已具备一定的规模。美国国会图书馆收藏有"俄文文献75万件,为俄罗斯之外最大的藏家"。[12]本馆仅图书便已超过64万册,并且还藏有大量期刊、报纸等,继续保持、发扬和光大这一传统,为读者提供便利的服务,也是国家图书馆的历史职责。

3.2 调整藏书结构和改变服务方式

首先,应关注俄罗斯电子资源及网络资源状况。据俄罗斯国家"信息登记"科技中心统计,2008—2010年分别缴送电子出版物3054、3081和2993件,其中60%为电子图书。[6]近年俄罗斯网络资源的发展也相当迅速。但目前本馆仅有"俄罗斯大全数据库"和"俄罗斯统计出版物"两个数据库。"俄罗斯大全数据库"收录报刊近 600 种,文章 1000 多万篇,以俄语为主,部分提供英语与德语,[13]但俄罗斯图书馆界两重要杂志《图书馆学》(俄罗斯国立图书馆编)和《图书馆》均未收录。同时,还应建立资源建设平台,加强馆藏资源及使用方法的宣传;对重点服务机构实行馆藏资源推送服务;对俄侨文献、俄文善本等特色馆藏进行深层次的研究、揭示和出版,便于读者了解和利用。

3.3　加强国内图书馆俄文图书协调采访,构建国家外文学术文献资源中心

2010 年,为制订国家图书馆十二五规划,本馆通过网站查询和电话咨询的方式,对国内十几个各类型主要图书馆俄文藏书情况进行了调研。结果显示,自 20 世纪 50—60 年代起,这些图书馆或多或少都收有俄文图书,收藏较多的有上海图书馆(50—60 万册),北大图书馆、南京图书馆(20 多万册),其余为几万至十几万册。但自 1991 年前苏联解体后,由于俄罗斯图书市场混乱、俄语图书使用率降低以及购书经费不足等原因,许多图书馆减少甚至取消了俄文图书的订购,仅接受少量捐赠或交换图书,其中包括中国医学科学院图书馆和中国农科院图书馆这两所外文文献协调采选单位,仅中国社科院图书馆、黑龙江大学图书馆、上海图书馆保持订购相对较多的俄文图书,每年采选 1000—2000 册。

近年,这种状况有所改善。黑龙江省图书馆 2009 年通过国内书商购买俄文书 300 多册,在黑河现场购买了 600 多册。北大图书馆自 2010 年起扩大俄文新书购买量,共购买图书 900 多册,并尽可能补充旧藏。根据书商提供的信息,目前全国还有约十几个高校每年购买十几册至几百册俄文图书。估计目前全国各类机构每年入藏的俄文图书数量约有 1 万多册。因此,在国家经济发展、实力增强,以及信息技术发展的条件下,应加强全国资源共建共享的协调和监督,以避免造成缺藏或资源浪费。

参考文献

[1]Статистические показатели 2009[EB/OL].[2011 – 04 – 28].http://www.bookchamber.ru/content/stat/stat_
　　2009.html.

[2]Печать Российской Федерации в 2008 г[M].Москва：Российская книжная палата,2009：6.

[3]Тихомирова Н Ю.Современный книжный рынок и потребности фондов научных библиотек [J].
　　Библиотековедение,2008(2)：21.

[4]Сухоруков К М.Статистика книгоиздания：плюсы и минусы 2009 г[J].Библиография,2010(2)：5.

[5]Гриханов Ю А,Стародубова Н З,Хахалева Н И.Библиотечные фонды：стратегия развития [M].
　　Москва：Пашков дом,2008：28.

[6]Кириллова Л А,Сухоруков К М.Диалектика развития：статистика книгоиздания России за 2010 год
　　[EB/OL].[2011 – 4 – 28].http://www.bookchamber.ru/content/stat/stat_2010.html.

[7]КИРИЛЛОВА Л А,СУХОРУКОВ К М.Всё выше,и выше,и выше…Рекордные статистические
　　показатели российского книгоиздания в 2008 году [EB/OL].[2011 – 04 – 28].http://www.bookchamber.
　　ru/content/stat/stat_2008.html.

[8]中俄战略协作伙伴关系进入第二个 10 年[EB/OL].[2011 – 04 – 18].http://news.xinhuanet.com/world/
　　2007 – 03/26/content_5898959.htm.

[9]王萍.浅谈关于俄语专业毕业生就业状况及前景分析[J].俄语学习,2010(5)：57.

[10] 在俄中国留学生现状 [EB/OL]. [2011 – 05 – 05]. http://news. xinhuanet. com/world/2010 – 10/04/c_
    12629875. htm.

[11] 目前在俄罗斯的中国留学生数量超过前苏联时期 [EB/OL]. [2011 – 05 – 05]. http://forum. liuxuehome.
    com/showtopic – 147413. aspx.

[12] 美国国会图书馆 – 馆藏建设 [EB/OL]. [2011 – 05 – 05]. http://www. nlc. gov. cn/old/nav/nlibs/us/
    constr. htm.

[13] 俄罗斯大全数据库 [EB/OL]. [2011 – 05 – 06]. http://dportal. nlc. gov. cn:8332/nlcdrss/database/sjk_
    zh. htm.

数字时代网络出版物虚拟托存研究

张蕾累（国家图书馆）

1　前言

　　"文献托存"是受托方获取文献的一种重要途径。早在 1946 年,联合国就建立了托存图书
馆制度,通过其中心图书馆（即达格·哈马舍尔德图书馆,Dag Hammarsjold Library,简称 DHL）
向分布在世界各地的托存图书馆成员馆分发联合国的有关重要文件和普通出版物。随后,各
大国际组织以及外国政府纷纷采用文献托存的方法,推动信息资源在全球的传播、共享和保
存。文献托存制度为我国国内的 21 家联合国托存图书馆以及众多其他国际组织的文献托存
馆提供了大量宝贵的文献资源。

　　随着近年来数字化技术的突飞猛进,网络资源量的飞速增长,非实体文献逐年增多,传统
的实体文献所占比例逐年下降。各国际组织也出于节约成本、控制预算以及提高信息传播速
率的目的,其印刷型出版物逐年锐减,更多地转为提供在线电子格式（如 HTML、WORD、PDF 等
格式）的网络出版物。实体文献资源量的减少,对我国各类托存图书馆都是巨大的冲击。面对
数字时代文献出版的发展态势,网络出版物的优势日益凸显,如何应用网络出版物的虚拟托存
就成为国内各家托存馆的研究重点,也将成为未来延续托存馆意义和作用的重要手段之一。

2　基本概念

2.1　网络出版物（Online Publications）

　　文献是记录知识的一切载体,是将知识、信息用文字、符号、图像、音频等记录在一定的物
质载体上的结合体。传统的出版物是文献的有形载体。而网络出版物是通过互联网出版发
行,供公众浏览、阅读、使用或者下载的文献,被存放在服务器上,提供给需求者远程下载或打
开,如在线图书、电子期刊、在线数据库等,可以看做是一种虚拟文献。

　　虚拟文献是将承载文献信息的载体虚拟化。载体的虚拟化并不意味着真实物理载体的消

失,而只是把关注的重心从物理载体移向载体包含的信息上,强调信息在不同物理载体之间的永恒的流动性,从而使物理载体变得不大重要,可以忽略,信息似乎就可以脱离真实物理载体而独立存在。这些信息可以被认为是脱离真实物理载体而独立存在的,或是保存在虚拟载体上的。

2.2 虚拟图书馆(**Virtual Library**)

1980 年英国不列颠图书馆外借部的计算机与数据通信工作的负责人 A. J. 哈利首次提出了"虚拟图书馆"这一概念。1992 年,美国的卡耶(Gapen D. Kaye)给出了虚拟图书馆这一术语的概念,他指出虚拟图书馆是"利用电子网络远程获取信息与知识的一种方式",是利用计算机网络实现信息动态搜集共享的一种方式。

虚拟图书馆可以通过计算机信息网络技术实现传统图书馆的基本功能,通过网络实体实现跨地域、跨时空的信息采集和管理。它除了具备传统图书馆文化传播、社会教育的功能外,还实现了对信息资源的数字化存储、网络用户的远程访问和资源共享的功能。

2.3 虚拟托存(**Virtual Depository**)

虚拟托存实质是对虚拟文献的托管、传递、利用和保存,可以看做是虚拟馆藏建设的一种途径。托存图书馆只需要提供计算机设备和高速的网络通道,就可以为读者提供远程访问、检索和获取网络出版物的服务。

3 实现虚拟托存所依托的技术

虚拟托存的实现离不开技术的支持。虚拟存储技术和云计算是近年来兴起的新理念,目标是将计算和存储简化为像公共的水和电一样易用的资源,用户只要连上网络即可方便地使用,按量付费。虚拟存储技术是云计算的基石,是云计算最重要的支撑技术。随着近年来数字图书馆的兴起与发展,虚拟存储技术和云计算也必将应用在数字图书馆中,正是基于这些新兴的技术条件,虚拟托存才有实现的可能性。

3.1 虚拟存储技术(**Virtual Storage**)

随着网络信息技术的发展和数字资源总量的快速增加,存储技术由传统的直连式存储(DAS)发展为网络存储(NAS 和 SAN)。虚拟存储技术,是指把多个物理上独立存在的存储体通过软件或硬件的手段集中管理起来,形成一个逻辑上的虚拟存储单元供主机访问。这个虚拟逻辑单元的存储容量是它所集中管理的各物理存储体的存储容量之和,而它的访问带宽则在一定程度上接近各个物理存储体的访问带宽之和。虚拟存储技术可以为用户提供异构环境交互性操作,保持操作系统的连续性,简化存储管理的复杂性,降低存储投资的费用。

从专业的角度来看,虚拟存储实际上是逻辑存储,是一种智能、有效的管理存储数据的方式。虚拟存储克服了物理存储的局限,因为它可以把物理设备变成完全不同的逻辑镜像呈现给客户,既充分利用了物理设备的优势,如高性能、高可用,又打破了物理设备本身不可克服的局限性。从用户的角度来看,也许可以用一句更简单的话来概括——使用存储空间而不是使用物理存储硬件(磁盘、磁带），管理存储空间而不是管理物理存储硬件,这就是虚拟存储的概念。①

3.2 云计算(Cloud Computing)

广义的云计算是指服务的交付和使用模式,通过网络以按需、易扩展的方式获得所需的服务。这种服务可以是 IT 和软件、互联网相关的,也可以是任意其他的服务。狭义的云计算是指 IT 基础设施的交付和使用模式,通过网络以按需、易扩展的方式获得所需的资源（硬件、平台、软件）。②

云计算的核心思想,是将大量用网络连接的计算资源统一管理和调度,构成一个计算资源池向用户按需服务,提供资源的网络被称为"云"。"云"中的资源在使用者看来是可以无限扩展的,并且可以随时获取,按需使用,随时扩展,按使用付费。云计算采用创新的计算模式使用户通过互联网随时获得近乎无限的计算能力和丰富多样的信息服务。

目前的云计算融合了以虚拟化、服务管理自动化和标准化为代表的大量革新技术。云计算借助虚拟化技术的伸缩性和灵活性,提高了资源利用率,简化了资源和服务的管理和维护;利用信息服务自动化技术,将资源封装为服务交付给用户,减少了数据中心的运营成本;利用标准化,方便了服务的开发和交付,缩短了客户服务的上线时间。平台与本地服务器相结合,保证数据存储安全。

4 虚拟托存的国际经验

4.1 国际相关项目

美国"联邦托存图书馆项目"(FDLP)已有一个多世纪的历史。20 世纪 90 年代中期,美国政府印刷局(Government Printing Office,简称 GPO)开始通过网络向公众免费提供长期获取政府信息的电子渠道。据 FDLP 估算,最新的政府出版物中至少有 65% 是以电子格式分发的。为了确保其托存图书馆继续参与该项目,并为公众提供免费服务,FDLP 于 2002 年 9 月至 2003 年 9 月开展一年期的试验项目,选取亚利桑那大学图书馆作为试点,与政府印刷局图书馆服务部(Library Program Service)合作,试图创建一个用在线版本取代实体出版物的虚拟托存模式,构建虚拟托存馆藏。作为试点的亚利桑那大学图书馆采取完全电子化的采选模式,只选取"完整的、官方的、永久可用的"电子版本的联邦政府文献,无需建立本地的馆藏,而是提供给用户获取 GPO 网络出版物的入口和渠道。通过这一模式兼顾读者需求和图书馆物理空间的局限性,使读者可以通过全文数据库、电子期刊和电子书获取电子资源,有利于推动公众更多地获取政府信息。试验结果显示,虚拟托存既可以节约图书馆的架位空间,也可以减少用于文献编目的人力和时间,在不违背馆藏政策的前提下,是一个合理有效的模式。

4.2 借鉴国际经验

对网络出版物进行虚拟托存是数字时代技术发展的必然产物,是托存方和受托方实现双

---

① 虚拟存储技术［EB/OL］.［2001 - 12 - 19］. http://www. cnii. com. cn/20020131/ca19392. htm.

② 严真. 云计算环境下的图书馆变革［J］. 图书馆工作与研究,2010(2):37 - 39.

赢的一种新模式。

（1）节约成本

从文献托存方来看，利用网络传输技术向各托存图书馆分发电子版本的出版物，可以极大地节省印刷型出版物的成本以及实体文献的物流成本；从受托方来看，实体文献托存中部分国际组织通常会收取一定的托存费用和运输费用，对于经费有限的图书馆来说，这笔费用可能会阻碍他们决定加入托存馆的决策。如果分发同样内容的网络版本（Online Version），构建虚拟托存，则有利于这些图书馆控制成本。

（2）提高效率

网络出版物首先省去了纸质印刷出版的时间，通过互联网方便托存图书馆在第一时间获取托存文献内容。最重要的是从读者角度来看，缩短了文献从出版发行环节到读者利用环节的整个传递时间。

（3）扩大文献资源传播范围

文献托存方可以在不增加成本的情况下将更多的文献分发到世界各地，大大提高了文献内容的传播范围和影响范围；而托存图书馆可以为非到馆读者提供更加丰富的馆藏，并且有利于挖掘潜在用户。

（4）创新思维

受到数字化技术和网络出版形式的冲击，图书馆在未来社会的存在意义曾遭到多方质疑。虚拟文献和虚拟馆藏的概念为图书馆指出了未来的发展方向，依托虚拟存储技术的虚拟图书馆将成为未来图书馆的存在形式之一。

5 实现虚拟托存面临的问题

5.1 技术条件和资金支持

搭建虚拟托存的技术平台，需要配备服务器、网络、软件等多方面条件，同时需要有足够的资金支持，并做好未来几年扩容、系统升级、服务、培训等后期经费预算。人员素质也是实现虚拟托存高效运行和获得高可用性的一个重要因素，图书馆应配备必要的技术人员，同时对现有业务人员进行培训，提高素质，保障虚拟托存技术平台的顺利建设和正常运行。

5.2 网络出版物的版权

图书馆的读者服务内容必然涉及对网络出版物的揭示和利用，包括全文检索、复制、公共传播等。而网络出版物的自身特点决定了其便于获取、复制、广泛传播以及数字化利用，这就需要图书馆与各国际组织托存方做好版权交涉，并且做好版权信息的管理和保护工作。

5.3 网络出版物的采选、编目、加工以及索引标识

面对庞大而繁杂的信息域，如何有序合理地对非实体文献进行采选、编目、加工以及添加索引标识是图书馆必须解决的关键问题。这就需要有专业人员对网络出版物进行筛选、识别，并在本地服务器中建立映射关系，以便读者可以快速定位和访问所需要的资源。

5.4 文献揭示的统一标准

网络出版物的揭示方法尚无可参照的统一标准,是否继续采用 MARC 格式,有哪些必备的出版物特征和内容信息需要揭示,具体通过哪些编目字段对其描述,这些问题都有待图书馆编目人员进一步的研究和探讨。

5.5 网络出版物的长期保存

虽然通过虚拟托存的方式可以实现网络出版物在当代的利用,但从人类知识和信息的保存和流传来看,作为网络化条件下的一种数字资源,必然涉及长期保存的问题。美国、澳大利亚、挪威等国家分别制定了各自的长期保存计划,探索安全有效的保存途径和方式。我国图书馆可以在各国图书馆研究和实践经验的基础上,找到符合各自条件的长期保存方案。

6 结束语

虚拟托存模式对于具备联合国及其他国际组织文献托存资格的图书馆来说,是应对数字时代网络出版冲击的有效途径,同时也是未来虚拟图书馆建设中不可或缺的组成部分。虚拟托存的优势将有利于知识和信息的传播,并且为图书馆用户提供获取信息的便捷途径。相信日后会有更多图书馆员参与虚拟托存的深入研究,结合实践经验解决实现虚拟托存所面临的各种难题。

参考文献

[1] Atifa Rawan, Cheryl Knott Malone. A virtual depository[J]. The Reference Librarian,2006,45(94):5 – 18.

[2] 李昕. 传统图书馆与虚拟图书馆比较分析[J]. 科技情报开发与经济,2006,16(12):9 – 10.

[3] 张丹丹,王冰,孙玲. 虚拟图书馆的概念界定及其类型[J]. 图书馆论坛,2009,29(3):59 – 61.

[4] 东野广升,隋佳,伍华玲. 我国虚拟图书馆建设研究综述[J]. 农业图书情报学刊,2011,23(2):36 – 39.

[5] Melody Specht Kelly, Cathy Nelson Hartman. The depository library community and collaborative participation in e-Government[J]. The Reference Librarian,2006,45(94):19 – 32.

[6] 康健明. 虚拟存储技术及其在数字图书馆中的应用[J]. 图书馆论坛,2007,27(5):92 – 94.

[7] 黄星亮. 虚拟文献载体与虚拟图书馆刍议[J]. 图书馆学刊,2003,25(5):7 – 8.

[8] 杜国芳. 虚拟存储技术及其在数字化图书馆中的应用[J]. 现代情报,2005,(1):98 – 100.

[9] 任燕燕. 构建数字图书馆信息资源全息存储平台可行性探讨[J]. 图书馆,2006(6):94 – 96.

[10] 盛兴军,周秀英. 基于网络环境下图书馆虚拟体系的建构[J]. 情报科学,2001,19(7):737 – 740.

[11] 曹作华. 网络文献版权保护若干问题探讨[J]. 情报杂志,2002(2):25 – 27.

国际劳工组织出版物及其网络信息资源研究

张　燕(国家图书馆)

1　国际劳工组织及其出版物概况

1.1　国际劳工组织概况

国际劳工组织(ILO)成立于1919年,1946年成为联合国系统第一个专门机构,总部设在瑞士的日内瓦。其组织机构包括:国际劳工大会,是国际劳工组织的最高权力机构,由各国的政府、雇主、雇员三方代表组成;理事会,是国际劳工组织的领导机构,中国与英美法俄等国一样,是参加该理事会的当然成员国;国际劳工组织办公室,是国际劳工组织的常设工作机构,受理事会管辖。

1.2　国际劳工组织出版物概况

国际劳工组织出版物由国际劳工组织办公室负责出版与发行,受理事会管理。其每年出版的各种类型出版物包括:图书、期刊、报告、会议文件、法律法规文件、统计数据资料。其内容涵盖了全球范围内劳动关系、就业、童工、社会保障、职业培训、女工、工作条件、职业安全与卫生以及其他与劳动有关的经济、社会发展和科技进步等方面的资料。

在这些出版物中,较重要的有:《国际劳工评论》《劳动法汇编》《劳工统计公报》《社会和劳工公报》《劳工统计年鉴》《工作条件文摘》《世界就业报告》《世界劳工报告》《劳动力市场主要指标》《社会保障成本》、国际劳工大会文件、劳资关系丛书、管理开发丛书、职业安全卫生丛书等。

2　国家图书馆馆藏国际劳工组织出版物概况

2.1　馆藏概况

国家图书馆是国际劳工组织在中国的托存图书馆。除本馆外,香港公共图书馆、澳门大学图书馆也是国际劳工组织的托存图书馆。作为托存图书馆,本馆免费接受国际劳工组织赠送的出版物。本馆收藏的国际劳工组织出版物绝大部分为英文版,收藏的载体类型有印刷型和缩微制品两种。目前,馆藏印刷型国际劳工组织出版物约3000册/种,其中英文版约2500册/种,中文版约250册/种;馆藏缩微制品(缩微平片)700多种。在馆藏的国际劳工组织出版物中,国际劳工大会会议文件的收藏数量最多,约占总收藏量的40%。

2.2 重要馆藏

2.2.1 大会文件

国际劳工大会每年讨论和通过的各项议题有十多项。各届大会的会议记录、理事会报告，以及大会通过的公约与建议书（国际劳工标准）、议题所形成的专题报告等会议文件，都会以印刷本的形式出版。其内容涉及：保障劳动者权利、促进就业、社会保障、改善劳动条件等。

本馆收藏的国际劳工大会文件包括：劳工大会会议文件、理事会会议文件、地区会议文件。其中，劳工大会会议文件的收藏数量最多、收藏年代较早，而且收藏的内容也比较完整。这部分资料的数量约 1200 册/种，从目录上看最早的会议文件是 1938 年第 24 届会议报告，自 1957 第 40 届会议至 2009 年第 99 届会议，各届会议文件收藏较完整。馆藏劳工大会会议文件的索取号为 ILO/73.3/……。

2.2.2 统计资料

本馆收藏的国际劳工统计资料主要有《劳工统计公报》和《劳工统计年鉴》两种。

《劳工统计公报》是一种季刊（含补编及专刊），刊登劳工统计方面的专题文章及统计数据。其统计表以英文、法文、西班牙文三种语言列出，统计内容包括就业、失业、工资、工时和消费物价等方面。本馆收藏的《劳工统计公报》，其印刷型的收藏年代为 1965 年至今，索取号为 ILO/L2；缩微平片的收藏年代自 1986 年至今，索取号为 CIS/IIS：年代/3720 – S90。

《劳工统计年鉴》是一种年鉴类的连续出版物，每年出版一期。该年鉴以英文、法文、西班牙文三种语言提供世界各国和地区在劳工方面的统计数据，包括总人口与经济活动人口、就业、失业、工时、工资、劳动成本、工伤、罢工、消费物价等。本馆收藏的《劳工统计年鉴》，其印刷本的收藏年代为 1949/50 年至 2007 年，索取号为 ILO/68.2/……；缩微平片的收藏年代自 1986 年至今，索取号为 CIS/IIS：年代/3720 – S8。

2.2.3 期刊

本馆收藏的国际劳工组织出版的期刊主要包括以下几种：

《国际劳工评论》是一种双月刊，登载与当前国际和各国劳工问题有关的经济和社会类文章。本馆收藏的《国际劳工评论》，其印刷本的收藏年代为 1954 至今，索取号为 ILO/I7；缩微平片的收藏年代自 1986 年至今，索取号 CIS/IIS：2007/3720 – P1。

《社会和劳工公报》是一种季刊，登载各国政府及雇主和雇员三个层面在社会和劳动事务立法和制定政策方面活动情况的最新消息。本馆收藏的《社会和劳工公报》只有印刷本，其收藏年代为 1974 年至 1972 年，索取号为 ILO/S1。

《劳动法汇编》是一种连续出版物，基本上每年出版三期，刊登重要的国际劳工公约以及各国劳动和社会保障方面的法律与法规文本。该出版物原名为《法规汇编》（Legislative series），1990 年更名为《劳动法汇编》。本馆收藏的印刷本自 1946 年至 1995 年，索取号为 ILO/I1。

《劳工教育》（Labour Education）是一种季刊，登载世界劳工问题现况、国际劳工组织活动、工人教育方法和劳工运动历史等方面的消息及书评。本馆收藏的《劳工教育》只有印刷本，其收藏年代为 1983 年至 2007 年，索取号为 ILO/L3。

另外，本馆收藏的国际劳工组织出版物中还有一些专题报告、多卷书和丛书，如：《世界就业报告》《世界劳工报告》《工作条件文摘》、劳资关系丛书、社会保障成本、管理开发丛书、职业安全卫生丛书等。其中，《工作条件文摘》是一种多卷书，其印刷本的收藏年代为 1982—1995

年(第 2 卷至第 14 卷),索取号为 ILO/86.42/……,其缩微平片只有个别卷期。

3 国际劳工组织网络资源

国际劳工组织网站主页有英语、法语、西班牙语三个版本。主页下方有语言选择框,包括阿拉伯语、中文、德语、意大利语、日语、荷兰语、葡萄牙语、土耳其语等版本的区域性信息。

网站中比较重要的栏目为"出版物"、"会议及事件"、"统计与数据库"。这些栏目包含了大量的在线出版物和数据库,是我们可以利用的重要网络资源。

3.1 "出版物"栏目

该栏目内容包括:图书与报告、会议文献、工作汇编、杂志和期刊等子栏目,详细内容见表 1。

表 1 "出版物"内容

网址	http://www.ilo.org/global/publications/lang-en/index.htm
资源描述	分别进入"图书与报告"、"会议文献"、"工作文件"、"杂志和期刊"这些子栏目,可以检索并订购国际劳工组织自 2000 年至今出版的各种出版物。在各个子栏目中均有检索框,用户根据需要查阅或订购所需资源。在"图书与报告"中也可以按照主题、部门或单位浏览书目信息,该信息包括:载体类型、出版日期、ISBN、获得载体形式、价格、出版者、主题、其他语言等。这些书目信息几乎均有出版物在线阅读全文的链接地址。

3.2 "会议及事件"栏目

该栏目包括国际劳工大会、理事会、区域会议等子栏目。其详细内容见表 2。

表 2 "会议及事件"内容

网址	http://www.ilo.org/global/meetings-and-events/lang-en/index.htm
资源描述	(1)国际劳工大会资源。每年召开的国际劳工大会所产生的会议文件或报告,包括:国际劳工大会通过的劳工公约与建议书、会议报告等网络资源,它是国际劳工组织的重要信息资源,在网上可以看到自 1997 年第 85 届至 2011 年第 100 届劳工大会的会议文件全文。 (2)理事会会议资源。国际劳工大会每年召开三次理事会,会议产生的会议文件包括决议、总干事报告、由理事会主席提交给国际劳工大会的年度报告等,在网上可以看到自 1996 年至 2011 年的理事会会议文件全文。 (3)区域会议资源。国际劳工组织在各地区(非洲、美洲、亚太地区、欧洲及中亚)召开的区域会议,其会议议题等工作文件也可以查阅全文。

3.3 "统计和数据库"栏目

该栏目主要包括统计数据库和专题数据库,详细内容见表 3。

表3　"统计和数据库"内容

网址	http://www.ilo.org/global/statistics-and-databases/lang-en/index.htm
资源描述	统计数据库： (1)劳工统计数据库(LABORSTA)提供了超过200个国家自1969年以来的有关劳工方面的统计数据,同时还提供了主要国家统计数据来源的说明。可以按照主题、国家、出版物分别检索,例如:按照主题检索,可以从就业、失业、工时、工资等11个方面查找有关内容的统计数据。 (2)劳动力市场主要指标(KILM)数据库是一个国家级的综合数据库。它提供了与劳动力市场有关的20个主要指标,如:劳动力、就业、失业、不充分就业、劳动力的教育状况、工资和报酬、生产率和劳动成本、劳动力流动以及贫困和收入分配等市场指标。 (3)劳动力调查(Labour Force Surveys)是国际劳工组织图书馆提供的数据库,汇集了来自200多个国家和地区提供的与劳动相关的统计数据。按照国家和地区的字母顺序排列,可根据需求进一步选择与查阅。 (4)"国际消除童工劳动计划—童工信息统计和监测项目"(IPEC-SIMPOC)数据库,汇集了有关童工方面的统计数据和统计方法等参考资料,以及以"童工信息统计和监测项目"调查为基础完成的童工调查报告、相关国家简介等其他资料。 专题数据库： (1)职业安全卫生数据库(CISDOC)是一个书目数据库,包含了近7万条国际劳工组织出版的有关职业安全和卫生方面的文献信息。如:法律与法规、化学品安全数据、培训资料、期刊文章、图书等书目信息。 (2)国际劳工标准数据库(ILOLEX),是国际劳工标准(公约与建议书)和国际劳工宣言的全文数据库。有英语、法语和西班牙语三种版本。该数据库包括世界上100多个国家的5万多份有关劳工标准的全文文献。 (3)劳工组织文献数据库(LABORDOC),是国际劳工组织图书馆的一个书目数据库。提供有关劳动关系、劳动法、就业、工作条件、职业培训、项目评估、劳动经济、社会发展、农村发展等方面的书目信息。可以通过作者、题目、主题、国家或地区、语言和出版年份进行查询。许多书目有全文链接,可以浏览全文。

4　国际劳工组织出版物及其网络资源的开发与利用

4.1　利用网络资源补充馆藏

通过对馆藏与国际劳工组织网络资源的对比,发现虽然本馆收藏的出版物年代较早,有些文献也比较齐全(例如,劳工大会会议文件),但是,还有一些重要出版物缺藏。建议进一步对国际劳工组织出版物进行查对,对于缺藏的出版物,可以利用网络资源,通过申请下载保存,或者以订购的方式补充馆藏。除此之外,国际劳工组织图书馆、国际劳工组织在曼谷设立的图书馆,其网站都有着极其丰富的网络资源,均可以作为补充馆藏的重要途径。

4.2　加强国际劳工组织中文版出版物的收藏

本馆收藏的国际劳工组织区域性文件较少,中文版国际劳工组织出版物的数量有限。建议首先对亚太地区的区域性文件、中文版出版物,以及与中国有关的资源全面收藏;其次,与"国际劳工组织北京局"联系,索补国际劳工组织出版的所有中文版资料。

4.3　发挥网络数据库的作用

在对国际劳工组织网站的调研中,可以看出其网络资源丰富,特别是"统计与数据库"是我们可以利用的网络数据库。其中,国际劳工组织图书馆的"劳工组织文献数据库"(Labordoc)包含了大量的由世界各国提供的与工作和劳动有关的书目信息,越来越多的书目可以通过"在线出版物"链接查看全文。该书目数据库还提供 MARC 编目格式,本馆在进行国际劳工组织出版物编目时可以参考与利用。网络数据库往往有着庞大的信息量,我们要善于利用其各种功能,有效地发挥它的作用。

4.4　尽快搭建"国际组织与外国政府网络信息资源整合服务平台"

该"平台"呈现给读者的应该是一个简洁、直观、实用的服务平台,国际劳工组织资源是该"平台"的组成部分。例如,可以把国际劳工组织出版物分为劳工标准、大会文件、期刊、统计与数据库等主题。学习先进网站经验,搭建一个有统一标准、布局合理、栏目清晰、检索方便的服务平台。

参考文献

[1]国际劳工组织网站[EB/OL].[2011 – 08 – 17].http://www.ilo.org/.
[2]国际劳工组织北京局网站[EB/OL].[2011 – 08 – 09].http://www.ilo.org/beijing/lang-zh/index.htm.
[3]国际劳工组织图书馆[EB/OL].[2011 – 08 – 14].http://www.ilo.org/public/english/support/lib/index.htm.
[4]国际劳工组织亚太地区图书馆(文献信息中心)[EB/OL].[2011 – 08 – 19].http://www.ilo.org/asia/info/library/lang-en/index.htm.

国家图书馆西班牙语图书采访策略探讨

赵　婷(国家图书馆)

由于历史原因,西班牙语在我国长期被认为是"小语种"。对小语种的定义一般有两种:一种是指除联合国通用语种外的所有语种,按照《联合国宪章》规定,联合国目前的通用工作语言有 6 种,即英语、汉语、法语、俄语、西班牙语、阿拉伯语,除此之外的其他语言就是非通用语;其次,在我国由于绝大部分中学开设的外语课程都是英语,老百姓通常认为英语是通用语种,其他语种都是非通用语种,大家普遍地把英语以外的外语统称为小语种。然而,将西班牙语也划归小语种的行列未免失之偏颇。因为从第一种定义来看,西班牙语是联合国 6 种工作语言之一,不能算作小语种。从第二种原因来看,将西班牙语划归为小语种实属大众的误解。为此,我们不妨先来了解一下西班牙语在世界上的分布情况。

1 西班牙语概况

西班牙语(Español)也称卡斯蒂利亚语(Castellano),简称西语。将西班牙语作为母语使用的人口数接近 5 亿,按照第一语言使用者数量排名,西班牙语为世界第二大语言,仅次于汉语,语言总使用人数排名为世界第三。西语作为官方语言的国家有 21 个,在七大洲中,西班牙语主要集中在拉丁美洲国家,约有 4 亿人使用。此外,美国南部的几个州、菲律宾以及非洲的部分地区,也有相当数量的使用者。西语国家面积覆盖超过 1221 万平方公里,在英语、法语、俄语之后位列世界第四。西班牙语更是非洲联盟、欧盟和联合国的官方语言,是全世界除英语之外应用最广泛的语言,西语作为国际交流语言在国际组织的使用位列第三。由此看来,无论是从使用人数还是地域分布来看,西语作为重要的国际交流工具,是当之无愧的世界通用语种。

2 西班牙语教学在我国的发展

近年来,随着中国改革开放事业的发展和国际地位的提高,中国与西班牙和拉美地区的政治、经济、科学、文化、教育、旅游等方面的交流与合作不断加强,人员交往日渐频繁。社会对西语人才的需求与日俱增,学习西语的人数也愈来愈多。

目前,西语人才的短缺促使许多高校相继开设西语专业,招生规模逐年扩大。为了适应市场的需求,近几年来,除了北大大学、北京外国语大学、上海外国语大学等几所西语专业开设历史较长的高校之外,有更多的高校加入到了开设西班牙语专业的队伍中来。据不完全统计,国内开设西班牙语专业的大专院校也由原来的十几所增加到了如今的 40 多所,并且还有很多高校正在筹备开设西班牙语专业。继英语、法语、日语之后,西班牙语也开始实施了四、八级水平考试。除此之外,随着塞万提斯学院在北京和上海相继成立,各种民间的西语培训机构也是遍地开花。社会上掀起了一股学习西班牙语的热潮。

3 西语图书的需求

随着西班牙语专业建设的迅速发展,国内对于西班牙语原版图书的需求也大大增长。不仅西语图书的需求量日益增大,内容覆盖面的需求也越来越广。以往对于原版图书的需求仅限于语言、文学和教学方面,而现如今,教师为了开阔视野,尽快进入社会科学研究的某些前沿领域,迫切需要有针对性、时效性、经过筛选的国外学术研究信息,来支持自己正开展或准备开展的科研活动,并不断提高自身的研究水平。广大学生在学习语言知识的同时,需要通过原版外文图书来提高阅读及写作水平,了解外国的社会政治、历史地理、风土人情等。同时,随着中西贸易以及中拉贸易的日渐密切,社会上对于西班牙以及拉美各国的政治、经济、法律、市场研究的书籍也有一定需求,以便更加了解贸易对象国的国情,更好地为进出口贸易服务。

4 西班牙图书采访现状

有资料显示,西班牙出版物的总量在世界居前五位。阅读是西班牙人的一大爱好,并被称为精神生活的四大要素——"阅读、看电影、听音乐和逛美术馆"之一。西班牙出版业十分发达,书店、书摊在街上比比皆是,排队购书的场景并不鲜见,个人藏书也是一种时尚。每年的图书出口额达2—3亿美元。根据2001年的统计数据,西班牙全国发行图书62 525种,其中新书55 728种。在所有新发行的图书中,48 500种为西班牙语,6669种是加泰罗尼亚语或该地区相关语言。在西班牙,出版业是成熟产业,在国际上也极具竞争力,是本国主要的文化产业。既然西班牙的出版业如此发达,为何国内西班牙语原版图书的藏书却寥寥无几呢?分析起来,原因有三:

(1)西班牙出版界对中国市场重视不够,中国对于西班牙和拉美地区的出版业也没有足够的关注度。参考这两年的北京图书博览会,便可以看出这种情况的存在。除了2009年,西班牙作为北京图书博览会的主宾国,有诸多西班牙出版商参展以外,随后两年的图博会,西班牙都没有派出任何出版商来国内参展,只有文化处和塞万提斯学院的展位。拉美的出版商更是从未在北京图博会上出现过。作为使用人数第二大的语言,来国内参展的出版商数量尚不及意大利、东南亚等国,未免有些遗憾。究其原因,主要是中国对于西语图书的需求量并不是很大,没有引起西班牙以及拉美出版商的足够重视,并且拉美等国来中国路途遥远,费用高昂,千里迢迢来参加书展有可能得不偿失,这也制约了西语图书在国内的发展。

(2)国内图书馆界以及出版界缺乏具有相关语言背景的采访人员,这是目前我国大多数图书馆西班牙语图书采访工作所面临的共同问题。西班牙语图书的采访数据不太容易从网上直接套取获得,需要采访人员自己编制采访数据,这对于缺少相关语言能力的采访人员来说未免有些困难。采访相关数据缺乏的直接后果是:影响采访工作速度、质量及编目效果;西班牙语图书从选订、编目到上架供读者阅览流程较为漫长;无法进行西班牙语图书采访与利用方面的馆际合作与资源共享。

(3)西班牙语图书采访书目来源不足,图书馆采访人员通过正常订购渠道所能获得的西班牙语图书书目并不是很多。图书出版、发行(经销)商受市场及成本因素的影响,并不十分重视西班牙语图书的经营。同样由于缺乏西班牙语专业人员,并且西班牙语图书采访也并非国家图书馆外文图书采访的重点,书商自主制订的西班牙语书目相对较少。仅靠有限的书商目录以及国际交换而来的西班牙语图书,难以满足日渐增长的对于西语原版书的需求。

5　采访重点

西班牙是一个非常有历史和文化内涵的民族。仅就文学而言,十六世纪初,西班牙开始出现一些人文主义学者,他们创办学校,批判宗教偏见,介绍并模仿古希腊、罗马和意大利的文学,传播人文主义思想。但是人文主义思潮遭到反动统治的摧残,发展迟缓。贵族骑士文学流行一时,宗教思想对文学影响也很大。十六世纪后半期,人文主义文学才达到繁荣,涌现出许多优秀的作家,西班牙文学进入黄金时代,以小说和戏剧成就最大。

在最近的二三十年里,西班牙的小说创作达到了鼎盛时期,其影响甚至超过当年的拉美文学。在不久前欧洲某机构公布的"最近10年欧洲最畅销10位作家"中,西班牙作家竟占了5位。目前,许多国家都在研究西班牙的当代作家、作品。

拉美文学方面,举世闻名的拉丁美洲文学爆炸是一场发生在1960年至1970年之间的文学运动,在那期间一大批相关拉丁美洲作家的作品流行于欧洲并最终流行于全世界。这些作家受到欧洲和北美现代主义的影响,同时也秉承了拉美先锋运动的衣钵,向拉美文学的传统套路发起挑战。这些西班牙语系美洲作家在20世纪60年代的国际性成功,影响了那个时代所有的作家与读者。由此可见,西语世界的语言文学类图书毫无疑问应该作为西语图书采访的重中之重。

此外,西语世界地大物博,资源丰富,市场容量巨大;西语国家历史悠久,文化丰富,古代文明同现代艺术交相辉映,文学、艺术、体育各个领域群星璀璨,大师辈出。因此,对于这些方面图书的采选也应有所侧重。

6 采访策略

综合西语图书的需求与现有采访过程中面临的问题,笔者总结了如下几条西班牙语图书的采访策略:

(1)增加具有专业语言背景的图书采选人员。针对西班牙语专业采访人员缺乏的情况,国家图书馆应当并且有这个能力吸引此方面的人才来馆,致力于西班牙语图书采编工作。

(2)加强西班牙语图书采选人员的自主性。针对书目源缺乏的情况,图书采选人员不能仅仅满足于书商提供的目录,而应该适当增强自主性,更多地主动利用互联网,从多种渠道获取更多的书目信息,丰富西班牙语书目来源。

(3)主动与西班牙以及拉美的出版商联络,加强对外宣传与交流,让他们了解到国内市场对于西语书的需求情况,引起他们对于中国市场的兴趣。

(4)加强馆藏西班牙语书目的报道与宣传,让更多的国内读者了解到国家图书馆在西班牙语图书采选方面的新进展,加快选书到上架的流程,提高图书的使用率。

(5)开辟新的图书采访领域。由于现在中国同西班牙语世界的政治、经济、文化交流日渐频繁,因此采访图书不能像以前一样仅仅局限于语言文学范畴。这就要求采访人员要开拓视野,紧跟时代发展的脚步,多学科多领域采选优秀的西班牙语图书,为广大的国内读者提供更多的参考资料。

7 结论

西语世界的历史文明丰富璀璨,在全球化的发展中占有重要的地位,西班牙语不应当继续被视为小语种而不受重视。与此同时,我们也应当清楚地看到国内西班牙语教学的发展,以及日渐增长的对于西语图书的需求。西班牙语专业的建设与发展,离不开图书馆的支持。

在许多图书馆,西班牙语等小语种的图书采访已经成为一项急待加强的工作,急需被提上强化馆藏建设、完善馆藏结构的议事日程。其他公共图书馆以及高校图书馆受到经费以及专业人员的限制,无法采购较多的西语书籍,而国家图书馆作为全国的总书库,经费充足,专业人员配备齐全,比其他图书馆具有优势,因此应该充分发挥这种优势,肩负起为教学和科研提供文献信息服务的固有使命,加大对于西班牙语图书的采选,将西班牙语图书的收藏作为国家图书馆馆藏建设重要的组成部分,以构建相对完善的馆藏结构体系。

参考文献

[1] 国家图书馆外文采编部. 新信息环境下图书馆资源建设的趋势与对策:第三届全国图书馆文献采访工作研讨会论文集[C]. 北京:国家图书馆出版社,2009.

[2] 顾犇. 外文文献采访工作手册[M]. 北京:北京图书馆出版社,2004.

[3] 李多. 拉美文化概论[M]. 上海:上海外语教育出版社,2009.

[4] 孔则吾. 不该被忘却的西班牙语世界[J]. 出版广角,2010(3):36 – 38.

[5] 郑燕平. 高校图书馆小语种图书采访策略探讨[J]. 大学图书馆学报,2009(3):54 – 57,99.

大学图书馆按学科分配购书经费初探

赵秀君(北京科技大学)

1 引言

近几年来,大学正处于积极改革期间,每年分配给图书馆的购书经费都足以克服通货膨胀的因素。然而,大多数图书馆仍然受到经费的限制,不能购买全部想得到的文献资料。因此,图书馆资源建设的一个最基本的任务就是制定合理的文献资料预算分配。在过去的几年里,很多大学图书馆并没有按学科分配的书面的资源建设政策,不清楚各学科专业的购书经费应该在全部购书经费中占什么样的比例。一般来说,各大学图书馆购书经费的分配仅仅是在分析了解前几年各类型文献资料,如图书、期刊、数字资源等的基础上,对购书经费进行按文献类型的分配。图书馆的主要目的之一是通过收集和维持各种形式、各个学科的文献信息,支持各个院系教学计划和科研任务。也就是说,图书馆的资源要支持学生学习和基本的科研研究。学校分配的图书馆预算包括图书、期刊、缩微资料、非印刷品及电子资料等,但最终的按学科的经费预算应由图书馆决定,而如何适应读者的需要,在各种文献类型之间按学科制定适当的经费预算,并按学科跟踪,适时调整经费分配,是图书馆工作的基础。

2 按学科分配购书经费的步骤

在分配购书经费以前,要先调研馆藏情况。这主要包括两个方面的内容:

一是了解图书馆的馆藏历史,特别是最近三年的经费分配情况,分析判断以往馆藏的不足之处,以便在新的一年中加以纠正。同时,因为图书馆的馆藏要考虑到它的延续性,一般来说,学校的重点学科是要首先确保其经费保障的。因此,在制定分配图书馆购书经费方案时也要重点考虑这一因素。

二是分析预见当前可能遇到的馆藏的发展变化。往往在某一时期内,图书馆为了某一特定任务,可能会重点发展某一类型或某一学科的文献信息资源。因此,在分配经费之初就把这一情况考虑进去,以避免在经费的利用过程中出现过大的不时之需。

2.1 确定总体馆藏需要

做好图书预订统计、到书统计、分类统计、书商统计和经费统计等,在分析评估馆藏并综合考虑当前学校人员及课程、科研等任务的基础上,统一确定图书馆总体的馆藏需要,使资源建设人员在整体上,对文献资源的采访任务有统一的认识。接下来,把非学科性的经费预算从图书馆馆藏总预算中划分出来,留给一般的总的馆藏需要,如:参考工具书、图书馆学文献资源、缩微胶片、电子资源等。全校各个院系、专业都要涉及的基础课的文献资源也包括在这部分预算中。

2.2 处理交叉学科问题

在交叉科学领域,可能会涉及两个或两个以上院系。为了避免多订或漏订交叉学科的文献资料,资源建设人员应分析其潜在价值,把它们划归到最适当的院系中去,并把处理结果落实到文字上,以便相关人员明晰这些交叉学科文献资料的采购经费的出处。

2.3 按学科专业(院系)分配经费

处理完以上两个步骤以后,剩下的问题主要就是按学科专业或院系进行经费的分配了。各院系统计本院系涉及的专业,各个专业的学生人数、课程、学时,本院系的科研任务等,再综合以上几点大致划分各类书的经费分配比例。

3 按学科分配购书经费要考虑的因素

按学科分配购书经费是一个复杂的决策过程,要考虑的因素很多,笔者选取以下几个最重要的因素进行说明。

3.1 馆藏评估

馆藏评估是对已有馆藏质量的评价。藏书质量主要包括藏书的内容质量和藏书的构成质量。藏书的内容质量,是指选择入藏的各学科门类、各种类型的文献本身的知识情报价值。文献的内容质量选择取决于资源建设人员对所采图书内容的掌握程度。藏书的构成质量,指的是藏书体系结构的质量,即藏书体系结构的科学合理程度。资源建设工作人员要认真分析学校的学科构成,分析学校馆藏文献的比例结构、等级结构、时间结构、文种结构以及文献类型结构和复本量结构,才能准确地确定本馆的藏书体系,从而指导图书采购,保证藏书的内容质量和构成质量。

另外,藏书的流通率指标和拒借率指标及馆际互借统计也是评估馆藏质量的重要因素。藏书流通率指标能反映购置图书的质量和流通工作量的大小,此指标愈大,则反映文献资源利用效率越高,图书馆产出效果也就越大。藏书拒借率指标反映图书馆服务的质量,如果该指标越大则说明图书馆的服务效果越差,图书馆的产出效果越不好。影响图书馆产出效益的指标还有藏书开架率、读者借阅率等。对于馆际互借率高的文献,要重点考虑补充收藏。

3.2 用户因素

主要包括用户的人数(即学生的人数和教职员工的人数)、用户的专业需求。

当前,国家教育部对高校每年新入藏的图书数量即生均年进书量有明确的决定。这就对每年图书馆入藏的馆藏文献的总数量做出了基本的确定。在学科专业的角度上,资源建设人员要了解各专业的学生及教职员工的数量,使文献在专业的层面有一个相对均衡的分配,能较准确地确定本馆的馆藏结构与数量规模。

3.3 课程、项目、目标

在对文献资源进行配置之前,资源建设人员应对学校的专业设置进行调研,掌握用户对文献信息的需求量。同时,由于高校还有科研的任务,各学院中往往还有一些科研机构,因此,在调研时要考虑学校的科研项目需要的信息支持。一般来说,各学院会对自身的发展有一个预期目标,这也是需要资源建设人员明确的,只有这样,才能分析出用户对文献信息的现实需求及潜在需求,才能使图书馆的藏书具有前瞻性。

3.4 出版因素

出版因素主要包括各专业每年大致出版的全部文献数量和各专业文献的平均花费。

每年出版的各个专业的出版物数量比例相对来说是固定的,特别是科技文献的出版。因此,在分配购书经费时,一定要考虑到这个因素,不能想当然地确定各学科文献的入藏量。在划分经费时,也要考虑各学科文献的费用,特别是不能忽视通货膨胀的因素。只有这样,才能在采访过程中游刃有余。如某些专业的文献资料相对昂贵,而此专业又是学校的重点专业,那么它们就要得到比所谓"公平"经费更多的资金。

4 其他问题的处理

按以上步骤,分析馆藏、用户、课程及出版因素进行购书经费分配时,一般不要把全部经费都分配完毕,而是最好能预留出5%左右资金,以备应对偶发事件。

在分配连续出版物的经费时,资源建设人员应该明确,任何新的订购要求都应该与取消的刊物同时考虑。因为如果坚持订新刊,而没有相应地取消其他刊物,那么其他类型的文献资源订购资金就会被压缩。

要求购买大套文集或已花完经费的学科文献时,要在讨论的基础上,由相关人员投票决定,而不能由某个人随意裁断。

5 小结

决定如何分配图书预算不是一个小任务,它是资源建设的基础性工作。要使图书馆购书经费分配更科学、更有效,更好地服务于学校的教学与科研,制定书面的按学科分配购书经费的政策是必不可少的。

参考文献

[1]华苏永,顾建新.高校图书馆图书采购经费分配模型的改进及经费控制机制[J].图书馆学理论研究,2010(1):29-32.

[2]周晓敏.影响图书馆文献资源建设的因素及应对策略[J].科技情报开发与经济,2010(13):63-64.

[3]谢丽春.图书购置经费分配研究[J].内江科技,2010(4):124.

[4]Smith,Debbi A. Percentage based allocation of an academic library materials budget[J].Collection Building,2008,27(1):30-34.

国家图书馆重印书缴送问题的分析与思考

赵志刚　王来祥　张建存(国家图书馆)

1　重印书的界定

重印书通常是指利用图书初版第1次印刷时制作的胶片(铅印时是纸型),照原样或仅做极少量修改(版权页上的印数、印次、时间、印刷地等)后印制的图书。一般来讲,一种书的同一版本无论重印多少次,其内容几乎都是完全不变的。

但是,对于重印次数较多的图书来讲,由于时间跨度大,部分重印书的价格会发生变化。而且,过去由于出版管理中对ISBN的总量进行控制,部分出版社为了出版的便利,将一些再版书或者内容修订未超过30%的图书都纳入"重印书"的范围。另外,对于一些经典图书的重印,可能内容会有一定修订和调整。例如中华书局2003年启动的经典图书的"重印书"规划,并非简单的复制和印刷,在实际操作过程中还进行了诸如重新修订、排版、校对、版权处理等工作,说是"重印",实际上"从哪个角度看都是按新书出版方式走的"。[1]

国家图书馆在实际业务工作中,将所有非"新版(初版、再版或修订版等)第1次印刷的图书"都纳入"重印书"的范畴,与新闻出版总署公布的"重版、重印书"概念内涵是一致的,①但范围略有不同。②[2]

2　重印书的特点

(1)从出版数量上来看:重印书总量庞大,占据了出版总量的近半壁江山

---

① 经修改增订的图书,凡在"版权记录页"上变动了版次(注意:不是印次),或在该图书名称后新注明是"修订"本的,均作新出图书统计(新闻出版总署.《全国图书出版统计报表制度》,2010.10)。

② 内容完全相同的图书,在一年内先后以几种不同版本、不同装帧形式(精、平装)、不同开张、不同定价或不同颜色(单色或彩色)出版,均只计算最先出版的种数,后出版的在本年度内不再计算种数;仅调整了定价者,不作为另一种书籍或图片计算种数(新闻出版总署.《全国图书出版统计报表制度》,2010.10)。

从新闻出版总署公布的数据来看,2009 年重版、重印图书达133 423种,占当年图书出版总量的44%。其中,书籍重版、重印93 393种,占书籍总量的 24%;课本重版、重印39 759种,占课本总量的 64%;少儿读物重版、重印 6642 种,占少儿读物总量的 43%。从以上数据可以看出,重印书差不多占据了当年出版总量的近半壁江山,而课本重印量更是超过了新书数量。

(2)从出版管理角度来看:重印书出版管理较为松散,类型复杂多样

重印书不需要重新申请 ISBN 和 CIP,出版管理部门对重印书的要求较新书要低很多,监管也很难到位,这就给了出版社很大的自由操作空间。而且,在 ISBN 总量控制和 CIP 数据制作周期较长等因素的影响下,部分出版社为了避免重新申请 ISBN 和 CIP 的麻烦,将一些再版书或者修订版的图书都以重印书的方式出版,使重印书突破了通常的范畴,类型变得复杂多样。

(3)从出版的目的来看:市场因素和文化因素兼具,以市场因素为主

改革开放初期,出于重新发扬优秀经典文化和读者对经典书籍阅读的需要,中华书局、三联书店等老牌出版社曾有计划地重印过一批经典图书(如中华书局重印了唐宋元明清笔记小说,三联书店重印了一些书话类图书,上海古籍出版社也合印了魏晋六朝隋唐的笔记,辽宁教育出版社以"新世纪万有文库"为名印行的书中也不乏不错的典籍和著作[3])。随着市场经济的发展和出版社企业化改制,市场因素和经济目的逐渐成为"重印书"出版的主要动力。这一方面促进了重印书市场的繁荣,但同时也使重印书的质量良莠不齐。一些出版社动辄以"XX文丛"、"XX 经典文库"、"XX 经典藏书"等为名,成批量重印过去的经典图书(调查时所见,一套丛书或一个系列多达 52 种图书)。为了打开市场,此类图书定价一般都很低,但同时为了节约成本,印刷质量和装帧设计远远不如原版图书精致。

3 重印书的类型

根据与原版书比较,内容、形式和标识等的变化情况,重印书大致可以分为两类:一是无显著变化的重印书(仅印刷年、印次、印刷地等发生变化),二是有明显变化的重印书(书号、版式、开本、装帧方式、页码、内容、价格、责任者、序跋等说明等发生变化或增加特殊标识等)。

3.1 无显著变化的重印书

无显著变化的重印书是重印书的主体,占重印书总量的绝大部分。此种类型的重印书以高等院校的教材、教辅及国学经典类文献的重印本居多。

3.2 有明显变化的重印书

(1)封面、封底、插页内容发生了变化

封面、封底或插页内容等发生变化的重印书最常见的有两类:一是畅销书和一些年度获奖图书,重印时为了扩大影响,会将销量数字或排行榜排名、所获奖项、授(颁)奖辞、读者评价、名人推荐等加印到图书的封面、封底或者插页中;二是"送书下乡工程"招标的图书,重印时一般会在封面增加"文化部财政部送书下乡工程"等标识字样,以和其他图书区分(表1)。

表 1　封面、封底、插页内容发生变化的重印书

书名	出版社	出版年	重印年	重印本变化
科学的旅程	北京大学出版社	2008	2010	封面增加:第五届中国国家图书馆"文津图书奖"第一名;插页也增加了此内容及"国家图书馆文津图书奖授奖辞"
汉字演变五百例	北京语言大学出版社	2002	2009	封面增加:"文化部财政部送书下乡工程2008 年度"

（2）部分章节或序跋说明等发生了变化

图书主体内容发生变化的重印书本应该纳入新版（再版或修订版等）书的行列,但过去出版社出于书号资源稀缺、重新申请书号手续繁琐、市场需求急迫、非跨年度重印统计时不计种数等因素的考虑,将其中一些内容变化比例不大的图书也都纳入重印书的范畴。不过,随着近两年"书号实名申领"后书号总量控制的放松,此类图书逐步从"重印"跨入了"新版"行列。如表 2 中的《重新发现社会》一书,2010 年初版后,2011 年根据重印本内容的变化,很快又出了 2版（修订版）。

表 2　内容发生少量变化的重印书

书名	出版社	出版年	重印年	重印本变化
中国音乐通史简编	山东教育出版社	1993	2007	增加了"重印说明",对部分章节内容进行了修订和梳理
重新发现社会	新星出版社	2010	2010 第6 次印刷	原版"后记"之后又增加了"补记"（重印说明）和"书缘与书评"附录

（3）定价发生了变化

定价发生变化的重印书,主要是一些重印年较出版年跨度较大的图书,如中华书局 1992年版的《春秋繁露义证》一书,2010 年重印时距出版年已经跨越了 18 年（表 3）,无论是图书的成本还是物价水平等,都已发生了很大的变化,重印本即使内容无任何变化,但在市场经济条件下定价的变化是必然的。

表 3　定价发生变化的重印书

书名	出版社	出版年	重印年	重印本变化
春秋繁露义证	中华书局	1992	2010	原版定价10.05 元,重印本定价38 元

（4）开本、版式和装帧方式等外观形式发生了变化

重印本开本、版式和装帧方式（精、平装）等外观形式的改变,多见于一些畅销书的重印本中（表 4）,一般主要是出于读者阅读、携带、保存、收藏便利等因素的考虑而对原版书做一点外观调整。此类图书虽外观变化了,但内容与原版书几乎完全相同,且非跨年重印统计时不计种数,所以不用再新申请书号;不过,一些跨年印刷的此类图书也都当做重印书来处理了。

表4　外观形式发生变化的重印书

书名	出版社	出版年	重印年	重印本变化
于丹《论语》心得	中华书局	2007	2009	增加精装封皮和硬皮封套

（5）ISBN发生了变化

ISBN从2007年开始由10位升至13位,2007年之前出版的图书,2007年之后重印时,ISBN就相应升至了13位(表5)。

表5　ISBN发生变化的重印书

书名	出版社	出版年	重印年	重印本变化
孙子兵法·孙膑兵法	中华书局	2006	2010	ISBN由10位升到13位

（6）增加了光盘等附件

随着数字技术的迅猛发展和电子出版物的快速增长,读者对电子出版物的使用需求也随之增加,不少图书重印时原版纸本图书内容虽保持不变,但增加了与图书配套的光盘等附件,特别是一些与计算机与信息网络技术、工业加工技术等相关的工科类图书(表6)。

表6　增加了附件的重印书

书名	出版社	出版年	重印年	重印本变化
食品包装技术	中国轻工业出版社	2009	2011	增加了与书配套的光盘

4　国家图书馆重印书的缴送问题

4.1　重印书缴送面临的现状:缴送率极低

由于重印书与新版图书(初版/再版/修订版)要求缴送的数量不同(重印书只要求每种向国家图书馆缴送1套,新版图书每种需缴送3套),且大部分重印书和原版书相比基本没有什么变化,所以出版社对重印书缴送的重视程度远远不如新版图书,二者的缴送情况差别很大。

根据国家图书馆2005—2010年新版图书缴送量和当年新版图书的出版量来单独计算缴送率,2005年新版图书的缴送率高达92.51%,2007年新版图书缴送率较低,但也达到了75.25%(表7)。

表7　国家图书馆新版图书缴送情况表(2005—2010)

年份	新版图书出版量(种)	新版图书缴送量(种)	缴送率
2005	128 578	118 952	92.51%
2006	130 264	98 747	75.81%
2007	136 226	102 514	75.25%
2008	149 988	126 444	84.30%

430

年份	新版图书出版量(种)	新版图书缴送量(种)	缴送率
2009	168 296	129 065	76.69%
2010	189 000	151 280	80.04%

注:新版图书缴送量的部分数据(主要是少儿文献),因业务报表中当时只统计了册数而缺种数,其种数是按整体种册比例估算而来。

但是,如果根据重印书的缴送量和当年重印书的出版量,[4]来单独计算重印书的缴送率,情况与新版图书正好相反。国家图书馆 2010 年重印书的缴送率只有 15.22%;同样也接受出版物缴送的中国版本图书馆,情况与国家图书馆类似,其 2009 年重印书的缴送率也只有 12.37%(表 8)。[5]

表 8　国家图书馆与中国版本图书馆重印书缴送情况

年份	重印书出版量(种)	缴送量(种)(国家图书馆)	缴送率	缴送量(种)(版本图书馆)	缴送率
2009	133 423	—	—	16 503	12.37%
2010	139 000	21 162	15.22%	—	—

4.2　重印书缴送面临的难题:重复缴送与完整保存

国家图书馆 2011 年截至 9 月份的重印书缴送量,总计 111 箱约 2.2 万种 3.2 万册(不包含少儿文献的重印本)。① 根据初步抽样调查的结果,其中"无显著变化的重印书"约占重印书缴送总量的 85%,"有明显变化的重印书"所占比例不足 15%。如果根据这个结果分析,那么重印书的缴送就面临如下几个尴尬的问题:

——重印书全部缴送:因绝大多数重印书和原版书比较几乎没有什么变化,属原版书的重复缴送,不仅增加了出版社的成本和负担,对图书馆收藏也没有太大的意义,而且增加了馆藏的成本。

——重印年全部不缴送:少部分有明显变化的重印书将无法获得,会影响到馆藏的完整性和文化遗产的完整保存,不利于国家总书库的建设。

——重印书选择性缴送:"无显著变化的重印书"不缴送,"有明显变化的重印书"缴送。那么,"变化是否明显(显著)"的标准如何把握? 由谁来评判?

如果评判标准由出版社自己来把握,因部分重印书出版本身就属于违规操作,而且评判和区分会增加出版社的成本,出版社缴送越多成本就越高,对出版社缴送好坏也缺乏有效的监督和约束,其政策的结果必然是出版社倾向于尽可能不缴送。

那么,如果这个标准由国家图书馆来把握和评判,首先还是需要出版社将重印书全部缴送

① 2010 年 5 月前,国家图书馆对所有缴送的"有重大变化"的重印书一般都视同新版书处理,对其他重印书则当做原版书的复本来处理。从 2010 年 6 月开始,除先于原版书到馆且原版书缺藏的重印书外,其余重印书全部装箱暂存库房,单独放置待处理。少儿文献因入藏政策尚未确定,除少儿读物外,其他也全部装箱暂存库房待处理。

到馆,图书馆将这些书和原版书的书目数据比对后,"有明显变化的重印书"入藏,"无显著变化的重印书"则退回出版社或退库调拨。退回的重印书对出版社而言成了散书和杂书,且退书的接收和管理涉及不同部门,反而增加了出版社的管理成本和库存成本,也增加了图书馆(或出版社)的邮寄和运输成本。所以,目前比较现实的做法是退库,将这些"无显著变化的重印书"调拨给其他有需要的图书馆。

4.3　重印书缴送面临的尴尬:政策法规保障的缺失

我国目前还没有专门的出版物呈缴的相关法律,国家图书馆出版物呈缴的法源依据,主要是国务院、政府文化部门或出版管理部门的行政法规和部门规章,靠国家的行政力量予以推行和保障。目前有关重印书缴送所依据的文件,只有1991年下发的《重申<关于征集图书、杂志、报纸样本办法>的通知》。然而,新闻出版总署于2011年3月1日公布的《新闻出版总署决定废止的第五批规范性文件目录》中,将1991年下发的这份国家图书馆接受重印书所依据的文件废止了。这一政策的变化,让国家图书馆本就很不乐观的重印书缴送变得更加艰难。虽然《出版管理条例》中强调了"出版单位应当按照国家有关规定向国家图书馆免费送交样本",[6]但"样本"的范围并未明确包含"重印书",而且目前依据的"有关规定"只有1979年颁布的《关于征集图书、杂志、报纸样本的办法》,其中并未包含向国家图书馆缴送重印书的内容。

不过,《出版管理条例》作为上位法,颁布时间(2001年12月25日)要晚于1979年和1991年的部门规章,且刚刚于2011年3月19日修订。在上位法出台及修订以后,新的部门规章和规范性文件应该根据上位法的精神进行调整或者重新制定。所以,呼吁新闻出版总署在废止旧文件的同时,应尽快根据新修订的《出版管理条例》出台新的规范性文件,进一步明确重印书的缴送问题。

参考文献

[1]刘蓓蓓.中华书局运作"重印书"工程,为学术,也为市场[N].中国新闻出版报,2004－03－17(6).

[2]新闻出版总署信息中心统计处.图书指标解释[OL].[2011－08－15].http://www.ppsc.gov.cn/zbjs/201010/t20101019_78644.html.

[3]杠头.谈重印书[OL].[2011－08－15].http://www.wangf.net/data/articles/d01/109.html.

[4]新闻出版总署出版产业发展司.2010年新闻出版产业分析报告(摘要)[OL].[2011－08－15].http://www.gapp.gov.cn/cms/html/21/367/201107/720556.html.

[5]中国版本图书馆.2009年共收缴样书[OL].[2011－08－15].http://www.cppinfo.com/zxgk/jgjs/zgbbtsg/bbzjqk/02/8901.shtml.

[6]国务院.国务院关于修改《出版管理条例》的决定[OL].[2011－08－15].http://www.gov.cn/flfg/2011－03/19/content_1828564.htm.

世界卫生组织（**WHO**）的网络资源

朱　虹（国家图书馆）

随着网络技术的发展，传统实体文献因其制作成本的昂贵和传播速度的滞后，已无法跟上大型公共机构信息传播的需求，日益被网络资源所取代。许多国际组织和政府机构都开始转向无纸化办公，原纸质出版物和相关文献也逐渐改为电子资源，通过网络开放存取。

世界卫生组织作为联合国下属的专门机构，以促进信息公开和自由获取为宗旨，率先发起开放存取运动，利用网络传播技术，逐步加大网络资源在所有文献资源中的比例。我们图书馆员作为文献资源的采集者、收藏者和管理者，其根本任务就是对馆藏进行不断地扩充、保存和完善，使读者更全面快捷地获取知识和信息。面对实体资源网络化的新形势，我们也需要与时俱进。本文介绍了世界卫生组织网络资源的内容及特征、检索方式和版权情况等，为相关采访人员提供有益的参考和借鉴。

1　世界卫生组织

世界卫生组织（World Health Organization），简称WHO，是联合国系统内卫生问题的指导和协调机构。目前有193个成员国，负责对全球卫生事务提供领导，拟定卫生研究议程，制定规范和标准，阐明以证据为基础的政策方案，向各国提供技术支持，以及监测和评估卫生趋势[①]。中国是该组织的创始国之一，1981年该组织在北京设立驻华代表处。目前中国的世界卫生组织合作中心已达69个，其数目之多位居世界卫生组织西太平洋地区国家之首。

2　世界卫生组织网络资源

世界卫生组织的网络资源内容丰富，网站设计简洁明了，其来源主要有三个：一是世界卫生组织的官方网站，二是世界卫生组织图书馆数据库，三是世界卫生组织在线书店。其中世界卫生组织的官方网站最为重要，其他两个网站都可以通过它来链接。下面将着重介绍官方网站的资源情况，同时简单介绍在线图书馆和在线书店。

2.1　世界卫生组织官方网站

该网站网址：http://www.who.int/en/index.html 是世界卫生组织网络资源最主要的来源，也是最权威的网站，在这里几乎可以检索到与世界卫生组织相关的全部信息，包括世界各地的疫情情况追踪，与卫生健康有关的焦点事件的报道，各类卫生食品标准法规等。世界卫生组织

---

① 　[2011 - 09 - 23]. http://www.who.int/about/zh/.

出版发行的各类出版物和多种统计数据也通过该网站及其相关链接来查询。

2.1.1　资源描述

网站的资源信息从主页的布局就可以基本显示出来。其布局基本分为三大块。

第一，主页页首的显著位置从左至右依次排列了七个选择键，也是该网站主要内容的导航键，它们分别是"健康主题"、"数据和统计数字"、"媒体中心"、"出版物"、"国家"、"规划和项目"和"关于世卫组织"。通过这些导航键读者可以进一步检索需要的相关信息。

（1）点击"健康主题"，引导读者深入特定的主题，这里显示了120多个主题索引，按字母顺序排列，既有各种具体疾病，也有各种公共卫生、环境等社会问题。值得一提的是，每一个主题，其各自的网页都与世界卫生组织的项目、行动、活动、信息产品以及联系人相链接。①

（2）点击"数据和统计数字"，引导进入世界卫生组织的主要统计数据。这个页面按照分类数据和数据库两大内容左右排列。左侧的分类数据提供关于死亡率和健康状况、疾病、高危因素、服务普及率和卫生系统的50项核心指标的国家统计数字；右侧的数据库包括"全球卫生观察站"和"区域统计数字"，提供全球卫生状况的数据访问和分析门户，以及来自世界卫生组织区域办事处的统计信息。网页重点标注了《世界卫生统计报告》，这是世界卫生组织的重要出版物，每年出版一册，提供世界卫生组织193个会员国最近的卫生统计数据，并且所有报告都能以PDF格式下载。②

（3）点击"媒体中心"，引导进入世界卫生组织的新闻页面。在这里既有新闻和要事的文字描述，也有多媒体的实况报道，第一时间传递世界卫生组织及全球有关卫生和健康的事件。该网页还提供RSS新闻传递和Twitter页面的链接，以期更好地服务读者。③

（4）点击"出版物"，引导进入世界卫生组织出版物的相关页面。在该页的显著位置标出了世界卫生组织重要出版物、刊物的介绍及其下载链接。网页另一内容是世界卫生组织区域出版物的链接，六个区域分别链接到各自的网站，它们是非洲区域、美洲－泛美区域、东南亚区域、欧洲区域、东地中海区域和西太平洋区域。这个页面同时还提供世界卫生组织网络资源其他两个主要来源的链接，即世界卫生组织图书馆数据库和世界卫生组织在线书店，后面将逐一介绍。④

（5）点击"国家"，进入一个按照国家名称字母顺序排列的索引页面，这些国家都是世界卫生组织的会员国和准会员国。继续点击具体国家名称，则进入该国家的单独页面，内容包括国家在疾病、卫生、健康方面的情况介绍和统计数据。⑤

（6）点击"规划和项目"，进入有关世界卫生组织规划和项目的索引页面，该页按照字母顺序排列，根据需要进一步点击相关索引，查找所需信息。⑥

（7）点击"关于世卫组织"，导入的网页对世界卫生组织进行综合介绍，帮助读者更好地了解该组织，内容包括世卫组织的议程、管理、历史、工作人员和办事处、资源和计划，以及在公共

①　［2011－09－23］. http：//www. who. int/topics/en/index. html.

②　［2011－09－23］. http：//www. who. int/research/zh/index. html.

③　［2011－09－23］. http：//www. who. int/mediacentre/en/index. html.

④　［2011－09－23］. http：//www. who. int/publications/en/index. html.

⑤　［2011－09－23］. http：//www. who. int/countries/en/index. html.

⑥　［2011－09－23］. http：//www. who. int/entity/en/index. html.

卫生中的作用等。对世界卫生组织感兴趣的用户可以在这里下载 PDF 格式的世界卫生组织简介。①

第二,中间位置安排了世界卫生组织的近期要闻,包括最新疫情与危机、焦点事件、特别报道等,定期更新,注重实效性与连贯性。

第三,右侧位置是世界卫生组织机构的关键信息,包括总干事及高级管理层的活动和讲话,各组织机构的规章制度、决议决定等基本文件,世界卫生组织的年度活动、会议和报告等。

2.1.2 网站特点

(1)页面结构简单明确,一目了然。三大区域划分清楚,读者可以根据不同的需要很快找到切入点。

(2)网站使用了六种官方语言(即英语、法语、西班牙语、阿拉伯语、俄语和中文),不同国家和地区的读者可以根据自己的语言习惯适当选择,扩大了网络资源适用人群的范围,使该网络资源得到更广泛的应用。

(3)网站提供的出版物资料都有 PDF 格式链接,在不违反世界卫生组织有关授权和许可、版权和使用条件的情况下,读者都可免费下载阅读。

(4)网站专门设有互动服务和意见反馈表,根据用户的意见和建议及时改进网站建设。

2.1.3 检索方式

该网站检索方式非常简单,大致可分为两种。第一,在主页页首设一检索框,用户输入任一检索词即可查询,旁边的高级检索键帮助读者深层次查询;第二,点击设置在主页页首的七个主题导航键,引导进入相关主题进行进一步检索。

2.2 世界卫生组织图书馆数据库

数据库网址:http://dosei.who.int/uhtbin/cgisirsi/Fri + Nov + 12 + 14:30:49 + MET + 2010/0/49。在这个数据库可以查询到世界卫生组织的全部出版物,并可以免费下载图书、期刊。通过世卫组织的官方网站,点击"出版物"导航键,进入出版物页面,继续点击"图书馆数据库"键,就能链接到该网站。

该网站的主页设计很实用,直接进入了检索界面,读者可以很方便地根据提示来检索自己需要的出版物信息。

2.3 世界卫生组织在线书店

在线书店网址:http://apps.who.int/bookorders/anglais/home1.jsp? sesslan = 1。读者可以从这里订购世界卫生组织出版物的印刷版,发展中国家的读者可以享受到优惠的订购。该书店对期刊、丛书等系列出版物还提供有偿订阅。通过世界卫生组织的官方网站,点击"出版物"导航键,进入出版物页面,继续点击"在线书店"键,就能链接到该网站。网站首页展示了最新出版物、销售量最高的出版物排行以及打折销售的出版物名单。通过左侧的一列导航键,读者可以选择浏览目录,预订出版物,搜寻所需出版物,直接下订单购买或下载出版物。网站对每种服务都有详细的说明,方便读者使用。

---

① [2011 - 09 - 23]. http://www.who.int/about/en/index.html.

3 世界卫生组织网络资源版权

3.1 版权说明

世界卫生组织网站中各网页的信息由世界卫生组织发表并供普遍发行。它提供的信息受《伯尔尼保护文学和艺术作品公约》、其他国际公约以及关于版权和有关权利的国家法律的保护。

对网站上的信息摘要,用于研究或个人学习的,可以进行评议、复制或翻译,但不得用于出售或与商业有关的目的。使用网站上的任何信息都应伴同承认世界卫生组织为其来源,同时提及文章的统一资源定位地址(URL)。复制或翻译网站的大量内容或者用于除教育或其他非商业目的之外的用途,需要事先获得明确的书面授权,应向负责所用网页者提出申请和询问。①

3.2 链接说明

根据既定的因特网相关规定,任何外部网站可以提供与世界卫生组织网站或其任何页面的超级链接而无需申请授权。但是,这一使用必须不侵犯世界卫生组织的知识产权,特别是涉及其名称、会徽、版权或作者权利。世界卫生组织会徽不可用于提供链接。

所有世界卫生组织会员国接受的世界卫生组织规章,明确禁止本组织认可特定组织、产品或服务。因此,与世界卫生组织网站的链接必须只用于信息,而不是用于宣传任何组织、产品或服务。与世界卫生组织网站的链接并不而且不应意味着世界卫生组织与链接网站拥有者有任何关联。

与世界卫生组织网站的超级链接应是链接世界卫生组织主页,或是通过从世界卫生组织主页导航可到达的完整页面。不应与一个页面的个别构成部分建立链接,例如文本、图片或图形。不应直接与可用于下载的文本链接,如 PDF 文件,而应与下载这些文件的网页建立链接。②

4 结束语

随着网络资源在图书馆文献资源中的比例不断增加,网络资源的采集、收藏和维护已经成为采访人员必须关注的问题。加强网络资源的采访工作,既要有先进的技术设备作为支撑,又要有图书馆员的综合素质和能力作为后盾,从硬实力和软实力两方面入手,使馆藏文献形成实体型文献与虚拟网络型资源的并存和互补。总之,开发和建设网络资源的最终目的就是为了满足用户的信息需求,信息资源得以利用,信息需求得到满足,也就实现了其最终价值。

---

① [2011 - 09 - 23]. http://www.who.int/about/copyright/zh/.
② [2011 - 09 - 23]. http://www.who.int/about/licensing/linking/zh/index.html.

现阶段图书采访与编目工作关系初探

朱青青　高　伟(国家图书馆)

1　图书采访和编目工作的基本内容

图书采访与编目工作是图书馆基础业务工作之一,是图书馆开展读者服务工作的基础与保证。过去,图书采访与编目通常是分属两个不同的部门管理,采访部门主要根据其目录体系负责对图书的采集,与出版社和图书发行业打交道,编目部门则主要负责图书的著录、主题分类、加工,遵循图书馆行业的标准和规范。但随着图书馆自动化程度的提高,图书采访和编目工作的基本内容并未发生多少改变,但两者之间的关系却越来越密切。也正是因为其关系的密切,如今在大多数图书馆,图书采访和编目也基本划归于同一采编部门,便于统筹管理。

1.1　图书采访工作基本内容

图书采访是指图书馆为建立其馆藏而进行的图书选择、收集、获取工作,它对图书馆的馆藏质量、馆藏结构、馆藏体系起着至关重要的作用。除了核心的选书工作之外,图书采访工作还涉及图书验收、图书记到分流、贴条形码、图书查重、套录数据、依据著录规则进行初始著录等与编目工作息息相关的工作。

1.2　图书编目工作基本内容

图书编目是指对图书的组织、整理工作,它包括对图书的著录、分类标引、主题标引、规范控制等工作程序,以形成一个可供检索的目录体系。

编目工作是一项比较细致的技术性工作,具有连续性、累积性规律。为保证目录质量,编目人员须遵循编目规则,熟悉与掌握各种编目规范与标准,克服工作中的盲目性、随意性,使目录做到规范、统一,以提高目录的效能。

1.3　现阶段图书采编工作特点

现阶段图书采编工作的显著特点之一,是采访人员和编目人员的工作量都大大增加了。知识爆炸的时代、出版量的激增、文化事业的发展、购书经费的增加等,使得图书采购量与编目量都大幅度增加,用户的需求同时也对图书采编工作在时效性上提出更高的要求。因此,理清图书采访和编目工作之间的关系,有助于理顺采编工作的流程,制定出合理的采编政策,使得图书不积压,及时满足用户的需求。

2 图书采访工作对编目工作的影响

2.1 采访政策对编目工作的影响

每个图书馆都会根据本馆的实际情况制定相应的图书采访政策,采访政策的科学与否直接决定了入藏编目文献的数量、质量,也间接影响了编目数据的质量。就笔者所在的国家图书馆而言,国家图书馆的中文图书采访政策是指导完整级别的藏书,即中文以求全为目标,努力收藏各学科各专题领域的所有知识记录。据中国新闻出版总署统计,2010 年全国共出版图书32.8 万种,较 2009 年增长 8.8%;其中,新版图书 18.9 万种,增长 12.5%;重版、重印图书 13.9万种,增长 4.5%。2010 年国家图书馆中文普通图书新书编目量为 16.3 万种,较 2009 年增长15.6%。为了更好地履行其作为国家总书库、国家书目中心的职责,国家图书馆近几年来花费了大量人力物力积极推进文献呈缴、少儿文献入藏、重印书入藏等工作。但其在中文图书采访政策上不断求全的指导方针,却也给图书编目工作带来了深远的影响。

首先,采访量的激增造成了采编工作量的急剧增加,除了核心的采访工作外,图书验收、记到分流、查重等工作都已逐渐外包,许多图书馆开始采用书商配送的书目数据。

其次,图书呈缴率、采访率提高一个百分点,可能带来编目工作量增加十个百分点,编目人员也不堪重负,除了积极寻求合作编目、共享编目的出路,图书馆也逐渐将图书著录、加工等工作予以外包,有的图书馆甚至直接将编目工作全盘外包。

面对海量的文献,任何一个图书馆都要有所选择和取舍,即使是履行国家总书库、国家书目中心这样重要职能的国家图书馆,在以中文文献求全为整体方针的前提下,也应该在充分论证、调研本国出版情况、本馆的馆藏体系、现有的采访政策等基础上,制定出实时的、立足于实践的采访政策。

2.2 记到分流对编目工作的影响

图书记到分流是指为图书建立订单、发票,登到、按照相关要求进行单册分流。单册分流的主要目的是建立分藏制度,划分文献用途,满足当前和长远的文献利用需求。因此,在记到过程中,要注意图书馆藏分配地点的区分。图书馆一般有不同的馆藏地点,以国家图书馆为例,主要包括书刊保存本库、中文图书基藏库、中文阅览、中文外借等常用的馆藏地点。馆藏地点众多,因此要求记到工作人员必须做好分流工作,记到时要做到认真仔细、准确无误,避免挂错单册。

如今大多数图书馆的图书记到分流工作主要是由外包人员来做。由于国家图书馆的馆藏地点较多,记到分流工作的失误尤其会对后续编目工作造成较大的影响。比如,最常见的挂错单册现象,造成了张冠李戴。后道流程的编目人员若没有及时发现、更改,很可能会造成读者在利用索书号取书时,发现并非是其所需要的那一本书的现象。此种情况下,编目人员往往需要提取出馆藏的各个复本予以核查,重新编制书目数据,重新挂接单册,并需要重新加工图书,由此所带来的工作量与人力成本是非常大的。

另外,新书验收这一环节的工作看似简单,但也很重要,查看新书质量、数量是否完好齐备,条形码是否记到,这些工作做好与否都会给编目工作带来影响。比如,新书验收环节把残本分流到第一复本,用于作为履行建设国家总书库职责而特藏的永久保存本,显然是不合适的。遇到这种情况,编目人员需要将残本反馈给采访环节的人员,重新进行分流;若遇到只有一个复本的情况,这本书的书目数据编制工作还可能无法再继续,需要等到采访回新的复本才能完成编目工作。

2.3 采访查重对编目工作的影响

查重是图书采编工作流程中一项很重要的工序,通过查重可减少图书复本,建立合理的藏书结构体系。图书采访查重是利用各种检索途径调查、了解本馆新书的预订、图书的收藏情况,以便有的放矢地预订、购买、增补图书,有计划地进行藏书建设。可以说,图书采访查重是控制复本量、节约经费的重要措施,也直接关系到图书馆的藏书建设和读者服务的效果。

我们知道,采访到的新书大致可分为两部分:一部分是已有书目数据的新书,另一部分是目前没有书目数据且需要原始编目的新书。鉴于采访与编目工作的部分交叉,且现今大多图书馆的采访和编目基本共用一个书目数据库,因此采访查重对于编目工作的影响是显而易见的。若采访查重工作做到位,采编工作则完全可以做到查重只查一次、编目只编一次,以提高工作效率。

以国家图书馆为例,采访查重工作目前主要也是由书商的外包人员来做,一些外包人员根本没有明确重复数据的定义,也不够熟悉查重的方法和途径,因此造成了数据库中不少数量的重复数据。比如,平装、精装等不同装帧形式但内容相同的图书,通常有不同的 ISBN 号,查重时其实可当做复本,在编制书目数据时只需要重复著录 010 字段即可;还比如,不熟悉编目规则、不清楚著录信息源如何选取,因此造成了查重有误;再比如,纯粹是因为没有认真核对图书信息书目数据条款,如 ISBN 号、题名、著者是否相符而造成的重复数据。

另外,对复本的概念与定义,在实践工作中,不同的采编人员还存有认识上的不同与偏差,尚存有争论、有待商榷之处,因此在一定程度上也给查重工作带来了混乱。比如,在出版界和图书馆界,对于重印书的理解还存有一定的不同,重印书在什么程度上属于复本、什么程度上属于新书,对于重印书复本的划分尚未有清晰的界定。鉴于每年出版大量的重印书,我们亟待解决这类问题,否则将会对后续编目工作带来不可估量的影响。

2.4 初始著录对编目工作的影响

由于采访人员在开始就是负责创建简单的书目记录,即所谓的初始著录工作。可见,采访人员和编目人员在书目数据制作过程中存有一定的工作重叠。并且采编人员也都依据共同的著录标准,因此采访人员初始著录工作的好坏会对编目工作构成直接的影响。比如,最常出现的是有关多卷书分散著录还是集中著录的问题。在采访环节,有时将该集中著录的多卷书弄成分散著录,该分散著录的弄成集中著录,甚至有的集中著录、有的分散著录,因此在书目数据制作源头上就造成了数据的不一致。类似这样的问题在采访环节若没有得到及时解决,编目环节就需要花费更多的时间去修改、合并书目记录,另外还牵涉采访人员需要到各个馆藏地点去提取图书进行单册的重新挂接、加工人员需要重新打贴书标。由此可见,这个过程是非常耗时耗力的。采访和编目工作的密切联系,越来越要求一些具体的编目问题由采访人员和编目人员共同来协商解决。

为了提高图书上架的时效性,国家图书馆在初始著录环节,还要求采访人员根据《中国图书馆分类法简本》给出一个采排架分类号,这样采访来的新书若是作为临时馆藏,分流至阅览室、外借室的,可以直接从采访环节送至加工环节,图书加工人员可根据采排架类号生成索书号、加工成书标。如此做法,大大减少了图书复本在编目环节周转的时间,更好地满足了读者的需求。但采访人员若是不熟悉中图法、不了解图书分类的基本理论与方法,则会造成将 A 大类的图书分至 B 大类的错误,有时给出的分类号甚至错得离谱,这样的错误长期累积不仅会导致图书排架的混乱,也导致了读者在这方面的意见呈不断上升趋势。因此采访人员需要了解编目工作,具备一定的编目知识是很必要的。

3 对图书采访工作的改进建议

3.1 注重采访政策的制定与编目实践相结合

制定采访政策主要是为了提高采访工作的计划性、预见性和可控性。图书采访政策作为图书采访工作的指南,也强调了其实用性,应该使其更加符合采访工作的实际,更加具有指导意义。因此,采访政策的制定应该是建立在广泛、深入调研基础之上的。这种调研往往应涉及图书出版发行方面的调研,本馆馆藏的调研,本馆读者需求调研,本馆的社会地位与作用调研等方面。除此之外,从采编关系的密切程度以及现阶段采编工作的特点来看,采访政策的制定还应该涉及与编目实践工作相结合方面的调研。

立足于国家图书馆近几年图书采访工作的实践,以建设国家总书库为目标,使得国图的图书收藏范围不断扩大,从少儿图书的入藏到重印书的入藏,再到盲文图书的入藏等,每一次采访政策的调整无一不给编目实践工作带来某种程度的影响。入藏图书的种类与数量,往往决定了所带来影响的大小。国家图书馆同时作为国家书目中心,在图书的编目方面,要求书目数据采用详编格式编制,并且要求书目数据应具备很高的质量。因此,对于如何缓解、平衡采编工作的时效性与书目数据质量之间的矛盾,成为了几年来国图采编工作的重大难题之一。

针对现阶段图书采编数量的激增,笔者认为,国家图书馆对于图书采访政策的制定应该适当考虑将图书编目与加工成本的核算纳入调研的范围之列,新的采访政策的出台应该顾及整个采编事业的发展,而不是采访只立足于采访,编目也只立足于编目。这几年来,国图的采编工作在一定程度上也受到了外包的冲击,逐渐将所谓非核心的采编工作外包似乎也成为了趋势,但对于需要引领业界的国家图书馆来说,尤其需要培养编目骨干人才、编目专家,而基础采编工作的实践是其人才培养的基石。因此,采编政策的制定也应该立足于这块基石,政策的前瞻性与实践性都缺一不可。

3.2 减少采访环节人为因素对编目工作的影响

为了减少图书采访环节中人为因素对编目工作的影响,首先需要采访人员重视图书记到分流工作。因为图书记到分流工作完成的好坏,直接影响图书的采访、编目、排架、流通等各项工作能否顺利进行。所以,图书记到分流工作是不容忽视的。采访人员除了要予以意识上的重视外,还应该加强对图书记到分流工作的验收,保证记到人员对本馆馆藏体系有足够的认识与了解。

其次,需要采访人员加强在编目方面的学习与提高。我们知道,图书馆自动化系统已使原始编目变得更加专业化,而如今部分原始编目工作已由采访人员来承担,采访与编目工作的这种交叉,必然对采访人员提出了更高的要求,要求采访人员应该具备一定的编目能力与水平。

图书采访人员应该熟悉图书的编目规则与 MARC 格式、基本的分类标引方法等。采访人员也只有掌握了这些基础的编目知识，才有可能做好记到分流工作、采访查重工作以及初始的著录工作，从而减少对后续编目工作的影响。我们也知道，编目工作是一项实践性很强的工作，所以，采访人员光从理论上学习编目知识是远远不够的，还需要加强培训与实践。笔者建议，新聘的采访人员可以先在相关的编目科组从事 1 至 2 年的基础编目工作，之后再从事采访工作可能会大有益处。

面对现阶段图书记到分流、查重、原始著录等工作的不断外包，只有具备一定编目水平的采访人员才能更好地与外包人员进行沟通，及时发现外包数据中存在的问题，予以反馈，从而做好外包的验收工作，以尽量减少采访环节人为因素对编目工作的影响。

3.3　发挥采访环节的书目建设作用

从上述图书采访工作对编目工作多方面的影响来看，采访环节也是书目数据建设与维护的一个非常重要的环节，这个环节是书目建设的源头。现阶段采编工作的特点已经告诉我们，书目数据的共建共享是出路。因此，我们首先要从源头上积极推进书目的共建共享。

事实上，我们的编目工作已经与采访的源头建立了联系。现今，许多书商为了推销自己的图书或者为图书馆提供增值服务，都开始采用图书馆的标准，使用 MARC 格式进行编目。许多书商的编目数据都是直接采用国家图书馆的书目数据，或者直接聘请国家图书馆的工作人员制作或指导。如果这个工作做得好，我们可以节省很多采访人员的工作。当然，我们也需要在采访环节加强对书商的书目数据质量的考核，这样才能为书目的共建共享打下良好的基础，从而保证图书馆和书商之间可持续的共赢。

国家图书馆作为国家书目中心，承担着国家书目建设标准和规则的制定以及推广职责。我国图书馆界与出版行业在书目数据制作的规范与统一方面，还存有不少分歧，而采访环节是与出版行业交流和联系最多的环节，因此从另一个侧面直接反映了采访人员须熟悉编目标准与编目规范的重要性，这样在与出版行业打交道的过程中，才能更好地宣传图书馆领域的标准与规范，推进书目数据的标准化与规范化，从而实质上推进跨行业间的书目的共建共享。可以说，如今国家书目的建设光靠编目人员显然是不可行的，采访人员必然也是国家书目建设的主力之一。采访人员只有更多地了解与掌握编目工作，理清采编之间的利益关系，才能更好地从全局上把握采访工作，从而推动采编事业的共同发展。

参考文献

[1]詹福瑞.国家图书馆第八次科学讨论会获奖论文选集[C].北京:北京图书馆出版社,2005.

[2]庄蕾波.关于文献采访与编目工作的几点思考[J].图书馆界,2008(2):53-54,64.

[3]翟雪芳.浅谈期刊记到工作[J].科技情报开发与经济,2010(17):118-119.

[4]林振锋,徐荻蕙,李金庆.论采访查重的延伸与完善[J].图书馆,2010(6):111,127.

[5]杨肥生.文献采访政策研究[J].图书馆建设,2005(6):52-54.

[6]2010 年新闻出版产业分析:保持平稳增长态势[OL].[2011-08-20].http://www.chinanews.com/cul/2011/07-22/3203135.shtml.

公共图书馆文献资源购置费支出评价项目绩效指标的选取

丁建勤(上海图书馆)

预算绩效是指预算资金所达到的产出和结果。预算绩效管理是一个由绩效目标管理、绩效运行跟踪监控管理、绩效评价实施管理、绩效评价结果反馈和应用管理共同组成的综合系统。预算支出绩效评价是预算绩效管理的核心。[1]

2002 年财政部批准了教科文司关于实施公共支出绩效考评的建议,2003 年在中央教科文部门财政专项资金中选择了 7 个有代表性的项目进行试点,其中包括中华再造善本工程专项。项目考评指标分为业务指标和财务指标两部分,每类指标由共性指标和特性指标组成。[2]

通常情况下,文献购置费是公共图书馆财政补助收入中较大的专项经费,社会关注度较高,公益性较强,因此适时开展文献购置费专项支出绩效评价,将有助于进一步提高公共图书馆预算绩效目标的申报水平,改善资源建设的绩效,进而争取政府财政资助的稳定性、持续性和充足性,为图书馆事业的发展提供可靠的资源保障。[3]

1 通用项目绩效指标体系

财政支出绩效评价指标框架可分为项目决策、项目管理、项目绩效等三个一级指标和若干个二、三级指标。一般地说,一级指标由于更具通用性从而相对稳定、统一,而二级指标可根据项目实际情况局部调整,三级指标则可根据项目具体情况设置。以上海市为例,"项目绩效"二级指标分为项目产出、项目结果、能力建设及可持续影响等三个,并由若干个供参考的三级指标组成。① 详见表1。

表1 "项目绩效"指标框架

项目产出	产出数量
	产出质量
	产出时效
项目结果	经济效益
	社会效益
	环境效益
	服务对象满意度

---

① 上海市财政支出绩效评价指标框架[EB/OL].[2011 - 09 - 05]. http://www.czj.sh.gov.cn/zcfg/gfxwj/jxpj/201108/t20110826_128681.html.

能力建设及可持续影响	长效管理情况
	人力资源对项目可持续性影响
	硬件条件对项目发展的作用
	信息共享情况

由于财政支出绩效评价重点是评价产出和结果的经济性、效率性和效益性，[4]所谓"产出和结果"就是指"项目绩效"，同时也由于条件限制，本文着重探讨"项目绩效"指标体系的构建。

2 现行馆藏建设绩效指标的梳理与归纳

建立一套行之有效的指标评价体系是开展绩效评估工作的基础。指标的选择既要充分体现科学性、合理性、可操作性的原则，又要考虑图书馆的具体情况；既要包括完整的考核指标体系，又要考虑评估者可能获得的条件与能力（如尽可能地利用现行的统计数据）等实际情况。因此，从现有相关评估指标入手，并根据实际情况做适当的调整，强调指标纵向和适宜的横向可比性，以达到真实地反映情况，为决策提供参考的目的。

目前涉及公共图书馆馆藏建设绩效指标的规范性、参考性文件主要有《公共图书馆服务规范》《文化部公共图书馆评估标准》《ISO 11620 信息与文献—图书馆绩效指标》《ISO /TR 20983 信息与文献—电子图书馆服务绩效指标》《国际大都市图书馆指标体系》等。

2.1 《公共图书馆服务规范》

《公共图书馆服务规范》（以下简称"服务规范"）是由国家文化部提出并归口组织编制的国家标准。[5]"服务规范"规定了图书馆服务资源、服务效能、服务宣传、服务监督与反馈等内容。其涉及的馆藏建设绩效指标主要有馆藏文献总量（含年人均新增量）、电子文献（含视听资料）年入藏量、适藏呈缴本入藏比例、人均文献购置经费、文献采集原则、馆藏外借量、人均借阅量（包括服务人口和持证读者）、电子文献使用量（数据库检索量和全文下载量），以及文献加工处理时间等。[6]

2.2 《文化部公共图书馆评估标准》

文化部组织开展的公共图书馆评估定级工作始于 1994 年。以 2009 年《省级图书馆评估标准》为例，标准分为办馆条件、基础业务建设、读者服务工作、业务研究辅导协作协调、文化共享工程建设、管理、表彰奖励等七部分，其涉及的馆藏建设绩效指标主要有新增藏量购置费、总藏量、图书年入藏量、报刊年入藏量、电子文献年入藏量、电子图书年入藏量、电子期刊年入藏量、视听文献年入藏量、外文文献入藏、文献采选方针与执行情况、呈缴制度与执行情况、地方文献和多卷书连续出版物入藏完整率、年外借册次、通借通还与馆际互借情况、年流通总人次、数字资源的利用。[7]

2.3 ISO 11620 和 ISO／TR 20983

国际图书馆绩效评估研究始于20世纪70年代,从90年代中期开始,图书馆绩效指标国际标准的开发获得了国际图书馆学界的广泛认可。目前图书馆绩效指标体系的国际标准包括ISO 11620"图书馆绩效指标"和ISO／TR 20983"电子图书馆服务绩效指标"两大部分。[8]

ISO 11620从公共服务、技术服务、用户评价、人力资源等方面入手选取了34个指标,其涉及的馆藏建设绩效指标主要有需求文献在馆藏中的百分比、文献利用率、人均馆内利用率、未利用库存的百分比、外借馆藏周转率、人均外借次数、人均外借文献册数、员工人均外借次数、库存借阅率,以及文献采访的时间、文献加工处理的时间等。

ISO／TR 20983涉及的馆藏建设绩效指标主要有电子馆藏建设的费用支出比率、每次登录平均下载文献数、每次数据库登录平均成本、每次文献下载平均成本、登录被拒率、虚拟访问的比率等。

2.4 《国际大都市图书馆指标体系》

《国际大都市图书馆指标体系研究》是2005年5月评审立项的国家社会科学基金重点项目。课题组提出了由资源条件(输入)、服务效能(产出)、服务成果(成果)和影响贡献(影响)四大板块45项具体指标组成的评估体系。其涉及馆藏建设绩效指标主要有馆藏总量、馆藏年增长率、文化多样性、电子资源、千人人均购书经费、外借馆藏的流通量、注册读者一次最多外借量、注册读者数字化文献下载次数、注册读者年均进馆次数、注册读者年均图书资料外借量、对馆藏满意度,以及文献采购进馆平均时间、文献加工处理平均时间等。

2.5 现行馆藏建设绩效指标的简单归纳

现行馆藏建设绩效指标可简单归纳为管理、投入、产出和效果、其他等四大类。

(1)管理类指标主要有文献采集原则(采选方针)、呈缴制度与执行情况等。

(2)投入类指标主要有文献购置经费、千人人均购书经费、电子馆藏建设的费用支出比率等。

(3)产出和效果类指标主要有馆藏文献总量、年入藏量、各类文献年入藏量、年人均新增量、馆藏年增长率、注册读者一次最多外借量、地方文献和多卷书连续出版物入藏完整率、需求文献在馆藏中的百分比、馆藏外借量、年流通总人次(人均借阅量)、人均外借次数(含员工人均外借次数)、文献利用率、库存借阅率、人均馆内利用率、未利用库存的百分比、外借馆藏周转率、通借通还与馆际互借情况、电子文献使用量、每次登录平均下载文献数、每次数据库登录平均成本、每次文献下载平均成本、登录被拒率、虚拟访问的比率、对馆藏满意度等。

(4)其他类指标主要有文献采访的时间、文献加工处理时间等。

3 文献资源购置费支出的项目绩效指标选取的初步设想

"项目绩效"二级指标原则上可以沿用项目产出、项目结果、能力建设及可持续影响,同时根据二级指标的分析框架和思路,以上述图书馆绩效指标为基础,具体分析、选取三级指标,以切合公共图书馆实际。同时考虑到这仅仅是初步筛选,因此将圈定的指标划分为可选和备选两类(如优先选用国家标准"服务规范"规定的指标),以提高指标的适应性,从而为各图书馆根据具体情况确定预算绩效目标、项目绩效评价以及指标体系的完善进行可能的铺垫。

3.1 项目产出

文献资源购置费产出主要体现在物化实体资源和虚拟化资源的数量及其质量和效率。

文献数量是图书馆文献资源收藏规模的重要指标,也是文献收藏质量的基础性保证。适当的年入藏量则是保证图书馆馆藏文献知识含量和对读者的吸引力的重要条件,因此其指标可选取年入藏量、各类文献年入藏量、年人均新增量等。根据"服务规范"要求"努力满足残疾人、老年人、进城务工者、农村和偏远地区公众等的特殊需求"(1.4 条款)和"公共图书馆应在确保印刷型文献入藏的基础上,逐步增加电子文献的品种和数量,并根据当地读者和居住的外籍人员的需求,积极配置相应的外文文献"的规定,年入藏量指标应根据各图书馆的实际情况,注意涉及盲文、电子图书、电子报刊和视听资料等类型。当然各类资源结构安排的合理性在预算绩效目标申报阶段就应该加以考虑和分析。

产出质量应根据各图书馆的性质和任务,考察各类文献完备率或核心文献完备率、适藏地方文献和多卷书连续出版物入藏完整率、未利用库存的百分比(三线典藏制的图书馆可优先选用未利用开架库存的百分比)、需求文献在馆藏中的百分比(对某些图书馆而言,也可考察馆藏补缺量)等。由于公共图书馆较之其他图书馆可能更需要配置复本,因此可考虑设置相关指标,如预约数与馆藏复本数的比例①,以测定复本配置的合理性。当然为避免突击购书和滞销特价书的不合理增长,也可考虑设置相关指标,同时注意保护知识产权,以维护图书馆形象。

产出时效主要有文献采访的时间、文献加工处理时间,当然也可以选取订单处理时间,以检验图书馆采访处理速度。而归还资料处理上架可供再次借阅时间也是一个检验服务产出效率,加快文献可获取时效的指标。

产出成本可以优先适用于数字资源,如可选用每次数据库登录平均成本、每次文献下载平均成本等指标。

"项目产出"具体指标,详见表2。

表2 "项目产出"可选和备选指标

可选指标	备选指标
年入藏量	
各类文献年入藏量	
年人均新增量	
各类文献完备率	核心文献完备率
地方文献入藏完整率	
多卷书、连续出版物入藏完整率	
未利用库存的百分比	未利用开架库存的百分比

---

① 2011 年 9 月 16 日,台北市立图书馆赴上海图书馆交换馆员陈怡妏小姐在与笔者交流时,谈及当读者借阅预约数与馆藏复本数达到一定比例时,该馆将考虑增购复本,本指标即受其启发。

可选指标	备选指标
需求文献在馆藏中的百分比	馆藏补缺数量
	预约数与馆藏复本数比例
	新书入藏比例
	正版（知识产权）情况
文献采访的时间	订单处理时间
文献加工处理时间	归还资料的处理上架可供再次借阅时间
每次数据库登录平均成本	
每次文献下载平均成本	

3.2　项目结果

项目结果可着重考察资源的利用情况和读者满意度，可考虑选用馆藏外借量、年流通总人次（人均借阅量）、人均外借次数、外借馆藏周转率、库存借阅率、人均馆内利用率、电子文献使用量、每次登录平均下载文献数、登录被拒率、虚拟访问的比率以及读者满意度、读者投诉等，详见表3。

表3　"项目结果"可选和备选指标

可选指标	备选指标
馆藏外借量	人均外借次数
年流通总人次	人均借阅量
外借馆藏周转率	
	库存借阅率
人均馆内利用率	
电子文献使用量	每次登录平均下载文献数
登录被拒率	
虚拟访问的比率	
读者馆藏满意度	读者馆藏投诉量

3.3　能力建设和可持续影响

能力建设和可持续影响可以考虑选用馆藏文献总量、资源辐射能力（如文献提供数量和类型）、长效管理情况、人力资源对项目可持续影响、硬件条件对项目发展作用等。"年入藏量注册读者一次最多外借量"可评估图书馆提供外借服务的能力，而"开架馆藏下架年限"[8]则可体现开架馆藏的文献更新率和丰富程度，这两个指标的提高实际上也意味资源建设能力的改善，详见表4。

表4　"能力建设和可持续影响"可选和备选指标

可选指标	备选指标
馆藏文献总量	
年入藏量注册读者一次最多外借量	
资源辐射能力(如文献提供数量和类型)	
长效管理情况	开架馆藏下架年限
人力资源对项目可持续影响	
硬件条件对项目发展作用	

4　结束语

　　支出评价指标的选取,有助于公共图书馆文献购置费绩效目标的确定、申报和预算的测算,乃至为支出结果的评价、反馈和绩效改善创造条件。由于文献购置费支出绩效评价尚处于起步阶段,缺乏经验借鉴和成果积累,笔者尽可能设想和罗列一些指标以供选择,这些指标的科学性、合理性和可操作性尚有待于进一步论证和检验,指标体系的定型尚有赖于业界付出更多的努力。

参考文献

[1]财政部关于推进预算绩效管理的指导意见(财预[2011]416号)[EB/OL].[2011-09-05].http://yss.mof.gov.cn/zhengwuxinxi/zhengceguizhang/201107/t20110718_577332.html.

[2]吕炜.我们离公共财政有多远[M].北京经济科学出版社,2005(11):195-201.

[3]财政部关于推进预算绩效管理的指导意见(财预[2011]416号)[EB/OL].[2011-09-05].http://yss.mof.gov.cn/zhengwuxinxi/zhengceguizhang/201107/t20110718_577332.html.

[4]王世伟.关于《公共图书馆服务规范》编制的若干问题[J].中国图书馆学报,2011(5):25-33.

[5]王世伟.关于《公共图书馆服务规范》编制的若干问题[J].中国图书馆学报,2011(5):33-37.

[6]省级图书馆评估标准[EB/OL].[2011-09-06].http://www.ndcnc.gov.cn/datalib/opensts/2009/2009_06/opensts.2009-06-19.8758594999/view.

[7]张红霞.图书馆质量评估体系与国际标准[M].北京:国家图书馆出版社,2008(7):37.

[8]Keven.图书馆业务评价指标[EB/OL].[2011-06-15].http://www.librarysalon.com/space-7-do-blog-id-8712.html.

国家图书馆法国"中国学"(汉学)文献交换的历史与展望

段洁滨　刘　洁(国家图书馆)

1　中国与法国文化交流简史

公元13世纪,法王派往蒙古的传教士鲁布鲁克在他的《东行记》中,对中国人有这样一段描述："他们使用毛刷写字,像画师一样用毛刷绘画,他们把几个字母写成一个字形,构成一个完整的词。"[1]有人认为这可能是法国人对中国的最早认知。

17世纪之前,葡萄牙、西班牙和意大利的传教士先于法国人来到中国,在这之后的一个世纪里,来中国的法国传教士不绝如缕,他们欲将基督福音传遍整个大清帝国。

1688年,白晋等5名法国耶稣会士来到北京,他们把自己的所见所闻撰写成了札记,这些记述,对法国"汉学"的发端以及中国文化在法国的传播都起到了积极的推动作用。

18世纪,法国传教士将中国的儒家思想、精美工艺等带回了法国,这在法国上层社会产生了很大影响。此时,在欧洲形成了一股了解和研究中国的热潮,随着来华传教士和商人的日趋增多,有关中国的信息不断传到法国,使法国掀起了一股"中国热"。当时法国知名的文人,无一不关心中国,视中国为一个繁荣幸福的国度,而古老的中国也启发了法国作家的创作灵感,雨果、巴尔扎克、莫泊桑等大作家无不受其影响,他们视中国为理想国的楷模,中国的政治制度、哲学思想都被他们热情颂扬。孟德斯鸠在读了有关中国的书籍《中国贤哲孔子》《中国图志》之后,更加了解了中国,而法国启蒙学者魁奈因写了一部赞美中国文化的巨著《中华帝国的专制制度》而赢得了"欧洲孔子"的雅号,因此,孟德斯鸠、伏尔泰、魁奈三人被公认为18世纪对中国了解最多的法国人。[2]

作为启蒙运动旗手的伏尔泰可谓是"首屈一指的中国迷",他把孔子的画像挂在自家的小教堂中顶礼膜拜,他说:"我研读过孔子的学说,在孔子的书中,我看到的是最淳朴的道德思想。"当伏尔泰看到元杂剧《赵氏孤儿》后,"既感动,又兴奋",说"《赵氏孤儿》是一部难得的佳作"。[3]随后他对剧本进行了改编,搬上了舞台,取名为《中国孤儿》。对此,1925年曾任京师图书馆(国家图书馆前身)馆长的梁启超评论说:"伏尔泰以其诚恳之气,清高之思,美妙之文,能运他国文明新思想,移植于本国,以造福于其同胞。"[4]伏尔泰之所以改编《中国孤儿》,借以倡导中国式的美德,除了他对中国文化的崇敬心情之外,还源于他认为"东方是一切艺术的摇篮,东方给了西方以一切"。

20世纪初,为向西方学习先进的科学技术,中国掀起了留法热潮。1915年,蔡元培曾在法国勤工俭学,回国后,他支持新文化运动,主张"兼容并包",1929年至1940年曾任北平图书馆(今国家图书馆)馆长,后出任南京临时政府教育总长、北大校长等职;1921年,周恩来也曾在法国学习;1921年4月,邓小平在法国克鲁梭市的施奈德工厂工作,1997年,法国总统希拉克访华时,将邓小平使用过的工作证交给了江泽民同志,江泽民接过镶在镜框中已泛黄的工作证后,深情地回赠了希拉克总统一首他亲笔书写的唐诗:"故人西辞黄鹤楼,烟花三月下扬州;孤帆远影碧空尽,唯见长江天际流。"

中国共产党早期的发展也与法国有着紧密的联系,当时在海外的两个支部中,其中一个就设在法国。而世界上第一个无产阶级政权巴黎公社以及欧仁·鲍狄埃的《国际歌》则一直被中国人所熟知,所传唱。与此同时,中国的文化思想对法国的影响也十分深刻,对此,曾任法国驻华大使的蓝峰先生就曾说:"孔子的思想惠及到了遥远的西方,在法国人的日常交往中,你经常能听到人们引用一些孔子的经典语录。"[5]

在漫长的历史长河中,中法两国互相了解,结下的深厚友谊,为两国人民所珍惜。

2 法国"汉学"(中国学)发展简史

2.1 法国早年"汉学"的创建

"西方的'汉学'是由法国人创立的",但法国与中国的直接交流要晚于意大利、西班牙和葡萄牙。早在16世纪初,葡萄牙人便以炮舰轰开了中国的大门,随之而来的商人、旅行家和传教士把在中国的见闻写成文字,这就是西方人了解中国的第一批汉学文献,而这些传教士便成了沟通中西文化的首批使者和最初的汉学家。法国"汉学"虽说深受意大利旅行家马可·波罗和传教士利玛窦的启发,"但'汉学'一经法国人之手,它便被推到了一个中心位置。"

16世纪末,利玛窦来中国传教,他在游记中把中国作为理想的乐土加以赞美,从而激发了法国人对中国的丰富想象,这对"汉学"在欧洲的诞生起到了催生作用。

1814年12月11日,法兰西学院开设了世界上第一个汉学讲座,这一天,在法国乃至西方汉学发展史上都被认为是特别值得纪念的一天,它标志"汉学"在西方教育体制中成为了一门独立的学科,它摆脱了"传教士汉学"的摇篮期,开始了"近代学院式汉学"的时代,[6]使巴黎成为"无可争议的西方汉学之都"。而首位汉学教授雷慕沙,也被世界汉学界公认为是西方第一位汉学家。1843年,法国巴黎东方语言文化学院也设立了近代汉语讲座,主持该讲座的法国翻译家巴赞将中国戏剧《窦娥冤》《汉宫秋》《琵琶行》等名著译成了法语,向法国人传递了中国传统美学的信息,另外中国古典文学著作《灰阑记》《西厢记》《白蛇精记》《平山冷燕》《玉娇梨》的法译本也相继问世。

汉学研究的一个重要条件是中文书籍。法国王室在1697年前,仅有一位主教送给路易十四国王的4本汉语书籍。[7]1720年时,法国皇家图书馆已有中文藏书1000余册。两年之后,法国传教士傅圣泽(1665—1741)又从中国带回了3980卷各类书籍,[8]为此欧洲首位汉学教授雷慕沙称赞傅圣泽的收藏是那个时代"一个欧洲人完成的最大宗最上乘的收藏"。法国在华传教士巴多明(1665—1741)和马若瑟也先后从中国给法国皇家图书馆寄回了大量的中文书籍,1742年皇家图书馆已经整理出了中文书目,该书目大约收集了4000多册中文图书。

18世纪末,法国"汉学"得到了快速发展,三大类文献构成了它的主流:一是纪实性著作,包括游记、航海记、经商报告等。二是中国经典名著的译介,包括四书、五经等一些自然科学著作。三是对中国概况的宏观介绍,包括政治、经济、外交等。法国是一个重视文化传统的国家,一向视"汉学"为"对中国进行科学研究"的一门学问,在中国传统文化魅力的感召下,法国的"汉学"研究,逐步从个人兴趣成为了规范的学科研究。

由于法国来华的传教士精通中国语言文字,因此他们的著述较之其他国家的传教士对中国的描述更为真实可信,这对奠定法国汉学的发展,推进中国文化西渐具有十分积极的作用。18世纪欧洲"汉学"的"三大名著":《耶稣会士通讯集》《中华帝国志》《北京耶稣会士杂记》先后在巴黎出版,这是当时法国传教士对海外中国学的巨大贡献,成为了18世纪欧洲"中国热"的文献源头。

2.2 法国汉学鼎盛的标志

西方的"汉学"虽说是由法国人创建的,但进入19世纪后,法国的"汉学"研究却落后于美国、德国等国家。20世纪初,法国"汉学"进入鼎盛期,主要表现有以下几点:

一是法国在 19 世纪初创立了完备的汉学研究教育机构。要探求古老的中国,就要通晓中国语言文字,因此他们十分重视汉学的基本教育,继法兰西学院和东方语言学校开设中文课之后,20 世纪新增设了包括巴黎大学、巴黎高级研究学校、里昂大学、波尔多大学等在内的汉语教学机构。

二是出现了一些有影响的汉学大师。沙畹的哲学研究,马伯乐的历史学研究,葛兰言的社会学研究,伯希和的敦煌研究等,这几位汉学家既有高深的学养,又大多来过中国,对中国文化有感性的认识,他们的著作,如《史记》《中国古代史》《中国文明》《中国思想》一版再版,成为西方汉学的经典作品,对西方汉学的发展具有重要的影响。

三是法国的"中国学"研究领域进一步拓宽。除语言文字、历史文化外,法国学者对中国的考古学、社会学研究都有独特的建树,而敦煌学则是由法国人创立的一门学科。

四是专业性"中国学"刊物的创立。法国"中国学"刊物成百花齐放的局面,这有力地推动了"中国学"研究在法国的繁荣。

2.3　20 世纪初法国几位著名的汉学家

沙畹是欧洲学术界公认的"中国学"大师,他翻译的《史记》,深受学术界的推崇,继沙畹之后成为法国"中国学"大师的还有马伯乐、葛兰言和伯希和。马伯乐的《古代中国》(1927),葛兰言的《中国古代歌谣与节日》(1911)、《中国文明》(1929)在欧洲汉学史上占有重要位置;伯希和则使法国"敦煌学"的研究走在了世界的前沿。1909 年,伯希和带着《老子化胡经》《尚书》等十余种敦煌遗书残卷到北京请专家鉴定,当时我国著名的考古学家、敦煌学家,倡议建立京师图书馆(国家图书馆前身)的学者罗振玉,见后大为惊奇,如获至宝,而同年上任京师图书馆首任馆长的缪荃孙则对伯希和说:"如此精品,世所罕见,这些宝卷随你回国,再也见不到了,可否将这些经卷拍成照片,赠送给我们一份。"

伯希和将从我国掠去的敦煌文献编制成了《敦煌经卷图录》《巴黎国立图书馆所藏伯希和写本目录》等,中国的敦煌学由此发端。

1934 年至 1939 年间,北平图书馆学者王重民在法国考察期间,得以通览全部巴黎国立图书馆所藏敦煌文献,并出版了《巴黎敦煌残卷叙录》《敦煌古籍叙录》《敦煌遗书总目索引》等,他还为北平图书馆拍摄了大量敦煌写本的照片。[9]

3　国家图书馆与法国文献交换回顾

文献的国际交流在促进国家间的相互了解中发挥着重要的作用,中外文化交流,特别是书刊的交流是人们相互认识的途径,人们可以借鉴对方的经验,达到取长补短的目的。

3.1　我馆与法国图书馆文献交换简史

文献国际交换起源于文艺复兴时的欧洲,它是伴随着科学、文学、艺术的交流而发展起来的。1694 年,法皇路易十四授权法国国家图书馆用馆藏的复本图书与外国图书馆进行图书交换;1697 年,法方交换获得的中文图书有 149 册。由此可见,中法两国的图书交换有着深远的历史渊源。

1862 年清政府开办了同文馆,而后又建立了我国第一所具有近代大学图书馆性质的同文馆书阁,非常重视以交换的方式获取国外的图书文献。1871 年,为了达到"彼此互读,亦彼岸相认"的目的,法国大使热福里代表法国文学苑向同文馆赠书,共计 188 本,同时,同文馆亦备购中国书籍,如《康熙字典》《昭明文选》《十三经》等 10 种,共 110 部回赠法国。[10]此次图书交流成为中法图书交流史上的重要事件,虽然它还算不上现代意义上的"出版物国际交换",但却促进了彼此的文化交流。

1934 年,国立北平图书馆(国家图书馆前身)代表团出访欧洲,馆长袁同礼与法国国立图书馆馆长克安订立了两馆书刊交换契约,这是我馆历史上有据可查的、官方签署的最早的一份文献交换协议,协议的第一条规定:"双方为谋中法两国间文化之沟通及合作起见,特进行各项出版品之交换。"1935 年,国立北平图书馆第 17 次会议审核了与德国、法国、俄罗斯交换科学书籍的合同,在经费的使用上,规定以国币 1 万元为限,其中德国为 4000 元,法国为 3000 元,俄罗斯为 2000 元,准备金 1000 元。[11]由此可见当时我馆对法国图书交换的重视程度,其效果也是十分显著的,1934 年时,我馆仅有 9 种法文期刊,到了 1936 年,已有法文期刊 29 种,如《纺织工业科学与艺术实践年鉴》《计量立法与应用》《哲学书目》等。

1937 年,抗战全面开始,1941 年,二战遍及全欧洲,两国图书馆业务处于停顿状态,直到战争结束,才逐步走向正常。

1949 年新中国成立伊始,某些西方国家对我国采取了"政治孤立,经济封锁"的政策。1964 年,法国总统戴高乐打破了西方对中国的封锁,率先承认中国并与中国建立外交关系,这一举动轰动世界。戴高乐总统在记者招待会上说:"有些国家现在还在犹豫,但是他们将来一定会效仿法国的做法。"法国是第一个与中国建交的西方大国,中法关系的改善,给两国图书馆界的交往提供了难得的发展机遇,继 1957 年、1962 年我馆先后与法国科学院图书馆和法国国家图书馆建立文献交换关系后,又有一批法国的图书馆和文化研究机构与我馆建立起了文献交换关系,此时我馆与法国各馆的交换工作呈现出前所未有的发展态势。我们把中国古典文学名著《楚辞集注》《李白诗选》《水浒》《伟大的艺术传统》《敦煌壁画》《齐白石画集》以及李时珍、李四光等科学家的著作寄给对方,交换到了我国社会主义建设所需的《试验航空工程》《无线电词典》等图书。

20 世纪中期,我国著名作家的作品先后被译成法文,有鲁迅的《野草》《朝花夕拾》,茅盾的《子夜》,巴金的《寒夜》《家》,老舍的《骆驼祥子》《茶馆》等作品。1957 年《西游记》法文版出版,接着《水浒传》《红楼梦》法文版也相继在法国问世,由此法国介绍研究中国古典文学的活动上了一个新台阶。[12]在这一时期,国家图书馆通过与法国各图书馆的文献交换,也获取了很多珍贵的文献资料。特别值得一提的是,由于各种原因,我国留存至今的回鹘文碑铭文献数量极其有限,而《菩萨大唐三藏法师传》可谓是其中的精品,20 世纪 50 年代,我馆存有 240 面回鹘文《菩萨大唐三藏法师传》,而法国的琪美博物馆却藏有 278 面,国宝长期流落在外而不能回归,无疑是一件憾事。我馆正是通过交换渠道,补回了所缺,丰富了馆藏。

1964 年,正当两国文献交换工作向前迈进时,1966 年的"文化大革命"断送了这一大好形势。"1966 年我国出版的报纸从 343 种下降到 49 种,期刊的出版到 1967 年时只剩下 27 种。"[13]在此期间,我馆寄给对方的就只有几种作为宣传的法文刊物,如《人民中国》《中国建设》及《北京周报》。

改革开放,又为两国文献的交换带来了新的生机。目前,我馆与法国的 17 家单位有文献交换关系,其中最重要的有法国国家图书馆、法国科学院图书馆、法兰西学院汉学研究所、法国自然历史博物馆等。每年我馆能收到40余种法文交换期刊,读者感兴趣的期刊主要有《巴黎竞赛》《观察家新闻》《经济评论》《中国研究》等。现今我馆有法文期刊140余种,近三年出版的法文"中国学"图书3600多册。

3.2 法国的主要汉学机构

法国"中国学"发展离不开汉学机构的建立,在此我们仅介绍以下几家。

(1)法兰西学院。该学院是一家既古老又有活力的教学与研究机构,1814年在欧洲首开汉学讲座,法国很多著名的汉学家都曾在这里从事过研究工作。

(2)当代中国研究文献中心。该中心成立于1959年,以研究当代中国的社会、经济、科技为主,中心的刊物有《中国中心手册》《文献和书目》《中国中心研究文献》。该中心还藏有中国内地、台湾、香港以及法国出版的中文报刊。

(3)法国汉学协会。成立于1980年,其宗旨是将法国对中国研究感兴趣的学生、教授和学者聚集在一起。协会刊物有《中国研究》,发表有关法国汉学研究的年度目录,为汉学研究提供最新信息。

(4)巴黎高等汉学研究所。1973年从巴黎大学独立出来,有汉语书籍30万册,其中又以中国古典作品为主,另有方志2000种,中国明代的善本几十种,[14]出版物有《文献丛刊》《汉学目录通检丛刊》等。

4 研究法文"中国学"文献的意义

中华民族在漫长的历史长河中创造了灿烂的文化,同时也吸收了世界各国的文化精华,用以丰富自己的文化。罗素就曾说:"不同文明的接触是人类进步的里程碑。"

几百年来,"中国学"是外国人认识中国的一座桥梁。中国学的历史是中国文化与异国文化交流的历史,是外国人认识中国的一扇天窗;"中国学"是中国文化和外国文化撞击的结果,是中国文化在国外的一个延伸。

今天,我们收集法文"中国学"文献,不仅是为了梳理已有的法国"中国学"资源,追踪中国文化在法国的影响,同时也是探究法国"中国学"产生、发展与繁荣的过程,只有这样,我们才能理清法国"中国学"的这块"它山之石"对中国文化的影响。多年来,中国人民对于法国汉学家在字里行间所流露出的对中国的友好感情是十分珍视和敬佩的,搜集保护好法国"中国学"文献是国家图书馆的历史责任和使命。

法国人从不同的角度探寻中华文化,反馈的是另一种文化背景。欧洲一位汉学家说过:"汉学是一个残酷的学术领域,做学问不老实的人,会受到无情的报应。"正因为法国人以"勤耕勤耘","一片愚诚"的治学精神著称,才使"汉学"取得了"可观收获",才使法国有了一支高素质的汉学队伍。

研究海外"中国学",还可以帮助我们了解对方研究中国文化的深度,从而构建一个更科学的中华文化体系,把中国文化的研究提高到一个新水平,进而使我们在对外文化交流上做到有的放矢。

5　获取“中国学”文献的途径

近年来,我馆与法国各馆的图书交换卓有成效,我们从法方获取“中国学”文献的途径也越来越多,主要有以下几种:

(1)从对方书目上选:法国各图书馆会不定期地把新书目录发给我馆,我们从中筛选,要我所需。

(2)从对方期刊上选:法国汉学家的很多文章都发表在《中国研究》一刊上,从事交换的人员会定期翻阅,发现新书消息后,及时与对方联系。

(3)从法国汉学协会研讨会论文集中获取:法国汉学协会不定期地举办中国问题研讨会。另外,每两年一次的欧洲汉学学会大会也是我们获取法国“中国学”文献的一个途径。

(4)近年来,法国一些图书馆开始了网上选书,通过这一途径选取法文汉学图书,既方便又快捷。

6　未来展望

目前,法国“中国学”研究的阵容与英、德、俄在欧洲形成四足鼎立之势,在长期的“中国学”研究上,法国的大学和机构形成了不同的分工:巴黎大学是一所综合性大学,集研究和教学于一身,早在1920年就开设了“中国文明史”的课程;里昂大学是最早开设汉语讲座的大学之一;法国现代中国研究中心是法国外交部下属的研究机构,他们出版的《中国展望》是唯一用法文出版的中国研究刊物;法国近现代中国研究中心则是法国最著名的中国问题研究机构,有4万册有关中文文献和1400多种中文期刊,近年来,他们加强了对中国方志和统计年鉴的收藏。

了解了法国各机构的这些特点,我们就可以有针对性地开展图书交换工作,相信经过我们的努力,在国家图书馆“十二五”规划的五年里,我们与法国各馆的交换工作定会做得更好。

参考文献

[1]阎纯德.汉学研究(第10集)[M].北京:学苑出版社,2007:56-154.

[2]许明龙.孟德斯鸠笔下的中国[J].法国研究,1985(2):68-71.

[3]李喜所.五千年中外文化交流史[M].北京:世界知识出版社,2002:56.

[4]梁启超.饮冰室文集(第9卷)[M].北京:中华书局,1989:134.

[5]白琨.“中法文化年”对国际文化交流带来的启示[J].国际关系学院学报,2005(2):50-51.

[6]许光华.国外汉学研究[M].上海:上海外语教育出版社,2002:43.

[7]吴莉伟.耶稣会士博圣泽与欧洲早期汉学[J].中国文化研究,2002秋之卷:166-167.

[8]孟华.法国文化史[M].北京:北京大学出版社,1997:499.

[9]荣新江.中国敦煌学研究与国际视野[J].历史研究,2005(4):172-173.

[10]吴洁.1949年前我国出版物国际交换概况[J].图书馆杂志,2003(5):43-44.

[11]李致忠.中国国家图书馆馆史(1909—1999)[M].北京:国家图书馆出版社,2009:78.

[12]钱林森.法国汉学的发展与中国文学在法国的传播[J].社会科学战线,1989(2):339-340.

[13]中国出版[EB/OL].[2011-08-09].http://www.pac.org.cn/htm/nianjian/2002/zl/jsh/zh02.asp.

[14]许光华.国外汉学研究[M].上海:上海外语教育出版社,2002:46.

数字图书馆背景下用户习惯的改变以及对文献资源建设的启示

韩宜良（国家图书馆）

1 数字图书馆简介

在互联网时代,信息资源收集、传播、利用的途径与效率得到了巨大拓展和提升,这对于社会相当一部分领域以及大多数人来说意味着革命性的变化。对于处在信息时代的现代图书馆,原有各种物理载体所存储和传输的信息,也正在适应时代发展逐步数字化。计算机技术、通信技术、高密度存贮技术和多媒体技术的发展,进一步推动了图书馆的数字化进程。

世界范围内关于数字图书馆的定义有多种解释。一般认为,数字图书馆作为一个较为抽象的概念,是基于网络环境共建共享的可扩展的知识网络系统,应以统一的标准为规范,以数字化信息为底层,以资源库群为支撑,以智能检索为手段,以网络为传输通道,涉及如文字、音像、基础数据等各类数字信息资源的生产、加工、存储、检索、传递、保护、利用、归档、剔除等全过程,旨在为用户提供快速、便捷、广泛、无时空限制的信息服务。

在中国,数字图书馆概念的正式提出源于 1996 年在北京召开的第 62 届国际图联(IFLA)大会,数字图书馆成为该会议的一个讨论专题。中国数字图书馆工程自从 1998 年 8 月提出至今,已经引起社会各界的广泛关注,而且在推进实施方面也已取得重大进展。

随着数字图书馆工程的迅猛推进,从现阶段情况来看,目前我国的大多数图书馆已发展成为复合型图书馆,即数字图书馆与传统图书馆的结合体。资源建设一直是图书馆发展的一项重要内容,对于处在信息时代的图书馆,实体资源和数字资源的建设缺一不可。在数字图书馆迅猛发展的过程中,其对资源的海量、有效、有序的容纳能力已经有目共睹,而传统实体资源的采访亦是数字图书馆的重要补充。

2 信息时代用户习惯与公共图书馆建设

数字图书馆的建设,为用户提供了完善的获取数字信息的环境,使得用户的信息获取习惯产生了很大变化。严格意义上讲,网络时代下的现代图书馆可以定位为信息的中介,它利用书本、胶片、光盘、硬盘等多种载体汇集出版内容,通过传统借阅方式、网络媒介、移动终端等多种途径,向用户提供所需信息资源,乃至为馆藏资源发掘潜在用户。如何更好地发挥图书馆应有的作用,是图书馆建设过程中应考虑的重点,针对图书馆用户习惯变化的研究是实现这一目标的关键考量因素。

2.1 技术革新与用户习惯转变交替主导图书馆发展

随着技术的发展,数字化方式的改变,人类获取信息的方式也一直在不断变化。载体的多样化为信息的储存和传递带来了活力,通过对新系统和新载体的掌握和运用,知识和信息的交流变得更加方便,更有效率。科技进步打破了传统图书馆运作模式和管理理念,图书馆与信息技术的结合不断加深,图书馆对信息技术的依赖不断加强。在数字技术的支撑下,图书馆的概念进一步拓展,新的运行模式逐步建立。

作为图书馆最基本和广泛的服务对象,读者的使用需求在图书馆的建设与发展中起到了非常重要的作用,从某种意义上来说,用户的使用习惯应当指引未来图书馆的发展方向。数字图书馆的建设与发展,不仅需要基于网络、智能等信息技术和设备的信息与知识的获取手段和途径,更重要的是基于知识的深度组织加工,使不同形态或类型的数字信息与知识资源能够更加容易地按照用户习惯、意愿、特定需求灵活呈现给用户。

2.2 图书馆用户习惯的主动培养与引导

伴随着网络经济的迅速发展,各种媒介文化消费的日益丰富,图书馆面临着来自多方面的挑战。对于处在新经济时代中的图书馆,只有提供优质的用户体验,并主动培养用户习惯图书馆交互方式,才能够增强和提高吸引力并与潜在竞争者确立固定的优势,以实现对资源的充分合理的配置。

概括来讲,用户习惯可以简要的从内容和形式两个方面来把握。从图书馆用户的角度出发,内容可理解为用户对信息资源的有目的的索取,以及潜在的需求;形式则主要体现于图书馆的服务方式、技术手段,以及用户获取信息资源的途径。图书馆用户良性习惯的养成依赖于图书馆的主动引导与培养。这就对现代图书馆提出了更高的要求,必须改变以往的被动姿态,积极探索和发掘用户的潜在需要,借鉴和开发新的策略和平台,突破传统技术和服务,吸引和维持用户,并进一步引导用户了解图书馆及其服务模式,从而实现信息资源的有效共享和利用。

3 用户习惯的新变化与新趋势

中国新闻出版研究院于 2010 年 9 月起全面启动的第八次"全国国民阅读调查"结果显示,2010 年我国 18—70 周岁国民对书报刊等传统纸质媒介的阅读率继 2008 年止住连续下滑趋势以来,呈现出稳健增长的态势。其中,图书阅读率为 52.3%;期刊阅读率为 46.9%;而报纸阅读率为 66.8%,增幅最高。此外,数字化阅读方式的接触率增长幅度最大,国民数字化阅读方式的接触率相比上一年增幅为 33.3%。对数字化阅读的进一步分析发现,除传统的网络在线阅读方式以外,手机、电子阅读器等手持移动终端迅速发展,成为数字化阅读的又一重要途径。另外,对我国网民阅读形式倾向的研究发现,63.8% 的网民更倾向于"拿一本纸质图书阅读",而 34.4% 的网民更倾向于数字化方式的阅读。

从总体上分析此次国民阅读调查的结果,可以看出:(1)我国国民对阅读作用的重要性认知程度较高,国民综合阅读率达 77.1%,传统纸质媒介阅读率稳健增长,数字阅读接触率强劲增长。(2)随着技术的发展,可选途径的增多,人们的阅读方式和内容更为丰富和多元化,多种途径的综合使用是未来阅读的发展趋势。(3)传统阅读形式一方面面临严峻的挑战,另一方面依旧符合大多数人的阅读习惯,成为其阅读方式的首选。(4)移动信息终端因其不受时间地点限制、获取快速、易于存储、传播范围广的优势,得到了更广泛的普及和应用,移动阅读逐渐成为一种新的常规阅读模式。

经济的发展伴随着各类媒介消费爆发式的增长,也预示着文化产业面临历史性的突破。2010年互联网和移动通信两大产业的聚合给人们的日常生活带来了巨大的影响,基于这一背景,全球互联网用户数和全球移动终端用户数在未来数年内将实现极为乐观的增长。审视过去20年传统互联网的发展历程,移动终端的特殊性也必将推动移动阅读在未来的发展。

4 数字图书馆时代的文献资源建设

《中国大百科全书》中对图书馆进行了广义的概括,即收集、整理和保存文献资料并向读者提供利用的科学、文化、教育机构。科技的发展丰富了图书馆的形式,拓宽了图书馆的服务渠道和用户群。图书馆一直都非一种静态的形象,始终保持发展的态势,但未来无论如何变化,图书馆的宗旨与目标不会改变。在数字图书馆如火如荼发展的当下,我们依旧需要对传统文献资源建设保持应有的重视,并审时度势做出适宜的调整。

4.1 构建合理的资源布局

目前来看,数字图书馆与传统图书馆在未来一段时期将能够长期相辅相成。一方面,印刷图书历史悠久,价格稳定,保存时间长,易于阅读,不受设备限制,能满足相当一部分读者的阅读习惯,因此在很长一段时间仍将占重要地位。另一方面,电子图书等信息资源体积小,信息储存容量大,便于存放管理,传播速度快,能够促进信息资源共享,提高信息服务层次,是未来发展的趋势。在图书馆的数字化时代,信息储存与传递的新系统和新载体并没有取代原有的系统和载体,而是成为一种补充。只有把两种方式有机地结合,集合一系列不同的技术,并探索在电子与印刷资源并存的双重环境下系统与服务的整合,实现优势互补,合理构建资源布局,才能够吸引并构建完整而广泛的图书馆用户群。

4.2 敏锐把握用户需求

传统文献资源较数字信息资源来说存在建设周期略长的问题。在网络信息时代,要推动公共图书馆的普及与发展,除了自身需要雄厚的馆藏资源以外,敏锐地把握用户需求与趋势也是极其重要的因素。只有具备敏锐的意识,才能够深入、准确地了解用户不断变化的需求。此外,网络媒体的蓬勃发展也造就了用户对于信息资源个性化要求的趋势,而敏锐地把握这种趋势即能够把握用户个性化的信息需求。

4.3 避免资源重复建设

信息资源是图书馆的根本依托。当前,购买数字资源的经费成为图书馆的一项重大开支,图书馆用于购买数字资源的经费比例已经越来越高。在纸质与数字馆藏建设过程中,一味追求大而全或追求信息收录数量,易造成资源重复、标准不一。为了预防可能出现或者解决现有的资源重复建设问题,图书馆在数据库及图书采选过程中应当更加突出针对性,体现差异化。此外,应注重数字信息产品规范的完善,从宏观层面实现信息资源与纸本资源的调控和联合开发。

4.4 传统文献与数字资源的数据整合

文献信息服务要求对文献信息进行有序化。文献编目与数据加工整合是图书馆为读者提供索引的主要工具。现代图书馆馆藏资源的多元化趋势使得这一工作更为复杂多样。使读者方便全面地获取信息,对各种类型资源进行有效组织,是数字环境下面临的新的挑战。在数字环境下,必须针对各种类型的数字资源与纸本资源的不同特点,合理规范,利用统一、灵活、可扩展元数据格式,整合检索数据库与获取模式,实现对信息资源的有效整合,实现全面无遗漏的一站式检索。

4.5 健全多语言信息资源

语言是信息的主要负载者,全球化经济和多元化社会的几乎每一个方面都日益需要多语言技术的支持。多媒体、多语言和多元文化是数字图书馆最主要的三个特征。作为信息资源与信息技术的融合,数字图书馆中涵盖了多项与多语言信息获取相关的应用领域。图书馆要完善馆藏资源建设,必须实现对多语种信息资源的有效兼容并包。为了满足用户的多语言需求,应当有效借助数字图书馆对于语言信息的检索、获取、处理技术等相关领域的先天性优势,提高对于各种载体的多语言信息资源的有效利用,提升图书馆的多语言信息服务。

参考文献

[1]胡翠红.论图书馆发展的新模式——复合图书馆[J].科技情报开发与经济,2006,16(5):14-16.

[2]敖运梅.数字图书馆注意力资源的利用[J].科技情报开发与经济,2006,16(11):3-4.

[3]王凯慈.对信息时代图书馆建设问题的思考[J].科技信息,2010(5):219,236.

[4]中国新闻出版研究院.全国国民阅读调查报告[M].北京:中国书籍出版社,2011.

[5]朱丹阳,王志华.论在信息技术新形势下图书馆职能的发展与革新[J].现代情报,2009,29(11):13-15,20.

[6]吴丹,古南辉,何大庆.数字图书馆用户的多语言信息需求调研[J].图书情报工作,2011,55(2):6-10.

[7]李希明,陈美芳,张勇.关于特色数据库建设的新思考[J].情报杂志,2002(5):25-27.

[8]赵悦,富平.数字资源与传统文献元数据整合[J].国家图书馆学刊,2007,60(2):63-65,75.

[9]顾蒋.文献编目领域中的机遇和挑战[J].图书馆建设,2008(4):74-75.

[10]冯志伟.信息时代的多语言问题和对策[J].术语标准化与信息技术,2010(2):34-37.

数字信息资源的图书馆文献采访

蒋　斌(国家图书馆)

文献信息资源建设是图书馆将人类社会的文献信息资源予以选择收集和组织管理,并逐步累积使之成为一个具有特定服务功能的文献信息资源体系。文献采访是根据图书馆的性质、任务、读者需求和经费状况,通过觅求、选择、采集等方式建立馆藏,并连续不断地补充新文献的过程,也可以理解为图书选择、图书采访、图书采购、藏书建设、藏书补充、文献资源建设等。文献采访工作是图书馆工作的起点,是图书馆其他各项工作的基础,文献采访质量直接影响着馆藏质量,从而在很大程度上决定着公共图书馆整体服务水平。衡量图书馆工作水平的一个重要指标就是馆藏文献的数量和质量。当今图书馆的外部环境和内部条件都在发生巨大的变化,图书采访工作面临着新的挑战和困难,在坚持原有采访原则的同时,需要不断调整改进图书馆的采访体制。

数字文献资源是当前图书馆馆藏资源的重要组成部分,其所占经费的比例在整个图书馆资源建设费用中不断上升。伴随着电子出版物的不断增加,电子信息资源的采购比例也不断提高,许多图书馆订购的电子资源品种和数量不断增多,逐步取代了部分印刷型文献的订购,数字资源的采访正成为图书馆工作的一个重要方面。在实际工作中,电子出版物的采购工作十分复杂,涉及领域广泛,学科门类众多,专业复杂,图书馆在采购电子出版物的过程中需要有所取舍,有所侧重,有所选择,需要按照一定的采购原则、标准和策略来指导采购工作,才能取得最佳的实际效果。虽然早期数字资源采购还是遵循印刷型文献资源的采购方式,但数字资源在使用方式、存储手段和空间、购买渠道、购置费用等方面都与传统的印刷型文献资源有很大不同,购买印刷型文献的工作流程已经难以适应数字资源的采购,需要建立起一套规范的采购流程,以确保用最少的采购经费支出取得更大的效益。

1 数字文献资源的特点

数字文献是借助计算机技术记录、储存、传递、检索和浏览信息的,以光盘、磁盘或其他电子形式存在的文献。目前主要指由出版商或数据库商生产发行的、商业化的正式出版物,如数据库、全文电子期刊和电子图书、专利文献、会议论文、学位论文、标准文献、产品样本等,其中数据库又包括参考数据库(书目、索引、文摘)、全文数据库和事实与数值数据库。数字文献资源是通过计算机技术记录、储存、传递、检索和浏览信息、知识的文献,这种文献记录和传播声音、符号和图像的手段是通过计算机这一特殊的技术设施来完成的。

国外电子信息资源的生产已形成规模,走向产业化和商业化,这就使得网络数据库的整体发展呈现出以下几个特点:

(1)数据库规模大,数据量多,增长迅速;

(2)无时空限制,数据标准、规范、多元;

(3)出版周期短,复制成本较低;

(4)检索功能强,检索途径多,检索结果的显示与输出灵活、多样,存储密度高;

(5)体积小,容量大,节省馆藏空间,便于建立网络,实现文献资源共享。

数字图书馆采访数字文献资源是指图书馆引进或自建,拥有磁、光介质或网络使用权的数字形态的文献资源,其中主要资源包括数字图书、数字期刊、数字连续出版物、二次文献数据库(题录、文献、索引等)和其他数据库等。

2 数字文献资源的运作

数字文献与纸本文献一样,存在一个对新上市产品的寻找与了解问题。图书馆在获取数据库信息方面主要有几种途径：

（1）各种数据库供应商会经常主动提供一些新产品的资料与信息；

（2）数据库采购人员与数据库供应商主动联系，了解新数据库的动态；

（3）数据库采购人员通过查阅图书馆专业期刊或专门的图书资料与数据库出版信息资料库来掌握各类型数据库的情况。

许多大型出版社和学会都是自己通过互联网直接向订户提供网上数字资源的检索与全文阅读，这种方式使出版社对其数字资源进行完全掌控，并获得其附加价值，不需要中间商的介入。另外专利数字文献是一种集工业产权情报、技术情报、商业情报于一体的情报源，如 IBM 专利数据库提供了 1971 年以后的 200 多万项的美国专利；世界知识产权组织的数据近 12 万项；中国专利信息网收录了我国自 1985 年实施专利制度以来的全部发明专利和实用新型专利信息，也属于数字文献资源的采访对象。

数字文献资源的评估离不开全面、有针对性的指标的确定。国外的图书馆统计标准以及研究项目都对评估指标进行了详细的界定和分类，由于评估的主体和计量的目标不同，每个机构和组织采用的计量指标不可能完全相同。资源评估呈现出多样性和复杂化特点的原因主要来自四个方面：一是出版界，二是图书馆界，三是信息产品本身，四是信息技术的发展。专业的数据库开发销售机构或者文摘索引服务机构购买版权生产发行独立的数据库产品，包括网络数据库、光盘数据库等等。这种机构中的大多数并不生产印刷型文献，主要以购买版权、开发制作并销售期刊二次文献数据库为主。其中的期刊数据库是指一定数量的期刊原文或二次文献的集合体，它选材于期刊，服务于期刊，载体形式和传输方式多种多样，数据收录方式也多种多样。数字信息资源采购是开发也是控制信息源的一种手段，是一个复杂的决策过程，需要对用户需求、信息资源环境和信息源等因素进行分析。

图书馆数字资源采访系统的总体目标是：基于数字资源采购流程，通过规范采购程序，加强资源对象管理和采购过程管理，提高工作效率；实现与信息资源组织系统和服务系统的无缝链接；为数字资源采购活动提供先进的分析方法、管理技术和保障体系；消除采购决策的盲目性和随意性，降低资金投入风险；促进图书馆信息资源建设的协调与完善。因为新技术的高速发展，订户需求的不断变化以及出版社自身发展的需要，世界出版业在网上电子期刊订购及其网上服务上，从价格模式、输出格式、版权政策、安全认证等方面也将不断变化和求新。近年来，各图书馆的数字信息资源购置费虽然均有较大幅度增加，但面对急剧膨胀的电子信息资源，经费不足依然是普遍性的问题，为了使用有限经费购置最佳资源，图书馆界不满足于以数据库为单位的捆绑销售模式，而是希望能够订购单种期刊、单本图书或专题性的子数据库。学科门类比较齐全的信息服务机构可以考虑试用各种综合性或专业性的信息资源，而专业信息服务机构可考虑试用与本单位学科相关的信息资源。评估的指标一般包括数据容量、学科性质、覆盖年限、更新频率、标引深度、出版声誉等。国外的电子出版物主要由商业出版商、大学出版社和学会（协会）提供，要注意分析各自的优缺点。采访系统要遵循严格的开放标准规范，拥有良好的接口和数据交换能力，实现采购业务流、数据流等低负荷运转和高效、高质处理，保证系统稳定、高性能的运作和数据的顺畅清晰。

3　数字文献资源的采访模式

数字文献与图书文献一样，存在一个对新上市产品资料的寻找与了解过程。图书馆在获取未订阅的在线数据库信息方面主要有四种途径：

（1）各种数据库供应商会经常主动提供一些新产品资料与信息，这些信息他们可能会提供给采编中心或是图书馆的其他部门，但最后都会统一转给工作小组的成员；

（2）工作小组的成员会经常与较知名的数据库供应商主动联系，了解新数据库的动态；

（3）工作小组的成员会通过查阅图书馆专业期刊或专门的图书资料与数据库出版信息资料库来掌握各类型数据库的情况；

（4）读者建议。图书馆有专门的读者建议表，读者可在服务台索取并填写自己对图书馆的意见。

数字资源的收集工作一般是由图书馆采编部、信息部来完成，采编部负责收集出版商的发行信息，筛选出最有价值的数字资源，汇总给信息部，再由信息部对所有收集的数据源进行汇总，并进行初步审查，决定是否试用数据库。数字信息资源与印刷资源一样也是存在等级和层次结构的，不同层次的电子信息、资源是相互联系、互为关联的有机整体。但是，数字信息资源的价格模型与印刷文献的价格模型存在很大差异。印刷型文献的价格是由复本量决定的，购置的复本越多，支付的费用就越高，虽然也存在随着复本量的提高，给予的价格优惠越多的情形，但这与电子信息资源存在根本性的区别，电子信息资源的价格主要由用户量、访问时间、下载量、镜像站点数量、使用权和保存权等因素决定。

各图书馆重视电子出版物的采购，将电子出版物的采购纳入到本馆文献资源建设的总体规划中去。目前数据库采购方式主要有单独采购、集团采购、政府采购等。单独采购图书馆采购人员可以参与采购数据库的全过程，可以随时修改谈判策略，掌握采购全局，但工作量大，由于采购数量较少不能形成数量上的价格谈判优势。根据各个馆实际情况，如馆藏资源建设的规划状况、经费的投入状况、读者的使用状况、设备的配置状况等等，确定新的文献采访原则。这就要求必须科学配置文献资源，重新确定本馆各种文献的采购比例，把电子出版物的采购经费纳入图书经费中，明确电子出版物的馆藏建设方向，表明采购什么样的电子出版物才是适合本馆当前的需要并有利于优化馆藏结构。在采购中要协调纸质印刷型文献的采购，尽可能避免两种类型的文献在内容上的重复，力争使其在内容和功能方面形成互补，进而发挥出各自的优势。随着图书馆电子化程度的提高，图书馆的采访工作必须及时做出调整，在继续重视印刷型出版物采访和入藏的同时，要重视电子出版物的采集，在合理分配图书经费的前提下，逐步加大对电子出版物的采购力度，实现数字出版资源采访工作的规范化。

数据库供应商或出版商通常将来自不同国家或不同出版商的、多学科领域的电子信息资源以信息集成的方式建立数据库，这种数据库呈现出综合性和多学科特性。由于各电子出版公司制作的相关电子出版物很多，且有各自的特点，我们要在大量收集各种最新的电子出版物信息，分门别类、比较评估的基础上，结合自身建设和服务对象的需要，正确地加以选择。而对那些学科面窄，科研人员少，需求量不大的数据库或电子期刊，应从国家文献保障体系建设的角度出发，采用图书馆自主引进，国家补贴、扶持相结合的方式进行，通过馆际互借、文献传递的方式来满足其他单位用户的需求。

在数字资源采购业务中,为保证真正有效、合理地满足用户需要,首要工作是全面评估数字资源,建立数字资源调研分析机制和分析评价指标体系,较全面地反映资源与本馆需求的关联。资源购买是数字资源采购管理的核心业务,主要活动有购买方案设计,与供应商谈判,实施采购等。数字资源的管理和维护也是整个采购流程中不容忽视的一部分基础工作,具体工作内容包括:使用数据统计、备份管理、组织机构管理、其他日常事务处理等等。数据库的评价主要有数据库学术价值的评价、数据库系统技术的评价和数据库使用统计评价。学术价值的评价主要从数据库收录的学科范围、数据库规模与内容、是否提供全文及访问年限等基本信息着手,其中包括:数据库是否符合本校的发展,是否是学校重点学科,是否是资源短缺学科,与其他同类数据库的重复程度如何,与本馆同类文献的收藏情况的对比等。不同类型的电子信息资源在用户需求层次、教学科研、经济建设中所处的地位和作用各不相同,有的拟采用国家采购,有的拟采用集团采购,有的拟采用个别购买等不同的方式引进。从数字信息资源整体规划、统筹兼顾、保障有力的角度出发,对有较大需求的高价电子期刊或印刷期刊、特种文献资源等,虽不拟采用统一采购的方式,但应视经费情况,采取鼓励、扶持、补贴的政策,从而提高文献资源的保障率。

4 总结

随着数字环境的深入发展,数字资源的采购将会给图书馆业务工作带来全面的影响。采访工作需要加强图书馆与系统供应商之间的联系,不断推出科学、完善、实用的图书馆采购管理系统,提高图书馆的工作效率,促进图书馆事业的发展。数字文献信息资源的总体飞速发展使图书馆开始重新布局馆藏的建设,在经费有限的情况下,既要推动数字资源的采购,又要兼顾电子馆藏与印刷型馆藏的平衡。目前,世界上数字资源购置费用非常昂贵,加之外文数字资源受制于发达国家,如何用有限的预算经费来购置读者所需的数字资源,使采购经费利用达到最优化,这些都需要设计一套规范的采购流程去遵守。数字资源采购流程应该是一个相对合理的决策机制,提高资源采购的科学性和合理性,从而降低成本和减少风险。现阶段数字资源建设尚在发展中,暂还没有一个标准的模式和流程可遵守,图书馆要根据各自的实际情况,采取适合本馆的模式和流程去订购数字资源。另外,文献采访所面临的问题还涉及未来图书馆馆藏建设,如何以最小的成本消耗获得最大的服务效果,需要长期的实践经验做基础,需要丰富的科学理论做指导,需要我们图书馆采购工作人员付出心血和努力。

参考文献

[1] 胡永生. 图书馆电子信息资源采购研究[D]. 武汉:武汉大学,2005.

[2] 徐晓琳,朱瑾. 网络环境下图书馆的管理创新[J]. 情报科学,2003(7):702-703,717.

[3] 于静,许真玉. 电子资源规范化采购步骤与策略研究[J]. 图书情报知识,2006(6):68-70.

[4] 肖红. 客户关系管理:图书馆管理的新模式[J]. 情报探索,2006(6):19-21.

[5] 杨毅,周迪,刘玉兰. 电子资源集团采购模式的探讨[J]. 图书情报工作,2005(9):92-93.

[6] 徐文贤,石继平,朱建亮. 网络图书馆数字资源的招标采购[J]. 图书情报工作,2006(7):109-111,64.

[7] Kovacs Diane K. The Kovacs guide to electronic library collection development:essential core subject collections, selection criteria, and guidelines [R/OL]. [2011-08-11]. http://forum. neal-schuman. com/uploads/pdf/0210-the-kovacs-guide-to-electronic-library-collection-development--second-edition-. pdf.

[8]吕慧平,胡朝德,陈益君.我国电子资源引进的发展策略研究[J].情报学报,2004(4):490-494.

[9]雷永立.电子信息资源的发展趋势及采购策略[J].图书情报工作,2004(6):74-76.

[10]任红娟.电子资源、服务的测度和评估研究[J].图书馆学研究,2006(7):57-60.

[11]李德跃.中文图书采访工作手册[M].北京:北京图书馆出版社,2004.

[12]吴锦荣.论新形势下图书馆的文献采访工作[J].图书馆,2007(4):99-101,104.

[13]赵海兰,李武,傅英姿.基于图书馆自动化系统的采访决策支持系统[J].现代情报,2007(4):156-157,132.

浅析公共图书馆数字资源远程访问服务

——结合国家图书馆调研实践

李 平 宋仁霞 宋丽荣(国家图书馆)

为了提高图书馆电子资源的利用率,针对不同的合法用户(读者)的上网条件和网络使用水平,许多图书馆采用远程访问技术为其开展服务。在国外,图书馆向用户提供远程访问服务已是一种普遍的服务模式。早在2006年叶新明[1]对美国大学或其图书馆向合法用户提供电子资源服务的调研中显示,远程访问服务工作是一种常规的工作,美国大学图书馆"高度的重视和广泛的应用",它为学校的教学、科研和管理工作提供了良好的支撑平台,能够满足教职员工及学生远程电子资源查询与远程教学等非本地化服务的信息需求。例如,南加利福尼亚大学通过代理服务器和VPN为校外用户提供远程访问服务①;康奈尔大学②③、耶鲁大学④等著名研究型大学都是利用VPN为本校教职员工提供远程访问服务。此外,很多公共图书馆也利用远程访问技术为非到馆用户提供服务。芝加哥公共图书馆⑤、波士顿公共图书馆⑥、帕萨迪纳公共图书馆⑦等公共图书馆利用远程认证系统为辖区内注册用户提供远程访问服务。在我国,公共图书馆开展远程访问服务的比较少,除了上海图书馆,天津市图书馆和国家图书馆对部分资源开通了远程服务外,由于技术、人员和经费的限制,很多公共图书馆的远程访问服务还处于研究阶段。

---

① Remote Access for Electronic Resources [EB/OL]. [2011-10-22]. http://www.usc.edu/libraries/services/remote_access/.

② Virtual Private Network (VPN)[EB/OL]. [2011-10-22]. http://www.cit.cornell.edu/services/vpn/.

③ Remote Access to Library Resources through Web Virtual Private Network (WebVPN) [EB/OL]. [2011-10-22]. http://library.med.cornell.edu/eresources/webvpn.html.

④ Off-Campus Access:Set Up Your Computer for VPN [EB/OL]. [2011-10-22]. http://www.library.yale.edu/vpn/.

⑤ My CPL [EB/OL]. [2011-10-22]. https://www.chipublib.org/mycpl/login/webfeat/redirect/.

⑥ Remotely using a BPL library card[EB/OL]. [2011-10-22]. http://www.bpl.org/electronic/.

⑦ Remote Access for Electronic Resources [EB/OL]. [2011-10-22]. http://ww2.cityofpasadena.net/library/remote_access.asp.

1 公共图书馆开展数字资源远程访问服务的必要性分析

1.1 公共图书馆的用户特征决定开通远程访问服务能有效地提高图书馆的服务能力

公共图书馆的用户较分散,但他们对公共图书馆的需求特别旺盛。大部分利用公共图书馆的资源的用户具有较高的文化知识水平,尤其是外语水平很高。根据国家图书馆网络用户调研结果显示①:国家图书馆网络用户呈现高学历化的趋势,用户的整体受教育程度较高,本科及以上学历人员占了84%,本、硕、博学历的用户比例分别为47%、29%和8%,而专科、高中及以下学历人员比例仅占16%。同时,这部分高素质用户工作紧张,时间宝贵,希望能足不出户,就能享受公共图书馆的服务。这部分读者的需求得到了满足,往往从临时用户逐渐转化为图书馆的长期用户,稳定了图书馆的用户群体,从另外一方面也反映了图书馆的服务能力的提高。

1.2 信息技术的进步促进了电子资源远程访问的实现

信息技术的进步,人们获取信息方式的改变以及图书馆服务技术创新是实现电子资源远程访问的基础。网络技术的发展,信息技术的进步表现在以下三个方面:

其一,图书馆的电子资源逐渐增多。随着网络技术的日益发展,近年来在线全文数据库剧增,大多数出版社在出版传统印刷文献的基础上,增加了电子载体资源的出版,资源定价模式从以纸本为基础转向以电子内容为主的模式。例如,ACS、Wiley、Springer、Cambridge 等大型学术出版社,在出版纸本期刊的基础上,上线了其电子期刊数据库,大大缩短了论文的获取时间。由于数据库具有检索速度快、支持多用户检索、比印刷版相对便宜等优点,大多数图书馆在保证一定的印刷版资源的基础上,选择了"e-only"的形式订购部分外文资源。很多图书馆中收藏的电子期刊种数已超过印刷版。

其二,信息技术的发展,促进了数字资源远程访问技术的发展。电子资源的存取、远程访问、安全防护等技术已经成熟。图书馆主要利用 VPN[2-3]、代理服务器[4-6]和远程用户认证系统等3种方式开展远程访问服务。在国内,高校图书馆很早就利用代理服务器为本校教职员工开展远程访问服务。其他先进的技术也逐渐应用开来,例如,中国科学院国家科学数字图书馆利用软硬件集中一体的"随易通"——移动认证方式为用户开展远程访问服务;四川大学建立 VPN 为校外用户提供远程访问服务。[7]随着数字图书馆的建设,数字资源的远程访问服务也逐渐成为一种新兴的资源服务模式,推动着数字图书馆的发展。

再次,信息环境的发展改变了人们的阅读方式。当数字技术和网络技术广泛运用于出版业,继而出现的电子出版物、多媒体以及新兴的网络出版物,改变了人们对文献资源索取的方式。网络出版物不仅能提供多媒体演示和按需阅读的功能,而且能以超链接文本方式与其他相关资料链接起来,用户只要鼠标一点击,便可看到更多更详细的信息,比直接进入图书馆去查阅资料要方便、快捷。可见,信息环境的不断发展,分流了图书馆的一部分读者,给传统图书馆信息服务带来了巨大的冲击。

---

① 宋丽荣.国家图书馆科研项目"国家图书馆网络用户需求分析"结题报告,项目编号为 NLC-KY-2008/22.

2 国家图书馆数字资源远程访问现状分析

国家图书馆作为全国资源中心,从 2000 年开始就采购了大量的数字资源,是图书馆馆藏建设的重点,但使用率一直偏低,大大制约了图书馆馆藏资源的建设速度。

近几年来,随着国家图书馆网络技术和远程访问技术的发展,先后开通了一些中外文数据库的远程访问服务。特别是在 2010 年至 2011 年,国家图书馆应用了新的读者认证系统,部分中文数字资源开通了远程访问服务,授权用户通过读者卡号和密码就能远程访问(具体数量见下表)。开通的资源中,既有国家图书馆自建的特色资源库,如民国专栏资源库、音视频资源库、数字方志资源库、图片专栏资源库、中文图书资源、博士论文资源库、中国学资料库等,也有几个中文利用率较高的商业数据库,例如知识视界、网上报告厅、龙源期刊网、中华连环画数字阅览室、方正阿帕比数字资源总库、方正电子图书、新东方在线。在开通的一年时间内,资源的利用率大大提高。

表 1　国家图书馆数字资源开通远程访问服务情况一览

数据库种类	数据库数量(个)	开通远程访问服务数量(个)
中文	105	50
外文	112	5

注:数据统计截至 2011 年 10 月,中文数据库包括自建数据库。

虽然开通远程访问服务的数据库数量占数据库总量比例还较小,但从实践看来,已经大大提高了国家图书馆资源的利用率,可以根据图书馆读者的需求,综合技术和经费各种实际情况进一步研究其开放力度。

国家图书馆购买的数据库多数采用"馆域网 IP 控制,读者需到馆服务"的模式,利用率极低,这已成为国家图书馆外文数字资源服务的瓶颈问题。为授权用户开展远程访问服务能有效地改善这一问题。为此,有必要对国家图书馆引进的数字资源远程访问情况做深入地调研,分析在国家图书馆开通数据库远程访问服务的可行性。相关结论也希望给公共图书馆提供借鉴,采取实际可行的技术措施,扩展公共图书馆外文数字资源的使用范围和权限,提高数字资源的使用率和读者服务能力。

3 公共图书馆开展数字资源远程访问服务的策略分析

3.1 充分掌握数据库提供远程访问的状况

在国外,很多图书馆都利用各种认证方式为本馆授权用户开通远程访问。而外文数据库在这方面的应用更是走在前列,因而针对国家图书馆购买的外文数据库的远程访问情况做了调研。2011 年 2 月 1 日至 2011 年 3 月 15 日,国家图书馆向外文数据库厂商和代理商发放《外文数字资源远程访问情况调研问卷》,共发放问卷 45 份,回收有效问卷 44 份,涉及数据库共计 111 个,回收率达到 98%。经统计,允许提供远程访问的数据库共 102 个,占 92%;无法提供的数据库共 9 个,占 8%。

对提供远程访问支持的数据库分析发现:(1)全文期刊数据库占大多数;(2)工具型数据

库支持远程访问服务数量较少。

对不提供远程访问的数据库分析发现,他们主要从以下方面考虑:(1)和出版社的销售策略有关系。部分数据库商认为国家图书馆是政府机构,全国性公共图书馆,用户群为全国用户,不允许国家图书馆以远程访问的形式为读者开展服务。(2)部分数据库商出于对数据库内容的版权保护的考虑,需要重新议价。

因此,在掌握资源对远程访问支持的情况下,能够为图书馆开通远程访问服务提供依据,同时能为图书馆信息技术建设提供参考依据。

3.2 数字资源采访工作人员应将远程访问服务列入采访细节

在参与调研的 102 个数据库中,有 98 个数据库(占 96%)愿意为国家图书馆开通远程访问服务提供支持。一些数据库商虽然愿意为我馆开通远程访问服务提供支持,但在填写问卷或者回复 email 的过程中,附带一些条款。例如,CUP 剑桥科学文摘,明确说明"严格按合同约定,如果开通远程访问服务,需提前对出版社说明服务范围和人群,征得出版社的同意"。EB Online 也在问卷中明确表示"需确定合法访问者清单,并确定有安全的认证机制",方可为我馆提供远程访问服务。对不愿意提供支持的 4 个数据库分析发现,绝大部分还是为专业学会出版的期刊的网络版(Muse、ASME、ASCE),因为版权问题拒绝向公共图书馆开通远程访问服务。公共图书馆除了为大众普及文化知识外,还担负着支持政府部门研究和科学决策的功能。很多数据库商对公共图书馆实行单独的销售模式,大大增加了公共图书馆购买数据库的成本。随着公民素质的提高,数据库的利用率也逐年在增多。如果开通数据库远程访问服务,能突破公共图书馆的服务瓶颈,大大提高资源的利用率,提高图书馆的服务能力。

由于对数据库提供远程访问服务状况有了初步了解,数据库采访工作人员在今后的采访工作中可以详细了解资源对远程访问服务的支持力度,采购前让数据库厂商给予明确的答复,最好在合同中约定。对于已经采购的数字资源,进一步和数据库商沟通,争取根据图书馆使用情况开通远程访问服务。

3.3 根据资源的利用情况分批开通数字资源的远程访问服务

国家图书馆外文数据库支持远程访问服务调研结果为图书馆选择开通远程访问服务资源提供了依据。72% 的全文数据库支持远程访问,这和用户希望获取内容的需求保持一致。公共图书馆可以优选使用率一般的全文期刊数据库开展远程服务,提高这些数据库的利用率。对于利用率较高的全文期刊数据库,和数据库厂商一起测试数据库服务器的受重能力后再进行决策。对于图书馆购买的特色数字资源,也需要通过开展远程访问服务向用户推荐。近 2 年利用专项经费购买了国内比较稀少的历史文档类文献,有效地补充了国内图书馆数字资源馆藏。随着图书馆用户的增加,用户对数字资源的需求日益增长,要求提供远程访问服务的呼声日益高涨。例如,对于使用率较低的文摘索引库,需要引导用户加以利用,发挥文摘索引数据库对资源内容揭示的优势。

3.4 建立安全的远程访问服务通道,选择合理的用户认证方式为用户开展服务

图书馆开展远程访问服务主要是通过代理服务、虚拟专用通道(Virtual Private Network,VPN)和远程用户认证等方式开展服务。根据文献调研和问卷调研结果,多数数据库厂商和代

理商认为 VPN 是目前较为先进的一种远程访问技术,图书馆应该优先建立 VPN 的远程访问通道。无论采用哪种服务方式,图书馆需要强化用户的身份认证。在 IP Address、第三方认证管理系统、Referring URL、Cookies 等认证方式中,调研结果也显示,57.4% 的数据库商希望采用 IP Address(33.8%)和第三方认证管理系统(23.6%)的认证方式为授权用户提供远程访问服务。图书馆要限制单个账户每天可下载的最大数据量,发现异常及时采取措施,以免数据库商依据协议封掉整个图书馆 IP 段,造成全体合法用户均不能正常使用。

希望公共图书馆技术支持部门在此基础上借鉴国内外图书馆的先进经验,进一步研究适合图书馆的远程访问技术和用户认证系统,为用户提供更加便捷的数字资源访问服务。

3.5　开展用户培训和教育,宣传和推广图书馆资源,提高知识产权保护意识

公共图书馆资源利用率不高的一方面原因是受大多数用户知识水平的限制,他们对数字产品的接受能力不高。同时,和他们需求也有关系,在不了解图书馆数字资源的状况下,自然对数字资源的需求不高。因而,公共图书馆应该定期举办讲座,或者一些用户活动,向图书馆用户宣传购买的数据库,鼓励读者利用图书馆的数据库。特别是在开通远程访问服务的同时,一定强化用户的版权意识。通过加强教育,使用户认识到什么是恶意下载,哪些操作有违版权,这些有违版权的操作会带来什么样的不良后果等。

参考文献

[1] 叶新明. 美国大学合法用户在校外利用图书馆电子资源的访问方式调查与研究[J]. 大学图书馆学报,2006(2):98－102.

[2] 蒋鸿标. 利用 SoftEther VPN 技术实现校外访问图书馆电子资源[J]. 情报探索,2009,(8):88－89.

[3] 周群. VPN 技术应用于图书馆研究综述[J]. 图书馆学刊,2010(3):100－102.

[4] 王翠华. 试论代理服务器在图书馆的应用[J]. 科技情报开发与经济,2010(7):34－36.

[5] 彭海涛,罗平. 代理服务器技术在高校图书馆远程访问中的应用研究[J]. 情报探索,2009(3):93－95.

[6] 高大志. 代理服务器在图书馆网络中的应用[J]. 大学图书情报学刊,2005(2):39－40,50.

[7] 张盛强. 高校图书馆校园网外用户访问系统建设方案探讨——以四川大学图书馆为例[J]. 图书情报工作,2007(5):99－101,121.

信息时代医院图书馆文献采访的新思路

李晓霞(北京大学口腔医院图书馆)

文献资源建设是图书馆业务工作和图书馆学研究的一个重要领域,而文献采访工作是图书馆资源建设工作的首要步骤和关键环节。从传统图书馆到数字图书馆,无论经历怎样的变化,文献采访工作始终是图书馆文献资源建设的中心环节。然而,在网络信息日益普及的时代,图书馆馆藏结构、读者需求变化、经费上涨及出版商多元发展等因素使文献采访工作面临前所未有的挑战,并由此引起采访理念和采访模式的革命性变化。采访人员必须紧跟时代发

展步伐,理清思路,探索出一套行之有效的采访策略以提高采访文献的质量。

1 信息时代医院图书馆外部环境发生的变化

1.1 文献出版发行市场多元化

1982年3月原文化部出版局的《关于图书发行体制改革问题的报告》鼓励发展以国营新华书店为主体的,多种经济成分、多条流通渠道、多种购销形式、少流转环节的图书发行网,并提倡"适当发展个体书店"[1],并由此引起图书出版发行行业的重大变革,从新华书店一统天下,逐渐发展到目前新华书店、出版社、集体、私营书店和著者自己都参与其中的局面。甚至出现了大型的出版发行企业、专门为图书馆提供服务的供应商、具有海量书目存储的网上书店等形式,各种类型的书店和出版商相互竞争,共同发展,为图书馆的文献采访提供了多种渠道。[2]

1.2 医院学术氛围更加浓厚

北京大学口腔医院不仅仅是一家医疗机构,还兼有教学和研究等重要职能。因此,除医疗工作外,教学科研工作也是我院工作的重点。从各高校影响力评估到学科评估,再到医院临床重点科室评估,科研成果的数量和质量成为能否在评估中取胜的关键。另外,科研学术水平直接与个人职称晋升挂钩,进一步激发了全院职工对参与学术活动的热情,读者对文献信息资源的需求不断提高,对图书馆文献采访工作和其他读者服务工作提出了更高要求。

1.3 图书馆自动化、网络化程度日益提高

计算机通讯技术、网络技术、多媒体技术的发展,使传统的图书馆向数字化、虚拟化方向发展,从而引起图书馆在整个管理方式、服务手段、藏书建设等方面的转变。作为专业图书馆,我院图书馆紧跟时代步伐,对照"北京地区三级综合医院评审标准"图书馆相关部分,进一步推进图书馆自动化、信息化建设,实现图书馆各项工作的智能化管理。这种工作环境的巨变促使图书馆员必须利用先进的技术条件,提高工作的质量和效率。

2 采访工作的新思路

2.1 采访渠道走向多元化

20世纪80年代,文献采访主要以报刊订购为主,主要依据新华书店出版的《中文社科新书目录》和《中文科技新书目录》,通过邮寄来的选书目录,在书上对所需图书进行有选择的打勾,然后把所订购的目录邮寄到新华书店进行订购。这种采访过程费时费力,效率极其低下。随着信息时代的来临,图书馆的采访模式也发生了巨大变化,在使用纸本新书目录采购的基础上,采访人员还可到图书博览会现场采购。这种直接与文献资源"面对面"的直接接触使采访人员对文献的质量和内容有了深入了解,有助于提高采访文献的质量,而且到货速度快,避免了预订新书"迟到"和"不到"情况的发生。[2]另外,采访人员也可根据图书馆自身情况采取政府招标、网上购买、纲目采购、集团采购等多种方式来购买所需文献资源。采访渠道的多元化使图书馆有更大的选择权利,采访人员可根据自己所在图书馆的性质和大小选择不同的采访方式。

2.2 构建多方参与的选书模式

医院图书馆所面临的读者主要是临床医护人员、医疗管理人员、学生和进修生,不同于公共图书馆,这类读者学术水平、整体素质、专业技能等均高于一般读者,而且对信息的类型需求呈现专业化,内容上呈多样性和丰富性的特点,这种服务对象的特殊性决定了图书馆采访工作的不同,必须做好采访前期调研工作,深入了解读者的潜在需求,有的放矢地采购文献。但在实际工作中,由于医院临床科室较多,各个科室涉及的侧重面、课题组研究方向和深入程度不同。需求如此多样、个性化,而采访人员选书时受本身所学专业、知识结构等因素的限制,对自己不熟悉的专业只能凭感觉选书,从而影响采购文献的质量。[3] 为此,医院图书馆应建立由读者、学科专家、临床学科馆员、项目课题组成员等多方参与的选书方式,让利用图书馆资源的各类读者依据自身实际情况,推荐所需要采访的文献资料。具体来讲,图书馆采访人员应与科研处密切合作,根据近几年课题组研究方向及在研项目、各专业专家及各科室情况,遴选出文献采访小组委员,采访人员以电子邮件、院内网、即时通讯等形式定期发送最新新书目录以供推荐购买。这种模式可避免文献采访的随意性和盲目性,增强馆藏文献的实用性、针对性和学术价值。

2.3 电子资源与纸质文献的合理平衡

随着信息化技术的发展,印刷型信息资源垄断的格局已被打破,电子型、网络型信息资源的数量日益增多,使得信息网络资源也成为建立图书馆文献资源保障体系的重要依托。[4] 但是,在文献资源建设中如何协调电子资源与纸质文献,如何在电子资源和纸质文献的重复中寻找一个平衡点,各个图书馆态度不一。偏好电子资源的认为纸本资源受空间的限制,而坚持纸本资源的则对电子资源的未来存档以及价格趋势表示质疑,所以到现在还没有统一的配置原则。我们很难泛泛地用"以谁为主"或"两者并重"这样抽象的说法来描述这种关系。[5] 因此,各图书馆在配置电子文献资源时,应根据本馆实际情况进行充分考虑,在经费许可的前提下,深入调查研究,了解读者对电子资源的利用率,制定合乎实际的采购政策,选择合适的电子文献。其次,必须坚持特色性、实用性和系统性收集,使二者之间处于最佳配置状态。[4]

2.4 加强沟通,领导支持

在医院各科室中,没有任何赢利的图书馆,属于弱势科室,如何让领导和各科室重视图书馆在科研学术中发挥的作用并在各方面支持图书馆的工作,成为图书馆开展各项服务的前提。近几年图书文献资源费用逐年上涨,期刊(特别是外文期刊)、数字资源需支付庞大的费用,如果没有领导的支持和关心,图书馆的资源建设工作就只能是"一纸空谈"。因此,采访人员应经常与主管领导和财务处及时沟通,汇报文献经费的使用情况和实际困难,反映图书馆文献建设中的问题和不足,促使图书馆文献建设经费的足额下拨,从而确保图书馆文献资源建设工作的顺利开展。

2.5 提高采访人员素质

英国图书馆学专家哈里森说:即使是世界上第一流的图书馆,如果没有能够充分挖掘利用馆藏优势、高效率和训练有素的工作人员,也难以提供广泛有效的读者服务。可见,人才是信息服务的关键。信息时代的采访人员必须是综合能力强的复合型人才,因为从事采访工作不仅需要具有较高的外语水平、计算机能力和创新能力,还必须具备良好的协调沟通能力和社会外交能力。图书馆采访人员在工作实践中还应不断自觉参与培训学习,提高自身各方面的素质以适应新时代的变化。[6]

总之,信息时代的医院图书馆采访工作必须主动顺应形势,在工作实践过程中不断寻求探索文献采访的新思路,最大限度地做好文献资源建设工作。

参考文献

[1]周红.图书发行市场化条件下高校图书馆采访书目分析[J].图书馆建设,2008(11):50-52.

[2]赵岚.当代环境下的高校图书馆文献采访策略调整[J].图书馆杂志,2010,29(1):17-19.

[3]李沛.论高校图书采访工作的变革及其发展趋势[J].大学图书情报学刊,2011,29(3):38-41.

[4]赵远芬.信息社会中纸质出版物和电子出版物的协调发展[J].河北科技图苑,2003,16(6):69-71.

[5]陶蕾.高校图书馆文献资源采访体制变革之路——以上海大学图书馆为例[J].现代情报,2010,30(9):101-104.

[6]李子.略论网络环境下高校图书馆采访工作的创新[J].西藏民族学院学报:哲学社会科学版,2004,25(1):100-102.

新信息环境下俄文图书采访

——以天津图书馆俄文图书采访为例

马　骊(天津图书馆)

天津图书馆俄文图书采访与新中国成立同步,已经有半个多世纪了。经过几代图书馆人坚韧努力,天津图书馆形成了自己独特的俄文特色馆藏。蛰伏十几年后,今天在新信息环境下,如何在继承俄文图书采访的传统基础上,以新理念、新对策做好俄文图书采访这项工作,这本身就是个值得关注的问题。

1　新信息环境之一——人文环境

图书是文化载体,也是文化交流使者和桥梁。正是通过图书,中俄两国人民相识相知,结成友谊,也正是通过图书,中国人民认识了普希金、托尔斯泰、肖洛霍夫……图书把两个伟大民族紧紧联系在一起。中俄两国关系目前正处在最好历史时期和最重要历史阶段,这对俄文图书采访是新信息环境——人文环境。

1.1　文化交流的新环境

新世纪,随着俄罗斯经济形势好转,中国"走出去"战略实施,两国之间文化交流频繁。互办"文化年"、国际书展等活动使中俄图书界出现新转机。

2006 年,中俄双方签署《2006—2007 年中华人民共和国新闻出版总署与俄罗斯出版与大众传媒署合作备忘录》,促进两国图书广泛交流与推广。俄罗斯首次作为"主宾国"参加第 13 届北京国际图书展览会,展览面积达 1000 平方米,这是在北京国际图书博览会历史上"主宾国"展台面积最大的一次。中俄两国文化合作就此全面铺开。

2010 年,两国社会科学院共同举办的"俄罗斯社会科学图书展览"在北京开幕。本次参展图书共计 700 余册,均为 2006—2010 年俄罗斯出版的学术著作,学科领域涉及政治、法学、文化学、教育学、经济学、历史学、地理学、文学、艺术学、哲学、宗教学、语言学、科学学等,几乎涵盖了人文社会科学所有领域。

中国版本图书馆(新闻出版总署信息中心)CIP 数据库统计显示,中国近年共引进俄罗斯图书 2350 种,以艺术、历史和人物传记类图书为主;俄罗斯版本书库统计,俄罗斯近年出版与中国有关图书 685 种,以中国传统文化、哲学,各种字典、词典为主。

中国人民文学出版社与俄罗斯"AST"出版社密切配合,推出全面反映当代俄罗斯诗歌、小说创作最新成果的《当代俄罗斯诗选》和《俄罗斯中短篇小说选》两部书。

两国外交文化先行,文化交流是各个领域交流与合作的催化剂,中俄两国外交离不开彼此文化浸润与沟通。图书是文化交流的基础元素,用图书搭起沟通文化的桥梁,沟通心灵。新信息环境下俄文图书采访有着重要国际需求。

1.2 读者需求的新环境(以我馆读者为例)

俄文图书基本读者有三部分。①老年读者:老年读者多是 20 世纪 50 年代"苏联热"时期俄文莘莘学子,他们查阅的俄文图书多集中于普希金、莱蒙托夫诗选等文学类图书,50 年代流行的苏联歌曲,像《卡秋莎》《三套车》《莫斯科郊外的晚上》等。20 世纪 50 年代俄文图书馆藏类目繁多,内容丰富,能够满足他们需要。②青年读者:青年读者以在校大学生为主。他们到图书馆借阅俄文图书目的非常明确,借阅课外读物,提高阅读水平,以便顺利通过俄语四、六级考试。俄文图书馆藏虽说很多,但对学生考试有指导意义的图书,尤其是可供国内设置的四、六级俄语考试参考的书凤毛麟角,难以满足广大青年学生需要。青年读者除了借阅考试用书外,还有文学类用书和科普类读物,而专业性较强的俄文图书基本束之高阁,无人问津。③留学生读者:留学生是图书馆读者群中一个特殊群体。留学生读者目前没有引起足够重视,以留学生为服务对象的馆藏建设是盲区,俄文图书馆藏这一现象更严重。在津的俄留学生尽管数量不多,他们面对十几万册次原版藏书甚是欢喜,但仔细浏览后,勉强地挑选些文学类书籍阅读,兴致大跌。俄文图书馆藏明显滞后于留学生阅读需求。俄留学生来自具有高度利用图书馆意识的国度,他们把图书馆视为"文化和启蒙"中心,"阅读早于走路"意识根深蒂固。这不能不说是一种遗憾。新信息环境下俄文图书采访有着重要读者需求。

1.3 图书出版发行的新环境

俄罗斯今天秉承前苏联衣钵,图书出版业飞速发展。俄罗斯现在有 300 多家国有出版社,平均每年出版图书和小册子约 8 万种,占全世界每年出版图书总量的 1/5。种类齐全、发行量大是当下俄罗斯图书出版业一大特点。

俄文图书特点:①资料性强。出版物品种齐全,不但数量多而且门类广,可用性即资料性比较强。虽然对外保密性甚严,许多文献不公开发表。但公开发表的文献,即使涉及专利、许可权益等保密内容,多半也是详加说明,其理论及科学数据都十分可靠。阅读公开发表的文献可以了解到不少有用信息。②情报性强。有一个强大情报实体,在自然科学、社会科学和工业技术等方面都组织一个遍布全国的情报网。情报性质的期刊仅公开发行的就有 3000 余种,只要阅读其情报刊物,基本上可以及时了解世界各国各个专业领域的科研、生产动向,实用性强,解决实际问题的能力大,俄文图书重要性可见一斑。新信息环境下俄文图书采访有着重要信息需求。

20 世纪 50 年代是俄文图书采访鼎盛时期,俄文图书入藏量明显高于其他语种文献。20 世纪 80 年代末到 90 年代初,俄罗斯等俄语国家受政治原因影响,科技、经济与文化在这期间发展缓慢,导致俄文读者数量锐减,俄文图书借阅率大幅度下滑,俄文图书利用率日渐萎缩,出现"门可罗雀"的萧瑟。许多图书馆包括高校、科研部门图书馆普遍减少甚至停止俄文图书采访。美国这时候在世界上第一次有计划有步骤地实施了信息化战略,科学技术得到飞速发展。改革开放以来,我国信息来源主要依托美、欧等西方国家,我国经济建设和科学技术发展也主要借鉴西方国家成功经验。英文图书因其领先科技技术、活跃学术氛围大量补充馆藏,吸引着大批读者,出现"门庭若市"的繁荣。在我国,目前尽管俄文普及率难以与英文比肩,但作为了解依然处于全球发达国家前列的俄罗斯等国科技、社会状况等第一手信息的重要途径,俄文图书依然是图书馆馆藏重要组成部分,是其他信息资源不可代替的,尤其是在有些科技尖端项目和重要学科领域。在新信息环境——人文环境支持下,俄文图书采访将再显张力。

俄文图书馆藏现状:现有馆藏图书老化;采访品种质量受阻;期刊品种单一。

2 新信息环境之二——网络环境

新信息环境即为网络环境,指的是在电子计算机与现代通信技术相结合基础上构成的宽带、高速、综合、广域数字式电信网络。电子计算机技术、现代通讯技术、网络技术集成运用,还有网络书店兴起将图书采访推向网络化。

图书采访网络化是把网络技术应用到图书采访各个流程,利用网络采访图书,大部分采访流程如收集新书信息、选定书目、查重书目、填写邮发订单、结算等全部网上完成。书目来源网络化、查重订购网络化、交易结算网络化,这对俄文图书采访来说是新信息环境——网络环境。

2.1 网络环境下的俄罗斯图书馆

俄罗斯 20 世纪末开始重视图书馆网络环境建设。俄罗斯联邦文化部 1996 年颁布了"关于实施'建立全俄图书馆计算机网络 ЛИБНЕТ'计划"。计划目的是"保证公民在使用现代化计算机技术和通讯手段基础上,实现对俄罗斯和国外图书馆信息资源自由获取"。计划发展方向是"将俄罗斯图书馆接入世界计算机网络——因特网";"建立图书馆关于最新的本国图书出版物信息电子系统"。"'ЛИБНЕТ'计划"实施过程中的一件重要事情是俄罗斯国立图书馆和俄罗斯国家图书馆 2001 年共同成立国家图书信息中心,其任务之一是为俄罗斯本国和外国用户获取俄罗斯图书馆目录资源提供统一接口、检索书目。2005 年俄罗斯联邦文化和大众传媒部颁布了《关于俄罗斯联邦发展图书馆事业的国家政策》,政策目标是:"为了提高国民信息和图书馆服务质量,在运用先进信息通讯技术基础上发展和整合图书馆信息资源"。近年来国家进一步制定和完善图书馆信息技术领域各项标准,建设国家联机编目系统、国家电子图书馆、国家回溯目录等项目,促进图书馆网站建设。如俄罗斯国立图书馆(http://www.rsl.ru),在其网站首页点击"电子化资源"进入电子图书馆,可利用全文、作者、关键词等检索方式获取所需的学术论文和图书,通过电子邮件订阅……网络环境下,俄罗斯图书馆为俄文图书采访搭建了平台。

2.2　网络环境下的俄罗斯图书发行

2006 年俄罗斯出版图书 10 万余种,总发行量 6 亿多册,在图书出版发行史上,年出书种类首次突破 10 万大关,现在俄罗斯图书出版发行业名列世界前茅。2009 年俄罗斯出版发行图书量更上一层楼。俄罗斯书库统计数字显示,2009 年俄罗斯出版图书近 13 万种(127 596种),总印数近 7.2 亿册(7.165531 亿册)。

俄罗斯出版界重视网络售书,网络书店发展迅速。20 世纪 90 年代互联网技术、网络经济、电子商务风靡全球,俄罗斯网上书店和网络出版业在这样背景下依托互联网财团和网络传媒公司,扩大经营规模。现在俄罗斯拥有 10 家大型图书批发公司,1000 家小型图书批发公司和约 4000 家书店。约 400 家图书发行企业拥有自己网站,网络书店数量超过 30 家,最著名的网络书店有奥逊书店、图书之家书屋、蜂鸟书屋等。奥逊网上书店算得上俄罗斯的"亚马逊"(美国最大网上书店)。莫斯科还有许多装备高科技设备的书店:地球仪书店、莫斯科之家书店、莫斯科书店、青年近卫军书店等。估计未来 3 年网络书店的数量将成倍增加。俄罗斯图书网络零售经几年发展后已成为重要发行渠道,网络书店逐渐成为书业重要成分。

有报道说,到 2025 年,经常性阅读的人比今天更多;66% 的人使用互联网,他们阅读的欲望增强了,这是著名出版公司哈珀-柯林斯对千名读者调查得出的结果。该公司负责人说,读者在网上阅读纸质版图书,以后会读更多的书,原因很简单,现在网上随时可读,而且价格越来越便宜。网络环境下,俄罗斯图书发行业为俄文图书采访奠基了物质基础。

2.3　网络环境下俄文图书采访

俄文图书采访传统途径主要是使用中国图书进出口公司提供的《俄文新书目录》圈选。其缺憾包括:采访途径单一,图书信息简单,只有书名、著者、出版者、ISBN 号、价格,少数附有简短内容介绍。恍如"隔山买书",书的内容、质量不受控,难以择优,选书被动。网络环境为俄文图书采访打开了一扇窗户。网络环境下俄文图书出版量越来越大,载体类型和发行形式越来越多,还有书目繁多的电子图书、网络图书等多种形态出版物。采访俄文图书既可以通过传统的书目征订和书展现场选购,也可以通过网上书店。网上书店以其海量书目信息和便捷检索功能拓宽了俄文图书采访途径。

了解俄文图书信息途径还有:①俄罗斯"Book in print"目录。该目录是由俄罗斯国家书刊登记局建立的前苏联境内出版的所有俄文图书目录,目录形式有:书本式目录、软盘、光盘、联机检索、电子邮件等。②报刊杂志。俄罗斯国家书刊登记局出版的《书评》周报。每期登载新书目录;"图书大事记"周刊每季度刊登俄罗斯国家书目索引,每年刊登系列出版物索引,俄罗斯的图书馆主要通过这两种报刊了解图书信息。③网络资源。通过网络了解俄罗斯图书贸易机构和重要出版社提供的图书信息,并可以直接在网上订购。俄罗斯图书贸易近年向规模化、连锁化、网络化发展。俄罗斯"图书世界"、"莫斯科图书之家"等大型书店经营品种多达几万种,并实现自动化管理,其经营品种及数量也在不断扩大与发展。

网络环境下俄文信息有几个特点需要注意:①随意性:俄文网址、信息链接、信息内容处于动态。网站在短时间内建立、更新或消失;信息更迭与消失;网页更新频繁,且不可预测。②无序性:网络信息组织没有统一标准和规范,信息存储于不同服务器,整体处于分散无序状态之中。③有限性:俄文信息量相对处于弱势,网上信息匮乏是不争事实。网上信息良莠不齐、重复信息过多、商业氛围过重,这些因素影响人们准确、高效获取网上信息。

3 新信息环境下俄文图书采访对策

俄文图书采访工作实践经验表明:在现有条件下要主动面向市场,了解图书信息,扩大书目来源与数量,拓宽图书采访途径,增加购书渠道是保证采访图书数量,提高采访图书质量,满足读者需要的良策。

3.1 明确馆藏定位,制定合理、可持续的俄文图书采访计划

根据图书馆性质和服务对象,对馆藏特点应有清晰明确认识,以便在已有特色馆藏基础上有意识对其进行完善,建立起规范、统一、可量化的特色图书保障体系,走建设特色馆藏之路。逐日形成,日益突显,使俄文图书采访步入循序渐进良性循环状态。俄文图书采访奉行"外文求精,以需定进"的原则,在购书经费有限的条件下,采取"突出重点,兼顾一般"的做法。"求精",对一般学科主要著作及有一定水准的普及读物精选入藏,打造藏书精品,满足各类读者基本需要,同时注重图书信息含量,以图书总体质量水平的提高来弥补数量的不足。俄文图书采访只有做到目标更加明确,采访计划更加科学,采访行为更加规范,才能使图书采访质量得到有效保障,满足读者需求。建立一个基本满足读者需要的馆藏,是图书采访人员努力追求的目标,是吸引读者到图书馆的重要手段,也是图书馆立足之本。网络环境下俄文图书采访计划和馆藏发展方向要充分考虑当前科学进步,特别是网络环境中读者需求、读者阅读习惯变化等因素,采访由单一纸质载体向多种载体方向转变,重视电子图书采选,加强专题数据库采选,把网络资源作为馆藏重要补充,合理配置印刷版和电子版图书。

3.2 重视读者需要,采访内容专供化

图书采访目的之一是"以人为本",满足读者需要。网络环境下这一思想理念尤其重要。鉴于此,我们要密切接触读者,认真听取读者对图书采访质量的意见,了解掌握读者阅读倾向和变化,从中找出读者阅读的特点和规律,确保采访的图书切合读者需要。针对读者结构特点,突出重点读者需要,兼顾一般读者,采访时选择那些经过高度精选的图书。利用网络互动性,在图书馆主页设置"读者推荐新书",由图书馆指定有代表性的读者和图书馆采访人员共同进行新书选定。有代表性的读者为学科专家和读者代表。专家选的图书一定是该领域内核心图书、经典之作,有利于提高藏书质量。在阅览室向读者发放推荐单,根据读者推荐,结合本馆图书采访原则、藏书特点做出采访决定。读者也可通过电话、电传或 E-mail 等等方式推荐图书。读者参与图书采访的好处是读者把自己所从事的领域内最新的需求信息传递给采访人员,使新书采选更贴近读者专业知识的需求,使馆藏图书保障率、读者满意率、新书利用率都有很大提高,馆藏图书资源利用效益最大化。

3.3　拓宽图书采访渠道,实现采访方式多样化

书目订购、现场采购、国际交换、捐赠、缴送、托存等传统采访方式在新环境中依然是确保高质量藏书的有效措施,是图书采访不可以忽视的重要环节。外文图书采访仅仅依靠传统采访方式不够,尤其是像俄语这样小语种图书。小语种图书采访一直是图书馆面临的一个难题,不妨广开俄文图书购入方式,拓宽图书采访渠道,实现采访方式多样化。网络环境下俄罗斯图书馆、出版社、网上书店都建立有自己的网站,网上书目信息随时可以浏览查阅,从网上直接下载书目信息,以提高俄文图书采访质量和利用率。俄文图书采访渠道多元化,注意要有主次之分,各具特色,相互补充。

3.4　走馆际协作、联合采访、资源共建共享之路

随着计算机、通信、网络技术快速发展,读者信息需求方式和内容发生了质变。读者要求信息传播方式多样化、电子化、网络化;读者不再满足一所图书馆信息容量,要求信息来源更广泛。读者的要求迫使图书馆树立"统一规划、合理布局、分工协作、共建共享"新理念。建立图书资源共享保障体系,这一点对图书馆尤为重要。我们应以本馆特色馆藏为基础,在增加实体馆藏和虚拟馆藏建设的同时,与高校、科研图书馆联合协作。天津市教育、文化、科研三大系统图书馆已经形成集团化管理,天津地区图书馆整体优势正在发挥作用,通过馆际协调与协作、馆际互借借力发力,把各馆馆藏变成社会馆藏,突出各自特色馆藏,扩大读者阅读空间,提高图书利用率,提升图书馆服务能力。联合采访、馆际互借、资源共建共享是图书馆奋斗目标,我们将以俄文图书采访为切入点,探索、实践、总结。

4　结语

图书采访是图书馆较为重要的一项基础工作,任重而道远。面对新信息环境,俄文图书采访发生了变化,我们只有与时俱进,更新采访理念,探索图书采访模式,分析和解决采访中遇到的各种问题,才能有效地提高图书采访质量,为读者提供优质服务。

参考文献

[1]张芳.国家图书馆俄文图书采访工作浅议[J].国家图书馆学刊,2001(3):12－18.

[2]刘兴勤.网上俄文信息资源的分布与获取[J].山东图书馆季刊,2004(1):78－80.

[3]俊亭.俄罗斯全国信息图书馆计算机网络计划——"ЛИБНЕТ"[J].国外社会科学,2007(6):110－111.

[4]王莺,徐小云.俄罗斯图书出版业现状解读[J].俄罗斯中亚东欧市场,2008(1):45－50.

[5]王玉洁.论新时期我馆俄文文献信息资源的全方位开发[J].河北科技图苑,2008,21(4):68－70.

[6]陈东.网络环境下高校图书馆采购工作的探讨[J].图书与档案,2008(19).

[7]李少贞.新信息环境下高校图书馆图书采购工作研究[J].图书馆,2009(4):117－119.

[8]马骊.品悟生命书系:2010图书馆理论与实践.北京:光明日报出版社,2010.

论信息时代的数字图书馆

唐晶洁(桂林市第十七中学)

21世纪,世界进入了知识经济时代,随着信息技术、生物工程、新材料技术、新能源技术、空间技术为主体的高科技的发展及广泛应用,人类迎来了全新的时代——数字经济的信息时代。知识经济要求各类有效信息的存储和快速获取,知识或有效信息的积累与利用直接促进人类素质的提高和经济的繁荣,数字图书馆也随之产生。

1 数字图书馆的概念及现状

数字图书馆(Digital Library)是用数字技术处理和存储各种图文并茂文献的图书馆,实质上是一种多媒体制作的分布式信息系统。它把各种不同载体、不同地理位置的信息资源用数字技术存储,以便于跨越区域、面向对象的网络查询和传播,涉及信息资源加工、存储、检索、传输和利用的全过程。通俗地说,数字图书馆就是虚拟的、没有围墙的图书馆,是基于网络环境下共建共享的可扩展的知识网络系统,是超大规模的、分布式的、便于使用的、没有时空限制的、可以实现跨库无缝链接与智能检索的知识中心。它是传统图书馆和科技图书馆情报工作在知识经济时代的必然发展趋势,也称"电子图书馆"、"虚拟图书馆"或"无墙图书馆"。

"数字图书馆"从概念上讲可以理解为两个范畴:数字化图书馆和数字图书馆系统。涉及两个工作内容:一是将纸质图书转化为电子版的数字图书;二是电子版图书的存储、交换、流通。

数字图书馆既是完整的知识定位系统,又是面向未来互联网发展的信息管理模式,可以广泛地应用于社会文化、终身教育、大众媒介、商业咨询、电子政务等一切社会组织的公众信息传播。数字化图书馆实现了信息资源共享。现代化城市基于网络环境的城市信息,利用现代高科技手段,充分采集、整合、挖掘城市各种信息资源,建成网络城市、智能城市、信息城市、数码城市等。

数字图书馆具有信息储存空间小、不易损坏、信息查阅检索方便、远程迅速传递信息、同一信息可多人同时使用等优点。

数字图书馆的优势是逐步实现真正意义上的资源共享,网络化的信息资源储备,快捷的查阅和检索,资料数字化后的珍贵的保护价值,多媒体化的社会功能。

2 数字图书馆与人类素质

2.1 人类素质与数字图书馆的产生

(1)国内外图书馆的产生与影响。美国图书馆从1994年10月启动数字图书馆计划,在数字化建设中逐渐汇集世界数字化资源,从此数字图书馆的建设由起步到飞速发展,人类数据资料以电子版形式收集、存储,并以网络形式分散并连接世界各个角落,大大提高了数据库的实用性,在继承、传播、发展人类历史、科技文献方面取得突飞猛进的发展。

(2)图书馆数字化过程是以高科技为核心技术的图书馆改造和建设过程,要求人类适应知识经济时代、数字化图书馆环境,培养现代创新意识,获取广博的专业知识,且要精通网络,熟悉电脑操作技术,积极参与培训与继续教育,并能熟练运用计算机和网络技术实现图书馆数字化信息的操作和传输,这些都促进了人类素质自主性的提高。

2.2 数字图书馆与信息素质之间互相依存,相互促进,共同发展

在互动中交互感应,在科技为背景的环境下,经过长期经验积累和应用,发现、发展科技因素。在理论实践中不断地更新、创新,在软件设计上,继承和发展,在网络丰富的知识基础上吸取养分,而不断进行改良与发展。

数字图书馆与人类素质是相互兼容,相得益彰,互利互惠。人类创造了数字图书馆,而数字图书馆以科技为辅,极大地推动了人类素质发展。

3 数字图书馆是提升学生信息素质的基地

信息素质能力指能清楚意识到何时需要信息,并能确定、评价、有效利用信息以及利用各种形式交流信息的能力。

3.1 数字图书馆在素质教育中具有特定的功能

(1)数字图书馆的作用。数字图书馆提供大量学术研究文献资料,利用图书馆的数据库资源可以让大学生完善知识结构,增强综合素质,提高科学素养,随时获取最新信息和最完备的历史、科研文献资料,同时提供大量思想健康,内容丰富多彩的书刊资源。除了提供大量专业知识,同时也为拓宽知识面,陶冶情操,提高审美情趣、文化品位、人文精神提供思维的源泉。

(2)数字图书馆是拓宽素质的新途径,要充分发挥图书馆人文素质培养的优势,运用全面丰富的资源,提高思想品德素质。通过加强数据网络建设,运用数字图书馆上的听力、阅读、电影、新闻、多媒体影视资源服务等网上视听资料书目数据库等多种资讯拓展人生,丰富阅历,感受生活。

(3)信息素质促进学生个体素养的进展。数字图书馆与学生信息素质教育存在着互动的现状。随着信息时代的来临和素质化、网络化环境的建立,信息素质已经成为大学生能否适应未来社会激励竞争的重要条件,在大学生综合能力体系中占有的地位愈来愈突出。开展信息素质教育可以培养大学生的信息意识,提高其获取和利用信息的能力,方便其继续学习、自主学习。

3.2 在现代数字图书馆时代环境中,学生应该具备的素质

(1)有良好的精神品质,有正确的人生观、世界观,热爱祖国,有较强的政治思想觉悟,对工作满腔热情,好学上进,努力地求知感悟。具备责任心、事业心、上进心。努力探索、求知,具有高度耐挫的心理素质,不怕困难,迎难而上,耐力、信心、智力交汇而具有稳定的信息素养。

（2）熟练掌握图书馆的操作技能，有利用计算机进行信息搜集和数据处理的能力。能够运用计算机和网络技术进行信息的操作和传输。能够使用计算机、多媒体和其他软件，了解网络功能，熟悉各种网络检索工具。

（3）进入科技数字时代，学生应具有精深的专业知识与多媒体操作技能，有熟练的工作技能和自学能力。在人机对话时，能够出色地运用本学科知识进行互动提高，从而增长知识，扩充学识，发掘中国走向国际的捷径。历史、文化、传统、现代，新闻、趣闻，通过网络跨入一个多彩的世界；音乐、电影、视频，购物，K歌，经典的片段，历史的记载，生动地享受趣味天地。可由此快速构架自身的知识结构并提高素养。

在数字时代，学生必须不断学习，树立终身学习的观念，不断提高自身学识水平和能力。在校内树立良好学风，默默工作，辛勤钻研，积极学习，专心科研。且需要时刻发展英语科研能力，积极走国际化科研道路，并以中华崛起励志而坚持创新。掌握如何熟练操作使用数字图书馆后，应有担当信息专家的心理准备，掌控了数字图书馆，就成为了时代的向导，站在知识的前沿，成长为信息的管理者。

3.3 具备现代化技术的操作技能和信息检索能力，掌握现代化检索方式

在网上通过文献检索获取资料，熟悉网络环境中的操作技能。综合运用众多网络搜索引擎，最快捷、准确地获取所需要的信息。

（1）有较强的外语能力，通过英文检索网络资源，可及时跟踪、获取先进国家的最新信息，共享世界先进网络资源。

（2）具有流畅的文字表达能力，准确撰写各种报告、学术论文，及时使研究新成果、新见解得以交流和推广。

（3）通过掌握与运用数字图书馆，并以其为基地，不断增强自学能力，不断更新知识，适应社会发展。制定切实可行的具体学习措施，注重专业化能力的培养与提高，成长为懂现代信息技术和外语的复合型人才。通过网络加强学历、学位教育，提高知识技能，参加各类相关技术培训。结合最新信息技术的发展，倾听专家专题讲座。多种方式地灵活运用技巧与方法解决问题，获取学识，并争取成功，成为创新型、实用型、复合型人才。

在信息数字时代，要充分发挥图书馆的优势与特点。在海量信息中，坚持思维上的自主创新，具备全新的素质修养，更新观念，学习与探讨新时期数字图书馆模式，掌握图书馆在数字化、网络化、智能化方向发展途径，注重培养学习能力，分析问题、解决问题的能力。培养适应社会和就业创业能力。培养学生的兴趣爱好，营造独立思考、自由探索、勇于创新的良好环境。高效、舒适的数字阅读环境满足师生多元化、开放化、个性化信息需求。

4 数字环境下的学生信息素质现状及培养方略

数字图书馆在学生信息素质教育中具备客观优势。信息资源优势：除收集丰富的纸质文献外，还有大量电子文献、机读文献、各类数据库。国内外许多著名数据库，拥有国内外文献和科技、政治、经济、文化等各方面的成果信息资源以及网络信息资源，提供强有力的文献信息资源保证。同时兼有技术资源优势、人力资源优势、环境优势等。

4.1 对大学阶段学生的教育现状的影响

随着数字图书馆逐渐发展成当今社会的主流信息服务系统，它也逐渐成为大学生进行信息素质教育与培养的良好载体。高校紧紧跟踪世界先进技术，充分利用高校网络数字图书馆资源信息，培养具有较高信息素质和掌握熟练技能的大学生，让他们更好地成长为现代经济文化事业的建设者。数字图书馆正在改变当代大学生的学习方式，同时也深刻影响着他们信息素质的提高和创新能力的培养。基于数字图书馆的当代大学生信息素质教育内容和方法研究，发展当代大学生信息意识、信息知识、信息能力和信息道德等信息素质教育，培养具有创新精神和创新能力的高级人才。数字图书馆拥有资源优势，在数字图书馆中，各类信息如书籍、报刊甚至声音、图像等资料，统一形成数字文献，成为数字图书馆的信息资源。在网络环境下，信息资源充分共享。信息资源扩大到整个互联网，如国内外许多著名数据库：OCLC、INSPEC、SPRINGER、中国学术期刊网、万方数据库等，图书馆都可以通过网络将其纳入到自己的馆藏中。由于信息资源的数字化和信息实体的虚拟化，突破了信息资源的馆藏限制，使图书馆有更加丰富的资源作为大学生信息素质培养与提高的物质基础。

4.2 对中小学阶段学生的教育现状的影响

随着计算机和现代通讯技术的发展，人类进入了信息化阶段，探寻数字图书馆运用中信息素质的新路向：信息素质教育在网络环境下与以往相比已被赋予了新的特点，从数字图书馆运用中信息需求变化与中小学生性格与角色快速转换两方面表现了信息素质教育新特点的内涵。针对中小学生素质需求，网络上有相应的软件，适时地营造学习氛围，发展他们的智商，锻炼他们的动手能力，开发他们的想象力和创造力，以中小学生为对象有效开展科技课题研究。中小学人才与信息素养成为一个国家的战略资源，在科学试验和社会实践中起着媒介与"催化剂"的作用。

4.3 对自修生的教育现状的影响

自修生可以自主参与网络学习，而远程教育是指图书馆为远程读者、自修生提供丰富的信息资源和无围墙的图书馆服务。利用业余时间，自我计划，通过网络，与网校联系与沟通，可自由地跨区域进行学习选修。

4.4 对外语学习者的教育现状的影响

网络上英语学习资源丰富，外语学习者可以自如掌握相关学习、语法、听力网站，进行专业外语知识的自学。

一些专业英语翻译网站极其方便快捷地帮助自学者快速排除学习障碍，获取正确的表达方式，灵活地掌握英语意境。

5 结语

我国在《面向 21 世纪的教育振兴行动计划》中强调在全国建立终身学习体系，教育的主题也是为社会培养高素质创新人才，也即重点培养学生的信息素质，创新与坚持的性格特质。

478

网络环境下的数字图书馆具有五大特征:信息资源数字化,信息内容动态化,信息组织智能化,信息服务网络化,信息利用共享化。通过合理利用数字图书馆,将实际加快学校教育和社会管理信息化进程,并促进政府、学校管理的标准化、规范化。由此开展数字图书馆的特色教育,提供个性化服务,加入国际联盟网络,对学生信息素质发展与研究具有划时代的重要意义。

参考文献

[1]崔永琳.数字图书馆理论与应用[M].北京:中共中央党校出版社,2003.
[2]代晓飞.论数字城市环境下的数字图书馆特色化建设[J].大学图书情报学刊,2011(2):36-38.
[3]孙安.关于大学生信息素质培养问题的研究[J].大学图书情报学刊,2011(2):62-65.
[4]马费成.图书馆学情报学教育的创新与发展[M].武汉:武汉大学出版社,2001.
[5]李冠强.数字图书馆研究[M].北京:北京图书馆出版社,2002.
[6]深度搜[OL].[2011-05-20].http://www.shendusou.com/.
[7]符礼平.信息素质教育[D].上海:华东师范大学,2003.
[8]郭梅.图书馆的新模式:个人数字图书馆[J].科技创新导报,2009(34):157.
[9]邓亚桥.当代信息检索[M].吉林:吉林人民出版社,2001.
[10]李仲良.我国图书馆数字信息资源共建共享发展现状研究[J].图书馆工作与研究,2009(3):3-7.

浅议信息时代公共图书馆的期刊文献采访工作

王 惠(鄂尔多斯市图书馆)

随着知识信息社会的到来,数字化信息资源急剧增长,一方面为图书馆的发展提供了资源基础,但是另一方面也给传统图书馆的发展带来了挑战。去图书馆借书的人越来越少,用户越来越习惯于在网上浏览、阅读和搜索信息资源,对采访工作和文献资源利用提出了更高要求。因此,如何做好期刊文献采访工作,坚持"藏为所用"的原则,建设自己的特色馆藏,是我们需要认真探讨和研究的新问题。面对浩如烟海的文献世界,要想做好期刊文献采访和特色馆藏建设,就必须根据本馆的性质、任务和发展目标的要求合理布局,按照期刊文献资源利用率情况和读者阅读倾向的要求,有效地控制采购方向、范围、密度,使采购与读者借阅相沟通,处于均衡饱和的最佳状态,提高运转效率。

1 公共图书馆的期刊文献采访

1.1 期刊文献采访的内涵

公共图书馆的期刊采访工作,是根据图书馆的办馆方针、目的任务、藏书基础、读者人数和需要,遵循一定的原则,通过多渠道、多途径,采取多种办法,有目的、有计划,经常不断地收集、选择、订购、采购有价值的期刊文献资料的活动,通过这种活动积累和补充馆藏,不断满足读者的需要。

1.2 期刊文献采访的模式

公共图书馆期刊文献采访分为传统的采访方式与网上采访。传统的文献采访,其采购对象主要是印刷型出版物。而新型文献采访模式包含纲目购书、网上选购、读者选借、专家系统等几种模式。例如:图书馆网上采访的流程可以描述为:选择网上书店—进入网页—浏览、选择图书期刊—填写电子订购单(包括选择付款方式、送货方式)—向网上书店提交订单—网上支付(包括安全认证、数字签名)—验收记到。当然,如果图书馆收到的图书期刊与提交的订单有差别,则可以直接向网上书店询问,并将误发的图书及时退还该书店。

2 信息时代公共图书馆期刊文献采访现状及存在问题

2.1 公共图书馆文献采访的新变化

2.1.1 采访模式越来越多

传统采购模式一般遵循预订、邮购、直购、赠送等方式运行,其中最主要的方式一是预订,二是直购。期刊发行信息的准确与否直接影响采访人员判断选择正确与否,从而影响期刊采访质量高低。新时期,期刊的发行已由原来邮局采访的单一渠道向网上在线采访、直接邮寄定购、馆际协作联购、电话订购等多元化多渠道方向转轨,多元化的发行渠道加剧了期刊采访难度。有些发行商信誉锐减,发行信息失真,再加上期刊的发行价格混乱,波动幅度较大,期刊质量参差不齐,期刊包装与内涵质量不符等,这些都易产生误订、漏订和重订等错误操作,降低期刊采访质量和馆藏结构。

2.1.2 采访渠道越来越宽

图书馆传统的文献采访主要通过各种征订目录进行订购,采访途径单一。而网络环境下文献采访不仅有传统的书店、书商,还有网上书店。网上书店所提供的书讯,除了最新出版的新书外,还有以前出版的图书、古旧图书。经销图书品种数量之多、品种之全,令许多传统书店难望其项背。网上书店以其海量的图书信息和丰富的检索工具极大地拓展了图书馆图书采购的范围和种类,开阔了采购人员的视野,为采访工作开辟了新的途径和渠道。

2.2 公共图书馆期刊文献采访中存在的问题

2.2.1 馆藏发展政策不明确

有些公共图书馆制定了本馆的文献采购政策,采访人员按照政策采选文献。有的公共图书馆甚至连采访政策都没有。许多地方政府每年拨给图书馆文献购置经费不太稳定,有因文献的价格上涨而增加经费的,有因为财务紧张而减少经费的。无论哪种原因,都增加了馆藏发展的盲目性和随意性。合理的科学的期刊文献购置经费是制订藏书发展政策的前提和基础条件,离开了这一点,就根本无法谈及其他问题。

2.2.2 为达到评估指标,突击采购

虽然为了评估,政府不断增加图书馆的购书经费,但由于书刊价格的增长幅度更高,那么经费就显得非常有限。目前,我国每年出版的新书大概在 12 万种左右,例如:2010 年全国共出版图书248 283种,其中新版图书136 226种,重印、重版图书112 057种;又如:2010 年 A&HCI 收

录 1542 种期刊目录。据 CNKI 统计，2010 年"核心期刊"发表论文 593 715 篇，《工程索引》（EI）收录的中国期刊由 1987 年的 20 种增长到 2010 年的 217 种。而对于各公共图书馆来讲，由于专业特色的不同，可供采购员采选的新书品种并不是很多，但为了评估要求的硬性规定，又不得不在数量上有所保证，这必然影响了采购图书的质量。

2.2.3　采购模式存在问题

有些图书馆根据综合报道期刊文献出版信息的书目，或根据各出版社自己的书目，来形成书刊订购单，从而完成整个的采访业务。这种传统的图书馆采访工作中间环节多，订购手续繁杂，而且订购周期长，到货慢，从提交订单到收到图书一般需半年左右。再者这种采访方式渠道单一，供参考的采访信息非常有限。由于以上种种主、客观方面的原因，采访人员也总是处于一种比较被动的状态，不能积极地进行采访工作。这不利于科学地安排馆藏，也不能适应现代图书馆发展的需要。

3　信息时代公共图书馆期刊文献采访模式的转变策略

3.1　制定弹性馆藏发展政策

公共图书馆的读者是来自社会各个行业、不同领域的社会大众，具体成分有政府公务员、科研人员、在校大中专学生、工人、农民、离退休老人，读者的文化程度、年龄都有所不同。公共图书馆应该充分满足不同类型、不同层次读者的需求，使他们能具备熟练地查询各类文献资料的本领和技能。可是，由于家庭收入的差距，读者不可能每个人拥有一台电脑，再加上公共图书馆经费的紧张，因而想满足读者的文献信息需求仍然很严峻。因而"以书为中心"的传统管理模式已经不适应图书馆的发展需要，网络环境下图书馆的采访工作首先要体现"以人为本"的精神，围绕读者的阅读需求、信息需求，向读者提供更多、更新的文献信息资源。其次，采访工作还必须摒弃"大而全"、"小而全"的采访理念，建立图书馆文献保障系统，为文献资源的"共建、共知、共享"这种大采访理念的实现，开辟快速的信息通道。

3.2　充分发掘网上免费全文电子期刊

这是电子期刊采购的一个重要补充手段，采访人员通过互联网收集整理免费的全文电子期刊，从而进一步丰富电子期刊资源。利用开放获取资源是公共图书馆开展这一工作的重要渠道。开放获取是近年来蓬勃发展起来的一种新型而高效的信息交流模式，用户可以通过公共网络免费获取所需要的文献，任意检索、读取、下载、拷贝和打印，如斯坦福大学 Highwire 出版社提供了近 1000 种生物医学和其他领域知名学术期刊 1 714 694 篇文章的全文免费服务，被称为全球最大的免费全文学术论文数据库，其中收录了不少影响因子很高的学术期刊。我国的开放获取资源主要有中国预印本服务系统、奇迹文库 – 预印本和中国科技论文在线等。

3.3　拓宽采访渠道，实现采访方式多样性

过去一段时间内，公共图书馆期刊文献采访工作的主要方式为现采和书目预定。而在信息时代日益繁荣的今天，读者对文献信息的需求呈现多元化等特点，仅仅依靠传统的采访方式已经不能完全满足读者的需求。所以文献采访人员必须不断拓宽采访渠道，实现采访方式多样化，只有这样才能充分体现公共图书馆"读者第一"的服务宗旨。

在保留传统期刊采访基础上,积极采用新时期期刊采访方式,尤其要尽量引进网上在线采访方式。与传统采访相比,在线采访方式具有无可比拟的优势:采访工作流程简化,书目信息详尽,检索方便快捷,价格优惠合理。据有关数据表明,全球87%的期刊已经上网。目前国内比较常用的中文网上书店有:上海书城、当当网上书店、北京图书大厦等。网上书店的出现使图书馆期刊采访人员足不出户就可以了解所需期刊的全貌,完成期刊全过程操作,同时可减少采访中间环节,节省采购经费,实现了采访手段现代化和采访效率的高效化,从而弥补传统期刊采访方式的不足。总之,改进期刊采访方式,选择信誉高的发行渠道,有利于降低采访难度,减缓采访风险,节省采访成本,从而有利于确保期刊采访顺畅运作。

3.4 优化电子出版物的采访工作

3.4.1 电子出版物的采访应充分考虑馆际协调

网络技术在图书馆的广泛应用使电子出版物的馆际协调比纸质文献更加方便。首先,从价格方面考虑,电子出版物的价格都相当昂贵,例如:中国学术文献总库近20万,万方数据库也要几万元,而Elsevier数据库甚至达到几十万。一个公共图书馆不可能也没有必要把所有的数据库收集齐全,再说许多数据库的内容有很多都是重复的,如清华同方与重庆维普资讯数据库的重复比例大概达到了80%。因此,公共图书馆之间应选择分工采集,共同利用,实现资源共建共享。当今,网络技术在公共图书馆的成熟应用推进了信息资源共享的进程,所以电子出版物在采访时应充分考虑其共享的权限。只有选择正规渠道出版发行的电子出版物,其质量和使用安全才能得到保证。另外,各馆在购买电子出版物时既要考虑自身特点,又要兼顾馆际间协调采购协议,真正做到共建共享,联合保障。

3.4.2 网络环境下电子出版物采访应考虑其质量和售后服务

由于现在电子出版物的出版发行渠道很多,市场没有统一的管理和规范,质量不一,所以采访人员在选取之前一定要详细收集有关信息,包括出版制作单位的资助、信誉及售后服务,了解其电子出版物在国内外发行和使用情况,并对各个数据库的内容、特点等进行全面评价,了解其现在用户的反映,核实质量。只有这样才能保证订购的电子出版物的质量,并能获得良好的售后服务,保证其以后的正常使用。

3.4.3 充分考虑本馆的软硬件条件

网络环境下,电子出版物的运行需要相应的软硬件环境的支持。它包括以互联技术、网管技术、防火墙技术为核心的广域网平台,也包括以多媒体数据库体系、超文本链接技术等为基础的管理平台。所以公共图书馆在购买电子出版物前一定要充分考虑本馆的自动化配备情况,只有这样才能使读者有效地检索、传递和利用电子文献。

4 结语

随着科学技术的快速发展和人们对知识的需求度增加,越来越多的图书、期刊、电子文献等信息资源丰富了图书馆的馆藏内容,但公共图书馆馆藏文献量增长的同时也带来了馆藏结构的优化问题。所以研究网络环境下基于馆藏评价的公共图书馆文献采访成为了必要,以便采访人员能够及时、全面、准确、具体地了解本馆的馆藏及利用情况,帮助采访人员有计划、科学地采选文献,节省采购经费,具备一定的实用性。只有这样才能使公共图书馆的经费得到合理的利用,使公共图书馆的馆藏持续发展,图书馆文献质量得到保证,以便公共图书馆这一服务体系更好地为社会服务。

参考文献

[1]张效国.试论高校图书馆如何做好采访工作[J].中国科技信息,2007(4):191-192.

[2]时晓菊.试论高校图书馆的特色馆藏建设[J].科技情报开发与经济,2008,15(3):49-51.

[3]谭德维,史承业.加强电子文献资源收集 提高图书馆服务效率[J].科技情报开发与经济,2003,13(9):17-18.

[4]司徒洁.论文献资源的开发利用[J].广东科技,1997(3):6-7,33.

[5]黄玉容.图书发行市场的变化对文献采访工作的影响[J].科技情报开发与经济,2006,16(15):8-9.

高校图书馆文献采访工作环境的变化及对策

徐小丽　陈惠兰(东华大学图书馆)

1　引言

文献采访工作是高校图书馆资源建设的基础性环节,对高校的科研发展有着重要影响。在信息化的时代大背景下,高校图书馆文献采访工作的内外部环境都发生了巨大变化,给高校图书馆采访人员的采访工作带来了机遇也带来了挑战。

2　外部环境变化

高校图书馆文献采访工作的外部环境变化主要包括图书市场变化和采访模式变化两大部分。

(1)图书市场变化主要是指图书的出版市场及发行渠道的变化

当前图书出版市场的变化主要体现在数量和内容方面。图书的出版量与日俱增,呈快速增长趋势,图书的主题内容包罗万象,涉及政治、文化、社会生活、教育科研方方面面。表面上图书市场一片繁荣景象,而事实上,当前出版图书的质量并没有随数量一起同步增长,图书市场的繁荣在给读者带来海量知识的同时也带来了信息污染。对于高校读者用户来说,同主题学术图书互相抄袭、重复出版现象日益频繁,具有较高学术价值的专业性著作仍然相对缺少,各类高品质的科学研究类著作仍然相对匮乏,文化休闲类图书也是质量参差不齐,繁荣表象下的图书市场离读者的真正需求还有很大的距离。

图书发行渠道的变化主要体现在多样性和网络化两个方面。近几年,图书市场发行渠道加速拓宽,新华书店垄断的局面已经被打破,目前已经形成了国有书商、民营书商、网络营销书店发行与出版社自主发行等多种发行渠道并存的局面,而且不论是书商还是出版社,一般都拥有自己的网络信息发布平台,新书推介、图书博览会等出版信息网络发布形式已经日益普遍,在这样的背景下,对于采购量大、采购频繁及采购方向有所专攻的高校图书馆来说,要保持与时俱进,实时了解图书出版的最新情况。这需要图书馆的采访人员具备很高的信息获取能力和分析能力。

(2)采访模式的变化主要体现在采访技术及采访渠道两个方面

技术的进步来源于实践又反作用于实践,高校图书馆管理信息系统是适应图书馆工作需求而诞生的,又对图书馆的实际工作产生了重要的推动影响。目前国内大部分高校图书馆都采用了先进的图书馆管理信息系统,这些系统根据图书馆工作流程不同而设置有不同的模块,对于采访工作来说,高效的图书馆信息系统极大地方便了图书查重、订购等采访工作,也使得与采访工作相关的各类数据分析工作变得简单高效。此外,目前市场上的图书采集器也不断推陈出新,为采访人员的现采工作提供了很大的方便。

采访渠道变化的诱因有体制变革的因素,也是市场经济发展的必然结果。目前高校图书馆的招标书商一般少则两三家多则四五家,它们是图书馆日常订单的主要来源。此外,随着网上购书的推广以及大规模书展的陆续开展,网上购书以及图书现采开始成为越来越多高校图书馆选择的采访渠道,这些渠道是对高校图书馆原有渠道的补充,也有利于高校图书馆采访工作的查漏补缺。

3 内部环境变化

高校图书馆文献采访工作的内部环境变化主要包括读者需求变化及高校图书馆行政机制变化两大部分。

随着近几年高校的不断扩招以及国家科研水平的发展,许多高校的学生人数都在迅速增长,学科分支日益细化,交叉学科、新兴学科不断涌现,这些都使得高校师生读者的科研文献需求呈现出多样化、时效性等特点。此外,在文化交流日益频繁、社会思潮传播极为迅速的今天,高校读者的文化休闲需求也显现出多元化、个性化的趋势。更好地满足读者阅读需求是高校图书馆采访人员工作的准则,需求的多元化、时效性对采访人员的采访工作提出了更高的要求,使得采访工作的难度日益增加。

目前国内高校图书馆一般都设立了采编部、流通部、阅览部、参考咨询部等部门,这些部门的设置有助于图书馆工作分工明确、权责清晰。但是在实际工作中,各部门之间往往会有各种各样的矛盾。例如,直接提供借阅服务的流通部与读者直接交流,最早了解开架图书的使用情况,如果流通部工作人员和采访人员、典藏人员没有定期交流机制,他们之间往往会形成信息不对称,从而导致互相对对方的工作不满意。此外,为防止腐败产生等问题,高校图书馆招标书商的确定、采访经费的使用,一般由学校纪委、财务处和图书馆管理人员等共同参与决策,这种模式有利于集中集体智慧,但是在实际工作中,如果决策形成的协议对采访人员的工作限制过度的话,它会成为一把双刃剑,影响采访人员的采访效率。

4 影 响

综上所述,浩如烟海的文献资源、新兴的采访技术及多样化的采访渠道,都为高校图书馆文献采访工作带来了广阔的平台和巨大的发展机遇。但是,如何在自己的权限范围内,从海量的文献资源中尽可能多地挑选出读者真正需要的文献,这对高校图书馆采访人员来说既是岗位职责也是工作挑战。

5 对策

为应对文献采访工作环境的变化,笔者认为高校图书馆采访人员可以着力于以下几个方面的工作。

首先,重视信息交流沟通。采访工作首先要与书商打交道,然后要通过同事协作,最终才能服务于读者。在高校图书馆采访决策制定之初,采访人员就应该积极参与,争取在监督与适度放权并重的行政职能下完成自己的业务工作;在具体采访过程中,采访人员还要做到与书商积极交流沟通,共同致力于采访效率的提高,与同事多交流,多征询建议,实时了解图书馆其他部门的文献信息反馈情况;此外,采访人员还应该通过问卷调查、研讨会等形式尽己所能地与读者保持联系。

其次,采访工作的前期准备。数据分析与信息挖掘是新形势下采访工作的重要内容。分析统计本馆的借阅数据、跟进了解本校专业设置变化、关注各个领域图书借阅排行榜、分析统计适合本馆的核心出版社、了解兄弟院校的文献采访信息,这些都应该成为采访工作的一部分,都将会对本馆的文献采访产生重要的指导作用。

再次,采访工作的后续关注。文献到馆后,采访人员应该根据读者需求查漏补缺,并关注高借阅率图书后续版本的更新出版,对于已发订但最后未到馆的文献要及时更新图书馆系统的数据并安排重新发订。

最后,关注新兴采访模式的发展。采访模式将随着技术的发展而不断更新变革,高校图书馆采访人员应该时刻关注新兴采访模式的发展。如按需出版业务的出现,新兴模式有可能会推动今后图书馆采访业务的变革,采访人员应该根据本馆需要,主动学习了解,掌握采访业务的发展趋势。

参考文献

[1]赵岚.当代环境下的高校图书馆文献采访策略调整[J].图书馆杂志,2010(1):17 – 19.

[2]刘虹.高校图书馆藏书选择与补缺的探讨[J].图书馆论坛,2010(5):73 – 75.

[3]宋玉艳,武英杰.新形势下图书馆采访工作问题与对策[J].图书馆学研究,2011(5):66 – 68,97.

试论高等院校图书馆文献采访工作

贾文科　臧运平　鞠　静(青岛农业大学图书馆)

文献采访是图书馆的基础性工作,是图书馆为建设馆藏而进行的有关文献的选择、获取等工作。不同类型或不同专业的图书馆,由于其性质、职能及服务对象的不同,其文献需求也不同。因此,各类型或专业图书馆的文献采访工作有其自身的特色和原则。

高等院校图书馆是高校的文献信息中心,主要为高校的教学、科研提供必要的文献资源保障。高校图书馆的文献组织、管理、服务工作紧密围绕着本校的专业设置、培养目标、教学计划、科研项目进行,以满足教学和科研对文献信息的需求。因此,其采访工作具有很强的针对性、专业性及稳定性。

1 文献采访工作的重要性

文献是图书馆工作的物质基础,图书馆里的文献是由文献采访馆员通过各种方式选择、获取而来,文献采访在图书馆工作中发挥着不可替代的重要作用。

文献采访的目的是建设馆藏。图书馆的馆藏不是文献的随意堆积,而是系统化的有序的学科文献集合体。这种集合体首先通过文献采访的不懈努力,有目的有计划地采访文献,而后由分编等岗位组织而成,是一个逐步积累、更新和完善的过程。文献采访决定馆藏文献积累的速度、馆藏文献的体系和结构、馆藏文献的特点、馆藏文献满足读者需求的状态等。因此,采访工作的状态将直接影响图书馆其他岗位的工作状态及读者服务的满意度。

2 高校图书馆文献采访的特点

2.1 经费充足,采访工作量大

高等学校对图书馆的建设一般都比较重视,文献资料作为高校办学的三大支柱之一的认识逐步得到了强化,高等学校图书馆的现代化含量高于全国图书馆的整体水平。高校图书馆的文献采购量较大:一是适应高校各专业设置的需要;二是学生读者需求量大;三是文献使用率较高,缩短了文献更新和补充的周期;四是学校对图书馆的重视,采购经费较充裕。

2.2 读者稳定,计划性强

高校图书馆的读者对象主要是大学生和本校教职工,读者需求相对稳定。由于高校的教学任务主要是向学生系统地传授专业知识,其课程、内容、体系等相对稳定,而专业设置和教学计划也有一定的稳定期,因此,读者对教学参考用书的品种和数量的需求也是比较稳定的,这种稳定性要求图书馆的文献采访工作需提高自身的计划性,合理安排采访文献的品种、数量和时间。

2.3 文献专业性、学术性要求高

高等学校图书馆的主要工作都是围绕着本校教学和科研这个中心服务的,对与本校设置各专业相关的文献全面采访,对相关学科和边缘学科文献重点采访,对一般文献适当采访。高等院校图书馆还非常重视对某些基础理论、尖端科学和不同学派、不同观点的学术著作的采访,更重视专业性期刊的采访。

3 高校图书馆文献采访的模式

3.1 现场采购

现场采购是采访馆员到书商处或在图书订购会、书展、学术书店、出版社现场选购或采样，同时也可以邀请有关专业教师及相关读者参与其中。现场选购可以使采购人员直接阅览样书，有的放矢，增强了图书采购的针对性，并且在采购过程中发现问题时可以及时纠正，比如多卷书、再版书、配盘书等容易发生差错，有实物在手边就便于核实，保证馆藏的连续性和完整性。同时，各学院老师熟悉各自的专业设置、学科体系、学术动态和科研状况，能够选择与学科相适应的专业书，保证了图书采购的质量，而且减少了中间环节，提高了工作效率，图书到馆速度快，图书与读者见面的时间进一步缩短，及时满足读者的需要。但是，现场采购也存在一定的局限性，有的老师对图书馆馆藏状况不甚了解，只顾自己一时所需，缺乏对本学科的全面考虑，没有文献整体性、连续性的概念。

3.2 书目征订

书目征订是指通过报道性书目（书业书目）或电子出版物媒介书目信息进行征订。传统采访模式中，图书馆将纸质书目发到各院系，由各专业教师筛选，在规定时间返回图书馆，再由图书馆采访人员汇总圈选订单并进行查重，统一提交书商。随着网络的迅速发展和全面覆盖，网络文献采访成为图书馆文献采访的另一条渠道，并与传统文献采访渠道并存互补。众多的出版社也相继开始利用网络来传播文献出版信息，发布最新的图书出版信息和书目信息，这样图书供应商就能把各出版社的书目信息在最短的时间内收集、整理、分类、发送、提供给采访人员。采访馆员根据书商提供的电子书目信息进行圈选，然后与本馆馆藏进行查重，最终确定预订的书目。这种方式比较方便，提供的书目信息量大，但由于缺乏直观的接触，主要依靠思维定势机械地选书，无法克服采访工作中的诸多弊端。

3.3 网上采购

随着网络的建设与普及，网上书店的崛起对传统的图书采购产生强烈的冲击，越来越多的出版社和书店开展网上订购业务。目前规模较大的网上书店有：当当网上书店、北京图书大厦、教图书店、卓越网上书店、京东网上书店等。网上书店书源信息丰富，书目信息和书价信息更新及时，能够提供大量的人文社科、科技、管理、教育、文艺、小说等方面的图书供图书馆选购，不仅可以了解图书的出版情况，还可以了解图书的内容和其他读者对图书的评价。网上订购还提供了付款方式、配送服务、售后服务等说明。图书采访人员可以直接在网络上进行选择，根据读者需求进行采访订购。

在图书馆文献采访工作中，没有哪一种单一采购模式能够满足本馆的购书需要，大多是以上几种方式联合使用才能满足本馆的购书目标及读者的需要。

4 图书馆文献采访馆员应具备的素质

21世纪是信息化、智能化与国际化的社会，是知识经济的时代，经济的加速发展和社会的全面进步对文献采访馆员的素质提出了新的要求,采访馆员的素质高低将直接影响到图书馆文献的收藏结构,以及图书馆各项职能的发挥。

4.1 文献采访馆员应具备良好的职业道德

良好的职业道德是文献采访馆员的行为准则,是采访馆员履行岗位职责、开展业务工作和参加社会活动的道德约束。因此,文献采访馆员应坚定正确的政治方向,具备热情的服务精神、认真的工作态度、严谨的工作作风等,成为遵守图书馆职业道德的模范。

4.2 文献采访馆员应自觉遵守各项法律法规

文献采访馆员必须认真学习国家现有的法律法规,除了每个公民应当遵守的基本法律法规外,特别要注意学习与图书馆工作,尤其是与采访工作密切相关的法律法规。这样才能在繁忙琐碎的事务工作中,保持清醒头脑。在文献采访工作中,文献采访馆员尤其要注意遵守著作权法和合同法。

4.3 文献采访馆员应当树立良好的采访意识

文献采访馆员应当有认真、负责、耐心、细致的工作态度;具有对书目信息的敏感性;对读者的信息需求有良好的敏感性及持久的注意力,尤其对不同读者潜在的信息需求进行归纳、分析、综合、转化和表达;及时了解学校的教学或科研情况,关注本校的发展动态。

4.4 文献采访馆员应具备合理的复合型知识结构

文献采访馆员除了具备图书馆学相关专业知识,还应具有扎实的数理基础知识、丰富的语言文学基础、系统的学科专业知识、熟练的计算机技术知识、深厚的外语功底等。例如:传统的文献信息的搜集、加工与处理的相关知识和技能;现代信息领域的基本知识及信息处理的相关技能;网上订购的相关知识和技能;与采访工作有关的社会交往的基本知识和相关能力;分析及解决问题的能力等。

参考文献

[1]龙宇光.图书馆文献采访模式探析[J].科技情报开发与经济,2011(19):110 – 111.

[2]张贯敏.高校图书馆文献采访模式探析[J].平顶山学院学报,2005(20):94 – 96.

[3]杨肥生.文献采访决策概要[M].合肥:中国科学技术大学出版社,2006.

[4]杨肥生.文献采访学研究[M].合肥:安徽大学出版社,2005.

[5]李德跃.中文图书采访工作手册[M].北京:北京图书馆出版社,2004.

中文图书采购查重的方法与技巧

赵晓芳(常州大学图书馆)

1　图书采购查重的意义

图书采购工作是图书馆工作的一个重要部分,在错综复杂的图书馆馆藏资源中,难以做到对每一本、每一类图书的情况都极其熟悉,在图书采购工作中,稍有不慎就可能造成重复订购、遗漏订购。图书采购查重工作就是针对即将要购买的文献书籍、知识资源,利用现代化网络技术和相关检索工具查对、核实该文献是否已预订或入藏,以起到防止和避免重复订购的情况发生。在此过程中,图书采购的查重工作依靠查重软件,在查重软件系统中根据所显示的书籍书目数据、馆藏数据以及订购数据,来合理控制文献数量,以保证经费使用的合情合理和文献质量。经过查重工作后,确定哪些文献之前没有订购,哪些已经订购或已订购但并未入馆,或需对一些文献及时补充复本等,最终决定将要订购的文献数量及种类。

总的来说,图书采购查重工作质量直接决定着该图书馆的馆藏资源数量及质量,只有做到满足各形各色的读者需求时,才体现出图书馆立馆的真正意义。有人说,"图书馆最重要的就是图书选择",而在图书选择的过程中起到关键作用的则是图书的采购查重,因此,图书查重工作的质量直接决定着图书馆的馆藏资源质量。

图书采购工作与编目工作是图书馆开馆的首要环节,而在这其中,图书查重工作又是采购工作与编目工作的核心因素,对整个图书馆的开馆有着无法比拟的重要意义。在图书的查重工作中,工作人员需具有一丝不苟的工作态度,做到不错查、不漏查,在繁琐、复杂、枯燥的工作中以四两拨千斤的踏实、勤恳心态认真对待,以最少的经费为图书馆换取最大的文献资源价值。结合当前的图书市场行情来看,现在的图书市场与过去有着很大的变化,图书种类的不断扩增给图书馆的采购工作带来了前所未有的难题,这对采购工作人员来说无疑是一种很好的自我突破和职业挑战,这就要求工作人员要把好图书查重这一关。在图书管理中,图书查重工作又称作"查复本",在当前网络信息技术环境下,图书馆的图书查重工作跟传统查重相比,具有很大的便捷优势和效率增值优势。当前,查重工作主要是利用电脑查重软件系统来查询需要购入的图书与馆藏图书之间的关系,在检索的结果中认真校对,识别出哪些为新入馆图书,哪些是已储文献的复本或同类馆藏文献的不同版本等,做到每类、每层次文献资源都井井有条,心中有数。这样可在很大程度上帮助和避免图书馆重复采购而造成经费浪费,从而节省出更多的经费去购置新资源、新文献,尤其是对于一些教学与科研方面急需的图书,可多加采购来扩大馆藏资源,提高该图书馆在同行中的质量。细致、认真的图书查重工作不但可以提高馆内文献资源质量,而且还可避免同样书籍的重复出现引发数据混乱,给读者和管理者带来不便。从另一方面来说,图书查重工作也提高了馆内图书的编制与排架的质量效果,如同一本书籍对于其不同版本、不同作者通过查重工作可以加以区分,将该类图书集中排放,保证同一主题的文献资源归置于同类目,便于今后的查询、借阅等工作。在网络环境下,图书查重从根本上帮助图书馆工作人员提高了工作效率,如一些内容有相互关联的文献,在查重后,套用机读数据,只需对部分信息稍加改动,就可将同类书籍一目了然查询,不需进行逐项编目,这在很大程度上促进了图书编目工作的效率,也减轻了工作人员的负担。

2 新时期图书馆对采购查重功能的要求

随着科学技术的不断发展,信息自动化、网络一体化等现代化使用手段的不断涌现使图书馆的各项工作也有了新的要求。拿图书查重工作来说,新时代的图书馆查重工作目标为以下几点:能够最便捷、最快速反映出该馆馆藏的文献资源信息;能够准确地判定现有文献是否为重复藏书或是否需要继续追加采购;新购入书籍的国际标准书号(ISBN)可以自动生成文件保存;对新采购的书籍文献具有统计功能;处理好已经订购的图书到馆时效差等问题。如果这些问题不能有效控制和处理,则势必影响到往后的图书采购查重工作的准确性和效率。

由于工作实践中各图书馆所使用的现代化电脑管理系统不尽相同,对计算机的操作水平也有所不一,这造成各图书馆之间的采购查重软件服务功能与可操作性方面都存在着较大的差异。目前,图书馆采购工作人员对于查重软件操作的熟练程度以及对操作软件功能技术掌握的强弱,成为新时期图书采购查重工作中至关重要的问题。

3 图书的采购查重现状及问题的提出

在当前国内绝大多数的图书馆中,由于受当下网络环境的影响及为了与时代的同步,全国几乎所有的图书馆都已逐步实现自动化管理,查重的方式也是多种多样,笔者根据自身的实际工作经验和操作,就当前采购查重工作的现状做出粗浅分析。

3.1 书商书目数据的查重方法

书商发来书目数据在本馆自动化系统内查重这种情况比较普遍通用,操作流程为书商定期给图书馆发送新的 MARC 数据,图书馆的工作人员再使用自身的自动化操作系统逐条对照去重并生成订单,主要的检索方式有 ISBN 对照、题名对照、作者对照等,在每期的数据确定生成订单后,再将订单发至书商,最后书商依订单中的数据逐一配书给图书馆。这种查重方法相对比较准确,基本不会出现重订、漏订等情况,而且订单也由电脑系统生成,数据的统计也避免了计算错误的发生。对于一些购书量相对较少且订购时间比较充足的图书馆,可以参照这种查重方式。但是此种查重方法也或多或少存在着一些不足,如一家图书馆同一时间从不同书商购书,那么就会造成书商与书商之间数据发送重复,但这一情况又不能保证每次都会出现重复情况,因此,采购人员在这种查重方式的使用中需对每期书商之间的订单数据仔细查询,避免一书多订的发生。总的来说,这种查重方式虽精确了书籍的数目和质量,但是浪费了采购人员工作时间,降低了其工作效率。虽然也有些自动化系统带了"批查重"功能,但是通过实践看来,只通过 MARC 重查软件进行查重很难做到精确,去重效果不明显,操作也达不到理想的效果;如果只通过书籍的 ISBN 号查询的话,对于一些丛书、多卷书难以适用,这种去重方法对于一些 ISBN 号相同而非同种的书难免被误去重。

3.2 外采查重的一般方法

3.2.1 简单的 ISBN 号查重

在使用书籍的 ISBN 号进行查重时,将该书籍的 ISBN 号导入数据采集器中,然后再将采集器置入书库进行扫描,从而将所采集到的未重复的 ISBN 号经整合后形成文件再输给书商,书商再根据所收到的 ISBN 条码文件配书发送给图书馆。这种查重方式操作起来比较简便快捷,效率较高,但是因为众所周知的原因,一些去"－"后 ISBN 相同但不是同种书的书就被去重了。

3.2.2 进行详细字段查重

一般情况下,图书采购员在使用详细字段进行查重时,都会携带着具有本馆详细书目数据的实体记录,当在 ISBN 号码扫描后馆藏数据没有与其相同的 ISBN 号码就可被认为非重复;反之,如果显示有相同的 ISBN 号码,则会出现详细的 MARC 数据,然后再在 MARC 数据中通过书籍的主题名、责任者、出版社、书籍价格等条目来确认该书籍是否重复。这种查重方式虽然相对来说比较准确,但是由于人工操作判定会影响工作速度,对外采购书工作人员的工作效率有一定负面影响。

3.3 现采定购后未及时到馆书的处理

在图书采购的实际工作中,作为图书采购工作人员可能时有遇见一些查重工作中的难题,如时间差问题。由于当前社会发展的需要,对于一些规模较大的图书馆来说,其采访任务也越来越大,一些问题也随之不断出现。假设某一图书馆采购工作人员到不同书商或出版社现采了一大批图书文献,由于采购规模较大、书籍数量较多,书商不能及时在很短的时间将采购的新书的 MARC 数据清晰统计并送至馆内,那么采访人员如果在馆内的计算机采访子系统中再进行图书的查重预订工作时,就很有可能会由于现采图书 MARC 数据的缺乏,而出现查重数据的不准确,如同一本书被重复购买的现象;还有一种是在系统内做了订购但没有到书,而外出查重时又不可能将整个采访库与中央库一起输出,这样导致已订数据重复订购。这两种情况在现实中时有发生,而且后果是十分严重的,不但加大了图书馆验收工作人员的工作量,而且还在一定程度上增加了图书馆与书商之间的紧张关系。

4 常用检索点图书查重方法的运用与技巧

4.1 运用 ISBN 号进行图书查重

自 1982 年以来,我国就已经开始申报国际 ISBN 系统并实施,并且还建立了中国 ISBN 中心,自 1987 年 1 月起开始实施中国标准书号。ISBN 号具有一个独特的特点——唯一性,它随着图书版本的不同、文种的不同、装帧的不同而不同。因此,图书与 ISBN 号产生了一种特殊的关系,例如,图书是一样的,但是其具有不同的版本、不同的文种和不同装帧而导致 ISBN 号不唯一,这样图书馆管理人员在图书查重时比较麻烦。但是在进行图书查重时使用 ISBN 号是比较便捷的,具有很强的可操作性,因此,使用 ISBN 号进行图书查重仍是工作人员的首选方案。针对一些没有 ISBN 号的书籍,要将其与再版的图书集中排放在一起,在查重时工作人员要灵活对其进行处理。如果工作人员在查重时仅仅使用 ISBN 号这种方法,漏查现象发生的可能性是很大的,因此此时查重要使用正题名查重方法进行。

4.2　运用正题名进行图书查重

对于图书查重的工作人员来说,使用书籍的相关正题名来进行图书查重工作的精确率要比使用其他检索点进行查重的精确率高。但任何事物有其有益的一面也会有不利的一面,使用正题名进行查重同样如此,在此种方法操作过程中也会遇到一些难题。如,在进行图书查重时,首先需输入正题名,这相对于其他检索点,在速度与效率上就明显滞后;其次,对于一些再版次数较多或正题名使用频率较高的图书查重时,查出的数据数目繁多,若将该数据逐一查看则难度较大。譬如我馆馆藏仅《三国演义》一书就有多达四十余种不同版本;又如,使用"中文教学"这一正题名进行图书查重检索时,所得数据显示同名书籍多达五百余种。在这样的数据显示下,难以做到对数据逐一对比。因此,在图书查重的过程中不论使用哪一种方法,都应注意检索方法的正确使用,保证同种图书的分类标引前后一致。

4.3　运用责任者进行图书查重

也有不少图书查重工作人员使用书籍"责任者"进行查重,这种查重方法的准确性稍逊于使用书籍"正题名"查重。但是,基于每一本书籍只有一位责任者的前提,运用这种查重方法也是无可厚非的。然而,当一本书具有多个责任者或者对于一些丛书、套书来说,这种查重方式就不尽安全,甚至有误查的现象发生。如,当一些丛书既有丛书主编又有分册书籍的图书编者,而且各馆对于著录的要求不一时,误查现象就会发生。此外,对于一些比较畅销或比较经典的图书,其可能会不断再版,则就需花费较多的时间去仔细逐一核对。

5　结论

综上所述,我们可以看出图书馆的查重工作是一项复杂、繁琐的业务工作,它需要查重工作人员具有扎实的业务知识和丰富的工作实践经验,同时在工作过程中要具有高度的责任心与职业精神,以提高书籍数据质量为工作目标,从而为图书馆开馆打下坚实的基础。

参考文献

[1]惠涓澈.网络环境下书目数据质量控制研究[D].西安:西北大学,2008.

[2]丁海英.查重——保证计算机编目质量的重要力量[J].黑龙江史志,2009(17):84-85.

[3]栾荣.浅论中文图书查重的意义、方法与使用技巧[J].河北科技图苑,2008,21(5):72-73,79.

[4]饶丽英.图书编目查重方法的探讨与实践[J].科技情报开发与经济,2010,20(2):82-83.

[5]张立新.查重——探析网络环境下中文图书编目的方法和技巧[J].新世纪图书馆,2005(4):23-25.